新编投资学教程

主　编　徐　强

东南大学出版社
·南京·

内容提要

本书介绍了现代投资学的基本理论、基本方法和基本技巧，主要内容包括从“投资”角度去认识的投资工具、投资市场，从研究分析的角度去介绍的基本面分析和技术面分析，从实用角度介绍的证券投资制度、方式、流程、策略和技巧等，从系统性角度去认识的证券投资中介和监管，以及适应正在变化中的金融改革角度介绍的大数据金融投资、量化投资、互联网金融投资等。所有这些内容的安排，都在充分体现“三基”训练的要求之上，反映了当今对培养学生发散思维、逻辑思维等研究性教学的需求。本书每章都配有学习要点、学习重点难点、基本概念提示、专栏延伸知识、案例分析讨论、专题研讨和能力训练题等内容，方便使用者进行自我训练。

本书可作为金融学专业学生学习“证券投资学”的教材使用，也可以作为各类经济与管理专业学生学习“(证券)投资学”的教材使用。作为落地的教材，对于进行金融投资的投资者也会有很大的帮助。

图书在版编目(CIP)数据

新编投资学教程/徐强主编. —南京:东南大学出版社,2014. 12 (2016.7重印)
ISBN 978－7－5641－5361－8

Ⅰ. ①新…　Ⅱ. ①徐…　Ⅲ. ①投资经济学—教材　Ⅳ. ①F830. 59

中国版本图书馆 CIP 数据核字(2014)第 281594 号

出版发行：东南大学出版社
社　　址：南京市四牌楼 2 号　邮编：210096
出 版 人：江建中
责任编辑：刘庆楚
网　　址：http://www.seupress.com
经　　销：全国各地新华书店
排　　版：南京星光测绘科技有限公司
印　　刷：江苏徐州新华印刷厂
开　　本：787mm×1092mm　1/16
印　　张：25. 5
字　　数：620 千字
版　　次：2014 年 12 月第 1 版
印　　次：2016 年 7 月第 2 次印刷
书　　号：ISBN 978－7－5641－5361－8
定　　价：48. 80 元

前　　言

随着金融投资实践的不断深入，投资学的理论和方法也日新月异，过去我们为了区别中国传统的基本建设投资等产业投资学，而将现代投资学称为“证券投资学”，这在很大程度上限制了金融投资的领域，也制造了概念上的混乱。在中央的文件中，已经多次强调了在我国建立和发展多层次资本市场的必要性和任务，这给我们金融投资教学的教师提出了新的任务。为了还本溯源，本教材将过去的《证券投资学》改名为“投资学”，并因为框架设计上的许多变化，所以定名为《新编投资学教程》。

本人长期从事“(证券)投资学”的教学工作，但一直为没有一本适合我校金融微观特色的专业教材而发愁。已有的教材或者是过于理论化，对我校这类的希图落地学习的学生不一定有利，特别是理论色彩过浓的学习，不能适应我国正在不断变革中的金融投资实际，对培养金融学生的投资敏感性不利；还有些教材的教学内容过于陈旧，或者照搬了西方相关的内容，许多东西跟不上不断变化的我国金融改革，也不具有时代性。也正是基于这样的想法，2005 年我曾经组织过一套金融实践性教材的编写组织工作，但其中的《证券投资学》的编写质量不高，使用中问题较多，也促发了我自己主编这本教材的想法。

过去的五年多，我一直在探讨“证券投资学”这门课程的“研究型”教学，希图在教给学生知识的同时，提高学生研究性思维的能力，面对未来的金融投资实践，这种研究性思维能力是非常重要的。这次借着这本教材的编写，也可以将多年来一些思考和在证券投资学教学中的体会融入进去，实在是一次难得的机会。

本教材的主要特点是：

1. 研究性。本教材是为了适应现代大学教学的研究性思维能力的训练而编写的，教材在体系上贯穿了研究性的理念，因而许多学术性的内容也被编入了教材。在内容的安排上，每章都安排了案例讨论和专题探讨的题目，教师可以结合自己的实际，使用教材在教学中组织引导学生讨论式学习。

2. 新颖性。教材除了传统的证券投资学的教学内容外，在编排上更加注重适应当今金融学子在未来就业后的岗位特点要求，在投资分析的逻辑性上给予更多的内容。譬如在内容逻辑性上，教材基本是从“投资”的角度去探讨各种工具和市场，避免了过去教材常见的融资和投资不分的错误逻辑。

3. 时代性。投资是一个与制度变化和经济结构变化密切相关的领域，本教材在保留证券投资的基本框架下，导入了更多时代变化带来的内容，譬如在第十章大数据与互联网时代的金融投资中，我们讨论了量化投资的新情况，关注了余额宝、P2P 等新型投资形式。

4. 实用性。除了每章之前的学习要点、学习重点难点、基本概念的提示，和每章之后的案例讨论、专题研讨和能力训练题方便学习之外，本教材还配有大量的专栏内容，有利于扩展性学习。不仅如此，本教材在内容上也更加注意了实用性观点和方法的介绍，所有观点做到落地，充分结合了中国国情。

本教材由南京航空航天大学经济与管理学院徐强教授策划并主编，各章节的编写分工如下：南京航空航天大学徐强教授编写第一章、第二章、第三章、第四章的部分内容、第六章的专栏和能力训练题、第七章的专栏和能力训练题、第八章、第九章第二节、第十章、第十一章，以及全部的专题研讨题；沈阳工业大学经济学院金融系李倩副教授编写第四章部分内容、第五章；福建农林大学金融系潘邦贵副教授编写第六章、第七章和第九章大部分内容，教材由徐强统稿、修改并定稿。

在教材编写过程中，参阅了大量文献，其中的大部分列示在最后的参考文献中，教材引用部分也多数标出了出处，但依旧可能存在疏漏。对所有这些作者表示衷心感谢，相关疏漏的责任由主编承担，并请来信指正，主编的电子邮箱是 xq8xq8@126.com。

无论作者如何努力，教材的错误都难免，请广大读者批评指正，以便再版时修改。

为了教学的方便，本教材配有相应的教学 PPT，每章后面的能力训练题也有参考答案，需要的读者请与主编联系。

目　录

第一章　投资导论

【本章学习要点】本章主要引入投资的涵义。介绍投资学国内外的差异，介绍投资概念的经济学和金融学的差异，分析了融资和投资的关系，给出了现代投资的基本特点和构成要素，以及投资、投机和赌博的市场异同，指出一般个人投资者投资的原则。本章学习的核心在于区别现代投资学下对投资的不同理解，以及建立在此基础上的现代投资与传统投资的不同。

【本章学习重点难点】本章的重点是对投资本质的把握，以建立起新型投资分析立足点，为后面的分析打下良好的基础。学习的难点在于如何理解经济学中对投资的认识与金融学中对投资的认识的进展，如何把握金融证券投资的收益、风险和流动性的关系。

【本章基本概念】投资　融资　证券投资　金融投资　收益　风险　流动性　投机

第一节　投资与证券投资

一、投资的涵义

“投资”一词在人们的生活中并不陌生，但投资的定义却是存在争议的。

一般而言，投资是指投资主体为获取未来效益而进行要素投入并形成资产的活动。这个“投资主体”则既可以是政府、事业单位，也可以是企业或自然人，因为投资主体的性质有着很大的不同，它们所追求的投资目标也就不同，因而投资所要获得的“效益”就可能是经济效益（即收益），也可能是社会效益和生态环境效益，或者兼而有之。而为投资所要投入的“要素”则既包括资金，也包括技术、土地和人力资源等其他要素；投资所形成的“资产”则既包括实物资产，也包括金融资产。

在商品经济社会中，投资（investment）是普遍存在的经济现象，可以说没有投资就没有经济规模的增长。但商品经济领域的投资主要是指实体经济的投资，而这种投资的前提是融资，因此过去投资被认为是融资的结果。在很多情况下，对投资的理解，人们是从获得未来报酬的支出行为上来理解的，但实际上“投资”是决策之后的具体行为，根据考察的要素不同，在实体经济领域的“投资”概念和在证券领域的“投资”概念存在着一些不同。

经济学认定实体领域的投资需要考虑的主要因素是投资收益和投资风险，西方投资学家威廉·夏普在其所著《投资学》一书中将投资概念表述为，投资就是为获得可能的不确定的未来值而作出的确定的现值牺牲。可见，未来收益充满不确定性，因此经济学认为投资活动要在“收益一定的情况下，选择风险最小的投资”，或者在“风险一定的情况下，选择收益最大的投资”。然而收益与风险具有正相关性的说法，又使得这样的选择充满矛盾。

如果我们考察过去成功的企业就会发现，几乎所有的成功企业家，过去的投资都有着惊险的冒险过程，没有历史上的惊险一跃，也就不能成就事业。换句话说，成功的企业在初期投资决策的时候，基本考虑的要素是收益，而忽视风险，因而在投资的定义中，我们往往只说投资是为了获得未来的收益而牺牲现在的消费，牺牲的结果则是为了将来消费的增加。

然而，金融学中将这种投资收益、投资风险的两要素扩展成了三要素：收益、风险和流动性。当我们的投资对象不是实体，而是证券的时候，收益和风险这对矛盾体变得更加不可琢磨，要克服未来收益不确定性的风险，似乎不能仅仅考量收益和风险大小本身，从时间坐标上考察，增加投资证券品种的流动性就是一种必然选择。可见，仅仅从收益和风险的角度定义投资只能适用于经济学范畴，从金融范畴定义投资就需要考虑流动性要素。基于此，按照西方经济学家的观点，微观涵义的投资就仅仅是指证券、金融投资了，在以他们的理论为核心的现代金融学的体系中，投资学成为核心课程之一，而这个投资学即为证券投资学，投资就是证券投资(所以本教程的所谓“投资学”实际是指“证券投资学”，或者说是“金融投资”，这符合国际惯例)。至于实体领域的投资活动，他们认为应属于经济体系的内容，由经济学去研究，不属于金融的范畴(如此区分，实际上是建立在经济学科和金融学科存在较大差异的基本认识上的)。

改革开放之前，我国的投资实践主要是在实体经济投资领域，来源于马克思的投资理论也主要是解决实体投资的问题，因而长期形成的投资概念主要是指实体投资的概念。改革开放后，逐步恢复了证券金融的投资体系，因而目前我国经济学界的“投资”概念既包括实物投资，也包括金融投资。不过，从金融学专业的角度，主要研究证券投资这种狭义的“投资”是比较恰当的一种定位，虽然看上去是微观的，但正是这种微观性，决定了投资学在整个经济活动中的重要地位。

很多人认为从本质角度讲，投资主要应该指实体投资，因为只有实体投资才能增加一国经济生产的能力，才是经济增长的因素。但是，实体经济的“投资”需要追求投资效果，这需要资金在整个社会范围进行合理配置，如果没有合理配置的实体投资，结果反而是经济资源的浪费，这种投资就没有意义！观察金融投资的发展历史，它恰恰是要实现实体经济领域的这种资金的合理配置。换句话说，虽然金融投资仅表现为所有权的转移，本身并不构成生产能力的直接增加，但是在现代经济条件下，金融投资将在很大程度上影响实体投资的规模和效果，能够为实体投资提供足够的资金，能够推动资金向合理的资源配置方向流动，因而金融投资有利于实体投资能力的提高，甚至在现代经济发展条件下，金融的资源配置作用是其他配置方式不能替代的，从而，金融成为经济发展的核心。

二、证券的涵义

在投资领域，我们常常将金融领域的投资称为“证券投资”，这个“证券”的涵义似乎比较明确，但实际上也是存在分歧的，在不同领域、从不同角度都会对“证券”产生不同的理解。

由于市场经济实际上在很大程度上是需要法律规范的经济，所以经济活动中广泛流行的是从法律的角度对“证券”的理解。但是法律的定义是从其实用角度出发的，因而从某种意义上看，仅仅是操作性强一些而已。为了这种可操作，《中华人民共和国证券法》（简称为《证券法》）对“证券”定义采用的是列举法，《证券法》指出，所谓证券是指“股票、公司债券和国务院依法认定的其他证券”，“政府债券、证券投资基金份额的上市交易”属于证券交易。显然这个“证券”的界定仅仅是一种狭窄的定义。而美国国会在 1933 年《证券法》和 1934 年《证券交易法》中对证券的定义也是列举法，但相对宽泛：“证券是各种票据、股票、国库券、债券、无抵押债券、债务证明、证明参与任何利润共享协议或在其中有利益的证书、担保信托证、筹建经济组织证或认购证、可转让股权、投资合同、委托投票证书、证券存托证明、油矿、气矿或其他矿藏开采权未分配部分的权益；任何证券、存款证明或者组合证券、指数证券（包括根据价格而计算出来的权益）的卖空期权、买空期权、买空卖空期权、选择权或者特权；任何在全国交易所上交易的有关外币的卖空期权、买空期权、买空卖空期权、选择权或者特权；或者总的来说，任何被普遍认为是‘证券’的利益和工具，或者是对上述项目的任何利益的参与证明、临时性证明、收据、担保或认购权。”

社会生活中，证券（security）是一个外延广泛的概念。对证券的涵义可以有多方面、多角度的认识，至少可以区别为广义和狭义两大类。广义的“证券”包含一切用以证明或者设定一些权利为目的所做成的凭证，这些凭证可以仅仅记载发生的事项，也可以说明相应的权利，或者证明曾经的行为等。广义证券的范畴显然超出了一般认识上的证券涵义，也不仅仅是（证券）投资学所讨论的范畴。狭义的“证券”是指以一定书面形式或其他形式，记载并代表特定民事权利的书证。《证券法》所确定的“证券”是狭义证券中的一种。

从现代经济层面上看，“证券”概念是使用最多的一种，所以经济学家们对证券的涵义做过很多的讨论，基本形成了大致一致的看法。不过目前的“证券”定义多是从经济学层面定义的。具有代表性的是吴晓求在其所编《证券投资学》（2009 年第三版）中给证券的定义：“证券是各类财产所有权或债权凭证的通称，是用来证明证券持有人有权取得相应权益的凭证。股票、公债券、基金证券、票据、提单、保险单、存款单等都是证券。凡根据一国政府有关法规发行的证券都具有法律效力。”或许是因为这样的定义更加偏重于经济学，而不是金融学，所以，吴晓求在其主编的新版《证券投资学》（2014 年第四版）中，刻意回避了“证券”的定义，从中或许也可以看出对证券定义存在的争议。

吴晓求的同事赵锡军在其《证券投资分析》（2011 年第五版）中对证券做了这样的定义：“证券从广义上指各类记载并代表一定权利的法律凭证，它用于证明持有人有权以其所持凭证记载的内容而取得应有的权益。”并进一步指出证券的三个属性：“证券是一种财产所有权的证明。”“证券是一种金融工具，它反映了一种信用关系，是资本需求方向资本供给方借入资本时所出具的凭证。”“证券具有收益性和风险性。”

从证券投资的角度看，停留在经济学层面的这些概念和涵义，都不能准确描述用作投资意义的“证券”。作为投资工具的“证券”，其原有的基本要素和性质已经被它在投资中的作用所替代，人们拥有证券的目的和出发点都可能随之改变，从而改变了对证券的认识。

一般来说，投资者对一定财产或财富的权力以及行使这些权力的条件是以一纸凭证为代表的。例如：借钱时留下的借条，支付时开出的支票，筹资时发行的股票等。但当投资者不是为了证券自有的这些权力和行使权力而持有的时候，证券的涵义就发生了变化，这个变化是在现代投资背景下发生的，此时，证券的投资者（持有者）是为了获得投资收益才持有，而投资收益更多是在证券二级市场（交易市场）的交易下实现的，因此证券的经济学层面的涵义归属到了现代金融学的层面去认识，变得更加狭窄而实效了。

从法律的范畴讲，只有根据一国政府有关法规发行的证券才具有，而且必定具有法律效力。法律角度上证券可以分为“有价证券”和“证据证券”。在“证据证券”中，有一种具有特殊效力的证券，被称为“免责证券”；从经济的范畴讲，证券是一种产权凭证，它用以证明持有人有权依其所持凭证记载的内容而取得应有的权益，并行使相应的权利。经济上，证券可被分为“有价证券”和“无价证券”两大类。但是从证券投资的角度讲，只有具有投资价值的有价证券才会被作为对象进行研究，因而证券仅仅是有价证券的一部分，证券就是一种金融投资工具，仅此而已！当然这种充当投资工具角色的证券是建立在前面法律和经济范畴的基础上的。

特别要说明的一点是，投资学中所研究的对象，经常超出了任何语言所定义的“证券”的范畴，所以，将“证券投资”换称为“金融投资”或许更加恰当，内涵更深刻。

根据以上两段的理解，可以将证券投资领域的“投资”定义为：投资是指经济主体付出一定量的货币（或其等价物），以获得当前具有流动性和未来可能具有预期收益的证券等金融工具的经济行为。本教程不加以特别说明时所指的“投资”，都是指这个意义上的“证券投资”。

专栏 1－1

证券涵义的多角度解读

1. 语义上证券的涵义

古汉语中，“券”作为名词，是指契约。较早的借据式契约被称为“券书”。中国古代刻竹木为之，一分为二，并于分开处加刻特殊标记，以便辨识而防假冒，双方各执一半，债务人执右券，债权人执左券，相合为信。成语“有券在手”、“胜券在握”均由此而来。后泛指票据、凭证。

在现代汉语中，“券”是指票据或者作为凭证的纸片。“证券”是指有价证券。“有价证券”则是指对货币、资本、商品或其他资产等有价物具有一定权利的凭证，如股票、债券、各种票据、提单、仓库营业者出具的存货栈单等。

在英语中，securities 一词是指一种文件或证书，以表示拥有股票、债权、股份等。证券这一术语常用来指股票、债券和对政府、地方权力机关或公司的类似请求权。但它只限于能够因证券中可强制实现的权利而提起请求的证券持有者或者其代表（如证券受托人)所拥有的请求权利,而不用来指股票。

2. 学理上证券的涵义

在学理上,学者对证券的涵义理解各有不同,但大体相似。如谢怀拭先生认为,证券一词的涵义有二:其一,指具有一定形式的一张纸,是一种权利的载体;其二,指具有一定形式并表示一定权利的一张纸,是以权利为内容,以一定形式的一张纸为形式的结合物。赵万一先生认为,证券是证明持有人享有一定权益的凭证,是一种权利义务的规范表现形式,也是现代社会经济和信用高度发达的产物。郭明瑞先生认为,证券是代表一定权利的书面凭证,它的特点是权利与证券密切结合。覃有士先生认为,证券是指用以证明或设定某种权利的凭证,而且常常是指有价证券,法律上给证券下的定义也是针对有价证券而言的,并不指属于证券范畴的其他证券。叶林先生认为,在法学上证券是在专用纸单或其他载体上借用文字或图形表彰特定民事权利的书证。它具有双重含义,有时指描述民事权利的载体,此载体既可以是纸张,也可以是记载和表彰民事权利的其他载体;有时也指纸张或其他载体所表彰的民事权利。在此意义上,证券是民事权利与民事权利载体的结合物。

若以上述证券之内涵为标准,具体分析,证券有广义、中义和狭义之分。广义的证券指记载和代表一定权利的书面凭证,包括有价证券和无价证券。有价证券是指具有一定财产内容,表明持有人享有按照约定期限取得证券上记载的物权或者债权的证书,例如提单、债券。无价证券指证明持券人享有券面上一记载的某种非财产性权利,而无法或难以用价值尺度衡量的凭证,比如计划经济时代的粮票、油票、肉票等。中义的证券指有价证券,即记载和表示一定财产权利的书面凭证。根据有价证券上记载或表彰的财产权利的不同,以及权利人行使相关证券所记载权利的差异性,有价证券又可以分为商品证券、货币证券和资本证券。狭义的证券是指证明持券人对其投资享有收益分配请求权的凭证,即资本证券。

3.《证券法》中的证券

在民商法中,证券多指有价证券,表示一定的财产权,即上述分类中的中义证券。而在证券法上,证券的含义范围,一方面较民商法上的证券的范围窄,它一般不包括商业上支付的证券,如支票、汇票等货币证券;另一方面,证券的种类和范围视各国立法的差异而有所不同,也可随本国情况的变化而有所调整。我国《证券法》规定,《证券法》调整在中国境内的股票、公司债券和国务院依法认定的其他证券的发行和交易活动。同时《证券法》未规定的,适用公司法和其他法律、行政法规的规定。政府债券的发行和交易,由法律、行政法规另行规定。所谓国务院依法认定的其他证券,是指经国务院或者国务院证券监督机构根据法律或者行政法规等规定许可发行和交易的有价证券。我国《证券法》所调整的证券种类,限于资本证券,而不包括货币证券和其他财物证券。这些证券衍生出来的期货期权交易也未直接纳入证券法调整。

(以上摘自杨庆硕士学位论文《企业法外融资与证券法中证券定义研究》,上海:复旦大学,2009年)

三、证券投资的组成要素

证券投资必须具备的基本要素包括：证券投资主体、证券投资工具、证券投资目的和证券投资方式。

证券投资主体。在进行证券投资活动时，当然需要有拥有一定资金和投资决策权的投资活动主体的存在。理论上，证券投资主体可以是任何具备以上两个要件的组织和个人，包括政府、法人和自然人。但各个国家因为发展阶段的不同，对证券投资主体的限制也就不同，譬如我国根据货币资金币种的不同，将上海证券交易所和深圳证券交易所的股票区别为使用人民币进行交易的 A 股，和使用美元或港币交易的 B 股，只有持有美元或港币的人士才能够成为投资 B 股的投资主体。

证券投资工具。从法律意义上，证券需要具有持有人、证券的标的物、标的物的价值和权利等要素，所以证券投资工具首先应该是具有法律特征的凭证。但作为证券投资工具，则应该更多地从工具角度去理解。证券投资工具就是投资主体进行投资的一种工具。特别说明，很多人认为证券投资的不是工具，而是产品，这也一定程度上反映了投资在经济学和金融学方面的差异。（参见【专栏 1－2】的讨论）

专栏 1－2

证券工具，还是证券产品?

目前在投资领域，对“工具”和“产品”概念的使用，实际是存在混乱的，譬如金融衍生工具，也可以称为金融衍生(产)品，似乎两者是通用的，这可能是对“derivatives”这个英文单词翻译的约定俗成。但证券到底是产品还是工具，应该是对证券功能认识的不同而造成的，我认为这个不同的认识应该是区别“经济学”和“金融学”不同的关键点之一。

一般理解，工具是工作时使用的器具，被引申为达到或完成或促进某一事物的手段。而产品是可以让人注意、获取、使用，或能够满足某种需求和欲望的东西。

按照古典经济学的理论，“产品”进入流通领域变成“商品”，商品具有使用价值和价值，“工具”进入流通领域同样具有使用价值和价值，此时两者没有区别，都是商品。但显然，从生产过程看，工具是用来生产产品的，这时是有区别的。

如果从经济学和金融学两个学科的内涵来看，证券是“工具”，还是“产品”，似乎更加清晰。

譬如一件处于交易中的商品，买卖双方的角度是完全不同的：卖者是要通过交易实现价值和利润，而买者是要通过交易获得其使用价值，因而买卖双方达成交易可以建立在双方满意的共赢基础上。经济学提出了均衡价格的理论。而一个处于交易中的股票，买卖双方的角度则是完全相同的：卖者是要通过交易实现利润，买者也是要通过交易获得利润，此时买卖双方达成交易则是因为买卖双方对股票价格后期走势的不同认识所造成的。金融学因此提出了选择权的理论。

如此看，证券到底是产品（商品）还是工具的问题，就变成了对证券的功能的认知的差别上了。如果将证券看做实现融资的手段，则其是满足了融资需求的，它就具备了产品（商品）的功能，所以融资的证券会有利率和股息率的价格表达；如果将证券看做投资，实现小资本到大资本的增值过程，则其是具有了杠杆的作用，它就具备了工具的功能，所以各类证券都不是买卖的目的，通过它们实现盈利才是目的。

如此看，作为原始证券，从经济学的意义看，还存在产品的属性，从金融学的意义看，则可以看做工具；而作为衍生证券，则无论从哪个角度看，都只剩下作为工具的属性了。因此，金融衍生工具不应该称为金融衍生品。

（摘自徐强的博客：http://blog.sina.com.cn/s/blog_56962e4e0101f2no.html）

证券投资目的。投资目的是指投资者的意图及所要获得的效果。证券投资的目的除了直接的投资收益外，还有其他的目的。一般来说，这些目的可以包括：暂时存放闲置资金；与筹集长期资金相配合；满足未来的财务需求；满足季节性经营对现金的需求；获得对相关企业的控制权；等等。但是从投资学的角度看，证券投资的目的应该只会是：增加收益性、降低风险性、提高流动性。因此根据投资目的的不同，投资主体可以区别为投资（投机）者、套利者、套期保值者等。

证券投资方式。投资方式是指资金运用的形式与方法。投资可以运用多种方式：按照投资目的的不同方式有投资、投机、套利、套期保值等；按照投资标的不同方式有股票、债券、期货、期权等；按照直接和间接进行投资的方式有直接利用市场进行自我操盘、间接利用投资基金进行专业操盘。需要说明的是，证券投资一般被归为经济学的间接投资方式之中，这是指通过购买有价证券所进行的间接实体投资。但这种说法也是在经济学中认识金融学所造成的。证券投资的具体方法实际上包含做多、做空等多种。

专栏 1－3

证券投资到底属于直接投资，还是间接投资？

证券投资到底属于直接投资，还是间接投资？提此问题似乎很奇怪，大多数人都会说这个答案是确定的：间接投资！

确实，证券投资的教科书基本上都是说证券投资是间接投资。

但是证券从业资格考试的教材中，将证券投资定义为直接投资的一种。这促使我们要仔细思考一下了。

我们先来看看直接投资和间接投资的定义。

一般地说，直接投资(DI)是指以各种混业、合资、独资等形式直接进入企业，进行生产、贸易的活动。间接投资(II)是指以购买金融证券(如股票、债券、衍生金融工具)等，获得利益分成的投资行为。

这个定义不能解惑！好的，我们再来看看投资的定义。

经典的定义是这样的：所谓投资，就是投资主体为获得未来收益，或经营、实施某项事业，预先垫付货币或其他资源，以形成资产的经济行为。简言之，投资就是投入某种资源，获得某种资产及收益的过程。

如果这个定义没有问题，则直接投资和间接投资的定义就是明确的，那么证券投资归属就是清楚的。遗憾的是，投资的这个定义是从经济学角度定义的！按照经济学原理，资源的配置是本质的东西，而投资仅仅是促使资源配置的方式。

但是我们必须看到，在每一项资源的配置中，都是由人的参与完成的，而人是有思想、有情感的，所以，不能简单地从一个标准衡量投资的目的。如此，“获得资产和收益”就不是最恰当的定义了。

现在我们仅仅从证券投资者证券投资的目的来看他们的行为。在现代股权分散的背景下，大多数的证券投资者投资证券仅仅是为了获得投资收益，尽管这个收益可以来自证券发行者的分红，也可以来自交易市场交易价格的差异，但我想，作为少量资金的投资者，几乎没有人为了从证券发行者获得分红收益而购买证券，尤其是中国的股票投资者，这种情况更加普遍。

在此目的下的证券投资，你只能确定他们的投资行为是间接投资。不过你千万不要错误地以为这和间接融资有什么对应关系！

证券市场的投资者，除了上述的间接投资行为外，还存在着一种特殊的投资行为，就是为了控制证券发行企业而做的投资。事实上，在股权分散的背景下，在交易市场购买股权凭证，只要购买不多的份额就能够成为发行企业的实际控制者。譬如拥有10%左右的股权份额就能够成为上市公司的第一大股东之类。这种投资的存在具有巨大的意义。他们遏制了证券发行者的错误融资和资金投向，遏制了证券发行者的错误决策和不合理的决策。正是这种力量的存在，企业才会理性，社会资源才可能会是合理配置的。这类证券投资者的投资行为显然不是间接投资，而是直接投资。

可见，区别证券投资属性并非重要，作为监管者，培育市场的两种力量，是市场健康发展的基础。

(摘自徐强博客：http://blog.sina.com.cn/s/blog_56962e4e0100ucer.html)

第二节　投资学的基本原理

投资实际上是在风险、收益、时间三要素均衡下的一种选择，是对同时满足三个要素的证券品种的一种选择，而选择过程就是决策过程，决策需要分析，因此，投资的基础是分析，投资学的核心内容是对投资的分析。

一、投资和融资的关系问题

投资和融资是一个问题的两个方面：从出资者的角度，是投资；从受资者的角度，是融资。

但是在金融投资学的角度，投资和融资存在诸多的不同：

1. 投资者和融资者的利益关切不同。投资是投资主体为了获得预期的效益而投出资金的行为或过程，他们关注的是投资的安全性、收益性和时间性。而融资是指各类经济部门和单位为了某种经济目的所进行的资金借贷和筹集活动，他们更关心的是筹集资金的成本。因此，投资者和融资者存在利益冲突，平衡好这种利益冲突，是投资市场的主要任务之一。

2. 投资是按照投资者类型分型的，而融资者是按照融资的阶段分型的。按照投资者对风险—收益—流动性的认识不同，对投资进行分类研究；按照融资者的不同发展阶段下，能够承受的不同的收益—风险—时间的能力不同，对融资进行分类研究。

3. 投资首要考虑的是风险，而融资首要考虑的是成本。作为投资者，选择证券品种进行投资，需要在风险—收益—流动性三方面综合考量，但风险应该是第一位的，如果要冒较大的风险，一定要求预期的收益回报会很大。作为融资者，选择不同的融资方式，需要重点考虑的是成本的大小，如果没有期望的成本，再小的风险也是没有价值的。

现在有一个问题：在社会发展过程中，我们应该以融资为核心构架金融市场，还是以投资为核心构架金融市场呢？

从经济和金融的发展历程看，金融市场基本经历了由以融资为核心，向以投资为核心的转变过程。

在经济金融发展的初期，金融仅仅是作为一种中介出现的：由于银行的出现，将原来随机出现的借贷关系，转变成可以常态进行的融资关系。此时，银行为了自己的利益，负责对融资对象融资资格进行审查，银行对整个社会资金合理流动、合理配置的影响巨大，因而银行是金融体系的核心，市场、政策和投资品种因为银行存在而存在。但是在竞争的背景下，银行经常会发生对贷款项目的不深入审查，对银行存贷资金的时间错配，对社会发展的资金流是否合理不加关心的错误。不过，由于此时整个金融体系还处于一种以商业银行这种金融机构为核心的金融体系下，因而，金融系统构建的就是一个以融资为核心业务的体系。

随着经济金融的发展，融资这种需求的满足需要借助市场来完成。一个以金融市场为核心的新的金融体系就建立起来了，此时，满足投资需求的除了各种金融机构外，大量满足不同风险—收益—流动性需求的投资品种出现，金融机构和金融政策都只是为了让这种投资品种能够顺利在市场上实现交换而发挥作用。在这样的背景下，整个金融流转的核心力量在于投资者对投资品种的选择，因而金融市场以投资为核心构架体系。

在市场以投资为核心时，资金是否由出资者流动到需要受资的融资者那里，完全取决于投资者所进行的投资评估。这样，理论上就只有有着发展前途的企业和项目才会得到投资者的青睐，合理的资源配置有可能实现。但实际上，如果金融体系不能提供投资者进行投资评估所需要的信息和资料，市场规则不利于投资者作出理性的投资决策，金融机构仅仅是中介，这种合理配置资源就成为空想。

二、现代投资的基本特征

在现代经济中，金融之所以成为经济的核心，主要是因为证券市场已成为生产要素市场的龙头，因而作为证券市场的主要活动——投资就成为核心力量。由于投资的存在，才有了因融资而快速成长的企业；因为投资的选择性，才有了社会结构性的快速增长；因为投资的活力，才有了社会资源的最佳利用。这些都是基于投资本身所固有的基本特征的。

1. 投资是价值投资，但保值增值是建立在流动性的基础之上的

证券投资的目的是为了获得收益，换句话说是为了资本的保值增值，但无论是保值还是增值，都是在流动性的前提之下实现的，这是现代投资的显著特点之一。与过去的投资和证券投资不同，现在的证券投资不是过去没有市场下的投资，通俗地讲，投资不是投资之后简单等待分红拿利息的过程，市场发达的结果，使得资金在整个社会的范围变得更加流动，这才导致资金的高效运动。所以，投资者总是在寻找合适的买卖时机，实现资金的增值。结果也可能因为时机把握不对，出现减值的状况，这就是投资风险。投资者在其投资的保值和增值的过程中，不仅仅要看到资本收益的大小，还需要看到资本变现的难易程度。能够随时处置变现，一方面是要应对资金的不时之需，另一方面也是跨期选择性的要求。不同时间，资本的收益性可能会发生变化，如果没有流动性，则随着时间推移，在出现有利于自己的变化时就难以获得更高的收益。

2. 投资对象的可分性和标准化处理

相比较过去的各种其他类型的投资对象(譬如实体经济投资)而言，证券投资是将投资对象进行了分割，譬如股份有限公司是将公司的资本进行了等额的分割，这就增加了投资的便利，使得参与投资的群体大幅度增加了。天津文化艺术品交易所采用这种方式对文化艺术品的分割份额交易，结果使得不著名的当代画家的画作，其价格还高出了齐白石等名家同尺寸的画作的价格，就反映出这种分割性带来的投资的巨大的“价值”空间。在对投资品进行分割处理时，既可以对其份额进行等额的分割，也可以不进行等额的分割，但越是现代的证券交易，其标准化处理的色彩就越浓，这是因为标准化处理之后的投资对象更加便于流通和投资。除了收益性、流动性的增强外，对投资对象进行分割标准化处理的另外一个重要的原因是将风险进行了分割，投资者有可能因为被分割的证券，选择证券投资组合来降低投资的风险。

3. 投资是投资者和筹资者相互选择的结果，但投资者占据主导地位

证券投资是通过证券市场来完成的。现代证券市场是一种公开的市场，在证券市场上进行的各种投融资活动，都是证券发行的筹资者与证券购买的投资者之间互相选择的结果。但现代投资的特征是投资者在这场投融资的活动中占据了主导地位。过去的投资活动，投资者只能被动地进行投资选择，基本只有购买或是不购买的这种没有更多投资选择的状况，可以说，当时的投资处于卖方市场，证券发行者处于投融资的主导地位。但现代证券投资的这种状况已经发生了巨大的变化。从投资者角度来看，他要求证券发行企业是有盈利的单位，是有发展潜力的企业，其风险是可控的，市场前景是看好的。即使以上条件都具备，投资者还会进行不同投资对象的对比分析，投资者只有对一个企业的基本情况进行了解，并据此同其他企业进行比较后，才能做出最后的投资决策，这就是投资者对证券选择的主动性所在。而从筹资者来看，虽然他可以考虑自己需要筹集的资金，选择发行的证券品种，给出愿意付出的筹资成本，但必须根据市场投资者的需求才能做出这些决定，因此投资者行为决定了筹资者的行为。

4. 合理投资需要强大的市场信息披露功能

由于证券市场的参与者众多，这从另一方面反映了市场主体收集信息的成本较高，交易的标准化处理只是在投资对象的同类品种上进行了信息简化，并不能提高对投资对象整体信息的了解，所以市场需要知道证券发行者自身的公开的财务状况、经营记录、经营范围和业务、筹资的用途等信息，还需要知道影响证券市场投资对象价格的其他各种信息，这些信息要求准确、客观、及时，因而证券市场各方的信息披露必须做到“公开、公平、公正”。这样的信息披露和使用要求，使得市场各方发生了不同的变化：市场监管部门的主要职责是保证所有信息披露者披露的信息是真实的、及时的，对违规违法的信息披露和使用进行快速有效的打击；市场投资者的主要任务是读懂信息，依此进行投资决策，这促进了证券投资基金这样的专业投资机构的大发展；市场服务群体的主要任务是对市场信息进行必要又客观的收集、整理和分析，为投资者投资提供最佳的服务……

5. 投资可以在更大的程度和范围上分散风险

投资有风险，没有风险的就不能称为投资，这种风险可以区别为两种风险：系统风险和非系统风险，但现代投资的首要任务是要分散风险，否则任何收益都可能化为乌有。在现代投资背景下，非系统风险是可以通过分散风险的方法进行降低的，而现在无论是在程度上，还是在范围上，这种降低非系统风险的能力都有所增强。此时，证券投资主要是通过对投资对象进行投资组合，实现投资多样化来减低投资的非系统风险。由于不同投资品种的风险大小不同，风险爆发的时间不同，所以通过投资组合可以实现投资整体的风险减低，这使得投资者可以在多种不同收益—风险—流动性的品种上进行选择。而现代投资也能够一定程度上降低系统风险的程度。譬如对于可能存在的跨期风险，可以利用“套期保值”的投资手段来加以避免或者降低。另外，由于强化了信息的分析，对于系统风险也能够在一定程度上加以回避。

6. 投资分析理论、方法和手段多元化

随着经济发展进入金融核心的时代，越来越多的人关注投资分析的理论和方法，分析和投资的手段都有了质的飞跃。譬如对证券定价的理论和模型就有现金流量折现模型、资本资产定价模型、套利定价理论、有效市场假说、二项式模型等。投资的分析内容可以从宏观基本面、行业层面、公司微观层面、技术层面、风险方面等多方面展开，因而也衍生出很多相关的专业岗位（策略分析师、行业分析师、股票分析师、债券分析师等），这些岗位的各种投资分析方法和手段层出不穷，使得投资分析在专业发展的道路上越走越宽。随着投资进入大数据时代，针对投资者不同类型的私人定制投资分析和量化投资手段也都成为投资的重要组织部分。投资理论、方法和手段的多元化，促进了投资成为专业化的领域。

7. 现代投资要求市场的多层次、多元化、多样性

所谓“多层次”是指风险类别不同的公司的证券交易的多个层次市场，譬如沪深主板市场、深市创业板市场、全国中小企业股份转让系统（三板市场）等；所谓“多元化”是指由不同类别投资品种组成的市场，譬如股票市场、债券市场、证券投资基金市场、衍生品市场等；所谓“多样性”是指市场为投资者提供了不同时期的投资产品和不同的交易手段，譬如现货投资市场、期货投资市场，做空交易市场手段、做多交易市场手段等。

现代证券投资面对的是多种不同需求的筹资者和投资者。一方面，证券作为企业直接融资的工具，在企业快速成长的过程中，对各类资金的需求不断提高，那些在较短时间内需要筹集较大规模资金的筹资方案都能够在证券资本市场得以实现，而不同风险的筹资方案也能够得到市场的支持，这都基于现代投资所拥有的多层次、多元化、多样性的市场。另一方面，证券作为现代投资的主要形式，投资者在对待风险、收益和流动性上的不同需求，也进一步要求市场的多层次、多元化和多样性。

8. 投资的易变性和结果的不可预测性

现代投资具有极强的流动性，这个流动性一方面是交易成本不断降低的结果，一方面也是融资融券和保证金交易的结果。为了提高证券交易的流动性，现代投资市场在不断降低交易成本的同时，也采取了诸如 T＋0 交易、融资融券交易、比例保证金交易等多种手段，这使得交易量增大了很多。据统计，在国外，融资融券的交易量占到全市场交易量的 20%左右。我国股指期货市场采用 T＋0 和比例保证金的交易制度，就明显比采用 T＋1 和全额保证金交易制度的现货市场的成交量要增大很多，2013 年全年，沪深 300 指数现货的成交金额是 166 497 亿元，而同期沪深 300 指数期货的成交金额达到 1 407 002 亿元，后者是前者的近 8.5 倍。在这个流动性背景下，证券价格也出现了不稳定性，价格波动可能超出正常波动的范围，出现过度波动。而投资决策作为对投资结果的预期，由于证券价格的这种易变性，决策的风险也就增大了，因而投资的难度增大。

三、现代投资的构成要素

根据前述投资的基本特征，我们可以总结出证券投资的三个基本要素：收益、风险、流动性。

1. 收益的内涵发生了变化

以往的证券投资，除了为了获得投资的利息、股息等当前收益和由证券价格波动带来的资本收益外，还有其他种种考量，譬如可以享受对企业的种种权利等。但20世纪50年代之后，由于股份制进一步发展的结果，股权分散明显，又引入了独立董事、CEO等公司治理的制度安排，股东对所有权的要求，逐步地仅仅集中到了对股权收益的要求上来，对收益不满的表达也更多采用了“用脚投票”（卖出股票）的方式，而不是过去的股东大会“用手投票”。并且对资本收益的要求也逐渐加大，获得资本收益的手段除了传统的低买高卖外，高卖低买也逐渐盛行，从而使得证券价格发现功能得到增强。

2. 对风险的认识有所改变

经济学的一般认识是：收益与风险成正比例，即收益越高，则风险越大；反之收益越低，风险也应该越小。但现代投资对风险的认识已经不是这种简单的认识了。首先，收益与风险之间关系存在不确定性，即使长期存在一种稳定的关系，短期也会发生改变；其次，收益和风险的认识核心在于投资者对其认识的角度和态度，在一个人看来具有较大风险的收益，在另一个人看来可能就属于风险较小的收益，因此，对收益风险的要求也就不同。如此来看，投资不是简单地衡量风险和收益的关系问题，而是要选择收益—风险匹配的投资工具，因而市场应该提供这种相匹配的投资工具。

专栏 1－4

风险—收益的关系认识

不能说凡追求高的风险就一定能取得高的收益，风险—收益之间的转换是金融学的基本命题。传统上，风险与收益之间的正相关性曾是基本常识。然而，鲍曼(Bowman)悖论(鲍曼在1980年通过分析美国85个行业的样本，发现在多数行业内，公司战略风险与收益间存在显著的负相关关系，这违背当时主流理论和人们观念中固有的“高风险、高收益”的主张，这一现象被命名为鲍曼悖论)的出现对其提出了直接挑战，这隐含着管理者在预期较低收益的情况下，却接受较高的风险。对此，有研究者试图从战略管理角度寻求突破。然而，这些从战略管理角度寻求突破的尝试却得到更为矛盾的结果。例如，李儒夫(Rufli)认为这种现象是研究设计本身造成的，不同的统计方法、不同的风险度量方法会得到不同的研究结论。同样的方法对风险收益不同截面数据的获取，或研究时段的不同划分都有可能导致相互矛盾的结论。

认为风险—收益存在正相关的研究者有：弗伦奇(French)等人(1987)利用卷窗模型度量风险，实证结果表明股票市场风险与收益率之间具有显著的正相关关系；吉索斯(Ghysels)等人(2005)把月条件方差用日收益率的平方项的长期滞后值的函数作为代理变量，也发现股票风险与收益率之间具有显著的正向关系；戈雅(Goyal)和圣塔·克拉拉(Santa-Clara)(2003)指出市场的滞后方差模拟风险对市场收益没有预测能力，但利用滞后平均股票方差代理风险也得到风险与市场收益之间具有显著的正相关关系的结论；闫冀楠和张维（1999）针对传统 ARCH-M 估计方法的不足提出了遗传算法（GA）的改进模型，认为上海股市中投资收益与投资风险之间确实存在正相关关系；刘勇和周宏（2005）在 GARCH-M 模型的框架下，证明了股票风险和收益也是正相关的；禹敏和陈收（2007）用 ARCH-M 族模型来拟合中国股票市场的收益序列，得出投资收益与风险之间存在显著的正相关关系；吴长凤和赵军等（2002）采用非对称 EGARCH-M 模型模拟后认为，中国股票市场存在着一定的高风险—高收益、低风险—低收益的普通关系；傅（Fu）（2009）用 EGARCH 模型对期望异质性波动率进行估计，发现估计的条件异质性波动率与期望收益率之间具有显著的正相关关系；吉索斯（Ghysels）等（2005）采用混合样本数据模型（MIDAS）作为估计条件方差的模型，发现股市风险与收益率之间具有显著的正相关关系；哈里森（Harrison）和张（Zhang）（1999）利用半参数模型估计波动率时发现在条件均值与波动率在长期具有正相关关系；天力（Tinic）和威斯（West）（1986）发现具有较高异质波动性的资产组合一般都会具有较高的期望收益率；高盛（GS）（2003）发现市场波动率对市场收益率没有预测能力，但是异质性波动率（平均股票波动率）却与市场收益率之间有显著的正相关关系。

认为风险—收益存在负相关的研究者有：白郎（Brandt）和康（Kang）（2004）指出股票收益率与条件方差之间存在较强稳健的负相关关系；姜继娇（2007）对上证 400 多家 A 股样本的实证表明 A 股市场风险和收益存在显著负相关关系；波尔（Ball）等人（2005）认为在 NYSE/AMEX 或 NYSE 市场中并不存在风险与市场指数收益之间的显著的正相关关系；白郎（Brandt）和康（Kang）（2004）通过 VAR 模型发现，条件均值与波动率相关关系为负且统计上是显著的；昂（Ang）等（2006）按标准的法玛（Fama）和弗伦奇（French）（1993）模型来定义异质性波动率风险，发现具有较高异质波动性风险的资产组合具有低的平均收益率；昂（Ang）等（2009）对 G7 国家进行研究发现平均股票市场收益率与滞后的异质性波动率之间也存在显著的负相关关系。

还有一些研究者却发现风险与收益率之间有不太显著的关系：坎贝尔（Campbell）（1987）考察利率期限结构与股票超额收益率之间的关系，发现股票超额收益率的条件方差是随时间变化而变化的，股票超额收益率的条件方差与期望条件收益率之间的正相关关系只在期限结构末期时短时存在；坎贝尔（Campbell）和亨切尔（Hentschel）（1992）利用 Q-GARCH 模型检验美国 1926—1988 年之间月和日股票收益率的特性，发现波动率对股票收益率的影响很小；陈（Chen）等人（1992）、特纳（Turner）等人（1989）发现这种正相关关系和负相关关系依赖于采用何种模型。

［以上根据浙江理工大学崔聪慧 2012 年的硕士论文《股票市场风险与收益的关系研究》和姜继娇的论文《上证 A 股市场风险与收益关系的实证研究》（《科研管理》2007 年第三期）整理］

3．流动性最被看重

一般来说，投资期限越长，收益就会越高，但同时不确定性的风险也越大，这种风险不是仅仅来自于收益减少的风险，而是来自于放弃了更高收益的风险。所以，投资者除了要决定所追求的投资收益，还要决定能够承受的风险，更需要保持较高的金融证券资产的流动性，以便不失去获得未来可能更大收益的机会。这或许是现代经济学与现代金融学最大的不同视角之一。通俗点说，传统经济学关注的仅仅是投资的收益，因而初期的资本家都是冒险家，他们的眼中只有收益；现代经济学关注投资的收益和风险，追求收益和风险的匹配是经济学目标之一；现在金融学则需要同时关注投资收益、风险和流动性，他们需要关心现在的收益和风险关系，还需要关心未来收益和风险变化的可能性。

四、投资、投机与赌博的区别

要区别投资（investment）、投机（speculation）和赌博（gamble）的不同，这是件看起来容易做起来难的事情。

经济学一般给予它们的界定都是从目的和动机、投资时间长短、概率及其分布等来进行的。比较常规的认识是：投资是获得资金长期持续增值的行为，投机是获得短期资金收益的手段，赌博则是碰运气的手法。进一步的解释就是：若期望在承担适当的风险前提下，未来能够赚取长期、稳定但可能并不高的报酬，其行为可称为投资；若期望承担较高的风险，着重于追求短期的暴利，其行为可以称为投机；而如果是在公平的前提下，其行为结果完全取决于运气的好坏，就是一种赌博了，但实际上，在赌博时往往存在非公平性，就是可能存在作弊的现象。

但是，对投资、投机与赌博或许应该有更进一步的认识。

1. 广义的投资包含了狭义的投资、投机和赌博

对于现代经济而言，广义的投资实际上包含了狭义的投资、投机，甚至赌博，我们不能用有色眼镜去看待投机和赌博，至少投机增加了投资的流动性色彩，赌博给予投资者更多的期望。用现代金融的视角看待它们，投资或许是为了获得较小风险的投资收益，因而不看重流动性；投机或许是为了获得较大的风险投资收益，看重流动性；赌博则是最大风险的投资活动。

2. 投资、投机和赌博的界限是模糊的

在瞬息万变的投资市场上，投资、投机和赌博也是很难明确划分的。实体投资时存在冒险的各种投资行为，无异于赌博，所以经济学界有成功的投资者都是冒险家的说法；而金融证券投资市场，价格的变动更是变化无常，为了投资而变成投机的，为了投机而变成投资的，为了投资和投机做出赌博行为的，都比比皆是。有人将投资定义为为了获得资本利得收益，将投机定义为为了获得资本市场价格波动的差异收益，将赌博定义为碰运气，但如果是这样，那么金融证券投资可能就不存在“投资”了，只有投机和赌博。

3. 投资、投机和赌博的本质区别

在宏观和微观两个层面看，投资、投机和赌博存在本质的区别。区别之一是投资和投机的市场关注市场资金增量效应：上市公司不断分红，使得资本市场得到不断的壮大；新公司不断上市，带来更多的资金能量。因此，投资和投机不是零和游戏。而赌博不关心资金的增量与否，它更关心的是资金流动的重新分配，零和游戏也在所不惜。区别之

二是投资是长期视角的图谋，投机和赌博都是短期视角的手段。所以，从远期看，所有的投机和赌博都是为了长期的投资最大效果，而投资常常是通过投机和赌博的结合来实现的。

4. 现代金融背景下，投资、投机和赌博都可以成为一种投资手段

现代金融市场，证券价格不断波动，这种波动既有正常的波动，也有过度的波动；人们对未来的认识总有局限，任何决策都存在碰运气的成分。因此，你很难想象一个投资者是因为投资、投机还是赌博参与到市场中来，投资、投机和赌博都可能成为投资获利的一种手段。运用这些手段的差异只在于投资者对于收益、风险和流动性的短期和长期的要求的不同。

举例来说，在只能做多盈利的市场，一个投资者可能期望在10元以下才考虑持有一只股票，因为他认为10元时的市盈率才是合适的，这是投资的理念。但如果他已经10元持有了该股票，价格却在一个月内上涨到15元，此时他很可能就投机性卖出股票，期望价格在回落到10元以下时再次买回来，这就是投机的行为了。如果这种行为发生为全仓的进出，则已经实际演变成为一种赌博行为，他蜕变为一个市场赌博者。不过，从市场的稳定性和各种功能的有效发挥的角度出发，我们需要培育的是界限清晰的稳定的投资、投机和赌博群体，这就要用多层次、多元化的资本市场来对投资者加以分割。

5. 随着现代金融的演变，投资、投机和赌博变得更加复杂

在现代金融市场背景下，市场制度的创新，规则千变万化，既可以做多投资交易，也可以做空投资交易；既可以使用自有资金投资交易，也可以融资融券交易；既可以全额保证金交易，也可以比例保证金交易；既可以个股投资交易，也可以组合投资交易；既可以主观决断投资交易，也可以客观量化投资交易；既可以单向投资交易，也可以双向投资交易；既可以投资（投机）交易，也可以套利交易，还可以套期保值交易……这些都使投资、投机和赌博的区分和界定变得更加复杂。一句话，我们再不要用褒义和贬义的语气看待它们的不同。

五、个人投资者投资应该掌握的基本原则

不同于机构投资者，个人投资者一般都不具备全面的专业投资知识，不掌握专门的投资工具，所以在进行证券投资时，需要注意一些基本的投资原则：

1. 投资规划的原则

现代投资是个人理财的一个组成部分，因此在进行投资之前，需要先对投资和理财进行必要的规划和计划。理财规划是要对个人的全部支出进行规划，包括现金规划、消费支出规划、教育投入规划、风险和保险规划、税收筹划、投资规划、退休养老规划、继承规划等。其中的投资规划是核心规划之一，它是个人和家庭财务自由的基本保证，因此在进行金融证券投资之前，先要根据各自自身的情况，进行投资规划。

什么才是根据各自自身的情况进行投资规划？举个例子来说，一个老年人、一个中年人和一个年轻人的投资规划一定是不一样的。老年人一般比较厌恶风险，大多追求资产保值以及能够有利息收入的投资，因此有固定利息收入的国债投资或者其他风险较小

的公司债券就成为他们规划的主要金融证券投资品种；年轻人一般有着好奇心和冒险精神，加上多少缺乏资本的原始积累，因而他们往往愿意在承受较大风险的条件下获取较高的收益，对一些有较高成长预期，价格波动性较大的股票，譬如创业板股票、高收益（高风险）债券等，比较偏好；中年人一般介于前两者中间，他们虽然有了一定的资本积累，但生活在"上有老，下有小"的年龄段，对投资的规划更倾向于那些平衡型的资产配置。

2. 量力而行的投资原则

个人投资者所能进行的金融证券投资的资金，应是个人暂时不需要在其他方面使用到的部分，换句话说，一旦出现投资失败，也不至于影响到个人和家庭的生活质量，因此，量力而行是基本原则。

很多冒险的个人投资者，嫌自有资金的投资资本积累的速度太慢，就将尚未使用但是准备结婚用的资金、准备购房的资金、准备旅行的资金或者其他很快就要被使用到的资金投入到金融证券投资中来，试图利用未使用之前的这个时间段来实现资金的增值，这是非常危险的行为。

还有一些投资者则是借钱投资，这就更增加了投资的风险性。编者一个朋友习惯于用信用卡进行股票投资，他的消费支出先在信用卡中完成，余出的钱进行股票投资，等到信用卡还款日到来之前再卖掉股票归还信用卡借款，结果常常到还款日的时候股价下跌，只好割肉卖出获得资金用以归还信用消费支出。

3. 分散风险的投资原则

当詹姆斯·托宾（James Tobin）获得 1981 年诺贝尔经济学奖时，一名记者请他用简单通俗的语言概括自己的研究内容，之后这位记者称"托宾教授凭借对'不要将所有鸡蛋放在一个篮子里'理论的研究获得了诺贝尔经济学奖"。1990 年诺贝尔经济学奖的获奖人之一哈里·马科维茨（Harry Markowitz）是"不要将所有鸡蛋放在一个篮子里"的资产配置学派的真正创始人。马科维茨给出了投资者如何建立最佳资产投资组合的方法，能在给定预期收益的情况下实现风险最小化或在给定风险的情况下实现预期收益最大化。但是投资大师巴菲特就说过："'不要把所有鸡蛋放在同一个篮子里'是错误的"，他建议投资应该像马克·吐温建议的，要放在同一个篮子里，然后小心地看好它。

这两种完全相反的理论之间，从个人投资者角度去认识，就是要区别是要真正地分散风险，还是仅仅为了降低风险。当存在非系统性风险的时候，通过组合投资可以规避掉大部分的这类风险。问题是个人投资者资金有限，如何才能实现分散风险？结果可能是规避开了风险，却得不到收益。所以，现代股票投资中一个重要的降低风险的策略恰恰是专注于很少的几只股票，了解它们的习性，关注它们的基本面。

4. 树立正确投资心态的投资原则

作为另一种消费的形式，有时候投资和消费是很类似的。现实中，你可以花钱旅游实现一些人所说的"花钱买罪受"，却不愿意接受投资的失败。金融证券投资市场风云莫测，各个不同的市场虽然风险有大有小，但存在风险和不确定性几乎是共同的。因而金融证券投资的第一位的知识和能力不是对投资专业知识和手段掌握的多少，不是影响投资决断的分析能力高低，甚至也不是运气的作用，而是要具备一个强大稳定的正确投资心态。

投资中最容易出现的错误心态是贪婪和恐惧。在证券价格上涨时，贪婪而不愿意出手卖出证券；在证券价格大幅度下跌时，出现恐慌而“割肉”卖出证券。基于这种贪婪和恐惧的心态，投资界还建立起一种“追涨杀跌”的投资技巧，就是股价出现大幅度上涨时，追买价格不断上涨的股票，而当股价出现大幅度下跌时，则会低位卖出股票，以避免更大的损失。看起来科学，但对大多数个人投资者来说使用起来是亏多赢少，原因还是心态。多年前编者指出散户（个人投资者）应该建立起“快乐炒股”的思路，在这种正确心态指引下，投资才可能实现最后的盈利目标。

5. 合法合规的投资原则

有一些操作的手法是法律法规明令禁止的。譬如：发布虚假信息；非法操纵股票市场；通过大量抛售股票引起该股股价大幅度跳水，之后又大量购回；“对倒”操作，就是大资金在同一时间先后自己买卖同一只证券，从而影响证券价格的走势的操作。个人投资者虽然没有这样的大资金，但是却希望获得这些大资金的青睐，所以就会到处打听消息，甚至想方设法提前获得内幕消息，这是非常危险的举动，因为这可能成为主力操纵市场的资金的一部分。

再如现行法律规定：向不特定公众发行和向特定公众发行超过 200 人的都属于“公开发行”，公开发行是需要经国务院证券监督管理机构或者国务院授权的部门核准或者审批（今后也可能是注册）的，如果你投资的是这类证券之外的证券，就不受法律保护，有可能成为非法集资者的“盘中餐”。

第三节　证券市场的发展阶段

一、全球证券市场的发展历程

（一）以“自由放任”为特征的萌芽阶段（17 世纪初至 20 世纪初）

证券的产生历史久远，但证券市场的历史却相对短暂。只有当证券交易的集中度和交易频率发展到一定水平，证券的发行与转让必须通过公开市场的时候（交易成本更低），证券市场才应运而生。世界上最早的证券市场诞生在荷兰，时间点是 1602 年。在资本主义由自由竞争向垄断竞争发展的过程中，证券市场结构的升级和变化适应了资本主义经济发展的需要，有效地促进了资本的积累。证券市场结构的面貌发生了很大变化，政府债券不再是市场的主要交易品种，股票和公司债券逐步成为市场交易的主力。但是必须指出，由于证券市场缺乏相关的法律、法规，证券的发行和交易基本上处在自由放任的状态。证券行业呈现出无序竞争的格局，证券交易所数量众多，交易机制变化不定，交易品种鱼龙混杂，证券价格频繁波动，证券市场上的欺诈和投机现象十分严重。

这一时期，证券市场的结构相当简单和原始。其主要特征是：第一，有价证券发行量不断扩大，已初具规模，但是市场严重缺乏层次性；第二，证券交易市场应运而生，全球各主要证券交易所纷纷成立，如苏黎世证券交易所创建于 1877 年，日本东京证券交易市场形成于1878年，但是往往只发挥着区域性交易中心的功能。第三，一些国家开始对证券立法并进行监管，但是其形式还很简单（如美国的“蓝天法”），作用还极为有限。

（二）以“规章建制”为特征的完善阶段（20世纪初至70年代初）

1929年的全球性经济危机是证券市场发展的重要历史转折点。在经济危机的过程中，证券市场不但没有发挥其有效的风险分散和风险平滑的功能，相反，股市暴跌还成为经济危机导火索，并在危机期间不断推波助澜。在危机过后的相当长时间内，证券市场仍然处在萧条之中。截至1932年7月8日，道琼斯工业股票价格平均数只有41点，仅为1929年最高水平的11%。危机过后，各国政府深刻意识到市场失灵的负面效果和加强对证券市场监管的重要性。以全面发挥政府“有形之手”的作用为突破口，证券业的法律、法规纷纷出台，政府着手对证券发行和交易行为进行全面的规范和管制。证券市场法律体系框架的形成，为证券市场的健康有序发展奠定了扎实的制度基础，证券市场终于开始逐步走上规范发展的道路。以美国为例，在这一阶段，美国政府完成了证券市场统一立法体系的构建，先后颁布了一系列联邦证券法，包括：《证券法》(1933年)、《证券交易法》(1934年)、《公共事业控股公司法》(1935年)、《信托契约法》(1939年)、《投资公司法》和《投资顾问法》(1940年)等。在美国的示范效应下，其他国家也纷纷通过立法方式和制度建设，对证券发行和证券交易实行全方位的规制和管理。例如，1958年英国颁布了《反欺诈(投资)法》，1948年和1967年颁布并修订了《公司法》，完成了证券市场基础性法律、法规的建设工作。

这一时期的证券市场，市场结构不断深化。其主要特征是：第一，在危机和繁荣的交替中，证券市场结构开始出现分化，一个国家内往往开始出现多个交易所或区域性市场，场外交易日益制度化和常规化；第二，在市场竞争的压力下，各证券交易所不断完善自身的组织结构和治理结构，并改进交易的机制和交易手段，证券交易成本逐步下降；第三，各国政府普遍完成了对证券领域的立法并建立了完整的监管体系，制度结构开始对证券市场的演进发挥更加重要的作用。

（三）以“高度繁荣”为特征的成熟阶段（20世纪70年代初至今）

从20世纪70年代开始，无论是西方发达国家还是新兴的发展中国家的证券市场，都进入了快速发展的阶段。全球证券市场日益繁荣，证券市场在全球经济体系中的作用和地位凸显；各国股票市场的规模迅速扩大。主要发达国家股票市值与其市场总值的比率普遍超过了80%，而新兴市场经济体的这一比率也达到了较高水平，有些甚至超过了欧美国家的水平。与数量和规模的变化相适应，证券市场的结构和运行机制均发生了巨大变化，并呈现出新的特点和新的趋势。具体来说：

第一，经济金融化和金融证券化。伴随经济的发展，各国经济的货币化和资本化程度不断提高。其中一个突出的表现是，证券融资在整个金融市场上所占的比重迅速上升，在市场资源配置过程中的作用日益提高。以美国为例，创新工具和创新产品的层出不穷，以证券为载体的投资活动日趋频繁，而且范围不断扩大。由于保值和增值的财富管理需要日益迫切，人们不断将储蓄从银行存款转向证券投资（脱媒），各国金融体系均出现了向市场主导型过渡的趋势。

第二，证券市场多样化和层次化。高效率的市场必然是多层次的市场。这主要表现在：交易品种多元化，筹资工具的多样化，各种有价证券（如股票、债券、其他证券）的发行种类、数量及其范围逐渐扩大；交易方式、交易手段也呈现多样化发展趋势，即除了证券现货交易外，还出现了回购、远期、期货、期权、价格交易、信用交易等多种交易方式；交易场所差异化，即除了交易所，越来越多的交易转移到了柜台市场等场外市场，市场的层次性日益明显。

第三，参与主体机构化。除了原有的政府机构及个人投资者外，机构投资者的占比迅速上升。特别是从 20 世纪 70 年代后期开始，人口结构和财富存量结构的变化使得养老基金、保险基金、投资基金不得不改变相对保守的投资风格，大规模进入股市；证券投资的机构化速度也随之进一步加快。那些运作规范的机构投资者逐渐成为证券市场发展创新的中坚力量。据估计，机构投资者在全球证券市场占 50%左右。

第四，证券市场法制化。比较而言，由于西方国家将政府定义为“守夜人”，因此其更加重视依法对证券市场进行管理，即通过不断制定和完善现有的法律、法规体系，确保证券市场在规范的法律体系下有序运转。同时，相关监管机构还逐步引入了各种有效的技术监督和管理手段，加强执法的力度，提高执法的效果，证券市场上的过度投机、操纵市场和欺诈行为逐渐减少，市场行情趋于稳定，投资者信心不断增强。

第五，证券市场网络化和国际化。一方面，在计算机网络技术发展的推动下，证券市场的信息化和网络化迅速发展，全球各主要证券市场都实现了真正的网络化交易，极大提高了证券买卖和转让的速度和效率；另一方面，现代证券交易越来越趋向于全球性交易，通过并购和联盟，全球各主要的证券交易所都发展成为跨境运营的全球性证券交易所，不仅在本国大量上市他国的证券，更积极地实施“走出去”的战略，在国外设立分支机构，有意识地重点发展跨国股票委托交易。

二、我国证券市场的发展历程

中国证券市场的发展经历了以下三个阶段：

（一）中国证券市场的起步阶段（1990—1998 年）

在这一时期，中国证券市场开始从部分地区试点扩展到建立全国性市场。中国证券市场与美国证券市场不同，是在政府的主导下，借鉴其他国家证券市场的发展经验，自上而下建立起来的，而不是交易主体基于自身的需求自发形成的。中国证券市场的建立在一定程度上具有后发优势。1992 年邓小平同志“南方谈话”和当年中共“十四大”报告中提出，要“积极培育包括债券、股票等有价证券的金融市场”，从思想上树立了社会主义经济可以发展证券市场的意识，打消了以往的顾虑，确立了发展中国证券市场的新思路。这一阶段中国证券市场发展的主要特点是：(1) 在少数地区进行区域性证券市场试点的基础上，建立全国性证券市场。(2) 成立国务院证券委员会和中国证券监督管理委员会（简称“中国证监会”），由其对证券市场进行监管，并逐步建立了统一的证券监管体制。(3) 上海、深圳证券交易所成立，采用集中撮合的竞价交易方式组织上市公司股票交易。(4) 清理整顿全国各地非法股票期货交易，规范全国统一的证券市场。

（二）基础性制度建设阶段（1998—2008 年）

这一阶段，以《证券法》的颁布实施为标志，是证券市场规范发展的重要阶段。这一阶段中国证券市场发展的主要特点是：(1) 证券市场法律法规制度体系逐步建立和完善。1999 年 7 月 1 日，《证券法》正式颁布实施。《证券法》的实施首先从法律层面上确认了中国证券市场的地位，同时也提出了未来中国证券市场发展应遵循的基本规范。2005 年，根据中国经济发展的实际情况以及证券市场的发展状况，对《公司法》和《证券法》进行了修订。2006 年，中国证监会发布了《首次公开发行股票并上市管理办法》和《上市公司证券发行管理办法》，建立了与经济环境相适应的公司上市标准。2008 年上海证券交易所和深圳证券交易所分别修订了《上海证券交易所股票上市规则》和《深圳证券交易所股票上市规则》。中国证券市场逐步建立了以《公司法》和《证券法》为基础的基本法律、以《首次公开发行股票并上市管理办法》和《上市公司证券发行管理办法》等为基础的上市标准、以《上海证券交易所股票上市规则》和《深圳证券交易所股票上市规则》为基础的证券交易规范，完善了中国证券市场法律体系。(2) 建立了相对完善的证券市场监管框架体系。这一时期逐步确立了证券经营机构与银行、财政以及信托业分离，分业经营和分业监管的体制框架，即中国证券监督管理委员会设立地方监管分支机构，并对其实行垂直领导，强化了证券交易所在规范市场交易监管的重要作用。同时，中国证券业协会在加强行业自律方面也发挥了越来越重要的作用。逐步形成了中国证券监督管理委员会统一监管、证券交易所日常交易监管以及中国证券业协会自律监管的监管框架体系。(3) 股权分置改革解决了中国证券市场建立之初国有股权不能流通的问题，改变了中国证券市场长期以来存在较多非市场性因素的状态。2005—2006 年股权分置改革的成功推进是在这一阶段取得的最重大的进展，标志着中国证券市场开始解决设立之初出于多种因素权衡遗留下来的历史问题，进行了较为彻底的证券市场改革。

（三）证券市场改革和深化发展阶段（2008 年下半年至今）

在经历了股权分置改革后的迅速发展和扩张期后，中国证券市场进入了运行机制调整期。在这一阶段，证券市场的法律法规体系进一步健全，并加强了法律法规的执行力度。但同时，股权分置改革后证券市场迅速扩张积累的深层次矛盾开始显现。证券监管部门开始着手解决深层次的制度矛盾，如新股发行机制的问题、多层次证券市场的培育问题以及投资者利益保护问题等。这些矛盾是当前中国证券市场深化改革面临的主要问题。这一时期，监管部门已经就解决上述矛盾出台了相关措施，如出台了新股发行改革管理办法、加大三板市场建设以及严惩进行虚假信息陈述的发行人及中介机构。虽然这些措施取得了一定的成果，但证券市场的深化改革、彻底解决新股发行机制的问题以及培育相对成熟的多层次证券市场，是一个长期的过程，还需要监管机构和相关市场参与各方不断地探索。

专栏 1－5

投资学著作选读

1.《聪明的投资者》本杰明·格雷厄姆(美国 1894—1976)

2.《金融炼金术》乔治·索罗斯(美国 1930—)

3.《漫步华尔街》伯顿·马尔基尔(美国 1933—)

4.《克罗谈投资策略》斯坦利·克罗(美国 1934—)

5.《艾略特波浪理论》小罗伯特·鲁格芬特·普莱切特(美国 1949—)

6.《怎样选择成长股》菲利普·A. 费舍(美国 1907—2004)

7.《投资学精要》兹维·博迪(美国 1943—)

8.《金融学》罗伯特·C. 莫顿(美国 1944—)

9.《投资艺术》查尔斯·艾里斯(美国 1941—)

10.《华尔街 45 年》威廉·戴尔伯特·江恩(美国 1878—1955)

11.《股市趋势技术分析》罗伯特·D. 爱德华兹、约翰·迈吉(美国 1912—1987)、W. H. C. 巴塞蒂

12.《笑傲股市》威廉·欧奈尔(美国 1933—)

13.《期货市场技术分析》约翰·墨菲(美国 1934—)

14.《资本市场的混沌与秩序》埃德加·E. 彼得斯(美国 1952—)

15.《华尔街股市投资经典》詹姆斯·P. 奥肖内西(美国 1931—)

16.《战胜华尔街》彼得·林奇(美国 1944—)

17.《专业投机原理》维克多·斯波朗迪(美国 1952—)

18.《巴菲特：从 100 元到 160 亿》沃伦·巴菲特(美国 1930—)

19.《交易冠军》马丁·舒华兹(美国 1945—)

20.《股票作手回忆录》埃德文·拉斐尔(美国 1871—1943)

21.《罗杰斯环球投资旅行》吉姆·罗杰斯(美国 1942—)

22.《世纪炒股赢家》罗伊·纽伯格(美国 1903—2010)

23.《一个投机者的告白》安德烈·科斯托兰尼(德国 1906—1999)

24.《逆向思考的艺术》汉弗莱·B. 尼尔(美国 1904—1978)

25.《通向金融王国的自由之路》范·K. 撒普(美国 1945—)

26.《泥鸽靶》弗兰克·帕特诺伊(美国 1967—)

27.《贼巢》詹姆斯·B. 斯图尔特(美国 1951—)

28.《非理性繁荣》罗伯特·希勒(美国 1946—)

29.《伟大的博弈》约翰·斯蒂尔·戈登(美国 1944—)

30.《散户至上》阿瑟·莱维特(美国 1931—)

【本章案例讨论题】

【案例讨论 1－1】2012 年 5 月，常利民在宁波市江东区注册成立了沈阳市黎航密封材料有限公司宁波分公司，并以沈阳市黎航密封材料有限公司扩大生产经营为由，聘用被告人于忠芹等，为其在宁波向社会公众吸收资金。从 2012 年 4 月至 2012 年 10 月 11 日期间，他们以高额利息为诱饵，采取与投资者签订借款协议的方式，在宁波范围内发展客户共计 78 人，共吸收公众存款人民币 3 416 200 元。后经调查，被骗者多为女性，涉案资金至今无法追回。

讨论：1. 这个问题的核心是什么？

2. 为什么要限制向社会公众吸收资金？

【案例讨论 1－2】咸阳闫女士的母亲已经 80 岁高龄，老人手中有些积蓄，便想到了投资。2012 年上半年，老人遇到当时在保险公司当业务员的朱某。朱某称其认识咸阳市一家投资公司的老板杜某，如果把钱给他公司做投资，年利息要比银行高几倍。

2012 年 10 月至 2013 年 4 月期间，老人瞒着儿女，将 11 万元现金分 2 次交给了朱某。闫女士的母亲说，最后一次，朱某将之前打给自己的欠条，换成了署名该投资公司法人杜某的借(条)款协议，而在此期间，闫女士的母亲连杜某的面都没见过。

2013 年 10 月，到了还款期限，闫女士的母亲数次向朱某索要本金及利息，而对方却百般推脱，最后只能将杜某告上法院。

讨论：1. 为什么闫女士的母亲会上当，怎么避免？

2. 投资要注意什么？

【案例讨论 1－3】深圳警方查处一起 P2P 诈骗案件，涉及深圳当地两家公司，这两家公司拥有同一个法定代表王某。本案的作案手法具体表现为：王某先让底下的投资咨询和担保公司到 15 个省市设立分公司，以月息 4%～5%对外借款，声称保证还本付息。

同时，他操作另一家公司开设 P2P 网贷平台，发布房产抵押借款项目，通过互联网公开宣传，以债权转让的形式，吸收社会不特定对象的资金，月息高达 3.4%～5.8%。两家公司非法吸收的资金主要用于公司、个人资金往来，业务员提成，归还前期投资人本金和利息。

深圳警方到杭州、瑞安等地调查王某本人及其关联公司发布的抵押房产，发现都是假的。而且王某经营的 P2P 网贷平台只有一个公司账户，其余都是王某的私人账户。在被警方控制后，王某手机每天仍能收到大量银行短信，提示有资金入账，可谓“日进斗金”。经初步调查，王某募集的资金都用于浙江的债务窟窿，经营的网贷平台变成了为自己融资的工具。

讨论：1. 这是融资吗？

2. 互联网 P2P 融资为什么会出现诈骗？

【案例讨论 1－4】有人说，我国居民个人投资经历了如下阶段：20 世纪 80 年代至 90 年代中期，我国居民个人主要投资国库券；90 年代初到现在，我国居民个人主要投资品之一是股市；90 年代末到现在，我国居民主要投资品之一是房地产；2000 年到现在，我国居民个人主要投资品之一是投资基金；2008 年到现在，我国居民投资品之一是理财产品；另外，邮票和黄金、其他收藏品虽有过热炒，但是普通居民个人的投资比例并不高，不能作为主要投资经历。

讨论：1. 上述过程的投资属性如何评判？

2. 这个过程反映出我国个人投资的重大缺陷有哪些？

【本章专题研讨】

【专题研讨 1－1】投资的本质是什么？

1. 辨别几个重要的概念：收益、财富、货币、资产、资源。

2. 怎样衡量投资的效果？

【专题研讨 1－2】中国市场为什么缺失证券？

1. 什么证券存在，缺失了什么证券？

2. 历史上，证券的投资因什么而存在？

3. 现代证券的投资因什么而存在？

4. 证券的核心功能是什么？

【专题研讨 1－3】中国证券投资分析缺失的原因是什么？

投资者为什么不顾及分析技术？原因是：

1. A 股就是一个政策市？

2. 存在利益输送？

3. 上市公司和坐庄的里应外合？

4. 缺失职业道德？

【专题研讨 1－4】中国金融的核心缺陷是什么？

金融的核心是市场，还是机构？为什么？

1. 机构为什么难挑大梁？

2. 市场和机构的巨大不同在哪里？

3. 应该怎样变化？

【本章能力训练】

一、单选题

1. 证券按其性质不同，可以分为(　　)。

A. 凭证证券和有价证券　　B. 资本证券和货币证券

C. 商品证券和无价证券　　D. 虚拟证券和有价证券

2. 广义的有价证券包括(　　)、货币证券和资本证券。

A. 商品证券　　B. 凭证证券

C. 权益证券　　D. 债务证券

3. 有价证券是(　　)的一种形式。

A. 商品证券　　B. 权益资本　　C. 虚拟资本　　D. 债务资本

4. 证券按发行主体不同,可分为公司证券、(　　)、政府证券和国际证券。

A. 银行证券　　B. 保险公司证券

C. 投资公司证券　　D. 金融机构证券

5. 证券持有者可以获得一定数额的收益,这是投资者转让资金使用权的报酬。此收益的最终源泉是(　　)。

A. 买卖差价　　B. 利息或红利

C. 生产经营过程中的价值增值　　D. 虚拟资本价值

6. 投资者持有证券是为了取得收益,但持有证券也要冒得不到收益甚至损失的风险。所以,收益是对风险的补偿,风险与收益成(　　)关系。

A. 正比　　B. 反比　　C. 不相关　　D. 线性

二、多选题

1. 本身不能使持券人或第三者取得一定收入的证券称为(　　)。

A. 商业汇票　　B. 证据证券　　C. 凭证证券　　D. 资本证券

2. 广义的有价证券包括很多种,其中有(　　)。

A. 商品证券　　B. 凭证证券　　C. 货币证券　　D. 资本证券

3. 货币证券是指本身能使持券人或第三者取得货币索取权的有价证券。属于货币证券的有(　　)。

A. 商业汇票　　B. 商业本票　　C. 银行汇票　　D. 银行本票

4. 下列属于货币证券的有价证券是(　　)。

A. 汇票　　B. 本票　　C. 股票　　D. 定期存折

5. 资本证券是指由金融投资或与金融投资有直接联系的活动而产生的证券,持券人对发行人有一定收入的请求。这类证券有(　　)。

A. 银行证券　　B. 股票　　C. 债券　　D. 基金证券

6. 未申请上市或不符合在证券交易所挂牌交易条件的证券称为(　　)。

A. 非挂牌证券　　B. 非上市证券　　C. 场外证券　　D. 场内证券

三、判断题

1. 证券的最基本特征是法律特征和书面特征。(　　)

2. 购物券是一种有价证券。(　　)

3. 有价证券是指无票面金额,证明持券人有权按期取得一定收入并可自由转让和买卖的所有权或债权证券。(　　)

4. 有价证券的价格证明了它本身是有价值的。(　　)

5. 有价证券本身没有价值,所以没有价格。(　　)

6. 有价证券是虚拟资本的一种形式,能给持有者带来收益。(　　)

7. 持有有价证券可以获得一定数额的收益,这种收益只有通过转让有价证券才能获得。(　　)

8. 货币证券是指本身能使持券人或第三者取得货币索取权的有价证券。(　　)

9. 资本证券是有价证券的主要形式,狭义的有价证券即指资本证券。(　　)

10. 股票、债券和证券投资基金属于货币证券。(　　)

四、问答题

1. “由于民间消费与投资活动的增加,去年的GNP增长率创近年来新高纪录……”试问此叙述中“投资”的定义为何?是否与投资学的“投资”定义相同?为什么?

2. 日前,老王眼见亲朋好友的财富因投资股票迅速增加,于是兴起投资的念头。最近他在市场中听见某些买主不断做多某只股票,预期该股票短期内将会飙涨,而将自己的积蓄全部投资在该股票,以期财富能迅速增加。请问老王的行为属于投资,还是投机?理由何在?投资与投机有何不同?

3. 请分别说明“不要将所有鸡蛋放在同一个篮子里”及“财务杠杆、以小博大”的观念。

4. 目前台湾参与股票投资的人愈来愈多,有些人甚至因为投资收益而一夜致富。然而每个人获利的背后,常隐含着自己的投资哲学。若你是一位投资者,你认为自己的投资哲学是什么?

5. 小李与小花刚完成终身大事,正为未来婚姻生活做打算,尤其是未来小孩的教育经费,于是想要进行一些理财活动,使小孩的教育经费不虞匮乏。若此二人请你当个人理财顾问,你将如何建议他们?

6. 试述投资、投机与赌博的区别。

第二章　证券投资工具

【本章学习要点】本章主要从作为“投资”的证券工具角度介绍常见的投资工具，也兼顾从作为“融资”工具角度时对同类工具的通常说法。作为投资工具的品种很多，本章主要分别介绍了股票、债券、证券投资基金、金融衍生工具，以及诸如黄金投资工具、外汇投资工具等等通常不归入证券但却是重要投资形式的其他投资工具类别。

【本章学习重点难点】本章的重点是掌握投资工具的性质，以及区分对作为融资工具和作为投资工具的不同认识。认识作为投资工具性质的这些不同工具类别，是后面分析的基础。学习的难点在于对多种不同的但又相关的概念的区别和理解，譬如对投资和理财的区别和理解；譬如对同样的概念，在作为融资工具和投资工具时的区别和理解。

【本章基本概念】投资工具　融资工具　股票　股份有限公司　债券　固定收益证券　资产证券化　证券投资基金　对冲基金　金融衍生工具　结构化产品　黄金投资工具　外汇投资

首先我们要明确本书及本章所谈各种投资品种的概念类别时，都是将其作为“投资”工具看待的，这与时下常常谈论这些概念类别时，将其作为“产品(商品)”，或者将其作为“融资”工具看待是完全不同的思路。我们认为，将其作为“投资”的工具是现代金融学区别于传统金融学，乃至区别于现代经济学的重要标志。

当我们把这些概念类别作为投资工具看待时，我们会发现它们和作为“商品(产品)”时的概念类别是完全不同的。阿基米德曾经说：“给我一个支点，我可以撬起地球。”这个在支点上使用的东西就是工具，可见工具的力量是巨大的。

作为商品的话，无论是马克思主义等传统经济学的劳动价值论，还是现代西方经济学的均衡价格理论，都是建立在卖和买所在的不同买卖需求的立场上：买方要得到的是使用价值或者效用，卖方要得到的是价值或者利润。这样，买卖双方在相当的一段时间段内，很难实现角色的转换，所以才有一定时期一定条件下应有的稳定的均衡的“价格”表现形式。但是作为投资工具的话，买卖双方要实现的都是相同的标的：投资收益。这些投资品种仅仅是实现投资收益的工具而已，这些投资品种的买卖双方的角色可以随时转换，因而从供求的角度上，维持均衡价格的时间会很短，价格的波动是常态，也就没有真正意义上的“合理”的价格，只能用一句黑格尔的“存在的就是合理的”(黑格尔的原意到底是什么还存在争议)来自圆自说了。

当我们把这些概念类别作为工具使用时，也还要区别是被当做“投资”工具，还是被当做“融资”工具，因为我们发现这之间也是有着巨大差别的，或许这也是区别认识现代经济学和现代金融学的重要差别之一。

作为投资工具时是要实现投资收益的最大化，作为融资工具时是要实现融资资金的最大化。这个目标的不同，决定了过程和结果的不同。当我们在市场的一切设计都以投资者的收益最大化为出发点时，我们除了要从保护投资者利益上着重考虑之外，核心的任务是要培育市场化条件下合格的投资者！有了合格的投资者，市场的融资才能实现经济学的合理流动，资源才可能实现合理配置。而当我们仅仅以融资资金最大化为目标设计这个市场时，我们必然漠视合格投资者的培育，只要有人愿意出资，哪怕他是傻瓜出资者也在所不惜，结果必然是“投机”，甚至赌博成风，资源被浪费也在所难免。

第一节　股　　票

一、股票和股份有限公司的概念

股票的原始内涵是一种有价证券，它的出现至今已有 400 多年的历史，它是伴随着股份有限公司的出现而出现，也伴随股份有限公司的发展而发展。一般意义上的股票，是股份有限公司在筹集资本时向出资人公开或私下发行的、用以证明出资人所拥有的股本身份和权利，并根据持有人所持有的股份数享有权益和承担义务的凭证。

世界上最早的股份有限公司制度诞生于 1602 年在荷兰成立的东印度公司，伴随着股份公司的诞生和发展，以股票形式集资入股的方式也得到发展，出现了有限责任的公司股票和无限责任的公司股票。有限责任的公司股票除了股份有限公司股票，还有有限责任公司的股权（有时也被称为股票），现在我们所谈的在证券市场进行交易的股票，主要是指股份有限公司范畴的股票。

在股份公司股东入股之后，有时需要通过买卖转让股票交换持股身份，以满足其他的需求，这样，就带动了股票市场的出现和形成，并促使股票市场完善和发展。1611 年荷兰东印度公司的股东们在阿姆斯特丹股票交易所就进行着这样的股票交易，并且后来有了专门的经纪人撮合交易，阿姆斯特丹股票交易所因而成为世界上第一个股票市场。然而当今的股份有限公司与产生于 18 世纪欧洲的股份有限公司，在形式和内容上都已经发生了非常大的变化，这也就影响到对现代股票的认识。

按照股份有限公司的最初设置，公司的内部治理结构是一切决策权集中于股东大会，在股东大会休会期间，可以由董事会代理股东行使职权，这就形成了所有权和经营权分离的第一层委托代理关系；而董事会虽然是常设机构，但董事会是以会议表决的方式行使职权，因而董事会议之外的日常经营决策是由董事会提名、股东大会通过的经理层来执行的，这就构成了第二层的委托代理关系，进一步分离了所有权和经营权。在这样的背景下，股票持有者——股东就成为股份有限公司实际的决策人和控制人，依法享有所有者的包括决策权、收益分红权在内的各项权利。

但是随着股份有限公司和社会经济的发展，股份有限公司的股权出现了分散的趋势，股份有限公司的经营变得更加专业化，这个时候，股东对公司经营决策的过多干预，可能会影响公司的正常快速发展，因此，公司的内部治理出现了一些不同于初期的变化，这些变化显然影响到股票持有人的持有目的，因而对股票的认识也就发生了变化。

现代股份有限公司内部治理结构的变化主要有：

1. 股权分散化的趋势，导致股东对公司经营决策权等非红利目标权利的淡化。20世纪的世界经济趋向是美国替代欧洲成为领导者，而美国的股份公司股权分散化的趋势在其中起到了很大的作用。眼下美国大型股份有限公司的最大股东持股通常都不超过20%，这与股份有限公司初期大股东绝对控股的情形完全不同。因而，任何一个股东要想直接控制住公司变得困难，结果，股东对股份有限公司经营结果的表决形式演变成除了股东大会举手表决之外，还有或许是更重要的"用脚投票"的形式，当股东不满意公司经营者的经营的时候，就可能以抛售股票的方式来表达，由于股东大量抛售股票，使得股票的交易价格下降，引起社会对公司经营能力的怀疑，从而影响到公司的融资能力，这样的传导程序，使得经营者不得不以公司股东权益最大化为目标。而股票持有者的主要目标就变成了投资收益率。

2. 非独立董事大量进入董事会，使得经营决策更加专业，股东不再专注谁能代表股东自己。目前股份有限公司董事会的董事已经不再全由股东董事组成，大量专业的独立董事的进入，一方面使得公司的决策更加专业化，一方面也削弱了股东董事的决策权。这是一种社会进步的表现，因为在股东董事决策的背景下，受到股东的影响，往往存在股东非专业意志的负面影响，因而，甚至超过董事会成员数一半以上的独立董事的存在，在经营的专业化上可以更上一层楼。董事会如此设置，股东对股份有限公司的决策权被削弱，因而股东转向关注公司给股东能否带来更多的预期投资收益上。

3. CEO（首席执行官）、CFO（首席财务执行官）等新角色出现，公司经营竞争在更加专业的层面展开，股东基本不再关心是否拥有公司经营决策权。二战后，西方的股份有限公司出现了传统公司内部治理结构中没有的 CEO、CFO 等新的角色，这些角色是二战后公司规模扩大、竞争更激烈背景下，引入战略管理的结果。这些角色的出现使得公司的经营进入更加专业化的时代，对于非专业的资本拥有者——股东而言，这个经营决策更加难以把握，干预的结果可能使公司的经营竞争处于劣势，因此股东基本不再关心是否拥有公司经营的决策权，而是更加专注于对公司股票投资收益的关注。

专栏 2－1

董事长、总裁和 CEO 的职务区别

董事长，总裁，CEO，这三个公司领导者的称谓不仅仅是文字游戏，它包含了企业管理制度的基础，与其说是权力的基础，还不如说是义务的基础。

董事长的英文是 Chairman（准确地说是 Chairman of the Board），总裁是 President，首席执行官是 Chief Executive Officer，这是众人皆知的。但媒体并没有意识到这三个称谓的微妙差异，经常把 President 译成董事长或首席执行官，CEO 有时候又被译成总裁，情况十分混乱。

Chairman 这个职务可能是现代公司管理层最早确定的职务之一，因为它是股东利益的最高代表，理论上讲是公司管理层所有权力的来源。President 和 CEO 都由 Chairman 任命，董事会只能由 Chairman 召集，非例行的股东大会一般也只能由 Chairman 召集（或者由股东联名呼吁召集，这要看公司章程）。既然 President 和 CEO 都是由 Chairman 任命，理论上讲 Chairman 也可以随时解除他们的职务；不仅如此，Chairman 可以随时解除任何人的职务，除了董事（Member of the Board）和监事（Member of the Board of Supervisors），因为董事和监事不是公司雇员，而是公司的主人和仲裁人。因此我们常常看到一位弄砸了许多事情的 CEO 被罢免，却依然保留董事职务；即使他没有多少股份，仁慈的股东往往也会允许他在董事会继续呆下去。

董事会不是一个行政机构，而是一个立法性质的委员会，这就决定了董事长和董事们之间没有真正的上下级关系。一位强大的 Chairman 可能拥有真正的生杀大权，这种大权有时候来自他掌握的多数股份，有时候来自他的人脉资源，有时候来自他早年积累的威信，这时董事会不过是 Chairman 的傀儡而已，President 和 CEO 也必须真正对他负责（不仅仅是名义上的负责）——比如微软公司的比尔·盖茨，长江实业一和记黄埔的李嘉诚，他们目前在公司都只保留了 Chairman 的职务，但对于行政事务他们一样拥有最高的发言权。但大部分公司的 Chairman 只是一种荣誉性职务，就像英国女王一样，拥有无比尊荣的地位，却从来不说有分量的话。尤其是资产特别巨大、股权特别分散的公司，如通用汽车公司、美孚石油公司等等，各大股东及行政人员的关系非常复杂，Chairman 只是一个德高望重、用来维持局面的“活人神”而已，除了召开董事会没有任何权力（就连召开董事会都是应 President 或 CEO 的要求）。

President 这个词诞生要比 CEO 早，范围也比 CEO 狭窄。一般来说，在公司内部，President 是掌握实权的人；在 CEO 这个称谓没有诞生之前，President 几乎是唯一掌握实权的人。有时候大股东的力量太强大（比如摩根、杜邦这些大财团是许多公司的大股东），以至于 President 都成为股东利益的代表，公司的行政实权就落到了其他行政人员手里——比如执行委员会主席、副总裁、财务委员会主席等等，当然也包括 CEO。President 沦为大股东代表的例子，最典型的是 20 世纪 20 年代早期的通用汽车公司，当时通用汽车创始人杜兰特因为疯狂买空股票而被一脚踢出公司，作为第一大股东的杜邦财团立即派遣了一位杜邦家族成员担任通用汽车的 President（注意不是 Chairman，在通用汽车的历史上 Chairman 一直是无足轻重的角色），直到赫赫有名的阿尔弗雷德·斯隆接任总裁为止。

事实上，西方的 President 在大部分时候与中国的总经理是一回事情。总经理可以翻译成“President”，也可以翻译成“General Manager”，但后者在西方企业中不是一个常见的职位。但中国企业经常同时设立总裁和总经理，如果把总裁翻译成 President，总经理就应该翻译成 CEO。President 和 CEO 在西方企业里经常合二为一（尤其是在中小企业当中），即我们所说的“总裁兼首席执行官”。你称呼他 President 或 CEO 都无所谓；你也可以在礼仪场合称呼他为 President（强调身份和地位），在工作场合称呼他为 CEO（强调执行权和责任）。

为什么要把这两种职务 President 和 CEO 分开呢？答案比较复杂：第一，因为某些大公司的行政事务过于繁重，一个人的精力无论如何不能处理，必须有两个地位平等的最高执行官；有的时候，一家公司同时拥有两个优秀的领导者，有必要为他们安排平等的地位，所以 President 和 CEO 就变成了两个人。第二，第二次世界大战结束之后，欧美大公司的执行权又发生了变化，演化为“重大执行权”和“日常执行权”两块，重大事件如大政方针、重大人事任命和比较大规模的投资等属于“重大执行权”范畴，由 CEO 掌握；一般政策、一般人事任命和一般规模的投资等属于“日常执行权”范畴，由 President 掌握。如果说 CEO 是总理，那么 President 就是掌握日常工作的第一副总理，如果这两个职位不属于同一人，那么 CEO 的地位稍微高一点。

Chairman，President 和 CEO，这三个词的关系虽然错综复杂，但我们仍然可以把握它的精神实质。简单地说，Chairman 是股东利益在公司的最高代表，它不属于公司雇员的范畴，President 和 CEO 的权力都来源于他，只有他拥有召开董事会、罢免 President和 CEO 等最高权力，但他从来不掌握行政权力。一位 Chairman 如果不兼任 President 或 CEO，就仅仅是一个礼仪职务担任者、一个德高望重的仲裁者，一般来说是某位大股东的代表。

President 掌握着公司的日常行政权，既可以译成总裁，又可以译成总经理；President 这个称谓包含的荣耀和地位比 CEO 要高，因此经常用于礼仪场合。许多时候，President 和 CEO 是同一个人，随便你怎么称呼他；但在许多大公司里，President 和 CEO 是两个人，这时“总裁”和“首席执行官”才有严格的差异，有时候两者地位平等，有时候 CEO 是总裁的上级（实际情况很复杂，必须一一分析）。

（以上摘编自网络，作者佚名）

在这种公司内部治理结构发生巨大变化的背景下，股票作为经济学意义上的一种来源于融资的有价证券，逐步变成金融学意义上的一种投资的工具。此时，这种股份有限公司发行的、用以证明股东拥有相应股东权益的身份证明，在投资者心目中已经表现为在股份有限公司各种所有权上分离（公司经营参与权、公司收益分红权、剩余资产分配权、转换资产形式权、公司股票转让权、公司证券认购权、股票持续拥有权等等分离）之后，将收益权大小放到了最重要的位置，也即将“投资”作为拥有股票的主要目标，这就使得股票投资者投资股票的决定因素集中到收益大小（包括利润分红后的收益和资产交易价格差异产生的收益）、风险大小和流动性大小。因而，股票更像一种标准化的载明公司名称、交易编码、票面金额、股份数量证明的投资工具。

随着证券市场现代化程度的提高，今天我们的股票交易已采用无纸化操作，股份在不同投资者手中划转由电脑自动过户，无须实物交割，简化了交易手续，提高了交易的效率。因此那种股份有限公司形象化的纸质股票已经被交易工具符号所代替，更淡化了股票作为股份权利的意义。

以此来衡量，从经济学角度的“股票一经发行，持有者即为发行股票的公司股东，有权参与公司的决策，分享公司的利益，同时也要分担公司的责任和经营风险”，“股票一经认购，持有者不能以任何理由要求退还股本，只能通过证券市场将股票出售”等说法，在证券投资的角度，都变得没有太大的意义。

二、作为证券融资工具的股票的类型

现在多数教科书所谈的股票，基本都是建立在融资工具角度的，从这个角度，股票包括如下基本类型：

（一）按股东权利分类，融资的股票可分为优先股、普通股和后配股。

1. 优先股(preference stock)

作为融资手段，公司发行优先股，主要是以“偏保守型”的投资者为发行对象，目的是吸引具有不同兴趣的资本。投资优先股所获得的权利介于债券和普通股之间，它是股份有限公司发行的在股利分配和剩余财产分配时比普通股具有优先权的一种股份，除了少数附有可赎回条款的优先股外，优先股也是一种没有偿还期限的所有权凭证。

优先股的基本特征如下：

(1) 优先股通常预先确定股息率，或者预先确定了确定股息率的方式。相对于普通股，优先股的股息一般不会根据公司经营情况而发生大的增减。

(2) 优先股的股息应在税后列支，所以不像债券利息那样可以抵扣公司所得税，因而一般股息率高于债券利率。

(3) 优先股的权利范围小。优先股股东一般没有选举权和被选举权，对股份公司的重大经营无投票权，但在涉及优先股自身利益的变动时，优先股可以享有投票权。

(4) 优先股在包括股息和剩余财产索偿权方面优先于普通股，而次于债权人。

(5) 优先股一般不会挂牌交易。

优先股可以分为：累积优先股和非累积优先股；参与优先股与非参与优先股；可转换优先股与不可转换优先股；可收回优先股与不可收回优先股等多种类型。

2013 年 11 月 30 日国务院发布《国务院关于开展优先股试点的指导意见》，开启了我国优先股融资改革的试点。从最先开始试点的五家公司看(表 2 - 1)，优先股成为公司融资的另一个更重要的渠道。

表 2 - 1　优先股试点公司优先股发行的融资额与 IPO 融资额对比

A 股代码	公司简称	优先股拟融资规模	当年 IPO 融资额
600256	广汇能源	60 亿元	3.3 亿元
601988	中国银行	600 亿元	约 200 亿元
601288	农业银行	800 亿元	685.29 亿元
600000	浦发银行	300 亿元	40 亿元
600518	康美药业	50 亿元	2.262 6 亿元

2. 普通股(common stock)

作为融资工具,普通股主要是发行给具有"风险偏好的"的投资者的一种股权凭证,它是股份有限公司资本构成中最普通、最基本的股份,是股份企业股权资金的基础部分。由于普通股的收益权利随着企业利润变动而变动,在剩余财产索取权上落后于债券和优先股,因而是风险较大的一种股份。

普通股的基本特征如下:

(1) 普通股在公司支付了债息和优先股的股息之后可以根据公司的净利润决定股息的高低,每年可得股息是不确定和不固定的。

(2) 普通股股息是企业所得税后列支,不能获得税收的抵扣。

(3) 普通股东一般都拥有股东大会上的发言权和表决权,即有权就公司重大问题向公司管理层、经营层进行咨询、质询和投票表决的权力,也有选举权和被选举权。普通股的投票权是按股份多少进行的。

(4) 当公司因破产或结业而进行清算时,普通股东有权分得公司剩余资产,但普通股东必须在公司的债权人、优先股股东之后才能分得剩余财产。

(5) 普通股东一般具有优先认股权,即当公司增发新普通股时,现有股东有权优先(一般低于公司股票的市场挂牌交易价格)购买新发行的股票,以保持其对企业所有权的原百分比不变,从而维持其在公司中的权益。

(6) 上市挂牌交易的基本都是普通股。

普通股可以分为:记名股和不记名股;面值股和无面值股等。

3. 后配股(Reserved stock)

后配股是在利益或利息分红及剩余财产分配时比普通股还要处于劣势位置的股票,一般是在普通股分配之后,对剩余利益进行再分配。如果公司的盈利巨大,后配股的发行数量又很有限,则购买后配股的股东可以取得很高的收益。发行后配股,一般所筹措的资金不能立即产生收益,投资者的范围又受限制,因此利用率不高。后配股一般在下列情况下发行:

(1) 公司为筹措扩充设备资金而发行新股票时,为了不减少对旧股的分红,在新设备正式投用前,将新股票作后配股发行;

(2) 企业兼并时,为调整合并比例,向被兼并企业的股东交付一部分后配股;

(3) 在有政府投资的公司里,私人持有的股票股息达到一定水平之前,把政府持有的股票作为后配股。

(二) 按股票持股主体类型,融资的股票可以分为国有股、法人股、自然人股和外资股

1. 国有股

又称各级政府股或公股。国有股的起始来源是由国家财政原来投入到全民所有制企业形成的股权构成,在股份制改革之后,改组为股份公司时,按资产重估后折算成股份。但我国国有股初期都是被限制在二级市场进行交易的"非流通股"。作为国有股的持股人代表,一般是各级国有资产管理局、经授权代表国家投资的投资公司、资产经营公司、经济实体性总公司等机构。世界上许多国家都存在国有股。

2. 法人股

又称企事业单位股或单位股。指法人(单位)以其依法可支配资产投入公司所形成的股份。如果是具有法人资格的国有企业、事业单位及其他单位以其依法占有的法人资产向独立于自己的股份公司出资形成或依法定程序取得的股份,则可称为国有法人股,属于国有股权。根据国家的有关规定,各级党组织和国家机关、非独立核算单位、外国的组织和外商投资企业不得认购法人股。

3. 自然人股

即个人投资认股部分。个人股包括本企业职工股和社会公众股等。前者是公司职工在本公司公开向社会发行股票时,按照发行价格所认购的股份,这与之前的内部职工股有所不同;后者是公司采用募集设立时,向社会公众(非公司内部职工)募集的股份。

4. 外资股

外资股是指股份公司向外国和我国香港、澳门、台湾地区投资者发行的股票。按上市的地域可以分为境内上市外资股和境外上市外资股。

专栏 2-2

股权分置和股权分置改革

所谓股权分置,是指上市公司的一部分普通股份上市流通,另一部分暂不上市流通。股东所持向社会公开发行的普通股份,且能在证券交易所上市交易,称为流通股;而公开发行前的普通股份暂不上市交易,称为非流通股。股权分置问题是由于我国证券市场建立初期,改革不配套和制度设计上的局限所形成的制度性缺陷,这个问题的根源实质是将资本市场作为融资市场看待的结果。股权分置造成上市公司的股权结构极不合理、不规范,表现为:上市公司股权被人为地割裂为非流通股和流通股两部分,非流通股股东持股比例较高,约为三分之二,并且通常处于控股地位。其结果是,同股不同权,上市公司治理结构存在严重缺陷,容易产生"一股独大"甚至"一股独霸"现象,使流通股股东特别是中小股东的合法权益遭受损害。截至股权分置改革前的2004年年底,我国上市公司总股本为7 149亿股,其中非流通股份4 543亿股,占上市公司总股本的63.55%;国有股份占非流通股份的74%,占总股本的47%。

2004年1月31日《国务院关于推进资本市场改革开放和稳定发展的若干意见》明确指出应"积极稳妥解决股权分置问题",2005年4月29日,经国务院批准,中国证监会发布《关于上市公司股权分置改革试点有关问题的通知》,启动了股权分置改革的试点工作。经过两批试点,取得了一定经验,具备了转入积极稳妥推进的基础和条件。经国务院批准,2005年8月23日,中国证监会、国资委、财政部、中国人民银行、商务部联合发布《关于上市公司股权分置改革的指导意见》;9月4日,中国证监会发布《上市公司股权分置改革管理办法》,我国的股权分置改革进入全面铺开阶段。

由于股权分置改革设定了法定的和自愿的限售期，就有了改革之后的限售股限售解禁的时间节点，这就形成了“大小非”(大的和小的非流通股，可以完全流通之前的说法)的解禁对市场的影响。

(以上根据百度百科和凤凰网相关介绍整理而得)

三、作为证券投资工具的股票特征

投资学所研究的是作为投资工具的股票，它具有如下的特征：

(一) 投资收益性

股票投资的收益性是其作为证券投资工具的主要特征之一。投资者投资股票的收益来自两个方面的收益：公司分红的收益和股票价格变动的买卖差收益。

公司的分红主要有现金分红和股票分红两类。前者是从公司的税后可分配利润中拿出的现金，其多少取决于股份有限公司的经营状态，从长远的角度，这种分红是公司股票投资价值的本质体现，因此，现金分红最能够体现股份有限公司的经营能力和成果，故而发达国家股份有限公司多采用现金分红的方式；后者则是利用税后利润无偿增发新股(即俗称的“送股”)，这种增发一方面股东并未得到实际的现金回报，只是账面价值的体现，另一方面股本的增加增大了公司每股盈利持续增长的难度，因而选择股票分红是需要慎重考虑的事情，但当下中国的A股市场，投资者似乎对这种送股情有独钟，这是因为送股后的除权价格给价格上涨、形成“填权”走势带来了想象空间。投资股票主要是想通过公司分红获得回报的行为，被称为狭义的“投资”。

股票变动的买卖差收益是指投资者在二级市场，通过低买高卖，或者高卖低买股票的方式获得股票市场价格波动的差额收益。低买高卖的行为是做多的行为，高卖低买的行为是做空的行为。在市场发达的状况下，低买高卖既可以全部使用自有资金，也可以融资使用别人的资金；高卖低买则一般是采用融券的方式，如果使用自有证券进行高卖低买，就是T+0的一种操作手法了。投资股票主要是想通过股票市场价格变动获得价差收益的行为，被称为“投机”，投机行为是证券广义投资的一种类型。

(二) 投资风险性

股票投资的风险性是普遍存在的，所以证券市场有“股市有风险，入市需谨慎”的警示语。股市的风险来自两个方面：当投资者主要采用公司分红获得投资收益时，股票投资的风险主要是分红的不确定性带给投资者的风险，以及公司破产导致本金无法收回的风险；当投资者主要采用资本市场股票买卖交易获得收益时，股票投资的风险主要是市场价格系统性波动和个股价格非系统性波动两种风险类型。

在股票价格处于总体上涨趋势的牛市阶段(一般“牛市”是一种股票交易价格持续上涨的周期，持续的时间一般至少一年以上)，股票投资的风险表现为卖出股票后，股票继续上涨的风险；在股票价格处于总体下跌趋势的熊市阶段(一般“熊市”是一种股票交易价格持续下跌的周期，持续的时间一般至少一年以上)，股票投资的风险主要表现为买入股票后，股票继续下跌的风险。

一般来说，证券市场股票的价格波动具有牛熊交替的周期性特征，这种周期性波动一方面是经济周期性波动的影响，另一方面是投资者心理作用的影响。

（三）股票流动性

股票的流动性是股票的基本特征之一，但股票的流动性与商品的流动性不同，商品的流动性是资本形态的转化，对于商品交换的双方来说，买入方和卖出方的目的不相同，因而可以在一个标准（譬如“量”的标准）下衡量价格的合理性；股票的流动性是投资者认识不同所造成，对于股票交易的双方来说，买入和卖出的动机几乎一样，都是为了获得投资的回报，因而难以用同样的标准衡量价格的合理性。

股票流动性的前提是较大的相对交易量，它反映了股票价格对交易量的敏感程度。相对于可流通量，成交量越大，价格对成交量越不敏感，流动性就越好；如果交易量偏小，则流动性就受到了遏制，因为此时市场价格并不代表真实的供需矛盾，或者因为短时间内的买入量大于卖出量，使得价格虚高，或者因为短时间内的卖出量大于买入量，使得市场价格偏低。股票的交易价格不能体现实际的价格，价格的真实性受到影响，从而降低了流动性。

股票通过流动性反映了投资人对公司前景的态度。那些能够在交易市场上吸引大量投资者的公司，股价也会不断上涨，因而公司可以通过增发新股的方式获得新的融资，扩大公司的经营规模；而那些被投资者不断抛弃的公司，股价下跌，融资出现困难，最终可能破产。这样，股票的流动性实际上起到了优化配置资源的效果。

（四）可作为物权抵押担保

作为证券投资工具，股票具有作为物权抵押和担保的性质。股票是一种有价证券，在金融时代它的物权特征可以使它成为融资融券的抵押和担保品，因而出现多种保证金交易的原生和衍生交易。

（五）属于投资合同

作为证券投资工具的股票，一定是属于投资合同。作为投资合同是指投资于股票，其预期利润取决于别人的努力，不是投资者自己，因而选择投资的对象很重要。

（六）决策参与性

作为股票的投资人，尽管参与决策并非直接的目标，但股票本身赋予了投资人这项参与的权利。根据法律的规定，股票的持有者即是发行股票的公司的股东，有权出席股东大会，选举公司的董事会，参与公司的经营决策。股票持有人有权参与公司重大决策的特性在一定程度上保证了投资人收益的权利。

四、作为证券投资工具的股票的类型

（一）按股票的上市地点，股票可分为：A股、B股、H股、N股和S股等

1. A股

以人民币计价，面对中国大陆公民（现在经过批准的QFII、RQFII等非中国大陆公民也可以买卖A股股票）发行且在境内上海证券交易所或者深圳证券交易所上市的股票。

2. B股

以美元、港元计价，面向境内外投资者发行，但在中国境内上市的股票，其中以美元计价的是在上海证券交易所上市，以港币计价的是在深圳证券交易所上市。

3. H股

以港元计价在香港发行，并在香港联合交易所上市的境内企业的股票。

4. 其他

中国企业在美国、新加坡、英国、日本等地上市的股票，分别称为N股、S股、L股和T股。

(二) 按上市公司所处行业，股票分为制造业、金融业等大类

证监会对所有上市公司都有一个行业的归类，这些行业包括如下19大类：制造业，金融业，房地产业，信息传播、软件和信息技术服务业，批发和零售业，交通运输、仓储和邮政业，建筑业，采矿业，电力、热力、燃气及水生产和供应业，文化、体育和娱乐业，农、林、牧、渔业，水利、环境和公共设施管理业，租赁和商务服务业，科学研究和技术服务业，住宿和餐饮业，卫生和社会工作，教育，居民服务、修理和其他服务业，综合。

作为更细的行业分类，申银万国公司细分为28个行业大类：医药卫生，化工，计算机，电子，机械设备，房地产，传媒，电气设备，非银行金融，汽车，有色金属，商业贸易，银行，通信，轻工制造，食品饮料，公用事业，交通运输，家用电器，采掘，建筑装饰，农林牧渔，国防军工，纺织服装，建筑材料，休闲服务，钢铁，综合。

(三) 按相对于收益的股价高低，股票分为价值股和成长股

1. 价值股

指相对于它们的现有收益，股价被低估的一类股票。这类股票通常具有低市盈率(P/E ratio)与低市净率(P/B ratio)、高股息(dividend)的特征。

2. 成长股

指相对于它们的现有收益，股票价格较高，并且市盈率(P/E ratio)与市净率(P/B ratio)倾向于比其他股票高的一类股票。

优秀的成长型企业一般具有如下特征：成长股公司的利润应在每个经济周期的高涨期间都达到新的高峰，而且一次比一次高；产品开发与市场开发的能力强；在行业内始终处于领先地位，具很强的综合、核心竞争力；拥有优秀的管理班子。成长型公司的资金，多用于建造厂房、添置设备、增加雇员、加强科研、将经营利润投资于公司的未来发展，但往往派发很少的股息。成长股的投资者应将目光放得长远一些，尽可能长时间的持有，以期从股价的上升获得丰厚的利润。

(四) 按流通股本的大小，股票分为超大盘股、大盘股、中盘股、小盘股和袖珍股等

按照流通股本大小的分类没有统一的标准。一般是将流通股本超过100亿的称为超级大盘股，将股本在10亿～100亿的称为大盘股，将股本在1亿～10亿的称为中盘股，小于1亿的称为小盘股，其中5 000万以下的可以称为袖珍股。

因为上海证券交易所的上证指数是使用总股本作为加权权重的，所以，那些总股本较大因而对上证指数影响较大的股票，我们特指为“权重股”。目前权重股主要产生于银

行金融股、房地产股等板块内。而深圳成分指数是使用流通股本作为权重，因而深市的权重股与沪市的权重股有所不同。

（五）按相对交易量的大小，股票分为热门股和冷门股

1. 热门股

指交易量大、交易周转率高、股价涨跌幅度也较大的股票。热门股的形成往往有其特定的经济、政治、社会上原因，这种股票的收益和股息的纪录可能始终保持稳定增长。热门股也可能并不是那些优良企业发行并具有投资价值的股票，它们可能是股市上炒热的高价股，所以投资者在进行投资决策时，应在全面分析的基础上慎重做出选择。

2. 冷门股

指交易量小、参与交易的资金比较少，价格波动也很小的股票。

（六）按业绩的大小和稳定性，股票分为绩优股、周期股、ST 股等

1. 绩优股

所谓绩优股是指那些业绩优良，但增长速度较慢的公司股票。一般来说，由于这些公司未来业绩增长的想象空间较小，所以股价相对于业绩上涨空间不大，市盈率都比较低。

2. 周期股

所谓周期股是指经营业绩随着经济周期的变动而变动的公司股票，因而其股价也会出现周期性波动。

3. ST 股

ST 是英文 Special Treatment 的缩写，意即“特别处理”。1998 年 4 月 22 日，沪深交易所宣布，将对财务状况或其他状况出现异常的上市公司股票交易进行特别处理（Special treatment），由于“特别处理”，在简称前冠以“ST”，因此这类股票称为 ST 股。目前，ST 类股票包括上市公司出现财务状况异常情况或者其他异常情况，导致其股票存在被终止上市的风险的，简称前冠以“＊ST”字样；投资者难以判断公司前景，投资者权益可能受到损害等的其他风险警示的，简称前冠以“ST”字样。

（七）按支撑股价的基本点不同，股票分为概念股和业绩股等

1. 概念股

概念股是指支撑其股价的是某种特别内涵的股票，而这一内涵通常会被当作一种选股和炒作题材，成为股市的热点，所以有时也被称为“题材股”、“热点股”。简单来说，概念股就是对股票未来预期的一种炒作。

2. 业绩股

业绩股是指支撑其股价的是上市公司经营业绩的股票。

第二节 债　　券

在所有证券品种中，债券是数量最多、形式最多变的一个类别。在世界证券发达的市场上，债券类的融资和投资规模也远大于股票，但中国证券市场发展过程中，债券类的

品种单一，尤其是公司债的规模过小，这既是问题，也是发展的潜力所在。

一、债券和固定收益证券的界定

债券和固定收益证券有着相似性，但两者概念之间还是存在着较大的差异，不能混同。

（一）债券的基本涵义

一般地说，债券是指一种金融契约，它包含了四个层面的涵义：

1. 债券要标明其发行人。这个发行人可以是政府、金融机构、企业等法律允许的各种机构。一般而言，债券的发行人就是资金的借入者。

2. 债券要标明发行人承诺的还本付息的方式。从发行融资者的角度，承诺的还本付息方式对融资成本的影响很大，通常情况发行人会想方设法降低这种成本，但前提是债券能够被市场接受，能够发行出去，所以从某种意义上说，市场的投资者决定了债券的还本付息方式。

3. 债券要标明确定的截止期限。一般来说，债券都是有期限的，发行人要承诺债券还本付息的截止日期，即本金偿还期和付息期。

4. 债券要标明这个金融契约变更的方式。债券变更的方式通常是两个方面：债券存续期间的变更（例如发行人标明的回购条款、承诺的可以转换为普通股股票的条款等）；债券截止日期的变更（譬如是否可以展期，是否上市流通等）。

基本满足了上述内容的债券就可以在法律允许的条件下对外发行，而认可这些条款的出资人就可以购买这些发行的债券，一旦发行的债券因购买或转让到达出资人手中，就意味着债券的这种债权债务关系（法律关系）成立，各自在经济法的规定下，承担相应的义务和责任。

（二）固定收益证券的基本涵义

典型的固定收益证券是指能通过事先固定的收益固化证券购买人收益的证券，或者是能够通过固定的计算公式计算出购买人收益的证券。因此，固定收益证券具有相对固定形式的现金流。

虽然同为固定收益证券，但是不同的产品结构和属性决定了它们不同的风险和收益。按照我国已有的固定收益证券的品种，可以把他们简单地分为 4 类：

（1）信用风险可以忽略的债券，包括国债、央行票据、金融债、有担保企业债等；

（2）无担保企业债，包括短期融资券、普通无担保企业债、优先股等；

（3）混合融资证券，包括可转换债券、分离型可转换债券等；

（4）结构化产品，包括信贷证券化、专项资产管理计划、不良贷款证券化等。

可见，虽然我们常常将固定收益证券和债券等同看待，但固定收益证券的内涵和债券的内涵还是存在很大的差异，它们既有重叠也有各自的不同领域，在具体形式上存在较大的差别。

二、债券的经济学特征

债券的原始意义和现代意义有着一些差异，最大的差异在于原始意义着眼于融资的实现，现代意义着眼于投资的实现（实际着眼于实现社会资金流动的经济合理）。

债券的基本特征如下：

（一）收益性

债券的收益性是债券得以存在和流行的根本原因。债券的收益性体现在两个方面：一是债券发行人承诺给购买人的收益，就是债券承诺的各种形式的利息收益；二是债券在流通过程中价格变动带来的买卖差异。后者虽然是前者的派生，没有前者的收益就没有后者的收益，但后者的收益却是债券这种工具促进资金合理流动的根源。

（二）风险性

风险性是指债券本金收回和预期收益出现不确定性的可能性。相比较股票，很多人认为债券由于有相对可靠的收益和优先于股票的企业剩余资产的索取权，所以风险较小。但这是建立在正常债券品种基础上的说法，现代金融背景下，债券是一个具有全风险系列的投资品种：既有相对风险极小的国债这类无风险品种，也有高收益债券（垃圾债券）这样的高风险品种。

专栏 2－3

垃圾债券和高收益债券

垃圾债券(Junk Bond)又称劣等债券，指信用评级甚低的企业所发行的债券(评信级别在标准普尔公司BB级或穆迪公司Ba级以下的公司发行的债券)。一般而言，BB级或以下的信用评级属于低。信用评级低的企业所发行的债券的投资风险较高，因此，需要以较高的息率吸引投资者认购。由于向投资者提供的利息收益高于其他债务工具，因此垃圾债也被称为高收益债(high yield bonds)。以标准普尔的信用评级估计，投资于BB级、B级、CCC级、CC级或C级的债项或发行人，具有一定的投机性，而在不稳定的情况下，即使发行人或公司为投资者提供了一些保障，有关保障的作用也会被抵消。风险最高的债券，即标准普尔评级BBB及以下，所获评级一般较低及不能履行偿还本金之风险较高。在Baa或BBB以下的债券，是属于违约风险较高的投机级债券。

垃圾债券最早起源于美国，在上世纪20及30年代就已存在。上世纪70年代以前，垃圾债券主要是一些小型公司为开拓业务筹集资金而发行的，由于这种债券的信用受到怀疑，问津者较小，70年代初其流行量还不到20亿美元。70年代末期以后，垃圾债券逐渐成为投资者狂热追求的投资工具，到80年代中期，垃圾债券市场急剧膨胀，迅速达到鼎盛时期。在整个80年代，美国各公司发行垃圾债券1700多亿美元，其中被称作“垃圾债券之王”的德崇证券公司就发行了800亿美元，占47%。1988年垃圾债券总市值高达2 000亿美元。1983年德崇证券收益仅10多亿美元，但到了1987年该公司就成为华尔街盈利最高的公司，收益超过40亿美元，有“垃圾债券之神”、“魔术师”之称。

（以上摘自百度百科）

（三）流动性

现代债券的基本特征之一是其流动性，与过去作为融资的工具时不同，流动性成为衡量债券价值的重要因素，具有了流动性的债券，债券持有人可按自己的需要和市场的实际变动状况，灵活地选择是持有到期兑付本金，还是在存续期间将债券转让出去，以换回现金。

三、作为证券融资工具的债券类型

（一）按发行主体不同，债券分为政府债券、金融债券、公司（企业）债券等

1. 政府债券

政府债券的发行主体是政府，它是指政府财政部门或其他代理机构为筹集资金，以政府名义发行的债券，因政府的不同，分为中央政府债券（国债）和地方政府债券两类。偿还期在一年以内的国债，一般特指国库券。

2. 金融债券

金融债券是指发行主体是金融机构，它是金融机构为筹措资金而面向出资人发行的一种有价证券，相对于银行的储蓄型负债，它属于金融机构的主动负债。金融债券可以分为央行票据、证券公司债券、商业银行（次级）债券、政策性银行特种债券、保险公司（次级）债券等。

3. 公司（企业）债券

按理，企业发行的债券应该包括公司这种特殊企业发行的债券，但由于针对的发行单位、审批部门和审批程序的不同，这类债券区分为公司债券和企业债券。

公司债券是指有限责任的公司向特定审批人申请，依照法定程序发行的，约定在一定期限还本付息的有价证券。目前中国发行公司债券的审批人是中国证监会。企业债券发行依据的是1993年国务院颁布的《企业债券管理条例》，目前的发行主体实际只有国有独资企业或者国有控股企业，审批机关是国家发改委。可见，实际上企业债券的发行主体远小于公司债券的发行主体。

（二）按信用形式不同，债券分为信用债券、抵押债券、担保债券等

1. 信用债券

信用债券是指没有担保，完全靠发行人良好的信誉而发行的债券。通常只有经济实力雄厚、信誉较高的发行人才有能力发行这种债券。

2. 抵押债券

抵押债券（mortgage bonds）是指债券发行人在发行一笔债券时，通过法律上的适当手续将债券发行人的部分财产作为抵押，一旦债券发行人出现偿债困难，则出卖这部分财产以清偿债务。在这一法律关系中有债券和信托协议两个凭证，涉及债券发行人、债券持有人和债券信托人三方面的关系。债券信托人代表债券持有人保管抵押品或留置品。债券发行人到期无力偿还本息时，债券持有人通过其信托人行使对抵押品或留置品的处理权。

3. 担保债券

担保债券是指由一定保证人作担保而发行的债券。当企业没有足够的资金偿还债券时，债权人可要求保证人偿还。实际上前述抵押债券也是广义担保债券的一种形式，担保者为企业资产而已。

（三）按债券形态不同，债券分为实物债券（无记名债券）、凭证式债券、记账式债券等

1. 实物债券

实物债券是一种具有标准格式实物券面的债券。在其券面上，一般印制了债券面额、债券利率、债券期限、债券发行人全称、还本付息方式等各种债券票面要素。通常实物债券不记录购买人的信息，因此也被称为无记名债券。

2. 凭证式债券

凭证式债券不是债券发行人制定的标准格式的债券。我国的凭证式国债通过各银行储蓄网点和财政部门国债服务部面向社会发行，券面上不印制票面金额，而是根据认购者的认购额填写实际的缴款金额，是一种国家储蓄债，可记名、挂失，以凭证式国债收款凭证记录债权，不能上市流通，从购买之日起计息。

3. 记账式债券

记账式债券是指将投资者持有的债券登记于证券账户中，投资者仅取得收据或对账单以证实其持有债权的一种债券。记账式债券借助于现代网络和电脑技术实现发行和兑付。

（四）按偿还方式不同，债券分为一次偿还本金债券、分期偿还本金债券

1. 一次偿还本金债券

一次偿还本金债券指利率固定、到期一次偿还本金的债券。由于不具任何特点，此种债券亦称纯粹债券（straight bond）或固定利率债券。

2. 分期偿还本金债券

分期偿还本金债券指发行之初就确定了本金偿还的不同日期，即分批偿还本金的债券。分期偿还可以减轻发行融资者集中还本的财务负担。

（五）按提前偿还的提议人不同，债券分为可赎回债券、可卖回债券等

1. 可赎回债券

可赎回债券（callable bond），它的发行人有权在特定的时间按照某个价格强制从债券持有人手中将其赎回。也译作可买回债券。可认为是债券与看涨期权（call option）的结合体。

2. 可卖回债券

与可赎回债券的提前终止债券权利义务的执行发起人是发行人不同，可卖回债券（putable bond）是债券持有人可以按照特定价格在债券到期日之前强制卖给债券发行人的一种债券。可认为是债券与看跌期权（put option）的结合体。

（六）按付息的方式不同，债券分为零息债券、附息债券等

1. 零息债券

零息债券是指以贴现方式发行，不附息票，而于到期日时按面值一次性支付本利的

债券。一般所称的零息债券都是还款期限较长的贴现债券，如果还款期较短，一般被称为狭义的贴现债券。

2. 附息债券

附息债券是指在债券券面上附有息票的债券，或是按照债券票面载明的利率及支付方式支付利息的债券。息票上标有利息额、支付利息的期限和债券号码等内容。持有人可从债券上剪下息票，并据此领取利息。附息债券的利息支付方式一般会在偿还期内按期付息，如每半年或一年付息一次。

（七）按利息是否固定，债券分为定息债券、伸展债券、浮息债券等

1. 定息债券

定息债券指在发行时规定利率在整个偿还期内不变的债券。

2. 伸展债券

伸展债券（extendible bonds）是一种债券期限较长（12～15 年），但发行时只决定较短期限如 3～5 年的息票利率，随后再根据市场条件重新确定剩余期限的息票利率的债券。

3. 浮息债券

浮息债券是指发行时规定债券利率随市场利率定期浮动的债券，也就是说，债券利率在偿还期内可以进行变动和调整。浮动利率债券往往是中长期债券。浮动利率债券的利率通常根据市场基准利率加上一定的利差来确定。这个市场基准利率美国一般是参照 3 个月期限的国债利率，欧洲则主要参照伦敦同业拆借利率。

（八）按计息方式不同，债券分为单利债券、复利债券、累进利率债券等

1. 单利债券

单利债券是指在计算利息时，不论期限长短，仅按本金计息，所生利息不再加入本金计算下期利息的债券。

2. 复利债券

复利债券是指计算利息时，按一定期限将前面所生利息加入本金，再计算后期利息的债券，这实际上就是要计算利息的利息。

3. 累进利率债券

累进利率债券是指以利率逐年累进方法计息的债券。其利率随着时间的推移，后期利率将比前期利率更高，有一个递增率，呈累进状态。

四、作为证券投资工具的债券类型

（一）按可以转换为公司股票的形式，债券分为可转换债券、可交换债券

1. 可转换债券

可转换债券是指可以转换为债券发行公司的股票，通常具有较低的票面利率。从本质上讲，可转换债券是在发行公司债券的基础上，附加了一份期权，并允许购买人在规定的时间范围内将其购买的债券转换成指定公司的股票。当这份附加在债券上的期权和债券本身分离的时候，债券就被称为分离式可转债。

2. 可交换债券

可交换债券(Exchangeable Bond,简称 EB)全称为“可交换他公司股票的债券”,是指上市公司股份的持有者通过抵押其持有的股票给托管机构进而发行的公司债券,该债券的持有人在将来的某个时期内,能按照债券发行时约定的条件用持有的债券换取发债人抵押的上市公司股权。可交换债券是一种内嵌期权的金融衍生品,可以说是可转换债券的一种。

（二）按是否在交易所上市交易,债券分为上市债券和柜台交易债券

1. 上市债券

上市债券指债券发行结束后,可以在证券交易所进行挂牌交易的流通债券。

2. 柜台交易债券

柜台交易债券指债券发行结束后,可以在证券交易所之外的交易市场进行买卖交易的债券。

（三）按募集方式不同,债券分为公募债券和私募债券

1. 公募债券

公募债券指按法定手续,经证券主管机构批准在市场上公开发行的债券。这种债券的认购者可以是社会上的任何人。公募债券发行结束后,一般都在交易所上市流通。

2. 私募债券

私募债券指只向特定的少数投资者发行的债券,这类债券的发行手续简单,发行结束后,一般不能公开上市交易。

（四）按信用等级,债券分为高信用债券、低信用债券

1. 高信用债券

高信用债券是信用评级较高的债券的泛称。

2. 低信用债券

信用评级较低,评信级别在标准普尔公司 BB 级或穆迪公司 Ba 级以下的公司发行的债券,也叫垃圾债券或高收益债券。

（五）按求偿权优先顺序,债券分为高级债券、普通债券和次级债券

1. 高级债券

高级债券在求偿权顺序上,是仅次于储蓄的一类债券,由于求偿权在先,所以利息也相对较低。

2. 普通债券

普通债券指在求偿权顺序上,处于仅次于储蓄和高级债券的相对优先位置的多数债券的形式。

3. 次级信用债券

次级信用债券,简称次级债券,是指偿还次序优于公司股本权益,但低于公司高级和普通债券的一种债券形式。由于求偿权位置较后,所以利息率通常较高。

（六）按资产证券化的类型,资产证券化的债券分为 MBS、ABS、CDO 等

本质上讲,资产证券化的品种都是债券化的品种。

1. MBS

住房抵押贷款证券(Mortgage-Backed Securitization,简称 MBS),证券化产品以商业银行房地产按揭贷款为支持。

2. ABS

资产支持证券(Asset-Backed Securitization,简称 ABS),证券化的资产是除了住房抵押贷款以外的其他资产。

3. CDO

担保债务凭证(Collateralized Debt Obligation,简称 CDO),是一组固定收益资产组成的投资组合,有一个由一系列信贷资产构成的资产池,并以该资产池产生的现金流为基础,向投资者发行不同系列的证券。它细分为担保贷款凭证(Collateralized Loan Obligation,CLO)、担保债券凭证(Collateralized Bond Obligation,CBO)、担保合成凭证(Collateralized Synthetic Obligation,CSO)、担保保险凭证(Collateralized Insurance Obligation,CIO)、结构性金融担保债务凭证(Structured Finance CDO,SFCDO)等。

第三节　证券投资基金

在成熟的投资市场,多数投资者都是间接投资,这样可以很大程度上避免非专业投资带来的非理性投资,而间接投资的主要渠道就是通过证券投资基金。

一、证券投资基金的概念及特征

证券投资基金是指通过发售基金份额,将众多投资者的资金集中起来,形成独立财产,由基金托管人托管,基金管理人管理,以投资组合的方法进行证券投资的一种利益共享、风险共担的集合投资方式。在不同的地区,投资基金的称谓有所区别。英国和中国香港称之为"单位信托投资基金";美国称之为"共同基金",日本和中国台湾则称之为"证券投资信托基金"。

证券投资基金的基本特征有:

(一) 集合投资,专业管理

基金是这样一种投资方式:它将零散的资金巧妙地汇集起来,交给专业机构投资于各种金融工具,以谋取资产的增值。基金对投资的最低限额要求不高,投资者可以根据自己的经济能力决定购买数量,有些基金甚至不限制投资额大小,完全按份额计算收益的分配,因此,基金可以最广泛地吸收社会闲散资金,集腋成裘,汇成规模巨大的投资资金。

(二) 组合投资,分散风险

以科学的投资组合降低风险、提高收益是基金的另一大特点。对小额投资者而言,由于资金有限,很难做到这一点,而基金则可以帮助中小投资者解决这个困难。基金可以凭借其雄厚的资金,在法律规定的投资范围内进行科学的组合,分散投资于多种证券,借助于资金庞大和投资者众多的优势,使每个投资者面临的投资风险变小,另一方面又利用不同的投资对象之间的互补性，达到分散投资风险的目的。

（三）专业投资，共享收益

基金实行专家管理制度，这些专业管理人员都经过专门训练，具有丰富的证券投资和其他项目投资经验。他们善于利用基金与金融市场的密切联系，运用先进的技术手段分析各种信息资料，能对金融市场上各种品种的价格变动趋势作出比较正确的预测，最大限度地避免投资决策的失误，提高投资成功率。对于那些没有时间，或者对市场不太熟悉，没有能力专门研究投资对象的中小投资者来说，投资于基金，实际上就可以获得专家们在市场信息、投资经验、金融知识和操作技术等方面所拥有的优势，从而尽可能地避免盲目投资带来的失败。

（四）独立托管，保障安全

基金财产是独立存在的，由基金托管人托管，投资操作与财产保管严格分离，这些具有托管资格的商业银行或者其他金融机构，按照法律法规的规定及基金合同的约定，对基金履行安全保管基金财产、办理清算交割、复核审查资产净值、开展投资监督、召集基金份额持有人大会等职责。

二、证券投资基金分类

（一）根据运作方式不同，可以分为封闭式基金、开放式基金

1. 封闭式基金。基金的发起人在设立基金时限定了基金单位的发行总额，筹足总额后，基金即宣告成立，并进行封闭，在一定时期内不再接受新的投资。基金单位的流通采取在证券交易所上市的办法，投资者日后买卖基金单位都必须通过证券交易商在二级市场上进行竞价交易。

2. 开放式基金。指基金规模不是固定不变的，而是可以随时根据市场供求情况发行新份额或被投资人赎回的投资基金。

开放式基金和封闭式基金的主要区别如下：

(1) 基金规模的可变性不同。封闭式基金均有明确的存续期限（我国为不得少于 5 年），在此期限内已发行的基金单位不能被赎回，虽然特殊情况下此类基金可进行扩募，但扩募应具备严格的法定条件。因此，在正常情况下，基金规模是固定不变的。而开放式基金所发行的基金单位是可赎回的，而且投资者在基金的存续期间内也可随意申购基金单位、导致基金的资金总额每日均不断地变化。换言之，它始终处于“开放”的状态。这是封闭式基金与开放式基金的根本差别。

(2) 基金单位的买卖方式不同。封闭式基金发起设立时，投资者可以向基金管理公司或销售机构认购；当封闭式基金上市交易时，投资者又可委托券商在证券交易所按市价买卖。而投资者投资于开放式基金时，则可以随时向基金管理公司或销售机构申购或赎回。

(3) 基金单位的买卖价格形成方式不同。封闭式基金因在交易所上市，其买卖价格受市场供求关系影响较大。当市场供小于求时，基金单位买卖价格可能高于每份基金单位资产净值，这时投资者拥有的基金资产就会增加；当市场供大于求时，基金价格则可能

低于每份基金单位资产净值。而开放式基金的买卖价格是以基金单位的资产净值为基础计算的，可直接反映基金单位资产净值的高低。在基金的买卖费用方面，投资者在买卖封闭式基金时与买卖股市股票一样，也要在价格之外付出一定比例的证券交易税和手续费；而开放式基金的投资者需缴纳的相关费用（如首次认购费、赎回费）则包含于基金价格之中。一般而言，买卖封闭式基金的费用要高于开放式基金。

（4）基金的投资策略不同。由于封闭式基金不能随时被赎回，其募集得到的资金可全部用于投资，这样基金管理公司便可据以制定长期的投资策略，取得长期经营绩效。而开放式基金则必须保留一部分现金，以便投资者随时赎回，而不能尽数地用于长期投资，一般投资于变现能力强的资产。

（二）根据投资对象不同，可分为股票基金、债券基金、货币市场基金、混合基金等

1. 股票基金。股票基金以股票为主要投资对象，股票比例须在60%以上。股票基金的投资目标侧重于追求资本利得和长期资本增值。基金管理人拟定投资组合，将资金投放到一个或几个国家，甚至是全球的股票市场，以达到分散投资、降低风险的目的。

2. 债券基金。债券基金以债券为主要投资对象，债券比例须在80%以上。

3. 货币市场基金。货币市场基金是以货币市场工具为投资对象的一种基金。货币市场基金通常被认为是无风险或低风险的投资。其投资对象一般期限在一年内，包括银行短期存款、国库券、公司债券、银行承兑票据及商业票据等。通常，货币基金的收益会随着市场利率的下跌而降低，与债券基金正好相反。

4. 混合基金。混合基金主要从资产配置的角度看，股票、债券和货币的投资比例没有固定的范围。

（三）根据募集方式不同，可分为公募基金和私募基金

1. 公募基金。向不特定投资者公开发行受益凭证的证券投资基金，这些基金在法律的严格监管下，有着信息披露、利润分配、运行限制等行业规范。

2. 私募基金。向少数特定的对象发行受益凭证的证券投资基金。

证券投资公募基金和证券投资私募基金的区别如下：

（1）募集的对象不同。公募基金的募集对象是广大社会公众，即社会不特定的投资者。而私募基金募集的对象是少数特定的投资者，包括机构和个人。

（2）募集的方式不同。公募基金募集资金是通过公开发售的方式进行的，而私募基金则是通过非公开发售的方式募集，这是私募基金与公募基金最主要的区别。

（3）信息披露要求不同。公募基金对信息披露有非常严格的要求，其投资目标、投资组合等信息都要披露。而私募基金则对信息披露的要求很低，具有较强的保密性。

（4）投资限制不同。公募基金在投资品种、投资比例、投资与基金类型的匹配上有严格的限制，而私募基金的投资限制完全由协议约定。

（5）业绩报酬不同。公募基金不提取业绩报酬，只收取管理费。而私募基金则收取业绩报酬，一般不收管理费。对公募基金来说，业绩仅仅是排名时的荣誉，而对私募基金来说，业绩则是报酬的基础。

（四）依据投资理念的不同，可以分为主动型基金与被动型基金

1. 主动型基金。一般主动型基金以寻求取得超越市场的业绩表现为目标。其基金管理者一般认为证券市场是无效的，存在着错误定价的股票。

2. 被动型基金。一般选取特定的指数成分股作为投资的对象，不主动寻求超越市场的表现，而是试图复制指数的表现。其投资管理者认为，市场是有效的，投资者不可能超越市场。

（五）按投资目标划分，可分为成长型基金、收入型基金和平衡型基金

1. 成长型基金。以资本长期增值为投资目标，其投资对象主要是市场中有较大升值潜力的小公司股票和一些新兴行业的股票。为达成最大限度的增值目标，成长型基金通常很少分红，而是经常将投资所得的股息、红利和盈利进行再投资，以实现资本增值。成长型基金主要以股票作为投资主要标的。

2. 收入型基金。以获取当期的最大收入为目的，以追求基金当期收入为投资目标的基金，其投资对象主要是那些绩优股、债券、可转让大额存单等收入比较稳定的有价证券。这类基金虽然成长性较弱，但风险相应也较低，降低了投资者本金遭受损失的风险，适合保守的投资者和退休人员，这类投资者往往对风险的承受能力低，只想快投资快见效，并且希望保住本金。这类基金的缺点是使基金丧失了投资于风险较大但具有成长潜力的有价证券的机会，基金发展受到制约。收入型基金一般把所得的利息、红利都分配给投资者。

3. 平衡型基金(Balance Fund)。指以既要获得当期收入，又追求基金资产长期增值为投资目标，把资金分散投资于股票和债券，以保证资金的安全性和盈利性的基金。通常当基金经理人不看好后市时，会增加抗跌性较强的债券投资比例；当基金经理人看好后市时，则会增加较具资本利得获利机会的股票投资比例。

（六）一些特殊的基金类型

1. 伞型基金(Umbrella Fund)，也称为系列基金。伞型基金是指在一个母基金之下再设立若干个子基金，各子基金独立进行投资决策的基金运作模式。其主要特点是在基金内部可以为投资者提供多种选择，投资者可根据自己的需要转换基金类型（不用支付转换费用），在不增加成本的情况下为投资者提供一定的选择余地。

2. 基金中的基金(Fund of Funds，简称 FOF)，与开放式基金最大的区别在于基金中的基金是以基金为投资标的，而基金是以股票、债券等有价证券为投资标的。它通过专业机构对基金进行筛选，帮助投资者优化基金投资效果。

3. 保本基金(Guaranteed Fund)。就是在一定期间内，对所投资的本金提供一定比例的保本基金，基金利用孳息或是极小比例的资产从事高风险投资，而将大部分的资产从事固定收益投资，使得基金投资的市场不论如何下跌，绝对不会低于其所担保的价格，而达到所谓的“保本”作用。在国际上，保本基金可分为保证和护本基金两种类型，其中护本基金不需要第三方提供担保。一般来说，保本基金将大部分资产投资于固定收入债券，以使基金期限届满时支付投资者的本金，其余资产约 15%～20%投资于股票等工具来提高回报潜力。

4. 交易所交易基金(ETF)与上市开放式基金(LOF)。

ETF 指可在交易所交易的基金。ETF 通常采用完全被动式管理方法,以拟合某一指数为目标。它为投资者同时提供了交易所交易以及申购、赎回两种交易方式:一方面,与封闭式基金一样,投资者可以在交易所买卖 ETF,而且可以像股票一样卖空和进行保证金交易(如果该市场允许股票交易采用这两种形式);另一方面,与开放式基金一样,投资者可以申购和赎回 ETF,但在申购和赎回时,ETF 与投资者交换的是基金份额和"一篮子"股票。ETF 具有税收优势、成本优势和交易灵活的特点。

LOF 是对开放式基金交易方式的创新,其更具现实意义的一面在于:一方面,LOF 为"封转开"提供技术手段。对于封闭转开放,LOF 是个继承了封闭式基金特点,增加投资者退出方式的解决方案,对于封闭式基金采取 LOF 完成封闭转开放,不仅是基金交易方式的合理转型,也是开放式基金对封闭式基金的合理继承。另一方面,LOF 的场内交易减少了赎回压力。此外,LOF 为基金公司增加销售渠道,缓解银行的销售瓶颈。

LOF 与 ETF 相同之处是同时具备了场外和场内的交易方式,二者同时为投资者提供了套利的可能。此外,LOF 与目前的开放式基金不同之处在于它增加了场内交易带来的交易灵活性。

二者区别表现在:

(1) ETF 本质上是指数型的开放式基金,是被动管理型基金,而 LOF 则是普通的开放式基金增加了交易所的交易方式,它可能是指数型基金,也可能是主动管理型基金;

(2) 在申购和赎回时,ETF 与投资者交换的是基金份额和"一篮子"股票,而 LOF 则是与投资者交换现金;

(3) 在一级市场上,即申购赎回时,ETF 的投资者一般是较大型的投资者,如机构投资者和规模较大的个人投资者,而 LOF 则没有限定;

(4) 在二级市场的净值报价上,ETF 每 15 秒钟提供一个基金净值报价,而 LOF 则是一天提供一个基金净值报价。

5. QDII 基金和 QFII 基金

QDII 基金是合格境内机构投资者(Qualified Domestic Institutional Investor)的英文简称,是指在本币资本项下不可兑换、资本市场未开放条件下,在一国境内设立,经该国有关部门批准,有控制地,允许境内机构投资境外资本市场的股票、债券等有价证券投资业务的一项制度安排。

QFII 基金是合格的境外机构投资者(Qualified Foreign Institutional Investors)的英文简称,QFII 机制是指外国专业投资机构到境内投资的资格认定制度。QFII 是我国在货币没有实现完全可自由兑换、资本项目尚未开放的情况下,有限度地引进外资、开放资本市场的一项过渡性的制度。这种制度要求外国投资者若要进入我国证券市场,必须符合一定的条件,得到我国有关部门的审批。审批通过后,汇入一定额度的外汇资金,并转换为当地货币,通过严格监管的专门账户投资当地证券市场。

RQFII 是人民币境外机构投资者,额度比 QFII 少,也称小 QFII,是境外机构用人民币进行境内投资的制度。

6. 对冲基金

采用对冲交易手段的基金称为对冲基金(hedge fund),也称避险基金或套利基金。是指金融期货和金融期权等金融衍生工具与金融工具结合后以营利为目的的金融基金。它是投资基金的一种形式,意为“风险对冲过的基金”。现代对冲基金已经超出了传统的防止风险、保障收益操作范畴,他们成为充分利用各种金融衍生产品的杠杆效用,承担高风险、追求高收益的投资模式,采用各种交易手段进行对冲、换位、套头、套期来赚取巨额利润。

专栏 2－4

美国先锋对冲基金研究公司(1998)的对冲基金分类

1. 可转换套利(Convertible Arbitrage)基金:指购买可转换证券(通常是可转换债券)的资产组合,并通过卖空标的普通股对股票的风险进行对冲操作。

2. 不幸证券(Distressed Securities)基金:投资于并可能卖空已经或预期会受不好环境影响的公司证券。包括重组、破产、萧条的买卖和其他公司重构等。基金经理人运用标准普尔卖出期权(put option)或卖出期权溢价(put option spread)进行市场对冲。

3. 新兴市场(Emerging Markets)基金:投资于发展中或“新兴”国家的公司证券或国家债券。主要是做多头。

4. 权益对冲(Equity Hedge)基金:对一些股票做多头,并随时卖空另外一些股票或/和股指期权。

5. 权益市场中性(Equity Market Neutral)基金:利用相关的权益证券间的定价无效谋求利润,通过多头和空头操作组合降低市场敞口风险(Exposure)。

6. 不对冲权益(Equity Non-Hedge)基金:尽管基金有能力用短卖股票和/或股指期权进行对冲操作,但主要是对股票做多头。这类基金被称为“股票的采撷者”。

7. 重大事件驱动型(Event-Driven)基金:也被称作“公司生命周期”投资。该基金投资于重大交易事件造成的机会,如并购、破产重组、资产重组和股票回购等。

8. 固定收入(Fixed Income)基金:指投资于固定收入证券的基金。包括套利型基金、可转换债券基金、多元化基金、高收益基金、抵押背书基金等。

9. 宏观(Macro)基金:指在宏观和金融环境分析的基础上直接对股市、利率、外汇和实物的预期价格移动进行大笔的方向性的不对冲的买卖。

10. 市场时机(Market Timing)基金:买入呈上升趋势的投资品,卖出呈下滑趋势的投资品。该基金主要是在共同基金和货币市场之间进行买卖。

11. 合并套利(Merger Arbitrage)基金:有时也称为风险套利,包括投资于事件驱动环境如杠杆性的收购,合并和敌意收购。

12. 相对价值套利(Relative Value Arbitrage)基金：试图利用各种投资品如股票、债券、期权和期货之间的定价差异来获利。

13. 部门(Sector)基金：投资于各个行业的基金。

14. 空头基金(Short Selling)：包括出售不属于卖主的证券，是一种用来利用预期价格下跌的技术。

15. 基金的基金(Fund of Funds)：在基金的多个经理人或管理账户之间进行投资。该战略涉及经理人的多元资产组合，目标是显著降低单个经理人投资的风险或风险波动。

（来源于《上海证券报》王诚诚整理）

专栏 2－5

证券投资基金与银行集合理财、信托集合资金、券商集合资产管理、券商定向资产管理之间的对比分析

2012 年 6 月 19 日中国证券监督管理委员会公布了修改后的《证券投资基金运作管理办法》，2005 年 9 月 24 日中国银行业监督管理委员会公布了《商业银行个人理财业务管理暂行办法》，2009 年 2 月 4 日中国银行业监督管理委员会公布了修改后的《信托公司集合资金信托计划管理办法》，2013 年 6 月 26 日中国证券监督管理委员会公布了修改后的《证券公司客户资产管理业务管理办法》，2012 年 10 月 18 日中国证券监督管理委员会公布了修改后的《证券公司集合资产管理业务实施细则》和《证券公司定向资产管理业务实施细则》，根据以上六个文件，对证券投资基金、银行集合理财、信托集合资金、券商集合理财、券商定向理财进行对比分析如下：

1. 设立、发行和募集

设立要求上，证券投资基金由基金管理公司发起设立，目前要有证监会审批才能设立，集合资产管理计划由证券公司发起设立，定向资产管理业务由证券公司发起设立，都只要在证监会报备即可。集合资金信托计划则由信托公司发起设立，在一般的业务范围内则在银监会或当地银监局报备即可设立发行。商业银行从事如下个人理财业务应在向中国银监会申请批准后设立：销售保证收益理财计划或产品；销售与金融衍生交易联结的新的理财投资产品；销售与证券市场、保险市场相关的投资产品；突破现有法律法规和相关行政规章规定的个人理财业务；中国银监会规定的其他业务类型。

在募集方式上，证券投资基金是公募形式，募集份额总额不少于两亿份，基金募集金额不少于两亿元人民币，基金份额持有人的人数不少于两百人；或者使用公司股东资金、公司固有资金、公司高级管理人员或基金经理等人员资金认购基金的金额不少

于一千万元人民币，且持有期限不少于三年；基金募集份额总额不少于五千万份，基金募集金额不少于五千万元人民币；基金份额持有人的人数不少于两百人。基金投资人的入门门槛则相对较低。银行集合理财计划也是属于公募，对于认购最低限额和规模没有明确的规定。集合资金信托计划被严格定性为私募，单个信托计划的自然人人数不得超过50人，但单笔委托金额在300万元以上的自然人投资者和合格的机构投资者数量不受限制。而证券公司发起的集合资产管理也是属于私募，集合资产管理计划应当面向合格投资者推广，合格投资者累计不得超过200人。合格投资者是指具备相应风险识别能力和承担所投资集合资产管理计划风险能力且符合下列条件之一的单位和个人：(1) 个人或者家庭金融资产合计不低于100万元人民币；(2) 公司、企业等机构净资产不低于1 000万元人民币。如果是限额特定资产管理计划要符合下列条件：(1) 募集资金规模在50亿元以下；(2) 单个客户参与金额不低于100万元；(3) 客户人数在200人以下，但单笔委托金额在300万元以上的客户数量不受限制。证券公司办理定向资产管理业务，接受单个客户的资产净值不得低于人民币100万元。

2. 投资范围

证券投资基金可以投资于股票、债券和货币市场工具，并且根据投资品种的比例分为：股票性基金、债券性基金和混合性基金。

商业银行销售的理财计划中包括结构性存款产品的，其结构性存款产品应将基础资产与衍生交易部分相分离，基础资产应按照储蓄存款业务管理，衍生交易部分应按照金融衍生产品业务管理。

信托集合资金的投资范围则宽广许多。信托号称是唯一横跨金融和实业两大投资领域的金融机构，信托的集合资金信托计划从贷款类、实业股权类、房地产信托类和证券投资类等号称"丰富性堪比想象力"的业务种类。

券商集合资产管理计划募集的资金应当用于投资中国境内依法发行的股票、债券、证券投资基金、央行票据、短期融资券、资产支持证券、中期票据、股指期货等金融衍生品、保证收益及保本浮动收益商业银行理财计划以及中国证监会认可的其他投资品种。集合计划可以参与融资融券交易，也可以将其持有的证券作为融券标的证券出借给证券金融公司。证券公司可以依法设立集合计划在境内募集资金，投资于中国证监会认可的境外金融产品。

（根据证监会、银监会文件编写）

第四节　金融衍生工具

金融衍生工具(derivative security)，也称衍生金融工具。也有称其为"金融衍生产品"的，但这种说法显然是错误地定位了金融衍生的投资独特属性。它是在货币、债券、股票等传统的、原始的金融工具的基础上衍化和派生的，是以杠杆和信用交易为特征的金融工具，它大规模发展在20世纪70年代，在带来金融革命的同时，也带来了世界金融的动荡。

一、金融衍生工具的基本特点

（一）跨期性，这个特点彻底地反映了现代金融的特点

现代金融的核心价值在于对未来（远期）的选择性。金融衍生工具是交易双方通过对利率、汇率、股价等因素变动趋势的预测，约定在未来时间按照一定条件进行交易或选择是否交易的合约。我们在前面曾经分析过现代金融体系的投资属性，作为区别于经济学的商品属性，很多现代金融工具转变了商品属性，具有更多的投资工具属性。但金融衍生工具的跨期交易性，从开始就决定了它没有一点商品属性，完全是工具的属性，所以这点彻底反映了现代金融的特点。无论是哪一种金融衍生工具，都会影响交易者在未来一段时间内或未来某时点上的现金流，跨期交易的特点十分突出。这就要求交易双方对利率、汇率、股价等价格因素的未来变动趋势作出判断，而处于不同位置的交易者，所依据的信息和判断的方式不同，作出决策的目的不同，也就促成了交易的形成，基于这样的判断，也直接决定了交易者的交易盈亏。

（二）杠杆性，这放大了风险和收益，促进了流动性

与以往作为融资手段时的交易品不同，金融衍生工具交易一般只需要支付少量保证金或权利金就可以签订远期大额合约或互换不同的金融工具，从而形成了普遍的杠杆交易性。例如，上海期货交易所阴极铜的最低保证金为合约价值的 5%，换句话说，投资者可以控制 20 倍于所交易金额的合约资产，实现以小搏大的效果。由于这种杠杆性，投资者在收益可能成倍放大的同时，所承担的风险与损失也可能会成倍放大。基础工具价格的轻微变动也许就会带来交易者的大盈大亏。金融衍生工具的杠杆性效应一定程度上决定了它的高投机性和高风险性。正是这种投机性的存在，金融衍生工具的交易量也大幅度增加，提高了交易的流动性。

（三）联动性，这使得原生资产的风险具有了传递效果

建立在基础工具基础上的金融衍生工具，天然地将基础工具与衍生资产连接在一起，使得金融衍生工具的价值与基础工具或者基础变量间呈现紧密联系，并更多反映出规则的变动。这给了投资者更高的专业性要求，如果说股票、债券等工具是大众参与的品种，金融衍生工具就只能是专业人士参与的品种了。通常，金融衍生工具与基础变量相联系的支付特征由衍生工具合约规定，其联动关系既可以是简单的线性关系，也可以表达为非线性函数或者分段函数。

（四）不确定性或高风险性，这对监管水平提出了更高的要求

金融衍生工具的交易后果取决于交易者对基础工具（变量）未来价格（数值）的预测和判断的准确程度。基础工具价格的变幻莫测决定了金融衍生工具交易盈亏的不稳定性，这是金融衍生工具高风险性的重要诱因。基础金融工具价格不确定性仅仅是金融衍生工具风险性的一个方面，国际证监会组织在 1994 年 7 月公布的一份报告（ISOCOPD35）中认为金融衍生工具还伴随着以下几种风险：(1) 交易中对方违约，没有履行承诺造成损失的信用风险；(2) 因资产或指数价格不利变动可能带来损失的市场风险；(3) 因市场缺乏交易对手而导致投资者不能平仓或变现所带来的流动性风险；(4) 因

交易对手无法按时付款或交割可能带来的结算风险;(5) 因交易或管理人员的人为错误或系统故障、控制失灵而造成的操作风险;(6) 因合约不符合所在国法律,无法履行,或合约条款遗漏及模糊导致的法律风险。这种高风险的存在,对监管提出了更高的要求。

二、金融衍生工具的分类

(一) 按照合约类型,金融衍生工具可分为期货、期权、远期、互换

1. 远期合同。远期合同是指合同双方约定在未来某一日期以约定价值,由买方向卖方购买某一数量的标的项目的合同。远期交易不在集中性的交易所市场进行,按其买卖标的不同可以分为远期外汇合约、远期利率合约等,其中外汇和利率的远期交易是规模最大的成熟品种。

2. 期货合约。期货合约是指由期货交易所统一制定的、规定在将来某一特定时间和地点交割一定数量和质量实物商品或金融商品的标准化合约。与远期不同的是期货交易通常是在交易所内进行的场内交易,交易所详细规定了期货合约的标准化条款。

3. 期权合约。期权合约是指合同的买方支付一定金额的款项后即可获得的一种选择权合同。期权合约按照履约时间的不同可以分为欧式期权和美式期权。欧式期权是指买方只有在期权到期日才有权行使其交易权利的合约;美式期权是指买方可以在交易期限内的任何一个时间点上行使交易权利的合约。

4. 互换合同。互换合同是指合同双方在未来某一期间内交换一系列现金流量的合同。按合同标的项目不同,互换可以分为利率互换、货币互换、商品互换、权益互换等。其中,利率互换和货币互换比较常见。利率互换是一方同意在几年内按名义本金的固定利率向另一方支付利息,作为回报,在同一时间内,该交易方按同一本金以浮动利率从另一方收取利息。货币互换则是一方同意以一种货币按一定本金数量支付利息,作为回报,他以另一种货币按一定本金收取利息。

(二) 根据产品形态分类,金融衍生工具可分为独立衍生工具和嵌入式衍生工具

1. 独立衍生工具。是相对嵌入式衍生工具而言的,指一种或者一种以上的衍生工具构成的,其价值随特定利率、金融工具价格、商品价格、汇率、价格指数、费率指数、信用等级、信用指数或其他类似变量的变动而变动。变量为非金融变量的,该变量与合同任一方不存在特定关系。

2. 嵌入式衍生工具。指嵌入到非衍生工具(即主合同)中,使混合工具的全部或部分现金流量随特定利率、金融工具价格、商品价格、汇率、价格指数、费率指数、信用等级、信用指数或其他类似变量的变动而变动的衍生工具。嵌入衍生工具与主合同构成混合工具,如可转换公司债券等。

(三) 按交易场所分类,金融衍生工具可分为交易所交易的衍生工具和 OTC 交易的衍生工具

1. 交易所交易的衍生工具,是指在有组织的交易所上市交易的衍生工具,例如在股票交易所交易的股票期权产品,在期货交易所和专门的期权交易所交易的各类期货合约、期权合约等等。

2. OTC交易的衍生工具，是指通过各种通讯方式，不通过集中的交易所，在交易所外直接进行的一对一交易的衍生工具。例如，非金融机构之间、金融机构与大规模交易者之间进行的各类互换交易和信用衍生品交易，远期利率协议以及奇异期权（exotic options，相对于 vanilla options 普通期权）几乎都是用场外交易这种交易方式。

（四）按基础工具种类不同，金融衍生工具可以分为股权衍生工具、货币衍生工具、利率衍生工具、信用衍生工具以及商品衍生工具等

1. 股权衍生工具，就是基于股权这类基础工具所形成的衍生金融工具，主要包括：股票（股指）期货、股票（股指）期权、ETF、权证、ETF 权证、ETF 期权等产品。譬如我国的沪深 300 指数期货。

2. 货币衍生工具，也称汇率衍生工具、外汇衍生工具，就是指以各种货币作为原生资产的金融衍生工具，主要包括远期外汇合约、货币期货、货币期权、货币互换，以及上述合约的混合交易合约。

3. 利率衍生工具，就是指以利率或利率的载体为基础工具的金融衍生工具，包括远期利率协议、利率期货、利率期权、利率互换，以及上述交易的混合交易合约。它们是世界各国市场上最重要的衍生工具。

4. 信用衍生工具，就是指买卖双方，一方利用缴付权利金，将信用风险转让给另一方的金融衍生工具。它是近年来出现的专门用于信用风险保护的信用衍生工具，它是这样的一个金融合约：当合约期限内特定信用事件发生时，一方有权要求另一方给予一定支付。信用衍生工具主要有信用违约互换、总收益互换、信用基差期权和信用关联票据等几种主要形式。

5. 商品衍生工具，就是指基础工具是商品的金融衍生工具，主要包括能源衍生工具、贵金属衍生工具、农产品衍生工具、畜产品衍生工具等，属于广义的金融衍生工具。

专栏 2－6

结构化产品

一、概念

对于结构化产品，市场中有多种说法，如 Scoach 交易所即认为权证、牛熊证和票据均可以称为结构化产品。一个较为严格的定义则认为：“结构化产品作为一种金融资产，通过包含多种基础金融资产，以组合的形式满足投资者特定的收益—风险需求。”

结构化产品一般有三个基本要素：基础资产、联动资产与衍生品合约。衍生品合约的价值依赖于联动资产，在产品文书中通常将对应的产品结构称为“篮子”（Basket）。与具有相同资产构成的组合不同，结构化产品通常以一定法规条款约定的投资格式封装，即认为结构化产品是一种包装好的资产组合（Packaged Portfolio）。

如乐高积木一样，我们可根据投资者偏好、经济周期以及产品结构等多种因素搭

建、设计多种多样的结构化产品。通过产品设计实现对市场观点与风险、投资者偏好的表达，结构化产品表现出以下与传统投资工具不同的特点与优势：

首先，结构化产品的一大特色是能够复制、构造对市场的观点（Market Views）。直接投资于股票或基金所得的收益仅源于金融资产的价格上行，而结构化产品的收益则还可来自于资产价格的下探或振荡等，当然前提是投资者对市场走势发展有正确的判断。

其次，若配置合理，结构化产品能够满足、实现任意可能的风险偏好特征。

最后，结构化产品扩展了投资者的选择。通过结构化产品，投资者能够参与、分享一些准入门槛高的投资产品，如对冲基金、私募基金、房产基金或商品期货等。具体到国内市场情形，结构化产品可进一步包含私募债、海外资产等。也就是说，结构化产品能够提供最佳、多样化的投资机会。

二、分类

根据结构化产品的不同收益一风险特征，瑞士结构化产品联合会（Swiss Structured Products Association，简称 SVSP）最初将结构化产品分为投资与杠杆两类产品。2011 年 6 月 SVSP 在衍生品图谱规范中将结构化产品划分为以下六大类，共计 10 多小类产品：保本型（Capital Protection），收益增强型（Yield Enhancement），分享型（Participation），杠杆型（Leverage），信用连接型（With Reference Entities），其他奇异类期权、息票（Exotic Options & Coupons）。

其中，保本型产品为风险最低的一类产品，其收益一风险特征与现金或债券相似；而收益增强型与分享型两类产品具有与股票相似的风险特征，较为激进的分享型产品可配风险偏高的股票或商品等；风险最高的为杠杆型产品，与期货、期权具有相近的风险特征，同时具有的杠杆属性也是这类产品的核心特点。而信用连接型产品则选择不同于银行主体的资产作为固定利率的组成部分，对应有三种衍生产品，即保本型信用连接票据、收益增强型信用连接票据和分享型信用连接票据。

1. 保本型

保本型即要求产品到期时保证清偿本金以及分享联动资产带来的部分收益。相应地，保本型产品有以下三个主要特征：

（1）潜在损失受限于约定偿付本金的水平；

（2）一定程度上参与联动资产；

（3）可部分获得联动资产带来的风险收益。

因此，在控制下行风险的前提下，保本型产品的投资标的也可包括股票、商品期货与外汇等中高风险资产。通常，结构化产品的收益应当高于参考基准，如年期国债或当期理财产品的年化利率。投资者持有保本型产品即购买了收益的正偏度（skewness）或保险。原则上，保本型产品的期望收益应低于其联动资产的期望收益，这即是右偏收益特征所付出的对价。

2. 收益增强型

投资收益增强型产品的目的是获得高于债券的收益。通常这类产品的潜在收益有一上限，而在市场逆转时其风险与组成资产相当。虽然与债券相似，但是其风险特征与债券有极大的不同，不能替代债券等固定收益产品。

收益增强型产品的收益上限一般由息券或贴现水平决定。投资者持有这类产品即相当于卖出了收益的正偏度以获得收益补偿。在欧洲，最主要的两种收益增强型产品是反向可转换票据(Reverse Convertible)与贴现凭证(Discount Certificate)，这两者具有完全一致的支付特征，但具有不同的构造方法。

3. 分享型

这类产品与其联动资产的表现紧密相关，并有时更加注重在下行风险保护或上行杠杆施加方面的设计。较之于前述两类产品，分享型产品是风险最高的。分享型产品没有资金保护的设计，也不保证有息券偿付或贴现，主要特点是给予部分或全部甚至杠杆的形式分享基础风险资产的收益与风险。分享型产品主要有追踪或指数票据、红利票据、优先票据和双赢票据等。这类产品通常基于股票类资产构建，但原则上可通过任意基础资产构建，如追踪票据可针对商品、私募股权、房地产、对冲基金以及保险类产品，甚至可以设计为针对特定板块，如高分红股票、金融股等。

4. 杠杆型

杠杆型产品允许有短期的投机或对冲，看涨或看跌权证、小型期货以及收回权证等即是市场最负盛名的杠杆型产品。香港市场中常见的牛熊证即为收回权证，其一大特色是若相关标的价格低于或高于约定价格，那牛熊证就会被收回。在这种收回事件发生后，牛熊证即会变得毫无价值或只剩余少量价值。显而易见，杠杆型产品最大的风险即是杠杆风险，它有可能在短时间内将损失扩大，损失所有的投资金额。

5. 信用连接型

信用连接型产品选择不同于银行的信用主体(reference entity)资产作为固定收益的组成部分，以达到提高收益和分散债务风险的目的。原则上，这类产品的市场预期与信用连接对应的票据相近，如收益增强型信用连接票据的市场预期即与收益增强型产品的市场预期一致。事实上，这类产品允许以更高的风险获取更高的收益，其额外风险即主要为信用风险。

6. 其他奇异类期权、息票

这类产品中包括了诸多奇异类期权和息票，如亚式期权、欧式障碍型期权、在险息票(coupon at risk)等。

(摘自国信证券股份有限公司蓝海平和龚映清所写《结构化产品的分类、特征与发展图景》)

第五节　其他投资工具

作为投资工具，除了上述四类外，还有很多，它们不一定是证券，但投资的价值决定了它们的金融属性。

一、黄金投资工具

（一）黄金投资工具概念

黄金投资工具又称为黄金投资品种，它产生于18世纪的欧洲市场，当时的投资工具较为简单，主要是"成色金"这种单一的交易工具。随着参与者的不断增多和市场交投行为的逐渐成熟，人们对成色金交易中既要报成色、规格，又要报价格、重量的交易方式，特别是对成交以后还要检测重量、鉴定成色等繁琐复杂的清算交割手续不甚满意，由此就产生了标准金这一交易工具。以后，随着市场上出现了黄金投机商——黄金投资者，又促使黄金市场的组织者借鉴商业银行的簿记方式而产生了"黄金账户"这一投资工具。可见，投资工具是伴随着黄金市场的发展、市场参与者的需要而产生并不断得以完善、发展和逐渐成熟的。

随着黄金投资工具的逐渐增多，投资者也就有了选择不同投资工具买卖、交易的可能。目前国内黄金市场已经开放，为增加投资者的选择，金市上将会出现标金、金币、纸黄金、黄金账户、黄金饰品和黄金基金等多种投资工具。

（二）主要黄金投资工具类型

1. 标金。是黄金投资的基础工具。标金是按照统一标准而浇铸成条块状黄金的简称，也称为实金、金条。标金是黄金市场上的基础投资工具。世界各国黄金市场上的标金规格不尽相同，但有一点却是相同的，就是标金是由市场认同的精炼厂浇铸生产，并在标金上标明厂名、重量、成色及编号。

2. 金币。是黄金投资的传统工具。金币可细分为投资金币和纪念金币两大类。投资金币又称为纯金币，是由各国政府或中央银行为满足黄金投资者的投资需求而发行的具有一定重量、成色和面值，并铸成一定形状的铸金货币。纯金币投资与金条投资一样，都是良好而安全的投资保值方式。纪念金币是各国政府或中央银行，为某一纪念题材而限量发行的具有一定的重量、成色和面值，并铸成一定形状的铸金货币。由于纪念金币是具有相应纪念意义的铸金货币，因此，其价格构成除了纯金币的各项价格要素以外，主要由稀有程度、铸造年代、工艺造型和金币品相等四个要素决定。

3. 纸黄金。又称为黄金凭证。顾名思义，在黄金市场上买卖双方交易的标的物，是一张黄金所有权的凭证而不是黄金实物，因此纸黄金交易实质上就是一种权证交易方式。纸黄金的类型除了常见的黄金储蓄存单、黄金交收定单外，还包括黄金证券、黄金账户单据、黄金现货交易中当天尚未交收的成交单等。

4. 黄金账户是黄金投资的创新工具。黄金账户是指黄金经纪商为黄金投资者提供的一种专作黄金转账交易而又无需实物交割支付的黄金投资工具。黄金投资者选择黄金账户这一交易工具时应预先在经纪商处开设黄金账户，然后在黄金经纪商处做黄金买卖交易时可在指定的资金账户上收付资金款项，并在黄金账户上做买卖记录而无需做黄金实物的提取交收。

5. 金饰品是规避风险的保值措施。金饰品具有广义和狭义之分，广义的金饰品是泛指不论黄金成色多少，只要含有黄金金属成分的装饰品，如金杯、奖牌、勋章、金像、盘碟、烟盒等纪念品或工艺品均可列入金饰品的范畴。狭义的金饰品是专指以成色不低于58%的黄金材料，通过黄金工艺师的艺术创造，加工成为一种佩带在人体各部位的装饰物。

6. 黄金 T+D 也叫 Au(T+D)，是指上海黄金交易所的黄金现货延期交收交易品种。以保证金方式进行交易，交易者可以选择合约交易日当天交割，也可以延期交割，同时引入延期补偿费机制来平抑供求矛盾的一种期货交易模式。这种交易模式能够为产金与用金企业提供套期保值功能，还能够满足投资者的投资需求，并且投资成本小，市场流动性高；同时还为投资者提供了卖空机制，为投资者提供了一个交易平台，较适合投资理财。

二、外汇投资工具

一般外汇投资是不归入证券投资类的，但作为投资的形式，从交易量上看，外汇投资又是非常重要的一类，所以，对应本书《新编投资学教程》的名称，外汇投资纳入分析的视野也是非常必要的。

（一）外汇的概念

外汇(foreign exchange)是国际汇兑的简称，指外国货币或以外国货币表示的能用于国际结算的支付手段和资产，主要包括信用票据、支付凭证、有价证券及外汇现钞等。国际货币基金组织则把外汇定义为一个国家所拥有的国际债权，不管这种债权是以外币表示还是以本币表示。

我国 1996 年颁布的《外汇管理条例》第三条对外汇的具体内容作出如下规定：外汇是指下列以外币表示的可以用作国际清偿的支付手段和资产，外国货币（包括纸币、铸币）、外币支付凭证（包括票据、银行的付款凭证、邮政储蓄凭证等）、外币有价证券（包括政府债券、公司债券、股票等）、特别提款权、欧洲货币单位、其他外币计值的资产。

外汇有动态和静态两种含义：动态意义上的外汇，是指人们将一种货币兑换成另一种货币，清偿国际间债权债务关系的行为。这个意义上的外汇概念等同于国际结算。静态意义上的外汇又有广义和狭义之分：广义的静态外汇是指一切用外币表示的资产。狭义的外汇是指以外币表示的可用于国际之间结算的支付手段。从这个意义上讲，只有存放在国外银行的外币资金，以及将对银行存款的索取权具体化了的外币票据才构成外汇，主要包括银行汇票、支票、银行存款等。这就是通常意义上的外汇概念。

（二）外汇交易和外汇投资的区别

作为支付手段的不同货币之间的兑换，就是一般意义上的外汇交易（狭义的外汇交易）。

广义的外汇交易目前主要有三种方式：外汇实盘交易、外汇保证金交易、外汇期权交易。只有后两种外汇交易才是外汇投资。

【本章案例讨论题】

【案例讨论 2－1】众筹，翻译自国外 crowdfunding 一词，即大众筹资或群众筹资，香港译作“群众集资”，台湾译作“群众募资”。是指用团购加预购的形式，向网友募集项目资金的模式。众筹利用互联网和 SNS 传播的特性，让小企业、艺术家或个人对公众展示他们的创意，争取大家的关注和支持，进而获得所需要的资金援助。

众筹不是捐款，支持者的所有支持一定要设有相应的回报，但初期的众筹的回报一定不是股权或者资金的形式，必须是以实物、服务或者媒体内容等作为回报，对一个项目的支持属于购买行为，而不是投资行为。

众筹项目种类繁多，不仅包括新产品研发、新公司成立等商业项目，还包括科学研究项目、民生工程项目、赈灾项目、艺术设计、政治运动等。因此，逐步兴起的众筹网络平台也各有侧重。比如，国外的 Kickstarter，作为最早的也是目前发展规模最为庞大的网络众筹平台，仅支持创意项目，不支持慈善和法律诉讼项目；而随后建立的 Indiegogo 和 Rockethub 众筹平台的融资项目则囊括创意类、小型企业、目标事业三大类。国内知名的众筹网站点名时间(Demo Hour)、觉(Jue. So)、点梦时刻(Dream Moment)等基本可看做是创意筹资平台；淘梦网(Tmeng)则是一个独立电影(微电影)垂直众筹平台；而大家投、天使汇、3W 咖啡、大家咖啡等则是创业股权式众筹平台。

2014 年 5 月 14 日在美国众筹网站 Kickstarter 上，启动预售的蚁视 ANTVR KIT，于 6 月 23 日晚圆满结束，用 40 天的时间，在该网募款 260 834 美元，创中国众筹新高，众筹金额中国排名第一，亚洲排名第十二，可以说创造了中国团队所打造的虚拟现实套装在 Kickstarter 的一个神话。所有资金将用于设计、研发和生产，预计 ANTVR KIT 将在 9 月发货。

讨论：1. 众筹是否是信托基金投资？

2. 众筹是否是风险投资？

3. 众筹与非法集资的区别在哪里？

【案例讨论 2－2】量子基金是全球著名的大规模对冲基金，量子基金由双鹰基金演变而来。双鹰基金由索罗斯和吉姆·罗杰斯于 1969 年创立，资本额为 400 万美元；1973 年改名为索罗斯基金，资本额约 1 200 万美元；1979 年，索罗斯将公司更名，改为量子公司，量子基金成为美国金融家乔治·索罗斯旗下经营的五个对冲基金之一。基金设立在纽约，没有在美国证券交易委员会登记注册，而是在库拉索离岸注册，其出资人皆为非美国国籍的境外投资者，从而避开美国证券交易委员会的监管。量子基金是高风险基金，主要借款在世界范围内投资于股票、债券、外汇和商品，并大量运用金融衍生产品和杠杆融资，从事全方位的国际性金融操作。量子基金主要采取私募方式筹集资金，索罗斯为之取名“量子”，是源于索罗斯所赞赏的德国物理学家、量子力学的创始人海森堡提出“测不准定理”。索罗斯认为，就像微粒子的物理量子不可能具有确定数值一样，证券市场也经常处在一种不确定状态，很难去精确度量和估计。

上世纪90年代初，为配合欧共体内部的联系汇率，英镑汇率被人为固定在一个较高水平，引发国际货币投机者的攻击，量子基金率先发难，在市场上大规模抛售英镑而买入德国马克。英格兰银行虽下大力抛出德国马克购入英镑并配合以提高利率的措施，仍不敌量子基金的攻击而退守，英镑被迫退出欧洲货币汇率体系而自由浮动，短短1个月内英镑汇率下挫20%，而量子基金在此英镑危机中获取了数亿美元的暴利。在这之前，意大利里拉亦遭受同样命运，量子基金同样扮演主角。

1994年，索罗斯的量子基金对墨西哥比索发起攻击。墨西哥在1994年之前的经济良性增长，是建立在过分依赖中短期外资贷款的基础之上的。为控制国内的通货膨胀，比索汇率被高估并与美元挂钩浮动。由量子基金发起的对比索的攻击，使墨西哥外汇储备在短时间内告罄，不得不放弃与美元的挂钩，实行自由浮动，从而造成墨西哥比索和国内股市的崩溃，而量子基金在此次危机中则收入不菲。

1997年开始的东南亚金融危机，与1994年的墨西哥一样，许多东南亚国家如泰国、马来西亚和韩国等长期依赖中短期外资贷款维持国际收支平衡，汇率偏高并大多维持与美元或一揽子货币的固定或联系汇率，这给国际投机资金提供了一个很好的捕猎机会。量子基金扮演了狙击者的角色，从大量卖空泰铢开始，迫使泰国放弃维持已久的与美元挂钩的固定汇率而实行自由浮动，从而引发了一场泰国金融市场前所未有的危机。危机很快波及所有东南亚实行货币自由兑换的国家和地区，迫使除了港币之外的所有东南亚主要货币在短期内急剧贬值。东南亚各国货币体系和股市的崩溃以及由此引发的大批外资撤退和国内通货膨胀的巨大压力，给这个地区的经济发展蒙上了一层阴影。

经过不到30年的经营，至1997年末，量子基金已增值为资产总值近60亿美元的巨型基金。在1969年注入量子基金的1万美元在1996年年底已增值至1 500万美元。

然而，1998年以来，投资失误使量子基金遭到重大损失。先是索罗斯对1998年俄罗斯债务危机及对日元汇率走势的错误判断使量子基金遭受重大损失，之后投资于美国股市网络股也大幅下跌。2000年，量子基金失去了全球规模最大对冲基金第一的宝座，一年的时间内基金净损失100亿美元，缩减至40亿美元规模，2000年4月28日，索罗斯不得不宣布关闭旗下两大基金"量子基金"和"配额基金"，基金管理人德鲁肯米勒和罗迪蒂"下课"，索罗斯旗下的量子新兴增长基金和量子基金合并成为今天的量子捐助基金(Quantum Endowment Fund)，他强调量子捐助基金将改变投资策略，主要从事低风险、低回报的套利交易。

2013年，尽管美国股市表现抢眼，屡屡创出历史新高，但对于对冲基金行业来说，并不是一个很好的年份，行业平均投资回报率远远跑输市场，但量子捐助基金却异军突起。据市场研究机构LCH投资公司的报告显示，在过去的一年中，索罗斯旗下的量子捐赠基金大赚55亿美元，收益总额位列所有对冲基金的第一位，连一直在对冲基金行业称雄的桥水基金也不得不甘拜下风。

讨论：1. 现在的量子基金是不是对冲基金？

2. 从量子基金沉浮总结其对我国未来对冲基金发展的启示。

【案例讨论 2－3】 基金经理为什么要做老鼠仓？

据了解，基金经理的年薪一般都由基本工资与年终奖两方面构成，后者高于前者，两者比例则因基金公司而异。

年终奖是浮动指标。基金经理的年终奖与其所属的基金公司规模、管理的基金类型、基金规模与区间业绩以及合规性等息息相关，所以不同基金经理年终奖千差万别。

到底基金经理能赚多少？业内人士透露，"整体来看，百万年薪不算高，大基金公司旗下的基金经理年薪普遍在 200 万～400 万元，个别业绩突出的明星基金经理收入更高。但小基金公司旗下的固定收益类基金经理即便同时管理多只基金，年薪也可能只有几十万"。

实际上，基金经理这一职业已经是一份收入颇丰的工作，且在合法的前提下，他们还可通过各种途径实现财富增值。因此，公众难以理解的是，为何仍有部分人牟利老鼠仓？

讨论：基金老鼠仓的根子到底在哪？

【本章专题研讨】

【专题研讨 2－1】 股票功能有哪些变化？

1. 股票的原始含义是什么？
2. 股票的现代含义是什么？
3. 股票为什么会与时俱进？
4. 现代股票的主要作用是什么？
5. 我国股票功能的缺失在哪里？

【专题研讨 2－2】 债券存在的价值是什么？

1. 债券的原始含义是什么？
2. 债券的现代含义是什么？
3. 债券为什么会成为最大的证券？
4. 现代债券的主要作用是什么？
5. 我国债券功能的缺失在哪里？

【专题研讨 2－3】 基金的重要意义是什么？

1. 基金为什么而生？
2. 基金存在的价值是什么？
3. 基金的类别和性质有何差别？
4. 我国基金的主要缺陷是什么？

【专题研讨 2－4】 为什么要有金融衍生品？

【本章能力训练】

一、单选题

1. 设立股份有限公司申请公开发行股票，发起人认购的股本数额不少于公司拟发行股本总额的(　　)。

A. 20%　　B. 25%　　C. 30%　　D. 35%

2. 股份有限公司的最高权力机构是(　　)。

A. 董事会　　B. 监事会　　C. 股东大会　　D. 理事会

3. 监事由(　　)选举产生。

A. 股东大会　　B. 职工代表大会　　C. 董事会　　D. 上级任命

4. 股票体现的是(　　)。

A. 所有权关系　　B. 债权债务关系　　C. 信托关系　　D. 契约关系

5. 蓝筹股通常指(　　)的股票。

A. 发行价格高　　B. 经营业绩好的大公司

C. 交易价格高　　D. 交易活跃

6. 债券分为实物债券、凭证式债券和记账式债券的依据是(　　)。

A. 券面形态　　B. 发行方式　　C. 流通方式　　D. 偿还方式

7. 公债不是(　　)。

A. 有价证券　　B. 虚拟资本　　C. 筹资手段　　D. 所有权凭证

8. 安全性最高的有价证券是(　　)。

A. 股票　　B. 国债　　C. 公司债券　　D. 金融债券

9. 公司不以任何资产作担保而发行的债券是(　　)。

A. 信用公司债　　B. 承保公司债

C. 参与公司债　　D. 收益公司债

10. 公司以其金融资产抵押而发行的债券是(　　)。

A. 承保公司债　　B. 不动产抵押公司债

C. 证券抵押信托公司债　　D. 设备信托公司债

11. 契约型基金反映的是(　　)。

A. 产权关系　　B. 所有权关系

C. 债权债务关系　　D. 信托关系

12. 证券投资基金的资金主要投向(　　)。

A. 实业　　B. 邮票　　C. 有价证券　　D. 珠宝

13. 开放式基金的基金单位是直接按(　　)来计价的。

A. 市场供求　　B. 基金资产总值

C. 基金单位资产净值　　D. 基金收益

14. 在计算基金资产总额时，基金拥有的上市股票、认股权证是以计算日集中交易市场的(　　)为准。

A. 开盘价　　B. 收盘价　　C. 最高价　　D. 最低价

15. 在计算基金资产总额时，基金拥有的上市债券，是以计算日集中交易市场的(　　)为准。

A. 开盘价　　B. 收盘价　　C. 最高价　　D. 最低价

16. 基金在美国的称谓是(　　)。

A. 共同基金　　B. 互助基金

C. 单位信托基金　　D. 证券投资信托基金

17. 先在期货市场买进期货,以便将来在现货市场买进时不致因价格上涨而造成经济损失的期货交易方式是(　　)。

A. 多头套期保值　　B. 空头套期保值

C. 交叉套期保值　　D. 平行套期保值

18. 先在期货市场卖出期货,当现货价格下跌时,以期货市场的盈利弥补现货市场的损失从而达到保值的期货交易方式是(　　)。

A. 多头套期保值　B. 空头套期保值　C. 交叉套期保值　D. 平行套期保值

19. 看涨期权的买方具有在约定期限内按(　　)买入一定数量金融资产的权利。

A. 市场价格　B. 买入价格　C. 卖出价格　D. 协议价格

20. 可转换证券实际上是一种普通股票的(　　)。

A. 长期看涨期权　　B. 长期看跌期权

C. 短期看涨期权　　D. 短期看跌期权

二、多选题

1. 债券票面的基本要素有(　　)。

A. 债券票面价值　　B. 债券偿还期限

C. 债券利率　　D. 债券发行者名称

2. 影响债券利率的因素主要有(　　)。

A. 银行利率水平　B. 筹资者资信　C. 债券票面金额　D. 债券偿还期限

3. 影响债券偿还期限的因素主要有(　　)。

A. 债券票面金额　　B. 债务人资金需求时限

C. 市场利率变化　　D. 债券变现能力

4. 根据债券券面形态,国债可以分为(　　)。

A. 实物国债　B. 凭证式国债　C. 记账式国债　D. 附息票国债

5. 债券的性质可以概括为(　　)。

A. 属于有价证券　　B. 是一种真实资本

C. 是债权的表现　　D. 是所有权凭证

6. 债券的特征可以表现为(　　)。

A. 偿还性　B. 安全性　C. 收益性　D. 流动性

7. 按计息方式分类,债券可以分为(　　)。

A. 单利债券　B. 复利债券　C. 贴现债券　D. 累进利率债券

8. 国际债券的特点有(　　)。

A. 资金来源的广泛性　　B. 计价货币的通用性

C. 发行规模的巨额性　　D. 汇率变化的风险性

9. 普通股票股东享有的权利主要是(　　)。

A. 公司经营决策的参与权　　B. 公司盈余分配权
C. 剩余资产分配权　　D. 优先认股权

10. 按照投资者承担风险和享受权利的不同股票分为(　　)。
A. 普通股股票　B. 优先股股票　C. 记名股票　D. 不记名股票

11. 普通股股票的优先认股权的处理方法有(　　)。
A. 行使此权利来认购新发行的普通股票
B. 将该权利转让给他人,从中获得一定的报酬
C. 将公司分配的优先认股权向公司兑现
D. 不行使此权利而听任其过期失效

12. 上市股票的市场价格受诸多因素的影响,这些因素包括(　　)。
A. 公司经营状况　　B. 宏观经济因素
C. 行业因素　　D. 投资者心理因素

13. 按基金设立后能否赎回或能否追加投资,基金可分为(　　)。
A. 收入型基金　　B. 封闭型基金
C. 开放型基金　　D. 成长型基金

14. 根据组织形式的不同,投资基金可分为(　　)。
A. 封闭型基金　B. 开放型基金　C. 契约型基金　D. 公司型基金

15. 货币市场基金的投资工具包括(　　)。
A. 股票　B. 银行票据　C. 商业票据　D. 短期国债

16. 金融期货的类型主要有(　　)。
A. 外汇期货　B. 股票期货　C. 利率期货　D. 股价指数期货

17. 金融期权的种类主要有(　　)。
A. 金融期货合约期权　　B. 外汇期权
C. 利率期权　　D. 股票期权

18. 可转换证券的特点是(　　)。
A. 有事先规定的转换期限　　B. 持有者的身份随证券的转换而相应转换
C. 可转换成优先股　　D. 可转换成普通股

19. 认股权证的三要素是(　　)。
A. 认股价格　B. 认股期限　C. 认股数量　D. 认股方式

20. 期货交易中套期保值的基本类型有(　　)。
A. 多头套期保值　　B. 空头套期保值
C. 交叉套期保值　　D. 平行套期保值

三、判断题

1. 债券不是债权债务关系的法律凭证。(　　)

2. 一般来说,当未来市场利率趋于下降时,应发行期限较长的债券,这样可以有利于降低筹资者的利息负担。(　　)

3. 债券利息对于债务人来说是筹资成本,对于债权人来说是投资收益。(　　)

4. 债券投资收益不能收回有两种情况，一是债务人不履行义务，二是流通市场风险。( )

5. 一般来说，当市场利率下跌时，债券的市场价格也会跟随下跌。( )

6. 发行债券是金融机构的主动负债。( )

7. 债券持有者可以按期获取利息及到期收回本金，并参与公司的经营决策。( )

8. 在美国发行的外国债券被称为扬基债券，在日本发行的外国债券被称为武士债券。( )

9. 普通股是股份公司发行的一种标准股票。( )

10. 所谓不记名股票，是指在股票票面和股份公司股东名册上均不记载股东姓名的股票。( )

11. B股是以美元或港币标明面值并认购和交易的。( )

12. 公众股是指社会公众股部分。( )

13. 境外上市外资股是外币认购的、以境外上市地的货币标明面值的股票。( )

14. 证券投资基金是一种金融信托形式。它与一般金融信托关系一样，主要有委托人、受托人、受益人三个关系人，其中受托人与委托人之间订有信托契约。( )

15. 公司型基金是以发行股份的方式募集资金的。( )

16. 契约型基金设有董事会。( )

17. 基金托管人是基金资产的名义持有人。( )

18. 基金管理人的主要职责是负责投资分析、决策，并向基金托管人发出买进或卖出证券及相关指令。( )

19. 债券基金的收益受市场利率的影响，当市场利率下调时，其收益会下降；反之，若市场利率上调时，其收益会上升。( )

20. 根据我国相关基金法规的规定，各基金资产之间可以相互交易。( )

21. 基金托管人也可以从事基金投资。( )

22. 期货交易的目的是为生产和经营筹集必要的资金及为暂时闲置的货币资金寻找生息获利的投资机会。( )

23. 在期货交易中，大多数期货合约是做相反交易对冲了结的。( )

24. 多头套期保值，是指为回避未来现货价格上涨的不利风险，先行买进期货，而于合约到期前再卖出以实现套期保值的策略。( )

25. 期权的买方以支付一定数量的期权费为代价而获得了买或卖的权利，但不承担必须买或卖的义务。( )

26. 期权的卖方在一定期限内必须无条件服从买方的选择并履行成交时的允诺。( )

27. 看跌期权的卖方具有在一定期限内按协议价买进一定数量金融资产的权利。( )

28. 可转换证券持有者的身份不随着证券的转换而相应转换。( )

29. 认股权证是普通股股东的一种特权。( )

30. 所谓金融期货，是指以各种金融商品如外汇、债券、股价指数等作为标的物的期货交易方式。( )

第三章 金融投资市场

【本章学习要点】 现在市场体系，金融市场是重要的组成，而现代金融市场又以投资市场最具有驱动力。本章主要介绍多层次的金融市场体系，特别是其中最具有价值的资本市场。学习要点是围绕投资市场构建起完整的资本市场结构，从投资角度认识发行市场，从投资角度认识交易市场。

【本章学习重点难点】 本章的重点是从投资角度构建新型金融市场体系。学习的难点也在于如何改变传统的视角，重新认识投资市场。

【本章基本概念】 金融市场　货币市场　资本市场　另类市场　一级市场　二级市场　第三市场　第四市场　主板市场　二板市场　三板市场　创业板　中小企业板块　发行市场　发行审批制　核准制　注册制

第一节　金融投资市场概览

一、金融市场内涵

金融市场是现代金融体系的核心，但金融市场实际上存在金融融资市场和金融投资市场的区别。

一般意义上的金融市场是从融资角度去认识的，这是经济学概念的市场含义，所以常常也被称为资金融通市场。它是指资金供应者和资金需求者双方通过信用工具进行交易而实现融通资金的市场，进一步推广到更大的范畴去认识，它是实现货币借贷和资金融通、办理各种票据和有价证券交易活动的市场。

这个定义下的金融市场，其核心目标是满足资金需求方的需要。因为在物质生产活动为核心的年代，增加社会物质财富是社会发展的标志，所以一切资金融通的目标自然是满足生产领域的资金需求，结果一个实现资金融通的市场，实际就演变为一个融资的市场，一个以融资额高低衡量其有效性的市场。

这样的金融市场实际存在一个致命的问题：如果融资方融资后的投向不符合社会发展的方向，或者融入的资金利用效率较低，此时融资额的增加只能说明市场配置资源的失败。

如果从投资的角度去认识金融市场，金融市场就是可以将众多投资者的买卖意愿聚集起来，促使单个投资者交易成功的一种市场，即在接受市场价格的前提下，各种金融资产的买方可以买到他想买的数量，卖方可以卖出他想卖的数量。

这种定义下的金融市场，是基于金融资产投资交易所形成的市场，投资成为市场的主体任务，而投资的收益、风险又是基于流动性基础上的，金融市场是要通过增加流动性，降低获得收益的风险，换句话说，投资型金融市场的出现，其目的是提供交易的便捷，因而流动性就是金融市场的基础经济功能所在，没有了集中流动性的功能，金融市场就失去存在的基础。流动性的作用还不仅在此，作为交易成本还体现在市场对交易机制的选择和变迁的决定作用，因为在世界经济一体化的时代，各个金融市场面临着激烈的竞争，而流动性是其竞争力的最直接体现。“流动性是委托量大小和频率的函数，当有些买卖委托输入特定的交易系统时，将会吸引其他买卖委托进入该系统，可以说，流动性能吸引流动性。”(Ruben，1998)，因此抢得先机者可用流动性来创造更大的流动性，从而在竞争中占有明显的战略优势。规范型的金融市场是以交易所形式出现的，这种交易所的属性其实就是增加金融资产的流动性，交易所的流动性使得金融资产在不同的时间、地区和行业之间顺利进行转移，从而使得资源得以重新配置。

当前世界金融市场正实现从原来的金融融资市场，向金融投资市场的转变，因而，对金融市场的定义可以重新认识：金融市场是投资者交易金融资产的一种场所(并非一定是有形的场所)，并在这个场所的交易过程中实现了对金融资产价格的发现功能，通过这种价格发现功能，实现了对融资资本的资源合理配置。对现代金融体系而言，起到支撑作用的，应该是这种金融投资市场内涵下的金融市场。

二、金融市场基本组成要素

现代金融市场由下面的基本组成要素构成：

(一) 市场的主体

金融市场上的主体有狭义和广义之分，狭义主体是指参加金融资产交易的资金供应者或资金需求者。广义主体是指包括资金供给者、资金需求者、中介人和管理者在内所有参加交易的组织和个人。

政府、金融机构、企业单位、事业单位、居民个人，以及海外上述组织和个人等，都可以是金融市场的资金供应者和需求者。

(二) 市场交易对象

这是资金供应者和资金需求者在金融市场上实现交易的对象，被称为交易工具。金融市场上的交易工具有主要基于融资目的的金融融资工具和主要基于投资目的的金融投资工具，不同时期、不同目的的工具会有所差异，即使是称谓相同的工具，也会有所差异。

常见的市场交易对象有各种债券、股票、票据、可转让存单、借款合同、抵押契约等。金融市场的交易对象不管具体形态如何，都是要实现资金的流动，其交易都是实现资金的所有权、使用权的转移，最终实现资金资源的重新配置。

(三) 市场中介

不同市场主体之间对交易对象的交易，是要通过市场中介来完成的，没有市场中介的金融资产的交易是原始层面上的交易，不属于现代市场交易。这些充当市场中介的组织和个人包括各类交易所、各类交易平台、各类交易服务组织和个人等。

(四) 市场价格形成机制

市场主体在通过市场中介进行市场交易对象的交易过程中,一个核心的影响交易成功与否的因素是价格因素,所以金融市场的基本组成要素中,应该有一个价格形成机制。

理论上,金融市场所形成的价格应该是其价值的代表,但金融资产的价值不是显性的,因而市场经济条件下是要通过充分竞争的交易才能实现其合理价格的,市场的价格形成机制就决定了这个价值到价格的有效性的程度。金融市场交易过程中的各种交易形式,如对冲、套利、投机等,以及各种交易成交形式,如竞价成交、做市商成交等,都是市场价格形成机制中的组成部分。

(五) 市场监管

一个合格的实现资源合理配置的金融市场,需要一个强大的市场监管。金融市场监管包括监管规定的制定和监管的执行两个方面。

根据市场监管规定的法律效力的大小,金融市场监管规定制定包括监管法律的制定、监管法规的制定、自律规定的制定等。一般来说,法律的制定是立法机构的事情,而法规的制定是政府在法律许可范围内制定的,一个有效的市场运作除了需要法律和法规之外,业内的自律也是非常重要的,自律的规定通常是行业自律组织(譬如行业协会)制定的。

依据市场监管规定出台的层次,市场监管的执行也区分层次。大致说来包括三个监管执行层次:其一是法律的监管,主要是各种立法检查机构和司法机构对各项金融法律的执行情况所进行的检查活动和对违法的制裁活动;其二是政府的监管,主要是政府依据法规或者经过授权依据法律,对金融市场上各类参与机构和交易活动所进行的监管;其三是金融市场上各类机构及行业组织(如证券交易所、证券业协会等)进行的自律性管理。

三、金融市场分类

(一) 按业务活动期限,金融市场分为:货币市场、资本市场和业务活动期限特殊的其他市场(基金市场、金融衍生市场、外汇市场等)

1. 货币市场,即短期资金市场。一般是指存续期限在一年之内的金融资产组成的金融市场。它的主要任务是提供工商企业、金融机构、政府的短期资金融通或营运周转资金,资金拆款,以及各种短期有价证券的买卖,前两者的任务是作为融资的形式完成的,它不改变工商企业、金融机构和政府的长期发展方向,从而基本不涉及资金这种社会资源的长期合理配置的根本性的问题,而后者则主要是增加资金流动性的问题,所以只是投资流动性的解决方案之一。因此,货币市场不是我们通常所说的投资市场。

一般来说,货币市场包括短期国债(国库券)市场、短期地方政府债券市场、同业拆借市场、票据贴现市场、回购市场、短期外汇市场和短期大额可转让存单市场,但不包括某些存续期在一年以下的商品期货以及金融衍生工具市场。

2. 资本市场,即长期资金市场。一般资本市场上资本出让的合同期都在一年以上,这是资本市场与短期的货币市场和衍生市场的主要期限区别。它包括股票市场、股权市场、长期债券市场、长期基金市场、期货等衍生市场、长期外汇市场等。但基金市场、期货等衍生市场、外汇市场、黄金市场等很少去根据期限加以区别，所以，如果按照业务活动的期限对它们进行分割显得很怪异，因此，习惯上，我们将基金市场和金融衍生市场都归入资本市场，但却很少将外汇市场、黄金市场等归入资本市场。

3. 另类市场。基金市场、金融衍生市场、外汇市场和黄金市场等所交易的工具及其业务活动期限，既有存续期小于一年的，也有存续期大于一年的，所以理论上这些市场应该分别包括在货币市场和资本市场之内，但是习惯上我们将基金市场、金融衍生市场归入资本市场，而将外汇市场、黄金市场等单独列出(图 3-1)。

- 金融市场
  - 货币市场
    - 短期债券市场
    - 同业拆借市场
    - 回购市场
    - 贴现市场
    - ……
  - 资本市场
    - 长期储蓄市场
    - 长期信贷市场
    - 证券市场
      - 股票市场
      - 债券市场
      - 基金市场
      - 衍生市场
      - ……
    - 融资租赁市场
    - ……
  - 另类市场
    - 外汇市场
    - 黄金市场
    - 碳金融市场
    - ……

图 3-1　金融市场体系

(二) 按成交后是否立即交割，金融市场分为：现货市场和期货市场、期权市场、纸货市场等

现货市场是指交易资产的成交时间和交割时间是同时的一类市场，它是和期货、期权和互换等这类资产的成交和交割在不同时间完成的多数衍生工具市场相对应的市场的一个统称。

现货市场交易的对象是货币、债券、股票等，它们是衍生工具的标的资产。经济学上，现货市场大量交易的对象实际是各种商品，但它们不属于金融资产，所以不是金融市场所说的现货市场。

当成交和交割时间不一致时，就成为与现货市场相对应的另一类市场，它们主要包括期货市场、远期市场、纸货市场和期权市场，其共同的特点是交易物或权利的成交时间与交割时间不同。

专栏 3－1

新加坡纸货市场

新加坡纸货市场(Paper Market)大致形成于1995年前后,从属性上讲是属于金融衍生市场,交易品种主要有石脑油、汽油、柴油、航煤和燃料油,规模大约是现货市场的三倍以上,也就是每天成交1亿吨左右,其中80%左右是投机交易,20%左右是保值交易。

纸货市场的主要作用是提供一个避险的场所,它的交易对象是标准合约,合约的期限最长可达三年,每手合约的数量为5 000吨,合约到期后不进行实物交割,而是进行现金结算,结算价采用普氏(Platts)公开市场最近一个月的加权平均价,经纪商每吨收取7美分即每手收取350美元的佣金。由于这是一个场外交易市场,纸货市场的交易通常是一种信用交易,履约担保完全依赖于成交双方的信誉,这要求参与纸货市场交易的公司都是国际知名、信誉良好的大公司。

纸货市场类似于期货市场,都是远期交易市场。两者的差别主要有:(1) 期货市场是交易所场内市场,纸货市场是场外交易市场(OTC市场);(2) 纸货市场合约的不少条款都高度的标准化,更便于操作;(3) 期货交易可以有实物交割,而纸货交易都是现金交割,没有实物交割。

专栏 3－2

麦格希集团及其信息帝国

麦格希集团(McGraw-Hill Companies,2011年1月1日之前译为麦格劳-希尔集团)始建于1888年,是19世纪中叶美国工业革命的产物,创始人是教师詹姆斯·麦格劳和编辑约翰·希尔。一个多世纪以来,麦格劳-希尔集团凭借其真实可信的信息和分析成为信息服务领域的领导者。集团经营了众多在全球业界赫赫有名的品牌:标准普尔(Standard & Poor's)、麦格希教育(McGraw-Hill Education)、保尔商务咨询(J. D. Power and Associates)、普氏能源资讯(Platts)、麦格希建筑信息(McGraw-Hill Construction)、《商业周刊》(Business Week)、《航空周刊》(Aviation Week)等。

(三) 按市场功能的不同,金融市场分为:一级市场和二级市场等

1. 一级市场。金融市场的一级市场实际上是一个融资市场,对于股票、债券等证券来说,就是筹资者通过发行证券来筹集资金的市场,所以一级市场又称证券发行市场、初级金融市场或原始金融市场。在一级市场上,需求者可以通过发行股票、债券取得资金。

在发行过程中，发行者一般不直接同持币购买者进行交易，需要有中间机构办理，即证券经纪人。所以一级市场又是证券经纪人市场。一级市场有公开募集和非公开募集两种方式，所以就有公募和私募两种说法。

2. 二级市场。金融市场的二级市场实际上是一个交易市场，是已经发行在外的金融资产进行买卖交易的场所，这里金融资产可以是股票、债券、抵押贷款、人寿保险等。如果这种交易是在交易所进行的，我们称这样的市场是场内市场，如果不是在交易所进行的，我们称这种市场为场外市场。狭义地看，我们平时所说的资本市场只针对二级市场而言。

3. 第三市场、第四市场。这是美国市场的一种说法，所谓第三市场是指那些已经在证券交易所上市交易的证券，却又在证券交易所以外的地方进行交易所形成的市场，换句话说，是上市证券的场外交易市场；所谓第四市场是指不通过中介，而是通过电子网络直接进行的大宗场外证券交易。

（四）按上市条件的不同，金融市场分为：主板市场、二板市场、三板市场等

1. 主板市场。这是一个国家最初的、主要的证券市场。经过长期的市场演变，现代主板市场一般都对拟上市的公司制定了比较高的要求，这些要求使得主板市场成为成熟期公司的上市乐园。

国际上著名的主板市场主要有：纽约证券交易所、伦敦证券交易所、东京证券交易所、泛欧交易所、香港交易所等，我国的上海证券交易所和深圳证券交易所的大部分都是主板市场。

2. 二板市场。这是证券市场发展到一个新的阶段后出现的，最初成功的是美国始建于1971年的纳斯达克市场，这类市场对上市的要求与主板相比对成熟的要求有所降低，但对成长的要求增强了，因此这样的变化适应了那些成立不久，但处于成长期的高速增长型的公司，从而二板市场也常常被称为创业板市场。

国际上的二板市场主要有：美国全国证券交易商自动报价市场(NASDAQ)，英国另类投资市场(AIM，Alternative Investment Market)，法国新兴证券市场(Nouveau Market)，以及在此基础上发展而成的全欧洲范围的欧洲新市场(EVRO-NM)，位于比利时面向全欧洲的EASDAQ市场，我国台湾场外证券市场(ROSE)，新加坡证券交易及自动报价系统市场(SSEDAQ)，马来西亚证券交易及自动报价场外证券市场(MESDAQ)，吉隆坡证券交易所二板市场(KLSE)等。我国在深圳证券交易所内设有创业板，此外还有“中小企业板块”这个准二板市场。

3. 三板市场。按照主板、二板市场的思路，除了以上两个市场之外还有其他证券市场，这些市场没有统一的名称，通常将它们归入三板市场。

中国证券市场研究中心和中国证券交易系统有限公司先后在北京分别成立了STAQ系统和NET系统，它们都以交易法人股为主，所以一度也被称为“法人股流通市场”。2001年7月16日，为了解决这些不规范的法人股流通问题，正式成立了全称是“代办股份转让系统”(俗称“老三板”)，之后，包括水仙、粤金曼和中浩等主板市场退市的股票也退出在这些市场交易。由于“老三板”挂牌的股票品种少，且多数质量较低，再次转

到主板上市难度也很大，长期被冷落。为了改变我国资本市场柜台交易落后局面，同时为更多高科技成长型企业提供股份流动的机会，2006 年初北京中关村科技园区建立新的股份转让系统，因与“老三板”标的明显不同，被形象地称为“新三板”。2012 年 8 月 5 日，中国证监会宣布国务院批准新三板扩容。2013 年 12 月 14 日，国务院正式发布《关于全国中小企业股份转让系统有关问题的决定》，决定将新三板扩容。2014 年 1 月 24 日新三板正式扩容，266 家新的公司在新三板挂牌交易。

在美国类似于三板市场的是柜台交易市场(OTCBB)。OTCBB 成立于 1990 年，全称是场外电子柜台交易市场(Over the Counter Bulletin Board)，是纳斯达克(NASDAQ)的管理者——全美证券商协会(NASD)管理的柜台证券交易实时报价服务系统。一般而言，任何未在美国全国市场上市或登记的证券，包括在美国全国、地方或国外发行的股票、认股权证、证券组合、美国存托凭证等，都可以在 OTCBB 市场上报价交易。

虽然 OTCBB 股票与 NASDAQ 股票同样由做市商通过 NASDAQ 电脑网络进行报价，又同在 NASD 的管辖之内，但 OTCBB 与 NASDAQ 有本质不同。

OTCBB 采取了一种上市方式和门槛更为灵活的机制，对企业没有任何规模或盈利要求，只要有 3 名以上做市商愿为该证券做市，就可向 NASD 申请挂牌。从功能上说，OTCBB 板块是没有融资功能的，它注定只是一个过渡的板块，因为它不能发新股。它存在的价值就是给众多“摘牌公司”一个搁置的地方，在那里进行资产重组，或者收购，也可以进行私募。有些公司通过自己改造升级，重新把业绩做上去，升级到主板；有些不行的就另外找大股东，通过注入资产把业绩提升到能升级到主板的地步。所有 OTCBB 上的公司应该最终要去三大主板，谁如果把上 OTCBB 当成一个终点站，绝对是不正常的。一般来说，到 OTCBB 上利用“壳”做反向收购挂牌的公司应在半年到 9 个月之内升级主板，然后发行新股筹资。

经过十几年的运作，OTCBB 已确立了在美国非主板市场的霸主地位，最多时有超过 3 600 家公司、交易的证券超过 6 667 种、近 400 家做市商活跃于该市场。但由于 OTCBB 面向的是小企业，因此形成了发行证券数量少、价格低、流通性差、风险大的显著特点。目前，OTCBB 上有 3 300 多家挂牌企业，其中不乏几美分的垃圾股票和空壳公司，股价不到 1 美元的“壳”公司有近 1 200 多家。

专栏 3－3

NET 系统和 STAQ 系统

NET 系统(National Exchange and Trading System)是由中国证券交易系统有限公司(简称中证交)开发设计，并于 1993 年 4 月 28 日由当时主管金融的国家人民银行批准投入试运行的。该系统中心设在北京，利用覆盖全国 100 多个城市的卫星数据通信网络连接起来的计算机网络系统，为证券市场提供证券的集中交易及报价、清算、交割、登记、托管、咨询等服务。NET 系统由交易系统、清算交割系统和证券商业务系统这三个子系统组成。

1990 年 12 月 5 日，全国证券交易自动报价系统(Securities Trading Automated Quotations System，STAQ 系统)正式开始运行。STAQ 系统是一个基于计算机网络进行有价证券交易的综合性场外交易市场。系统中心设在北京，连接国内证券交易比较活跃的大中城市，为会员公司提供有价证券的买卖价格信息以及结算等方面的服务，使分布在各地的证券机构能高效、安全地开展业务。

专栏 3－4

OTC 市场

OTC 市场(Over-The-Counter Market，场外交易市场，又称柜台交易市场)，和交易所市场完全不同，OTC 没有固定的场所，没有规定的成员资格，没有严格可控的规则制度，没有规定的交易产品和限制，主要是交易对手通过私下协商进行的一对一的交易。场外交易主要在金融业，特别是银行等金融机构十分发达的国家。

现时最大的 OTC 市场在新加坡，除了提供各类外汇、指数和期货交易外，还有摩根士丹利的台湾、香港等参考指数以供投资。在欧洲的 OTC 交易，比传统交易所的交易发展更为蓬勃，成为现代的投资新宠儿。

OTC 方式的外汇交易与撮合方式的差异主要表现在：一是信用基础不同，OTC 方式以交易双方的信用为基础，由交易双方自行承担信用风险，需要建立双边授信后才可进行交易，而撮合方式中各交易主体均以中国外汇交易中心为交易对手方，交易中心集中承担了市场交易者的信用风险；二是价格形成机制不同，OTC 方式由交易双方协商确定价格，而撮合方式通过计算机撮合成交形成交易价格；三是清算安排不同，OTC 方式由交易双方自行安排资金清算，而撮合方式由中国外汇交易中心负责集中清算。

表 3－1～表 3－3 为世界主要证券市场数据。

表 3－1　世界主要成熟证券市场数据(截至 2012 年 8 月底)

市场名称	股票总市值(亿美元)	上市公司总数(家)	股票累计交易额(亿美元)	债券累计交易额(亿美元)	IPO 累计筹资额(亿美元)	指数表现	
						指数名称	月底收盘
纽约证交所	133 384	2 334	92 423	N/A	102.29	道琼斯工业平均指数	13 437
纳斯达克	47 053	2 623	69 376	N/A	207.22	纳斯达克综合指数	3 116
伦敦证交所集团	33 877	2 797	15 055	2 584.31	N/A	英国金融时报 100 指数	5 742

续表 3-1

市场名称	股票总市值（亿美元）	上市公司总数（家）	股票累计交易额（亿美元）	债券累计交易额（亿美元）	IPO累计筹资额（亿美元）	指数表现	
						指数名称	月底收盘
东京证交所	32 957	2 287	23 237	5.75	2.07	日经 225 指数	8 870
泛欧交易所	25 963	1 096	10 990	98.67	0.0	法国 CAC40 指数	3 354
香港交易所	23 866	1 533	7 332	2.35	57.56	香港恒生指数	20 840
多伦多证交所	19 873	3 977	8 664	N/A	17.00	加拿大综合指数	12 317
法兰克福证交所	12 855	762	8 895	164.37	0.18	德国 DAX30 指数	7 216
澳大利亚证交所	12 833	2 058	6 484	N/A	43.23	澳洲普通股指数	4 387
瑞士证交所	11 196	275	4 059	294.33	32.19	瑞士股票指数	6 495
OMX 北欧交易所	9 123	752	4 152	407.12	0.0	瑞典综合指数	331
西班牙证交所	9 033	3 226	5 847	424.56	1.54	西班牙 IBEX 指数	7 708

（资料来源于《证券市场导报》2012 年 10 期）

表 3-2　世界主要新兴证券市场数据(截至 2012 年 8 月底)

市场名称	股票总市值(亿美元)	上市公司总数(家)	股票累计交易额(亿美元)	指数表现	
				指数名称	月底收盘
上海证交所	22 407	952	18 446	上海综合指数	2 086
巴西圣保罗证交所	11 592	368	6 058	巴西 IBOVESPA 指数	59 175
印度孟买证券交易所	10 932	5 157	752	印度 SENSEX 指数	18 762
印度国家证券交易所	10 683	1 652	3 528	印度 NIFTY 指数	5 703
韩国交易所	10 651	1 796	10 277	韩国成分指数	1 996
深圳证交所	10 604	1 525	16 785	深圳成分指数	8 679
南非约翰内斯堡证券交易所	8 340	389	2 275	南非综合指数	35 757

续表 3-2

市场名称	股票总市值(亿美元)	上市公司总数(家)	股票累计交易额(亿美元)	指数表现	
				指数名称	月底收盘
莫斯科交易所	7 543	302	2 523	俄 MICEX 指数	1 458
新加坡交易所	7 090	775	1 704	新加坡海峡指数	3 060
中国台湾证交所	6 795	831	4 675	台湾加权指数	7 715
墨西哥证交所	4 599	481	801	墨西哥 BOLSA 指数	40 866
马来西亚证交所	4 469	929	854	马来西亚 KLCI 指数	1 636

(资料来源于《证券市场导报》2012 年 10 期)

表 3-3 世界主要创业板市场数据(截至 2012 年 8 月底)

市场名称	股票总市值	上市公司总数(家)	本月股票交易额	指数表现	
				指数名称	月底收盘
中国创业板	8 541.1 亿元人民币	349	2 378.9 亿元人民币	创业板指数	689
英国 AIM	588.4 亿英镑	1 110	17.5 亿英镑	富时 AIM 全股指数	705
日本佳斯达克	8.5 万亿日元	935	3 149.8 亿日元	日本 J-Stock 指数	1 041
韩国科斯达克	111.1 万亿韩元	1 015	40.5 万亿韩元	韩国科斯达克综合指数	523
加拿大创业板 TSX Venture	428.1 亿加元	2 489	13.9 亿加元	加拿大风险综合指数	1 334
中国台湾证券柜台买卖中心	559 亿美元	622	74.3 亿美元	台湾 GTSM 指数	107
香港创业板 GEM	718.8 亿港元	178	20.5 亿港元	香港 GEM 指数	348
新加坡凯利板	63.2 亿新加坡元	139	4.0 亿新加坡元	新加坡凯利指数	910

(资料来源于《证券市场导报》2012 年 10 期)

第二节 资本投资市场结构

新世纪,我国提出了要建立多层次、多元化的资本市场体系,完善资本市场结构。资本市场结构包括资本融资市场结构和资本投资市场结构两大类。作为市场核心的资本投资市场结构和市场体系到底应该包括哪些?应该怎样建设?

资本投资市场的结构可以有许多种分类方法，但从“风险—收益—流动性”的角度出发，资本投资市场结构可以区分为三大类：投资品种结构（包括品种的类别结构、品种的规模结构、品种的空间分布结构、层次结构等）、投资功能结构和投资者结构（包括投资者类别结构、投资者行为结构等）等。

一、投资品种结构

（一）资本市场品种的类别结构

按照投资市场来设计，资本市场应该拥有能够满足各类型投资者需求的各种投资工具，这些工具构成投资市场的品种类别结构。投资者的投资需求基本上可以从其对“风险—收益—流动性”配置的认识和要求方面来衡量，因而，从满足投资者投资需求的角度，资本市场应该包括不同“风险—收益—流动性”的股票市场、债券市场、基金市场、衍生市场等，而进一步分析，在每一个大类市场中，也都应该有能够满足不同需求的具体的投资工具品种类别交易的子市场的存在。

1. 股票市场投资工具品种的类别结构

虽然在股票类型上，作为投资市场的品种，普通股是主要的投资品种，但不同上市公司的普通股，在“风险—收益—流动性”的组合上是不同的，这和股份公司所处的发展阶段密切相关。我们既要提供业绩优良、收益稳定的所谓“蓝筹股”的投资市场，也应该提供可能存在较大业绩增长，但有着较大业绩变化风险的高成长股票市场；我们既要提供总股本巨大的大型、超大型的上市公司股票的交易市场，也要提供总股本较小的上市公司股票的交易市场。这样结构的股票品种类别可以促使投资者根据市场品种类别进行分群，一定程度上可以改变目前我国存在的股票市场没有分群的以个人投资者直接投资为主的不正常现象。

2. 债券市场投资工具品种的类别结构

一般错误的看法认为债券市场风险较小，但这是由于我们的债券市场主要由国债组成所造成的假象，债券市场其实是风险系列最全面的一类投资市场。在债券市场，我们除了要继续提供国债这类风险很小的交易品种之外，还需要大力发展具有不同风险的系列债券债权投资品种，特别是提供高收益的风险型债券品种，使得债券（固定收益证券）成为金融投资市场上的主要类型之一。同时，应该打通债券和股票之间的转换通道，使得债券和股票品种之间在一定条件下可以顺利转换；连接债券市场与衍生市场、基金市场的通道，资金在不同投资市场的转换变得非常容易，从而有利于资金的合理流动。

3. 基金市场投资工具品种的类别结构

基金是广大个人投资者间接进入投资市场的主要形式，要想改变目前不正常的个人投资者占据投资市场主体的局面，就必须大力发展基金市场。由于投资者对“风险—收益—流动性”的看法不同，基金市场同样需要建立起多品种类别，除了开放式基金市场和封闭式基金市场的分类外，更需要在构建不同“风险—收益—流动性”的基金市场组合类别上多做文章，譬如建立风险投资基金交易市场、股权交易基金市场、资产证券化基金市场、对冲基金市场等。近年来，全球各主要市场均开设了交易所交易基金（简称 ETF）或上市开放式基金(简称 LOF)交易,使开放式基金也可以在交易所市场挂牌交易,这反映了线下与线上交易的打通,自然我们也可以设计公开与私募渠道交易的打通。

4. 衍生市场投资工具品种的类别结构

衍生市场是各类衍生工具发行和交易的市场,随着金融创新在全球范围内的不断深化,衍生市场已经成为金融市场不可或缺的重要组成部分。因而衍生市场创新的属性特征,就是金融创新的主战场之一,所以,从投资工具品种类别市场的建设角度,这是我国可以大力发展、具有巨大发展潜力的市场类别。

(二) 资本市场品种的规模结构

1. 股票、债券市场之外的投资市场具有巨大的发展空间

因为每一种类别的投资市场都可以设计成由不同"风险—收益—流动性"的投资工具组成的市场,所以理论上,各个不同的资本投资市场的规模应该是差不多的,但实际上,各个国家的不同投资市场品种规模结构差别很大。就我国目前而言,股票市场和债券市场显然是投资市场的主体(表 3-4,表 3-5),这就给其他市场的发展带来了无限的想象空间。

表 3-4 我国资本市场规模结构(截至 2014 年 5 月 26 日)

序 号	市场范围	规模总额(亿元)	规模占比(%)
1	股指期货	1 002.249 9	0.16
2	封闭式基金	1 383.935 8	0.22
3	商品期货	10 856.569 1	1.71
4	开放式基金	33 579.473 7	5.28
5	股 票	271 909.390 5	42.74
6	债 券	317 488.256 4	49.90
7	合 计	636 219.875 4	100.00

(数据来源于 wind 资讯)

表 3-5 我国资本市场交易规模结构(截至 2014 年 5 月 26 日)

序 号	类 型	交易总额(亿元)	交易占比(%)
1	ETF 和 LOF	31.260 2	0.18
2	债 券	1 512.899 7	8.88
3	股 票	1 524.751 1	8.95
4	股指期货	4 032.178 3	23.66
5	商品期货	9 943.278 5	58.34
6	合 计	17 044.391 8	100.00

(数据来源于 wind 资讯)

2. 存量规模和交易量规模的不匹配，说明市场需要进一步培育

从存量规模看，债券市场占49.9%，股票市场占42.74%，但从交易规模看，商品期货市场占到58.34%，股指期货市场占到23.66%，而这两个市场都实行了保证金制度和T+0的交易制度，后两种市场的这种过分放大的交易规模，说明我国市场投机色彩远大于投资色彩，市场需要进一步培育。

3. 股票市场内部规模和债券市场内部规模需要进一步完善

在股票市场内部和债券市场内部，各个品种间的交易规模也存在巨大的差异。眼下，创业板、中小企业板块的交易规模相比较其存量规模也是远大于权重股的交易规模，这是市场结构缺陷导致的投资缺陷；债券市场上主要交易的仅仅是国债品种，这种单一的债券交易，使得市场发展出现畸形。

（三）资本市场品种的空间分布结构

金融具有空间结构，这是指一定区域范围内金融系统各种组成要素在空间中相互作用形成的空间结构，表现为金融机构和金融资本不同程度的空间集聚和分散。金融市场空间结构反映了对经济发展支持的有效性，金融市场的空间结构通过三种渠道，即经济效率、信用需求、金融生态来影响空间的发展。在全球化、网络化、信息化背景下，过去的金融空间系统呈现出在主流金融空间上的重新调整、空间等级化特征显著、另类金融空间出现等新的差异化发展趋势。

作为传统金融空间分布结构，过去的基础性金融资源偏向于储蓄和信贷（表3-6），所以更多表现为东部发达地区经济的持续增长，这在一定程度上影响了中西部地区的发展，而随着金融市场的品种类别的发展，新的金融工具不断大量出现，就出现了东部资金资源通过这些投资工具向中西部转移的趋向。但上市资源这类股权融资形式，依旧是东部占据了较大的份额，而且近几年差距有扩大的趋势（表3-7）。

表3-6　三大地区金融机构贷款分布情况

年份	贷款绝对额（亿元）			贷款相对比例（%）		
	东部	中部	西部	东部	中部	西部
1990	7 419	4 096	1 340	57.72	31.86	10.42
1991	10 208	5 461	1 618	59.05	31.59	9.36
1992	12 664	6 569	1 969	59.73	30.98	9.29
1993	17 014	7 963	4 032	58.65	27.45	13.90
1994	21 001	9 824	5 001	58.62	27.42	13.96
1995	26 213	12 372	6 232	58.49	27.61	13.90
1996	31 291	15 975	7 376	57.26	29.24	13.50
1997	38 829	18 031	9 290	58.70	27.26	14.04
1998	44 445	20 379	11 013	58.61	26.87	14.52
1999	50 196	21 587	13 553	58.82	25.30	15.88

续表 3-6

年份	贷款绝对额(亿元)			贷款相对比例(%)		
	东部	中部	西部	东部	中部	西部
2000	55 475	22 117	15 434	59.64	23.77	16.59
2001	63 454	23 714	16 970	60.93	22.77	16.30
2002	68 259	27 751	17 540	60.11	24.44	15.45
2003	107 852	33 036	19 342	67.31	20.62	12.07
2004	119 163	35 911	22 170	67.23	20.26	12.51
2005	131 092	36 914	27 097	67.19	18.92	13.89
2006	147 316	35 954	34 655	67.60	16.50	15.90
2007	171 297	41 301	49 087	65.46	15.78	18.76
2008	197 460	47 040	58 957	65.07	15.50	19.43
2009	257 666	62 356	79 650	64.47	15.60	19.93
2010	306 648	75 252	97 287	63.99	15.70	20.31
2011	348 822	85 525	113 596	63.66	15.61	20.73
2012	393 324	100 835	135 746	62.44	16.01	21.55
2013	442 659	117 063	159 240	61.57	16.28	22.15

表 3-7 三大地区上市公司数量分布情况

年份	上市公司数量(家)			上市公司数量占比(%)		
	东部	中部	西部	东部	中部	西部
1990	9	0	0	100	0	0
1991	15	0	0	100	0	0
1992	85	1	0	99.99	0.01	0
1993	167	18	15	83.50	9.00	7.50
1994	217	33	26	78.62	11.96	9.42
1995	227	46	32	74.42	15.08	10.50
1996	353	93	84	66.60	17.55	15.85
1997	496	139	133	64.58	18.10	17.32
1998	528	175	148	62.05	20.56	17.39
1999	522	258	169	55.01	27.19	17.80
2000	655	245	188	60.20	22.52	17.28
2001	698	258	205	60.12	22.22	17.66
2002	735	278	212	60.00	22.69	17.31

续表 3-7

年份	上市公司数量(家)			上市公司数量占比(%)		
	东部	中部	西部	东部	中部	西部
2003	787	295	220	60.45	22.65	16.90
2004	682	324	236	54.91	26.09	19.00
2005	696	322	233	55.64	25.74	18.62
2006	749	330	237	56.91	25.08	18.01
2007	842	346	252	58.47	24.03	17.50
2008	900	353	264	59.33	23.27	17.40
2009	976	365	276	60.36	22.57	17.07
2010	1 241	404	304	63.67	20.73	15.60
2011	1 381	431	318	64.84	20.23	14.93
2012	1 506	444	334	65.94	19.44	14.62
2013	1 506	444	334	65.94	19.44	14.62

(四) 资本市场品种的层次结构

多层次是资本市场应有的涵义,但对于多层次资本市场,不同学者却有不同的看法。巴曙松认为,我国资本市场应当包括证券交易所市场、场外交易市场即OTC市场、三板市场、产权交易市场和代办股份转让市场等几个层次。王国刚认为,多层次是指资本市场应由交易所市场、场外市场、区域性市场、无形市场等多个层次的市场构成。还有一种说法则认为,多层次的资本市场是指能够为满足不同投融资市场主体的资本要求而建立起来的有层次性的配置资本性资源的市场。

从资本投资市场的角度认识,资本市场应该是能够满足不同投资者需求的"多层次",进而通过这种多层次投资市场,形成能够满足不同发展阶段的大、中、小型企业融资需求的"多层次"。

作为资本交易主要品种的股票、债券、封闭式基金等,从1990年沪、深两市开办至今,我国已经形成了主板、中小企业板块、创业板、三板(含新三板)市场、区域性产权交易市场、区域性股权交易市场等多种股份交易平台,具备了发展多层次资本市场的雏形。主板市场存在于上海和深圳两家证券交易所,是开办最早、规模最大、上市标准最高的市场。中小企业板块市场开办于2004年5月17日,由深圳证券交易所承办,是落实多层次资本市场建设的第一步。在理论上,中小企业板块市场应当为处于产业化初期的中小型企业提供资金融通,使中小型企业获得做大做强的资金支持,在上市标准上应当比主板市场略低,以适应中小企业的发展条件。创业板市场启动于2009年3月31日,是深圳证券交易所筹备10年的成果,开办目的是为创新型和成长型企业提供金融服务,为自主创新型企业提供融资平台,并为风险投资企业和私募股权投资者建立新的退出机制。新三板市场是2012年9月20日注册的全国中小企业股份转让系统,其经营宗旨是:坚持公开、公平、公正的原则，完善市场功能，加强市场服务，维护市场秩序，推动市场创新，保护投资者及其他市场参与主体的合法权益，推动场外交易市场健康发展，促进民间投资和中小企业发展，有效服务实体经济。此外，中国还拥有300多家各种类型产权交易市场、股权交易市场。2009年，尽管受到国际金融危机的影响，产权交易市场仍然保持了13%的增长率，成交金额突破5 000亿元人民币。2010年，产权市场交易额达到7 000亿元，2011年超过1万亿元。按照IPO融资口径计算，产权市场融资额已经大大超过了沪深两市的融资额。场外交易市场规模巨大，是上市资源的孵化器和蓄水池。据统计我国目前有1 000多万家中小企业，如果能够通过新三板市场对他们加以规范和完善，可以逐步将他们培养成优秀的企业，日后定能成为创业板、中小板乃至主板的补充力量。例如在天津股权交易所，截止到2012年12月31日有3家拟在海外交易所上市（港交所、纳斯达克）、有1家拟在国内主板上市、有3家拟在中小板上市、有4家拟在创业板上市；其中盛大矿业、天安化工经上市公司注资成为控股子公司实现间接上市；鲁兴钛业随母公司实现了在澳大利亚交易所的整体上市。

同时，其他各种投资类型的全国和区域性的资本投资市场也基本齐备，譬如：1999年12月由上海金属交易所、上海粮油商品交易所、上海商品交易所统一合并而成的上海期货交易所开始运作；成立于1993年2月28日，并于同年11月18日正式开业的大连商品交易所；成立于1990年10月12日，在现货交易成功运行两年以后，于1993年5月28日正式推出期货交易的郑州商品交易所。以上三个交易所成为我国三大商品期货交易所。再譬如：于2006年9月8日在上海成立的中国金融期货交易所，成为中国唯一的金融期货交易所；于2002年10月30日正式开业的上海黄金交易所，成为唯一全国性的黄金交易所。

再者，国务院赋予了天津滨海新区"先行先试"的政策，所以，又有了2009年的渤海商品交易所、2009年的天津文化艺术品交易所、2010年的天津贵金属交易所等。

进入新的改革时期，近几年互联网的投资平台大量出现，也出现了很多似是而非的"交易所"名称。譬如赤峰大宗商品交易所，实际就是一个在工商局注册的大宗商品电子交易服务B2B交易平台；新华浙江大宗商品交易中心实际是一个大宗商品现货及现货电子交易平台；等等。

专栏3-5

纳斯达克市场

纳斯达克市场（NASDAQ）是全美证券商协会自动报价系统（National Association of Securities Dealers Automated Quotations）的简称。信息和服务业的兴起催生了纳斯达克。纳斯达克始建于1971年，是一个完全采用电子交易、为新兴产业提供竞争舞台、自我监管、面向全球的股票市场。纳斯达克是全美也是世界最大的股票电子交易市场。

纳斯达克(NASDAQ)股票市场是世界上主要的股票市场中成长速度最快的市场，而且它是首家电子化的股票市场。每天在美国市场上换手的股票中有超过半数的交易是在纳斯达克上进行，将近有5 400家公司的证券在这个市场上挂牌。

纳斯达克在传统的交易方式上通过运用当今先进的技术和信息——计算机和电讯技术使它与其他股票市场相比独树一帜，代表着世界上最大的几家证券公司的519位券商被称作做市商，他们在纳斯达克上提供了6万个竞买和竞卖价格。这些大范围的活动由一个庞大的计算机网络进行处理，向遍布52个国家的投资者显示其中的最优报价(包括70多个电脑终端)。

纳斯达克拥有各种各样的做市商，投资者在纳斯达克市场上任何一只挂牌的股票的交易都采取公开竞争来完成——用他们的自有资本来买卖纳斯达克股票。这种竞争活动和资本提供活动使交易活跃地进行，广泛有序的市场、指令的迅速执行为大小投资者买卖股票提供了有利条件。这一切不同于拍卖市场。它有一个单独的指定交易员，或特定的人。这个人被指定负责一种股票在这处市场上的所有交易，并负责撮合买卖双方，在必要时为了保持交易的不断进行还要充当交易者的角色。

纳斯达克增大了交易市场中的优秀因素，并增强了它的交易系统，这些改进使纳斯达克有能力把投资者的指令发送到其他的电子通讯网络中去，感觉好像进入了一个拍卖市场。

二、投资功能结构

(一) 投资市场的基本功能

证券市场的基本功能大致包括如下几个方面：分散风险的功能、资产定价的功能、资源配置的功能、筹资功能、宏观调控的功能、转换机制功能等，这些功能在所有金融市场都有体现，不过就投资市场而言，这些功能更加清晰。

1. 投资收益的功能

投资要获得收益这是投资的主要目的之一，而投资市场自然也提供这个基本的功能。但投资市场的投资获利一定是建立在风险控制和流动性的基础上的，这是和过去的其他经济类市场最大的不同。与其他市场不同，金融投资市场的投资收益转换要快得多，所以，对风险和流动性的态度也更加看重。因此，多数情况下，在衡量投资市场功能时，我们都忽略了这个最基本的收益功能，但它的存在是显然的。

2. 分散风险的功能

作为金融市场，其最本源的功能之一就是分散风险，我们不能因为现在市场充斥着投机，就将这个功能忽视了。一般谈到分散风险的功能时，可以从两个角度去认识：对于上市公司来说，通过证券市场融资可以将经营风险部分地转移和分散给投资者，企业还可以通过购买一定的证券，保持资产的流动性和提高盈利水平，减少对银行信贷资金的依赖，提高企业对宏观经济波动的抗风险能力；对于投资者来说，可以通过买卖证券和建立证券投资组合来转移和分散资产风险。投资者还可以选择不同性质、不同期限、不同风险和收益的证券构建证券组合，分散证券投资的风险。但是，从金融投资市场的角度看，市场提供的是如何分散系统风险和非系统风险的功能。

3. 资产定价的功能

资产的价格由什么决定有多种理论，但证券市场给出了自己的答案。表面上看起来金融证券资产的价格由于市场供求关系发生变化，但实际上这个供求关系反映了决定价格的一切因素，因此可以说，只要是在充分交易的背景下形成的价格，都是该资产的真实价格，而市场就是提供这样的交易机会的场所。

4. 资源配置的功能

很多人说投资市场主要是实现投融资的，但投融资只是手段，证券投资市场真正要实现的是资本配置功能，这是指通过市场资产价格的引导，促使资金资源流向更加合理，从而实现资本的合理配置的功能。换句话说，因为资源配置功能，我们在衡量市场效率时，就不能使用投融资数额来证明市场的功效，而要看市场是否对资源合理配置做出了贡献。能提供高报酬低风险的企业是优质的企业，其资产的证券市场价格也高，筹资能力就强。这样，证券市场就引导资本流向能产生高报酬的企业和行业，从而使资本产生尽可能高的效率，进而实现资本的合理配置。

5. 增加资本流动的功能

降低风险、实现市场定价、合理配置资源等等功能实现的条件是资本的流动性，所以资本市场功能上，增加资本的流动性也是重要功能之一。我们常常错误地将投机看做负面的行为，但在金融投资市场上，投机就是实现这种流动性的一种最佳的手段。

（二）投资市场功能的结构性演变

在市场功能的演变中，不同时期的市场特点给予市场功能不同表现，有些是向着正确的方向转变，有些可能是向着不利的方向转变，市场的这种结构性的演变，带来投资市场的不同演绎效果。

专栏 3－6

结构化金融及其研究进展

目前，结构化金融在国内并没有明确的定义，其实在国外也是如此。在实践中，结构化金融作为创新的金融方式，经常会与创新金融相互混用。固定收益领域的权威法博齐在其《结构化金融导论》中，将结构化金融定义为："当资产发起或拥有者无法通过现有金融产品或金融工具解决融资、流动性、风险转移或其他问题时所采用的任何一种方法。"

从广义的角度来定义，所有不是以股权融资或纯信用债权融资这两种传统方式进行的融资，都可以称之为结构化融资，都可以视为结构化金融理念的应用。照此说来，优先股、可转债、抵押融资，都可以算是结构化金融方式。融资租赁、供应链金融、项目融资、典当、利率与指数挂钩的固定收益产品、优先劣后的分级设计等，也是结构化金融方式。

从狭义的角度来定义，结构化金融的落脚点应该在结构化上。何谓结构化？结构显然相对整体而言。下面详细阐明：传统的债务融资，基于公司整体的资产负债及所有的自由现金流，债权人在债务到期时，有权利要求债务人偿还本金与利息，在债务人无法履行其义务的情况下，通过债务展期、重组或提起破产申请来要求权利。在破产的情况下，债权人对于公司的资产有优先受偿权，而公司股东则拥有剩余索取权。

结构化金融产品简称结构化产品（Structured Products，缩写为 SPs），就是将固定收益证券与金融衍生产品相结合，以使投资者在不断变化的市场环境中，在规避风险的同时获取最大回报的一类新型金融产品。

结构化产品品种繁多，可从多种角度进行分类，常见的分类主要有两种：一是根据挂钩标的资产分类，主要分为股票挂钩类（Equity-linked）、利率挂钩类（Interest-linked）、汇率挂钩类（FX-linked）、信用挂钩类（Credit-linked）和商品挂钩类（Commodity-linked）等；二是根据产品风险和收益程度分类，由高到低依次为杠杆产品（Leverage products）、分享型产品（Participation products）、收益增加型产品（Yield enhancing products）和资本保护型产品（Capital protection products）。

1. 国外的研究

国外结构化产品市场，例如德国、瑞士和美国，通常存在一级和二级市场，投资者在一级市场购买产品，在二级市场可将持有产品卖回给发行商。国外学者对结构化产品的研究主要包括两方面：一是从发行者角度对结构化产品的定价进行理论和实证研究；二是从投资者角度，研究某些结构化产品的设计结构，以及它们之所以受欢迎的原因。

（1）结构化产品的定价研究。这部分研究主要是将产品的市场价格与理论价格作比较，陈和肯辛格（Chen and Kensinger），陈和西尔斯（Chen and Sears），鲍本里斯等（Baubonis, et al.）。最早对美国指数存款证券（market index certificates of deposit）标准普尔指数票据（S&P index notes）和股票连接存款证券（equity-linked certificates of deposit）进行了实证分析。接着瓦塞尔弗伦和申克（Wasserfallen Schenk）分析了瑞士资本保护型产品（capital guaranteed products），布什等（Burth，et al.）估计了瑞士反向可转债（reverse convertibles）和折扣证券（discount certificates），布朗（Brown）和戴维斯（Davis）探讨了澳大利亚捐赠权证（endowment warrants）。所有这些研究均发现了有利于发行者的定价机制，但这些研究所涉及的产品均具有嵌入普通期权的特征随着结构化产品的发展，许多产品具有路径依赖特征，如许多产品嵌入了障碍期权。斯托伊梅诺夫和威尔肯斯（Stoimenov and Wilkens）对德国股票挂钩产品进行了全面而深入的分析，包括一些嵌入奇异期权（如障碍和彩虹期权）的产品，提出生命周期假说（life cycle hypothesis），即产品开始报价通常高于其理论价值，随着到期的临近，市场价格逐渐降低，甚至可能会低于理论价值。这与威尔肯斯等（Wilkens，et al.）针对德国市场提出的订单流假说(the order flow hypothesis)基本一致。订单流假说认为,随着到期的临近,产品出售减少而回购增多,但发行量是有限的,买卖比率逐渐上升,发行者会根据这种可预测到的模式来定价,即随到期临近逐渐减少产品的附加费用,甚至有时会出现过低定价的现象。但是由于缺少数据,订单流假说并没有被实证过,之后的大量文献更多提到的是生命周期假说。鲍勒(Baule)以德国折扣债券为例,首次对订单流假说进行了实证,认为发行商通过订单流的预测增加了大约 4～18 个基点的利润,占总利润的 10%～20%。

穆克、威尔肯斯和斯托伊梅诺夫(Muck, Wilkens and Stoimenov)分析了德国第一代杠杆产品,认为该类产品的理论价格高于市场价格,但穆克(Muck)认为资产价格的跳跃风险可以部分解释这种附加费用的合理性,因而不支持所谓的“生命周期假说”。恩特罗普等(Entrop, et al.),罗塞托和博梅尔(Rossetto and Bommel)对德国第二代杠杆产品进行了研究,得到相似结论。

瑞士可以说是 SPs 发展速度最快的市场,其中基于多资产的条件保本反向可转债(Multiple Barrier Reverse Convertibles,即 MBRCs)是瑞士市场中特有的也是最成功的 SPs 之一。瓦尔迈尔和迪特黑尔姆(Wallmeier and Diethelm)首次对 MBRCs 进行了实证研究,结果表明 MBRCs 的市场价格至少高出理论价格的 3.4%～6%,并且高估价格与利息水平正相关。上述所有研究都是以标的资产价格服从几何布朗运动的假设为前提的,基本与布拉克·斯科尔斯(Black-Scholes)期权定价框架具有一致性,一些学者认为这些方法对具有路径依赖特征的 SPs 并不合适,于是他们采用更加复杂的定价模型,获得了更为深入的结论。如博勒等(Baule, et al.)对德国具有敲出特征的折扣债券定价时,将违约风险纳入定价框架,发现信用风险是此类产品利润的重要来源,占总利润的 42%。博勒和托拉(Baule and Tallau)利用赫斯顿(Heston)的随机波动率模型研究了德国具有向下敲出特征的红利证券(bonus certificates),认为发行商在对红利证券定价时已经考虑了波动率偏斜对产品价格的影响,这能部分解释实际价格高于理论价格的原因。王和林(Wang and Lin)运用一个基于系统性跳跃风险(sys-tematic jump risk)的希思-贾罗-莫顿(Heath-Jarrow-Morton)模型定价美元敲出反向互换(the USD knock-out reversedswap),认为系统性跳跃风险对美元敲出反向互换的估值具有重要影响。

(2) 结构化产品的设计研究。关于结构化产品的设计研究目前仍属于探索性阶段,行为金融理论得到了广泛使用。谢夫林和斯特曼(Shefrin and Statman)首次采用行为金融理论研究了创新型结构化产品的设计问题。布鲁尔和佩斯特(Breuer and Perst)使用累积前景理论(Cumulative Prospect Theory)估计了折扣债券和反向可转债对投资者的吸引力,结果显示,投资者对这些产品都不是很感兴趣,因为他们对低于产品名义价值的支付赋予非常小的概率,然而反向可转债可能被具有有限理性的投资者所选择,因为他们对确定性的息票支付赋予很高的权重。格伦比希勒和沃尔温(Grünbichler and Wohlwend)认为假如资本市场利息率非常低,许多投资者将对 SPs

的息票支付产生极大的兴趣，但是却不能对产品中所含风险进行正确评估。里格尔·亨斯和里格尔（Rieger Hens and Rieger）认为完全理性投资者应该更加偏好资本保护型产品，但由于现实中投资者的有限理性和某些行为特征，如定位（framing）损失厌恶（loss aversion）等，他们常常对一些嵌入障碍期权产品的触及概率做出错误估计，因而使一些在理性投资者看来不是最优的 SPs 也具有很大的吸引力。里格尔（Rieger）运用前景理论研究 SPs 的设计结构得到了更为深入的结论，认为在投资者具有同质的信念（homogeneous beliefs）且没有背景风险（background risk）的假设下，结构化产品的收益与其反向状态价格密度（inverted state price density）是协同单调的，即反向状态价格密度越大（小），产品的收益就越大（小），反之亦然。这意味着，对于基金经理来说，最优的 SPs 至少与市场投资组合的风险一样大，甚至有时会大于市场投资组合的风险。

2. 国内的研究

国内结构化产品不进行公开交易，主要以银行结构性理财产品为主，银行通常将投资本金的一个单位作为每份合约价格，并且制定最低认购金额和最低累积金额，投资者购买产品并持有产品直到期末，这种定价机制对投资者是否公平，一些学者对此作了研究。康朝锋和郑振龙研究了 2004 年中国银行、工商银行、建设银行在厦门发行的外汇结构性存款，将理论价格和实际价格的差别归结为由于国家信用作为担保而导致的商业银行道德风险。陈金龙和任敏研究了中信沪深 300 指数挂钩人民币理财产品，认为该款产品的定价合理。此后，他们又对多资产类结构性理财产品——深圳市商业银行盈丰理财 0706 进行了定价研究，认为产品定价偏高，但实际收益率偏低。关彬对中国银行汇聚宝 0703B 进行了研究，认为此产品具有较高的溢价率。关于结构化产品的设计研究，陈蓉在其博士后研究报告中对我国商业银行人民币结构性存款进行了研究，针对我国本币结构性存款较少而需求很大的情况，从发行银行角度设计了两款人民币结构性存款产品。孙兆学针对投资者对黄金价格涨跌的不同预期，设计了一款黄金挂钩结构化产品。崔海蓉等运用行为金融学相关理论，特别是前景理论，从投资者与发行者双方角度研究了结构化产品的创新问题。王增武和汪圣明在不确定性框架下，利用期望效用理论研究了保底封顶型结构化产品，认为投资者对复杂产品的预期收益水平估计较高，从而选择复杂产品而非简单产品。

（根据崔海蓉、何建敏、曹杰《结构化金融产品国内外研究评述》和结构化金融学会文章改编）

三、投资者结构（包括投资者类别结构、投资者行为结构等）

证券投资市场的投资者组成结构关乎市场的健康。一般来说，投资者包括个人投资者和机构投资者两大类。个人投资者就是指以自然人身份从事买卖的投资者。机构投资者主要是指一些金融机构，包括银行、保险公司、投资信托公司、信用合作社、国家或团体设立的退休基金等组织。

从世界证券市场发展的历史看，在证券市场发展初期，市场参与者一般主要是个人投资者，即以自然人身份从事有价证券买卖的投资者。20世纪70年代以来，西方各国证券市场出现了证券投资机构化的趋势。有关统计数据表明，机构投资者市场份额70年代为30%，90年代初已发展到70%，机构投资者已成为证券市场的主要力量。在我国，机构投资者近年来有所发展，但与个人投资者相比，机构投资者所占比重仍然偏小。截至2014年6月底，中国证券市场各类机构投资者开户数占总开户数比例不到0.4‰（表3-8）。我国各类投资人的投资者类别和行为结构见表3-8至表3-11。

（一）机构投资者与个人投资者相比，具有以下几个特点

1. 投资管理专业化

机构投资者一般具有较为雄厚的资金实力，在投资决策运作、信息搜集分析、上市公司研究、投资理财方式等方面都配备有专门部门，由证券投资专家进行管理。1997年以来，国内的主要证券经营机构，都先后成立了自己的证券研究所。个人投资者由于资金有限而高度分散，同时绝大部分都是小户投资者，缺乏足够时间去搜集信息、分析行情、判断走势，也缺少足够的资料数据去分析上市公司经营情况。因此，从理论上讲，机构投资者的投资行为相对理性化，投资规模相对较大，投资周期相对较长，从而有利于证券市场的健康稳定发展。

2. 投资结构组合化

证券市场是一个风险较高的市场，机构投资者入市资金越多，承受的风险就越大。为了尽可能降低风险，机构投资者在投资过程中会进行合理投资组合。机构投资者庞大的资金、专业化的管理和多方位的市场研究，也为建立有效的投资组合提供了可能。个人投资者由于自身的条件所限，难以进行投资组合，相对来说，承担的风险也较高。

3. 投资行为规范化

机构投资者是一个具有独立法人地位的经济实体，投资行为受到多方面的监管，相对来说，也就较为规范。一方面，为了保证证券交易的“公开、公平、公正”原则，维护社会稳定，保障资金安全，国家和政府制定了一系列的法律、法规来规范和监督机构投资者的投资行为。另一方面，投资机构本身通过自律管理，从各个方面规范自己的投资行为，保护客户的利益，维护自己在社会上的信誉。

（二）机构投资者的类型

1. 短暂型（transient）机构投资者、准指数型（quasi-indexing）机构投资者和专注型（dedicated）机构投资者

这是布希（Bushee，1998）在贝辛格等（Baysinger et al.，1991）的基础上提出的。他根据机构投资者的投资行为，构建了三大类指标下的九个变量对机构投资者进行分类。三大类指标包括机构投资者持股集中度、组合周转率和盈余敏感性。九个变量包括：机构投资者的平均持股比例、该机构投资者持股占公司中机构投资者持股比例、机构投资者持股比例超过5%的持股之和、机构投资者在公司中持股比例平方的对数、机构投资者持股时间超过两年的比例、机构投资者在季度间持股变化的绝对值与机构投资者持股之和比、机构在公司持股的季度间变化量和公司季报盈余变化之比、机构持股比例增加公司

表 3-8　我国证券市场开户情况表(截至 2014 年 6 月底)

		自然人	证券公司自营	证券公司集合理财	证券投资基金	基金公司专户理财产品	社保基金	企业年金	QFII	RQFII	保险	信托	一般机构	合计
上海	期初 A 股账户数	87 326 155	56 235	1 215	1 687	2 648	114	2 894	351	127	1 034	7 817	280 882	87 681 159
	本月新开户数	223 395	10	56	23	198	1	32	15	15	15	93	1 744	225 597
	本月新销户数	17 184	0	11	0	17	0	1	0	0	0	14	264	17 491
	期末 A 股账户数	87 532 366	56 245	1 260	1 710	2 829	115	2 925	366	142	1 049	7 896	282 362	87 889 265
深圳	期初 A 股账户数	86 577 228	35 176	1 211	1 681	2 601	116	2 928	343	125	668	6 688	261 411	86 890 176
	本月新开户数	219 796	18	47	45	202	0	33	14	14	17	100	2 779	223 065
	本月新销户数	13 754	0	12	0	15	0	1	0	0	0	42	1 539	15 363
	期末 A 股账户数	86 783 271	35 194	1 247	1 726	2 788	116	2 960	357	139	684	6 746	262 647	87 097 875
沪深合计	期初 A 股账户数	173 903 383	91 411	2 426	3 368	5 249	230	5 822	694	252	1 702	14 505	542 293	174 571 335
	本月新开户数	443 191	28	103	68	400	1	65	29	29	32	193	4 523	448 662
	本月新销户数	30 938	0	23	0	32	0	2	0	0	0	56	1 803	32 854
	期末 A 股账户数	174 315 637	91 439	2 507	3 436	5 617	231	5 885	723	281	1 733	14 642	545 009	174 987 140

注：保险账户、信托账户均包括以保险产品、信托产品名义开户的账户和以保险公司、信托公司自身名义开户的账户(资料来源于中国证券登记结算有限责任公司)

平均盈余的变化与机构持股比例减少公司平均盈余的变化间的差异、公司盈余为正的机构投资者持股比例的变化之和与公司盈余为负的机构投资者持股比例变化之合的差值。针对描述机构投资者行为的九个变量，采用因子分析对其进行降维，再利用聚类分析，得到上述三类机构投资者。后来，在布希(Bushee,2001)的研究中剔除了盈余敏感性指标，只考虑机构投资者持股集中度和组合周转率两个指标，同样也把机构投资者分为短暂型、准指数型和专注型机构投资者。

孔(Kon,2007)借鉴了布希(Bushee,2001)对机构投资者分类的方法，把机构投资者分为短线型和长线型机构投资者两种，其中短线型机构投资者对应于布希(Bushee,2001)中的短暂型机构投资者，长线型机构投资者与准指数型和成熟型机构投资者相对应。他的研究发现长线型机构投资者能够有效地限制公司可操控性盈余管理，可以降低激进型的盈余管理，而短线机构与激进型的盈余管理并不相关。此外，孔(Kon,2003)使用澳大利亚上市公司作为样本检验激进型盈余管理与机构投资者持股间的关系。

同时，蒙格和厄兹坎(Mong and Azkan,2008)在检验英国上市公司中董事收入的决定因素，把机构投资者分为长线型和短线型后，发现长线型机构投资者限制了公司董事会的支出，从而加强了董事支出与公司绩效之间的关联度。

2. 压力敏感型(pressure sensitive)和压力抵制型(pressure resistant)机构投资者

布雷克利等(Brickley, et al.,1988)发现投票行为是机构投资者类型的函数。他们通过二分法将机构投资者区分开来，他们的依据是：机构投资者与所投资的企业是否有业务关系还是投资合约。机构投资者的这种异质性使得它们参加公司治理的能力、积极性和目标有很大差异。其中，保险公司和银行信托与所投资的公司一般有商业关系或希望形成商业关系，由于潜在的利益冲突，它们缺乏参与公司治理的积极性和能力，这种类型的机构投资者被布雷克利等(Briekley, et al.,1988)认为是压力敏感型的机构投资者。而公共养老基金和所投资的公司缺乏这种潜在的商业关系，因而具有参与公司治理的积极性，属于压力抵制型的机构投资者。一项由谢尔曼(Sherman, et al.,1988)进行的实证研究对不同的机构投资者与公司的战略性决策进行了相关分析。每家机构投资者被划分为四类：养老基金、共同基金、保险公司和银行。该项研究建立了每一类机构持股分别与资本开支、研发投入和广告费用间的相关性模型。该项研究最重要的结果是显示出养老基金与共同基金截然不同的投资策略。这一投资策略的差异在一定程度上导致了所投资公司在资本开支和研发投入等战略性投资上的差异。

考迈特等(Comett, et al.,2007)检验机构投资者持股与公司经营绩效间的关系时发现，公司的经营现金流与机构持股比例和持股机构数量显著正相关，但是这种关系仅仅限于在与上市公司没有商业业务往来的独立机构投资者[也就是布雷克利等(Brickley, et al.,1988)分类中的压力抵制型机构投资者]子样本中存在。

3. 把机构投资者持股公司按照机构持股比例高低和持股机构数目多少进行划分

这一分类的提出是基于机构投资者持股比例效应。机构投资者的发展与持股机构化的趋势，使得机构投资者在上市公司所持有的股份比例不断上升，并由此对机构投资者行为策略的选择产生一定的影响。

乌马和戴维(Uma and David,2006)研究发现机构持股比例与公司财务报告的信息质量成正向的关系,但机构的持股集中度超过某一比例又会对财务报告的质量产生负面效果,这就说明了机构投资者持股对于公司财务报告质量的作用是一个倒U形的关系。在吉莉安和斯塔克斯(Gillan and Starks,2000)的研究中,按照机构投资者持股比例的高低,把研究样本分为机构持股高比例公司和机构持股低比例公司。在赛厄斯(Sias,2001)的研究中,认为公司中持股机构数目是比机构持股比例衡量机构投资者持股作用更好的指标,在其研究中采用持股机构数目来划分研究样本。

4. 独立长线高比例持股的机构投资者和其他

所有的机构投资者在面临是否行使监督职责时,都会进行成本和收益的对比分析。陈等(Chen, et al.,2007)的研究在考虑其行使监督的成本与收益的框架下,把机构投资者分为独立长期型机构投资者和其他。对机构投资者这样划分,主要考虑三个指标:(1) 机构投资者持股的仓位:可以使用公司前五大机构投资者持股的比例之和、某一机构投资者持股的最高比例和大机构投资者(持股比例在5%以上)持股的比例之和。(2) 机构投资者的独立性:根据布雷克利等(Brickley, et al.,1988),戴维(David,1998)基于机构投资者本身性质的异质性,把机构投资者分为压力敏感型和压力不敏感型。其中压力不敏感型被认为是独立的机构投资者。(3) 机构持股的时间:根据布希(Bushee,2001)把机构投资者分为短暂型、准指数型和专注型机构投资者。其中短暂型被认为是短线型机构投资者,准指数型和专注型被认为是长线型机构投资者。

5. 买入(入场)机构投资者、卖出(出场)机构投资者和调整持有的机构投资者

伯德里纳特和苏尼尔(Badrinath and Sunil,2002)使用了1 200家机构投资者在8年中的交易行为为样本,把机构投资者分解成买入(入场)、卖出(出场)和调整持有的机构投资者三种类型,发现入场机构投资者具有明显的惯性交易特征,但出场和调整持有的机构投资者则不是惯性交易者。

在国内现有的研究中,大都局限于把机构投资者持股的公司按照机构投资者的持股比例高低或持股机构数目的多少来划分。如翁洪波和吴世农(2007)发现机构投资者持股比例越高,上市公司发生"恶意派现"的可能性越小。李善民和王彩萍(2007)发现机构投资者能够积极参与公司治理并影响上市公司的薪酬水平。曹玉贵(2005)根据股数效应和公司数效应所揭示的公司治理收益和治理成本之间的关系,建立机构投资者收益函数,运用博弈论探讨了机构投资者参与公司治理的影响因素为机构投资者的持股比例、治理公司的数量和参与公司治理后公司股票价格的增值幅度。殷春红和曹玉贵(2006)认为机构投资者积极参与公司治理的动力主要取决于成本和收益的比较,具体决定于机构投资者的持股比例、持股时间和监督成本。李青原(2003)通过对机构投资者积极参与公司治理进行数理模型的一般分析,认为机构投资者是否积极参与公司治理取决于机构投资者持有公司的股权比例、监督成本、风险偏好。王奇波(2006)在建立理论模型研究机构投资者参与股权制衡时发现,机构投资者参与的公司治理效果还受到股权结构与法制环境的影响,同时也存在着机构投资者与大股东的合谋问题。王媛媛(2008)借鉴了布希(Bushee,1998)对机构投资者的分类方法,对基金进行分类,研究不同类型的基金持股

与盈余管理之间的关系。但是其研究发现聚类分析结果不稳定，而且样本局限于基金，研究区间只有两年。

表 3－9　我国基金账户情况表（数据截至 2014 年 6 月底）　　　　单位：户

	上海分公司	深圳分公司	合计
个人投资者	23 084 605	23 645 180	46 729 785
机构投资者	29 243	61 939	91 182
合　计	23 113 848	23 707 119	46 820 967

表 3－10　我国投资者参与创业板和融资融券的开户情况（数据截至 2014 年 6 月底）

		上海市场	深圳市场	合　计
开通信用账户数（户）	个人	1 809 277	1 825 217	3 634 494
	机构	3 780	3 773	7 553
开通创业板功能的自然人账户数（户）				23 506 700

表 3－11　A 股账户持股市值分布表（数据截至 2014 年 6 月底）

已上市 A 股流通市值	自然人		机　构		合　计	
	账户数	比重（%）	账户数	比重（%）	账户数	比重（%）
1 万元以下	19 683 950	37.50	7 083	8.7	19 691 033	37.46
1 万～10 万元	24 521 490	46.72	15 011	18.43	24 536 501	46.68
10 万～50 万元	6 795 338	12.95	17 104	21.00	6 812 442	12.96
50 万～100 万元	874 468	1.67	7 531	9.25	881 999	1.68
100 万～500 万元	542 594	1.03	14 010	17.20	556 604	1.06
500 万～1 000 万元	41 563	0.08	4 258	5.23	45 821	0.09
1 000 万～10 000 万元	22 189	0.04	9 606	11.79	31 795	0.06
10 000 万元以上	1 965	0.00	6 857	8.4	8 822	0.02
合计	52 483 557	100.00	81 460	100.00	52 565 017	100.00

专栏 3－7

机构投资者的行为特征与金融市场结构文献研究

国内外大多数的研究都支持机构投资者具有羊群效应［如戴维斯（Davis，1988），沙尔夫斯泰因（Scharfstein）和斯坦（Stein，1990），沃尔莫斯（Wermers，1999），施东晖（2001），徐妍等（2003）等］和反馈交易倾向［如卡特勒（Cutler）、波特巴（Poterba）和萨默斯(Summers,1990),德龙(DeLong)、施莱弗(Shleifer)、萨默斯(Summers)和沃尔德曼(Waldman,1990),徐妍等(2003)等]的行为特征的结论,但在关于这些行为特征是否会导致金融市场波动性增加的问题上存在分歧。戴维斯(Davis,1988)对 5 个 G7 成员国养老金资产配置的实证分析表明,由于拥有良好信息和低交易成本,机构投资者的行为在正常情况下会加快市场达到新均衡价格的速度,而只有当机构投资者羊群效应和正反馈交易结合时才会导致金融市场波动性的增加。兰考尼肖科(Lakonishok),施莱弗(Shleifer)和维什尼(Vishny,1992)指出,机构投资者的羊群效应并不一定会导致市场的不稳定,由于市场价格只有在一段时间后才会完全反映新信息,其反馈交易策略也可能是理性的。沃尔莫斯(Wermers,1999)以 1975—1994 年美国股市所有共同基金为对象的研究发现,基金共同买入的股票比共同卖出的股票具有较高的同期和滞后收益,即收益差距将延续较长时间。他据此认为,共同基金的羊群行为可能是理性的,并且加速了股价吸收新信息的速度,因而有利于市场的稳定。但沙尔夫斯泰因(Scharfstein)和斯坦(Stein,1990)、施东晖(2001)等则持相反的观点,他们认为机构投资者的羊群行为在很大程度上导致了金融市场波动性的增加。德龙,施莱弗,萨默斯和沃尔德曼(DeLong,Shleifer,Summers 和 Waldman,1990)认为机构投资者的反馈交易策略会加剧金融市场价格的波动性。谢夫瑞(Shefrin)和斯塔曼(Staman,1985)、奥登(Odean,1998)、赵学军和王永宏(2001)的研究发现,个人投资者存在明显的处置效应,而吕岚和李学(2002)、王敬(2003)的研究表明机构投资者不存在明显的处置效应。在判断与决策方面,席勒(Shiller,2002)认为机构投资者同个人投资者一样存在认知偏差,饶育蕾和刘达锋(2003)、王敬(2003)对中国机构投资者的研究支持了这一观点。

第三节　证券发行市场

证券的发行是证券市场建立的初衷,作为投资者,虽然更加关心的是证券交易市场,但发行市场的制度设计也会影响到证券投资的结果。

一、股票的市场发行

(一) 股票发行的条件

首次公开发行的发行人应当是依法设立且合法存续的股份有限公司,或者是在依法变更为股份有限公司时采取募集设立方式公开发行股票的有限责任公司。发行前,公司存续时间应当在 3 年以上。

1. 拟在主板上市的股票发行人要符合下列财务条件:

(1) 最近 3 个会计年度净利润均为正数且累计超过人民币 3 000 万元,净利润以扣除非经常性损益前后较低者为计算依据;

(2) 最近 3 个会计年度经营活动产生的现金流量净额累计超过人民币 5 000 万元;或者最近 3 个会计年度营业收入累计超过人民币 3 亿元;

(3) 发行前股本总额不少于人民币 3 000 万元；

(4) 最近一期末无形资产(扣除土地使用权、水面养殖权和采矿权等后)占净资产的比例不高于 20%；

(5) 最近一期末不存在未弥补亏损。

2. 拟创业板上市的股票发行人要符合下列财务条件：

(1) 最近两年连续盈利，最近两年净利润累计不少于 1 000 万元，且持续增长；或者最近一年盈利，且净利润不少于 500 万元，最近一年营业收入不少于 5 000 万元，最近两年营业收入增长率均不低于 30%。净利润以扣除非经常性损益前后孰低者为计算依据。

(2) 最近一期末净资产不少于 2 000 万元，且不存在未弥补亏损。

(3) 发行后股本总额不少于 3 000 万元。

3. 已上市公司向原股东配售股份(简称"配股")，应当符合下列规定：

(1) 拟配售股份数量不超过本次配售股份前股本总额的 30%；

(2) 控股股东应当在股东大会召开前公开承诺认配股份的数量；

(3) 采用证券法规定的代销方式发行。

控股股东不履行认配股份的承诺，或者代销期限届满，原股东认购股票的数量未达到拟配售数量 70%的，发行人应当按照发行价并加算银行同期存款利息返还已经认购的股东。

4. 已上市公司向不特定对象公开募集股份(简称"增发")，应当符合下列规定：

(1) 最近 3 个会计年度加权平均净资产收益率平均不低于 6%。扣除非经常性损益后的净利润与扣除前的净利润相比，以低者作为加权平均净资产收益率的计算依据。

(2) 除金融类企业外，最近一期末不存在持有金额较大的交易性金融资产和可供出售的金融资产、借予他人款项、委托理财等财务性投资的情形。

(3) 发行价格应不低于公告招股意向书前 20 个交易日公司股票均价或前 1 个交易日的均价。

(二) 股票发行的程序

1. 拟公开发行股份的股份公司(简称"发行人")董事会应当依法就股票发行的具体方案、募集资金使用的可行性及其他必须明确的事项作出决议，并提请股东大会批准。

发行人股东大会就发行股票作出的决议，至少应当包括下列事项：

(1) 本次发行股票的种类和数量；

(2) 发行对象；

(3) 价格区间或者定价方式；

(4) 募集资金用途；

(5) 发行前滚存利润的分配方案；

(6) 决议的有效期；

(7) 对董事会办理本次发行具体事宜的授权；

(8) 其他必须明确的事项。

2. 发行人应当按照中国证监会的有关规定制作申请文件，由保荐人保荐并向中国证监会申报。特定行业的发行人应当提供管理部门的相关意见。

3. 中国证监会收到申请文件后，在5个工作日内作出是否受理的决定。

4. 中国证监会受理申请文件后，由相关职能部门对发行人的申请文件进行初审，并由发行审核委员会审核。

5. 中国证监会在初审过程中，将征求发行人注册地省级人民政府是否同意该股份公司发行股票的意见，并就发行人的募集资金投资项目是否符合国家产业政策和投资管理的规定征求国家发展和改革委员会的意见。

6. 中国证监会依照法定条件对发行人的发行申请作出予以核准或者不予核准的决定，并出具相关文件。

7. 自中国证监会核准发行之日起，发行人应当在6个月内发行股票；超过6个月未发行的，核准文件失效，须重新经中国证监会核准后方可发行。

8. 发行申请核准后、股票发行结束前，发行人发生重大事项的，应当暂缓或者暂停发行，并及时报告中国证监会，同时履行信息披露义务。影响发行条件的，应当重新履行核准程序。

9. 股票发行申请未获核准的，自中国证监会作出不予核准决定之日起6个月后，发行人可以再次提出股票发行申请。

（三）目前首次公开发行(IPO)的问题

1. 强化了股市的融资色彩。虽说不能实现融资的股市不是一个健全的市场，但是对长期以来过分重视融资的市场而言，就应该区别对待。据统计，近十年A股市场的融资是现金分红的1.76倍。尽管2012、2013年市场通过IPO融资的数额出现了下滑的趋势，但是再融资的现象却持续升温。在2013年2—11月，再融资余额达到了IPO金额的2.81倍。约有46家上市公司发布了再融资预案。预计抽血达到1 073亿元。值得一提的是，近期市场稍有回暖，一些再融资大户又开始进行圈钱活动。如在2013年12月27日，中国平安(601318)一项不超过260亿元的可转债募集计划通过了审批。前一段时间，民生银行(600016)发行的200亿可转债也通过了审批。面对这样一个股息率较低的市场，融资现象却频繁出现，试问A股的吸引力何在？若IPO重启，只会将A股的融资现象推向新的高潮。

2. 打击了股民的投资信心。在当前相对较弱的行情中，只要有利空的传言，市场就会出现杀跌的走势。纵观近期的市场，股民普遍关注几大消息，例如IPO会否重启、“国五条”地方细则推出后对股市有何影响、八号文件会否继续打压金融股票等。不少股民对A股的表现感到质疑，对比全球主要的股票市场，A股的表现几乎垫底。眼看着美股接连创出历史新高，日股也出现持续大涨的行情，A股为何如此偏弱呢？郭施亮认为，A股最大的特色就是以政策为主导。哪怕全球股市出现暴涨的行情，只要政策打压，股市必向下！随着利空政策的陆续推出，股民的持股信心也必下降。

3. 扭曲了价值投资的本质。IPO重启难免会牵涉到不少的问题，如股票的“三高现象”、部分企业力求上市而出现造假的行为等。假设一家企业上市前的市盈率(PE)约15倍，而未来三年公司的净利润会以30%的增速增长。也就是说，股民以15倍左右的PE

长期持有,未来仍可取得不错的收益率。然而,该股上市后就得到了热炒,PE 值飙升至 50 倍的水平,严重透支了企业的增长预期。这时,股民选择买入并长期持有,亏损的概率相当大。因此,在缺乏严格监管的前提下,IPO 重启也在一定程度上扭曲了价值投资的本质。

4. 助长了利益输送等关键问题。谈及此点,我们很容易联想到 IPO 的四大辅助机构,分别是证券公司、律师事务所、会计师事务所和 IPO 咨询机构。从细分工作来看,证券公司主要负责证券发行承销工作、对公开发行募集文件进行核查,并出具保荐意见等;律师事务所主要对发行上市相关法律问题出具法律意见;会计师事务所主要针对企业财务、盈利预期等作出专业意见等;而 IPO 咨询机构对企业融资服务、引入战略投资者等相关问题提供服务。以负责证券发行承销工作的机构为例,承销费用属于机构争取的主要利益。也就是说,承销费用越高,机构取得的利益越大。根据资料显示,主板和中小板市场的承销费用约 5%,而创业板企业 IPO 的承销费用约占总募资额的 3%。如果机构通过某种方式实现企业的超募现象,则机构获得的承销费用会随之增长,利益输送也就由此产生。另外,股市"寻租"现象也导致上述问题的逐渐恶化,甚至出现一种现象,如部分企业不符合上市的条件,却通过一些不为人知的手段顺利 IPO,最后达到圈钱的目的等。

专栏 3－8

新股的发行监管制度:审核制、核准制与注册制

我国的新股发行经历了审批制、核准制,现在在向发达国家的注册制过渡。

1. "额度管理"阶段(1993—1995 年)

1993 年 4 月 25 日,国务院颁布《股票发行与交易管理暂行条例》,标志着审批制正式确立。国务院证券监督管理机构根据经济发展和市场供求情况,制定当年股票发行总规模(额度或指标),经国务院批准后下达给计委,再根据国民经济发展中的地位和需要,分配到各省区市和有关部委。省级政府和国家有关部委推荐预选企业,证券监管机构对预选企业申报材料进行审批。企业需经历两级行政审批,首先向所在地政府或主管部委提交额度申请,经批准后报证监会复审。证监会对企业进行实质审查,并对发行股票规模、价格、方式、时间等作出安排。这个阶段,共确定了 105 亿发行额度,上市了 200 多家企业,筹资 400 多亿元。

证券市场建立初期,由于法规不够健全,市场参与者还不成熟,各行业、地区发展不均衡,拟上市企业质量参差不齐,需加以宏观调控和严格审查。额度管理仅规定额度总量,未限制上市家数,各地政府在额度内选择尽量多推荐企业,导致上市企业规模偏小,一些具有行业代表性、关系国计民生的大中型企业却难以发行股票。

2. "指标管理"阶段(1996—2000 年)

1996 年开始,推行"总量控制、限报家数"的指标管理办法,国家计委、证券委共同

制定股票发行总规模，证监会根据市场情况，向各省级政府和行业管理部门下达股票发行家数指标，省级政府或行业管理部门在指标内推荐预选企业，提交证券监管部门审核。1997 年，证监会增加了拟上市公司预选材料审核程序，对推荐企业进行预选，改变了两级行政审批下单纯由地方推荐企业的做法，开始对企业进行事前审核。

从“额度管理”转为“指标管理”，一定程度上解决了企业规模偏小问题，但一些地方政府将上市作为国企解困的手段，影响了上市公司质量，民营和外商投资企业难以进入市场，造成上市公司结构性失衡。此外，行政化审批存在寻租空间，容易滋生腐败。随着市场经济的不断发展，股市规模的不断壮大，“额度管理”和“指标管理”等带有计划经济色彩的发行审核体制弊病逐渐暴露，市场化改革迫在眉睫。

3. “通道制”阶段(2001—2004 年)

2001 年 3 月 17 日，证监会宣布取消股票发行审批制，实施“通道”管理体制。证券公司将拟推荐企业逐一排队，按序推荐，每核准一家才能再报一家，即“过会一家，递增一家”(后调整为“发行一家，递增一家”)，具有主承销资格的证券公司最多拥有 8 条通道。到 2005 年“通道制”被废除时，全国 83 家证券公司一共拥有 318 条通道。

“通道制”改变了行政机制遴选推荐的做法，主承销商在一定程度上承担起股票发行的风险，也获得了遴选、推荐公司的权利。发行通道由证券监管机构下达给证券公司，但名额有限，且受制于证监会的审核速度。所以，“通道制”仍未彻底摆脱计划体制束缚。此外，证券公司使用通道时，必须遵守排队规则，按照申报材料报送顺序排队，弱化了各证券公司的通道数量区别，抑制了证券公司间的竞争。

审批制、核准制和注册制的主要区别如表 3 - 12 所示。

表 3 - 12　审批制、核准制和注册制的主要区别

	审批制	核准制	注册制
指标额度	有	无	无
发行上市标准	有	有	有
主要推(保)荐人	政府	中介机构	中介机构
对发行实质判断	证监会	中介机构、证监会	中介机构
监管性质	证监会实质性审核	中介机构和证监会分担实质性审核职责	证监会形式审核，中介机构实质性审核
市场化程度	计划体制	逐步市场化	市场化

4. “保荐制”阶段(2004 年至今)

2003 年 10 月 9 日，证监会颁布《证券发行上市保荐制度暂行办法》，标志着新股发行进入“保荐制”阶段，2004 年 2 月保荐制度实施后，通道制并未立即废止，每家券商仍需按通道报送企业，直至 2004 年 12 月 31 日彻底废止了通道制。因此，2004 年 2 月—2004 年 12 月为通道制与保荐制并存时期。

保荐制的主要内容包括建立保荐机构和保荐代表人的注册管理制度、明确保荐期限、分清保荐责任、引进持续信用监管和“冷淡对待”监管措施等四方面。保荐制重点是明确保荐机构和保荐代表人责任并建立责任追究机制。与“通道制”相比，保荐制强化了保荐人的连带责任，延长了保荐责任期。

2013年11月12日《中共中央关于全面深化改革若干重大问题的决定》提出，要推进股票发行注册制改革。注册制是指证券发行申请人依法将与证券发行有关的一切信息和资料公开，制成法律文件，送交主管机构审查，主管机构只负责审查发行申请人提供的信息和资料是否履行了信息披露义务的一种制度。

（根据曹凤岐博文：http://blog.sina.com.cn/s/blog_5f0c53cd0101e3f5.html等改编）

二、债券的市场发行

（一）发行公司债券的条件

公司发行公司债券，应当符合下列规定：

（1）公司的生产经营符合法律、行政法规和公司章程的规定，符合国家产业政策；

（2）公司内部控制制度健全，内部控制制度的完整性、合理性、有效性不存在重大缺陷；

（3）经资信评级机构评级，债券信用级别良好；

（4）公司最近一期末经审计的净资产额应符合法律、行政法规和中国证监会的有关规定；

（5）最近三个会计年度实现的年均可分配利润不少于公司债券一年的利息；

（6）本次发行后累计公司债券余额不超过最近一期末净资产额的40%；金融类公司的累计公司债券余额按金融企业的有关规定计算。

（二）公司公开发行可转换公司债券的条件

1. 公司公开发行可转换公司债券的公司，除了应该符合股票发行的条件外，还应当符合下列规定：

（1）最近3个会计年度加权平均净资产收益率平均不低于6%。扣除非经常性损益后的净利润与扣除前的净利润相比，以低者作为加权平均净资产收益率的计算依据。

（2）本次发行后累计公司债券余额不超过最近一期末净资产额的40%。

（3）最近3个会计年度实现的年均可分配利润不少于公司债券1年的利息。

2. 可转换公司债券的期限最短为1年，最长为6年。

3. 上市公司可以公开发行认股权和债券分离交易的可转换公司债券（简称“分离交易的可转换公司债券”），发行分离交易的可转换公司债券，应当符合下列规定：

（1）公司最近一期末经审计的净资产不低于人民币15亿元；

（2）最近3个会计年度实现的年均可分配利润不少于公司债券1年的利息；

（3）最近3个会计年度经营活动产生的现金流量净额平均不少于公司债券1年的利息，符合最近3个会计年度加权平均净资产收益率平均不低于6%规定的公司除外；

(4) 本次发行后累计公司债券余额不超过最近一期末净资产额的40%,预计所附认股权全部行权后募集的资金总量不超过拟发行公司债券金额。

三、证券投资基金的市场发行

证券投资基金发行是指符合条件的证券投资基金发起人以筹集受托资金为目的,依照法定程序向社会投资人公开发售代表特定信托受益权的证券投资基金券的行为。我国《证券投资基金法》和《证券投资基金运作管理办法》对证券投资基金发行的条件和程序作了明确规定。

(一) 募集主体资格

公开募集基金,应当经国务院证券监督管理机构注册。未经注册,不得公开或者变相公开募集基金。

公开募集基金应当由基金管理人管理,基金托管人托管。申请募集基金,拟任基金管理人、基金托管人应当具备下列条件:

1. 拟任基金管理人为依法设立的基金管理公司,拟任基金托管人为具有基金托管资格的商业银行;

2. 有符合中国证监会规定的、与管理和托管拟募集基金相适应的基金经理等业务人员;

3. 基金的投资管理、销售、登记和估值等业务环节制度健全,行为规范,不存在影响基金正常运作、损害或者可能损害基金份额持有人合法权益的情形;

4. 最近一年内没有因违法违规行为受到行政处罚或者刑事处罚;

5. 没有因违法违规行为正在被监管机构调查,或者正处于整改期间;

6. 不存在对基金运作已经造成或可能造成不良影响的重大变更事项,或者诉讼、仲裁等其他重大事项;

7. 不存在公司治理不健全、经营管理混乱、内部控制和风险管理制度无法得到有效执行、财务状况恶化等重大经营风险;

8. 中国证监会根据审慎监管原则规定的其他条件。

(二) 申请募集基金,拟募集的基金应当具备下列条件

1. 有明确、合法的投资方向;

2. 有明确的基金运作方式;

3. 符合中国证监会关于基金品种的规定;

4. 不与拟任基金管理人已管理的基金雷同;

5. 基金合同、招募说明书等法律文件草案符合法律、行政法规和中国证监会的规定;

6. 基金名称表明基金的类别和投资特征,不存在损害国家利益、社会公共利益,欺诈、误导投资人,或者其他侵犯他人合法权益的内容;

7. 中国证监会根据审慎监管原则规定的其他条件。

(三) 公开募集基金的基金合同应当包括下列内容

1. 募集基金的目的和基金名称;

2. 基金管理人、基金托管人的名称和住所；

3. 基金的运作方式；

4. 封闭式基金的基金份额总额和基金合同期限，或者开放式基金的最低募集份额总额；

5. 确定基金份额发售日期、价格和费用的原则；

6. 基金份额持有人、基金管理人和基金托管人的权利、义务；

7. 基金份额持有人大会召集、议事及表决的程序和规则；

8. 基金份额发售、交易、申购、赎回的程序、时间、地点、费用计算方式，以及给付赎回款项的时间和方式；

9. 基金收益分配原则、执行方式；

10. 基金管理人、基金托管人报酬的提取、支付方式与比例；

11. 与基金财产管理、运用有关的其他费用的提取、支付方式；

12. 基金财产的投资方向和投资限制；

13. 基金资产净值的计算方法和公告方式；

14. 基金募集未达到法定要求的处理方式；

15. 基金合同解除和终止的事由、程序以及基金财产清算方式；

16. 争议解决方式；

17. 当事人约定的其他事项。

第四节　证券流通市场

证券流通市场又称证券次级市场、二级市场，是各类已发行证券的转让交易市场，证券流通市场可以是有形市场，也可以是无形市场，包括证券交易所和场外交易市场。

一、证券交易所

证券交易所是一个有组织、有固定地点、买卖双方集中地、公开进行证券交易的市场，是证券流通市场的核心。证券交易所本身不买卖证券，而是为证券交易提供一定的场所和设施，配备必要的管理和服务，为保证证券交易顺利进行提供一个稳定、公开、高效的市场。

（一）证券交易所的组织形式

世界上各类证券交易所基本上分为会员制证券交易所和公司制证券交易所。

1. 会员制证券交易所

会员制证券交易所是不以盈利为目的的组织，主要由证券商组成。只有会员及享有特许权的经纪人，才有资格在交易所中进行交易。会员制证券交易所实行会员自治、自律、自我管理。最高权力机构是会员大会。理事会是执行机构，聘请经理人员负责日常事务。

大多数国家证券交易所实行会员制。我国证券法律规定，我国的证券交易所必须是会员制的事业法人单位。

2. 公司制证券交易所

公司制证券交易所是以盈利为目的的股份制公司法人。公司制证券交易所对交易所的证券交易负有担保责任，必须设有赔偿基金。公司制证券交易所的证券商及其股东，不得担任交易所董事、监事或经理，以保证交易所经营者与交易参与者的分离。

瑞士日内瓦证券交易所、美国纽约证券交易所、加拿大多伦多证券交易所、蒙特利尔证券交易所、中国香港联合交易所等都是公司制。

（二）证券交易所的特征

（1）有固定的交易场所和严格的交易时间；

（2）参加交易者为具备一定资格的会员证券公司；

（3）交易对象限于合乎一定标准的上市证券；

（4）交易量集中，具有较高的成交速度和成交率；

（5）对证券交易实行严格管理，市场秩序化。

（三）证券上市制度

1. 证券上市

广义的证券上市包括发行上市和交易上市：证券发行上市是指证券经过证券管理机构批准，向社会公开发行；证券交易上市是已发行的证券经过证券交易所批准在交易所内公开挂牌买卖。

狭义的证券上市是指已发行证券在证券交易所进行挂牌交易，即交易上市。有价证券一旦获准在证券交易所挂牌进行买卖就被称为上市证券，成为上市证券的股份公司就叫上市公司。

2. 证券上市的好处

（1）公司证券上市可以推动企业建立更为完善的、规范的经营管理机制。

（2）证券上市后的价格变化，可以为公司形成市场评价机制，那些股价能保持较高水平的公司必定是有一个良好的管理群体，公司业绩必定优良或成长性较好，这样的公司可以再次通过证券市场募集资金，进入资本快速增长通道，增强公司的竞争实力和发展潜力。

（3）可以提高公司的信誉和知名度。公司证券上市的信息通过报刊、电视台等各种媒体不断向社会公众发布，这就扩大了公司的知名度，十分有助于公司树立企业形象。

（4）有利于股权分散化，为证券流通市场创造一个连续交易的市场。

（5）投资者买卖便利、成交价格公平合理、信息披露公开规范、订立统一佣金标准。

（四）证券交易所的运行系统

1. 交易系统：包括撮合主机、通信网络、柜台终端。

2. 结算系统：主要是通过证券登记结算公司完成。

3. 信息系统：包括交易通信网、信息服务网、证券报刊、因特网。

4. 监察系统：包括行情监控、交易监控、证券监控、资金监控。

专栏 3－9

上海证券交易所的大宗交易制度

1. 符合以下条件的证券买卖，可以采用大宗交易方式

(1) A 股单笔买卖申报数量应当不低于 30 万股，或者交易金额不低于 200 万元人民币；

(2) B 股单笔买卖申报数量应当不低于 30 万股，或者交易金额不低于 20 万美元；

(3) 基金大宗交易的单笔买卖申报数量应当不低于 200 万份，或者交易金额不低于 200 万元；

(4) 债券及债券回购大宗交易的单笔买卖申报数量应当不低于 1 000 手，或者交易金额不低于 100 万元。

2. 大宗交易的申报方式

(1) 意向申报。意向申报指令应当包括证券账号、证券代码、买卖方向等。意向申报应当真实有效。申报方价格不明确的，视为至少愿以规定的最低价格买入或最高价格卖出；数量不明确的，视为至少愿以大宗交易单笔买卖最低申报数量成交。当意向申报被会员接受(包括其他会员报出比意向申报更优的价格)时，申报方应当至少与一个接受意向申报的会员进行成交申报。

(2) 成交申报。买卖双方就大宗交易达成一致后，应当委托会员通过交易业务单元向交易所交易系统提出成交申报，申报指令应当包括证券代码、证券账号、买卖方向、成交价格、成交数量、交易所规定的其他内容。买卖双方达成协议后，向交易所交易系统提出成交申报，申报的交易价格和数量必须一致。除交易所另有规定外，大宗交易的成交申报、成交结果一经交易所确认，不得撤销或变更。买卖双方必须承认交易结果、履行清算交收义务。

(3) 固定价格申报。固定价格申报指令应当包括证券账号、证券代码、买卖方向、交易类型、交易数量等。提出固定价格申报的，买卖双方可按当日竞价交易市场收盘价格或者当日全天成交量加权平均价格进行申报。在接受固定价格申报期间内，固定价格申报可以撤销；申报时间结束后，交易所根据时间优先的原则对固定价格申报进行匹配成交。未成交部分自动撤销。

(4) 其他被认可的大宗交易申报。

3. 每个交易日接受大宗交易申报的时间

(1) 9:30 至 11:30、13:00 至 15:30 接受意向申报；

(2) 9:30 至 11:30、13:00 至 15:30、16:00 至 17:00 接受成交申报；

(3) 15:00 至 15:30 接受固定价格申报。

交易日的 15:00 仍处于停牌状态的证券，交易所当日不再接受其大宗交易的申报。

4. 大宗交易的申报价格

(1) 有价格涨跌幅证券的成交申报价格，由买方和卖方在当日价格涨跌幅限制范围内确定。

(2) 无价格涨跌幅限制证券的成交申报价格，由买卖双方在前收盘价格的上下30%或当日已成交的最高、最低价格之间自行协商确定。

每个交易日 16:00 至 17:00 接受的申报，适用于当日其他交易时段接受的涨跌幅价格。

5. 大宗交易的清算交收

(1) 每个交易日 9:30 至 15:30 时段确认的成交，于当日进行清算交收。

(2) 每个交易日 16:00 至 17:00 时段确认的成交，于次一交易日进行清算交收。

(3) 大宗交易不纳入交易所即时行情和指数的计算，成交量在大宗交易结束后计入该证券成交总量。

6. 交易所在每个交易日结束后通过本交易所网站公布以下交易信息

(1) 股票和基金的成交申报大宗交易，内容包括：证券代码、证券简称、成交量、成交价格以及买卖双方所在会员证券营业部的名称；

(2) 债券和债券回购的成交申报大宗交易，内容包括：证券名称、成交价和成交量；

(3) 单只证券的固定价格申报的成交量、成交金额，及该证券当日买入、卖出金额最大五家会员证券营业部的名称和各自的买入、卖出金额。

二、场外交易市场

场外市场又称“店头市场”或“柜台市场”，主要是指在证券交易所之外形成的各类证券交易市场。

(一) 场外交易市场的特征

1. 场外交易市场是一个分散的、无固定交易场所的市场。主要依靠电话和计算机网络联系成交。

2. 场外交易市场是一个投资者直接参与证券交易过程的“开放性市场”。采用自营方式进行交易。

3. 场外交易市场是一个拥有众多证券种类和证券商的市场。但以未能在证券交易所批准上市的股票、定期还本付息的债券和开放型基金的受益凭证为主。

4. 场外交易市场一般是采用做市商交易报价驱动的市场。价格不是以竞价方式确定的，而是由做市商挂出同种证券的买入价与卖出价，并根据投资人是否接受加以调整而形成的。

5. 场外交易市场的管理相对宽松。

(二) 参加者和交易对象

1. 参加者主要包括自营商、非会员证券商、会员证券商、证券承销商、债券交易商、投资者等。

2. 交易对象主要包括债券、新发行证券、符合上市标准而未上市的证券、不符合上市标准的证券、开放型基金等。

三、股票交易价格指数

（一）股票价格指数的定义

股票价格指数是由证券交易所或金融服务机构编制的表明股票行市变动的一种供参考的指示数字。由于股票价格起伏无常，投资者必然面临市场价格风险。对于具体某一种股票的价格变化，投资者容易了解，而对于多种股票的价格变化，要逐一了解，既不容易，也不胜其烦。为了适应这种情况和需要，一些金融服务机构就利用自己的业务知识和熟悉市场的优势，编制出股票价格指数，公开发布，作为市场价格变动的指标。投资者据此就可以检验自己投资的效果，并用以预测股票市场的动向。同时，新闻界、公司老板乃至政界领导人等也以此为参考指标，来观察、预测社会政治、经济发展形势。

股票价格指数是描述股票市场总的价格水平变化的指标。它是选取有代表性的一组股票，把它们的价格进行加权平均，通过一定的计算得到的。各种指数具体的股票选取和计算方法是不同的。

这种股票指数，也就是表明股票行市变动情况的价格平均数。编制股票指数，通常以某年某月为基础，以这个基期的股票价格作为100，用以后各时期的股票价格和基期价格比较，计算出升降的百分比，就是该时期的股票指数。投资者根据指数的升降，可以判断出股票价格的变动趋势。并且为了能实时地向投资者反映股市的动向，所有的股市几乎都是在股价变化的同时即时公布股票价格指数。

计算股票指数，要考虑三个因素：一是抽样，即在众多股票中抽取少数具有代表性的成分股；二是加权，按单价或总值加权平均，或不加权平均；三是计算程序，计算算术平均数、几何平均数，或兼顾价格与总值。

由于上市股票种类繁多，计算全部上市股票的价格平均数或指数的工作是艰巨而复杂的，因此人们常常从上市股票中选择若干种富有代表性的样本股票，并计算这些样本股票的价格平均数或指数，用以表示整个市场的股票价格总趋势及涨跌幅度。计算股价平均数或指数时经常考虑以下四点：(1) 样本股票必须具有典型性、普遍性，为此，选择样本对应综合考虑其行业分布、市场影响力、股票等级、适当数量等因素。(2) 计算方法应具有高度的适应性，能对不断变化的股市行情作出相应的调整或修正，使股票指数或平均数有较好的敏感性。(3) 要有科学的计算依据和手段。计算依据的口径必须统一，一般均以收盘价为计算依据，但随着计算频率的增加，有的以每小时价格甚至更短的时间价格计算。(4) 基期应有较好的均衡性和代表性。

（二）股票价格指数的具体计算方法

计算股票指数时，往往把股票指数和股价平均数分开计算。按定义，股票指数即股价平均数。但从两者对股市的实际作用而言，股价平均数是反映多种股票价格变动的一般水平，通常以算术平均数表示。人们通过对不同时期股价平均数的比较，可以认识多种股票价格变动水平。而股票指数是反映不同时期的股价变动情况的相对指标，也就是将第一时期的股价平均数作为另一时期股价平均数的基准的百分数。通过股票指数，人们可以了解计算期的股价比基期的股价上升或下降的百分比。由于股票指数是一个相对指标，因此就一个较长的时期来说，股票指数比股价平均数能更为精确地衡量股价的变动。

股票价格平均数反映一定时点上市股票价格的绝对水平，它可分为简单算术股价平均数、修正的股价平均数、加权股价平均数三类。人们通过对不同时点股价平均数的比较，可以看出股票价格的变动情况及趋势。

1. 简单算术股价平均数

简单算术股价平均数是将样本股票每日收盘价之和除以样本数得出的，即

$$\text{简单算术股价平均数} = (P_1 + P_2 + P_3 + \cdots + P_n)/n$$

世界上第一个股票价格平均——道·琼斯股价平均数在 1928 年 10 月 1 日前就是使用简单算术平均法计算的。

现假设从某一股市采样的股票为 A、B、C、D 四种，在某一交易日的收盘价分别为 10 元、16 元、24 元和 30 元，计算该市场股价平均数。将上述数字置入公式中，即得：

$$\begin{aligned}\text{股价平均数} &= (P_1 + P_2 + P_3 + P_4)/n \\ &= (10 + 16 + 24 + 30)/4 \\ &= 20(\text{元})\end{aligned}$$

简单算术股价平均数虽然计算较简便，但它有两个缺点：一是它未考虑各种样本股票的权数，从而不能区分重要性不同的样本股票对股价平均数的不同影响。二是当样本股票发生股票分割派发红股、增资等情况时，股价平均数会产生断层而失去连续性，使时间序列前后的比较发生困难。例如，上述 D 股票发生以 1 股分割为 3 股时，股价势必从 30 元下调为 10 元，这时平均数就不是按上面计算得出的 20 元，而是(10+16+24+10)/4=15(元)。这就是说，由于 D 股分割技术上的变化，导致股价平均数从 20 元下跌为 15 元(这还未考虑其他影响股价变动的因素)，显然不符合平均数作为反映股价变动指标的要求。

2. 修正的股价平均数

修正的股价平均数有两种：

一是除数修正法，又称道式修正法。这是美国道·琼斯在 1928 年创造的一种计算股价平均数的方法。该法的核心是求出一个常数除数，以修正因股票分割、增资、发放红股等因素造成股价平均数的变化，以保持股价平均数的连续性和可比性。具体做法是以新股价总额除以旧股价平均数，求出新的除数，再以计算期的股价总额除以新除数，这就得出修正的股价平均数。即

新除数=变动后的新股价总额/旧的股价平均数

修正的股价平均数=报告期股价总额/新除数

在前面的例子中除数是 4，经调整后的新的除数应是：

新的除数＝(10＋16＋24＋10)/20＝3，将新的除数代入下列式中，则：

修正的股价平均数＝(10＋16＋24＋10)/3＝20(元)，得出的平均数与未分割时计算的一样，股价水平也不会因股票分割而变动。

二是股价修正法。股价修正法就是将股票分割等，变动后的股价还原为变动前的股价，使股价平均数不会因此变动。美国《纽约时报》编制的500种股价平均数就采用股价修正法来计算股价平均数。

3. 加权股价平均数

加权股价平均数是根据各种样本股票的相对重要性进行加权平均计算的股价平均数，其权数(Q)可以是成交股数、股票总市值、股票发行量等。

（三）世界主要股票价格指数

1. 道·琼斯股票指数

道·琼斯股票指数是世界上历史最为悠久的股票指数，它的全称为股票价格平均数。它是在1884年由道·琼斯公司的创始人查理斯·道开始编制的。其最初的道·琼斯股票价格平均指数是根据11种具有代表性的铁路公司的股票，采用算术平均法进行计算编制而成，发表在查理斯·道自己编辑出版的《每日通讯》上。

道·琼斯股票价格平均指数是目前世界上影响最大、最有权威性的一种股票价格指数。原因之一是道·琼斯股票价格平均指数所选用的股票都具有代表性，这些股票的发行公司都是本行业具有重要影响的著名公司，其股票行情为世界股票市场所瞩目，各国投资者都极为重视。为了保持这一特点，道·琼斯公司对其编制的股票价格平均指数所选用的股票经常予以调整，用具有活力的更有代表性的公司股票替代那些失去代表性的公司股票。自1928年以来，仅用于计算道·琼斯工业股票价格平均指数的30种工商业公司股票，已有30次更换，几乎每两年就要有一个新公司的股票代替老公司的股票。原因之二是，公布道·琼斯股票价格平均指数的新闻载体——《华尔街日报》是世界金融界最有影响力的报纸。该报每天详尽报道其每个小时计算的采样股票平均指数、百分比变动率、每种采样股票的成交数额等，并注意对股票分股后的股票价格平均指数进行校正。在纽约证券交易营业时间里，每隔半小时公布一次道·琼斯股票价格平均指数。原因之三是，这一股票价格平均指数自编制以来从未间断，可以用来比较不同时期的股票行情和经济发展情况，成为反映美国股市行情变化最敏感的股票价格平均指数之一，是观察市场动态和从事股票投资的主要参考。当然，由于道·琼斯股票价格指数是一种成分股指数，它包括的公司仅占目前2 500多家上市公司的极少部分，而且多是热门股票，且未将近年来发展迅速的服务性行业和金融业的公司包括在内，所以它的代表性也一直受到人们的质疑和批评。

2. 标准·普尔股票价格指数

除了道·琼斯股票价格指数外，标准·普尔股票价格指数在美国也很有影响，它是美国最大的证券研究机构，即标准·普尔公司编制的股票价格指数。该公司于1923年开始编制发表股票价格指数。最初采选了230种股票，编制两种股票价格指数。到1957年，这一股票价格指数的范围扩大到500种股票，分成95种组合。其中最重要的四种组合是工业股票组、铁路股票组、公用事业股票组和500种股票混合组。从1976年7月1日开始，改为400种工业股票、20种运输业股票、40种公用事业股票和40种金融业股票。几十年来，虽然有股票更迭，但始终保持为500种。标准·普尔公司股票价格指数以1941年至1943年抽样股票的平均市价为基期，以上市股票数为权数，按基期进行加权计算，其基点数为10。以目前的股票市场价格乘以股票市场上发行的股票数量为分子，用基期的股票市场价格乘以基期股票数为分母，相除之数再乘以10就是股票价格指数。

3. 纽约证券交易所股票价格指数

这是由纽约证券交易所编制的股票价格指数。它起自1966年6月，先是普通股股票价格指数，后来改为混合指数，包括在纽约证券交易所上市的1 500家公司的1 570种股票。具体计算方法是将这些股票按价格高低分开排列，分别计算工业股票、金融业股票、公用事业股票、运输业股票的价格指数，最大和最广泛的是工业股票价格指数，由1 093种股票组成；金融业股票价格指数包括投资公司、储蓄贷款协会、分期付款融资公司、商业银行、保险公司和不动产公司的223种股票；运输业股票价格指数包括铁路、航空、轮船、汽车等公司的65种股票；公用事业股票价格指数则有电话电报公司、煤气公司、电力公司和邮电公司的189种股票。

纽约证券交易所股票价格指数是以1965年12月31日确定的50点为基数，采用的是综合指数形式。纽约证券交易所每半个小时公布一次指数的变动情况。虽然纽约证券交易所编制股票价格指数的时间不长，因它可以全面及时地反映其股票市场活动的综合状况，较为受投资者欢迎。

4. 日经平均股价

日经平均股价由日本经济新闻社编制并公布的反映日本股票市场价格变动的股票价格平均数。该指数从1950年9月开始编制。

最初根据东京证券交易所第一市场上市的225家公司的股票算出修正平均股价，当时称为“东证修正平均股价”。1975年5月1日，日本经济新闻社向道·琼斯公司买进商标，采用美国道·琼斯公司的修正法计算，这种股票指数也就改称“日经道·琼斯平均股价”。1985年5月1日在合同期满10年时，经两家商议，将名称改为“日经平均股价”。

按计算对象的采样数目不同，该指数分为两种：一种是日经225种平均股价。其所选样本均为在东京证券交易所第一市场上市的股票，样本选定后原则上不再更改。1981年定位制造业150家，建筑业10家，水产业3家，矿业3家，商业12家，路运及海运14家，金融保险业15家，不动产业3家，仓库业、电力和煤气4家，服务业5家。由于日经225种平均股价从1950年一直延续下来，因而其连续性及可比性较好，成为考察和分析日本股票市场长期演变及动态的最常用和最可靠指标。该指数的另一种是日经500种平均股价。这是从1982年1月4日起开始编制的。由于其采样包括有500种股票，其代表性就相对更为广泛，但它的样本是不固定的，每年4月份要根据上市公司的经营状况、成交量和成交金额、市价总值等因素对样本进行更换。

5. 《金融时报》股票价格指数

《金融时报》股票价格指数的全称是“伦敦《金融时报》工商业普通股股票价格指数”，

是由英国《金融时报》公布发表的。该股票价格指数包括在英国工商业中挑选出来的具有代表性的30家公开挂牌的普通股股票。它以1935年7月1日作为基期，其基点为100点。该股票价格指数以能够及时显示伦敦股票市场情况而闻名于世。

6. 香港恒生指数

香港恒生指数是香港股票市场上历史最久、影响最大的股票价格指数，由香港恒生银行于1969年11月24日开始发表。

恒生股票价格指数包括从香港500多家上市公司中挑选出来的33家有代表性且经济实力雄厚的大公司股票作为成分股，分为四大类——4种金融业股票、6种公用事业股票、9种地产业股票和14种其他工商业(包括航空和酒店)股票。

这些股票占香港股票市值的63.8%，因该股票指数涉及香港的各个行业，具有较强的代表性。

恒生股票价格指数的编制是以1964年7月31日为基期，因为这一天香港股市运行正常，成交值均匀，可反映整个香港股市的基本情况，基点确定为100点。其计算方法是将33种股票按每天的收盘价乘以各自的发行股数为计算日的市值，再与基期的市值相比较，乘以100就得出当天的股票价格指数。

由于恒生股票价格指数所选择的基期适当，因此，不论股票市场狂升或猛跌，还是处于正常交易水平，恒生股票价格指数基本上能反映整个股市的活动情况。

自1969年恒生股票价格指数发表以来，已经过多次调整。由于1980年8月香港当局通过立法，将香港证券交易所、远东交易所、金银证券交易所和九龙证券所合并为香港联合证券交易所，在目前的香港股票市场上，只有恒生股票价格指数与新产生的香港指数并存，香港的其他股票价格指数均不复存在。

7. 上证指数

上证指数的全称是上海证券交易所股票价格综合指数，是由上海证券交易所编制的股票指数，1990年12月19日正式开始发布。该股票指数的样本为所有在上海证券交易所挂牌上市的股票，其中新上市的股票在挂牌的10天之后纳入股票指数的计算范围。

该股票指数的权数为上市公司的总股本。由于我国上市公司的股票有流通股和非流通股之分，其流通量与总股本并不一致，所以总股本较大的股票对股票指数的影响就较大，上证指数有时就成为机构大户造市的工具，使股票指数的走势与大部分股票的涨跌相背离。

上海证券交易所股票指数的发布几乎是和股市行情的变化同步的，它是我国股民和证券从业人员研判股票价格变化趋势必不可少的参考依据。

该指数的前身为上海静安指数，是由中国工商银行上海市分行信托投资公司静安证券业务部于1987年11月2日开始编制的。而上证综合指数是上海证券交易所于1991年7月15日开始编制和公布的，以1990年12月19日为基期，基期值为100，以全部的上市股票为样本，以股票发行量为权数进行编制。其计算公式为：

$$本日股价指数 = 本日股票市价总值 \div 基期股票市价总值 \times 100$$

具体计算办法是以基期和计算日的股票收盘价(如当日无成交，延用上一日收盘价)

分别乘以发行股数，相加后求得基期和计算日市价总值，再相除后即得股价指数。遇上市股票增资扩股或新增(删除)时，则须相应进行修正，其计算公式调整为：

本日股价指数 = 本日股票市价总值 ÷ 新基准股票市价总值 × 100

式中：新基准股票市价总值＝修正前基准股票市价总值×(修正前股票市价总值＋股票市价总值)÷修正前股票市价总值。

随着上市品种的逐步丰富，上海证券交易所在这一综合指数的基础上，从1992年2月起分别公布A股指数和B股指数，1993年5月3日起正式公布工业、商业、地产业、公用事业和综合五大类分类股价指数。

8. 深成指数

深圳证券交易所成分股价指数(简称深证成指)是深圳证券交易所的主要股指。它是按一定标准选出40家有代表性的上市公司作为成分股，用成分股的可流通数作为权数，采用综合法进行编制而成的股价指标。从1995年5月1日起开始计算，基数为1 000点。其基本公式为：

股价指数＝现时成分股总市值÷基期成分股总市值×1 000

计算方法是：从深圳证券交易所挂牌上市的所有股票中抽取具有市场代表性的40家上市公司的股票为样本，以流通股本为权数，以加权平均法计算，以1994年7月20日为基日，基日指数定为1 000点。

为保证成分股样本的客观性和公正性，成分股不搞终身制，深交所定期考察成分股的代表性，及时更换代表性降低的公司，选入更有代表性的公司。当然，变动不会太频繁，考察时间为每年的1、5、9月。

根据调整成分股的基本原则，参照国际惯例，深交所制定了科学的标准和分步骤选取成分股样本的方法，即先根据初选标准从所有上市公司中确定入围公司，再从入围公司中确定入选的成分股样本。

首先，确定入围公司。确定入围公司的标准包括上市时间、市场规模、流动性三方面的要求：

(1) 有一定的上市交易日期，一般应当在3个月以上。

(2) 有一定的上市规模。将上市公司的流通市值占市场比重(3个月平均数)按照从大到小的顺序排列并累加，入围公司居于90%之列。

(3) 有一定的市场流动性。将上市公司的成交金额占市场比重(3个月平均数)按照从大到小的顺序排列并累加，入围公司居于90%之列。

其次，确定成分股样本。根据以上标准确定入围公司后，再结合以下各项因素确定入选的成分股样本：

(1) 公司的流通市值及成交额；

(2) 公司的行业代表性及其成长性；

(3) 公司的财务状况和经营业绩(考察过去三年)；

(4) 公司两年内的规范运作情况。

对以上各项因素赋予科学的权重，进行量化，就选择出了各行业的成分股样本。

【本章案例讨论题】

【案例讨论 3-1】股市话题成聚会焦点说明了什么？

参加了上周末的同学聚会后，小洪的 QQ 签名从“WHY NOT”换成了“想要涨停板”。学中文的他们，毕业 3 年后，每年的聚会主题都不同。2005 年，大家关心的是考研，2006 年，大家热烈讨论房价，而 2007 年的聚会则更像一场股评会。

最让小洪奇怪的是，毕业后到证券公司工作的陈震成了聚会上的焦点人物。2004 年毕业交房租时，陈震还是来向小洪借钱交的房租，还时不时地过来蹭个热水澡。“听兄弟的一句话，千万不要炒股。”那时陈震每个月只拿几百元的底薪，整天为拉客户发愁，有一次酒后吐了真言。没想到，2005 年年底开始的牛市让证券从业人员“地位大翻身”，陈震被安排去管大户室，一度求着人家来开户的他，现在成了被人求的对象。

“早知道陈震管开户，就不用请假去排队了。”叶松也是足足排了两个小时的队开的户，拿了 5 000 元去试水。之前，他听不少人说，股市就是击鼓传花的游戏，老百姓通常赔得多赚得少，几位同事提起股票就唉声叹气。同事老陈的实达电脑从 20 多元一度跌成了 1 元股，看着股票行情、不住地叹气成了他的标志。但渐渐地，同事们提起股票不再咬牙切齿，脸上绽满了笑容。

2006 年年底，叶松买的第一只股票上海汽车，竟然赚了 50%。以后每月发了工资，叶松都会准时转到股市里。那年炒股的其他同学也几乎都是赚的。这种示范效应，让昔日的同学们终于下定了入市决心。聚会当天，小洪也委托陈震帮着开户，成了 8 000 多万股民队伍中的一员。

讨论：1. 这种情形背后的深刻道理在哪里？

2. 小洪入市的选择是否正确？

3. “千万不要炒股”的说法是否正确？

【案例讨论 3-2】一场投资宣讲会

这看上去像一场普通投资宣讲会的会场，主讲人杨老师首先对国内外经济形势和金融态势作了分析，长达 1 个多小时，从演讲中可以判断出其非常熟悉证券市场相关的知识和实际运作，在作充分铺垫之后，杨老师话锋一转，说现在就有类似百度这样的投资机会，开始劝说参会人员购买常州市如意医疗器械有限公司的股票。

“现在购买是 5 元人民币，上市之后至少值 5 美元。”她称该公司是美国萨摩亚商质量管理有限公司(Quality Mind Corporation，简称 QMC)的控股子公司，QMC 将于 2006 年年底在加拿大多伦多证券交易市场上市，之后再转移到美国纳斯达克上市。投资者与常州如意签订协议，先购买常州如意股票，再按 1∶1 的比例置换为 QMC 的股票，待成功上市后将获得 6～8 倍的风险投资回报。为了打消投资者的疑虑，会上还播放了常州如意医疗器械有限公司的厂区、产品介绍、生产现场、资质证书等音像资料。

如此高额的收益打动了参会投资者的心。演讲结束后，环华公司的营销人员开始对参会投资者进行一对一的推介，示意投资者按以下方式购买股票：(1) 填写表格成为环华公司的会员；(2) 同环华公司签订授权委托书，投资者委托环华公司办理购买常州如意股票等事项；(3) 投资者同常州如意、环华公司签订相关协议，每位投资者至少购买 5 万股，每股5元;(4) 投资者将款项汇至常州如意的账户;(5) 如QMC上市,环华公司为投资者办理在美国相关的股票买卖事宜。

讨论:1. 这种买卖股票为什么是非法的?

2. 买这种“原始股”的主要风险有哪些?

3. 先在多伦多上市,再转移到纳斯达克上市等流程是否可能?

【案例讨论3-3】哈利大卫控股公司(Harry & David Holdings Corp.)债券违约事件

哈利大卫控股公司是一家成立于1910年的美国公司,公司最出名的是水果邮购直销业务,特别是通过其“当月水果俱乐部”进行销售,其“Harry&David”品牌专营高档礼品篮和节日礼物塔等产品。近年来,随着互联网及大型零售商等竞争对手不断进入公司的经营领域,且疲软的市场及令人失望的假期消费情况使公司的经营业绩每况愈下,因此公司负债经营的到期利息成为压垮骆驼的最后一根稻草。

2011年3月28日,哈利大卫及其附属公司根据美国破产法案第11章向美国破产法院提交了一份自愿申请重组的申请。

2011年3月29日,公司根据美国破产法案第11章申请了破产保护,并申请与大部分的优先票据债券持有人达成一项协议,其重组计划为将现有债券转换为股权,从而为公司摆脱破产提供必要的股权融资。同时公司聘请罗斯柴尔德公司(Rothschild Inc.)和安迈(Alvarez & Marsal)作为其财务顾问,及众达律师事务所(Jones Day)作为法律顾问探索资本重组方案。

2011年3月31日,哈利大卫公司获得美国破产法院批准其使用由公司的抵押贷款人提供的为第一留置权的DIP(Debtor In Possession,债权人信用展期,使申请破产前的信用额度成为债务人的信用额度)一亿美元循环信用额度,以及一个由公司优先票据持有人提供的为第二留置权DIP 5 500万美元长期贷款,供公司重组之用。公司同时还获得法院批准其继续支付员工的工资、薪金和福利,并确认公司有能力继续支付供应商商品和服务以继续经营。

2011年6月11日,哈利大卫公司宣布该公司及其附属公司作为债务人根据美国破产法第11章向美国破产法院申请了一项关于重组及披露声明的联合计划。

2011年8月11日,哈利大卫公司的优先票据持有人针对公司的重组联合计划进行了听证及投票,进行投票的119名债券持有人中有114票对重组计划投出了赞同票,使其从债券数量上取得了95.80%的赞同票,在债券总金额上,则取得了99.42%的赞同票。

2011年8月29日,美国破产法院批准哈利大卫公司的第11章重组计划,并将于2011年9月13日生效。这使哈利大卫公司所有的2亿美元公募票据转换为重组后公司的股本。

讨论:1. 债券的风险在哪里?

2. 为什么债券的违约比股票不分红对投资者的打击更大?

【案例讨论3-4】债券转让风波

张甲早年丧偶，现年老多病，独子张小甲又远在外地工作，故张甲的远房侄子张乙对其生活起居多有照顾。2006年张甲因病去世。张甲在病重期间一直由张乙看护，张甲十分感动，遂将其用多年积蓄买的A公司面值20万元的记名债券赠与张乙。2007年，该债券到期，张乙带着债券去A公司要求还本付息，但A公司认为，张甲并未在债券上背书转让，也未到公司作变更登记，公司没有义务向张乙付款。由于张甲已去世，该款项应归公司所有。张小甲得知此事后，主张该债券属于其父遗产，其是唯一合法继承人，该债券应归其所有。当事人争执不下，遂诉至法院。

讨论：1. 该债券风波应该如何处理？

2. 如果该债券是无记名债券，应该如何处理？

【本章专题研讨】

【专题研讨3-1】什么是多层次多元化的资本市场？

1. 何谓证券市场的多层次和多元化？
2. 证券市场多层次和多元化的意义是什么？
3. 为什么没有证券市场的多层次和多元化，就没有现代真正意义上的资本市场？
4. 我国证券市场机制存在的主要问题是什么？

【专题研讨3-2】证券发行市场存在哪些问题？

1. 证券市场的发行目的是什么？
2. 我国证券市场发行的主要问题是什么？
3. 为什么说我国证券发行市场阻碍了交易市场的成熟？
4. 如何改革我国证券发行市场机制？

【本章能力训练】

一、单选题

1. 以下关于证券发行市场的表述正确的是(　　)。

A. 有固定场所

B. 证券发行价格与证券票面价格差异很大

C. 证券发行价格与证券票面价格较为接近

D. 有统一时间

2. 股份公司以增发股票吸收新股份的方式增资，认购者必须按股票的发行价格支付现款才能获取股票的发行方式是(　　)。

A. 有偿增资发行　　B. 无偿增资发行

C. 有偿无偿并行发行　　D. 有偿无偿搭配发行

3. 股份公司溢价发行股票所收到的溢价收益应计入公司的(　　)。

A. 股本　　B. 资本公积金　　C. 法定公积金　　D. 法定公益金

4. 债券投资者按债券票面额和约定的应收利息的差价买进债券，债券到期偿还是按票面额收回本息的计息方式是(　　)。

A. 单利计息　　B. 复利计息

C. 贴现计息　　D. 累进计息

5. 规定在债券到期后，投资者有权按原定的利率延长偿还期至某一指定日期的偿还方式是(　　)。

A. 到期偿还　　B. 定期偿还　　C. 展期偿还　　D. 随时偿还

6. 我国上海、深圳证券交易所均实行(　　)。

A. 公司制　　B. 注册制　　C. 登记制　　D. 会员制

7. 以下关于证券上市的表述不正确的是(　　)。

A. 发行上市的证券即是交易上市的证券

B. 证券上市有利于发行公司规范治理结构

C. 公司上市的资格不是永久的

D. 证券上市能减少投资者的风险

8. 以下不属于证券交易所的交易系统组成部分的是(　　)。

A. 撮合主机　　B. 通信网络　　C. 交易监控　　D. 柜台终端

9. 我国现行的证券交易制度规定，在一个交易日内，除首日上市证券外，每只股票或基金的交易价格相对上一个交易日收市价的涨跌幅度不得超过(　　)。

A. 5%　　B. 10%　　C. 15%　　D. 20%

10. 在证券行情表中，成交量采用(　　)计算方法，成交额采用(　　)计算方法。

A. 单向　双向　　B. 双向　单向

C. 双向　双向　　D. 单向　单向

11. 参与场外交易市场的证券商主要是(　　)。

A. 佣金经纪商　　B. 场外经纪商

C. 自营商　　D. 场内经纪商

12. 场外交易市场的交易对象以(　　)为主，证券交易所的交易对象以(　　)为主。

A. 基金　股票　　B. 债券　股票

C. 股票　股票　　D. 债券　债券

13. 场外交易市场与证券交易所的区别表现在(　　)。

A. 采取经纪制　　B. 对投资者限制少

C. 有严格的交易时间　　D. 交易程序复杂

14. 享有"高科技企业摇篮"美誉的证券市场是(　　)。

A. 证券交易所　　B. 第二板市场　　C. 第三市场　　D. 第四市场

15. 我国的股票发行实行(　　)。

A. 核准制　　B. 注册制　　C. 审批制　　D. 登记制

二、多选题

1. 证券发行按有无发行中介可分为(　　)。

A. 私募发行　　B. 公募发行　　C. 直接发行　　D. 间接发行

2. 股票增资发行可分为(　　)。

A. 有偿增资发行　　B. 无偿增资发行

C. 有偿无偿并行发行　　D. 有偿无偿搭配发行

3. 债券偿还方式主要有(　　)。

A. 到期偿还　　B. 期中偿还　　C. 分期偿还　　D. 展期偿还

4. 证券上市对发行公司的意义表现在(　　)。

A. 推动发行公司建立、规范治理结构

B. 提高发行公司的声誉和影响

C. 有利于发行公司进入资本快速、连续扩张的通道

D. 行情公布迅速、规范

5. 证券交易所的主要交易规则有(　　)等。

A. 交易时间　　B. 交易单位　　C. 价位　　D. 报价方式

6. 以下关于市价总额的表述正确的是(　　)。

A. 按当市价格计算　　B. 综合反映证券市场各类相关信息

C. 是描述证券市场规模大小的重要标准　　D. 按面额计算

7. 证券交易所的功能有(　　)。

A. 提供证券交易的场所　　B. 形成较为合理的价格

C. 引导资金的合理流动　　D. 预测、反映经济动态

8. 场外交易市场的特征是(　　)。

A. 分散、无固定场所　　B. 投资者可直接参与

C. 以交易商报价为驱动的市场　　D. 管理比较宽松

9. 场外交易市场的参与者包括(　　)。

A. 自营商　　B. 店头证券商

C. 证券承销商　　D. 机构投资者和个人投资者

10. 场外交易市场的功能主要有(　　)。

A. 债券发行的重要场所

B. 为已发行但未上市的证券提供流通转让的机会

C. 是二级市场的重要组成部分

D. 是证券交易所的必要补充

11. NASDAQ 市场的特征是(　　)。

A. 报价驱动型市场　　B. 采用多个做市商制度

C. 是电子化的市场　　D. 上市费用低、上市标准也低

12. 世界各国对证券发行审核的方式主要有(　　)。

A. 注册制　　B. 核准制　　C. 审核制　　D. 保荐人制度

三、判断题

1. 私募发行是指以特定少数投资者为对象的发行，发行手续简单但费用较高。(　　)

2. 股份公司股票发行采取首次公开发行向二级市场投资者配售时，投资者根据其持有上市流通证券的市值和折算后的申购限量，自愿申购新股。(　　)

3. 一般说来，期限长的债券票面利率高于期限短的债券，信用级别低的债券利率高于信用级别高的债券。(　　)

4. 记账式国债由商业银行承销并利用银行营业网点分销，而凭证式国债则由证券承销商在分得包销的国债后通过证券交易所挂牌分销。(　　)

5. 公司制的证券交易所本身的股票可以转让，也可以在交易所上市。(　　)

6. 证券交易的统计数据中，成交量的统计单位，股票以成交股数计，债券以成交面额数计。(　　)

7. 参与场外交易市场的证券商主要是自营商。(　　)

8. 证券交易商用自己的资金买卖，从而沟通投资者之间证券转让活动的交易方式称为自营方式。(　　)

9. 我国股票发行实行核准制并配之以发行审核制度和保荐人制度。(　　)

10. 我国的凭证式国债是在场外交易市场发行的。(　　)

11. 香港的创业板市场、台湾的报备市场都是第二板市场。(　　)

12. 保护投资者的利益，关键是要建立公平合理的市场环境，为投资者提供平等的交易机会，使投资者能在理性的基础上，自主地决定交易行为。(　　)

13. 我国上海、深圳证券交易所为证券商提供的交易席位有有形席位和无形席位两种。(　　)

第四章　证券投资交易制度、方式和流程

【本章学习要点】本章主要介绍现行的证券投资制度、方式和程序。证券投资的交易制度、费用制度、交易方式等是证券交易制度的组成部分，但随着时间的推移，这些都会变动，本章学习需要全面审视和研究合理的制度安排。本章学习的另一个要点是掌握实际证券投资过程中的具体流程，熟悉证券投资交易价格的形成方式。

【本章学习重点难点】本章学习的重点在于制度安排和效果分析。一个国家的证券市场，制度安排决定了其有效性，所以，关注这种制度安排，是金融学习者需要了解的一个角度。学习的难点是初学者的感性认识和证券投资的实务之间可能存在的脱节。

【本章基本概念】证券经纪人　自由经纪人　证券经纪商　做市商　转托管　融资融券　证券交易佣金　印花税　场外交易　网上交易　委托　交割　清算　集合竞价　连续竞价　证券代码

第一节　证券交易制度与交易方式

一、证券交易制度

（一）证券交易的经纪制度

在证券交易所进行的证券交易实行经纪制度。所谓证券交易的经纪制度就是由投资者委托证券经纪商代理进行证券交易制度，这是现代证券交易制度的基本特征。

这里要区分开证券商与证券经纪商。证券商是由证券主管机关批准设立的在证券市场上经营证券业务的金融机构，又称证券经营机构。证券商分为三种类型：证券承销商、证券自营商和证券经纪商。

证券经纪商就是为客户证券交易提供中介服务，并收取佣金的中间商人。他们以代理人的身份从事证券交易，与客户是委托代理关系。证券经纪商（广义）既可以是自然经纪人（自由经纪人），也可以是法人经纪商。法人经纪商一般由银行、证券公司、信托公司等具有合法经营地位的证券经营机构承担证券经纪人角色，称为证券经纪商（狭义）。

自由经纪人应遵循 2009 年 3 月 13 日中国证券监督管理委员会公布的《证券经纪人管理暂行规定》。

证券经纪商（狭义）在上海证券交易所或深圳证券交易所从事证券经纪业务，需要具备以下条件：

1. 必须是经中国证监会批准的可以经营证券业务的金融企业法人。

2. 必须具有独立的法人地位，并具有承担从事证券代理业务风险的能力。

3. 有熟悉证券经纪业务的合格的从业人员和管理人员。办理证券经纪业务的证券经营机构必须是证券交易所的会员单位，其有关业务人员必须取得相应的证券从业人员资格，其出市代表须取得证券交易所注册登记的业务员资格或场内注册员资格。

4. 有固定的交易场所和合格的交易设施。受托场所限于经批准的证券公司的营业部。

5. 有健全的组织机构和管理制度，尤其是证券经纪业务的管理制度。

（二）证券交易的开户制度

开设账户是投资者进行证券交易的先决条件，证券市场发达的国家都形成了健全的证券账户开设和管理制度。投资者通过证券经纪商进入证券交易所进行证券交易，必须首先开设证券账户。

证券账户指证券登记结算机构为投资者设立的，用于准确记载投资者所持有的证券种类、名称、数量及相应权益和变动情况的账户。要特别说明的是，从事股票、债券等交易的证券交易所和从事商品期货交易的商品交易所的开户是不同的。我国证券交易所目前开设的账户有 A 股账户、B 股账户、基金账户、债券账户等，而商品交易所主要是通过交易编码（相当于证券账户）的方式开户。对法人与自然人开设账户有不同限制和要求。

除了交易所开设的证券账户外，要实现证券交易，还需要有在各个证券经纪商处开设的资金账户。资金账户是用于投资者进行证券交易资金清算的账户，它记录资金的币种、余额和变动情况。

目前每个人在证券交易所的证券账户或者期货交易所的期货交易编码都是唯一的，但不同交易所的交易账户是不同的。而证券的资金账户则与其开户从事证券交易的经纪商有关，理论上可以开设无数个资金账户。

为了保证资金账户的资金安全，目前我国的资金账户资金采用第三方存管的方式，也就是说，投资者开立资金账户，还需要同时联系一个在有资质的商业银行开立的资金账户，建立资金在商业银行和证券经纪商之间的存管通道。存取资金需要通过商业银行进行。

（三）证券的存管制度

证券存管制度就是证券登记结算机构或其代理机构受证券投资者委托而实行的证券集中代保管制度，证券登记结算机构接受投资者委托向其提供记名证券的交易过户、非交易过户等股权登记变更、分红派息以及股票账户查询挂失等各项服务。

目前我国上海证券交易所实行全面指定交易制度。全面指定交易制度是指凡在上海证券交易市场从事证券交易的投资者，均应事先明确指定一家证券营业部作为其委托、交易清算代理机构，并将本人所属的证券账户指定于该机构所属席位号后方能进行交易的制度。上海证券交易所全面指定交易制度于 1998 年 4 月 1 日起实行，该制度实施后，投资者如不办理指定交易，上海证券交易所电脑交易系统将自动拒绝其证券账户的交易申报指令（B 股除外），直至该投资者完成办理指定交易手续。投资者在办理指定交易后，也可根据需要将自己指定交易所属证券营业部予以变更。

深圳证券交易所实行托管券商制度。托管券商制度是深圳市场采取的交易制度及股份存管结算服务，涉及证券交易和结算环节。在托管券商制度下，深圳市场的投资者需要将自己持有的股份托管在自己选定的一个或几个证券营业部，由该证券营业部管理其名下的明细证券资料。投资者的证券托管是自动实现的，投资者在哪一个营业部买入证券，该证券就自动托管在该营业部。投资者可以利用自己的深市证券账户在国内任何一个证券营业部买入证券，但是卖出该证券必须在买入的那个营业部才能卖出。投资者所选定的这些券商为投资者提供证券买卖、分红派息自动到账、证券与资金的查询、转托管等各项业务服务。

在托管券商制度下，投资者若要将其托管股份从一个券商处转移到另一个券商处托管，就必须办理相关的手续，实现股份委托管理的转移，即所谓的转托管。投资者在转托管时，可以是一只证券或多只证券，也可以是同一只证券的部分或全部。投资者在原托管券商处办理转托管手续，交易所当日（T 日）收市后即处理到账，同时将处理结果传送给转出转入券商，投资者第二个交易日[（T+1）日]就可以在转入券商处（新的托管券商）卖出证券。

二、证券费用制度

（一）证券交易佣金

证券交易佣金是证券经纪商代理投资者买卖证券的劳务收入，是证券经纪商的主要利润来源。同时也是投资者在所有交易费用中支出最多的费用。交易佣金一般由证券经营机构经纪佣金、证券交易所交易经手费及管理机构的监管费等组成。

目前世界各国证券交易所实行的佣金制度大致可分为以下几种：

（1）单一的固定佣金制，即交易的佣金按照交易额收取固定比例的佣金。世界大多数交易所在 1975 年之前，我国证券交易所在 2002 年之前基本上实行的是固定佣金制。

（2）差别佣金制，对大宗交易和小额交易进行划分，然后规定不同的佣金费率。

（3）按交易额的大小递减收费。

（4）浮动佣金制，即设定最高、最低或者中间的佣金比例，允许在此基础以下、以上或上下区间浮动。我国目前采用高限下浮的方式确定佣金，这使得证券经纪商之间一度采用竞相下调佣金率的方式争夺投资客户引起恶性竞争。

（5）佣金完全自由化。世界多数国家的交易所现在都采用此种佣金制度。

我国现行的证券交易佣金比率，是 2002 年 5 月 1 日起执行的由中国证券监督管理委员会、国家计委、国家税务总局共同发布的《关于调整证券交易佣金收取标准的通知》，该通知的第一条明确规定："A 股、B 股、证券投资基金的交易佣金实行最高上限向下浮动制度，证券公司向客户收取的佣金（包括代收的证券交易监管费和证券交易所手续费等）不得高于证券交易金额的 3‰，也不得低于代收的证券交易监管费和证券交易所手续费等。"目前（从 2012 年 7 月 1 日开始），中国证监会向上海、深圳证券交易所收取的证券交易监管费收费标准为按年交易额的 0.002%收取（双向收取）；对证券投资基金和债券免收证券交易监管费。同时，证监会向上海期货交易所、郑州商品交易所和大连商品交易所收取的期货市场监管费收费标准为按年交易额的 0.000 1%收取。对中国金融期货交易所收取的期货市场监管费亦按上述收费标准执行。依据该规定，我国目前所实行的是最高限额内向下浮动的佣金制度，而非完全的佣金自由化。

证券交易所手续费是证券经纪商交给交易所的经手费。目前沪市 A 股是按成交金额双边收取 0.006 96%，B 股是按成交金额双边收取 0.026%，证券投资基金是按成交金额双边收取 0.004 5%，权证是按成交金额双边收取 0.004 5%，大宗交易是成交金额的百万分之一的 90%，最高不超过 100 元/笔（双向收取），债券则根据持券期限等按成交金额双边收取 0.000 05%～0.003 75%不等。深市 A 股是按成交额双边收取 0.006 96%，B 股是按成交额双边收取 0.030 1%，证券投资基金是按成交额双边收取 0.009 75%，权证是按成交额双边收取 0.004 5%，不同债券收取经手费不同，每笔 0.1～100 元不等（可转债是按成交金额双边收取 0.04‰）。

专栏 4－1

佣金制度的变革过程

佣金是证券交易的主要成本之一，证券交易成本的降低，明显有助提高投资者的投资信心、提高资本市场运行效率、提高资产配置的效率，营造证券市场的繁荣，提高一个国家证券市场的综合竞争力。因此，为降低证券交易成本，推动证券市场的发展、繁荣，佣金制度在全球范围内发生了较大的变革。

1975 年 5 月 1 日，美国率先在全球取消证券交易的固定佣金制度，实行佣金协商制。

1984 年开始，澳大利亚实行浮动佣金制，证券公司可以自主决定佣金费率（有最低佣金）。

1985 年，法国也对大额交易实行佣金协商制，1989 年 7 月 1 日取消固定佣金，将佣金率交由会员公司与客户协商决定。

1986 年 10 月 27 日，英国对证券业实施了一场空前的重大变革，取消固定佣金制，客户可与证券经纪商根据各自的实际情况、市场供求情况、交易额度等，决定按何种标准收取佣金或是否收取佣金。

1999 年 10 月，日本实行了佣金自由化。

2000 年 10 月，泰国实行了佣金自由化。

2000 年 7 月 1 日，台湾证券交易所取消了按交易金额实行佣金分级累进制，实行在最高佣金基础上的自由协商制度。

2000 年，香港联交所董事局通过了“自 2002 年 4 月 1 日起正式取消证券及期货交易最低佣金制，引入佣金协商制”，同时宣布减低股票交易印花税，以提高香港联交所在国际证券市场的竞争力。

1975年以前，世界各国的证券市场交易基本上都采用固定佣金制度。但随着1975年5月1日，美国国会通过《有价证券修正法案》，并率先在全球范围内废除了证券交易的固定佣金制度和实行佣金协商制，使得证券交易佣金自由化成为全球证券交易市场的基本发展方向，只不过目前自由化的程度存在一定差别。

据统计，全球主要的27个证券交易所中，绝大部分对佣金的收取采用自由协商制，其中大部分实行完全的自由协商制（如纽约证券交易所、NASDAQ、东京证券交易所、伦敦证券交易所、大阪证券交易所、巴黎证券交易所、多伦多证券交易所、意大利证券交易所、阿姆斯特丹证券交易所、瑞士证券交易所、蒙特利尔证券交易所、马德里证券交易所、毕尔巴鄂证券交易所、新加坡证券交易所等），少数证券交易所实行规定最低费率、最高费率或在一定区间内协商议价的方式（如斯德哥尔摩证券交易所、雅加达证券交易所、澳大利亚证券交易所、新西兰证券交易所、孟买证券交易所、台湾证券交易所、泰国证券交易所等）。

（以上摘自百度百科）

（二）证券交易过户费

证券交易过户费就是委托买卖的股票、基金成交后，买卖双方为变更股权或权益登记所支付的费用。在过户费的计费模式上，沪市收取过户费标准为成交面值（成交面值即每股面值乘以成交股数，绝大多数股票面值为每股1元，个别为每股0.1元）的0.6%。其中中国结算上海分公司和证券公司各收取0.3%。深圳市场收取标准为成交金额（成交金额即每股股价乘以成交股数）的0.025 5%。由中国结算深圳分公司收取，所以不同的成交价格下，上海市场与深圳市场收取的过户费各有高低。在收费结构上，投资者看到的交割单中，上海市场的过户费列在证券公司收取的佣金之外，单独列出；而深圳市场的过户费含在证券公司收取的佣金里，并不单独列出。

（三）证券税

各国都征收不同种类的证券税，一般包括证券所得税、证券转让所得税、证券交易税、证券印花税。

我国目前执行的是征收印花税，不征收所得税，财政部规定从2008年9月19日起，证券交易印花税向卖方单边征收，税率为交易金额的1‰。即对买卖、继承、赠与所书立的A股、B股股权转让书据，由立据双方当事人的出让方按1‰的税率缴纳股票交易印花税。

三、证券交易方式

（一）证券现货交易

证券现货交易就是证券买卖成交后即行办理证券交割手续的交易方式。证券现货交易包括即期现货交易与远期现货交易。

现货市场有以下几个显著的特点：

1. 成交和交割基本上同时进行；

2. 实物交易，即卖方必须实实在在地向买方转移证券，没有对冲；

3. 在交割时，购买者必须支付现款；

4. 它反映了购入者有进行较长期投资的意愿，而不是为了获取证券买卖差价的利润而进行的投机。

（二）证券信用交易

证券信用交易，也称为融资融券交易，就是投资者凭自身的信誉，通过缴纳一定比例的保证金或证券，其余不足部分的资金由证券经纪人垫付而进行的证券交易方式。我国是从 2010 年 3 月 31 日起正式开通了融资融券交易系统。

信用交易分为融资买进（买空）和融券卖出（卖空）两种。由于经纪人的垫款通常是从银行以可赎回资金的利率贷款得来，所以投资者借款的总成本是银行利率加上服务费。所有用保证金信贷购买的证券都必须由经纪人保管，因为该证券被用来作为贷款的抵押。利用保证金信用交易，投资者要交一定数量的现款或证券作为保证金，证券管理机关会对用保证金购买的证券数量进行限制，通常用保证金与买卖证券的总值之比（保证金率）来表示，多数国家规定要 30％以上。保证金又分为起始保证金和最低维持保证金。起始保证金是指交易前缴纳的保证金；最低维持保证金是指交易后缴纳的，为弥补因证券价格发生变化造成亏损而追加的保证金。此外，信用交易中投资者与经纪商之间的抵押借贷关系一般定为 6 个月，不可以无限推迟下去。

国际上证券信用交易的模式主要有：

1. 美国——分散信用模式

在美国的市场化模式中，证券交易经纪公司处于核心地位。美国信用交易高度市场化，投资者进行信用交易时，向证券公司申请融资融券，证券公司直接对投资者提供信用。而当证券公司自身资金或者证券不足时，证券公司则向银行申请贷款或者回购融资，向非银行金融机构借入短缺的证券。这种市场化模式建立在信用体系完备和货币市场与资本市场联通的前提下，证券公司能够根据客户需求，顺利、方便地从银行、非银行金融机构调剂资金和证券头寸，并迅速地将融入资金或借入的证券配置给需要的投资者。美国的市场化模式效率高，成本低。

2. 日本——单轨制集中信用模式

从日本的集中授信模式看，专业化的证券金融公司处于整个融资融券业务的核心和垄断地位，严格控制着资金和证券通过信用交易的倍增效应。日本的证券金融公司主要为银行出资设立，为证券经纪商等中介机构提供服务。证券公司如果资金和证券不足，并不直接向银行、货币市场进行借贷或回购融资，也不直接向非银行金融机构融券，而是向证券金融公司申请进行资金和证券的转融通。在日本的集中授信模式下，证券金融公司而不是证券公司自身，联通货币市场和其他非银行金融机构，作为融资融券的中介，证券金融公司控制着整个融资融券业务的规模和节奏。

3. 中国台湾——双轨制信用模式

台湾模式由于是双轨制，运作起来相对复杂，而且有4家证券金融公司，彼此存在竞争。而对证券公司实行许可证管理，有许可证的券商可以向证券金融公司融资融券，而没有许可证的证券公司只能从事代理服务。证券公司的地位由于投资者可以直接向证券金融公司融资融券而比较被动，融资融券业务为券商带来的收入有限。

专栏4－2

我国证券信用交易的发展过程

随着我国资本市场迅速发展和证券市场法制建设的不断完善，证券公司开展融资融券业务试点的法制条件已经成熟。2005年10月27日，十届全国人大常委会十八次常委会议审定通过新修订的《中华人民共和国证券法》，规定证券公司可以为客户融资融券服务。

2006年6月30日，中国证监会发布《证券公司融资融券试点管理办法》（2006年8月1日起施行）。8月21日，《融资融券交易试点实施细则》公布。

2008年4月23日，经国务院常务会议审议通过公布的《证券公司监督管理条例》第48～56条对证券公司的融资融券业务进行了具体的规定。

2008年10月5日，中国证监会宣布启动融资融券试点。

2008年10月31日，中国证监会发布《证券公司业务范围审批暂行规定》，并于12月1日开始实施。

2010年1月8日，国务院原则上同意了开设融资融券业务试点，这标志着融资融券业务进入了实质性的启动阶段。

2010年3月19日，中国证监会公布融资融券首批6家试点券商。

2010年3月30日，上海、深圳证券交易所正式向6家试点券商发出通知，将于2010年3月31日起接受券商的融资融券交易申报。融资融券交易正式进入市场操作阶段。

2012年12月31日，据统计，开展融资融券业务的证券公司已有74家，开立投资者信用证券账户超过50万户。

（三）证券期货交易

证券期货交易包括证券远期交易和证券期货合约交易两种方式。证券远期交易就是证券买卖成交后，按照约定的时间、价格、数量进行交割的交易方式。证券期货合约交易是在证券远期现货合约的基础上产生的。证券期货交易的特点：

1. 交易的对象是标准化的合约；
2. 交易的场所是期货交易所；
3. 期货交易的交割期限相对固定；

4. 期货交易实行保证金制度；

5. 期货交易的投机性强。

期货交易根据合同清算方式的不同又可分为两种。第一种是期货交割交易，指在合同到期时，买方须交付现款，卖方则须交出现货即合同规定的证券；第二种是差价结算交易，在合同到期时，双方都可以做相反方向的买卖，并准备冲抵清算，以收取差价而告终。这两种交易方法统称为清算交易。

（四）证券期权交易

证券期权交易是当事人为获得证券市场价格波动带来的利益，约定在一定时间内，以特定价格买进或卖出指定证券，或者放弃买进或卖出指定证券的交易。证券期权交易是以期权作为交易标的的交易形式。期权分为看涨期权和看跌期权两种基本类型。根据看涨期权，期权持有人有权在某一确定时间，以某一确定价格购买标的资产即有价证券。根据看跌期权，期权持有人有权在某一确定的时间，以某一确定价格出售标的资产。根据期权交易规则，看涨期权持有人可以在确定日期购买证券实物资产，也可在到期日放弃购买证券资产；看跌期权持有人，可在确定日期出售证券实物资产，也可拒绝出售证券资产而支付保证金。期权交易属选择权交易。

专栏 4－3

证券暂停上市与终止上市

证券上市后如满足下列条件之一，可暂停其上市：

1. 公司股本总额、股权分布等发生变化不再具备上市条件。

2. 公司不按规定公开其财务状况，或者对财务会计报告作虚假记载。

3. 公司有重大违法行为。

4. 公司最近 3 年连续亏损。

经过整顿后消除被暂停原因可以恢复上市，否则终止上市。终止上市的操作应出现下列情况之一：

1. 未能在法定期限内披露其暂停上市后第一个半年度报告的。

2. 在法定期限内披露了暂停上市后第一个半年度报告，虽盈利但未在披露后五个工作日内提出恢复上市申请的。

3. 恢复上市申请未被受理的。

4. 恢复上市申请未被核准的。

5. 未能在法定期限内披露恢复上市后的第一个年度报告的。

6. 在法定期限内披露了恢复上市后的第一个年度报告，但公司出现亏损的。

证券终止上市的情形还有股权结构变化、重大违法行为、宣告破产、宣告解散等。

第二节 证券交易程序

一、证券交易所交易功能

场内交易市场是指通过证券交易所进行证券买卖流通的组织方式。证券交易所是由证券管理部门批准的，为证券的集中交易提供固定场所和有关设施，并制定各项规则以形成公正、公开、公平的交易局面的正式组织。与证券公司等金融机构不同，证券交易所本身并不从事证券买卖业务，只是为证券交易提供场所和各项服务，并履行对证券交易的监管功能。证券交易所的职能如下：

（一）证券交易所提供证券交易场所

由于这一市场的存在，证券买卖双方有集中的交易场所，可以随时把所持有的证券转移变现，保证证券流通的持续不断进行。在美国，证券的交易席位可分为四种类型：佣金经纪人，即经纪公司在交易所场内的代理人；特种会员，兼经纪人和自营商，他们的功能是完成佣金经纪人无法立即完成客户的委托，寻机适时执行（也称作经纪人的经纪人），并通过自营等方式，维持市场交易的连续性；场内经纪人，在场内自由行动，协助佣金经纪人处理积压指令；场内交易者，仅为自己寻机投资获利。

（二）证券交易所制定有关场内交易的各项规则，如上市、交易、清算、交割、过户等各项规则

证券交易所内设有固定场地，备有各种服务设施（计算机、行情板、电视屏幕、电话、电传等），配备了必要的管理人员与服务人员（如“红马甲”等），集中进行公开、公正、公平的股票、债券和其他证券交易。

公司上市后多采用双边拍卖法（公开竞价法），计算机将根据价格优先、时间优先的原则进行撮合、竞价。买卖成交后，即进行交割过户。交割多发生在成交后若干天，各国证交所规定不同，有 T＋0、T＋1、T＋2、T＋3 等多种。中国早年采取了“T＋0”方式，后为了抑制过度投机而采用了“T＋1”方式。对于记名股票，还要办理过户手续。但目前大多数国家、大多数股票均采用计算机撮合、无纸化交易，过户和交割同时完成。

（三）经纪人和自营商的作用

交易所的会员可分为经纪人和自营商两种，他们起到的作用是不同的。

经纪人是代表投资者进行交易的实体，在本质上经纪人是投资者的代理人。从事经纪活动并不要求经纪人购买并贮存金融资产，也不要求他们在交易需要时出售库存的金融资产。相反，经纪人只是接收、传递和执行投资者的委托单，并为此收取佣金。佣金的存在会使成交价格略微偏离市场均衡价格。

自营商的重要作用之一是提供交易的即时性，并维持短期价格的稳定（连续或平稳）。在连续型市场上，并不能保证在每一时刻委托单都得到执行，比如会出现只有买单而没有卖单的情形，这时候委托单无法即时执行，或者买单和卖单之间的价格差异太大，急于买入者要支付过高的价格，在这种时候，自营商通过提供对应交易不仅使委托单迅

速执行，而且保证了同一种证券的前后两笔交易价格的稳定。此外，自营商还为市场提供更好的价格信息，并在某类市场中提供拍卖师的服务，维护市场的秩序和公正。

经纪人和自营商的存在，使交易所将指令驱动制和报价驱动制成功地结合起来，形成以投资者通过各自的经纪人报价竞价为主、以自营商充当做市商维持交易为辅的交易制度。

（四）价格形成与公告

在交易所内完成的证券交易形成了各种证券的价格。由于证券的买卖是集中、公开进行的，采用双边竞价的方式达成交易，其价格在理论水平上是近似公平与合理的，这种价格及时向社会公告，并被作为各种相关经济活动的重要依据。

（五）信息收集和分析中心作用

交易所是证券交易各种信息的汇集中心，负有搜集、编制、公布有关证券交易资料的义务，并要定期召开交易场会员大会汇报工作。

（六）集中各类社会资金参与投资，引导投资的合理流向

随着交易所上市股票的日趋增多，成交数量日益增大，可以将极为广泛的资金吸引到股票投资上来，为企业发展提供所需资金。交易所为资金的自由流动提供了方便，并通过每天公布的行情和上市公司信息，反映证券发行公司的获利能力与发展情况，使社会资金向最需要和最有利的方向流动。

（七）降低交易成本，促进股票的流动性

证券交易所的存在，很大程度上降低了证券交易的交易成本。由于非交易所的证券成交，投资者之间存在互相寻找和相互确认信用、互通信息等环节，无形中增加了很多成本，交易所的存在基本消除了这些增加成本的因素。

（八）监管作用

证券交易所应做到有法必依、执法必严，坚决执行各项规则，对于违纪现象做出相应处理。如宣布严重违规者在若干年内为“市场禁入者”，甚至可以协助司法机构对证券诈骗案主犯进行法律制裁。

专栏 4－4

证券交易所对股票交易活动的监管内容

1. 证券交易所应当及时公布行情，并按照日制作股票行情表，记载并以恰当方式公布下列事项：上市股票的名称；开盘价格、最高价、最低价和收盘价；与前日收盘价的比较；成交量；股票指数及其涨跌情况；等等。

2. 证券交易所应当就市场内的成交情况编制日报表、周报表、月报表和年报表，并及时向社会公布。

3. 证券交易所应当监督上市公司按照规定披露信息。

4. 证券交易所应当与上市公司订立上市协议，以确定相互间的权利和义务关系。

5. 证券交易所应建立上市推荐人制度，以保证上市公司符合上市要求。

6. 证券交易所应当依照股票法规和证券交易所的上市规则、上市协议的规定，或者根据中国证券监督管理委员会的要求，对上市股票作出暂停、恢复或者取消交易的决定。

7. 证券交易所应该设立上市公司的档案资料，并对上市公司的董事、监事及高级管理人员持有上市股票的情况进行统计，并监督其变动情况。

8. 证券交易所的会员应当遵守证券交易所的章程、业务规则，依照章程、业务规则的有关规定向证券交易所缴纳席位费、手续费等费用，并缴存交易保证金。

9. 证券交易所的会员应当向证券交易所和中国证券监督管理委员会提供季度、中期及年度报告，并主动报告有关情况；证券交易所有权要求会员提供有关报表、账册、交易记录及其他文件。

专栏 4－5

上海证券交易所交易运行流程

上海证券交易所采用无形席位为主、有形席位为辅的交易模式，拥有亚太地区最大的交易大厅，设有 1 608 个交易席位，交易网络连接交易终端 5 700 个。覆盖全国、连通海外的卫星通信网每天为 3 000 个卫星接收站传达即时行情和相关信息。

投资者可在证券商下属营业部进行买卖委托，营业部工作人员通过电话将委托指令报给驻本所交易大厅内的交易员（俗称“红马甲”），由其将买卖指令输入交易所的电脑主机。投资者也可以在营业部自助委托电脑终端上直接输入委托指令，通过空中卫星传输网和地面光纤数据传输网将指令传输到本所电脑主机。电脑主机在接收到买卖指令后，按照“价格优先、时间优先”的原则自动撮合成交。目前交易主机的撮合能力可达每秒 5 000 多笔，每天 1 000 万笔。

二、证券交易所的交易程序

（一）证券交易的时间段

证券交易所的市场交易在每周一至周五的工作日进行的，每个交易所都有固定的交易时间，譬如沪、深交易所的交易时间是每个工作日的 9:30 至 11:30、13:00 至 15:00 两个时间段。

（二）证券交易的主要流程

见图 4－1。

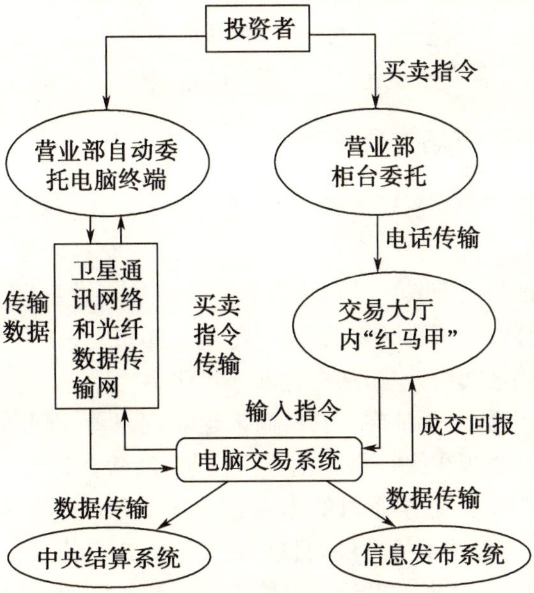

图 4－1　证券交易流程图

（三）证券交易的成交规则

世界证券交易的成交规则主要有竞价交易制度和做市商交易制度两大类。

竞价交易制度又称委托驱动制度，其特征是：开市价格由集合竞价形成，随后交易系统对不断进入的投资者交易指令按价格与时间优先原则排序（表 4－1、表 4－2），将买卖指令配对竞价成交。竞价交易制度按成交规则又可分为连续竞价交易制度和集合竞价交易制度。

表 4－1　价格优先原则示意

买入申报			卖出申报			配对成交情况	
时间	价位	数量	时间	价位	数量	价格	成交量
14:00	20.3 元	400 股	14:00	20.2 元	500 股	20.3 元	400 股
14:00	20.2 元	100 股				20.2 元	100 股

表 4－2　时间优先原则示意

买入申报			卖出申报			配对成交情况	
时间	价位	数量	时间	价位	数量	价格	成交量
14:01	20.1 元	300 股	14:00	20.1 元	100 股	20.1 元	100 股
14:02	20.1 元	200 股	14:01	20.0 元	400 股	20.0 元	200 股
						20.0 元	200 股

做市商交易制度是“报价驱动”的交易制度。市场交易是由具备一定实力和信誉的

法人充当做市商，不断地向投资者提供买卖价格，并按其提供的价格接受投资者的买卖要求，以其自有资金和证券与投资者进行交易，从而为市场提供即时性和流动性，并通过买卖价差实现一定利润。简单说就是：做市商不断报出价格，并能按这个价格买入或卖出。

三、证券场外交易市场交易程序

场外交易是相对于证券交易所的场内交易而言的，凡在证券交易所之外的交易活动均可划入场外交易范畴。它又分为柜台交易市场或店头交易市场、第三市场、第四市场。在场外交易市场中的证券商兼具证券自营商和代理商的双重身份。作为自营商，他把自己持有的证券卖给顾客或者买进顾客的证券，赚取买卖价差；作为代理商，以客户代理人的身份向别的自营商买进卖出证券，从中收取一定比例的佣金。

最初的有价证券买卖，由于证券交易所尚未建立或完善，因此大多是在银行进行，投资人买进或卖出证券都直接在银行柜台上进行交易，随着银行业和证券业的分离，这种交易转由证券公司承担，在证券公司的柜台前交易，所以称之为柜台交易（Over the Counter，OTC）。随着通信技术的发展，目前许多场外交易不直接在证券公司的柜台前进行，而是由客户和证券公司通过电话和电传进行业务交易，也称为电话交易市场。

随着证券交易所的产生和发展，证券市场上的交易方式有了一定程度的改进，但是场外交易市场还能够继续存在与发展，主要有以下原因：（1）证券交易所可以容纳的上市证券十分有限，使得很大一部分证券只能在证券交易所之外的场合进行交易。同时，证券交易所规定的上市条件比较严格，有些一般的证券发行公司不能进入交易所内买卖，而这些有价证券也需要流通，所以只能在场外完成交易。（2）由于申请上市的手续比较复杂，而场外交易市场不必经过繁琐的上市程序，也不要填写委托书等，所以有的发行公司即使符合上市条件，也不愿申请上市，而只在场外进行交易。（3）随着科技的发展，场外交易市场的交易方式、交易程序和交易设备都有了很大的改进，提高了交易的效率。所以，场外交易市场是证券交易市场不可缺少的重要组成部分。

专栏 4－6

美国证券场外交易市场（OTCBB）的交易

1. 发行人如何在 OTCBB 报价

OTCBB 是依循保荐人制度运作的市场，所有在 OTCBB 报价的公司必须通过一家做市商保荐。OTCBB 报价受市场监督系统控制，以确定遵守美国证券交易委员会（SEC）及纳斯达克（NASDAQ）市场的规则，除非有例外条件存在，所有做市商基于安全考虑必须遵守 SEC 的规定。发行人只有通过做市商才能申请证券报价。

做市商在 OTCBB 和粉红单市场（Pink Sheets）或其他相似场外市场开始报价时必须填表 FORM211，填报表 FORM211 即表示做市商履行了 SEC 规则和全美证券交易商协会（NASD）规则。除非申请豁免，所有在 OTCBB 报价的股票必须由做市商通过填写表 FORUM211 注册保荐。在 OTCBB 发布报价前 3 天，做市商必须向全美证券交易商协会场外合规部（NASD OTC Compliance Unit）提供表FORUM211 以及两份发行人情况介绍。经批准后，纳斯达克市场资料处（Nasdaq Market Data Integrity）通知做市商该股票已经注册成功并可以报价。

2. 报价要求

OTCBB 对每一个在 OTCBB 报价的合格股票没有报价规则要求，发行人只需通过保荐人向 SEC 或其他监管机构报告并获得批准即可由做市商为其股票报价。

一个发行人在 OTCBB 报价前，做市商首先确定其是否在美国国家级的交易所和市场上市。如果是，发行人不能在 OTCBB 报价。做市商还应该查验其是否在 Pink Sheets 报价，如果是也可以在 OTCBB 报价，为发行人报价的做市商可以填报相当于表 FORM211 的豁免表格 FORM15c2－11，其他非报价商则必须填报表 FORM211。

NASD 允许会员为以下证券品种提供 OTCBB 报价服务：(1) 任何没有在 NASDAQ 和其他注册的全国性交易所上市。(2) 符合下列标准的任何国外股票或美国存托凭证（ADRs）：任何在 SEC 注册的目前发行人承担报告责任的股票，和未在 NASDAQ 和美国国内其他注册的全国性证券交易所挂牌的证券。(3) 任何由于不适合挂牌规则从纽约证券交易所（NYSE）或美国证券交易所（AMEX）摘牌的股票和由于被 NYSE 或 AMEX 暂停上市、事实上已经摘牌的股票。(4) 任何不在 NASDAQ 或其他美国国内注册交易所挂牌的 DPP(Direst Participation Programs)。

发行人应与合法 OTCBB 做市商联系，为其充当保荐人。一个股票的发行人如不符合报告要求，做市商不得为其报价。目前已经在 OTCBB 报价但违反报告要求的股票，如果在宽限期内继续不履行报告业务，将在 30 天或 60 天的宽限期后被摘牌。被 NASD 认定违反报告制度的公司交易代码将加“E”显示，当宽限期截止后，标有“E”的股票将被摘牌。

3. OTCBB 的参与费用

OTCBB 做市商每月根据价位平均数量收取费用。价位定义为做市商为 OTCBB 股票报出的一个价格报价或非价格报价、固定或非固定报价、单边或多边报价或任何意愿。价位平均数根据一个月内每天报价的总和除以交易日总和计算。OTCBB 做市商收取每一个价位 6 美元的月费。

发行人不需向 OTCBB 支付报价费用。OTCBB 不因提供服务向发行人收取任何费用。同时，NASD 规则禁止做市商接受任何报酬作为回报为他人在 OTCBB 或其他中介提供挂牌服务，禁止发行人或其关联人直接或间接向做市商的报价支付任何费用。

4. 投资人如何在 OTCBB 交易

NASDAQ 终端机在美国东部时间早上 7:30 到下午 6:30 为 OTCBB 上的国内外股票和 ADRs 提供浏览和实时报价，且同时显示 NASDAQ 和 OTCBB 数据。显示的 OTCBB 报价包括：(1) 证券当日最高、最低及成交量；(2) 证券商之间的报价；(3) 最佳报价；(4) 特定证券商所报买卖价；(5) 推荐证券商的电话。投资人根据显示情况透过券商进行交易。

四、网上交易

网上交易是指投资者和金融资产持有人(大多为大机构及个人大户)绕开通常的证券经纪人,彼此之间利用计算机网络直接进行大宗的股票交易。这种形式的市场最早出现在美国。在美国,网上交易主要是一个计算机网络,想要参加网上交易的客户可以租用或加入这个网络,各大公司把股票的买进价和卖出价都输入此计算机系统。客户在购买或出售股票时,可以通知该系统,计算机屏幕即可显示出各种股票的买卖价,并通过计算机终端设备进行交易。

网上交易充分利用了先进的计算机技术,把分散在各个地区的交易行情通过一个全国性或地区性的证券交易自动报价系统集中起来,使客户能够及时、迅速地进行交易。同时,网上交易绕开了证券经纪人,基本上是双方直接交易,所以不需要中介费用,即使通过第三方安排,佣金也较为便宜。而且,网上交易进行的都是大宗的买卖交易,如果在证券交易所交易,必然会对股价造成一定的冲击,而在网上交易,因为不是公开交易,从而避免了这种冲击。这种计算机网上交易对证交所市场和场外交易市场形成了很大的竞争及压力,促使前述市场加强服务、提高质量、降低佣金。

第三节　证券交易价格

一、证券交易价格形式

(一) 集合竞价

集合竞价是将数笔委托报价或一时段内的全部委托报价集中在一起,根据不高于申买价和不低于申卖价的原则产生一个成交价格,且在这个价格下成交的股票数量最大,并将这个价格作为全部成交委托的交易价格。集合竞价的基本过程如下:

设股票 A 在开盘前分别有 6 笔买入委托和 5 笔卖出委托,根据价格优先的原则,按买入价格由高至低和卖出价格由低至高的顺序将其分别排列如表 4-3 所示。

表 4-3　股票 A 的集合竞价表 1

序号	委托买入价(元)	数量(手)	序号	委托卖出价(元)	数量(手)
1	3.80	2	1	3.52	5
2	3.76	6	2	3.57	1
3	3.65	4	3	3.60	2
4	3.60	7	4	3.65	6
5	3.54	6	5	3.70	6
6	3.45	3			

按不高于申买价和不低于申卖价的原则,首先可成交第一笔,即 3.80 元买入委托和

3.52 元的卖出委托，若要同时符合申买者和申卖者的意愿，其成交价格必须是在 3.52 元与 3.80 元之间，但具体价格要视以后的成交情况而定。这对委托成交后其他的委托排序如表 4－4 所示。

表 4－4　股票 A 的集合竞价表 2

序号	委托买入价(元)	数量(手)	序号	委托卖出价(元)	数量(手)
1			1	3.52	3
2	3.76	6	2	3.57	1
3	3.65	4	3	3.60	2
4	3.60	7	4	3.65	6
5	3.54	6	5	3.70	6
6	3.45	3			

在第一次成交中，由于卖出委托的数量多于买入委托，按交易规则，序号 1 的买入委托 2 手全部成交，序号 1 的卖出委托还剩余 3 手。

第二笔成交情况：序号 2 的买入委托价格为不高于 3.76 元，数量为 6 手。在卖出委托中，序号 1～3 的委托数量正好为 6 手，其价格意愿也符合要求，正好成交，其成交价格在 3.60 元至 3.76 元的范围内，成交数量为 6 手。应注意的是，第二笔成交价格的范围是在第一笔成交价格的范围之内，且区间要小一些。第二笔成交后剩下的委托情况为表 4－5 所示。

表 4－5　股票 A 的集合竞价表 3

序号	委托买入价(元)	数量(手)	序号	委托卖出价(元)	数量(手)
3	3.65	4			
4	3.60	7	4	3.65	6
5	3.54	6	5	3.70	6
6	3.45	3			

第三笔成交情况：序号 3 的买入委托其价格要求不超过 3.65 元，而卖出委托中，序号 4 的委托价格符合要求，这样序号 3 的买入委托与序号 4 的卖出委托就正好配对成交，其价格为 3.65 元，因卖出委托数量大于买入委托，故序号 4 的卖出委托仅只成交了 4 手。第三笔成交后的委托情况如表 4－6 所示。

表 4－6　股票 A 的集合竞价表 4

序号	委托买入价(元)	数量(手)	序号	委托卖出价(元)	数量(手)
4	3.60	7	4	3.65	2
5	3.54	6	5	3.70	6
6	3.45	3			

完成以上三笔委托后，因最高买入价为 3.60 元，而最低卖出价为 3.65 元，买入价与卖出价之间再没有相交部分，所以这一次的集合竞价就已完成，最后一笔的成交价就为集合竞价的平均价格。剩下的其他委托将自动进入开盘后的连续竞价。

在以上过程中，通过一次次配对，成交的价格范围逐渐缩小，而成交的数量逐渐增大，直到最后确定一个具体的成交价格，并使成交量达到最大。如果成交量最大的有两个价格，则取使未成交量最小的申报价格为成交价格；若未成交量最小的申报价格不是一个，则取其中间价为成交价格。

在这次的集合竞价中，三笔委托共成交了 12 手，成交价格为 3.65 元，按照规定，所有这次成交的委托无论是买入还是卖出，其成交价都定为 3.65 元，交易所发布的股票 A 的开盘价就为 3.65 元，成交量 12 手。

当股票的申买价低而申卖价高而导致没有股票成交时，上海股市就将其开盘价空缺，将连续竞价后产生的第一笔价格作为开盘价。而深圳股市对此却另有规定：

若最高申买价高于前一交易日的收盘价，就选取该价格为开盘价；若最低申卖价低于前一交易日的收盘价，就选取该价格为开盘价；若最低申买价不高于前一交易日的收盘价、最高申卖价不低于前一交易日的收盘价，则选取前一交易日的收盘价为今日的开盘价。

（二）连续竞价

连续竞价的成交方式与集合竞价有很大的区别，它是在买入的最高价与卖出的最低价的委托中一对一对地成交，其成交价为价格优先和时间优先原则下形成的。现仍以股票 A 为例，某一时刻委托报价的排序情况如表 4 - 7 所示。

表 4 - 7　股票 A 的连续竞价表 1

序号	委托买入价(元)	数量(手)	序号	委托卖出价(元)	数量(手)
1	3.80	2	1	3.52	5
2	3.76	6	2	3.57	1
3	3.65	4	3	3.60	2
4	3.60	7	4	3.65	6
5	3.54	6	5	3.70	6
6	3.45	3			

委托买入的最高价为序号 1 的 3.80 元，卖出最低价为序号 1 的 3.52 元，这一对优先成交，其价格为两者中申报时间在先的委托价，即若 3.80 元和委托买入价申报时间早于 3.52 元的委托卖出价申报时间，则成交价为 3.80 元；反之亦然。这一笔成交后剩余的委托报价排序情况如表 4 - 8 所示。

表 4-8 股票 A 的连续竞价表 2

序号	委托买入价(元)	数量(手)	序号	委托卖出价(元)	数量(手)
			1	3.52	3
2	3.76	6	2	3.57	1
3	3.65	4	3	3.60	2
4	3.60	7	4	3.65	6
5	3.54	6	5	3.70	6
6	3.45	3			

第二笔，序号 1 的卖出价为 3.52 元，序号 2 的买入价为 3.76 元，这一对可以成交，成交价格依旧是时间优先原则。该次成交后的委托情况如表 4-9 所示。

表 4-9 股票 A 的连续竞价表 3

序号	委托买入价(元)	数量(手)	序号	委托卖出价(元)	数量(手)
2	3.76	3	2	3.57	1
3	3.65	4	3	3.60	2
4	3.60	7	4	3.65	6
5	3.54	6	5	3.70	6
6	3.45	3			

第三笔，序号 2 的卖出委托与序号 2 的买入委托可以成交，成交量 1 手。成交后剩下的委托情况如表 4-10 所示。

表 4-10 股票 A 的连续竞价表 4

序号	委托买入价	数量(手)	序号	委托卖出价	数量(手)
2	3.76	2			
3	3.65	4	3	3.60	2
4	3.60	7	4	3.65	6
5	3.54	6	5	3.70	6
6	3.45	3			

以后的成交情况为：序号 2 的买入委托与序号 3 的卖出委托这一对成交，成交量为 2 手；序号 3 的买入委托与序号 4 的卖出委托这一对成交，成交量为 4 手。

由于集合竞价是将一段时间内所有的委托一同成交，其价格不易受个别报价的影响，且能反映绝大多数交易者的买卖意愿，产生的价格比较公道和合理，且可以防止操纵股价的行为。采用集合竞价的方法产生价格，其优点是每一次价格的产生都基本不会受偶然因素影响，即使股民的申报价格偏离较大或错报，其成交价一般也不会偏离前一成交价太大，所以集合竞价产生的价格变动比较平滑。而连续竞价因为是一对一撮合，产生的价格波动较大，股市行情的变化也容易大起大落，特别是当股民错报委托价格时，交易系统会毫不留情地按照所报价格成交。

二、证券交易价格的决定因素

股票价格的变化主要是受到股票市场的供求关系的影响。而影响市场供求的因素有很多，如国家的经济政治情况、行业因素、上市公司的状况、投资者的心理等。归纳起来，大致有以下5个主要的因素：

（一）企业自身因素

1. 企业经营状况及发展前景的好坏与股价成正比。企业经营状况好，股价就会上涨；反之，企业的经营状况不良，股价就会下跌。另外，公司股票的分割、公司的股利政策等也会影响股票的价格。企业本身的因素一般只影响到本公司的股价变动。

2. 企业的盈利情况。企业的声誉及其盈利状况同股票的价格成正比关系。企业的盈利是企业分配股利的基础，也就是股票投资者获取投资收益的直接来源。企业盈利状况良好、利润多，意味着每股收益提高，投资者就会倾向于购买该公司的股票。

3. 预期的发展前景。有的企业虽然目前的红利较为丰厚，但如果人们认为该企业没有发展潜力，仍然不会选择该股票。

4. 股息、红利因素。如果公司宣布分发红利，将会引起股价的上升，而若公司不发红利，股价将会下跌。而在公司以现金方式分红派息或以红股方式派息以后，也会造成股价的波动。

（二）行业因素

行业因素较大程度上影响了某一行业股票价格的变化。这些因素包括行业生命周期、行业景气变动、法令措施、淡旺季等。行业的生命周期可以分为开创期、扩张期、停滞期和衰退期。当行业处于开创期时，由于发展前景并非很明朗，风险很大，股价变动很频繁。当行业处于扩张期时，整个行业的成长趋于稳定、成熟，股价可能大幅上涨。在这段时期投资是最安全的。当行业处于停滞期和衰退期时，公司的经营日益艰难，利润也出现下降的趋势，股票的价格就趋于下跌。政府颁布的法令措施也会影响股票价格的变动。例如：政府要重点发展某行业，就会在税收、信贷、进出口等方面进行鼓励，给予优惠，以保证这些行业的优先发展，从而使该行业的股价上涨。行业景气的变动也会影响行业内企业的股票价格波动。一般而言，当一个行业处于景气上升时，该行业的股票价格会上涨；反之，则会下跌。

（三）宏观经济因素

宏观经济因素与行业因素和企业自身因素相比，其对股票价格的影响更大，更具普遍性，几乎对所有股票的价格都有影响。主要的宏观经济因素有：

1. 经济周期的影响

经济周期是由经济运行内在矛盾引发的经济波动，是一种不以人们意志为转移的客观规律。股市直接受经济状况的影响，必然也会呈现一种周期性的波动。在经济进入危机和萧条阶段，整个社会的经济发展基本上处于一种停滞状态。此时，社会的总需求不强，产品的销售发生困难，原材料的供给也不通畅，许多企业处于停工停产甚至倒闭状态，企业的经营处于较困难时期，其经营业绩低下，股票的价格普遍下降。而当经济走出低谷从复苏阶段向繁荣阶段过渡时，此时的经济发展处于一种高速增长状态，社会上的各行各业都显得生机勃勃，对各类产品的需求处于极度的旺盛状态，此时的企业经营水平一般都会发挥到最佳状态，经营业绩也处于较高水平，推动了股票的上升。

2. 利率的影响

利率是影响股票价格诸因素中最直接、影响最大的因素。当利率上升时，一方面会导致投资者倾向于无风险的银行存款，抛出股票，资金流入银行市场；另一方面，利率上升增加了借款的成本，投资需求降低。这都使股票的需求下降，引起股价的下跌。

3. 通货膨胀

在成熟的股市中，通货膨胀对股价的影响主要有两个方面：一是通货膨胀影响经济景气，股价会反映景气变动；二是通货膨胀导致投资者产生保值心理，会选择购买股票，股价自然上升，因为在通货膨胀时期，存银行是保本保息不保值，买股票是不保本、不保息，但是保值。当然，当通货膨胀到一定的程度，将会推动利率的上涨，从而促使股票价格下跌。

4. 经济政策

国家经济政策的变化也会影响股票的价格。如当中央银行放松银根，增加货币供给量时，会引起利率的下降，投资和消费需求都增加，企业的利润就会增加，同时投资者用于购买股票的资金也增多了，这些都会促使股票的价格上涨。又如财政支出增加，会增加社会的总需求，从而促进了经济的增长，以此推动股价的上涨。

5. 国际收支情况

一般而言，国际收支发生顺差，外汇储备增加，本币投放增加，刺激了本国的经济增长，会促使股价上升；而出现巨额逆差时，会导致本国货币贬值，影响人们的预期，股票价格一般将下跌。

6. 汇率因素

在一个完全开放的市场环境中，资金可以在外汇市场和证券市场上相互流动。如果预期本币会贬值，人们就会进入外汇市场，将本币换成外币，资金就从证券市场进入外汇市场，对股票的需求就会减少，引起股价的下跌。而预期本币将升值，资金就会从外汇市场流入证券市场，推动股价上涨。

（四）政治因素

影响股票变动的政治因素主要包括：

1. 战争因素

战争会给股票价格的变动带来直接的影响，主要反映在两个方面：一方面，战争会影响企业的经营状况，使整个国民经济处于瘫痪状态，从而导致股票价格的下跌；另一方面，提供军工器械的行业，由于战争中政府的军事支出增加，对军工产品的需求上升，使得这一行业的盈利状况良好，股价会上升。

2. 政权

国家政局是否稳定、政权的转移或过渡、主要领导人的更替、重大政治事件的发生都会影响投资者的信心。而投资者的信心对股价也是十分重要的。

（五）心理因素

心理因素是指投资者心理状况对股票价格的影响。引起投资者心理变化的因素是多种多样的，有时一些传闻和谣言也会引起股票价格的涨跌，特别是当投资者不甚了解事实真相或缺乏预期判断能力时，很容易跟在一些大投资者后面操作，形成抢购或抛售的风潮，对股价影响很大。因此，在股票市场上，心理因素起着十分重要的作用，主要表现为：

1. 从众心理

在证券市场上，绝大部分股民都认为多数的决定是合理的，于是就在自己毫不了解市场行情及股票情况的状况下，盲目跟风，追涨杀跌，这就是股市中的从众心理。从众心理对股价主要起着放大的作用。例如，在牛市阶段，有些股民看见别人均进股票，就轻易地认为股票行情一定看好，唯恐落后而无利可图，在对市场前景毫无把握的情况下就急忙购进，从而导致股票价格的上涨。而由于一部分人已经通过买入股票而获得盈利，越来越多的股民也开始买进股票，推动股价的进一步上涨。随着炒股发财效应的逐渐扩大，入市的股民就越来越多，最后连一些平常对股市和金融都漠不关心的市民都入市了，从而将股价推向一个不合理的高度，形成了一个短期牛市。

2. 投资偏好

投资偏好是指股民在投资的股票种类上，总是倾向于某类或几种股票，特别是倾向于自己喜欢或经常做的股票。例如有些股民希望取得稳定的股息收入，于是倾向于投资稳定的股票，而喜欢冒险的投资者会选择投资在价格波动比较大的股票上，这样的投资偏好将导致稳定股票的价格更加稳定，价格波动大的股票价格更加不稳定。

3. 预期心理

预期心理是指股民对未来股价走势以及各种影响股价因素变化的心理预期。预期心理有一种倾向，即行情好时更加乐观，行情跌时更加悲观。具体表现在：在股市低迷时，股价已跌至相当低的水平，大部分都跌至每股净资产以内，但绝大多数股民都无动于衷，持谨慎观望态度，致使股价进一步下跌。而一旦行情翻转，股民在预期心理的作用下，却愿以较高的价格竞相买入股票，促使股价一路上扬。相反，在股价的顶部区域，股民都不愿出售，等待股价的进一步上涨，而当股价开始下跌时，又认为股价的下跌空间很大，便纷纷加入抛售队伍。

第四节　证券交易规程

一、证券交易规程的概念

在证券交易活动中，投资者在证券市场上买卖已发行的证券要按照一定的程序进行。所谓证券交易程序，也就是指投资者在二级市场上买进或卖出已上市证券所应遵循的规定过程。在现行的技术条件下，许多国家的证券交易已采用电子化形式。在电子化交易情况下，证券交易的基本过程包括开户、委托、成交、结算等几个阶段。这一程序见图 4 - 2。

二、证券交易规程的流程图

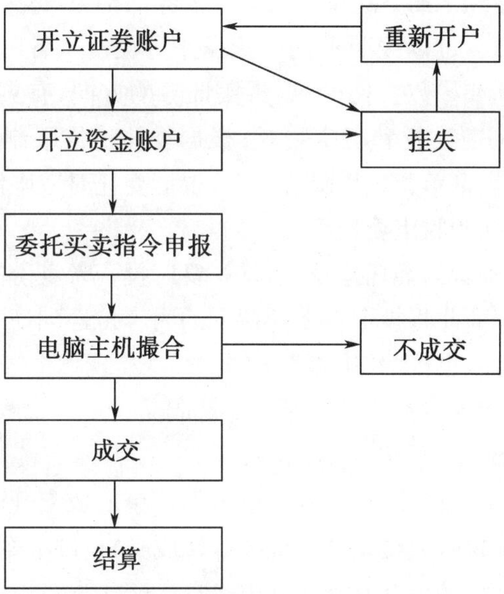

图 4 - 2　证券交易程序图

三、流程图各要素的解释

（一）开户

开户有两个方面，即开立证券账户和开立资金账户。由于采用电子化交易方式，证券和资金都可以记录在相应的账户中，而不必进行直接的"一手交钱、一手交货"。

投资者买卖证券的第一步是要向证券登记结算公司申请开立证券账户，用来记载投资者所持有的证券种类、数量和相应的变动情况。证券账户有不同的类型，有的根据投资者种类（如个人投资者和机构投资者）区分，有的根据投资品种（如股票和债券）区分。当然，对于投资者来说，在一个证券账户中允许买卖各种证券是比较方便的。

开立证券账户后，投资者还不能直接买卖证券。由于买卖证券要涉及货币资金的收入或付出，因此投资者还必须开立资金账户。资金账户用来记载和反映投资者买卖证券的货币收付和结存数额。从我国以往的情况看，投资者的资金账户一般是在经纪商那里开立的。通过开立资金账户，可以建立投资者和经纪商的委托代理关系。不过从规范发展的角度看，投资者交易结算资金应实行第三方存管制度。这一制度的引入，可以在一定程度上防范经纪商挪用投资者交易结算资金的现象，从而起到保护投资者利益的作用。

开立证券账户和资金账户后，投资者买卖证券所涉及的证券、资金变化就会从相应的账户中得到反映。如果证券账户和资金账户遗失，可以通过挂失程序重新补办。

（二）委托

在证券交易所，投资者买卖证券是不能直接进入交易所办理的，而必须通过证券交易所的会员来进行。换言之，投资者需要通过经纪商才能在证券交易所买卖证券。在这种情况下，投资者向证券经纪商下达买进或卖出证券的指令，称为“委托”。

委托指令有多种形式，可以按照不同的依据来分类。从各国情况看，一般根据委托订单的数量，有整数委托和零数委托；根据买卖证券的方向，有买进委托和卖出委托；如果允许买空卖空，则有买空委托和卖空委托；根据委托价格限制，有市价委托和限价委托；在有些国家，还有止损订单和止损限价订单；根据委托时效限制，有当日委托、当周委托、无期限委托、开市委托和收市委托等。

证券经纪商接到投资者的委托指令后，首先要对投资者身份的真实性和合法性进行审查。审查合格后，经纪商要将投资者委托指令的内容传送到证券交易所进行撮合。这一过程称为“委托的执行”，也称为“申报”或“报盘”。在现代电子化交易方式下，证券交易所通过交易系统主机接受申报并进行撮合配对成交。

（三）成交

证券交易所交易系统主机接受申报后，要根据订单的成交规则进行撮合配对。符合成交条件的予以成交，不符合成交条件的继续等待成交，超过了委托时效的订单失效。

在成交价格确定方面，如果是在竞价市场，买卖双方的委托由经纪商呈交到交易市场，交易市场按照一定的规则进行订单匹配，匹配成功后按投资者委托订单规定的价格成交。在做市商市场，证券交易的价格由做市商报出；投资者接受做市商的报价后，即可与做市商进行买卖，完成交易。在订单匹配原则方面，根据各国证券市场的实践，优先原则主要有：价格优先原则、时间优先原则、按比例分配原则、数量优先原则、客户优先原则、做市商优先原则和经纪商优先原则等。其中，各证券交易所普遍使用价格优先原则作为第一优先原则。我国采用价格优先和时间优先原则。

（四）清算与交收

证券交易成交后，首先需要对买方在资金方面的应付额和在证券方面的应收种类和数量进行计算，同时也要对卖方在资金方面的应收额和在证券方面的应付种类和数量进行计算。这一过程属于清算，包括资金清算和证券清算。清算结束后，需要完成证券由卖方向买方转移和对应的资金由买方向卖方转移。这一过程属于交收。清算和交收是证券结算的两个方面。对于不记名证券而言，完成了清算和交收，证券交易过程即告结束。对于记名证券而言，完成了清算和交收，还有一个登记过户的环节。完成了登记过户，证券交易过程才告结束。

（五）过户

股票过户是投资人从证券市场上买到股票后，到该股票发行公司办理变更股东名簿记载的活动，是股票所有权的转移。目前的证券交易所交易成交后的过户都是自动完成的，不需要投资者采取任何行动。

但如果是非交易的过户（遗产继承、赠与等），或者是非市场化的交易过户，则需要经过一些法定的程序。过户手续并不复杂，过户双方携带身份证以及印鉴到发行股票的公司办理过户。如果投资人是公司的原有股东，只要将股票登入原来的股东户号即可。如果投资者不是公司的原有股东，则必须登记股东签名（或印鉴）卡，填写股东的姓名、地址及身份证号码，并加盖签名印鉴，作为公司的留底。

纸质股票要办理过户手续的，必须经由原股东在股票背面过户登记的出让栏加盖印鉴，表示业已卖出的可过户股。如果原股东未在出让栏加盖印鉴，该股票就不能办理过户手续，其权益仍属原股东所有。

通常，发行公司的股东人数都很多，在发放股东大会通知或其他有关权益的通知时，都需要花费较长的时间去办理。因而，公司往往事先公告一段冻结股东名簿的时间，即停止过户。其间，投资人即使购买股票也因停止过户，在公司股东名簿上无记载而不能出席股东大会，也不能领取股息及红利。在这期间发生的股票交易称为“除权交易”或“除息交易”。如果是除息交易，则按市价扣除将发股息额而成交。

（六）证券代码解读

用阿拉伯数字表示股票的不同含义。沪市A股主板股票买卖的证券代码以60开头，如600000浦发银行，601001大同煤业；沪市B股买卖的代码是以900开头，如900901仪电B股；深市A股主板股票买卖证券代码以000开头，如000001深发展；深市A股中小板股票买卖证券代码以002开头，如002001新和成；深市A股创业板股票买卖证券代码以300开头，如300001特锐德；深市B股买卖的代码是200开头，200002万科B股；沪市新股申购的代码是73和78开头；深市新股申购代码与深市股票买卖代码一样；配股代码沪市是700开头，深市是080开头。要注意：一些上市开放式基金（LOF）的交易代码和证券代码是相同的，如002001既是“新和成”的证券代码，也是“华夏回报”的交易代码。

【本章案例讨论题】

【案例讨论4－1】甲证券公司为了吸引投资者到他们公司开户投资买卖股票，打出了将交易佣金比率降低到0.01%的广告，吸引了大量的投资者前往开户。不久，中国证券业协会约谈该券商，要求该券商提高佣金比率，该券商不得不听从要求，提高了佣金的比率。

讨论：1. 该券商降低佣金的行为是否合理、合法？

2. 中国证券业协会有没有权力约谈该券商？

3. 从经济上看，该券商的行为是否合适？

【案例讨论 4－2】上海证券交易所 2007 年 5 月 21 日发布公告，决定对华通天香集团股份有限公司等 8 家公司股票实施暂停上市。这 8 家公司为华通天香集团股份有限公司、海南兴业聚酯股份有限公司、杨凌秦丰农业科技股份有限公司、广东华龙集团股份有限公司、湖北天华股份有限公司、天颐科技股份有限公司、北亚实业（集团）股份有限公司和上海华源制药股份有限公司。

上证所在公告中称，上述 8 家公司 2004 年、2005 年和 2006 年连续 3 年经审计的净利润为负数，根据《上海证券交易所股票上市规则》，上证所决定自 2007 年 5 月 25 日起暂停上述 8 家公司股票上市。

上证所在公告中说，若公司对上证所做出的暂停上市决定有异议，可以在收到决定之日起 7 个交易日内，向上证所申请复核。

《上海证券交易所 2006 年自律监管工作年度报告》正式发布。报告显示，2006 年上证所在坚持"关口前移"原则的前提下，在监管制度建设、上市公司及会员监管等方面取得了显著的成果。在对上市公司的监管实践中，上证所围绕股权分置改革、清欠和信息披露监管 3 个重点展开了监管工作。统计显示，2006 年上证所上市公司部全年共发出各类监管函件近 1 700 份，较 2005 年大幅增长 90％以上；实施暂停上市公司 10 家，终止上市 6 家，实施特别处理 40 家，撤销特别处理 12 家。2006 年，上证所对交易异常强化了监管的针对性。全年共调查异常交易事件 280 起。为提高证券监管执法效率，上证所还积极配合证监会稽查局，对 21 起案件实施了稽查提前介入调查和评估。

讨论：1. 证券的暂停上市制度和终止上市制度有什么意义？

2. 目前我国两种制度的缺陷主要在哪儿？

【案例讨论 4－3】挂了 1 厘钱的买单，居然买到了收盘价近 0.70 元的海尔认沽权证，2007 年 2 月 28 日，华泰证券南京大桥南路营业部的股民张浩创造了股市有史以来的一大奇迹：一天之内获得了近 700 倍的收益！820 元资金翻成了 56 万元！

张浩告诉记者，他从 2006 年 8 月 1 日出现市价委托规则后，就发现了这一规则带来的机会。"市价委托就是当天必须要成交的，按市价交易，只要有人挂出了按市价委托的卖单，而大家恰恰都不买、没有什么买单，理论上我就有可能以 1 厘钱的价格买到权证。"

从那以后，只要有空，张浩每个交易日都会挂出 1 厘钱的买单。"我不敢跟别人说，别人肯定会说我白日做梦，怎么有可能 1 厘钱买到呢？谁会这么傻这样卖呢？但我想这个又没成本，最多花 5 分钟时间打个单子。"

2007 年 2 月 28 日，张浩动用了账户上 1 万元钱，挂出了海尔等 10 个认沽权证品种的买单。"当天只有 10 个认沽权证有可能挂到 1 厘钱的，我事先都研究过，全挂了。"

"说实话我也没想到真的会成交。"张浩称，收盘之后他查了一下自己的账户，一下子多出了 50 多万。"我想是不是搞错了？以前也有一次，因为系统出错，我的账户上多出了 100 多万。"但是这次张浩仔细看了盘面之后，确信这次 50 多万是真的到了自己的账户上。"因为盘面上我看到了 1 厘钱的成交价格。我一共买到 82 万份海尔认沽权证。"

证券公司专业人士称，这样的概率简直就和中六合彩一样。“这种情况只有在一种情况下发生：那就是在9:25～9:30之间，首先要有人挂出按市价委托的卖单，卖单先进交易所，同时没有什么买单。然后张先生挂出了1厘钱的买单，买单后进交易所。”拿张浩自己的话说，以前从来没有人挂过按市价委托的单子。就这一次机会，让他给碰上了。

讨论：1. 这样的奇迹是什么原因发生的？

2. 这真是像六合彩一样的小概率事件吗？

3. 你认为投资者从中应该汲取什么经验？

【案例讨论4-4】虽然网上证券交易在一些国家和地区取得了相当大的成功，但是它并非所向披靡，在中国的香港，它就遭遇了“滑铁卢”。香港的网上证券交易额在证券交易总额中所占比重不足1%。各国网上交易或成功或失败的原因是什么？

网上证券交易迅速发展的第一个条件是要取得对传统证券经纪业在服务上的相对优势。在亚洲，韩国和中国香港的互联网发展水平相差不大，但是，网上证券交易在韩国的发展水平则远远高于中国香港，出现这种差别的主要原因是，香港的证券经纪商制度非常完善，证券投资人从其经纪商那里可以获得全面的经纪服务，包括资讯信息、投资咨询、实际操作等各方面的服务，而且这些服务是以“人对人的服务”的形式提供的，非常具体，而且，这些经纪人的背后，均有一个庞大的分析机构作为支撑，权威且值得信赖。

而韩国的经纪商制度模式则与中国香港有着较大的不同，其传统证券经纪商主要是以营业部的形式提供交易服务，其他方面的经纪服务则一般不提供。因此，韩国的网上证券交易服务商能够为投资者提供比传统证券经纪商更好的服务和更多的便利，从而取得了相对优势，并促进了韩国网上证券交易业务的迅速发展。

网上证券交易在美国能够取得巨大成绩的重要原因是，网上证券交易具有成本上的优势。我们知道，在美国，以美林为代表的传统证券经纪商向客户提供高质量的、全面的、贵族化的经纪服务，但客户享受这些服务是要付出高额费用的(每笔交易付出平均80～90美元不等的佣金)，对于中小投资者来说，支付如此高的费用很不合算并难以承受。由于在美国没有交易佣金的最低限额，网上证券交易服务商以较低的成本推出了廉价的易为中小投资者接受的交易服务并取得了成功。

讨论：1. 为什么在有了交易所的交易和场外交易市场之后，各地还会发展这种网上交易形式？

2. 网上交易的最大难题是什么？

3. 从投资者角度看，网上交易的风险主要表现在哪些方面？

【本章专题研讨】

【专题研讨4-1】证券交易为什么要设计做市商制度？

1. 做市商制度带来什么好处？

2. 为什么我国主板市场没有实行做市商制度？

3. 与竞价交易相比，做市商制度的风险在哪里？

【专题研讨 4－2】自由经纪人制度是否合理？

1. 目前我国的自由经纪人是否为真正意义上的经纪人？

2. 自由经纪人是否为“自由”职业？

3. 你认为怎样的自由经纪人有利于市场的发展？

【专题研讨 4－3】集合竞价是否合理？

1. 为什么要采用集合竞价？

2. 集合竞价为什么选择最大成交量的原则？

3. 目前沪深两市集合竞价方法方面的差异谁更合理？

【本章能力训练】

一、单选题

1. 以样本股的发行量或成交量作为权数计算的股价平均数是（　　）。

A. 简单算术股价平均数　　B. 加权股价平均数

C. 修正股价平均数　　D. 综合股价平均数

2. 世界上最早、最享盛誉和最有影响的股价指数是（　　）。

A. 道·琼斯股价指数　　B. 金融时报指数

C. 日经股价指数　　D. 恒生指数

3. 投资者在提出委托时，既限定买卖数量又限定买卖价格的指令是（　　）。

A. 市价委托　　B. 限价委托

C. 停止损失委托指令　　D. 停止损失限价委托指令

4. （　　）是指证券公司以其自有或租用的业务设施为非上市公司提供股份转让服务的市场。

A. 主板市场　　B. 二板市场　　C. 三板市场　　D. 第三市场

5. 投资者买卖上海或深圳证券交易所上市证券应当（　　）。

A. 只需开设上海证券账户　　B. 只需开设深圳证券账户

C. 分别开设上海和深圳证券账户　　D. 不需开设账户

6. 证券买卖成交的基本原则是（　　）。

A. 客户优先原则和数量优先原则　　B. 价格优先原则和时间优先原则

C. 数量优先原则和时间优先原则　　D. 价格优先原则和数量优先原则

二、多选题

1. 场外交易市场具有以下几个特征（　　）。

A. 是分散的无形市场　　B. 采取经纪商制

C. 拥有众多的证券种类和经营机构　　D. 管理比较宽松

2. 证券交易市场的特点主要有（　　）。

A. 参与者的广泛性　　B. 价格的不确定性

C. 交易的连续性　　D. 交易含有投机性

3. 场外交易市场主要有(　　)。

A. 店头市场　　B. 第三市场　　C. 第四市场　　D. 交易所市场

4. 证券交易方式主要有(　　)。

A. 现货交易　　B. 信用交易　　C. 期货交易　　D. 期权交易

5. 证券交易的“三公”原则是(　　)。

A. 公开　　B. 公平　　C. 公正　　D. 公允

6. 证券交易所具有以下特征(　　)。

A. 有固定的交易场所和交易时间

B. 参加交易者为具有会员资格的证券经营机构

C. 决定证券交易价格

D. 交易对象限于符合一定标准的上市证券

7. 证券交易的程序要经过的程序是(　　)。

A. 开户　　B. 委托　　C. 竞价成交　　D. 结算和过户

8. 证券信用交易主要形式有(　　)。

A. 保证金买空　　B. 证券抵押贷款　　C. 期货交易　　D. 保证金卖空

三、判断题

1. 证券交易所是证券交易的主体。(　　)

2. 在证券交易所内,买卖双方一对一竞价决定交易价格。(　　)

3. 公司制的证券交易所是以股份有限公司形式组成,但不以盈利为目的的法人。(　　)

4. 公司制的证券交易所的股票不得在本交易所上市。(　　)

5. 场外交易市场的价格是由证券买卖双方竞价决定的。(　　)

6. 税后净利是公司股息分配的基础和最高限额。(　　)

7. 在场外交易市场交易的证券都是不符合证券交易所上市标准的证券。(　　)

8. 证券交易所决定证券每日的开盘价。(　　)

9. 股票股息实际上是当年留存收益的资本化。(　　)

10. 除权是除掉股票享受分红派息、送股、配股的权利。(　　)

四、计算题

1. 选择A、B、C三种股票为样本股,这三种股票的发行股数分别为10 000万股、8 000万股和5 000万股。某计算日为基期,这三种样本股的收盘价分别为8.00元、9.00元和7.60元,报告期价格为8.90元、10.00元和7.20元,计算以发行量为权数的加权平均价格指数。

2. 某股市设有A、B、C三个样本股,当日收盘价分别为10元、20元、30元,并公布A股票以一股送一股的股本变动方案,因总股本扩大一倍,其价格自然相应减少一半,次日开盘价分别为5元、20元、30元,交易一天收盘价分别为7元、20元、30元。假定该股市基期均价为8元作为指数100点,求该股市当日和次日股价均价及指数。

3. 投资者在2007年1月15日,以20元每股的价格买入国药股份(600511),总共购入5 000股。试计算佣金、印花税、其他交易费、过户费等。

第五章　证券投资中介机构

【本章学习要点】本章介绍证券投资过程中比较重要的角色——中介。通过本章的学习，了解证券经营机构、证券登记结算公司、证券投资服务机构的主要类型和设立要求。

【本章学习重点难点】本章学习的重点是证券中介机构从业人员的业务要求和禁止行为。本章学习的难点在于理解中介的地位和从业人员职业道德的重要性。

【本章基本概念】证券经营机构　证券公司　经纪类证券公司　综合类证券公司　证券承销商　证券经纪商　证券自营商　证券登记结算公司　证券服务机构　证券咨询机构　证券金融公司　转融通

第一节　证券经营机构

一、证券经营机构设立制度

国际上对从事证券经营业务资格的管理有两种做法：注册制和特许制。

（一）证券经营机构注册制

证券经营机构注册制是指只要申请者符合法定条件，并申请登记注册，都可以被批准从事证券经营业务。注册制以美国为代表，根据美国 1934 年《证券交易法》的有关规定，证券商必须注册。申请注册时，应说明财务状况，注册者应有经营能力，应符合法定培训、经验、能力等其他条件，要求证券商最低资本金及成员的资历限制合乎规定的，才可自由从事证券业务。

中国香港也采取注册登记制，中国香港《证券期货条例》第 116 条规定，任何人（不论是个人或法人团体，或合伙经营的成员，或法人团体的董事）只有根据该法的规定注册为证券商，才能在中国香港从事证券交易业务，或自称从事该业务。法人团体在香港从事证券交易经营，或自称从事该业务，须法人团体的董事至少有一人，或如法人团体仅有董事一人，则该董事应当积极参与或直接负责监督法人团体的证券交易业务，并注册为证券商。

（二）证券经营机构特许制

对申请从事证券经纪业务者，除考察其是否具备规定的条件外，还要经过证券主管机关的特许批准。特许制以日本为代表。

我国也实行特许制度，即我国证券经营机构要从事证券经纪业务，都必须经过证券主管部门批准，包括其所开设的证券营业部也需要特许。

专栏 5－1

投资银行与证券公司的异同

投资银行一词英文为 investment bank，但是 investment bank 至少包含四层涵义：其一，机构层次，是指资本市场的直接金融机构的金融企业；其二，行业层次，指投资银行的整个行业；其三，业务层次，指投资银行所经营的业务；其四，学科层次，是关于投资银行的理论和实务的学科（包括证券学、证券投资学等）。当前国内学术界和实务界对“投资银行”一词的理解存在混乱，很大程度上是没有辨别清楚这四个层次。其实这个英文词组的四层含义都有相应的中文单词，可以分别用投资银行、投资银行业、投资银行业务和投资银行学来表示。

世界各国对证券公司的划分和称呼不尽相同，美国的通俗称谓是投资银行，英国则称商人银行。以德国为代表的一些国家实行银行业与证券业混业经营，通常由银行设立公司从事证券业务经营。日本等一些国家和中国一样，将专营证券业务的金融机构称为证券公司。

二、证券经营机构的主要类型

（一）按其经营性质分类

1. 证券公司。证券公司是我国直接从事证券发行与交易业务的具有法人资格的证券经营机构，其业务范围主要有：代理证券发行、证券自营、代理证券交易、代理证券还本付息和支付红利、接受客户委托代收证券本息和红利、代办过户等。

2. 信托投资公司。信托投资公司是以盈利为目的的，并以委托人身份经营信托业务的金融机构。它除了办理信托投资业务外，还可设立证券部办理证券业务，其业务范围主要有：证券的代销及包销、证券的代理买卖及证券的咨询、保管及代理还本付息等。

3. 专门负责为投资者提供咨询服务的公司。

（二）按其经营的业务不同分类

1. 证券承销商。证券承销商的基本职能是专门从事代理证券发行业务，帮助证券发行人筹集所需资金，这些业务被我们称为投资银行业务。

2. 证券经纪商。证券经纪商的基本职能是接受投资者委托，代理买卖有价证券。

3. 证券自营商。证券自营商的基本职能是证券经营机构自行买卖证券，从中寻求差价回报，这不属于中介业务。

三、证券公司设置的条件和业务类别

(一) 证券公司设立的条件

按照《中华人民共和国证券法》的规定,设立证券公司,应当具备下列条件:

1. 有符合法律、行政法规规定的公司章程;

2. 主要股东具有持续盈利能力,信誉良好,最近三年无重大违法违规记录,净资产不低于人民币二亿元;

3. 有符合本法规定的注册资本;

4. 董事、监事、高级管理人员具备任职资格,从业人员具有证券从业资格;

5. 有完善的风险管理与内部控制制度;

6. 有合格的经营场所和业务设施;

7. 法律、行政法规规定的和经国务院批准的国务院证券监督管理机构规定的其他条件。

(二) 证券公司可以从事业务的类别

经国务院证券监督管理机构批准,证券公司可以经营下列部分或者全部业务:

1. 证券经纪;

2. 证券投资咨询;

3. 与证券交易、证券投资活动有关的财务顾问;

4. 证券承销与保荐;

5. 证券自营;

6. 证券资产管理;

7. 其他证券业务。

(三) 证券公司注册资本的要求

1. 证券公司经营上述第1项至第3项业务的,注册资本最低限额为人民币五千万元;

2. 经营第4项至第7项业务之一的,注册资本最低限额为人民币一亿元;

3. 经营第4项至第7项业务中两项以上的,注册资本最低限额为人民币五亿元;

4. 证券公司的注册资本应当是实缴资本。

国务院证券监督管理机构根据审慎监管原则和各项业务的风险程度,可以调整注册资本最低限额,但不得少于前款规定的限额。

专栏 5－2

证券从业人员资格考试

证券从业人员资格考试是由中国证券业协会负责组织的全国统一考试,证券资格是进入证券行业的必备证书,是进入银行或非银行金融机构、上市公司、投资公司、大型企业集团、财经媒体、政府经济部门的重要参考，因此，参加证券从业人员资格考试是从事证券职业的第一道关口，证券从业资格证同时也被称为证券行业的准入证。该考试时间由证券协会每年统一确定，资格考试已全部采用网上报名，采用全国统考、闭卷方式对学员进行考核。

通过基础科目和两门以上（含两门）专业科目考试的，取得一级专业水平认证证书；通过基础科目和四门以上（含四门）专业科目考试的，取得二级专业水平认证证书，考试内容主要为证券学的基础知识和基本理论（包括基本分析、技术分析、演化分析等），考试的具体科目为《证券基础知识》《证券发行与承销》《证券交易》《证券投资分析》《证券投资基金》五门。

四、证券经纪业务的规定

证券经纪业务是指证券公司通过其设立的营业场所和在证券交易所的席位，基于有关法律法规的规定和公司与投资者之间的契约，按照投资者的合理要求代理投资者买卖证券并收取一定比例佣金的活动。在我国，证券公司从事证券经纪业务，都是通过下设的证券营业部来进行的。证券营业部的设立也须具备一定的条件，并由中国证监会及其派出机构批准。

（一）证券经纪业务的内容

证券经纪业务的内容主要是包括股票、债券、基金单位、可转换债券、认股权证等有价证券的代理买卖业务。业务范围和证券交易种类有明确的限制。

（二）证券经营机构在从事证券经纪业务时必须遵守的规定

1. 未经国务院证券监督管理机构批准，不得为客户提供融资融券业务；

2. 未得接受客户的全权委托而决定证券买卖，选择证券种类，决定买卖数量或者买卖价格的；

3. 不得向客户保证交易收益或者允诺赔偿客户的投资损失；

4. 妥善保管客户开户资料，委托记录，交易记录和与内部管理、业务经营有关的各项资料，任何人不得隐匿、伪造、篡改或者损毁；

5. 证券公司及其从业人员不得在批准的营业场所之外接受客户委托和进行清算交割；

6. 禁止证券公司及其从业人员从事下列损害客户利益的欺诈行为：违背委托人的指令买卖证券；未经客户委托，擅自为客户买卖证券，或者假借客户的名义买卖证券；挪用客户交易结算资金；为多获取佣金而诱导客户进行不必要的证券买卖；利用传播媒介或者通过其他方式提供、传播虚假或者误导投资者的信息；其他违背客户真实意思表示、损害客户利益的行为。

五、证券承销业务的规定

证券承销业务是指证券公司接受发行人的委托，代理发行人向投资者推销证券。实际上证券公司发挥的是证券推销的职能。证券公司申请承销业务资格，必须具备一定的净资产、净资本，专业从业人员和正式营业日期，具有完善的内部风险管理与财务管理制度和保障正常营业的场所及设备等，证券公司不得以不正当竞争手段招揽证券承销业务。国家对实施承销业务以及承销资格的认定均有明确的规定：从事股票承销业务的证券经营机构，必须取得中国证监会颁发的《经营股票推销业务资格证书》，证券公司应当依照法律、行政法规的规定承销发行人向社会公开发行的证券。公开发行证券的发行人有权依法自主选择有资质的证券公司承销。

《中华人民共和国证券法》(简称《证券法》)规定，证券承销业务采取代销或者包销方式，不允许其他的方式。证券代销是指证券公司代理发行人发售证券，在承销期结束时，将未售出的证券全部退还给发行人的承销方式。证券包销是指证券公司将发行人的证券按照结束时将售后剩余证券全部自行购入的承销方式。

六、证券自营业务的规定

证券经营机构用自己可以自主支配的资金或证券，通过证券市场从事以盈利为目的的买卖证券的经营行为。

1. 范围

证券经营机构从事以证券资产为对象的买卖范围包括：(1) 上市证券的自营买卖；(2) 柜台自营买卖；(3) 承销业务中的自营买卖；(4) 非上市证券的自营买卖。

2. 禁止行为

(1) 禁止内幕交易。内幕信息是指为内幕人员所知悉的尚未公开的和可能影响证券市场价格的重大信息。内幕交易行为包括：

① 内幕人员利用内幕信息买卖证券或者根据内幕信息建议他人买卖证券。

② 内幕人员向他人透露内幕信息，使他人利用该信息进行内幕交易。

③ 非内幕人员非法获取内幕信息，并根据该信息买卖证券或者建议他人买卖证券。

(2) 禁止操纵市场。所谓证券经营机构操纵市场的行为，是指证券经营机构利用其资金、信息等优势，或者滥用职权操纵市场，影响证券市场价格；制造证券市场假象，诱导或者致使投资者在不了解事实真相的情况下作出证券投资决定，扰乱证券市场秩序，以达到获取不正当利益或转嫁风险的目的的行为。具体指：

① 通过单独或者合谋，集中资金优势、持股优势或者利用信息优势联合或者连续买卖，操纵证券交易价格；

② 与他人串通，以事先约定的时间、价格和方式相互进行证券交易或者相互买卖并不持有的证券，影响证券交易价格或者证券交易量；

③ 以自己为交易对象，进行不转移所有权的自买自卖，影响证券交易价格或者证券交易量；

④ 以其他方法操纵证券交易价格。

(3) 禁止欺诈客户。欺诈客户行为主要是证券经营机构将自营业务与经纪业务混合操作。具体表现为在经营中不按照投资者的委托要求及时按程序操作，而是将有利的价格留作自营，将不利的价格留给投资者。

(4) 其他禁止的行为

① 证券公司自营业务必须以自己的名义进行，不得假借他人名义或者以个人名义进行；

② 证券公司不得将自营账户借给他人使用；

③ 禁止委托其他证券经营机构代为买卖证券；

④ 当上市公司或其关联公司持有证券经营机构 10%以上的股份时，该证券经营机构不得自营买卖该上市公司的股票；

⑤ 证券经营机构从事证券自营业务，应将买进或卖出的证券逐笔交由证券交易所指定的登记清算机构办理交割，不得以当日的卖出或买进的同种证券抵充等。

七、证券其他业务

证券其他业务主要包括证券投资咨询业务，客户资产管理业务，投资银行业务以及成立投资公司经营基金、进行项目管理等。《证券法》对这些业务没有细致的规定，由证监会根据需要批准证券公司从事此类业务。

证券公司应当依照《证券法》提出业务范围申请，确定经营业务，并经国务院证券监督管理机构核定，不得超出核定的业务范围经营证券业务和其他业务。在向中国证监会提出申请时，证券公司应当提交相关材料。经中国证监会核定后，持相关文件到工商部门办理登记手续，之后再正式取得经营一定范围证券业务的资格。业务范围不得随意变更，证券公司也不得擅自超范围经营。

(一) 投资银行业务

投资银行即指经营一部分或全部资本市场业务的金融机构。我国的投资银行业务还基本局限于发行承销和并购重组等方面，特别是在发行承销业务之中投资银行居于主要地位。

(二) 客户资产管理业务

客户资产管理业务指证券经营机构开办的资产委托管理，即委托人将自己的资产交给受托人，由受托人为委托人提供理财服务的行为。这是那些没有能力的自主投资个人或者机构通过证券公司将资本配置到更高效率的行业和部门的一种途径。

(三) 证券投资咨询业务

证券投资咨询业务是指从事证券投资咨询业务的机构及其投资咨询人员为证券投资者提供证券投资分析、预测或者建议等直接或间接有偿咨询服务的活动。

(四) 融资融券业务

融资融券业务是指向客户出借资金供其买入上市证券供其卖出，并收取担保物的经营活动。证券公司开展融资融券业务试点必须经中国证监会批准。

(五) 证券公司 IB 业务

证券公司 IB 业务是指机构或者个人接受期货经纪商的委托，介绍客户给期货经纪商并收取一定佣金的业务模式。

八、证券公司高级管理人员的管理

证券公司高级管理人员(简称高管人员)是指对公司决策、经营、管理负有领导职责的人员,包括董事长、副董事长、监事长、总经理、副总经理、公司财务负责人、公司合规负责人以及实际履行上述职责的人员。

(一)申请董事长、副董事长和监事长高管任职资格应当具备的条件

1. 从事证券工作3年以上,或者金融、法律、会计工作5年以上,或者经济工作10年以上;

2. 通过中国证监会认可的资质水平测试;

3. 具有大学本科以上学历;

4. 诚实守信,具有良好的职业道德,最近5年内无不良行为记录;

5. 熟悉与证券公司经营管理有关的法律知识,具备履行高管人员职责所必需的经营管理能力和组织协调能力;

6. 没有《中华人民共和国公司法》(简称《公司法》)、《证券法》等法律、行政法规规定的禁止担任高管人员和从业人员的情形;

7. 中国证监会规定的其他条件。

(二)申请总经理、副总经理、财务负责人和合规负责人高管任职资格应具备的条件

申请总经理、副总经理、财务负责人和合规负责人高管任职的,除应当具备上述第2项至第6项规定的条件外,还应当具备下列条件:

1. 取得证券业执业资格;

2. 从事证券工作3年以上或者金融工作5年以上;

3. 曾担任证券、基金、期货、银行、保险等金融机构部门负责人以上职务不少于两年,或者具有相当职位管理工作经历。

(三)申请高管任职资格,申请人应当向中国证监会提交的申请材料

1. 高管任职资格申请表;

2. 两名推荐人的推荐意见;

3. 曾任职单位的离任审计报告,最近3年内曾任职单位的鉴定意见,最近5年内曾任职金融机构的监管部门就申请人从业经历和是否受过处罚或者是否存在不良行为记录等情况出具的监管意见;

4. 身份证明复印件;

5. 学历证书、证券业执业资格证明、资质水平测试合格证明、专业资格证书复印件;

6. 律师事务所出具的法律意见书;

7. 中国证监会规定的其他材料。

(四)高管人员出现下列情形之一的,高管任职资格自动失效

1. 有《公司法》、《证券法》规定的不得担任董事、监事或者经理的情形;

2. 受到刑事处罚;

3. 自取得高管任职资格之日起5年内未担任过证券公司高管人员;

4. 对所任职的证券公司因重大违法违规行为而被托管、行政接管、撤销或者责令关闭负有责任；

5. 未依照规定参加年度考核；

6. 中国证监会规定的其他情形。

（五）证券公司出现下列情形之一的，中国证监会可以责令公司董事会限期更换高管人员或者指定人员临时履行高管人员职责

1. 公司存在重大经营风险且未实施有效控制、化解措施的；

2. 高管人员不能依法履行职责的；

3. 高管人员未能勤勉尽责导致或者可能导致公司出现重大风险或者风险隐患的；

4. 中国证监会根据审慎监管原则认定的其他情形。

（六）高管人员违规违法的处罚

证券公司高管人员违反法律、行政法规和中国证监会的规定，依法应予行政处罚的，依照有关规定进行处罚；涉嫌犯罪的，依法移送司法机关，追究刑事责任。申请人隐瞒有关情况或者提供虚假材料申请高管任职资格的，给予警告。以欺骗、贿赂等不正当手段取得高管任职资格的，撤销任职资格，并处 3 万元以下罚款。

有下列情形之一的，责令改正，对公司和负有责任的高管人员单处或者并处警告、3 万元以下罚款；情节严重的，6 个月内暂停公司相关业务资格，并对负有责任的高管人员处以警告、暂停或者吊销高管任职资格：

1. 公司出现较大经营风险、重大经济损失或者发生重大金融犯罪案件；

2. 损害客户合法权益；

3. 向中国证监会提供虚假信息，隐瞒重大事项；

4. 未按照中国证监会的规定进行整改或者整改不力；

5. 未按规定履行报告、备案义务；

6. 未按规定对离任高管人员进行离任审计。

九、证券经纪业务的风险

证券经纪业务的风险就是指证券公司在办理代理买卖证券业务时，由于种种原因而对其自身利益带来损失的可能性。

（一）法律风险

主要包括：挪用公款买卖证券、为客户提供信用交易、编造并传播影响证券交易的虚假信息、违背客户的委托办理证券买卖或其他交易事项、挪用客户的证券或资金、接受客户的全权委托等。

（二）政策风险

主要包括：营业场所设施不符合规定要求、信息系统设备和管理不符合规范要求、违规开立客户交易结算账户、将客户资金与自有资金混合管理、挤占挪用客户资金、为法人客户以个人名义开立账户买卖证券、将法人客户资金违规转入个人账户、为法人客户套取现金等。

（三）管理风险

1. 客户开户时审核证件、资料不严而导致的风险

申请开户的投资者，有的存在身份上的缺陷，如国家法律、法规不准许开户的对象；有的存在资金上的缺陷，如使用违规资金、洗钱资金；有的存在信用缺陷，如有过进行欺诈的前科；有的存在代理缺陷，如实践中的“代办人”没有获得身份证和股东账户卡所有人的授权委托。客户素质的参差不齐是一种客观现象，而经纪市场争夺客户的竞争又十分激烈，有的经纪商为留住客户就放松了对客户素质的审查，使客户素质风险滋生。客户素质风险属于源头性质的风险，后续的风险大都与此有关。按照源头控制的思想，有必要对此予以足够的重视。其风险后果主要表现在：客户保证金被盗提、证券被盗卖，而营业部被追究未尽妥善保管和充分注意义务的民事责任；违法违规招致法律惩处；公司信誉遭受损害等。客户开户时提供的有关资料一方面属于客户私密，证券公司有义务保密，不得泄露；另一方面又是客户买卖证券委托时进行审查的重要依据，证券营业部如果对留存的客户资料没能采取必要的保管措施，往往会使客户资料散失，从而造成可能的风险后果。如：客户买卖证券委托合法性审查的困难；客户保证金被盗取；客户与开户资料相关的其他利益受到损害。

2. 客户取款时审核证件、身份不严或付款差错而导致的风险

证券营业部直接与客户签订包括各项必要条款的证券买卖代理协议，使双方的委托代理关系得以明确。有的证券营业部为增加经纪佣金收入，鼓励经纪人行为，但又疏于管理，在实践中经常出现经纪人越权代理，最终让证券公司承担赔偿责任。客户保证金被挪用、盗提会直接让客户的利益受损，反过来，客户又会追究证券公司的责任。实行第三方存管制度后，这种风险减少了很多。

3. 客户委托买卖时审核凭证不慎而造成的风险

客户委托证券买卖，证券营业部应留存委托记录，而该委托记录又必须得到客户的确认，即与客户所发出的委托指令相一致。委托记录风险主要产生于：证券营业部接受电话人工委托时未作电话记录，这种情况在目前的委托方式中非常少，只在出现特殊情况时作为应急处理方式；或者接受柜台当面委托时没有要求客户填写证券委托书，或证券委托书保管不当发生遗失，这种委托方式也比较少了，在开放式基金的委托中还有少量存在，另外也作为一种应急处理方式。对客户的委托事项进行保密，是证券营业部应有的职业道德。经纪商对客户委托不加保密，随意转告、传播，在未经客户事先许可的情况下，是对客户权益的一种损害。这是因为，一方面客户的证券买卖是建立在自己理性判断的基础之上的，属于客户私人信息，不是公共信息；另一方面，为客户的证券买卖提供一个不受干扰的代理环境是经纪商的义务。委托泄密风险的后果主要表现在：影响客户投资决策的实施和投资盈利的实现，甚至给客户造成损失而被要求赔偿；遭受客户的侵权抗议。只要客户的不当委托获得审验通过并执行，证券公司就得承担审单风险。审单风险的后果主要表现在：结算纠纷；违法处罚；内部违法犯罪；社会信用降低。

4. 代理客户进行证券买卖的清算与交割阶段的风险

证券公司与客户、证券登记结算机构的资金、证券结算过程中，可能会发生客户返佣

或客户透支的资金或证券不能及时归还，或未能及时将清算资金划付至证券登记结算机构的情况，这时就有了结算风险。结算风险的出现，究其根源，还是为客户提供了非法的融资融券经纪服务或佣金返还优惠，或清算划付操作失误。其后果主要表现在：违法违规；自身的财务安排受影响；客户认购新股的申请等利益受损；向证券登记结算机构透支而受罚。买卖成交报告单与对账单可以进行核对，以查验客户资金、证券的实际持有数额与账面数额是否一致。但经纪商出具的成交报告单、对账单只能用于事后核对，让客户能够及时了解资券的账实相符情况，而对事前预防客户资券账实不符风险却于事无补。而客户资券账实不符风险的后果是，易引起客户与证券公司的纠纷。尽管账实相符并不代表一定不会存在问题，但账实不符则一定存在问题，此时经纪商难于为客户提供合理解释。

（四）技术风险

技术风险一般主要来自于硬件设备和软件两个方面。硬件设备方面的风险主要是指由于硬件设备（场地、设施、电脑、通讯设备等）的机型、容量、数量、运营状况及在业务高峰时的处理能力等方面不能适应正常证券交易需要，不能有效及时地应付突发事件而可能造成的经济损失。软件方面的风险主要是指软件的运行效率、行情传送和业务处理速度及精度不能满足业务需要，可能造成行情中断、交易停滞等而给证券公司带来损失。

十、证券经纪业务风险的防范

进行有效的风险控制，还是必须从制度入手，让全面风险管理的思想通过各项风险控制制度加以体现，成为全体成员的行动纲领，便于统一思想认识，便于检查和考核。证券公司的经纪业务流程可以划分为柜台业务系统、核算划付系统、电脑信息系统、清算系统和办公系统。

（一）柜台业务系统的风险控制

柜台是证券公司对客户开放的窗口，如果把证券公司当作一个封闭的系统，客户当作另外一个系统的话，两个系统的结合部位就在柜台。因此，证券公司经纪业务的柜台系统是指证券公司直接服务于客户的柜台软件操作系统和操作人员。柜台系统为客户提供的服务包括审查客户开户资料、为客户开立资金账户并受理资金存取、审验和接受客户证券买卖委托，代理客户进行证券买卖的清算与交割，覆盖了经纪业务的全部环节。该流程任何一个环节的失职和渎职行为都会影响客户资产的安全性。因此柜台业务风险控制的重点是：一方面通过经纪业务流程不同环节计算机软件操作权限的管理实现各业务流程的相对独立，以保障客户资产的安全；另一方面通过对客户账户的分类管理来识别高风险账户，以防范失职和渎职行为的发生。

柜台操作权限的管理，是证券营业部风险控制非常重要的一个方面。有些证券营业部因不重视操作权限的管理吃了大亏，产生了巨大的风险。比如：某证券营业部的总经理和副总经理拥有柜台操作的几乎所有权限，总经理正是利用这一便利条件，在客户账户上虚存资金，又将资金取款转出营业部用于其他投资，结果投资不能收回，给证券公司造成了巨大的经济损失。在柜台业务的流程设计方面，应该从以下四个方面进行风险控制：

1. 柜台权限作出分类，按照内部控制制度的要求，确定不能授予同一人的权限为不相容权限。不相容权限要授予不同的人和岗位。

2. 划分权限风险等级，将违禁开展的业务所用的权限规定为禁止使用的权限，禁止使用的权限在任何情况下，任何人都不得使用。将涉及客户资产变动，而在日常业务中需要使用的权限规定为必须授权使用的权限，一用一授权，用完收回，平时该类权限不得赋予任何人。将其他风险较低或没有风险的权限开放，并监督使用。具体说就是禁止透支、虚增账户、虚存资金、修改清算数据，严格限制内转资金、内转证券、数据转入、更换资金账号、账户冲正(红冲蓝补)、冻结与解冻、强制取款、利息积数调整等功能的操作权限及使用范围，且相关功能的操作、复核职责应当分离，任何个人不得单独完成上述操作。

3. 对每个柜员的操作权限的授予必须经过领导批准，由专门的权限管理人员在复核后，确定其符合授权原则后方可授权。

4. 柜台交易系统应该准确、完整、严格记录每个操作员、每个客户在系统中的操作痕迹。柜员每日的操作流水必须经过专人稽核。

由于历史原因，许多证券营业部的客户资料管理非常混乱，几乎没有统一的管理标准，客户资料缺失很严重，更由于早期证券市场的不规范，形成了大量的违规账户、虚拟账户等不规范的账户。这些账户的存在，一方面给管理带来了难度，影响了证券营业部业务统计量的采集和分析，另一方面又给证券营业部的违规经营提供了便利条件。因此，对账户必须加强管理，一个非常有效的管理方法就是针对不同类别客户账户的风险状态实施账户分类管理。

客户账户根据不同账户类别面临的管理风险程度分为低风险和高风险两个等级。低风险客户账户是指客户账户要素齐全、对应关系清晰的集合、代理类客户账户。包括：集合新股申购账户、代理 ETF 账户、代理 B 股业务账户、代理“三板”业务账户。证券营业部对低风险客户账户按照经纪业务交易操作流程和日常管理规定对客户账户进行管理，严格控制该类客户账户向高风险类客户账户转化。高风险客户账户是指客户账户要素不完备、对应关系不清晰，存在较大法律风险或经营风险的客户账户。

不同性质的账户需要采取不同的风险防范方法。在实践中，可以采取：(1) 对休眠账户、纯资金账户加以关注。以电话、信函、走访等形式对客户身份进行重新确认，对资产权属不清的客户账户进行重点监管，暂停办理相关客户账户的资金支取或划转、转托管、撤销指定交易、销户等业务。(2) 对回购套做账户、内部转账账户、资产管理客户账户因为涉及特殊业务必须经过逐级审批程序。对回购套做账户，要控制其套做倍数和套做总量，要建立每日盯市制度，进行实时监控，在套做期间要对客户账户进行取款限制，防止客户资金划出营业部。套做期间，当客户的账户警戒线低于事先批准的比例时，要立即通知客户补充资产。客户没有补足资产的，回购到期后，不得继续接受客户的回购委托，并按照合同约定对客户国债进行处置，资产不足部分，按照合同约定进行追偿。对内部转账账户，在行为发生时要逐级审批，行为发生后要由稽核人员进行电话回访。资产管理客户账户应由公司专门部门负责账户的监控和资金的划转。(3) 对基本资料不全账户、客户资金账户与预留银行收款账户不匹配账户、客户资金账户与证券账户不一致账户必须加以规范，要加强纸质资料与系统资料的核对，并与客户联系补齐修正客户资料。(4) 对一挂多账户、机构以个人名义开立的账户、三方监管账户、跨账户回购账户、集合回购账户因涉及违规业务必须加以清理。一挂多账户必须严格按照资金账户和证券账户一一对应的原则进行清理；机构以个人名义开立的账户，要联系客户更正开户信息及开户资料；三方监管账户，由管理部门重点监控直至三方监管合同到期，合同到期后不再续签；跨账户回购账户必须完备客户交易委托指令、客户之间的授权、客户对证券营业部的授权以及客户自行承担全部责任的承诺书等手续，控制并压缩回购规模；禁止由证券营业部发起对外签订协议，并提供账户的集合回购业务，已经开展的应立刻停止，证券营业部已开立的用于集合回购业务的主账户应进行销户处理。

按照中国证监会对创新类券商划付系统的要求，证券公司经纪业务的划付系统应当做到客户资金应独立于自有资金，并在其独立循环体系中封闭运行，客户资金实行集中管理和监控，客户资金划付的授权、指令录入、审核、执行及与银行对账等适当分离，流程清晰。任何个人无权单独调动资金；客户资金必须根据事先审核过后的收款人名册或在客户资金专用存款账户之间进行定向划付；划款执行人不能从事客户约定银行收款账户的输入与维护；对非正常类客户资金账户及其使用必须有严格的限制性措施，防范以转出客户交易结算资金的名义，转到关联企业的银行账户中或公司在其他银行的自有资金账户之中。划付系统所采用的银证资金往来管理系统应便于实时查询专用存款账户的余额、流水及流出账号的完整信息；有助于公司实现客户资金集中管理、收支分开及额度管理等职能；并能与证券公司的客户资金管理系统进行数据对接，实时进行客户资金的划付。划付系统所选择的存管银行的银证资金往来管理系统应便于实时查询专用存款账户(含分支机构专用账户)的余额、流水及流出账号的完整信息；客户资金汇划系统的银行方系统能够实现《关于进一步加强对客户交易结算资金划转过程进行监控的通知》所要求的技术条件和监控功能，鼓励将除结算备付金之外的客户资金向符合相关技术条件和透明度要求的存管银行集中存放。采用银证转账或银行代收代付方式进行客户资金支付，现金柜台只能用于小额支付，并具有严格的风险控制与监察机制。从证监会对创新类券商核算的要求来看，可以通过开立客户交易结算资金专用账户实现划付系统的风险控制。为了有效地控制风险，证券公司一方面要保证客户交易结算资金专用账户中的资金用于证监会规定的用途以外，还应设计一系列保障资金安全的管理制度，该制度应该关注以下风险防范环节：客户交易结算资金专用存款账户的开立、撤销与变更是否经过证券公司相关管理部门的批准；证券公司是否对证券营业部的客户资金在当地银行中的存放比例作出规定；证券公司是否与银行建立银企连接，实时监控各证券营业部的银行账户情况；客户资金在银行间，营业部与公司间的划转是否经过授权批准，是否由双人完成；会计人员是否对客户交易结算资金的存取、划拨、清算业务及时记账，是否能保证客户交易结算资金数据的真实、完整。

(二) 经纪业务风险的内部审计

内部审计组织开始介入风险管理，并将其作为内部审计的重要领域，这一做法得到了国际内部审计职业界的普遍认可。国际内部审计师协会把评价和改善组织的风险管理和控制的有效性作为内部审计的主要内容。内部审计具有相对的独立性，与证券公司的其他部门相比，它更能从证券公司的全局客观地识别和评估风险，提出防范经纪业务风险的有效建议；与外部审计相比，它更能从证券公司的利益和实际出发，积极主动地识别和评估经纪业务各环节风险，提出防范风险的有效建议。内部审计还具有综合性，它要对证券公司所有业务进行审查、评价，因而能对证券公司经纪业务面临的风险进行全面的分析、评估。内部审计更具有经常性和及时性的特点，它能随时针对证券公司的实际需要和发生的问题开展审计工作，及时发现和处理问题，防范和化解证券公司面临的风险，增加证券公司的价值。内部审计部门可以充分发挥自身的优势，大力开展审计调查，对证券公司经纪业务中存在的带倾向性、普遍性的问题，进行经常性的调查、分析、评估和预测，弄清问题产生的原因和未来的发展方向，向证券公司的高层管理者提出解决或防范问题再次发生的建议，或随时接受他们的咨询，以帮助证券公司改善经纪业务的风险管理，增加证券公司的价值。

现代风险导向审计方法从组织目标入手，预先判断重要的风险控制领域和控制指标，并将审计资源进行恰当的分配。这种方法改变了控制导向审计的工作思路。控制导向审计是过去数十年中内审人员普遍采用的审计方法，审计人员从决定应设计的控制开始进行风险评估，然后才确定证券公司目标。这种方法是在未检查证券公司目标和所处风险前直接评估控制程序，其结果意义不大。采用现代风险导向审计方法进行经纪业务风险控制的前提是在经纪业务风险管理目标的指导下制定内部审计部门的风险管理分目标，并以此作为内部审计部门的年终工作考核指标内容。该方法使审计人员开始关心证券公司所面临的风险，使审计人员必须根据风险评估的思路开展对内部风险的评估，使审计报告将目前的控制与策略计划和风险评估连接起来，能有效地管理证券公司风险。

第二节　证券登记结算机构

一、证券登记结算机构的定义

证券登记结算机构是指为证券的发行和交易活动办理证券登记、存管、结算业务的中介服务机构。证券登记结算机构为证券交易提供集中的登记、托管与结算服务，是不以盈利为目的的法人。设立证券登记结算机构必须经国务院证券监督管理机构批准。

在《证券法》中规定证券登记结算机构为证券交易提供集中的登记、托管与结算服务，这清楚地表明，这是一个在证券交易中为买卖双方履行交易责任提供服务的机构，它自己不参加交易，不是交易的任何一方当事人，既不是证券的买入者，也不是卖出者，而是同时为买卖双方的交易提供服务，并且这种服务是连续的，贯穿于交易的整个过程，通过这种服务来保证证券交易顺利、有秩序地完成。

二、证券登记结算机构的产生原因

设立证券登记结算机构的根本目的在于：提高证券交易效率，消除证券市场风险。证券交易风险来自多种因素，它可能来自于证券市场的正常价格波动，也可能来自国家政治和经济政策的变动以及金融市场环境的变化，证券交易结算规则对证券市场风险，同样具有重大影响。证券交易的直接后果，是实现证券与货币的互换或交割，即货币持有人改持证券，证券持有人改持货币。保证货币持有人安全、快捷地改持证券，保证证券持有人快捷退出证券市场，显然是证券交易制度必须实现的重要目标。

安全和效率是证券市场监管的基本原则。按照交易安全理念，证券出卖者必须是证券的合法持有人，有权进行证券权利的转移；所谓效率，是指可顺利、无障碍和迅速地实现证券交割过户和投资变现。实现证券交易的安全、效率，是所有证券市场所追逐的目标。

但是，任何证券交割或交付过程中，都会遇到各种风险。在有纸化交易场合下，证券交割是通过背书或其他法定方式交付实物证券而完成的。实物证券的毁损或者灭失，会使证券持有人无法向购买方交付约定的证券，证券持有人财务状况恶化甚至被司法机关采取强制措施时，也会影响其实物交割能力。这些情况显然会使证券购买者面临巨大商业风险，它甚至会影响到证券购买者向其他权利人交付证券，从而引起某种连锁反应。

无纸化交易并没有从根本上改变证券交易风险的存在，相反，有纸化交易中的实物交割风险以变换方式，在无纸化交易中重新显现出来。在无纸化交易中，购买者也可能会随即卖出刚刚买进的证券，或为购买他种证券而卖出已持有的某种证券。在交易频繁的证券市场环境下，必须最大限度地提高交易效率，减少证券逐笔交割和重复交割；必须建立必要的法律制度，确保证券卖方是证券的合法持有人，有能力按期交付所出售的证券，以实现证券交易的最大安全性。在这个意义上，消除证券交割风险，提高证券交割效率，是现代证券交易制度的重要内容。

三、证券登记结算机构的条件

（一）自有资金不少于人民币二亿元

这是由于提供服务需要有相当水平的物质基础，也就是要有雄厚的资金条件设置服务场所并购置设施，以及可以支配的日常使用的资金。

（二）具有证券登记、托管和结算服务所必须的场所和设施

因为提供这三方面的服务都要求有与之相适应的场所和设施，也就是要有必备的物质条件，没有这些必备的条件就不能设立这种服务机构。

（三）主要管理人员和业务人员必须具有证券从业资格

在一个提供特定服务的机构中，管理人员和从业人员的条件尤其重要，因此必须具有证券从业资格，这个资格的认定是由国务院证券监督管理机构制定办法并监督实施的。按照现行的规定有基本条件和必备条件两方面的要求。

（四）国务院证券监督管理机构规定的其他条件

对于证券登记结算机构的设立，除了上述三项条件之外，国务院证券监督管理机构

还可以规定其他的条件。因为上述三项条件仅是主要条件，还有必要规定其他条件，所以在法律上作出授权的规定。证券登记结算机构的名称中应当标明证券登记结算字样。究其立法目的：一是便于辨认；二是防止其他机构使用同样或类似名称造成混乱，更要防止利用这个名称进行欺诈或误导社会公众。

四、证券登记结算机构的职能

（一）证券账户、结算账户的设立

这是专门为投资者买卖证券而设立的，证券账户用于记录投资者的买卖证券情况，结算账户的作用在于为证券交易中买卖双方提供清算交收服务。证券公司在证券登记结算机构设立账户，实际上就是证券公司与证券登记结算机构建立了一种服务的关系，登记结算机构为证券公司提供证券交易的有关服务。

（二）证券的托管和过户

托管就是证券持有人将其所持有的证券委托证券登记结算机构保管，这样便于交易结算，也比较安全；过户就是根据证券交易清算交收的结果，将证券持有人持有证券的事实记录下来；所用的形式是将一个所有者账户上的证券转移到另一个所有者账户上，这种转移是股权、债权的一种转移，它由证券登记结算机构经办。

（三）证券持有人名册登记

这是由证券登记结算机构进行股权、债权的登记，它是根据证券交易中结算、交收、过户的结果进行的，这种登记是确定了投资者的权利，并形成了证券持有人登记名册。

（四）证券交易所上市证券交易的清算和交收

这就是在实际履行交易双方的责任，完成一方交付证券、另一方支付价款的过程，这样证券交易才能完成，下一步的交易才能开始并继续。

（五）受发行人的委托派发证券权益

一般来说，证券在发行后并上市交易，在投资者之间流动，发行人再难以掌握哪些人持有证券，但是要向股东派发权益，或者向债权人支付利息，那最好的办法就是委托证券登记结算机构依据证券持有人登记名册派发，可以做到准确、便捷，有利于保护投资者利益。

（六）办理与上述业务有关的查询

它有一个限定，就是与上述业务有关的事项，这是合理的，也可以说是相关业务的延伸，这是又一项法定的职能。

（七）国务院证券监督管理机构批准的其他业务

除了上述六项业务外，还会有一些是证券登记结算机构可以提供的服务，但它需要经过国务院证券监督管理机构的批准。

五、登记结算公司的有关业务规则

（一）结算原则

证券登记结算公司为证券交易提供净额结算服务时，结算参与人应该按照货银对付的原则，足额交付证券和资金，并提供交收担保。在交收完成之前，任何人不得动用用于交收的证券、资金和担保物。结算参与人未按时履行交收义务，证券登记结算公司有权按照业务规则处理其证券、资金和担保物。

货银对付原则是证券结算的一项基本原则，可以将证券结算中的违约交收风险降低到最低程度。目前，上市证券的集中交易主要采用净额结算方式，结算参与人必须按照货银对付原则的要求，根据清算结果，向登记结算公司足额交付其应付的证券和资金，并为交易行为提供交收担保。目前主要的担保方式是结算参与人存放一定数量的证券交易备付金。

为维护证券市场的正常秩序，保障证券交易的连续性，在净额结算方式下，交收必须按时、准确完成，否则将影响下一个交易日的正常交易。因此，在交收没有完成之前，任何单位和组织都不得动用结算参与人用于交收的财产，包括证券、资金和担保物，如结算参与人存放在登记公司的用于交收的结算备付金、存放于银行指定账户（报证券监管部门备案的客户交易结算资金账户）的客户交易结算金等。

（二）结算证券和资金的专用性

证券登记结算公司按照业务规则收取的各类结算资金和证券，必须存放于专门的清算交收账户，只能按业务规则用于已成交的证券交易的清算、交收，不得被强制执行。

第三节　证券投资服务机构

证券投资服务机构是指依法设立的从事证券投资服务业务的法人机构。在我国所称的证券投资服务机构是指投资咨询机构、财务顾问机构、资信评级机构、资产评估机构、会计师事务所等能够从事证券投资相关服务业务的机构，它们从事此类业务也都必须经国务院证券监督管理机构和有关主管部门批准。

一、证券投资咨询机构

（一）证券投资咨询机构类型

证券投资咨询机构即为证券市场参与者提供专业性咨询的机构，主要有证券投资咨询公司和证券评级机构。

证券投资咨询公司在西方国家称为投资顾问，其主要职能已经演化为帮助投资者了解市场、分析投资价值、引导投资方向。

证券评级机构的基本职能，是为证券市场上的机构和证券的信用状况进行评定，以客观真实地反映证券发行人及其证券的资信程度。国际上著名的证券评级机构有：美国的穆迪投资服务公司、标准·普尔公司、加拿大的债务评级服务公司、英国的艾克斯特尔统计服务公司等。

（二）证券咨询机构及其从业人员的禁止行为

投资咨询机构及其从业人员在从事证券服务业务时，不得有下列行为：

1. 代理委托人从事证券投资；

2. 与委托人约定分享证券投资收益或者分担证券投资损失；

3. 买卖本咨询机构提供服务的上市公司股票；

4. 利用传播媒介或者通过其他方式提供、传播虚假或者误导投资者的信息；

5. 法律、行政法规禁止的其他行为。

有上面所列行为之一，给投资者造成损失的，依法承担赔偿责任。

二、其他证券投资服务机构

除了投资咨询机构外，证券投资服务机构还有财务顾问机构、资信评级机构、资产评估机构、会计师事务所等，但这些服务机构未获得从事证券服务业务资格时，是不可以从事证券服务业务的。

（一）义务和责任

证券服务机构为证券的发行、上市、交易等证券业务活动制作、出具审计报告、资产评估报告、财务顾问报告、资信评级报告或者法律意见书等文件，应当勤勉尽责，对所依据的文件资料内容的真实性、准确性、完整性进行核查和验证。其制作、出具的文件有虚假记载、误导性陈述或者重大遗漏，给他人造成损失的，应当与发行人、上市公司承担连带赔偿责任，但是能够证明自己没有过错的除外。

（二）市场准入及退出机制

为了加强市场准入的管理，对证券服务机构从事证券服务业务的审批管理办法，由国务院证券监督管理机构和有关主管部门制定。为加强对证券服务机构的管理，我国《证券法》还授予了证券监督管理机构对证券服务机构的监管权和现场检查权。同时，证券服务机构未勤勉尽责，所制作、出具的文件有虚假记载、误导性陈述或重大遗漏的，可暂停或者撤销其证券服务业务的许可。

三、证券金融公司

证券金融公司也称证券融资公司，源于信用交易制度，是一种较为特殊的中介机构，指依法设立的在证券市场上专门从事证券融资业务的法人机构。证券金融公司自股票市场或银行取得资金，再将这些资金提供给需要融资的投资人，并依规定将融资担保的股票提供给融券的投资人，作为投资者和证券公司间的媒介，促进了交易市场的活络，完善了整个金融制度。目前我国的证券金融公司，仅仅是指从事转融通业务的证券金融公司——中国证券金融股份有限公司。

专栏 5－3

转　融　通

转融通业务包括转融资业务和转融券业务。转融资业务是指中国证券金融股份有限公司(简称中证金公司)将自有或者依法筹集的资金出借给证券公司，供其办理融资业务的经营活动。转融券业务是指中证金公司将自有或者融入的证券出借给证券公司，供其办理融券业务的经营活动。

符合下列条件的证券公司可以成为转融通借入人：

1. 具有融资融券业务资格，且业务运作规范；
2. 业务管理制度和风险控制制度健全，具有切实可行的业务实施方案；
3. 技术系统准备就绪；
4. 参与转融通业务应当具备的其他条件。

专栏 5-4

中国证券金融股份有限公司

中国证券金融股份有限公司成立于2011年10月28日，是经国务院同意，中国证监会批准设立的全国性证券类金融机构，是中国境内唯一从事转融通业务的金融机构，旨在为证券公司融资融券业务提供配套服务。其股东单位有：上海证券交易所、深圳证券交易所、上海期货交易所、中国证券登记结算有限责任公司、中国金融期货交易所、大连商品交易所和郑州商品交易所。

公司的经营宗旨是：坚持平等、自愿、公平和诚实信用原则，发挥维护市场稳定、活跃市场交易、提供市场服务的职责作用；通过稳步发展转融通业务，完善融资融券交易机制；推动建立信用交易方式，健全资本市场功能；建立融资融券统计监测系统，加强对全市场融资融券交易情况的监测监控；运用市场化手段开展转融资和转融券，防范和化解市场风险，促进资本市场稳定健康发展。

公司的经营范围是：为证券公司融资融券业务提供转融资和转融券服务；运用市场化手段调节证券市场资金和证券的供给；管理证券公司提交的转融通担保品；统计监控证券公司融资融券业务运行情况，监测分析融资融券交易情况，防控市场风险和信用风险；经中国证监会批准同意的其他业务。

截至2013年12月底，中证金公司为证券公司融资融券业务提供资金和证券累计达到1 700亿元，转融通余额576.9亿元，其中转融资余额为574.7亿元，转融券余额为2.2亿元。2013年，证券公司融资融券累计交易额6.3万亿元，较2012年增长280.6%，融资融券交易额占A股交易额的8.3%。2013年年末，沪深市场标的证券为713只，开展融资融券业务的证券公司达到84家，投资者数量近137万人，融资融券余额达到3 465.5亿元，较2012年增长2.9倍。

【本章案例讨论题】

【案例讨论5-1】投资咨询机构操纵市场案例。

2008年11月21日，中国证监会正式公布了武汉新兰德、北京首放两家投资咨询公司涉嫌“抢帽子”型市场操纵案件，即“先行买入证券，后向公众推荐，再卖出证券”。

1.“抢帽子”型操纵

北京首放和武汉新兰德均是具有证券投资咨询资格的机构，其发布的投资建议，往往对相关证券的市场交易能够产生一定影响，市场操纵的机会就此显现。

根据举报线索，中国证监会于2008年5月对北京首放及其法定代表人、执行董事、总经理汪建中涉嫌操纵市场行为立案调查。

调查结果显示，在2007年1月至2008年5月，汪建中利用实际控制的本人和亲友9组证券账户和17个资金账户，在武汉、北京等多家营业部，通过网上委托的方式，在北京首放发布建议前买入推荐的证券，并在发布以后，卖出推荐的证券，通过抢先买卖的手法，先后买卖工商银行等38只股票及权证产品，累计获利1.25亿元。

根据《证券市场操纵行为认定指引》，这是典型的抢先交易，又称“抢帽子”类型的操纵市场手法。

中国证监会做出处罚规定，没收汪建中全部违法所得1.25亿元，并处以相当于违法所得一倍的罚款，即1.25亿元，同时撤销北京首放的证券投资咨询资格，对汪处以终身市场禁入，并移送公安机关。

2. 隐蔽的客户抢先交易

武汉新兰德的操纵行为与北京首放不同，其不是自己买卖股票，而是为客户先期提供股票买入建议，待客户利用其控制的账户买入后，再公开发布相关荐股信息，客户在信息发布的下一个交易日卖出股票牟利。

陈杰就是那个客户，是个人投资者，与武汉新兰德签订协议，陈杰按其提供的荐股实行赢利分成，给新兰德一定数额的咨询费，“上不封顶，下不保底”。

中国证监会在2007年5月28日对其正式立案，调查结果显示，2007年1月1日至2007年4月26日，新兰德董事长兼总经理朱汉东向陈杰提供热点股票投资组合，朱汉东事先通知陈杰，待陈杰买入相关股票后，朱汉东对市场公开推荐，陈杰再于第一时间卖出该股牟利。

根据调查，陈杰通过上述“建议—买入—推荐—卖出”的方式，37次买入东风汽车等股票，同时武汉新兰德收取陈杰咨询服务费735万元。

中国证监会做出行政处罚，处罚决定，没收武汉新兰德违法所得735万元，并处以735万元的罚款，对朱汉东给予警告并处30万元罚款，没收陈杰被中国证监会依法冻结的股票。

讨论：1. 分析武汉新兰德、北京首放手法的差异与法理上的问题。

2. 证券咨询机构为什么不能从事证券交易？

3. 一个常见的疑惑是：既然证券咨询机构和人员的分析专业，为什么他们自己不买卖，而是赚取咨询费。你怎么看这个疑惑？

【案例讨论5-2】从浙江证监局获悉，杭州卡罗软件有限公司、杭州亿港科技有限公司、杭州铭达软件有限公司等35家未获得中国证监会颁发的经营证券业务许可证或证券投资咨询业务资格证书的投资“黑中介”被曝光。

同时，浙江证监局还发现一些无资质人员利用广播电视媒体开展非法投资咨询活动。经核实，辖区有宋弈纬、华阳、朱华烽等3名分析师未获得中国证券业协会颁发的经营证券业务许可证或证券投资咨询业务资格证书，或其证券投资咨询执业证书处于失效状态。

监管部门还提醒投资者，对于在网络、短信、电视、广播等媒体上遇到的“山寨网站”“免费荐股”“代客操盘”等证券投资咨询活动保持高度警惕，不要轻易汇钱参与，避免造成经济损失。

讨论：1. 你认为对于证券咨询机构和人员进行特许制管理好，还是注册制管理好？为什么？

2. 特许制度下，非法进行证券咨询的危害主要体现在哪些方面？

3. 金融从业人员如何避免违反从业规定？

【本章专题研讨】

【专题研讨 5－1】证券经营机构是注册制好，还是特许制好？理由是什么？

1. 为什么美国采用注册制，我国采用特许制？

2. 我国特许制的制度环境是怎样的？

3. 为什么香港可以采用注册制？

4. 你认为我国有改用注册制的可能性？

【专题研讨 5－2】证券公司和投资银行业务之间的关系讨论。

1. 证券公司是否天然的投资银行？

2. 为什么银行也有投资银行业务？

3. 投资银行是怎样的机构？

4. 你认为我国证券公司应该怎样开展投资银行业务？

【专题研讨 5－3】证券金融公司的存在形式应该是多样的吗？

1. 你认为像我国这样的由中国证券金融股份有限公司专营证券金融公司的利弊所在。

2. 你认为转融通业务的意义和其存在的最佳形式是什么样的？

3. 我国融资融券业务的主要问题有哪些？其中与证券金融公司存在形式的关系是什么？

【本章能力训练】

一、单选题

1. 证券公司接受客户委托在其资金账户内资金不足的情况下买入证券，是一种（　　）行为。

A. 买空　　B. 卖空　　C. 正常买卖　　D. 以上说法都不对

2. 目前，结算参与人为交易行为向证券登记结算公司提供交收担保的主要方式是存放一定数量的(　　)。

A. 证券结算备付金　　B. 证券交易备付金

C. 证券结算准备金　　D. 证券交易准备金

3. 在证券经纪业务营销人员的不正当竞争中，“擅自使用他人的企业名称或者姓名，引人误认为是他人的商品”属于(　　)。

A. 混淆行为　　B. 虚假广告行为

C. 侵犯商业秘密行为　　D. 商业诽谤行为

4. 在证券交易中，证券公司及其从业人员从事违背客户真实意愿、严重损害客户利益的违法行为，叫做(　　)。

A. 欺诈客户　　B. 内部交易　　C. 操纵市场　　D. 不公平竞争

5. 依法就暂停或终止上市公司股票上市交易行使决定权的机构是(　　)。

A. 全国人民代表大会　　B. 中国证监会

C. 中国证券业协会　　D. 证券交易所

6. 单独或合并持有证券公司5%以上股权的股东，不可以向股东会提名(　　)。

A. 董事　　B. 经理　　C. 监事候选人　　D. 独立董事

7. 证券公司高级管理人员应当经(　　)依法核准。

A. 董事会　　B. 监事会　　C. 证监会　　D. 股东会

8. 注册资本为五千万元的证券公司能够经营的业务有(　　)。

A. 证券承销与保荐　　B. 证券自营

C. 证券资产管理　　D. 证券投资咨询

9. 证券公司的承销方式可分为(　　)。

A. 包销　分销　　B. 包销　代销

C. 分销　代销　　D. 包销、代销和分销

10. 证券公司为本机构买卖证券，赚取差价并承担相应风险的业务是(　　)。

A. 自营业务　　B. 经纪业务　　C. 承销业务　　D. 基金管理业务

11. 根据我国有关法规的规定，证券服务机构的设立除了按照工商管理法规的要求办理外，还必须得到(　　)的批准。

A. 中国人民银行　　B. 财政部

C. 证监会和有关主管部门　　D. 证券管理部门

12. 我国《证券法》规定，证券投资咨询公司的业务人员，必须具备证券从业知识和从事证券业务(　　)以上经验。

A. 一年　　B. 两年　　C. 三年　　D. 五年

13. 证券投资咨询公司从业人员从事证券业务资格标准的认定机构是(　　)。

A. 财政部　　B. 中国人民银行　　C. 中国证监会　　D. 证券行业协会

14. 证券公司的注册资本应该是(　　)。

A. 实缴资本　　B. 实物资产　　C. 虚拟资本　　D. 金融资本

15. 向客户出借资金供其买入上市证券或者出借上市证券供其卖出，并收取担保物的经营活动属于(   )。

A. 证券承销与保荐业务　　B. 证券经纪业务

C. 融资融券业务　　D. 证券自营业务

二、多选题

1. 设立证券公司的条件是(   )。

A. 主要股东具有持续盈利能力，信誉良好

B. 最近两年无重大违法违纪记录，净资产不低于2亿元人民币

C. 董事、监事、高级管理人员具备任职资格，从业人员具有证券从业资格

D. 有完善的风险管理和内部控制制度

2. 在代理买卖证券业务中，证券公司应当遵循的原则是(   )

A. 三公原则　　B. 承担有限责任原则

C. 代理原则　　D. 效率原则

3. 下列属于证券服务机构的包括(   )。

A. 投资咨询机构　　B. 资信评级机构

C. 会计师事务所　　D. 律师事务所

4. 证券投资咨询公司的从业人员不得有以下行为(   )。

A. 代理委托人从事证券投资

B. 与委托人约定分享证券投资收益

C. 与委托人约定分担证券投资损失

D. 买卖本咨询机构提供服务的上市公司股票

5. 会计师是无所谓的证券期货相关业务主要包括(   )。

A. 盈利预测审核　　B. 净资产验证　　C. 会计报表审计　　D. 实收资本审验

6. 证券公司经营(   )，注册资本最低限额为一亿元。

A. 证券承销与保荐　　B. 证券自营

C. 证券资产管理　　D. 证券经纪

7. 新《证券法》将注册资本最低限额与证券公司从事的业务种类直接挂钩，分为(   )三个标准。

A. 五千万元　　B. 一亿元　　C. 五亿元　　D. 一千万元

8. 建立集中、统一的证券登记结算体制具有(   )意义。

A. 方便投资者开立证券账户和资金账户

B. 减少资金占用，降低交易成本

C. 有利于制定统一的等级结算业务规则和流程

D. 有助于从体制上防范和控制市场风险

9. 证券公司必须符合(   )风险控制指标标准。

A. 净资本与各项风险准备之和的比例不得低于100%

B. 净资本与净资产的比例不得低于40%

C. 净资本与负债的比例不得低于10%

D. 净资产与负债的比例不得低于20%

10. 证券评级机构应当自取得证券评级业务许可之日起20日内，将其(　　)报中国证券业协会备案。

A. 信用等级划分　　B. 信用等级定义

C. 评级方法　　D. 评级程序

三、判断题

1. 投资者开立证券账户必须由证券登记结算公司开立。(　　)

2. 在无纸化交易模式下，投资者持有的证券必须集中存入证券登记结算系统，以电子数据划转方式完成证券过户行为。(　　)

3. 客户融券卖出的，应当以买券还券或者直接还款的方式偿还向证券公司融入的证券。(　　)

4. 证券登记结算机构是为证券发行和交易提供集中登记、存管与结算服务，并以盈利为目的的公司法人。(　　)

5. 证券专营机构在美国被称为商业银行，在英国则被称为投资银行。(　　)

6. 证券公司董事、监事和高管人员的任职资格由中国证券业协会依法核准。(　　)

7. 规范类证券公司应建立动态的净资本监控预警与补充机制。(　　)

8. 承担内部控制监督检查职能的部门应当独立于证券公司其他部门。(　　)

9. 建立集中、统一的证券登记结算体制，从根本上改变了分散登记结算体制中存在的市场分割状态。(　　)

10. 投资咨询机构及其从业人员可以买卖本咨询机构提供服务的上市公司股票。(　　)

11. 证券服务机构作为证券市场的参与者，如果存在违法违规行为，按照无过错推定原则承担法律责任。(　　)

12. 自营业务资金的出入必须以公司名义进行，禁止以个人名义从自营账户调入调出资金，禁止从自营账户中提取现金。(　　)

第六章　基本面分析：宏观和中观分析

【本章学习要点】本章主要是从决定证券价格的要素分析入手，全面介绍评价证券投资价值的方法，提出判断证券合理价格的基本面方法。本章的学习分成两个层面：宏观层面、行业和区域层面。

【本章学习重点难点】本章的学习重点是分析宏观经济周期的不同阶段对证券价格产生的影响；以及行业的生命周期、经济周期和经济结构及对证券价格的影响。本章的难点是评价宏观经济形势的基本变量分析；行业生命周期对证券市场的影响。

【本章基本概念】财政政策　货币政策　经济周期　国内生产总值　利率　通货膨胀　完全竞争　垄断竞争　寡头垄断　完全垄断　行业生命周期

第一节　宏观经济分析概述

一、宏观经济分析的意义与方法

（一）宏观经济分析的意义

1. 把握证券市场的总体变动趋势

在证券投资中，宏观经济分析是一个重要环节，只有把握住宏观经济发展的大方向，才能把握证券市场的总体变动趋势，作出正确的投资决策；只有密切关注宏观经济因素的变化，尤其是货币政策和财政政策因素的变化，才能抓住证券投资的市场时机。

2. 判断整个证券市场的投资价值

证券市场的投资价值与国民经济整体素质及其结构变动密切相关。这里的证券市场的投资价值是指整个市场的平均投资价值。从一定意义上说，整个证券市场的投资价值就是整个国民经济增长质量与速度的反映，因为不同部门、不同行业与成千上万的不同企业相互影响、互相制约，共同影响国民经济发展的速度和质量。宏观经济是个体经济的总和，企业的投资价值必然在宏观经济的总体中综合反映出来，所以，宏观经济分析是判断整个证券市场投资价值的关键。

3. 掌握宏观经济政策对证券市场的影响力度与方向

证券市场与国家宏观经济政策息息相关。在市场经济条件下，国家通过财政政策和货币政策来调控经济，或挤出泡沫，或促进经济增长，这些政策将会影响到经济增长速度和企业经济效益，并进一步对证券市场产生影响。因此，证券分析师必须认真分析宏观经济政策，掌握其对证券市场的影响力度与方向，从而准确把握整个证券市场的运动趋势和不同证券品种的投资价值变动。

（二）宏观经济分析的基本方法

1. 总量分析法

总量分析法是指对影响宏观经济运行总量指标的因素及其变动规律进行分析，如对国民生产总值、消费额、投资额、银行贷款总额及物价水平的变动规律的分析等，进而说明整个经济的状态和全貌。总量分析主要是一种动态分析，因为它主要研究总量指标的变动规律。同时，也包括静态分析，因为总量分析包括考察同一时间内各总量指标的相互关系，如投资额、消费额和国民生产总值的关系等。

总量是反映整个社会经济活动状态的经济变量，它包括两个方面：一是个量的总和。例如，国民收入是构成整个经济各单位新创造价值的总和，总投资是指全社会私人投资和政府投资的总和，总消费是指参与经济活动各单位消费的总和。二是平均量或比例量。例如，价格水平是各种商品与劳务相对于基期而言的平均价格水平。

2. 结构分析法

结构分析法是指对经济系统中各组成部分及其对比关系变动规律的分析。如国民生产总值中三次产业的结构分析、消费和投资的结构分析、经济增长中各因素作用的结构分析等。结构分析主要是一种静态分析，即对一定时间内经济系统中各组成部分变动规律的分析。如果对不同时期内经济结构变动进行分析，则属于动态分析。

总量分析和结构分析是相互联系的。总量分析侧重于对总量指标速度的考察，它侧重分析经济运行的动态过程；结构分析侧重于对一定时期经济整体中各组成部分相互关系的研究，它侧重分析经济现象的相对静止状态。总量分析非常重要，但它需要结构分析来深化和补充，而结构分析要服从于总量分析的目标。为使经济正常运行，需要对经济运行进行全面把握，将总量分析方法和结构分析方法结合起来使用。

3. 宏观分析资料的搜集与处理

宏观分析所需的有效资料一般包括政府的重点经济政策与措施、一般生产统计资料、金融物价统计资料、贸易统计资料、每年国民收入统计与景气动向、突发性非经济因素等。这些资料来源主要有：

(1) 从电视、广播、报纸、杂志等了解世界经济动态与国内经济大事；

(2) 政府部门与经济管理部门，省、市、自治区公布的各种经济政策、计划、统计资料和经济报告，各种统计年鉴，如《中国统计年鉴》《中国经济年鉴》《经济白皮书》等；

(3) 各主管公司、行业管理部门搜集和编制的统计资料；

(4) 部门与企业内部的原始记录；

(5) 各预测、情报和咨询机构公布的数据资料；

(6) 国家领导人和有关部门、省市领导报告或讲话中的统计数字和信息等。

其中，数据资料是宏观分析与预测，尤其是定量分析预测的基础。无论是对历史与现状的总结，还是对未来的预测，都必须以它为依据。因此，对数据资料有一定的质量要求，如准确性、系统性、时间性、可比性、适用性等。需要注意的是，有时资料可能因口径不一致而不可比，或是存在不反映变量变化规律的异常值，此时还需对数据资料进行处理。

二、评价宏观经济形势的基本变量

（一）国民经济总体指标

1. 国内生产总值

国内生产总值(GDP)是指一个国家(或地区)所有常住居民在一定时期内(一般按年统计)生产活动的最终成果。

区分国内生产和国外生产一般以"常住居民"为标准，只有常住居民在1年内生产的产品和提供劳务所得到的收入才计算在本国的国内生产总值之内。常住居民是指：居住在本国的公民、暂居外国的本国公民和长期居住在本国但未加入本国国籍的居民。因此，一国的国内生产总值是指在一国的领土范围内，本国居民和外国居民在一定时期内所生产的、以市场价格表示的产品和劳务的总值。从这个意义上讲，与以"国民原则"为核算标准的国民生产总值(GNP)相比，以"国土原则"为核算标准的国内生产总值不包含本国公民在国外取得的收入，但包含外国居民在国内取得的收入；相反，国民生产总值包含本国公民在国外取得的收入，但不包含外国居民在国内取得的收入。

$$\begin{aligned} GDP &= GNP - \text{本国居民在国外的收入} + \text{外国居民在本国的收入} \\ &= GNP - (\text{本国生产要素在国外取得的收入} - \text{本国付给外国生产要素的收入}) \\ &= GNP - \text{国外要素收入净额} \end{aligned}$$

在实践中，随着对外交往的增加，越来越多的国家(包括中国)在国民经济核算中选择使用GDP指标。

国内生产总值有三种表现形态，即价值形态、收入形态和产品形态。从价值形态看，它是所有常住居民在一定时期内生产的全部货物和服务价值超过同期中间投入的全部非固定资产货物和服务价值的差额；从收入形态看，它是所有常住居民在一定时期内创造并分配给常住居民和非常住居民的初次收入分配之和；从产品形态看，它是所有常住居民在一定时期内最终使用的货物和服务价值与货物和服务净出口价值之和。对应于这三种表现形态，在实际核算中，国内生产总值有三种计算方法，即生产法、收入法和支出法。三种方法分别从不同的方面反映国内生产总值及其构成。以常用的支出法为例，统计GDP时，要将出口计算在内，但不计算进口。其公式为：

$$GDP = C + I + G + (X - M)$$

上式中，C代表"消费"(即常住居民的个人消费。其中，所有房屋，包括居民住房的购买，都属于固定资本形成，而不属于消费性支出)；I代表"投资"(包括净投资与折旧)；G代表"政府支出"(包括政府购买，但不包括政府转移支付，以避免重复计算)；X代表"出口"，M代表"进口"，则(X－M)表示"净出口"。

国内生产总值的增长速度一般用来衡量经济增长率(也称"经济增长速度")，它是反映一定时期经济发展水平变化程度的动态指标，也是反映一个国家经济是否具有活力的基本指标。对于发达国家来说，其经济发展总水平已经达到相当的高度，经济发展速度的提高相对来说比较困难；对经济尚处于较低水平的发展中国家而言，由于发展潜力大，其经济发展速度可能达到高速甚至超高速增长。这时就要警惕由此可能带来的诸如通货膨胀、泡沫经济等问题，以避免造成宏观经济的过热。

因此，在宏观经济分析中，国内生产总值指标占有非常重要的地位，具有十分广泛的用途。国内生产总值的持续、稳定增长是政府追求的目标之一。

值得注意的是，国内生产总值等总量指标的情况只能对国民经济形势有一个大致的判断，要深入掌握经济运行的内在规律，还必须对经济运行的变动特点进行分析。与对国内生产总值等总量指标的分析相比，对经济运行变动特点进行分析更偏重于对经济运行质量的研究，主要包括以下几方面：一是经济增长的历史动态比较，说明增长波动的特征，即所处经济周期的阶段特征；二是经济结构的动态比较，说明经济结构的变化过程和趋势；三是物价变动的动态比较，说明物价总水平的波动与通货膨胀状况，并联系经济增长、经济结构的发展变化等，说明物价变化的特点及其对经济运行主要方面的影响。

2. 工业增加值

工业增加值是指工业行业在报告期内以货币表现的工业生产活动的最终成果，是衡量国民经济的重要统计指标之一。

工业增加值有两种计算方法。一是生产法，即工业总产出减去工业中间投入；二是收入法，即从收入的角度出发，根据生产要素在生产过程中应得到的收入份额计算。收入法的具体构成项目有固定资产折旧、劳动者报酬、生产税净额、营业盈余，这种方法也称“要素分配法”。以常用的支出法为例，工业增加值等于工业总产值与中间消耗的差额。工业增加值率则是指一定时期内工业增加值占工业总产值的比重，反映降低中间消耗的经济效益。测算工业增加值的基础来源于工业总产值，即以货币表现的工业企业在一定时期内生产的已出售或可供出售的工业产品总量，它反映一定时间内工业生产的总规模和总水平。工业总产值采用“工厂法”计算，即以工业企业作为一个整体，按企业工业生产活动的最终成果来计算，企业内部不允许重复计算，不能把企业内部各个车间（分厂）生产的成果相加。但在企业之间、行业之间、地区之间存在着重复计算。

3. 失业率

失业率是指劳动力人口中失业人数所占的百分比，劳动力人口是指年龄在 16 岁以上具有劳动能力的人的全体。

目前，我国统计部门公布的失业率为城镇登记失业率，即城镇登记失业人数占城镇从业人数与城镇登记失业人数之和的百分比。城镇登记失业人数是指拥有非农业户口，在一定的劳动年龄内，有劳动能力，无业而要求就业，并在当地就业服务机构进行求职登记的人员数。

失业率上升与下降是以国内生产总值（GDP）相对于潜在 GDP 的变动为背景的，而其本身则是现代社会的一个主要问题。当失业率很高时，资源被浪费，人们收入减少。此时，经济问题还可能影响人们的情绪和家庭生活，进而引发一系列的社会问题。

但值得注意的是，通常所说的充分就业是指对劳动力的充分利用，但不是完全利用。在实际的经济生活中不可能达到失业率为零的状态。在充分就业情况下也会存在一部分“正常”的失业，如由于劳动力的结构不能适应经济的发展对劳动力的需求变动所引起的结构性失业。

4. 通货膨胀

通货膨胀是指一般物价水平持续、普遍、明显地上涨。

对通货膨胀的衡量可以通过对一般物价水平上涨幅度的衡量来进行。一般说来，常用的指标有以下三种：零售物价指数、批发物价指数、国民生产总值物价平减指数。其中，零售物价指数又称“消费物价指数”或“生活费用指数”，反映消费者为购买消费品而付出的价格的变动情况；批发物价指数反映一国商品批发价格上升或下降的幅度；国民生产总值物价平减指数则是按当年不变价格计算的国民生产总值与按基年不变价格计算的国民生产总值的比率。由于以上三种指标在衡量通货膨胀时各有优缺点，且所涉及商品和劳务的范围不同，计算口径不同，即使在同一国家的同一时期，各种指数所反映的通货膨胀程度也不尽相同，所以，在衡量通货膨胀时需要选择适当的指数。一般说来，在衡量通货膨胀时，零售物价指数使用得最多、最普遍。

通货膨胀一般以两种方式影响到经济：通过收入和财产的再分配以及通过改变产品产量与类型影响经济。具体地说，通货膨胀对社会经济产生的影响主要有：引起收入和财富的再分配，扭曲商品相对价格，降低资源配置效率，引发泡沫经济乃至损害一国的经济基础和政权基础。通货膨胀有被预期和未被预期之分，从程度上则有温和的、严重的和恶性的三种。温和的通货膨胀是指年通胀率低于10%的通货膨胀；严重的通货膨胀是指通胀率高于10%低于100%的通货膨胀；恶性通货膨胀则是指通胀率高于100%的通货膨胀。各个国家往往不会长期容忍高的通货膨胀率，但为抑制通货膨胀而采取的货币政策和财政政策通常会导致高失业和国内生产总值(GDP)的低增长，由此而损失的产量和就业数量本身作为抑制通货膨胀的代价是很大的。

正因为通货膨胀对经济运行有这样大的影响，投资者要进行投资就必须对通货膨胀产生的可能及其程度有一个大约的预测。对于通货膨胀产生的原因，传统的理论解释主要有三种：需求拉上的通货膨胀、成本推进的通货膨胀、结构性通货膨胀。而在实践中，要正确把握通货膨胀可能的发展变化，还必须把它与经济增长的动态比较结合起来考虑，并考虑各种对通货膨胀发展产生影响的重要冲击因素，如政治经济体制的改革、经济结构的转变、战争、国际收支状况以及一些突发的不确定性事件等。

5. 国际收支

国际收支一般是一国居民在一定时期内与非本国居民在政治、经济、军事、文化及其他往来中所产生的全部交易的系统记录。这里的“居民”是指在国内居住1年以上的自然人和法人。国际收支主要反映：(1) 一国与他国之间的商品、劳务和收益等交易行为；(2) 该国持有的货币、黄金、特别提款权的变化，以及与他国债权、债务关系的变化；(3) 凡不需要偿还的单方转移项目和相应的科目以及会计上必须用来平衡的尚未抵消的交易。

国际收支包括经常项目和资本项目。经常项目主要反映一国的贸易和劳务往来状况，包括贸易收支(也就是通常所说的进出口)、劳务收支(如运输、港口、通讯和旅游等)和单方面转移(如侨民汇款、无偿援助和捐赠、国际组织收支等)，是最具综合性的对外贸易的指标。资本项目则集中反映一国同国外资金往来的情况，反映一国利用外资和偿还本金的执行情况。资本项目一般分为长期资本和短期资本。长期资本是指合同规定偿还期超过1年的资本或未定偿还期的资本(如公司股本)，其主要形式有直接投资、政府和银行的长期借款及企业信贷等。短期资本指即期付款的资本和合同规定借款期为1年或1年以下的资本。

进口和出口是国际收支中最主要的部分。进口量是指一个国家(或地区)所有常住居民向非常住居民购买或无偿得到的各种货物和服务的价值。反之，出口量则指一个国家(或地区)所有常住居民向非常住居民出售或无偿转让的各种货物和服务的价值。进出口总量及其增长是衡量一国经济开放程度的重要指标，且进口和出口的数量与结构直接对国内总供需产生重大的影响。

实现国际收支平衡需要避免国际收支的过度逆差或顺差，可以维持适当的国际储备水平和相对稳定的汇率水平。

(二) 投资指标

投资规模是指一定时期在国民经济各部门、各行业再生产中投入资金的数量。投资规模是否适度，是影响经济稳定与增长的一个决定因素。投资规模过小，不利于为经济的进一步发展奠定物质技术基础；投资规模安排过大，超出了一定时期人力、物力和财力的可能，又会造成国民经济比例的失调，导致经济大起大落。

全社会固定资产投资是衡量投资规模的主要变量。按经济类型划分，全社会固定资产投资包括国有经济单位投资、城乡集体经济单位投资、其他各种经济类型的单位投资和城乡居民个人投资；按我国现行管理体制划分，全社会固定资产投资包括基本建设、更新改造、房地产开发投资和其他固定资产投资四部分。固定资产投资是社会固定资产再生产的主要手段。固定资产投资额是以货币表现的建造和购置固定资产活动的工作量，它是反映固定资产投资规模、速度、比例关系和使用方向的综合性指标。

随着我国改革开放的不断深入，投资主体呈现出多元化的趋势，主要包括政府投资、企业投资和外商投资三个方面。

1. 政府投资

政府投资是政府以财政资金投资于经济建设，其目的是改变长期失衡的经济结构，完成私立部门不能或不愿从事的但对国民经济发展却至关重要的投资项目，如大型水利设施、公路建设和生态保护等。同时，政府投资也是扩大投资需求、促进经济增长的重要手段。

2. 企业投资

随着我国现代企业制度的建立，企业逐渐成为投资主体之一，企业投融资的权力不断扩大。随着我国市场化改革的不断深入，企业投资需求将成为国内投资需求的主要部分，企业投资的规模和方向影响着一国经济未来的走向。

3. 外商投资

外商投资包括外商直接投资和外商间接投资。

外商直接投资是指外国企业和经济组织或个人(包括华侨、港澳台胞以及我国在境外注册的企业)按我国有关政策、法规,用现汇、实物、技术等在我国境内开办外商独资企业,与我国境内的企业或经济组织共同举办中外合资经营企业、合作经营企业或合作开发资源的投资(包括外商投资收益的再投资),以及经政府有关部门批准的项目投资总额内企业从境外借入的资金等。

外商间接投资是指除对外借款(外国政府贷款、国际金融组织贷款、商业银行商业贷款、出口信贷以及对外发行债券等)和外商直接投资以外的各种利用外资的形式,包括企业在境内外股票市场公开发行的以外币计价的股票(目前主要是在香港证券市场发行的 H 股和在境内证券市场发行的 B 股)发行总额,国际租赁进口设备的应付款,补偿贸易中外商提供的进口设备、技术、物料的价款,加工装配贸易中外商提供的进口设备、物料的价款。

(三) 消费指标

1. 社会消费品零售总额

社会消费品零售总额是指国民经济各行业通过多种商品流通渠道向城乡居民和社会集团供应的消费品总额。根据我国国家统计局的统计标准,社会消费品零售总额包括十大项内容。简而言之,社会消费品零售总额包括各种经济类型的批发零售贸易业、餐饮业、制造业和其他行业售给城乡居民和社会集团的消费品零售额以及农民售给非农业居民和社会集团的消费品零售额。

社会消费品零售总额按销售对象划分为两大部分,即对居民的消费品零售额和对社会集团的消费品零售额。对居民的消费品零售额针对售给城乡居民用于生活消费的商品;对社会集团的消费品零售额针对企业、事业和行政等各种类型单位用公款购买的用作非生产、非经营用的消费品。其中,对居民的消费品零售额与国民经济核算中的居民消费之间具有密切的联系,前者中的大部分直接构成居民消费,是计算后者的主要资料来源之一。

社会消费品零售总额是研究国内零售市场变动情况、反映经济景气程度的重要指标。社会消费品零售总额的大小和增长速度也反映了城乡居民与社会集团消费水平的高低、居民消费意愿的强弱。社会消费品需求是国内需求的重要组成部分,对一国经济增长具有巨大促进作用。

2. 城乡居民储蓄存款余额

城乡居民储蓄存款余额是指某一时点城乡居民存入银行及农村信用社的储蓄金额,包括城镇居民储蓄存款和农民个人储蓄存款,不包括居民的手持现金和工矿企业、部队、机关、团体等单位存款。

居民储蓄存款是居民可支配收入扣除消费支出以后形成的。居民储蓄量的大小首先决定于可支配收入的多少,同时又受可支配收入中消费支出比例的限制,在可支配收入一定时,消费支出多了,储蓄就会减少,是此多彼少的关系。当市场上人们的消费意愿增强时,储蓄相应缩小,市场消费意愿减弱时,储蓄相应增加。

居民储蓄增加以后,银行的资金来源扩大了,如果存贷比率不变,银行贷款投放也会相应地增加,这就扩大了企业的资金使用,正常情况下就会扩大国内投资需求。所以储蓄扩大的直接效果就是投资需求扩大和消费需求减少。

专栏 6－1

日本高储蓄率带来的社会困惑

日本是世界上储蓄率最高的国家之一，而且，这个事实对理解日本经济的短期与长期状况是重要的。一方面，许多经济学家认为，日本人的高储蓄率是日本在第二次世界大战后几十年中经济迅速增长的关键。另一方面，一些经济学家认为，日本人的高储蓄率对日本 20 世纪 90 年代期间的停滞也是有作用的。高储蓄率意味着消费支出低。低消费支出变为低总需求并减少了 GDP。

为什么日本人收入中的消费比例会大大低于美国人呢？

一个原因是，在日本，家庭借贷较为困难。面临借贷限制约束的家庭的消费小于没有借贷限制的家庭。因此，一个借贷限制普遍的社会往往有较高的储蓄率。

另一个原因是，在美国，一个人通常可以首付 10％以下的房款就能买下一所房子。日本的买房者首付 40％的房款是常见的。而且，日本住房价格极高，主要是因为土地价格高。如果一个日本家庭想要有自己的房子，它就必须大量储蓄。

日本的税收体系通过对资本收入征收极低的税而鼓励储蓄。此外，文化差别也会引起消费者对现期与未来消费偏好的差别。一个著名的日本经济学家写道：日本人是与别人不同的，他们更加厌恶风险和更加节俭。

（摘自汪祥春主编《宏观经济学》（第四版）东北财经大学出版社）

（四）金融指标

1. 总量指标

（1）货币供应量。货币供应量是单位和居民个人在银行的各项存款和手持现金之和，其变化反映着中央银行货币政策的变化，对企业生产经营、金融市场，尤其是证券市场的运行和居民个人的投资行为有着重大的影响。中央银行一般根据宏观监测和宏观调控的需要，根据流动性的大小将货币供应量划分为不同的层次。我国现行货币统计制度将货币供应量划分为三个层次：

① 流通中现金（用符号 M_0 表示），指单位库存现金和居民手持现金之和。其中，“单位”指银行体系以外的企业、机关、团体、部队、学校等单位。

② 狭义货币供应量（用符号 M_1 表示），指 M_0 加上单位在银行的可开支票进行支付的活期存款。

③ 广义货币供应量（用符号 M_2 表示），指 M_1 加上单位在银行的定期存款和城乡居民个人在银行的各项储蓄存款以及证券公司的客户保证金。其中，中国人民银行从 2001 年 7 月份起，将证券公司客户保证金计入广义货币供应量 M_2，M_2 与 M_1 的差额，通常称为准货币。

中央银行可以通过增加或减少货币供应量调节货币市场，实现对经济的干预。货币供应量的变动会影响利率。中央银行可以通过对货币供应量的管理来调节信贷供给和利率，从而影响货币需求并使其与货币供给相一致，对宏观经济施加影响。

(2) 金融机构各项存贷款余额。金融机构各项存贷款余额是指某一时点金融机构存款金额（包括企业存款、财政存款、机关团体存款、城乡储蓄存款、农业存款、信托及其他类存款）与金融机构贷款金额（包括工业贷款、农业贷款、商业贷款、建筑业贷款、私营及个体贷款、乡镇企业贷款、固定资产贷款、信托及其他类贷款）。其中，金融机构主要包括商业银行、政策性银行、非银行信贷机构和保险公司。

(3) 金融资产总量。金融资产总量是指手持现金、银行存款、有价证券、保险等其他资产的总和。

私人家庭的金融资产包括现款、储蓄存款、股票、债券、投资基金和人寿保险权利等。我国居民的金融资产中，银行储蓄存款占绝大部分，而有价证券和其他金融资产所占的比例很小。

金融资产的多样化是社会融资方式变化发展的标志。改革开放以来，中国金融资产由单一的银行资产向市场化、多元化的方向发展。非银行金融机构提供的其他各种类型的金融资产比重相对上升，同时银行贷款形式的金融资产比重相对下降，被证券化的金融资产开始不断涌现。

专栏 6－2

20 世纪 30 年代的银行倒闭与货币供给

在 1929 年 8 月到 1933 年 5 月间，货币供给减少了 28%。一些经济学家认为，这种货币供给的大幅度减少是大萧条的主要原因。但是，我们并没有讨论为什么货币供给减少会如此之多。

表 6－1 表示 1929 年和 1933 年决定货币供给的三个变量——基础货币、准备金—存款比率，以及通货—存款比率。你可以看出，货币供给的减少并不能归咎于基础货币的减少。实际上，在这一段时间，基础货币增加了 18%；相反，货币供给减少是由于货币乘数下降了 38%。货币乘数下降是因为通货—存款比率和准备金—存款比率都大幅度上升了。

表 6－1　货币供给及其决定因素

	1929 年 8 月	1933 年 5 月
货币供给	26.5 亿美元	19.0 亿美元
通货	3.9 亿美元	5.5 亿美元
活期存款	22.6 亿美元	13.5 亿美元
基础货币	7.1 亿美元	8.4 亿美元
通货	3.9 亿美元	5.5 亿美元
准备金	3.2 亿美元	2.9 亿美元
准备金—存款比率	0.14	0.21
通货—存款比率	0.17	0.41

大多数经济学家把货币乘数的下降归咎于30年代初的银行大量倒闭。从1930年到1933年，9 000多家银行停止营业，拖欠了存款人的存款。银行倒闭通过改变了存款人和银行家的行为而引起货币供给减少。

银行倒闭降低了公众对银行的信心而提高了通货—存款比率。人们担心银行倒闭会持续下去，他们开始把通货而不是活期存款作为更合意的货币形式。当他们提取自己的存款时，也就用尽了银行的准备金。当银行对准备金减少的反应是减少自己未被偿还的贷款余额时，货币创造过程就反过来了。

此外，银行倒闭使银行家更为谨慎而提高了准备金—存款比率。在看到许多银行的经营之后，银行家对用少量准备金经营感到担忧。因此，它们把自己准备金的持有量提高到法定最低限之上。正如家庭对银行危机的反应是相对于存款持有更多通货一样，银行的反应是相对于贷款持有更多准备金。

尽管解释货币供给减少的原因是容易的，但要决定是否应该归罪于美联储却是较为困难的。有人认为，基础货币并没有减少，因此不应该归罪于美联储。对美联储这个时期政策的批评提出了两种观点。第一，批评者们认为，美联储应该通过在银行经营中需要现金时起到最后贷款者的作用，而在防止银行倒闭中起更积极的作用。这将有助于维持对银行体系的信心。第二，他们指出，美联储可以通过比它所做的更多地增加基础货币。这两种行为都可以阻止货币供给的这种大幅度减少，而这又会降低大萧条的严重程度。

自30年代以来，已实行了许多政策，最重要的是联邦存款保险制，它维持了公众对银行体系的信心，从而防止了通货—存款比率的大幅度波动。但是，存款保险也是一项费用很高的政策。在80年代末期和90年代初期，联邦政府未来紧急援救许多无偿还能力的储蓄机构而有大量支出。但存款保险有助于稳定银行体系和货币供给。

（摘自汪祥春主编《宏观经济学》(第四版)东北财经大学出版社）

2. 利率

利率（或称“利息率”）是指在借贷期内所形成的利息额与本金的比率。利率直接反映的是信用关系中债务人使用资金的代价，也是债权人出让资金使用权的报酬。

从宏观经济分析的角度看，利率的波动反映出市场资金供求的变动状况。在经济发展的不同阶段，市场利率有不同的表现。在经济持续繁荣增长时期，资金供不应求，利率上升；当经济萧条市场疲软时，利率会随着资金需求的减少而下降。除了与整体经济状况密切相关之外，利率影响着人们的储蓄、投资和消费行为，利率结构也影响着居民金融资产的选择，影响着证券的持有结构。利率有存款利率、贷款利率、国债利率、回购利率、同业拆借利率之分，再贴现率和同业拆借利率是基准利率。随着市场经济的不断发展和政府宏观调控能力的不断加强，利率特别是基准利率，已经成为中央银行一项行之有效的货币政策工具。

(1) 贴现率与再贴现率。贴现是指银行应客户的要求，买进其未到付款日期的票据，或者说，购买票据的业务叫贴现。办理贴现业务时，银行向客户收取一定的利息，称为贴现利息或折扣，其对应的比率即贴现率。

再贴现率是商业银行由于资金周转的需要，以未到期的合格票据再向中央银行贴现时所适用的利率。对中央银行而言，再贴现是买进票据，让渡资金；对商业银行而言，再贴现是卖出票据，获得资金。再贴现是中央银行的一项主要的货币政策工具。中央银行根据市场资金供求状况调整再贴现率，能够影响商业银行资金借入的成本，进而影响商业银行对社会的信用量，从而调节货币供给总量。如果中央银行提高再贴现率，就意味着商业银行向中央银行再融资的成本提高了，因此它们必然要调高对客户的贴现率或提高放款利率，从而带动整个市场利率上涨，这样借款人就会减少，起到紧缩信用的作用，市场货币供应量减少；反之，如果中央银行降低再贴现率，就可以起到扩大信用的作用。所以再贴现率的变动直接对货币供应量起作用，进而对国内总需求发生影响。当再贴现率提高时，就会降低总需求；当再贴现率降低时，则会扩大总需求。

(2) 同业拆借利率。同业拆借利率是指银行同业之间的短期资金借贷利率。同业拆借有两个利率：拆进利率与拆出利率。其中，拆进利率表示银行愿意借款的利率；拆出利率表示银行愿意贷款的利率。一家银行的拆进（借款）实际上也是另一家银行的拆出（贷款）。同一家银行的拆进和拆出利率相比较，拆进利率永远小于拆出利率，其差额就是银行的收益。

同业拆借中大量使用的利率是伦敦同业拆借利率（LIBOR）。LIBOR 是指在伦敦的第一流银行借款给伦敦的另一家第一流银行资金的利率。现在 LIBOR 已经作为国际金融市场中大多数浮动利率的基础利率，并作为银行从市场上筹集资金进行转贷的融资成本。贷款协议中议定的 LIBOR 通常是由几家指定的参考银行在规定的时间（一般是伦敦时间上午 11：00）报价的平均利率。最大量使用的是 3 个月和 6 个月的 LIBOR。我国对外筹资成本即是在 LIBOR 利率的基础上加一定百分点。从 LIBOR 变化出来的，还有新加坡同业拆借利率、纽约同业拆借利率、香港同业拆借利率等。

(3) 回购利率。回购是交易双方在全国统一同业拆借中心进行的以债券（包括国债、政策性金融债和中央银行融资券）为权利质押的一种短期资金融通业务，是指资金融入方（正回购方）在将债券出质给资金融出方（逆回购方）融入资金的同时，双方约定在将来某一日期由正回购方按某一约定利率计算的资金额向逆回购方返还资金，逆回购方向正回购方返还原出质债券的融资行为。该约定的利率即回购利率。

全国银行间债券市场的回购交易是以国家主权级的债券作为质押品的交易。其回购利率可以说是一种无风险利率，可以准确反映市场资金成本和短期收益水平，比较真实地反映了中国金融市场的资金供求情况，已成为中央银行制定货币政策、财政部和其他债券发行人制定发行策略以及市场参与者进行资产管理的重要参考指标。

(4) 各项存贷款利率。各项存贷款利率包括金融机构对客户存贷款利率即城乡居民和企事业单位存贷款利率、中国人民银行对金融机构存贷款利率以及优惠贷款利率。国务院批准和授权中国人民银行制定的各项利率为法定利率，具有法律效力，其他任何单位和个人无权变动，且法定利率的公布、实施由中国人民银行负责。

银行利率的变动不仅对银行存贷款有直接影响，也对债券利率产生影响，其他货币的市场价格也会随利率的变动而发生变动。所以利率是对市场反应非常灵敏的一个经济变量。在对利率与总供需关系的研究中，应该对存款利率和贷款利率加以区别。存款利率主要调节存款，贷款利率主要调节贷款。一般情况下，两者之间的变动方向是一致的，但是有时候在变动幅度上可以不同，因而，存贷款利率之间的差额也可以成为调节供需关系的一种工具。在其他条件不变时，由于利率水平上浮引起存款增加和贷款下降，一方面是居民的消费支出减少，另一方面是企业生产成本增加，它会同时抑制供给和需求；利率水平的降低则会引起需求和供给的双向扩大。

3. 汇率

汇率是外汇市场上一国货币与他国货币相互交换的比率。一般来说，国际金融市场上的外汇汇率是由一国货币所代表的实际社会购买力平价和自由市场对外汇的供求关系决定的。汇率变动是国际市场商品和货币供求关系的综合反映。当汇率降低时，本币贬值，国外的本币持有人就会抛出本币，或者加快从国内市场购买商品的速度。对于国内来说，一方面是流回国内的本币增多；另一方面是从国内流出的商品增多，出口量扩大，这就形成了国内需求的扩大和供给的减少。当汇率提高时，本币升值，国外对本币的需求增大以及流出增加，同时对国内的进口增加，这就一方面使国内需求减少，另一方面使国内供给增加。总体效应就是：降低汇率会扩大国内总需求，提高汇率会缩减国内总需求。

一国的汇率会因该国的国际收支状况、通货膨胀率、利率、经济增长率等的变化而波动。同样，汇率波动又会影响一国的进出口额和资本流动，并影响一国的经济发展。特别是在当前国际分工异常发达、各国间经济联系十分密切的情况下，汇率的变动对一国的国内经济、对外经济以及国际间的经济联系都产生着重大影响。

4. 外汇储备

外汇储备是一国对外债权的总和，用于偿还外债和支付进口，是国际储备的一种。一国当前持有的外汇储备是以前各时期一直到现期为止的国际收支顺差的累计结果。

一国的国际储备除了外汇储备外，还包括黄金储备、特别提款权和在国际货币基金组织(IMF)的储备头寸。我国由于后两者所占比例较低，国际储备主要由黄金和外汇储备构成。在一个时期内，国际储备中可能发生比较大的变动的主要是外汇储备。外汇储备的变动是由国际收支发生差额引起的。在国际收支账户中，经常账户和资本账户都会发生差额，但如果两者方向不同，就会相互抵消。只有在国际收支账户上的所有项目综合起来发生综合差额，才会引起国际储备变动特别是外汇储备变动。

当国际收支发生顺差时，流入国内的外汇量大于流出的外汇量，外汇储备就会增加；当发生逆差时，外汇储备减少。当外汇流入国内的时候，拥有外汇的企业或其他单位可能会把它兑换成本币，比如用来在国内市场购买原材料等，这样就形成了对国内市场的需求。因而，扩大外汇储备会相应增加国内需求。

需要强调，一个国家除了储备外汇外，还有一部分非储备外汇，即通过国际货币市场单纯进行货币交易而增加或减少的外汇。它和储备外汇的不同之处就是它不是通过国际收支账户实现的。很多时候，人们可能需要进行货币兑换。当一个国家在国际市场卖出持有的外汇时，外汇流向国外，本币流向国内；当买进外汇时，本币流出，外币流入。所以非储备外汇减少就意味着国内需求增加，非储备外汇增加就意味着国内需求减少。它们在方向上是不同的。

（五）财政指标

1. 财政收入

财政收入指国家财政参与社会产品分配所取得的收入，是实现国家职能的财力保证。财政收入所包括的内容几经变化，目前主要包括：

(1) 各项税收：包括增值税、营业税、消费税、土地增值税、城市维护建设税、资源税、城市土地使用税、印花税、个人所得税、企业所得税、关税和耕地占用税等。

(2) 专项收入：包括征收排污费收入、征收城市水资源费收入、教育费附加收入等。

(3) 其他收入：包括基本建设贷款归还收入、基本建设收入、捐赠收入等。

(4) 国有企业计划亏损补贴：这项为负收入，冲减财政收入。

2. 财政支出

财政支出是指国家财政将筹集起来的资金进行分配使用，以满足经济建设和各项事业的需要，主要包括：基本建设支出、企业挖潜改造资金、地质勘探费用、科技三项费用(即新产品试制费、中间试验费、重要科学研究补助费)、支援农村生产支出、农林水利气象等部门的事业费用、工业交通商业等部门的事业费、文教科学卫生事业费、抚恤和社会福利救济费、国防支出、行政管理费和价格补贴支出。上述财政支出可归类为两部分：一部分是经常性支出，包括政府的日常性支出、公共消费产品的购买、经常性转移等；另一部分是资本性支出，就是政府的公共性投资支出，包括政府在基础设施上的投资、环境改善方面的投资以及政府储备物资的购买等。这两部分支出的变化对国内总供需的影响是不同的。

在财政收支平衡条件下，财政支出的总量并不能扩大和缩小总需求。但财政支出的结构会改变消费需求和投资需求的结构。经常性支出的扩大可以扩大消费需求，其中既有个人消费需求，也有公共物品的消费需求。资本性支出的扩大则扩大投资需求。在总量不变的条件下，两者是此多彼少的关系。扩大了投资，消费就必须减少；扩大了消费，投资就必须减少。所以在需求结构调整时，适当调整财政的支出结构能很显著地产生效应。

3. 赤字或结余

财政收入与财政支出的差额即为赤字(差值为负时)或结余(差值为正时)。核算财政收支总额主要是为了进行财政收支状况的对比。财政收入大于支出表现为结余，财政收不抵支则出现赤字。如果财政赤字过大，就会引起社会总需求的膨胀和社会总供求的失衡。

同时，财政赤字或结余也是宏观调控中应用最普遍的一个经济变量。财政发生赤字的时候有两种弥补方式：一是通过举债即发行国债来弥补；二是通过向银行借款来弥补。

发行国债对国内需求总量是不会产生影响的。财政通过银行借款弥补赤字，如果银行不因此而增发货币，只是把本来应该增加贷款的数量借给财政使用，那么财政赤字同样不会使需求总量增加。这是由债务本身的性质所决定的。只有在银行因为财政的借款而增加货币发行量时，财政赤字才会扩大国内需求。

值得注意的是，为了更好地发挥财政政策的作用，财政政策应当和货币政策结合使用。

三、宏观经济运行分析对证券市场的影响

证券市场是市场经济体系的重要内容，证券投资活动也是国民经济活动的有效组成部分。因此有必要将证券市场和证券投资活动放到整个宏观经济运行的过程中去考察，从全局的高度找出影响证券市场价格的因素，揭示宏观经济变动与证券投资间的关系。

（一）国内生产总值（GDP）变动对证券市场的影响

GDP 变动是一国经济成就的根本反映。GDP 的持续上升表明国民经济良性发展，制约经济的各种矛盾趋于或达到协调，人们有理由对未来经济产生好的预期；相反，如果 GDP 处于不稳定的非均衡增长状态，暂时的高产出水平并不表明一个好的经济形势，不均衡的发展可能激发各种矛盾，从而孕育着经济衰退的产生。证券市场作为经济的“晴雨表”如何对 GDP 的变动作出反应呢？我们必须将 GDP 与经济形势结合起来进行考察，不能简单地以为 GDP 增长，证券市场就将伴之以上升的走势，实际上有时恰恰相反。关键是看 GDP 的变动是否将导致各种经济因素（或经济条件）的恶化，下面对几种基本情况进行阐述。

1. 持续、稳定、高速的 GDP 增长

在这种情况下，社会总需求与总供给协调增长，经济结构逐步合理并趋于平衡，经济增长来源于需求刺激并使得闲置的或利用率不高的资源得到更充分的利用，从而表明经济发展的良好势头，这时证券市场将基于下述原因而呈现上升走势。

(1) 伴随总体经济成长，上市公司利润持续上升，股息和红利不断增长，企业经营环境不断改善，产销两旺，投资风险也越来越小，从而使公司的股票和债券得到全面升值，价格上扬。

(2) 人们对经济形势形成了良好的预期，投资积极性得以提高，从而增加了对证券的需求，促使证券价格上涨。

(3) 随着国内生产总值 GDP 的持续增长，国民收入和个人收入都不断得以提高，收入增加也将增加证券投资的需求，从而使证券价格上涨。

2. 高通货膨胀下的 GDP 增长

当经济处于严重失衡下的高速增长时，总需求大大超过总供给，这将表现为高的通货膨胀率，这是经济形势恶化的征兆，如不采取调控措施，必将导致未来的“滞胀”（通货膨胀与增长停滞并存）。这时，经济中的矛盾会突出地表现出来，企业经营将面临困境，居民实际收入也将降低，因而失衡的经济增长必将导致证券市场下跌。

3. 宏观调控下的 GDP 增长

当 GDP 呈失衡的高速增长时，政府可能采取宏观调控措施以维持经济的稳定增长，

这样必然减缓 GDP 的增长速度。如果调控目标得以顺利实现，而 GDP 仍以适当的速度增长，而未导致 GDP 的负增长或低增长，则说明宏观调控措施十分有效，经济矛盾逐步得以缓解，为进一步增长创造了有利条件，这时证券市场亦将反映这种好的形势而呈平稳渐升的态势。

4. 转折性的 GDP 变动

如果 GDP 一定时期以来呈负增长，当负增长速度逐渐减缓并呈现向正增长转变的趋势时，表明恶化的经济环境逐步得到改善，证券市场走势也将由下跌转为上升。

（二）经济周期变动对证券市场的影响

1. 经济运行周期的涵义

理论研究和经济发展的实证均表明，由于受多种因素的影响，宏观经济的运行总是呈现出周期性变化。这种周期性变化表现在许多宏观经济统计数据的周期性波动上，如国内生产总值(GDP)、消费总量、投资总量、工业生产指数、失业率等。由于 GDP 是最常见、综合性最强的衡量宏观经济的指标，因此，宏观经济的周期性变化通常用 GDP 的系列统计数据来表示。

研究表明，宏观经济周期一般要经历 4 个阶段，即萧条、复苏、繁荣、衰退，也就是说，如果从 GDP 的下降开始算起，那么，它首先经历 GDP 增长处于下降的衰退阶段，下降至最低点为萧条阶段，然后经过不断回升的复苏阶段，达到欣欣向荣的繁荣阶段，繁荣之中又孕育着衰退的再次来临。如此循环往复，周而复始，其中每四个阶段构成一个经济周期。理论和实证研究都表明经济周期具有一定的内生性。

2. 经济周期与证券市场波动

在萧条阶段，经济下滑至低谷，百业不振，公司经营情况不佳，证券价格低位徘徊。由于预期未来经济状况不佳，公司业绩得不到改善，大部分投资者都已离场观望，只有那些富有远见且在不断地搜集和分析有关经济形势并合理判断经济形势即将好转的投资者在默默地吸纳。

当经济走出萧条，步入复苏阶段时，公司经营状况开始好转，业绩上升，资信提高。此时，由于先知先觉的投资者的不断吸纳，证券价格实际上已经回升至一定水平，初步形成底部反转之势。随着各种媒介开始传播萧条已经过去、经济日渐复苏的消息，投资者的认同感不断增强，投资者自身的境遇亦在不断改善，从而推动证券价格不断走高，完成对底部反转趋势的确认。

随着经济的日渐活跃，繁荣阶段就会来临，公司的经营业绩也在不断提升，并通过增资扩大生产规模，占有市场。由于经济的好转和证券市场上升趋势的形成得到了大多数投资者的认同，投资者的投资回报也在不断增加，因此，投资者的投资热情高涨，推动证券市场价格大幅上扬，并屡创新高，整个经济和证券市场均呈现一派欣欣向荣的景象。此时，一些有识之士在充分分析宏观经济形势的基础上认为经济高速增长的繁荣阶段即将过去，经济将不会再创高潮，因而悄悄地卖出所持的证券。证券价格仍在不断上扬，但多空双方的力量在逐渐发生变化，因此，价格的上扬已成强弩之末。

由于繁荣阶段的过度扩张，社会总供给开始超过总需求，经济增长减速，存货增加，同时经济过热造成工资、利率等大幅上升，使公司营运成本上升，公司业绩开始出现停滞甚至下降之势，繁荣之后衰退的来临不可避免。在衰退阶段，更多的投资者基于对衰退来临的共同认识加入到抛出证券的行列，从而使整个证券市场完成中长期筑顶，形成向下的趋势。

证券市场价格的变动周期虽然大体上与经济周期相一致，但在时间上并不与经济周期相同。从实证上来看，证券市场走势对于经济周期提前且约为几个月到半年。也就是说，证券市场走势对宏观经济运行具有预警作用。这就是通常所说“证券市场是经济的‘晴雨表’”的原因所在，也是在经济指标分析中证券价格指数作为先行指标的理由。当然，证券市场的“晴雨表”功能是就其中长期趋势而言的，证券市场的每一次波动，特别是短期波动，并不表示宏观经济状况的变好或趋淡。

应该注意的是不同具体行业受经济周期的影响程度是不一样的，对具体某种股票的行情分析，应深入细致地探究该波动周期的起因及政府控制经济周期采取的政策措施，并结合行业特征及发行公司的“公司分析”综合地进行。

（三）通货膨胀（紧缩）对证券市场的影响

通货膨胀、通货紧缩和失业一直是困扰各国政府的主要经济问题。通货膨胀与通货紧缩存在的原因以及它对经济的影响，是一个十分复杂的问题，对此几乎没有一个全面的阐述。而政府对通货膨胀进行控制的宏观政策往往只能以一定的代价（比如增加失业率）来实现。

1. 通货膨胀对股票市场的影响

通货膨胀对股价特别是个股的影响，也无永恒的定势，它完全可能同时产生相反方向的影响，对这些影响作具体分析和比较必须从该时期通胀的原因、通胀的程度并结合当时的经济结构和形势、政府可能采取的干预措施等的分析入手，其复杂程度可想而知。这里，我们只能就一般性的原则做以下几点说明。

(1) 温和的、稳定的通货膨胀对股价的影响较小。

(2) 如果通货膨胀在一定的可容忍范围内增长，而经济处于景气（扩张）阶段，产量和就业都持续增长，那么股价也将持续上升。

(3) 严重的通货膨胀是很危险的，经济将被严重扭曲，货币每年以50%甚至更快的速度贬值，这时人们将会囤积商品、购买房屋以期对资金保值。这可能从两个方面影响股价：其一，资金流出金融市场，引起股价下跌；其二，经济扭曲且失去效率，企业筹集不到必需的生产资金，同时，原材料、劳务价格等成本飞涨，使企业经营严重受挫，盈利水平下降，甚至破产倒闭。

(4) 政府往往不会长期容忍通货膨胀存在，因而必然会动用某些宏观经济工具来抑制通胀，这些政策必然对经济运行造成影响，这种影响将改变资金流向和企业的经营利润，从而影响股价，政策对股价的具体影响将在后面阐述。

(5) 通货膨胀时期，并不是所有价格和工资都按同一比率变动，也就是说相对价格发生变化。这种相对价格变化可引致财富和收入的再分配、产量和就业的扭曲，因而某些公司可能从中获利，而另一些公司可能蒙受损失。与之相应的是获利公司的股票上涨，相反，受损失公司的股票下跌。

（6）通货膨胀不仅对经济产生影响，还可能对社会产生影响，并影响公众的心理和预期，从而对股价产生影响。

（7）通货膨胀使得各种商品价格具有更大的不确定性，也使得企业未来经营状况具有更大的不确定性，从而影响市场对股息的预期，并增大获得预期股息的风险，从而导致股价下跌。

（8）通货膨胀对企业（公司）的微观影响可以从税收效应、负债效应、存货效应等对公司作具体的分析。但长期的通货膨胀必然使经济环境、社会环境恶化，股价必受大环境影响而下跌，短期效应的表现便不复存在。例如，石油危机导致世界性的通货膨胀，工业原料、生产物资价格普遍上扬，最初拥有这些原料的厂商极度兴奋，因为库存的原料原以低价购进，产品价格忽然上扬，意外地提高了他们的利润。待一季盈余增加公布后，自会促使买气增加，股价上扬。待一段急速行情之后，通货膨胀现象未减轻，反而加重，低价原料库存终究有限，等到事实证明此次通胀并不是景气复苏时，有识之士先行卖出股票，又因为股价本已偏高，买气弱，而卖压逐渐加重，当通胀继续恶化，直接影响产品成本和销量时，股价已下跌一段距离。

总之，万事皆有度，过之则无益。适度的通货膨胀下，人们为避免损失，将资金投向股市。而通货膨胀初期，物价上涨，生产受到刺激，企业利润增加，股价因此看涨。但在持续增长的通货膨胀下，企业成本增加，而高价格下需求下降，企业经营恶化。特别是，政府此时不得已采取严厉的紧缩政策，则犹如雪上加霜，企业资金周转失灵，一些企业甚至倒闭，股市在恐慌中狂跌。

2. 通货膨胀对债券市场的影响

主要包括：

（1）通货膨胀提高了投资者对债券的收益率的要求，从而引起债券价格下跌。

（2）未预期到的通货膨胀增加了企业经营的不确定性，提高了还本付息风险，从而债券价格下跌。

（3）过度通货膨胀将使企业经营困难甚至倒闭，同时投资者将资金转移到实物资产和交易上以寻求保值，债券需求减少，价格下降。

专栏 6－3

物价上涨与通货膨胀

商品的价格是由货币的价值和商品的价值共同决定的。货币的价值发生变化，会造成商品的价格变化。商品的价值发生变化，也会造成商品的价格变化。货币的价值和商品的价值同时发生变化，也会造成商品的价格变化。这就需要我们区别什么原因造成商品的价格变化。是由于货币的价值发生变化，造成商品的价格变化；是由于商品的价值发生变化，造成商品的价格变化；还是由于货币的价值和商品的价值同时发生变化,造成商品的价格变化?只有搞清楚什么原因造成商品的价格变化,才能正确地对待商品价格的变化。

货币的供求失衡,将会使货币的价值发生变化。当货币供大于求时,货币的价值将下降。商品价值一定的情况下,货币的价值下降,商品的价格将上涨。货币供大于求,使货币的价值下降,商品的价格趋向于上涨,我们把这种现象称之为通货膨胀。

工资变化是造成商品价格上涨的主要原因之一,但这属于商品正常价格调整,不是通货膨胀。此时采取工资物价指导或工资物价控制的措施,来控制商品正常价格调整造成的价格水平持续上涨,这是一种完全错误的做法。只是在越短的时间里国民人均总收入上升十倍,经济变化将越激烈;在越长的时间里国民人均总收入上升十倍,经济变化将越温和。日本在第二次世界大战结束后,从 1945 年国民人均总收入几十美元,到 1985 年上升到二万美元。日本只用了 40 年时间,国民人均总收入和国民人均工资收入上升了一百多倍。在第二次世界大战结束后,日本如果采取工资物价指导或工资物价控制的措施,不让工资物价随意上升,现在的日本将不会是一个富裕的日本,可能是一个贫穷的日本。

(四)国际收支状况对证券市场的影响

1. 贸易顺差的影响

持续的贸易顺差可以增加国民生产总值,公众收入增长,从而带动债券市场价格上扬。20 世纪 90 年代初期,东南亚出口顺差,经济增长快,收入增长促使证券市场高涨,但 1997 年金融危机后,欧美发达国家扩大出口从而改变了这种状况。总之,出口优良的企业其证券价格会有优异的表现。

2. 贸易逆差的影响

一国出口贸易如为逆差,则生产这些产品的企业收益下降,证券发行受到冷遇,其价格在证券市场上表现差。一国若持续贸易逆差,将造成外汇储备减少,进口支付能力恶化,经济受影响而不景气,证券市场也不景气。

3. 国际收支顺差的影响

国际收支长期大幅顺差,容易引发国内通货膨胀,为收购外币,政府将投放过量本币,其中,国际投机资本的大量流入流出,会影响国内金融市场与本币币值的稳定,证券价格则直接受到影响。

(五)就业状况的变动对证券市场的影响

证券市场的投资不论是机构投资还是个体投资,都是社会大众的投资,就业状况的好坏不仅反映了经济状况,而且与证券市场资金供给的增减变化有密切关系。在经济增长初期,人们就业收入用于支付个人消费,之后人们手中积累了一定的多余货币而投资于证券,随之证券市场发达兴旺。在经济繁荣期,就业率高,收入普遍增加,证券市场资金源源流入并推高股价,而投资者因财富效应增加消费信贷,银行业甘愿承担授信品质低的信贷风险。当一些有远见的获利者抛售股票离场时,证券指数下跌,大多数人会补仓推动股价上扬,但后续资金匮乏,股指终究跌落下来,随着投资者损失加重,消费投资减少，就业机会下降，经济危机爆发，人们斩仓出逃。接着出现持续的经济衰退，失业率上升，证券市值大幅下降，证券指数运行在一个长期的下跌趋势中。

四、宏观经济政策分析

（一）货币政策对证券市场的影响

货币政策是中央银行为实现一定的宏观经济调控目标而运用各种货币政策工具调节货币供求的方针和策略的总称，是国家宏观经济政策的重要组成部分。就其变动的方向而言，主要有两种：

（1）松的货币政策。一般说来，松的货币政策将使得证券市场价格上扬。其原因在于：第一，为企业生产发展提供充足的资金，利润上升，从而股价上升。第二，社会总需求增大，刺激生产发展，同时居民收入得到提高，因而对证券投资的需求增加，证券价格上扬。第三，银行利率随货币供应量增加而下降，部分资金从银行转移出来流向证券市场，也将扩大证券市场的需求，同时利率下降还提高了证券价值的评估，二者均使价格上升。第四，货币供应量的过度增加将引发通货膨胀，适度的通货膨胀或在通货膨胀初期，市场表现出繁荣景象，企业利润上升，加上受保值意识驱使，资金转向证券市场，使证券价值和对证券的需求均增加，从而股价上升。但是当通货膨胀上升到一定程度，可能恶化经济环境，将对证券市场起反面作用，而且政府采取措施，实施紧缩政策（包括紧缩财政和紧缩货币）将为时不远，当市场对此做出预期时，证券市场价格将会下跌。

（2）与松的货币政策相反，紧的货币政策将使得证券市场价格下跌。

具体的政策工具会对证券市场产生特殊的影响。

1. 存款准备金率对证券市场的影响。存款准备金全称为法定存款准备金，是指凡具有吸收存款业务的金融机构都必须将吸收的存款按一定的比率交存到中央银行。交存金额占存款总额的比率称为存款准备金率或存款准备率。这一货币政策工具通常被认为是最猛烈的宏观调控工具之一。其小幅调整，也会通过货币乘数关系引起货币供应量的巨大波动。当中央银行上调存款准备率时，货币乘数变小，会有更多的存款从商业银行流向中央银行，使商业银行的资金来源减少，放款能力降低，货币供应就会紧缩，社会资金供应紧张，股票价格呈下跌的趋势；反之，如果中央银行下调存款准备率，则有利于股票价格上涨。

2. 再贴现对证券市场的影响。再贴现是指商业银行将贴现买入的未到期商业票据提交中央银行，由中央银行扣除再贴现利息后支付贴现款项。中央银行通过调高或降低再贴现利率影响商业银行的信用量，以达到信用扩张或信用收缩的目的。如果提高贴现率，商业银行的借入资金成本增大，就会迫使其提高再贷款利率，从而起到减少贷款量和货币供应量的作用；反之，就会加大贷款量和货币供应规模。它对证券市场影响的作用机制与存款准备金率对证券市场的影响是一样的。

3. 公开市场业务对证券市场的影响。政府如果通过公开市场购回债券来增大货币供应量，则一方面减少了国债的供给，从而减少证券市场的总供给，使得证券价格上扬，特别是被政府购买的国债品种（通常是短期国债）首先上扬；另一方面，政府回购国债相当于向证券市场提供了一笔资金，这笔资金最直接的效应是提高对证券的需求，从而使整个证券市场价格上扬，然后增加的货币供应量将对经济产生影响。可见，公开市场业务的调控工具最先、最直接地对证券市场产生影响。

4. 汇率对证券市场的影响。汇率对证券市场的影响是多方面的。一般来讲，一国的经济越开放，证券市场的国际化程度越高，证券市场受汇率的影响越大。如汇率上升，本币贬值，本国产品竞争力强，出口型企业将受益，因而企业的股票和债券价格将上涨；相反，依赖于进口的企业成本增加，利润受损，股票和债券价格将下跌。汇率上升，本币贬值，将导致资本流出本国，资本的流失将使得本国证券市场需求减少，从而市场价格下跌。汇率上升，本币表示的进口商品价格提高，进而带动国内物价水平上涨，引起通货膨胀，通货膨胀对证券市场的影响需根据当时的经济形势和具体企业以及政策的对策行为进行分析。汇率上升，为维持汇率稳定，政府可能动用外汇储备，抛售外汇，从而将减少本币的供应量，使得证券市场价格下跌，直到汇率回落恢复均衡，反面效应可能使证券价格回升。

专栏 6－4

中央银行的独立性与宏观经济

各国中央银行的组织形式差异很大，美国的中央银行是最为独特的，它是由12家地区联邦储备银行所组成的联邦储备体系。其他国家的中央银行大多由原来的一家商业银行演变而来。因为组织形式的差异和各国政治经济制度的差异，各个国家的中央银行相对于政府的独立性也存在着很大的差异(表6－2)。

表6－2　代表性国家中央银行独立性与通货膨胀率(IR)比较

编号	国家	独立性	平均 IR
1	西班牙	1	12%
2	新西兰	1.5	12%
3	澳大利亚	1.5	9.5%
4	意大利	2	12%
5	英国	2	6%
6	芬兰	2	8.5%
7	法国	2	8%
8	比利时	2	5.8%
9	瑞典	2	8%
10	挪威	2	8%
11	加拿大	2.5	7.5%
12	荷兰	2.5	4%

续表 6－2

编号	国家	独立性	平均 IR
13	日本	3	4%
14	美国	3	6%
15	瑞士	4	3%
16	德国	4	3%

注：(1) 表中央行的独立性从 1(最不独立)到 4(最独立)排列。
(2) 平均 IR 指 1973—1988 年的年均通货膨胀率。

虽然大多数国家的中央银行行长或总裁是由政府任命的(加拿大是个例外，它的中央银行行长由该行的管理委员会任命)，但在美国，美联储总裁任期长达 4 年。在有的国家，行长或总裁由政府任命后往往不对政府负责，而是对国会或独立承担政策责任，保持着类似美国那样的独立性。在部分国家，中央银行几乎完全被政府控制，独立性较差。在一些国家，如日本、法国，以政府角色出现的财政部拥有向中央银行的建议权。除此之外，许多国家中央银行有向政府提供透支、方便政府借款的义务。

在发达国家，以德国、瑞士、加拿大、荷兰、日本和美国的中央银行独立性最强；独立性最低的为卢森堡、希腊和西班牙。新成立的欧洲中央银行也被设计得高度独立。

中央银行的独立性与一国宏观经济间的关系值得研究。中央银行独立的鼓吹者认为，提高中央银行的独立性可以改善宏观经济的运行。因为这样，中央银行可以独立地制定货币政策，把货币稳定作为政策的唯一目标。独立性差的中央银行可能为顾及其他目标而牺牲货币稳定目标。

（二）财政政策对证券市场的影响

财政政策是政府依据客观经济规律制定的指导财政工作和处理财政关系的一系列方针、准则和措施的总称。财政政策分为：松的财政政策、紧的财政政策和中性财政政策。总的来说，紧的财政政策将使得过热的经济受到控制，证券市场也将走弱；而松的财政政策将刺激经济发展，使证券市场走强。

1. 松的财政政策及其对证券市场的影响。其主要包括：

减少税收，降低税率，扩大减免税范围。其政策的经济效用是：增加微观经济主体的收入，以刺激经济主体的投资需求，从而扩大社会供给。其对证券市场的影响力：增加人们的收入，并同时增加了他们的投资需求和消费支出。前者将直接引起证券市场价格上涨，后者则使得社会总需求增加，总需求增加反过来刺激投资需求；企业扩大生产规模，企业利润增加。同时，企业税后利润增加，也将刺激企业扩大生产规模的积极性，进一步增加利润总额，从而促进股票价格上涨。再者，因市场需求活跃，企业经营环境改善，盈利能力增强，进而降低了还本付息风险，债券价格也将上扬。

扩大财政支出，加大财政赤字。其政策效应是：扩大社会总需求，从而刺激增加了投资信心，买气增强，股市和债市趋于活跃，价格自然上扬。特别是与政府购买和支出相关的企业将最先、最直接从财政政策中获益，因而有关企业的股价和债券价格将率先上涨。

减少国债发行(或回购部分短期国债)，其政策效应是扩大货币流通量，以扩大社会总需求，从而刺激生产。这首先将直接对债市特别是国债产生影响。由于债券供给规模缩小，价格上扬，继而由于货币供给效应和证券联动效应，整个证券市场价格均会上扬。需要指出的是，用于定向支出的国债发行，则应视其支出方向来分析对证券市场的影响，如果发行国债的收入用来引导投资和消费，以刺激经济的增长，则会促使证券价格的上扬。

增加财政补贴。财政补贴往往使财政支出扩大，其政策效应是：扩大社会总需求并刺激供给增加。

2. 紧的财政政策的经济效应及其对证券市场的影响与上述分析相反，不再一一叙述。

五、国际金融市场环境分析

国际金融市场按经营业务的种类划分，可以分为货币市场、证券市场、外汇市场、黄金市场和期权期货市场。这些市场是一个整体，各个市场相互影响。证券市场仅仅是国际金融市场的一部分，国际证券市场受其他市场的影响，它对一国证券市场的影响是通过该国国内其他金融市场的传导而发生的。如 20 世纪 80 年代初，发展中国家难以在国际证券市场上筹集资金，导致国内资金市场上资金短缺，利率上升，从而影响本国证券市场的发展。

加入 WTO 之后，我国资本市场将逐步开放。目前，人民币还没有实现完全自由兑换，证券市场是有限度的开放，因此，我国的证券市场是相对独立的，国际金融市场对我国证券市场的直接冲击较小。但由于经济全球化的发展，我国经济与世界经济的联系日趋紧密，因此，国际金融市场的剧烈动荡会通过各种途径影响我国的证券市场。

(一) 国际金融市场动荡通过人民币汇率预期影响证券市场

汇率对证券市场的影响是多方面的。一般来讲，一国的经济越开放，证券市场的国际化程度越高，证券市场受汇率的影响越大。这里汇率用单位外币的本币标值来表示。

一般而言，汇率上升，本币贬值，本国产品竞争力强，出口型企业将增加收益，因而企业的股票和债券价格将上涨，相反，依赖于进口的企业成本增加，利润受损，股票和债券价格将下跌。同时，汇率上升，本币贬值，将导致资本流出本国，资本的流失将使得本国证券市场需求减少，从而市场价格下跌。

另外，汇率上升时，本币表示的进口商品价格提高，进而带动国内物价水平上涨，引起通货膨胀。通货膨胀对证券市场的影响需根据当时的经济形势和具体企业以及政策行为进行分析。为维持汇率稳定，政府可能动用外汇储备，抛售外汇，从而将减少本币的供应量，使得证券市场价格下跌，直到汇率回落恢复均衡，反面效应可能使证券价格回升。如果政府利用债市与汇市联动操作达到既控制汇率的升势又不减少货币供应量，即抛售外汇，同时回购国债，则将使国债市场价格上扬。

由于我国人民币实行贸易项下的自由兑换和资本项目的严格控制，因此，官方的人民币汇率不容易受到国际金融市场的冲击。但由于贸易项下的自由兑换、心理恐慌形成汇率预期、人民币"黑市"交易的活跃，造成实际汇率(考虑"黑市"交易因素)的波动，从而影响证券市场。

同时，尽管人民币汇率保持稳定，但由于国际金融市场的动荡以及不同经济共同体经济发展和货币政策等方面的差异，使人民币汇率相对这些货币的汇率出现升值倾向，也会影响我国证券市场。2002年底以来，由于市场广泛存在亚洲区国家货币对美元升值的预期，所以导致以港元标价的深圳B股和以美元标价的上海B股走势出现了较大分化。

(二) 国际金融市场动荡通过宏观面和政策面间接影响证券市场

国际金融市场动荡加大了我国宏观经济增长目标的执行难度，从而在宏观面和政策面间接影响我国证券市场的发展。

改革开放以来，我国国民经济的对外依存度大大提高，国际金融市场动荡会导致出口增幅下降、外商直接投资下降，从而影响经济增长率，失业率随之上升，宏观经济环境的恶化导致上市公司业绩下降和投资者信心下降，最终使证券市场行情下跌。其中，国际金融市场的动荡对外向型上市公司和外贸行业上市公司的业绩影响最大，对其股价的冲击也最大。同时有关政府部门将吸取国际金融市场动荡的教训，采取降低证券市场的风险、加强监管、提高上市公司的素质等积极的措施，促使证券市场稳健发展。

从我国目前的市场结构来看，国际金融动荡对于A股市场的影响比较小，或者说在分析A股市场的运行趋势时，可以忽略不计；但对于以境外投资者为投资主体的B股市场来说，影响比较大。因此，在对B股市场进行分析时，这是一个必须予以十分重视的基本因素。因为B股市场的投资者包含境外投资者，所以国际金融市场的动荡，必然通过影响境外投资者的投资行为对我国B股市场产生影响。如境外投资者调整原有投资组合、改变投资方向、套现资金等投资行为的改变，都将影响B股市场。

六、国际政治经济关系分析

证券市场是一个非常敏感的市场，尤其是二级交易市场，国际政治经济关系的细微变化都有可能促使市场上证券的交易价格出现剧烈的波动。影响证券市场的国际政治经济关系，从其变动因素所涉及的方面来看，可以分为政治、经济、军事与战争、外交关系等方面。

就国际经济关系方面的影响而言，包括国际经济的增长状况、国际金融以及利率与汇率的变动、境外股市行情波动、贸易关系等。20世纪90年代初，西方发达国家经济增长缓慢，使西方证券市场的总体趋势难呈跃升行情；而亚太地区尤其是东亚地区经济迅速增长，这些地区的证券市场呈现出规模不断扩大、容量不断增加、股价指数总体向上的趋势。国际金融以及利率与汇率的变动对西方证券市场的影响最大，西方几个主要国际金融市场的利率一旦上调，证券市场行情即刻就呈下跌行情。由于当今世界任何一个国家都不可能追求单独发展而脱离与世界各国的政治经济关系，在这种情况下，一方面各国可以通过国际间的合作和协作，在经济上取得更大的利益，但另一方面，当国际上出现政治危机或经济衰退时，也不可避免地要受到影响。证券市场的运行受到国内政治、军事、经济等因素的影响，形成股价潮涨潮落。一旦因某种重大因素的影响，触发起股市危机，将引发出全球性的经济混乱和萧条。例如：1929年10月28日，纽约股市一天内跌幅达12.82%，形成股市危机。这些股市危机导致了西方世界30年代的经济大危机。1987年10月19日，美国纽约华尔街股票市场的道·琼斯指数三小时之内下跌508.32点，跌幅达22.62%，是1929年股市崩溃日的两倍。美国股票持有者手中的各种有价证券一天之内贬值二成多，意味着有5 000多亿美元随风飘逝，相当于美国全年国民生产总值的八分之一，如此惨重的损失，称之为“屠杀”、“血洗”和“崩溃”并不过分。因为10月19日是星期一，因而人们把这一天称作“黑色的星期一”。华尔街上空的这场浩劫瞬间波及全世界。首先受到株连的是与纽约仅有5小时时间差的伦敦股市。其《金融时报》公布的100种股票指数当天下跌10.8%，损失450亿英镑。东京股市225种日经股票平均数继19日下跌4%后，20日出现了历史性的大暴跌，一天内净跌14.9%，股值损失约4 000多亿美元，创历史最高纪录。10月19日，香港的各种股票全面下跌，恒生指数从3783点跌至3 362.39点。为了稳定市场，香港联合交易所于20日开市前宣布停市4天。然而，10月26日股市重开后，恒生指数一日内又下跌了1 100.70点，跌幅达33%。仅这两个交易日，股票市值就减少了3 000亿港元。除了四大金融中心外，其他主要证券市场也发生了空前的暴跌。当日，米兰股市下跌7.6%，荷兰下跌11%，比利时下跌11.15%，法兰克福下跌9.39%。据有关人士估计，这次股市风潮直接损失达15 000亿美元。另外，贸易关系变化通常也会引起有关国际性公司的股票价格下跌，从而影响一国进出口量，甚至会引起整个股市指数的下挫。例如，1995年美国与日本的贸易战，曾使日经指数下挫。当然，贸易关系的改善以及贸易额的大幅度增加亦会引起股市指数的上升。

我国现时的证券市场由于规模较小，又属初创阶段，与国际市场接轨还有个时间问题。所以，目前上海和深圳的股价指数对国际上的政治经济关系变化还显得并不敏感。但是，作为一个成熟的投资者，仍应敏感地时刻注视着国际政治经济关系及其变化，因为随着我国改革的深化和经济建设的不断发展，需要引进大量的资金、先进技术和设备，需要进一步开展国际社会的合作。由于世界政治经济形势以及国际社会对中国的合作态度或多或少地会影响国内经济的发展速度，因而研究分析和判断国际政治经济关系及其变化趋势对帮助分析国内经济形势的发展是十分有益的。

第二节　行 业 分 析

一、行业分析概述

(一) 行业的含义和行业分析的意义

1. 行业的含义

所谓行业，是指从事国民经济中同性质的生产或其他经济社会活动的经营单位和个体等构成的组织结构体系，如林业、汽车业、银行业、房地产业等。

从严格意义上讲，行业与产业有差别，主要是适用范围不一样。产业作为经济学的专门术语，有更严格的使用条件。产业一般具有三个特点：(1) 规模性，即产业中企业数量、产品或服务的产出量达到一定的规模；(2) 职业化，即形成了专门从事这一产业活动的职业人员；(3) 社会功能性，即这一产业在社会经济活动中承担一定的角色，而且是不可缺少的。行业虽然也拥有职业人员，也具有特定的社会功能，但一般没有规模上的约定。比如，国家机关和党政机关行业就不构成一个产业。证券分析师关注的往往都是具有相当规模的行业，特别是含有上市公司的行业，所以在业内一直约定俗成地把行业分析与产业分析视为同义语。

2. 行业分析的意义

行业分析的主要任务包括：解释行业本身所处的发展阶段及其在国民经济中的地位，分析影响行业发展的各种因素以及判断对行业影响的力度，预测并引导行业的未来发展趋势，判断行业投资价值，揭示行业投资风险，从而为政府部门、投资者及其他机构提供决策依据或投资依据。

行业经济是宏观经济的构成部分，宏观经济活动是行业经济活动的总和。行业经济活动是介于宏观经济活动和微观经济活动之间的经济层面，是中观经济分析的主要对象之一。宏观经济分析主要分析社会经济的总体状况，但没有对总体经济的各组成部分进行具体分析。宏观经济的发展水平和增长速度反映了各组成部分的平均水平和速度，但各个组成部分的发展却有很大的差别，并非都和总体水平相一致。实际上，总是有些行业的增长快于宏观经济的增长，而有些行业的增长慢于宏观经济的增长。

从证券投资分析的角度看，宏观经济分析是为了掌握证券投资的宏观环境，把握证券市场的总体趋势。但宏观经济分析并不能提供具体的投资领域和投资对象的建议。面对只能投资于国内上市证券的投资者，分析师们除了提供宏观经济分析之外，更需要提供深入的行业分析和公司分析。当然，随着投资全球化的趋势，在多个国家进行证券投资的投资者，尤其是机构投资者，越来越需要对各国的宏观经济进行分析，从而决定不同的投资比例。另外，对于全球范围投资的指数基金来说，宏观经济分析也非常重要。

行业分析是对上市公司进行分析的前提，也是连接宏观经济分析和上市公司分析的桥梁，是基本分析的重要环节。行业有自己特定的生命周期，处在生命周期不同发展阶段的行业，其投资价值也不一样。而在国民经济中具有不同地位的行业，其投资价值也不一样。公司的投资价值可能会由于所处行业的不同而有明显差异。因此，行业是决定公司投资价值的重要因素之一。

行业分析和公司分析是相辅相成的。一方面，上市公司的投资价值可能会因为所处行业的不同而产生差异；另一方面，同一行业内的上市公司也会千差万别。

(二) 行业划分的方法

1. 道·琼斯分类法

道·琼斯分类法是在 19 世纪末为选取在纽约证券交易所上市的有代表性的股票而对各公司进行的分类，它是证券指数统计中最常用的分类法之一。

道·琼斯分类法将大多数股票分为三类：工业、运输业和公用事业，然后选取有代表性的股票。虽然入选的股票并不涵盖这类行业中的全部股票，但所选择的这些股票足以表明行业的一种趋势。在道·琼斯指数中，工业类股票取自工业部门的 30 家公司，包括了采掘业、制造业和商业；运输业类股票取自20家交通运输业公司，包括了航空、铁路、汽车运输与航运业；公用事业类股票取自6家公用事业公司，主要包括电话公司、煤气公司和电力公司等。作为计算道·琼斯股价指数的股票类别，公用事业行业直到1929年才被确认添加进来。

2. 标准行业分类法

联合国经济和社会事务统计局制定了一个《全部经济活动国际标准行业分类》，目前使用的是2006年3月审议通过的修订第四版，它将国民经济划分为21个门类：

(1) 农业、林业及渔业；

(2) 采矿和采石；

(3) 制造业；

(4) 电、煤气、蒸汽和空调的供应；

(5) 供水；污水处理、废物管理和补救活动；

(6) 建筑业；

(7) 批发和零售业；汽车和摩托车的修理；

(8) 运输和储存；

(9) 食宿服务活动；

(10) 信息和通信；

(11) 金融和保险活动；

(12) 房地产活动；

(13) 专业、科学和技术活动；

(14) 行政和辅助活动；

(15) 公共管理与国防；强制性社会保障；

(16) 教育；

(17) 人体健康和社会工作活动；

(18) 艺术、娱乐和文娱活动；

(19) 其他服务活动；

(20) 家庭作为雇主的活动；家庭自用、未加区分的物品生产和服务活动；

(21) 国际组织和机构的活动。

3. 我国国民经济的行业分类

1985年，我国国家统计局明确划分三大产业。把农业(包括林业、牧业、渔业等)定义为第一产业，把工业(包括采掘业、制造业、自来水、电力、煤气)和建筑业定义为第二产业。把第一、二产业以外的各行业定义为第三产业，主要是指向全社会提供各种各样劳务的服务性行业，具体包括交通运输业、邮电通信业、仓储业、金融保险业、餐饮业、房地产业、社会服务业等。其中，第三产业的内涵非常丰富，且随着生产力的发展，它所包括的细分行业也不断增多，因而是个发展性的概念。

为适应社会主义市场经济的发展，正确反映国民经济内部的结构和发展状况，并为国家宏观管理、各级政府部门和行业协会的经济管理以及进行科研、教学、新闻宣传、信息咨询服务等提供统一的行业分类和编码，《中华人民共和国国家标准(GB/T4754—94)》第一次对我国国民经济行业分类进行了详细的划分。2002年，从前期准备开始，经历了论证、立项、调研、修订以及专家评审等过程，历时近4年的新国民经济行业分类国家标准(GB/T4754—2002)推出。新标准借鉴了联合国的《国际标准产业分类》(修订第三版，简称"ISIC")的分类原则(按经济活动同质性原则划分行业)和结构框架，根据我国情况调整了1994年标准中与分类原则不相符的内容，大量充实了第三产业的新兴活动，对原采掘业和制造业进行了删减，并为与国际标准衔接，新增或调整了部分行业类别。增减相抵，比1994年的标准新增4个门类、3个大类、28个中类、67个小类。经过调整与修改，新标准共有行业门类20个，行业大类95个，行业中类3个，行业小类913个，基本反映出我国目前行业结构状况。

4. 我国上市公司的行业分类

由于各种原因，在我国证券市场建立之初，对上市公司没有统一的分类，上海、深圳证券交易所根据各自工作的需要，分别对上市公司进行了简单划分：上海证券交易所将上市公司分为工业、商业、地产业、公用事业和综合等五类；深圳证券交易所则将上市公司分为工业、商业、地产业、公用事业、金融业和综合等六类。近年来，随着证券市场的发展，上市公司数量的激增，沪、深交易所原有分类的不足越来越明显地表现出来，如分类过粗，不便于市场各方对上市公司进行分析。在此背景下，中国证监会于2001年4月4日公布了《上市公司行业分类指引》(简称《指引》)。《指引》是以中国国家统计局《国民经济行业分类与代码》(国家标准GB/T4754—94)为主要依据，在借鉴联合国《国际标准产业分类》、北美行业分类体系有关内容的基础上制定而成的。

(1) 分类对象与适用范围

《指引》以在中国境内证券交易所挂牌交易的上市公司为基本分类单位。

《指引》规定了上市公司分类的原则、编码方法、框架及其运行与维护制度。

《指引》为非强制性标准，适用于证券行业内的各有关单位、部门对上市公司分类信息进行统计、分析及其他相关工作。

(2) 分类原则与方法

《指引》以上市公司营业收入为分类标准，所采用财务数据为经会计师事务所审计的合并报表数据。当公司某类业务的营业收入比重大于或等于50%时，则将其划入该业务相对应的类别。当公司没有一类业务的营业收入比重大于或等于50%时，如果某类业务营业收入比重比其他业务收入比重均高出30%，则将该公司划入此类业务相对应的行业类别；否则将其划为综合类。

(3) 编码方法

《指引》将上市公司的经济活动分为门类、大类两级，中类作为支持性分类参考。由于上市公司集中于制造业，《指引》在制造业的门类和大类之间增设辅助性类别(次类)。与此对应，总体编码采用了层次编码法，类别编码采取顺序编码法，门类为单字母升序编码。制造业下次类为单字母加一位数字编码，大类为单字母加两位数字编码，中类单字母加四位数字编码。各类中带有"其他"样的收容类，以所属大类的相应代码加两位数字

“99”表示。大类、中类均采取跳跃增码，以适应今后增加或调整类属的需要。

(4) 管理机构

中国证监会负责制定、修改和完善《指引》，负责《指引》及相关制度的解释，为证券交易所对上市公司所属类别的划分备案。

证券交易所负责分类指引的具体执行，包括负责上市公司类别变更等日常管理工作和定期向中国证监会报备对上市公司类别的确认结果。

未经交易所同意，上市公司不得擅自改变公司类属。上市公司因兼并、置换等原因营业领域发生重大变动，可向交易所提出书面申请，并同时上报“调查表”，由交易所按照《指引》对上市公司的行业类属进行变更。

中国证监会及地方证券监管部门在统计报表编制及各种对外信息公告中，应遵照《指引》执行。证券交易所应遵照《指引》编制统计报表以及各种与上市公司类属有关的对外信息。

《指引》将上市公司共分成 13 个门类：农、林、牧、渔业，采掘业，制造业，电力、煤气及水的生产和供应业，建筑业，交通运输、仓储业，信息技术业，批发和零售贸易，金融、保险业，房地产业，社会服务业，传播与文化产业，综合类，以及 90 大类和 288 个中类。

(5) 上海证券交易所上市公司行业分类调整

为更好地反映证券市场结构、服务投资管理需求，2003 年经上海证券交易所指数专家委员会研究决定，将在上海证券交易所上市的公司按一定标准划分为 10 大行业。行业分类标准是以摩根士丹利和标准普尔公司联合发布的《全球行业分类标准》(GICS)为基础，参照中国证监会发布的《上市公司行业分类指引》进行调整。10 大行业的基本情况如表 6-3 所示。

表 6-3　上海证券交易所上市公司行业分类

行业名称	行业主要类别
能源	能源设备与服务、石油与天然气
原材料	化学产品、建筑材料、容器与包装、金属与采矿、纸与木材品
工业	宇航与国防、房屋产品、建筑工程、电力设备、综合性工业、机械制造、工业品贸易与销售、商业服务、航空货运与快递、定期航班、海运、公路和铁路、运输基础设施
可选消费	车辆配件，汽车，家庭耐用消费品，休闲设备及产品，纺织品和装饰，餐饮住宿和休闲，媒体，批发，零售，因特网和邮购、直销等清单销售，专业零售
主要消费	食品药品零售、饮料生产加工、食品生产加工、烟草、家庭用品、个人用品
健康护理	健康护理设备与消耗品生产、健康护理的提供和服务、生物技术、制药
金融	银行、保险、房地产、多样化金融
信息技术	因特网软件及服务、信息技术咨询与服务、软件、网络设备、计算机和外围设备、电子设备和仪器、办公电子设备、半导体设备和产品
电讯	电讯设备、多样化电讯服务、无线电讯服务
公用事业	电力、气、水、多种公用事业

行业划分标准原则如下：

① 如果公司某项主营业务的收入占公司总收入的50%以上，则该公司归属该项业务对应的行业；② 如果公司没有一项主营收入占到总收入的50%以上，但某项业务的收入和利润均在所有业务中最高，而且均占到公司总收入和总利润的30%以上，则该公司归属该业务对应的行业；③ 如果公司没有一项业务的收入和利润占到30%以上，则由专家委员会进一步研究和分析确定行业归属。上市公司行业划分根据上市公司年报每年调整一次。

二、行业生命周期对证券市场的影响

就行业对证券市场的影响分析，主要是针对行业生命周期的不同阶段变化规律对证券市场价格产生的影响。

（一）创业阶段

创业阶段是一个行业的起步阶段。在这一阶段，新行业刚刚诞生或初建不久，如同一个初生的婴儿，具有明显的幼稚性。表现在行业组织方面，只有为数不多的创业公司介入这一新兴行业，行业的企业数且少，集中程度高，而且由于技术相对不成熟，行业的产品品种单一，质量较低且不太稳定。同时，作为新行业，其被大众普遍了解和认可尚需一个过程，因而行业的市场规模狭小，市场需求增长缓慢，需求的价格弹性也很小。但是，行业因创立投资、产品的研究开发和新产品的推介等需要大量投入而使其固定费用较高，所以行业的利润微薄甚至全行业亏损。表现在市场竞争方面，由于新行业可发展的空间还很大，所以除技术障碍外，进入的壁垒相当低，而且由于行业发展的当务之急是扩大行业的影响，拓展全行业的市场，各创业公司相互竞争程度较弱，且由于产品品种单一，各企业的产品定价行为也各自为政。

由于投资者对处于创业阶段的行业缺乏信心，对前景还无法形成良好的预期，股票价格不会就此上升，基本处于风险高、收益低的状态，因而对整个市场的敏感度不高。

（二）成长阶段

成长阶段是行业发展的黄金时期。在这一阶段，新兴行业快速成长，开始显露出其朝阳行业的风采。在行业组织方面，由于行业的发展得到了广泛的认同，因而市场需求增长迅速，市场规模增大，需求的价格弹性增大，随着生产技术的日渐成熟和稳定，产品呈现多样化、差别化，质量提高且稳定，行业的固定费用也随之下降，但由于市场拓展和广告宣传的费用增加，可变费用开始上升，行业的利润迅速增长，且利润率较高。在竞争状况方面，新兴行业的竞争力显著增强，在行业内部，行业的集中程度低，进入的壁垒低，且由于行业的市场容量急剧扩大，大量的新厂商纷至沓来，破壁而入，自由竞争，而这一阶段的主要竞争形式为价格竞争，领导价格制是经常出现的定价形式。

在成长阶段，行业不仅高速成长，而且此时的成长具有较强的可测性。由于受不确定因素的影响较少，行业的波动也较小。在这种情况下，各生产厂商一方面通过扩大产量、提高市场份额来增加收入，另一方面依靠提高生产技术、降低成本以及研制和开发新产品的方法来争取竞争优势，战胜竞争对手，维持企业的生存。在激烈的市场竞争中，资本和技术力量雄厚、经营管理有方的厂商将占有优势，而那些财力与技术实力相对较弱、经营不善或新加入的企业（因产品的成本较高或不符合市场的需要）则往往被淘汰或被兼并。因而，这一时期行业的利润虽然增长很快，但行业内部竞争压力也非常大，破产率与合并率相当高。

在成长阶段的后期，由于行业中生产厂商与产品竞争优胜劣汰规律的作用，市场上生产厂商的数目在大幅度下降之后便逐渐稳定下来。由于市场需求基本饱和，产品的销售增长率减慢，迅速赚取利润的机会减少，整个行业开始进入稳定期。

从价格趋势看，投资者对这一阶段的行业有了明显的判断，股票的内在价值大于市场价格，其股票价格先于行业的成长而上升，并基于良好的预期，证券价格处于逐步攀升的格局。

（三）成熟阶段

成熟阶段是行业发展的巅峰阶段，通常会持续相对较长的时期。在这一时期，通过激烈的市场竞争和优胜劣汰而生存下来的少数大厂商基本上垄断了整个行业的市场，每个厂商都占有一定比例的市场份额，由于彼此势均力敌，市场份额比例发生变化的程度较小，因此，成熟阶段也是行业发展的稳定阶段。这一阶段的主要特征是，行业的集中程度很高，并出现了一定程度的垄断；行业的利润因此达到了很高的水平，而风险却因市场比例比较稳定而较低；进入的壁垒高，主要体现为规模壁垒，新企业很难打入成熟期市场；市场需求虽然仍在增长，但增长速度已明显减缓，产品开始再度无差别化，需求的价格弹性减小；由于垄断，通常会出现合谋价格，但厂商与产品之间的竞争手段已逐渐从价格手段转向各种非价格手段，如提高质量、改善性能和加强售后服务等。

在成熟阶段，行业的发展很难较好地保持与国民经济同步增长。而在宏观经济衰退时，成熟型行业还可能遭受较大损失。但是，由于技术创新的原因，某些行业或许实际上会有新的增长。因此，在这一阶段的证券市场价格表现为：价格处于较高的位置，市场的整体内在价值小于市场价格，投资者对市场的预期明显不如成长期的良好预期，如存在差异性预期，是基于部分行业的科技推动、政府扶持和消费倾向的影响，股价仍有上升的余地，而大部分行业的利润处于稳定或下降阶段，其股票价格将由原来的高点逐渐走低，直到行业进入衰退阶段。

（四）衰退阶段

在经过一个较长的稳定阶段后，行业就进入衰退阶段，衰退阶段是行业发展的暮年时期。衰退阶段的行业具有与初创阶段相类似的一些特征，如由于新产品和替代品的大量出现，原有行业的竞争力下降，市场需求开始逐渐减少，销售下降，价格下跌，利润降低，再加上其他更有利可图的行业的不断涌现，使得一些厂商不断地从原有行业撤出资金，原行业厂商数量减少。当正常利润无法维持或现有投资折旧完毕后，整个行业便逐渐解体了。不过，与人的生命不同，步入暮年的行业未必就一定面临死亡。从历史上看，真正被完全淘汰的行业很少，行业的发展呈现出“生多死少”的特征，多数情况是行业自此进入一个发展停滞、随波逐流的状态。

从一个行业进入衰退阶段的开始，其股票价格先于该行业利润的下降而下降，同样是基于投资者对市场的预期而给出的明显反应。当然，一个企业一般并不会随着一个行业的退出而消失，而是在做出企业战略调整后转入另外一个行业（至少会延长产品的生命周期），因而该股票也不会随着行业的消失而退市，除非该企业连年亏损。

三、生命周期的影响因素

以上对行业生命周期四个阶段的说明只是一个总体状况的描述。由于受多种因素的影响，行业的实际生命周期比上述理论化的行业生命周期要复杂得多。这些影响因素主要有需求、技术进步、政府政策及社会习惯的改变等。

（一）需求

需求是人类社会发展的原动力。当市场上存在尚未得到有效满足的潜在需求，而技术进步推出相应的产品，然后由各厂商组织生产时，新行业就诞生了。因此，新行业的形成过程实际上就是对社会潜在需求的发现和给予有效满足的过程。需求是新行业得以产生的基础，没有需求的新产品只能是一种创新游戏，不可能最终发展成为一个新行业。由于新产品只有在扩大到一定规模后才能形成行业，因此新产品相当规模的潜在需求的存在和逐步实现是新行业形成的第一个条件。

（二）技术进步

技术进步是厂商生产新产品以满足社会潜在需求的关键。技术进步一方面创造新产品，开拓新领域，从而使新行业不断出现，另一方面也创新工艺，推动现有行业的技术升级。当今世界上许许多多的行业都是技术进步的结果，而另一些行业则在技术进步的冲击下衰落或消亡。当今时代科技发展一日千里，为经济的飞速发展提供了强大的技术基础，也促进了行业的加速更新和升级，落后于时代的行业注定要被淘汰。因此，行业生命周期在技术发展日新月异的今天已演变成技术的生命更替。

（三）政府的影响和干预

自凯恩斯主义诞生以来，各国政府均加强了对宏观经济的干预。无论是奉行自由主义的国家还是强调统一集中的国家，在这一点上没有实质的区别，有的仅仅是程度或方式的不同而已。日本通过实施强有力的行业政策实现了战后经济起飞，更使政府干预主义风靡全球。我国是一个有着计划经济传统的社会主义国家，在实施市场化改革后仍然强调对经济的干预。因此，就一般情况而言，政府的影响和干预是在一定条件下起一定作用的。所谓条件，就是政府的影响和干预必须符合经济发展的规律。说到底，政府的影响和干预本身就是经济规律的一部分。

政府对行业的干预主要是通过补贴、税收、关税、信贷、价格等经济手段来实现的，其他手段还有规划指导、额度限制、市场准入、企业规模限制、环保标准限制、安全标准限制、直接行政干预等。

（四）社会习惯的改变

社会习惯对关系经济增长的消费、储蓄、投资、贸易等诸方面产生影响，因而也就必然对行业的发展和生命周期各阶段的更替产生重要的影响。例如，社会公众对安全性的强烈要求促使汽车行业加固汽车保险杠、安装乘员安全带、改善燃油系统、提高防污染系统的质量等，而大众环保意识的觉醒则推动了环保行业的迅速发展。

在上述影响因素中，起持续作用的是需求、技术进步、利益竞争等内在因素。正是这种持续作用，使得行业生命周期成为各行业发展的一个普遍规律。

四、经济周期对证券市场的影响

经济周期变化一般会对行业的发展产业影响，但影响的程度不尽相同，根据经济周期与行业发展的相互关系，可将行业分为三种类型：

(1) 增长型行业

增长型行业是指发展速度经常快于社会经济平均发展速度的行业，较快的发展速度主要靠技术的进步、新产品的开发和优质服务取得。增长型行业的发展一般与经济周期的变化没有必然的联系。在经济高涨时，它的发展速度通常高于平均水平；在经济衰退时期，它所受影响较小甚至仍能保持一定的增长。选择增长型行业进行投资通常可以分享行业增长的利益，同时又不受经济周期的影响，在证券买卖的时机选择上也比较灵活，因此很多投资者对增长型行业倍加青睐。近几十年来，信息技术的发展导致了一场信息革命，而信息革命正在开启一个新的信息时代。这一场革命的本质，是信息正取代资本成为世界经济发展的核心资源。而计算机网络的出现以及它在信息采集、加工、传播、储存等方面所起的独特作用，使新的经济形态无处不打上网络的印记。计算机网络不仅是信息经济的基础设施，而且是信息经济的神经中枢。正因为如此，在美国 NASDAQ 上市的计算机软件公司、电子通信公司等高科技公司的股票成为备受投资者欢迎的热门股票。

(2) 周期型行业

周期型行业的特征是受经济周期的影响很大。当经济繁荣时，这些行业会相应扩张；当经济衰退时，这些行业也随之收缩。如建筑材料业、家用电器业、旅游业等。

(3) 防守型行业

防守型行业的特征是受经济周期的影响小，它们的商品往往是生活必需品或是必要的公共服务，公众对它们的商品有相对稳定的需求，因而行业中有代表性的公司盈利水平相对也较稳定。这些行业往往不因经济周期变化而出现大幅度变动，甚至在经济衰退时也能取得稳步发展，食品业、药品业、公用事业等就属于这一类行业。

了解了经济周期与行业的关系，投资者应认清经济循环的不同表现和不同阶段，顺势选择不同行业进行投资。当经济处于上升、繁荣阶段时，投资者可选择投资周期性行业证券，以谋取丰厚的资本利得；当经济处于衰退阶段时，投资者可选择投资防守型行业证券，可获得稳定适当的收益，并可减轻所承担的风险。

专栏 6－5

汽车制造行业大数据分析

福特首席大数据分析师约翰·金德(John Ginder)负责领导福特研究中心(Ford Research)的系统分析和环境科学团队,他认为2006年艾伦·穆拉利(Alan Mulally)就任福特CEO后,将福特打造成了"数据猎狗"(data hound),在数据金矿上搜寻对消费者、公众和福特公司自己有价值的信息。

其实20世纪90年代福特就开始福特关注分析,当时服务器和存储设备已经开始变得便宜起来,而且华尔街的很多企业已经向世人展示了高级数据建模的威力。福特内部也开始出现各种各样的分析团队,包括后来Ginder在福特研究中心的团队,同时在福特的市场部门和信贷部门也都出现了数据分析团队。

但当时这些数据团队还只是专注于一些非常明确和具体的任务,例如福特信贷的风险分析,或者一些与核心业务关系不是很紧密的科学研究。根据Ginder的回忆,当福特面临生存危机时,福特的管理层有些不知所措,他们一致认为选择"求助"福特的数据分析专家们来拯救整个企业。

新CEO——Alan Mulally的就职是另外一个变革动因,根据Ginder的回忆,Alan每周都与向他直接汇报的管理层质询:"我们的目标完成得怎么样?用量化数据告诉我,我们完成各种指标了吗?没能达标的原因是什么?"Alan的基于数据的工作方式层层传导,影响了整个福特的管理文化。

五、经济结构对证券市场的影响

根据各行业中企业的数量、产品的属性、价格控制程度等因素,可将行业分成四种类型:

(一) 完全竞争

完全竞争的特点是企业因产品没有差别而不能控制价格,产品的价格和企业利润完全取决于市场的供需关系。完全竞争行业的各个企业生产的产品具有同一性的特征,相互之间没有根本的差别。由于企业的数量很多,单个企业很难控制或影响产品价格,企业的利润主要取决于市场供需关系。由于受市场条件和其他客观环境的影响较大,这类行业的企业经营业绩波动较大,利润往往很不稳定,证券价格容易受到影响,投资风险比较大。如小麦就是一种同质产品,如果风调雨顺,小麦生长良好,产量大幅度提高,而需求没有相应增加时,小麦价格会因供应增加而下降;如果天气条件恶劣,小麦减产,对小麦的需求又有所增加,小麦价格就会提高。

(二) 不完全竞争

不完全竞争的主要特点是企业生产的产品有一定差别,这种差别可以是现实的差别，也可以仅仅是消费者观念上或消费习惯上的差别。由于企业数量仍然很多，产品之间替代性很强，单个企业无法控制产品的价格，只能在价格水平大致相同的条件下在一定范围内决定本企业的产品价格。价格和利润仍受市场供求关系决定，但产品品牌、特征、质量也在一定程度上产生影响，如不同品牌的啤酒、服装、鞋类、家用电器、快餐业等都属于这一类。

（三）寡头垄断

寡头垄断的特征是企业数量很少，产品具有同一性或只有微小差别，相互间替代性很强，个别企业对产品价格的控制程度较高。这类行业基本上是资本密集型或技术密集型的，由于需要巨额资本、高新的技术水平和复杂的生产工艺而限制了大量新企业进入这一行业，如汽车制造、飞机制造、钢铁冶炼等。

（四）完全垄断

完全垄断是由单独的一家企业生产某种没有相似以及可以替代的产品，产品价格和市场被这唯一的一家企业控制。这类行业主要是公用事业，如邮电部门、国有铁路部门等。由于这类行业供应的产品是生产、生活不可缺少的，又是高度垄断的，政府一般对其价格的决定和提高有所控制。通常政府允许它们的价格足以弥补成本支出并能得到一定的利润作为将来扩大再生产的基础，但又限制它们乱涨价，从而保证其他企业和居民的正常消费。

实际上，大多数行业处于完全竞争和完全垄断这两种极端情况之间，往往既有不完全竞争的特征，又有寡头垄断的特征，而且很多行业的产品都有替代品，当一种商品的价格过高时，消费者就会转向价格较低的商品。通常，竞争程度越高的行业，其商品价格和企业利润受供求关系影响越大，因此该行业的证券投资风险越大，而垄断程度越高的行业，其商品价格和企业利润受控制程度越大，证券投资风险相对较小。

【本章案例讨论题】

【案例讨论 6－1】1990 年到 2013 年，中国的实际 GDP 平均涨幅为 9.9%，CPI 平均涨幅为 4.6%，而与此同时，M2 平均涨幅为 21.0%，高于前两项合计数的 6.5 个百分点。

2013 年，中国广义货币供给(M2)为 110.6 万亿元，M2 与 GDP 之比为 1.95。而美国去年的 M2 约为 65 万亿元人民币，M2 与 GDP 的比率是 0.65，这个数字仅为中国的三分之一。

GDP 总量比美国少得多，而货币投放却比美国多得多，那么，中国这么大的货币投放量都去哪儿了呢？总体来说，正是这种货币大投放引发的政府主导的大投资模式，成为支撑中国经济快速发展的主要动力。这揭示出中国经济发展中货币基因太多，信贷等负债发展包袱太重。其结果是经济中的泡沫太大，根基太不牢固。而经济大泡沫中，房地产泡沫又是主要成分。也就是说货币大投放中一部分都流入到房地产领域或者涉房行业里。当然，对此有着较为持久的争论。

讨论：1. M2 数据的大小为什么在中美表现不同？

2. 房地产为什么能够成为吸金的领域?

3. 上述案例提示我们在进行宏观分析时要注意什么?

【案例讨论 6-2】过去10年化工行业经历了三波较大的周期,本轮化工行业周期从2012年2月开始,我们发现本轮周期性较弱,这主要是由固定资产投资增速下滑所致。2014年化工传统行业仍将维持弱势状态,但也有个别行业将有望走出独立行情。我们建议关注化工行业政策性、成长性机会。从政策性来说,十八届三中全会的决定是中国未来10年经济、社会改革和转型的总纲领,该决定对化工行业的重大影响主要体现在二胎概念、土地流转、生态农业。

从成长性来说,我们建议关注从百亿炸药行业向千亿爆破服务行业进军的爆破服务企业、竞争格局良好的MDI企业。

报告要点本轮周期力度较低,2014年化工传统行业仍将维持弱势状态。从周期性来看,过去10年化工行业经历了三波较大的周期,大概3～4年一个周期。

化工作为一个中游行业,上游为石油、煤炭、天然气,下游则关乎衣食住行各个方面,其中房地产对化工产品具备较强的拉动作用。本轮化工行业周期从2012年2月开始,我们发现本轮周期性非常不明显并且力度很弱,这主要是由房地产等固定资产增速下滑所致。

关注化工政策性、成长性机会。我们预计2014年化工行业仍将维持弱势状态,我们建议关注政策性受益行业、成长性行业。从政策性来说,我们建议关注二胎概念、土地流转、生态农业。从成长性来说,我们建议关注从百亿炸药行业向千亿爆破服务行业进军的爆破服务企业、竞争格局良好的MDI企业。

讨论:1. 请理清上述行业分析的分析思路。

2. 为什么要关注政策性收益行业和成长性行业?

3. 分析周期性变动在行业分析中的价值。

【案例讨论 6-3】2003年春夏之交,“非典”肆虐我国南北,它不仅对我国居民的身体健康和日常生活带来了巨大的不利影响,也给我国发展势头正猛的经济蒙上了一层阴影。股票市场作为反映国家经济状况的“晴雨表”,也不可避免地受到了该事件的影响。

当“非典”疫情尚未在各地蔓延之前,我国股市在三、四月出现了令人振奋的上扬行情,各证券营业部人声鼎沸,似乎2001年以来的熊市要结束了,牛市将要来临。上证综指也从2003年1月6日的1 311.68的低点上升到4月16日的1 649.60点,累计上涨337.92点。然而,随着“非典”疫情的扩大,4月16日,行情在摸高后突然急转直下,沪深股市出现整体回落走势,在不到10个交易日中,上证指数从1 649点,下探到1 473点,下跌10.67%。至4月25日收盘时,沪深A股指数分别下跌7.49%、6.81%,B股指数分别下跌8.37%和7.2%。

在“非典”的冲击下,一些与日常生活密切相关的行业板块,如汽车、旅游、酒店、商贸、交通运输等都不可避免地受到了波及,有关的股票在这一时期出现了异常变动。其中受不利因素影响的主要是第三产业,特别是旅游、运输、零售、餐饮、娱乐等行业。在这一时期,商业、公用事业和工业上市公司板块的指数分别下跌7.92%、8.16%和7.14%。

旅游行业的个股跌幅更大，均超过 15%，如黄山旅游、张家界和东方宾馆分别下跌 16.81%、15.47%和 18.57%。据有关专家估计，仅北京一地，2003 年的中国国内外旅游合计损失达到 1 400 多亿元，而作为消费推动周的"五一黄金周"损失为 200 亿元左右。2003 年中国南方航空公司的利润损失了 15%～20%，而东方航空公司则损失更多，约为 20%～25%。股票市场的变化多少也反映了这种情况。

另一方面，在 4 月 21 日，两地市场所有的医药股却因祸得福冲到涨幅的最前列。人们对"非典"的恐惧导致多种药品短暂脱销，这大大刺激了部分药品的市场需求。实体经济的发展以及人们心理等因素，使得与此相关的医药板块持续走强，连不生产药品但以卖药为主的广州药业、生产消毒用品的沈阳化工，包括生产口罩用纱布的纺织类公司等与"非典"沾边的股票，涨幅都在 8%以上，部分甚至超过了 15%。而与"非典"密切相关的抗生素和抗病毒药物制造企业，如白云山、丽珠集团、抗病毒中药生产企业同仁堂等涨幅更大，分别为 12.3%、13.6%和 16.61%。

思考："非典"危机在短期内给我国股票市场造成了怎样的影响？它对我国股市的长期走势的影响又将怎样？

【本章专题研讨】

【专题研讨 6－1】宏观分析怎样分析？

1. 如何运用宏观经济和宏观金融理论？
2. 其理论分析的主要问题在哪里？
3. 为什么说证券宏观分析不需要复杂分析？
4. 如何针对我国的资本市场进行有效的宏观分析？

【专题研讨 6－2】怎样进行行业分析和区域分析？

1. 如何运用行业经济和区域经济理论？
2. 其理论分析的主要问题在哪里？
3. 为什么说证券中观分析也不需要复杂分析？
4. 如何针对我国的资本市场进行有效的中观分析？

【本章能力训练】

一、单选题

1. 对于受经济周期影响较大的行业，投资者在投资时应该注意的是(　　)。

A. 避免在经济复苏阶段投资　　B. 避免在经济稳定阶段投资
C. 避免在经济繁荣阶段投资　　D. 避免在经济衰退阶段投资

2. 行业中的主导性公司指的是(　　)。

A. 销售额在行业中领先的公司地位　　B. 对外融资在行业中领先的公司
C. 净利润在行业中领先的公司　　D. 固定资产投资在行业中领先的公司

3. 可以用来衡量全社会投资规模的指标是(　　)。

A. 社会消费总额　　B. 固定资产投资

C. 财政总支出　　D. 社会经济发展速度

4. 一定时期通过市场提供给消费者的商品和劳务的供应量属于(　　)。

A. 消费需求　　B. 消费供给　　C. 消费对象　　D. 消费支出

5. 在对经济周期进行分析中,属于先导性指标的是(　　)。

A. 货币政策指标　　B. 个人收入

C. 失业率　　D. 商品库存

6. 以下各种增加政府财政收入的方法中,对于宏观经济影响最小的是(　　)。

A. 增加税收　　B. 发行政府债券

C. 向中央银行借款　　D. 增加短期外债

7. 在利率市场化的条件下,对货币资金供求关系反应灵敏的经济变量是(　　)。

A. 利率　　B. 汇率　　C. 国民生产总值　　D. 外汇储备

8. 为调节国际收支,以下选项中可供政府选择的主要项目是(　　)。

A. 有形贸易　　B. 服务贸易　　C. 国际资本流动　　D. 外汇储备

9. 对宏观经济运行状况反映最灵敏指标是(　　)。

A. 外汇储备量　　B. 国民生产总值

C. 国内存贷款总额　　D. 物价指数

10. 关于行业分析的作用,下列说法中正确的是(　　)。

A. 行业分析为证券投资提供了背景条件

B. 行业分析为证券投资提供了投资对象的行业信息

C. 行业分析为证券投资提供了投资对象的内部信息

D. 行业分析为证券投资提供了投资对象的公司信息

11. 以下属于增长型行业的是(　　)。

A. 建筑材料业　　B. 金融业　　C. 食品业　　D. 电子通信业

12. 以下属于行业开拓阶段的特点的是(　　)。

A. 企业销量稳定,利润也比较稳定

B. 企业研发成本很高,销量很小

C. 企业间竞争加强,产品价格下降

D. 企业产量下降,利润下降

13. 技术进步导致行业的变化表现在(　　)。

A. 新兴行业的出现　　B. 落后行业的出现

C. 行业与行业之间的竞争　　D. 行业与行业的统一

二、多选题

1. 所谓基本面分析,指的是(　　)。

A. 宏观经济状况分析　　B. 国际环境分析

C. 行业状况分析　　D. 公司状况分析

2. 有关国家宏观经济发展状况,应该注意分析该国(　　)。

A. 宏观经济的发展是否符合该国的国情

B. 经济结构和比例关系是否协调

C. 经济效益的提高

D. 经济增长的方式

3. 对固定资产投资状况,应注意分析(　　)。

A. 全年固定资产投资规模是否恰当　　B. 固定资产的投资结构是否合理

C. 固定资产的投资方向是否正确　　D. 固定资产投资的受益情况

4. 消费分析主要从以下哪几个方面进行(　　)。

A. 消费对象　　B. 消费需求　　C. 消费供给　　D. 消费结构

5. 以下用于分析经济周期的指标中,属于先导性指标的是(　　)。

A. 货币政策指标　　B. 证券价格指数

C. 国民生产总值　　D. 个人收入

6. 对财政收支状况,主要是分析(　　)。

A. 财政收入　　B. 财政支出　　C. 收支差额　　D. 财政政策

7. 以下属于货币数量指标的是(　　)。

A. 货币供应量　　B. 金融机构存贷款余额

C. 外汇储备　　D. 金融资产总量

8. 对于国际资本流动的分析应注意(　　)。

A. 国内配套人民币资金是否能跟上　　B. 吸引外资能否形成现实生产能力

C. 吸引外资能否形成经济效益　　D. 直接投资与间接投资的比例关系

9. 对物价状况分析,应注意(　　)。

A. 对物价上涨和下跌的原因要作具体分析

B. 物价的上涨和回落有一定的时滞作用

C. 表示物价水平的物价指数的构成

D. 物价的未来变动趋势

10. 根据各行业中企业的数量、产品的属性、价格控制程度等因素,可将行业分成(　　)。

A. 完全竞争行业　　B. 不完全竞争行业

C. 寡头垄断行业　　D. 完全垄断行业

11. 根据经济周期与行业发展的相互关系,可以将行业分为(　　)。

A. 增长型行业　　B. 周期型行业　　C. 防守型行业　　D. 开放型行业

12. 行业的生命周期可以分为(　　)阶段。

A. 开拓　　B. 扩展　　C. 稳定　　D. 成熟

13. 影响行业兴衰的主要因素有(　　)。

A. 技术进步、产品更新换代　　B. 政府政策扶持

C. 社会习惯的改变　　D. 行业的周期更替

14. 在选择投资的行业时，投资者应该选择在增长循环中处于(　　)。

A. 增长型的行业　　B. 扩展阶段的行业

C. 稳定阶段的行业　　D. 开拓阶段的行业

三、判断题

1. 对于处于生命周期不同阶段的行业，投资者应该选择处于扩展阶段和稳定阶段的行业，而避免选择处于拓展阶段和衰退阶段的行业。(　　)

2. 一国国民经济的发展速度越快越好。(　　)

3. 对固定资产投资的分析应该注意固定资产的投资总规模，规模越大越好。(　　)

4. 从全社会来说，消费水平的合理与否，主要是分析消费需求与商品、服务供应能力是否均衡。(　　)

5. 经济周期分析中的先导性指标指的是先于经济活动达到高峰和低谷的指标，这些指标提示了未来经济活动发展的方向，如国民生产总值就属于这类指标。(　　)

6. 增加税收、财政向中央银行透支和发行政府债券都是增加政府财政收入的方法，但作为政府弥补财政的最好方法是向中央银行透支。(　　)

7. 中央银行的货币供应量可以根据流动性不同分为不同的层次，而货币供应总量则要以同期国内生产总值和居民消费物价指数增长幅度之和为主要依据。(　　)

8. 对国际收支的分析主要是对一国的国际贸易总量进行分析。(　　)

9. 任何引起价格变动的因素对于宏观经济的正常运行都有影响。(　　)

10. 我国国家统计局的行业分类标准与证券监管机构行业分类的标准是一样的，所以最后分类的结果也是一样的。(　　)

11. 增长型行业的发展速度在经济高涨时，会表现出更快的增长，而在经济衰退的时期，又会表现出更快的衰退。(　　)

12. 行业的生命周期一般为早期增长率很高，到中期阶段增长率开始逐渐放慢，再经过一段时间的成熟期后会出现停滞和衰败的现象。(　　)

13. 政府对于任何行业都应进行政策扶持或者采取管制政策。(　　)

第七章　基本面分析：公司分析

【本章学习要点】本章学习的内容是证券投资基本面分析的公司层面的分析。公司分析包括公司竞争地位和财务分析两个主要方面。公司的经营战略和成长性构成了公司竞争地位分析的基础，财务比率和现金流量表的分析是公司财务分析的核心内容。此外，本章还简要分析了现金流量的结构。

【本章学习重点难点】本章的重点是财务比率和现金流量表的分析，这是公司财务分析的核心内容。本章的难点是公司各类分析结果与上市公司证券实际价格之间的相关关系的理解。

【本章基本概念】比率分析　速动比率　股利保障倍数　市盈率　市净率　每股净资产　横向分析　趋势分析　内部流动性　盈利能力　经营风险　成长性

第一节　公司基本素质分析

在经过了行业分析后，投资者可以在众多行业中选出景气度相对较高的行业，然而每个行业当中又有许多企业，每个企业的规模实力以及经营能力等方面都存在着差异。因此，还需要对该行业中的企业进行分析，以找出最合适的投资对象，并获得最佳的投资收益。

公司分析的目的就是要通过对公司的各个方面进行分析，来确定公司的内在价值，并找出市场价格被低估的公司进行投资。公司分析可以分为公司基本素质分析和公司财务分析。

一、公司竞争地位分析

竞争地位分析是公司基本素质分析的首要内容，公司只有确立了竞争优势，并不断通过技术进步和管理能力的提升来保持这种竞争优势，才具有长期投资价值。

（一）技术水平

技术水平决定了产品的竞争能力，只有拥有了先进的技术水平，才能快速占领市场，在竞争中处于有利的位置。对公司技术水平的评价主要通过以下部分：机械设备、工艺技术、生产专利，以及专业人才和公司每年研发费用的投入数量等。

（二）管理水平

管理水平高的公司，往往可以在相同条件下获得超过行业平均水平的利润。主要包括对各层次管理人员的素质及管理能力、企业管理风格和经营理念、内部调控机制、人事管理效率等进行分析。

（三）市场开拓能力和市场占有率

市场占有率是市场开拓能力的体现和结果，只有积极通过各种营销手段争夺现有市场和开发潜在市场，才能扩大市场份额并提高市场占有率。而市场占有率的提高则意味着收益的增加和竞争能力的增强。另外，市场占有率还取决于公司的品牌战略和产品的竞争能力。

（四）资本与规模效益

随着公司规模的扩大，边际成本呈现出递减的趋势，当公司产量扩大到一定程度时，就会在长期平均成本最低点的规模上进行生产，从而使收益达到最大，公司也更具竞争能力。

（五）项目储备以及新产品的开发

任何产品都是有其生命周期的，只有不断进行产品更新和技术改造，随时能将储备的项目投向市场，才能保持公司的市场份额和在行业中的地位。

二、公司的盈利能力及增长性分析

衡量公司的盈利能力，以及通过分析各种资料对公司将来的盈利能力作出预测，是公司基本素质分析的重要内容之一。

首先，要对公司所处行业的发展前景进行分析，一般来说，新兴行业的成长性高，发展速度快，获利能力强。

其次，要分析公司的产品形态，是消费品还是生产资料。生产资料的生产受到经济周期变动的影响较大，其收益的波动要大于消费品生产企业。

再次，要分析公司的生产形态，通常情况下，技术密集型企业和资金密集型企业相对更具备竞争能力。

最后，还要考虑公司的需求形态，如果公司的产品主要以出口为主，那么还要受国际政治经济环境的影响。

另外，公司所处的地理区位也很重要，东部地区经济发展速度较快，资本和人才优势明显，有利于公司发展的需要。

三、公司经营管理能力分析

（一）公司管理人员的素质及能力分析

公司的经营管理可以分为三个层次，即决策层、管理层和执行层。

决策层主要指公司的董事会，负责制定公司的重大方针和决策方向。作为决策层，需要具备较高的管理技能和丰富的管理经验，以及优秀的组织协调能力，并且具有开拓精神，对新事物和新观念有敏锐的感知能力。

管理层主要是贯彻决策层的意图，完成既定的任务和目标，并进行日常事务的管理。管理层应精通与该企业相关的技术知识和管理经验，并有较强的组织能力，善于与上下级沟通及对外交流合作。

执行层是企业最基础的部门,各项决策和方针的执行最终将落实在执行层上。执行层需要熟练掌握本部门或本岗位的操作程序和操作技术,按时完成工作任务并保证产品质量,同时还要积极提出合理化建议,促进本部门工作效率的进一步提高。

专栏 7－1

现代企业家应当具备哪些基本素质

根据实践的启示,现代企业家至少应具备以下基本素质:

(一) 科学发展

坚持科学发展,需要有科学理论的武装,需要具备理论基础、理论素质。

(二) 忠诚敬业

这是现代企业家的思想道德素质。企业家的言行要贯彻"八荣八耻",体现时代的要求和社会发展的根本趋势,要将报效人民、服务社会、勤奋敬业、自强不息、坚韧不拔、开拓进取视为天职。

(三) 战略思维

研究企业家素质,要把战略思维放在重要位置,是因为企业战略是关系企业生存和发展的具有方向性、纲领性、整体性、全局性、长期性、引领性和指导性的根本谋略。

(四) 文化自觉

我们这里所讲的是企业家的文化自觉。企业发展的实践已经充分有力地表明,企业文化建设是提升企业整体素质的系统工程,企业文化力是企业健康持续发展的强大的内在驱动力。

(五) 善于决策

决策与战略是紧密相关的,但战略与决策又不能简单画等号。企业决策是对企业发展方向、发展目标的确定,以及实现这一目标所采取的步骤、途径、方式方法与策略的选择。

1955 年,由美国《财富》杂志所列出的 500 强大企业,今天只剩下 1/3 了,也就是说 500 家剩下 100 多家了,大多数已经破产倒闭,或被别的企业兼并。1976 年推出国际 500 强工业公司排名。1990 年将全美 500 强工业公司排名与国际 500 强工业公司排在一起,发布了全球 500 强工业公司。随后又公布了全球 500 强服务公司排行榜。1995 年,将全球 500 强工业公司及 500 强服务公司两项排行榜合并,变成单一的排名,这就是今天举世瞩目的"财富全球 500 强"。

(六) 创新精神

作为一名企业家,在整合资源、创造财富的市场开拓中,在经营管理实践中,必须是新理念、新思维、新思路、新举措、新创造不断涌现的人。作为企业家的一种素质,创新不仅是一种精神、一种理念,而且是一种能力,是表现在运作上的一种操作智慧。

（七）人本管理

成功的管理实践告诉我们，现代企业家不仅要懂得以人为本、人本管理，而且要进一步懂得以心为本，懂得心本管理和心力管理。

在管理理论与管理实践中，突出强调以人为本、人本管理，并且进一步强调“心本管理”、“心力管理”是很有道理的。那么，“心本管理”、“心力管理”同“人本管理”是什么关系呢？心乃人之心。“心本管理”、“心力管理”并没有离开人本管理，而是人本管理的题中应有之义，也可说是人本管理的升华与发展，是人本管理的一种最佳境界、最佳状态。

（八）团队意识

企业家离开了团队将一事无成。所以，成功的企业家都讲“团队无价”。

团队意识与协作能力在内容上有交叉，既有联系而又有区别。团队意识主要是就企业内部而言，而协作能力，既涉及内部，又主要体现在外部，这里包括同供应商的协作，同营销商的协作，同所有合作伙伴的协作，同竞争对手的协作竞争、结盟取胜，叫做“竞合”或“合竞”等。

（九）国际视野

企业文化建设中，我们讲中国特色，并不是否定全球眼光和国际视野。因为二者是统一的而不是相互排斥的。

（十）人格魅力

魅力是一把“钥匙”又是一张“入场券”。对于事业发展来说，个人魅力是叩开成功之门的一把钥匙；对于人际关系来讲，个人魅力则是一张“入场券”，它能帮助你叩开可能关上的门。

（摘自贾春峰《现代企业家应当具备哪些基本素质》）

（二）公司经营效率分析

公司经营效率的高低，直接影响到公司的盈利能力。衡量公司经营效率一般从下列方面进行考察：

1. 公司生产能力的利用程度是否充分。

2. 公司的人均销售额和利润是否高于行业平均水平。

3. 公司每单位的设备投资的销售额和利润是否高于行业平均水平。

4. 经营管理人员的工作效率和开拓能力。

（三）多种经营能力

公司的生产经营范围局限于单一领域的话，受到经济周期的影响程度相对较大。如果公司能在稳健发展主业的同时，积极实施多元化发展，实行多种经营，可以减少公司取得收益的不确定性，以降低经营风险。一般可以采用两种形式：一是纵向一体化，即向公司的上下游行业进行拓展，以加强对原材料的供应的控制能力并扩大产品的销售市场，争取市场份额；二是横向一体化，即向与主业无关的领域拓展，可以在一定程度上减轻经营风险，但由于对新行业的不熟悉，贸然介入的话，往往会面临亏损或微利的尴尬局面，甚至影响到主业的发展，应三思而后行。

第二节　会计数据分析

会计数据构成了上市公司财务报表的主体，是外部投资者据以对上市公司进行分析的数据基础。以往我们在对上市公司进行财务分析时，通常直接对会计数据进行加工处理，而忽视了财务报表的原始数据有可能并没有真实、准确地反映企业经营现实。会计数据分析的目的就是评估一个企业的会计记录是否真实地反映了其所代表的经济活动。通过对企业的会计政策和会计预测进行评估，证券分析人员能够知道他所使用的财务报表在多大程度上扭曲了经济现实，进而对这些扭曲进行“恢复”，为后面的财务分析提供一个真实的数据基础。

一、影响会计数据质量的因素

造成会计数据和其所代表的经济现实之间出现偏差的因素主要有以下三点。

（一）会计准则

会计准则在限制经理层对会计数据进行不当处理的同时也不可避免地减少了会计数据所代表的信息量。比如，股份有限公司的研究开发费计入当期管理费用，但研发的结果可能是许多项目没有产生有价值的成果，而有些项目却很有价值。现行的会计制度不允许对两种结果进行不同的会计处理。

（二）预测的偏差

在权责发生制下，企业的收入和费用的确认含有主观成分。一项交易发生之后，由于经理人员不能准确无误地对交易结果进行估测就会造成会计数据和经营实际结果的偏差。比如，在新会计制度下，当一个企业卖出产品而尚未收回货款时，要求经理人员对应收账款的收回概率进行预测，以确定坏账准备的提取方法和提取比例。由于交易的复杂程度、对方企业的信誉及未来经济发展的状况都是不确定的因素，经理人员不可能对此作出完全正确的预测，结果就是坏账产生的实际情况高于或低于坏账准备的数额。

（三）经理人员通过影响会计数据来达到自己的目的

经理人员完全有能力在《股份有限公司会计制度》许可的范围内，按自己的意愿对财务报表施加影响。在坏账准备提取的方法和比例上，在存货的计价上，在固定资产折旧的方法上，新会计制度都允许有自主选择的灵活性。经理人员对会计数据的影响可能出于以下动机。

1. 维护经理阶层个人利益

比如，在以利润实现为业绩考核指标的情况下，企业的高级管理人员就有可能通过更改会计政策和账项调整的方法来操纵利润以达到自己获得高额分红或保住现有职位的目的。

2. 满足在资本市场上筹资的条件

对于上市公司而言，配股是一条重要的筹资渠道。大部分经理人员都有将更多的资源置于自己控制之下的内在冲动，因而倾向于高比例和高股价的配股，对于那些经营不善、资金匮乏的企业更是如此。现行制度规定的配股条件是：最近三个会计年度加权平均净资产收益率平均不低于10%，且指标计算期间内任何一个会计年度净资产收益率不低于6%。管理人员有可能出于达到配股条件的目的来操纵利润。这种企业财务报表中会计数据的可信度就有可能需要怀疑。

3. 满足借款条款规定的需要

企业在向债权人借款时常常被迫接受一些限制性的债务条款，比如要求企业保持一定的还本付息比率、营运资金比率和净资产值等。一旦企业达不到这些比率的要求，债权人有权要求企业提前偿还有关债务。经理人员有可能通过调整账项的方法来达到这些比例。

专栏7-2

企业信息化对现行会计电算化模式的影响

1. 对会计数据输入形式的影响。在企业信息化环境下，会计数据的输入形式发生了很大变化。一是书面形式的原始凭证在很多情况下被电子数据所代替，如电子商务产生的交易凭证、商场收款机采集的销售凭证、计算机集成制造系统自动记录的生产数据等。二是原始凭证的输入点在大多数情况下不在财会部门，而在产生数据的业务部门，如采购部门、销售部门以及办公自动化环境中。三是大多数记账凭证将由会计电算化系统自动产生。会计数据输入形式的改变将对传统会计岗位的设置、数据处理流程、会计数据资料的生成与管理带来一系列的变革。

2. 对会计数据处理内容的影响。传统会计数据的处理围绕会计要素展开，会计信息主要是价值信息，最后形成若干通用会计报表传递给信息使用者。会计的主要目的是确定资本价值和最佳收益，信息使用者通过资产负债表、利润表等数据就可决定决策模式。这种会计方法的特点是，提供的会计信息对所有不同信息使用者都是统一的、事先确定的、综合性的、单一计量的。在企业信息化环境下，数据库信息为整个企业信息系统共享，它存放的是企业最基本的经济活动事项的数据，而不是按会计要素进行货币计量并分类、归并和综合化的数据。利用数据库技术、网络技术和计算机极强的数据处理能力，会计信息化系统在企业管理信息系统中的综合系统地位得到加强，由原来的以提供日常核算资料为主，发展到对企业的各类管理人员提供信息。另外，基于互联网的会计信息化系统的发展，也大大扩展了会计数据处理的时空范围，远程处理、实时监控成为可能。

3. 对数据处理流程的影响。在企业信息化环境下，数据处理流程发生了很大变化。一是数据处理流程的起点由财会部门的凭证输入点扩展至企业的业务源头，进入系统的业务数据的准确性直接关系到系统数据处理的准确与否。二是日常的会计数据处理和信息输出均由计算机网络系统自动进行，除非出现计算机安全问题，计算机内部数据处理一般是不会出差错的。也就是说，只要保证输入的正确性，一般也就保证了处理和输出的正确性。因此，在计算机内部没有必要模仿手工处理流程进行账账核对和试算平衡处理，数据处理流程可直接根据实际的数据流来设计。

4. 对会计数据生成与管理的影响。企业信息化以后，会计数据的生成与管理将会发生很大变化。一是由于集成系统处理总是以最基本的交易事项为处理单元的，因此记账凭证的数量将会十几倍地增加，再打印记账凭证将会付出较高代价。二是书面形式的原始凭证或不存在，或分散在企业的业务源头，再强调记账凭证与原始凭证的书面匹配，将会人为增加冗余的业务流程和处理工作量。三是随着社会信息化的发展，会计信息的查询、使用以及财务报表的发布越来越趋向于网上在线的形式，因此在信息化环境下，基于书面资料的会计数据生成与管理办法应过渡到基于电子数据的会计数据生成和管理办法。

5. 对会计数据处理组织的影响。传统会计组织结合内部控制的要求按会计工作的不同内容进行划分，并相应地配备会计人员开展数据处理工作。在会计电算化系统中，原先由会计人员分工完成的许多内容都由计算机集中自动地完成，因此组织形式和人员配备必然会发生较大变化。尤其是当企业信息化发展到一定程度和规模时，会计信息化系统将完全融合于整个企业信息系统中，企业内部传统的部门界线、数据处理职能分隔将越来越模糊。届时，企业会计组织内部乃至于整个企业组织内部的岗位职责都需要重新定义和组合。

6. 对内部控制的影响。在企业信息化环境下，会计数据更多地表现为电子数据的形式，日常业务及其管理工作一般按规范的流程开展。传统的以部门控制为主的控制模式不再有效，而必须建立新的以保证计算机信息系统安全为目标的内部控制制度，如新的人员职责分工制度、凭证传递审核制度、软硬件管理制度等。同时，需要用计算机软硬件技术来实施内部控制措施，如人员操作口令控制、软件和数据的加密技术、会计数据自动检测程序等。当会计信息化系统发展到基于互联网的应用层次时，内部会计控制的范围将从会计组织内部扩展到整个企业组织乃至全社会。

二、进行会计数据分析的步骤

证券分析人员可以按以下步骤对上市公司的会计数据质量进行分析。

（一）弄清哪些会计政策对企业经营的影响最大

我们认识到一个企业身处的行业特性和它所选择的竞争战略决定了该企业的主要成功因素和面临的主要风险，会计数据分析的一个主要目的就是评估企业在何种程度上运用了这些成功因素并控制住主要风险。比如，对于一家主营设备租赁业务（如汽车租赁）的上市公司来说，最主要的成功因素是企业能正确地预测被租赁的设备在租赁期末的残值。就此企业而言，对其经营影响最大的会计政策是设备残值的计算方式。不同的计算方式将会极大地影响公司的账面利润和账面资产价值。如果残值被高估，企业将来就面临着巨大的资产冲销风险。

同样，银行业的基本成功因素是利息的收取和信用风险的管理水平；零售业是对存货的管理；制造业则是产品质量、产品创新以及售后产品返修率。证券分析人员首先要弄清与这些成功要素联系最为紧密的是哪些会计政策。比如，银行业最重要的成功因素是信用风险的控制，与信用风险联系最紧密的是贷款的坏账准备；制造业最重要的成功因素是产品质量，在进行会计数据分析时要特别重视公司产品质量保证金的支出和储备情况。

现行会计制度对企业采用何种会计政策赋予了很大的自由空间。比如，企业可以自由选择的折旧方法包括平均年限法、工作量法、年数总和法、双倍余额递减法、库存商品成本计价可采用先进先出法、加权平均法、移动平均法、个别计价法、后进先出法；坏账准备的提取方法和比例也可以由公司按照自己的业务特点自行确定。为了保证会计政策的连续性和可比性，法律规定一种会计政策一经确定不得随意更改，如需变更，应在会计报表附注中加以说明。需要明白的一点是，企业获得的会计政策自由度越大，从理论上说，该企业会计报表中的会计数据就越有可能准确地反映经营的实际情况。比如，如果银行业的坏账提取比例是一个行业内通用的固定比例，那么同样数量的坏账准备就潜在地减少了资产状况良好的银行利润而虚增了资产状况较差的银行收益。因而，如果企业在与主要成功因素紧密相关的会计政策处理上没有灵活度，它所提供的会计报表就很可能不能反映真实的经营状况。

（二）重点检查容易出现数据不真实的会计科目

根据新会计制度，上市公司的管理者在选择会计政策时有较大的自由度。企业经理既可以利用这一自由度更好地向股东反映企业的经营状况，也可以利用它们掩盖经营问题，误导投资者。利润从构成上来说有主营业务收入减去销售成本、期间费用；其他业务收入减去其他业务支出；投资收益；营业外收支；以前年度损益调整。上市公司也正是从以上各项收入与费用入手进行利润操纵的。以下是一些经常出现不真实数据的科目。

1. 与销售额增加相关的应收账款的大幅增加

这一现象可能是由于公司放宽了对赊款销售的控制，以扩大当期的收益。销售政策的改变可能是出于扩大市场占有率、提高存货周转率等原因，也可能是公司为了完成上级的考核指标(对国有控股的公司尤其要注意)、经理层红利获得等原因来粉饰财务报表。不论是何种情况，公司在以后的会计期间都将面临着因客户违约而造成的应收账款冲销以及下期销售收入增幅下降的问题。

上市公司为增加本年利润可以在本年内(一般是年末)向外销售商品，同时私下协议于下一年以销售退回的方式收回，从而增加本年的主营业务收入及主营业务利润。《股份有限公司会计制度》中对销售后退回的规定是，上期销售退回的处理直接冲减本期销售收入，如在资产负债表日后财务报告发送之前则进行报表调整。所以只要退货的时间在财务报告发送之后，公司就可以以这种假销售方式增加本年利润。虽然这会导致下一年销售收入的减少(冲减退回期的销售收入)，但对于具有很强短期利益要求(如限期扭亏或10%的配股限制)的公司来说，也不失为一个可行之策。

2. 公司的报表利润与由经营所产生的现金流量之间的比例变化

由公司经营活动所产生的现金流量是公司赖以生存和发展的根源。在会计政策没有发生变化的情况下，报表利润与经营所产生的现金流量之间应有一种相对固定的比例关系。经理人员可以通过对费用分摊计提方式的变化来影响报表利润，但却无法影响经营所产生的现金流量。

3. 因处置长期资产而产生的巨大利润

当上市公司的经营业绩较差的时候，公司往往倾向于出售固定资产，比如土地、在其他公司的股权等长期资产来增加当期收益，这种收益是非持续的一次性收入，但对静态的市盈率的影响很大，容易误导投资者。其主要方法有以下几种。

(1) 进行债务重整，将应收账款转为长期股权投资。大量应收账款的存在使公司的应收账款周转率偏低，表现为经营效率的低下；同时现行会计准则要求公司每年年末按应收账款余额的一定比例提取坏账准备，计入本期的期间费用(管理费用)，应收账款数额越大，提取的坏账准备越多，本期的费用也越高。如果年末应收账款大量减少，公司不仅不用继续提取坏账准备，而且上一年多提的准备还可以冲减本期的管理费用。为了减少本期账面上的费用支出，上市公司可以采取债务重整方式将应收账款转化为对该企业的股权投资。这样，一方面使年末应收账款总额明显减少，因此计入本期期间费用(管理费用)所提取坏账准备的金额减少；另一方面使公司应收账款周转率提高，表现为经营管理效率的提高。公司对于这部分投资可以用成本法记账(即使对该单位的投资占有表决权资本总额的20%以上，也可因不具有重大影响而采用成本法计价)，这样就可以不在账面上分担被投资企业每年的亏损，虽然投资收益额与长期投资相比表现得效率很低，但总比作为坏账冲销有利得多(至少不作为费用冲减利润)。

(2) 向关联方出售长期股权投资。会计准则并不要求公司对出售长期投资的行为按公允价值调整，因为股权投资的价值很难确定，所以按实际收到的金额减去该项投资账面价值的净额计入本期投资收益。公司常用此种方法将其持有的长期投资以较高的价格出售给其集团公司或不纳入合并报表的关联企业，增加其投资收益。

(3) 改变长期股权投资计价方法。会计制度规定对于按权益法计账的长期股权投资每年期末按所占股份的比例分担被投资企业的净损益，借记或贷记“投资收益”科目。如果上市公司持有长期效益不好(亏损)的长期投资，按规定每年都要分担被投资企业的净亏损，投资收益为负值；而此时这部分股份的售价已低于账面价值，若在市场上出售会直接恶化本期投资收益，此时公司可以以不再具有重大影响力为由将这部分股权投资的计价方法由权益法改为成本法核算(会计制度允许)，从而将这部分长期投资对于公司损益表的不利影响化解。

4. 中期报表与年度报表的收益相差甚大

企业的经营是一个持续的过程，一般而言，在一个会计年度中上市公司的获利能力不会有太大的变化。有些上市公司中报收益与年报收益相差10余倍，经营业绩在一年中出现大幅波动，这种现象非常值得重视。企业的经营活动的确有季节的差别，比如，空调生产企业的销售旺季在夏季，其上半年的业绩一般要占到全年收益的2/3；相反彩电的销售额通常在下半年有所放大。但是我们要注意到中报和年报在审计要求上的差别，中期不进行分红和配股的企业中报不要求必须经过审计，因而不排除上市公司与庄家联手操纵中报收益起到拉抬或打压股价的作用。

5. 关联交易带来的利润增加

财政部在其颁布的《企业会计准则——关联方关系及其交易的披露》中，将关联方关系定义为在企业财务和经营决策中，如果一方有能力直接或间接控制、共同控制另一方或对另一方施加重大影响，即被视为关联方（同是国家控制的国营企业不能一概而论）；如果两方或多方同受一方控制，也视为关联方。有关联关系的企业主要指：母子公司之间或受同一母公司控制的子公司之间；合营企业、联营企业；主要投资者个人（持股10%以上）、关键管理人员或与其关系密切的家庭成员及其直接控制的其他企业。关联企业之间的交易在作价上存在着非市场因素干扰的可能，证券市场上大量的上市公司和其母公司或其他关联企业进行资产置换和资产买卖而带来的巨额利润增加，都是值得注意的。

一方面，在主营业务收入中制造虚增是比较困难的（也容易被注册会计师查出），公司可以通过"其他业务收入"的调整来影响利润总额。其他业务收入包括材料销售、技术转让、代购代销、包装物出租等收入。在这种操作中通常并不采用一般商品的购销，因为一般商品交易存在市场公允价格，按规定需按公允价格进行调整。上市公司更倾向于通过向关联交易人（主要是集团公司，因为被上市公司直接或间接控制的关联公司如子公司是要纳入合并报表的，内部之间的交易在编制合并报表时进行抵消，在合并报表中并不表现为销售收入）出售劳务活动来增加其他业务收入。与一般商品不同，有些劳务活动是独特的，很难找到公允价格。这些劳务主要有出售已有的研究开发成果、提供加工服务、提供经营管理服务、直接向集团公司收取收入。

另一方面，上市公司也可以通过直接或间接让关联单位为其负担某些费用的方式减少费用开支，增加利润。具体有以下主要手段。

(1) 转让研究开发成果。会计制度规定，自行开发过程中发生的费用，计入当期费用。如果是自行开发并按法律程序申请取得的无形资产，按依法取得时发生的注册费、聘请律师费等费用，借记"无形资产"，贷记"银行存款"等科目。尽管这部分活动计入了费用，开发公司仍可转让其研究开发行为的成果，按实际取得的转让收入，借记"银行存款"，结转转让无形资产的摊余价值，借记"其他业务支出"（由于允许计入无形资产的开发费用很少，其他业务支出金额很少），贷记"其他业务收入"，因此上市公司可以通过关联交易对其花费很少的研究活动收取大量金额来增加本年收入（虽然这种转让不一定会为受让的关联方带来利益）。

(2) 以费用分担方式转移期间费用。这种方式是以其他单位愿意承担上市公司的某项费用的方式减少公司本年期间费用，从而使本年利润增加，如由集团公司承担保险费、运输费、广告费等（一般是承担影响主营业务利润的期间费用）。

(3) 向关联方出租资产与土地使用权来增加收益。会计制度对出售资产的要求是必须以公允价格成交，而且需要结转资产的成本。一般来说，通过公允价格处置长期资产不一定会得到净收益。由于会计制度对租金收入合理性的规定较少，所以上市公司往往通过向关联方出租长期资产的方式由外部转移收入，取得确定的大额收入（与关联方交易经常用的另一种方法是出售公司的长期股权投资）。

(4) 向关联方借款融资，降低财务费用。对于资产负债率较高的上市公司来说，每年要负担固定的借款利息成本（计入财务费用），为了降低财务费用从而提高主营业务利润，公司可以通过改向关联方借款来减少对银行的负债，因为向关联方借款的利息支出可以在双方之间灵活确定是否支出、何时支出及支出金额的大小。

6. 利用会计政策、会计估计的选择与变更进行利润调整

(1) 选择是否使用某一会计政策。《股份有限公司会计制度》中新增了三个跌价准备科目，即短期投资跌价准备、存货跌价准备、长期投资减值准备，要求境外上市公司、香港上市公司以及在境内发行外资股的公司必须设立这三个科目，同时指出其他上市公司也可按上述规定提取短期投资跌价准备、存货跌价准备、长期投资减值准备。这就为效益好的上市公司提供了将利润在不同年度之间转移的可能，即如果某一年度各种利润指标大大高于各种配股条件，则在期末可以提取跌价准备，在不影响公司必要的收益目标的前提下，化解了下期资产跌价的风险，提高了公司未来年度利润的稳健性。

(2) 对折旧要素的估计变更。固定资产折旧根据用途的不同分别计入“产成品”和“管理费用”，其中计入管理费用部分的大小直接影响着期间费用以致主营业务利润。折旧额的大小是由使用年限、预计净残值和折旧方法三个要素决定的。会计制度要求公司应当根据固定资产的性质和消耗方式合理地预计固定资产的使用年限、预计净残值和恰当地选用折旧方法。折旧方法一经确定，不得随意变更，如需变更，应在会计报表附注中予以说明。公司可以通过变更对固定资产残值的估计、对固定资产使用年限的估计、变更折旧方法来调整本年的折旧费用额（由于折旧方法的变更受到的限制较多，所以公司只是到不得已的时候才进行折旧方法的变更）。

(3) 变更销售商品成本的计价方法。销售成本是根据存货（产成品）的发出来计量的，公司可以根据具体情况，采用先进先出法、加权平均法、移动平均法、后进先出法和个别计价法，方法一经确定，不得随意变更，如需变更，应在会计报表附注中予以说明。使用不同的计价方法直接影响本期销货成本的大小，进而影响着主营业务利润的大小。由于公司产品销售量很大，变更销售商品成本的计价方法对主营业务成本及利润的影响是非常明显的，因此变更销售成本计价方法也是上市公司调整本年利润常用的一个方法。

7. 利用其他应收账款科目回避费用的提取

会计制度规定，公司对于应收账款，应于中期期末或年度终了按规定提取坏账准备。境外上市公司、香港上市公司以及在境内发行外资股的公司，坏账准备的提取方法、提取比例等由公司自行确定，国内上市的公司按统一规定以年末应收账款余额的 0.3%～0.5%计提坏账准备、计入本期管理费用。

公司通过与欠款单位协商（尤其是关联企业）年底收回应收账款，同时以对该单位短期融资的方式（计入其他应收款）又将此笔金额转给对方（实际上只是账务的划转）。这样，一方面使公司的应收账款减少（应收账款周转率指标明显好转）；另一方面，应收账款的收回使得本期期末应提的坏账准备减少，列入期间费用的金额减少（如果应收账款数

小于年初数，还可以冲减管理费用)。而对公司来说，这只是账务上的划转，并没有影响其资金运行，又降低了其列入损益表中的费用。

8. 利用推迟费用确认入账的时间降低本期费用

(1) 将应计入本期的费用挂在“待处理财产损益”科目。会计制度规定，公司在清查财产过程中查明的各种财产物资的盘盈、盘亏和毁损(待处理固定资产损益、待处理流动资产损益)应于办理年终决算前查明原因，并报经批准处理，未能在年终决算前处理完毕的，应在会计报表附注中予以说明。对“待处理财产净损失”的处理结果都是计入损益表抵减当期利润，所以公司为了保证当期利润指标的实现，往往尽可能地推迟确认该损失的时间。

(2) 将费用挂在“待摊费用”科目。待摊费用虽然是一项费用，但在会计准则中表现为资产负债表中的一项资产，要在一定时间内逐步转为损益表中的费用。待摊费用的发生时间是公司可以控制的，待摊费用多是分摊期在 1 年以内的各项费用，如低值易耗品、预付保险费、固定资产修理费用以及一次购买印花税票和一次缴纳印花税税额较大需分摊的数额等。公司在年初、年中还是年末发生此项支出直接影响进入本期损益表费用的多少。还有一些支出的摊销期在 1 年以上(固定资产修理支出、租入固定资产的改良支出以及其他摊销期限在 1 年以上的费用)，在“长期待摊费用”中核算。

除待摊费用外，公司还可将已发生的费用挂在“预提费用”的借方，反映公司实际支出的费用大于预提的费用，即未摊销的费用，主要有预提的租金、保险费、借款利息、固定资产修理费用。

通过将实际发生的费用支出挂在资产类科目内而推迟计入损益表的费用或不全记入本期期间费用的办法，可以使上市公司公布的本年利润比实际情况更好些。

9. 利用其他非常性收入增加利润总额

(1) 争取地方政府的补贴收入。在损益表中列有一项“补贴收入”，用来核算公司取得的各种补贴收入。对于需要利润达标而又没能通过自我努力实现必要的利润的上市公司，必然会向当地政府争取补贴收入作为最后的挣扎。地方政府从本地经济与上市指标角度考虑也会大力相助，政府可以只出一个准予补贴的文件，不必立即实际支付补贴的金额，公司按规定计算应收的补贴，借记“应收补贴款”，贷记“补贴收入”，顺利地增加利润总额。

(2) 利用营业外收入增加利润总额。营业外收入是与公司生产经营无直接关系的各项收入，包括固定资产盘盈、处理固定资产净收益、资产再次评估增值、债务重组收益、接受捐赠转入、罚款净收入。它是利润总额的一个组成部分，上市公司常常通过从关联企业接受捐赠的方式增加营业外收入，实现当年的利润总额。

(三) 对不真实的会计数据进行“恢复”

通过上面的分析发现，有些会计数据没有真实地反映经济现实，证券分析人员就必须运用自己的经验和知识对这些被扭曲了的会计数据进行“恢复”，使修正后的会计数据更贴近于上市公司的实际经营情况。能对证券分析人员“恢复”或修正会计数据有较大帮助的数据来源有两个，一是财务报表附注，二是现金流量表。

审计制度规定，对于上市公司已经披露的重大信息，注册会计师应出具无保留意见，所以投资者还要关注会计报表附注中的信息。上市公司正在使用的会计政策与会计估计、会计政策与会计估计的变更、关联交易、重要项目的详细资料（如存货的构成、应收账款的账龄、长期投资的对象、借款的期限与利率等）都在附注中揭示，为进行会计数据分析与判断上市公司是否有操纵利润的迹象提供了可操作与决策的信息。如本期是否变更了某项会计政策、该变更对利润的影响如何，哪些交易是与关联方进行的，对利润的影响如何等。

根据附注中的说明，证券分析人员能够评价会计政策的改变对报表数据的影响，并根据自己的经验和行业中其他企业的参照数据进行修正。

现金流量表从收付实现制的角度对企业的经营业绩进行报告，它是对以权责发生制为基础编制的会计报表的一种验证。如果证券分析人员对权责发生制的报表产生怀疑，现金流量表能提供一种基准点式的参照。利润表中的会计数据是现金流量表中会计数据变化的结果。利润表是以权责发生制为基础的，由此产生的递延、应付、摊销和分配等会计处理为管理人员提供了合法地扭曲会计数据的机会，报告现金流量不涉及估计或分配，也很少涉及确认问题，因为一切现金的收付在其发生时已经得到了确认。证券分析人员可以通过现金流量表中的数据对相关的资产负债表中的数据进行修正。

如上讲述，上市公司操纵利润总是通过一定方法进行的，而任何方法都有其表现形式，投资者可以通过查找这些迹象来判断并对公司的获利能力进行调整。

一是应收账款与其他应收款的增减关系。如果是对同一单位的同一笔金额由应收账款调整到其他应收款，则表明存在操纵问题，应在利润总额中调减此笔应收账款按规定需计提的坏账准备金。

二是应收账款与长期投资的增减关系。如果对一个单位的应收账款减少而对其长期投资增加，且增减金额相近，则表明存在操纵问题，应在利润总额中调减此笔应收账款按规定需计提的坏账准备金。

三是待摊费用与待处理财产损失的数额。如果待摊费用与待处理财产损失数额较大，则说明存在拖延费用列入损益表的问题，需要从公布的利润总额中扣减这部分金额。

四是借款、其他应付款与财务费用的比较。如果公司有对关联单位的大额其他应付款，同时财务费用较低（只是近似账面借款的利息，可以通过附注里的信息计算出借款的年利息支出），说明存在利用关联单位降低财务费用的问题，应将其他应付款按借款利率计算出利息费用，调减利润总额。

总之，证券分析人员在利用财务报告时应对上市公司进行全面的分析，并对其公布的利润情况进行合理化调整，使调整后的信息具备可预测性，这样才能把握上市公司的长期获利能力，根据公司状况的变化，及时回避风险，抓住真正的蓝筹股。

公司基本素质分析和会计数据分析为后面的工作提供了清晰的分析思路和干净的会计数据，是对上市公司报表进行财务分析和业绩预测必不可少的准备工作。这些工作完成之后，就开始进入公司财务分析阶段。

第三节　公司财务分析

财务报表分析是指以财务报表和其他资料为依据和起点，采用专门的方法，系统分析和评价企业的过去和现在的经营结果、财务状况及其变动，目的是了解过去、评价现在、预测未来，帮助利益关系集团改善决策。财务分析的最基本功能，是将大量的报表数据转换成对特定决策有用的信息，以减少决策的不正确性。财务分析也是基本分析里最重要的分析方法之一。

财务报表中有大量的数据可以根据需要计算出很多有意义的比率或指标，这些比率或指标涉及企业经营管理的各个方面。财务比率可以分为以下四类：变现能力比率、资产管理比率、负债比率和盈利能力比率。上市公司公开披露的信息很多，投资人要想通过众多的信息正确把握企业的财务现状和未来，没有其他任何工具可以比正确使用财务比率更为重要的了。对于上市公司来说，最重要的财务指标是每股净收益、每股净资产和净资产收益率。证券信息机构定期公布按照这三项指标高低排序的上市公司排行榜，可见其重要性。

一、变现(或偿债)能力比率

变现能力是企业产生现金的能力，它取决于可以在近期转变为现金的流动资产的多少。反映变现能力的财务比率主要是流动比率和速动比率。

(一) 流动比率

其计算公式为：

$$流动比率 = 流动资产 / 流动负债$$

一般认为，生产企业合理的最低流动比率是 2。这是因为流动资产中变现能力最差的存货的金额约占流动资产总额的一半，剩下的流动性较大的流动资产至少要等于流动负债，企业的短期偿债能力才会有保证。人们长期以来的这种认识，因其未能从理论上得以证明，因此还不能成为一个统一的标准。

计算出来的流动比率只有和同行业流动比率、本企业历史的流动比率进行比较，才能知道是高还是低。这种比较通常并不能说明流动比率为什么这么高或低，要找出其原因还必须分析流动资产和流动负债所包括的内容以及经营上的因素。一般情况下，营业周期、流动资产中的应收账款和存货的周转速度是影响流动比率的主要因素。

(二) 速动比率

流动比率虽然可以用来评价流动资产总体的变现能力，但人们(特别是短期债权人)还希望获得比流动比率更进一步的有关变现能力的比率指标。这个指标被称为速动比率，也被称为酸性测试比率。其计算公式为：

$$速动比率 = (流动资产 - 存货) / 流动负债$$

通常认为正常的速动比率为 1，低于 1 的速动比率被认为短期偿债能力偏低。这仅是一般的看法，因为行业不同，速动比率会有很大的差别，没有统一标准的速动比率。例如，采用大量现金销售的商店，几乎没有应收账款，速动比率大大低于1是很正常的。相反，一些应收账款较多的企业，速动比率可能要大于1。

影响速动比率可信性的重要因素是应收账款的变现能力。账面上的应收账款不一定都能变成现金，实际坏账可能比计提的准备要多，季节性的变化可能使报表的应收账款数额不能反映平均水平。这些情况，外部的财务报表使用人不易了解，而财务人员却有可能做出估计。

（三）影响变现能力的其他因素

上述变现能力指标都是从财务报表资料中取得的，还有一些财务报表资料中没有反映出来的因素也会影响企业的短期偿债能力，甚至影响力相当大。财务报表的使用者多了解些这方面的情况，则有利于做出正确的判断。

1. 增强变现能力的因素

企业流动资产的实际变现能力可能比财务报表项目反映的变现能力要好一些，主要有以下几个因素：

(1) 可动用的银行贷款指标。银行已同意、企业未办理贷款手续的银行贷款限额，可以随时增加企业的现金，提高支付能力。这一数据不反映在报表中，必要时应在财务状况说明书中予以说明。

(2) 准备很快变现的长期资产。由于某种原因，企业可能将一些长期资产很快出售变为现金，以增强短期偿债能力。企业出售长期资产，一般情况下都是要经过慎重考虑的，企业应根据近期利益和长期利益的辩证关系，正确决定出售长期资产的问题。

(3) 偿债能力的声誉。如果企业的长期偿债能力一贯很好，有一定的声誉，则在短期偿债方面出现困难时，可以很快地通过发行债券和股票等办法解决资金的短缺问题，提高短期偿债能力。这个增强变现能力的因素，取决于企业自身的信用声誉和当时的筹资环境。

2. 减弱变现能力的因素

减弱企业流动资产变现能力的因素中未在财务报表中反映的主要是未作记录的或有负债(其中主要又是企业因担保责任引起的负债)。

或有负债是可能发生的债务。对这些或有负债，按我国《企业会计准则》和《企业会计制度》的规定，只有在预计很可能发生损失并且金额能够可靠计量的情况下，才可在报表中予以反映，否则只需作为报表附注予以披露。这些没有记录的或有负债一旦成为事实上的负债，将会加大企业的偿债负担。

二、资产管理比率

资产管理比率是用来衡量公司在资产管理方面的效率的财务比率。

（一）存货周转率

其计算公式为：

$$存货周转率 = 销售成本 / 平均存货$$

公式中的“销售成本”数据来自利润表，“平均存货”来自资产负债表中的“期初存货”与“期末存货”的平均数。

一般来讲，存货周转速度越快，存货的占用水平越低，流动性越强，存货转换为现金、应收账款等的速度越快。提高存货周转率可以提高企业的变现能力，而存货周转速度越慢则变现能力越差。存货周转率指标的好坏反映存货管理水平的高低，它不仅影响企业的短期偿债能力，也是整个企业管理的重要内容。企业管理者和有条件的外部报表使用者，除了分析批量因素、季节性生产的变化等情况外，还应对存货的结构以及影响存货周转速度的重要项目进行分析，如分别计算原材料周转率、在产品周转率或某种存货的周转率。

存货周转分析的目的是从不同的角度和环节找出存货管理中的问题，在保证生产经营连续性的前提下，尽可能少占用经营资金，提高资金的使用效率，增强企业短期偿债能力，促进企业管理水平的提高。

（二）应收账款周转率

其计算公式为：

$$应收账款周转率 = 销售收入 / 平均应收账款$$

公式中的“销售收入”数据来自利润表，是指扣除折扣和折让后的销售净额。“平均应收账款”是指未扣除坏账准备的应收账款金额，它是资产负债表中“期初应收账款余额”与“期末应收账款余额”的平均数。

一般说来，应收账款周转率越高，平均收现期越短，说明应收账款的收回越快。否则，企业的营运资金会过多地呆滞在应收账款上，影响资金的正常周转。影响该指标正确计算的因素有：

1. 季节性经营的企业使用这个指标时不能反映其实际情况；
2. 大量使用分期收款结算方式；
3. 大量使用现金结算的销售；
4. 年末销售大量增加或年末销售大幅度下降。

这些因素都会对该指标计算结果产生较大的影响。财务报表的外部使用人可以将计算出的指标与该企业的前景指标、行业平均水平或其他类似企业的指标相比较，判断该指标的高低，但仅根据指标的高低分析不出上述各种原因。

总之，各项资产的周转指标用于衡量企业运用资产赚取收入的能力，经常和反映盈利能力的指标结合在一起使用，可全面评价企业的盈利能力。

三、负债比率

负债比率是指债务和资产、净资产的关系，它反映企业偿付到期长期债务的能力。

（一）资产负债率

其计算公式为：

$$资产负债率 = 负债总额 / 资产总额$$

公式中的“负债总额”不仅包括长期负债，还包括短期负债，“资产总额”是扣除累计折旧后的净额。

这个指标反映债权人所提供的资产占全部资产的比例，也被称为举债经营比率。它有以下几个方面的涵义：

1. 从债权人的立场看，他们最关心的是贷给企业的款项的安全程度，也就是能否按期收回本金和利息。如果股东提供的资本与企业资产总额相比，只占较小的比例，则企业的风险将主要由债权人负担，这对债权人来讲是不利的。因此，他们希望债务比例越低越好，企业偿债有保证，贷款不会有太大的风险。

2. 从股东的角度看，由于企业通过举债筹措的资金与股东提供的资金在经营中发挥着同样的作用，所以，股东所关心的是全部资本利润率是否超过借入款项的利率，即借入资金的代价。在企业所得的全部资本利润率超过因借款而支付的利息率时，股东所得到的利润就会加大，反之则对股东不利，因为借入资金的多余的利息要用股东所得的利润份额来弥补。因此，从股东的立场看，在全部资本利润率高于借款利息率时，负债比率越大越好，否则反之。

3. 从经营者的立场看，如果举债很大，超过债权人心理承受程度，企业就借不到钱。如果企业不举债或负债比例很小，说明企业畏缩不前，对前途信心不足，利用债权人资金进行经营活动的能力很差。从财务管理的角度来看，企业应当审时度势，全面考虑，在利用资产负债率制定借入资金决策时，必须充分估计预期的利润和增加的风险，在二者之间权衡利害得失，做出正确的决策。

（二）已获利息倍数

其计算公式为：

已获利息倍数 = 息税前利润 / 利息费用

公式中的“息税前利润”是指损益表中未扣除利息费用和所得税之前的利润。它可以用税后利润加所得税再加利息费用计算得出。

已获利息倍数指标反映企业息税前利润为所需支付的债务利息的多少倍。只要已获利息倍数足够大，企业就有充足的能力偿付利息，否则相反。从稳健性的角度出发，最好比较本企业连续几年的该项指标，并选择最低指标年度的数据作为标准。

四、盈利能力比率

盈利能力就是企业赚取利润的能力。一般说来，企业的盈利能力只涉及正常的营业状况。非正常的营业状况也会给企业带来收益或损失，但只是特殊状况下的个别结果，不能说明企业的能力。因此，在分析企业盈利能力时应当排除：证券买卖等非正常项目、已经或将要停止的营业项目、重大事故或法律更改等特别项目、会计准则和财务制度变更带来的累积影响等因素。

反映企业盈利能力的指标很多，通常使用的主要有资产净利率、销售毛利率、净资产收益率。

（一）资产净利率

其计算公式为：

$$资产净利率 = 净利润 / 平均资产总额$$

公式中的“平均资产总额”是资产负债表中“期初资产总额”和“期末资产总额”的平均数。把企业一定期间的净利润与企业的资产相比较，可以反映企业资产利用的综合效果。指标越高，表明资产的利用效率越高，说明企业在增加收入和节约资本使用等方面取得了良好的效果，否则相反。

资产净利率是一个综合指标。企业的资产是由投资人投入或举债形成的，其净利润的多少与企业资产的多少、资产的结构、经营管理水平有着密切的关系。为了正确评价企业经济效益的高低，挖掘提高利润水平的潜力，可以用该指标与本企业前期、计划、本行业平均水平和本行业内先进企业进行对比，分析形成差异的原因。影响资产净利率高低的因素主要有：产品的价格、单位成本的高低、产品的产量和销售的数量、资金占用量的大小。

（二）销售毛利率

其计算公式为：

$$销售毛利率 = (销售收入 - 销售成本) / 销售收入$$

销售毛利率表示每一元销售收入在扣除销售成本后，有多少钱可以用于各项期间费用并形成盈利。销售毛利率是企业销售净利率的最初基础，没有足够大的毛利率便不能盈利。

（三）净资产收益率

其计算公式为：

$$净资产收益率 = 净利润 / 平均净资产$$

公式中的“平均净资产”是资产负债表中“年初净资产”与“年末净资产”的平均数。净资产收益率反映公司所有者权益的投资报酬率，具有很强的综合性。

五、净收益分析（针对上市公司）

（一）每股净收益

其计算公式为：

$$每股净收益 = 净利润 / 年度末普通股总额$$

在计算每股净收益时应注意以下问题：

1. 合并报表问题

编制合并报表的公司，应以合并报表数据计算该指标。

2. 优先股问题

如果公司发行了不可转换的优先股，则计算时要扣除优先股数及其应分享的股利，以使每股净收益反映普通股的收益情况：

$$每股净收益 = (净利润 - 优先股股利)/(年度末股份总额 - 年度末优先股数)$$

已做部分扣除的净利润，通常被称为“盈余”，扣除优先股股利后计算出的每股净收益被称为“每股盈余”。

3. 年度中普通股增减问题

由于计算各种财务比率时要求分子和分母口径对应，本年净利润是整个年度内实存资本创造的，在普通股发生增减变化时该公司的分母应是按月计算的“加权平均发行在外普通股股数”。其计算公式为：

$$加权平均发行在外普通股股数 = \left(\sum 发行在外普通股股数 \times 发行在外月份数\right)\Big/12$$

“发行在外月份数”是指发行已满1个月的月份数，或者说，发行当月不计入“发行在外月份数”。

4. 复杂股权结构问题

有的公司具有复杂的股权结构，除普通股和不可转换的优先股外，还有可转换优先股、可转换债券、购股权证等。可转换债券的持有者可以通过转换使自己成为普通股东，从而造成公司普通股总数增加，购股权证持有者可以按预定价格购买普通股，也会使公司的普通股增加。普通股增加会使每股净收益变小，称为“稀释”。这些因素对每股净收益的影响是比较复杂的，我国绝大多数上市公司属于简单股权结构，所以证监会目前未对复杂结构下每股净收益计算的具体方法做出规定。按照证监会目前的规定，发行普通股以外的其他种类股票(如优先股等)的公司，应按国际惯例计算该指标，并说明其计算方法和参照依据。

每股净收益是衡量上市公司盈利能力时最常用的财务指标，它反映普通股的获利水平。在分析时，可以进行公司间的比较，以评价该公司的相对盈利能力；可以进行不同时期的比较，了解该公司盈利能力的变化趋势；也可以进行经营业绩和盈利预测的比较，掌握该公司的管理能力。

在使用每股净收益分析盈利性时应注意以下问题：

首先，每股净收益不反映股票所含有的风险。例如，假设A公司原来经营日用品的产销，最近转向房地产投资，公司的经营风险增大了许多，但每股净收益可能不变或是提高，并没有反映风险增加的不利变化。

其次，股票是一个“份额”概念，不同股票的每一股在经济上不等量，它们所含有的净资产和市价不同，即换取每股净收益的投入量不同。在进行每股净收益的公司比较时要注意这一点。

最后，每股净收益多，并不意味着可以多分红，还要看公司股利分配政策。

(二) 市盈率

市盈率是指普通股每股市价为每股收益的倍数。其计算公式为：

$$市盈率(倍数) = 普通股每股市价 / 普通股每股盈余$$

市盈率是人们普遍关注的指标，有关的证券刊物几乎每天报道各类股票的市盈率。

该比率反映投资人对每元净利润所愿支付的价格，可以用来估计股票的投资报酬和风险。它是市场对公司的共同期望指标，市盈率越高，表明市场对公司的未来越看好。在市价确定的情况下，每股收益越高，市盈率越低，投资风险越小，反之亦然。在每股收益确定的情况下，市价越高，市盈率越高，风险越大，反之亦然。仅从市盈率高低的横向比较看，高市盈率说明公司能够获得社会信赖，具有良好的前景，反之亦然。

在使用市盈率指标时应注意以下问题：该指标不能用于不同行业公司的比较，充满扩展机会的新兴行业市盈率普遍较高，而成熟工业的市盈率普遍较低，这并不说明后者的股票没有投资价值。在每股净收益很小或亏损时，市价不会降至零，很高的市盈率往往不说明任何问题。市盈率高低受净利润的影响，而净利润受可选择的会计政策的影响，从而使得公司间的比较受到限制。市盈率高低受市价的影响，市价变动的影响因素很多，包括投机炒作等，因此观察市盈率的长期趋势很重要。

（三）每股股利

这里只考虑普通股的情况。其计算公式为：

每股股利 = 股利总额 / 年末普通股总额

公式中的“股利总额”是指用于分配普通股现金股利的总额。

（四）股利支付率

股利支付率是指普通股净收益中股利所占的比重，它反映公司的股利分配政策和支付股利的能力。其计算公式为：

股利支付率 = 普通股每股股利 / 普通股每股净收益

（五）股利保障倍数

股利支付率的倒数，称为股利保障倍数，它是股利支付率的逆运算。倍数越大，支付股利的能力越强。股利保障倍数是一种安全性指标，可以看出净利润减少到什么程度公司仍能按目前股利水平支付股利。

（六）留存盈利比率

留存盈利是指净利润减去全部股利（包括优先股利和普通股利）的余额。留存盈利与净利润的比率，称为留存盈利比率。其计算公式为：

留存盈利比率 =（净利润 - 全部股利）/ 净利润

留存盈利比率的高低反映企业的理财方针。如果企业认为有必要从内部积累资金，以便扩大经营规模，经股东大会同意可以采用较高的留存盈利比率。如果企业不需要资金或者可以用其他方式筹资，为满足股东取得现金股利的要求可降低留存盈利的比率。显然，提高留存盈利比率必然降低股利支付率。

（七）每股净资产

每股净资产是期末净资产（即股东权益）与年度末普通股份总数的比值，亦称为每股账面价值或每股权益。该指标反映发行在外的每股普通股所代表的净资产成本即账面价值。在投资分析时，只能有限地使用这个指标，因其是用历史成本计算的，既不反映净资产的变现价值，也不反映净资产的产出能力。

每股净资产在理论上提供了股票的最低价值。如果公司的股票价格低于净资产的成本，成本又接近变现价值，说明公司已无存在价值，清算是股东最好的选择。正因为如此，新建公司股票不允许折价发行。把每股净资产和每股市价联系起来，可以说明市场对公司资产质量的评价。

反映每股市价和每股净资产关系的比率，称为市净率。市净率可用于投资分析。每股净资产是股票的账面价值，它是用成本计量的；每股市价是这些资产的现在价值，它是证券市场上交易的结果。投资者认为，市价高于账面价值时企业资产的质量好，有发展潜力，反之则资产质量差，没有发展前景。优质股票的市价都超过每股净资产许多，一般说来，市净率达到 3 可以树立较好的公司形象。市价低于每股净资产的股票，就像售价低于成本的商品一样，属于“处理品”。当然，“处理品”也不是没有购买价值，问题在于该公司今后是否有转机，或者购买后经过资产重组能否提高获利能力。

六、现金流量分析

（一）现金流量表的主要作用

现金流量表的主要作用是：(1) 提供本期现金流量的实际数据；(2) 提供评价本期收益质量的信息；(3) 有助于评价企业的财务弹性；(4) 有助于评价企业的流动性；(5) 用于预测企业的未来现金流量。

现金流量分析是在现金流量表出现以后发展起来的，其方法体系并不完善，一致性也不充分。现金流量分析不仅要依靠现金流量表，还要结合资产负债表和利润表。

（二）现金流量的结构分析

现金流量的结构分析包括流入结构、流出结构和流入流出比分析。

流入结构分析分为总流入结构和三项活动（经营、投资和筹资）现金流入的内部结构分析。

流出结构分析分为总流出结构和三项活动现金流出的内部结构分析。

流入流出比为经营活动流入与经营活动流出之间的比例。通过流入和流出结构的历史比较和同业比较，可以得到更有意义的信息。对于一个健康的、正在成长的公司来说，经营活动现金流量应该是正数，投资活动的现金流量是负数，筹资活动的现金流量是正负相间的。

七、流动性分析

所谓流动性，是指将资产迅速转变为现金的能力。根据资产负债表确定的流动比率虽然也能反映流动性但有很大的局限性。这主要是因为：作为流动资产主要成分的存货并不能很快转变为可偿债的现金，存货用成本计价不能反映变现净值，流动资产中的待摊费用也不能转变为现金。许多企业有大量的流动资产，但现金支付能力却很差，甚至无力偿债而破产清算。真正能用于偿还债务的是现金流量。现金流量和债务的比较可以更好地反映企业偿还债务的能力。

（一）现金到期债务比

其计算公式为：

现金到期债务比 = 净现金流 / 本期到期的债务

本期到期的债务是指本期到期的长期债务和本期应付票据。通常这两种债务是不能展期的，必须如数偿还。

（二）现金流动负债比

其计算公式为：

现金流动负债比 = 净现金流 / 流动负债

（三）现金债务总额比

其计算公式为：

现金债务总额比 = 净现金流 / 债务总额

例如，D公司的债务总额是27 057万元，净现金流为3 811万元，则：现金债务总额比=3 811/27 057≈14%。这个比率越高，企业承担债务的能力越强。该公司最大的付息能力是14%，即利息高达14%时企业仍能按期付息。只要能按时付息，就能借新款还旧款，维持债务规模。如果市场利率是10%，那么该公司最大的负债能力是3 811/10%=38 110(万元)。仅从付息能力看，企业还可借债11 053万元(38 110－27 057)，可见该公司的举债能力是不错的。

八、获取现金能力分析

获取现金的能力可通过净现金流和投入资源的比值来反映。投入资源可以是销售收入、总资产、净营运资金、净资产或普通股股数等。

（一）销售现金比率

其计算公式为：

销售现金比率 = 净现金流 / 销售额

（二）每股净现金流

其计算公式为：

每股净现金流 = 净现金流 / 普通股股数

（三）全部资产现金回收率

全部资产现金回收率是净现金流与全部资产的比值，说明企业资产产生现金的能力。其计算公式为：

全部资产现金回收率 = 净现金流 / 全部资产

假设上述D公司的净现金流为3 811万元，全部资产为88 023万元，则：全部资产现金回收率=3 811/88 023×100%≈4.33%。若同业全部资产现金回收率为5%，说明该公司资产产生现金的能力较弱。

九、财务弹性分析

所谓财务弹性，是指企业适应经济环境变化和利用投资机会的能力。这种能力来源于现金流量和支付现金需要的比较。现金流量超过需要，则有剩余的现金，适应性较强。因此，财务弹性的衡量是用经营现金流量与支付要求进行比较。支付要求可以是投资需求或承诺支付等。

（一）现金满足投资比率

其计算公式为：

现金满足投资比率 = 近 5 年净现金流 /（近 5 年资本支出 + 存货增加 + 现金股利）

假设 D 公司近 5 年净现金流平均数为 3 811 万元，平均资本支出为 350 万元，存货平均增加 2 040 万元，现金股利平均每年 2 120 万元，则：现金满足投资比率＝3 811/（350＋2 040＋2 120）≈0.85。该比率越大，说明资金自给率越高。达到 1 时，说明企业可以用经营获取的现金满足扩充所需资金，若小于 1，则说明企业要靠外部融资来补充资金。

（二）现金股利保障倍数

其计算公式为：

现金股利保障倍数 = 每股净现金流 / 每股现金股利

该比率越大，说明支付现金股利的能力越强。若同业平均现金股利保障倍数为 3，相比之下，上例中 D 公司的股利保障倍数是 1.8，如果遇有不景气，可能没有现金维持当前的股利水平，或者要靠借款才能维持。

专栏 7－3

现代公司的非财务指标

现代公司绩效评价理论指出：对知识经济时代的公司进行绩效评价必须引进全面业绩评价方程，在传统的财务指标的基础上增加各类非财务指标。公司绩效评价实务调查已经明确了当前在公司中最广泛应用的非财务指标。它们包括：

（1）顾客满意度；

（2）产品和服务的质量；

（3）战略目标，如完成一项并购或项目的关键部分，公司重组和管理层交接；

（4）公司潜在发展能力，如员工满意度和保持力、员工培训、团队精神、管理有效性或公共责任；

（5）创新能力，如研发投资及其结果、新产品开发能力；

（6）技术目标；

（7）市场份额。

第四节　其他重要因素分析

一、投资项目分析

众所周知，投资者在进行股票投资时，一个非常重要的决策变量就是关于上市公司未来的业绩成长状况。而企业的价值，从根本上看，取决于其资产在运营过程中给所有者带来的收益，因此企业投资项目的选择就对企业的发展有着极为密切的关系，从而投资项目的分析也就成为投资者进行公司分析的一个重要内容。在展开分析之前，有必要指出的是，这里所说的投资项目指的是生产性资产的投资，不包括非生产性固定资产的投资分析。

（一）投资项目分析的基本步骤

如果从上市公司投资项目财务评估的角度出发，一项固定资产投资分析的程序一般可以分为五个步骤：

1．估算出投资方案的预期现金流量

这里所谓的现金，指的是广义的现金，不仅包括各种货币资金，而且也包括项目所需的需要投入企业拥有的非货币资源的变现价值以及项目的最后残值；所谓的现金流量，是指这一投资项目引起的企业现金支出和现金收入增加的数量。估计投资项目的预期现金流量是投资项目分析中的首要环节，也是分析中最重要、最困难的步骤。

2．估计预期现金流量的风险

风险一般用预期现金流量变动的大小、不同现金流量的概率分布来衡量。

3．确定现金流量的折现率水平

折现率一般由资本成本和风险溢价构成，从另一个角度来说，这个折现率也就是投资者所要求的收益率。

4．确定投资方案的收入现金

也就是将项目的现金流量按折现率进行折现，求出净现值。

5．运用净现值法或者内含报酬率法等来决定拒绝或接受该投资方案

显然，这里所谓的投资项目分析是一个专业性非常强的经济活动，如果不是对项目所处的行业有着深刻的认识，没有对项目进行深入的分析，获得较多的数据，一般无法对投资项目进行准确的分析。因此，一般而言，投资项目分析是专家们所从事的活动。对于广大普通投资者而言，一般不可能对某个或某些投资项目进行准确的数量分析，但他们必须利用各种信息渠道，比如在公司上市时公布的招股说明书、配股说明书等中所记载的关于公司投资项目的选择、资金的投向，了解公司所从事的投资项目的发展前景以及项目的风险。

（二）一般投资者进行投资项目分析时主要考虑的问题

对于一般的投资者而言，在对公司的投资项目进行分析时，可以着重考虑以下几个问题：

1. 投资项目与公司目前产品的关联度，体现了公司实行何种经营战略，是进一步扩大生产规模，降低生产成本，还是进行技术创新，提高产品竞争力；是延长产品线，向上游或下游延伸，还是进行产业转移，逐步从现有的处于衰退的产业中退出，进入新的产业。同时，投资者还应注意分析这种经营战略与公司的市场地位是否吻合。

2. 如果投资项目是一种全新的产品，投资者就必须对这种产品的市场前景进行分析，这种分析可以从产品的技术含量、进入壁垒等方面出发进行大致的估计。

3. 分析投资项目在其建设期和回收期的现金流量状况，并了解该项目投资的回收期、会计收益率等。一般而言，这类分析普通投资者无法单独进行，只能仔细地分析公司有关专家提供的专业分析资料。

二、资产重组

（一）资产重组方式

从西方发达国家公司的实践来看，企业（这里不仅包含了上市公司，也包含了各种非上市公司）的资本运营战略方式大致可以分成以下三种类型：

1. 扩张型

这一类别指公司的资产或负债规模在产权变动之后趋于扩张，包括了兼并和收购、发盘收购、联营等方式。

(1) 兼并与收购是企业产权变动的基本形式。兼并指任何一项由两个或两个以上的实体形成一个经济实体的交易，它与收购的共同点都是最终形成一个经济单位，但是兼并形成了一个新的经济实体，而收购则是被收购方纳入到收购方公司体系之中。但同时由于公司收购了另一家公司之后很少不发生重大结构变动，所以往往把收购视作兼并的一种，或简称为并购。

(2) 发盘收购，又称“公开收购要约”或“标购”，与收购有较大差异，指某个公司对目标公司的股东发出收购股权的公开要约，进而取得目标公司控制权的方式（而收购一般是与目标公司的管理层进行产权交易）。

(3) 联营则是一种被广泛采用的、两个或更多的经济实体之间合作的组织形式，最近又以“战略联盟”的名称出现，一般指多个合伙人将资金、技术或其他财产投入一个合伙企业中。

2. 收缩型

这一类别指公司的资产或负债规模在产权变动之后趋于缩小，包含了资产剥离、分立等形式。

资产剥离和分立是公司消除或分离某个产品、部门或子公司的手段。被收购方不把整个公司出售，而仅售出一部分，对于被收购公司而言就是资产剥离。（当前我国的“资产剥离”特指一家企业在股份制改造过程中将其附居或不良资产另行处置的一种活动，应该说有别于国际通行的含义。）

分立则指母公司收回子公司的全部股权，使之独立活动。分立又可分成两类：一类称为“子股换母股”，即母公司以其部分财产或业务另设一个新公司，母公司存续；另一类称为“完全析产分股”，即公司以其全部资产分别归入两个或更多的新设公司之中，原公司解散。

3. 内变型

这类企业的产权变动或交易，更多的是与公司股东的内部变化和公司控制权的变动相联系，而公司的整体资产或负债状况往往没有发生变化。这类交易往往包括股票回购、杠杆收购、代表权争夺和转为非上市公司等。

（二）我国企业资产重组的几种主要形式

1.（国有）企业退出方式

出售变现，这是一种直截了当的退出方式，即将企业资本，尤其是一些国有资本转化为现金这种流动性最强的形态。依据既有资产的不同形态，出售可以采取产权、股权股票出售的方式。

国有全资和独资转为控股或参股。这是一种部分退出的方式。转为控股或参股的办法有两种：一是增资扩股，新增资本中部分或全部为非国有股份，使原先国有全资和独资的产权结构改变为控股、参股的产权结构。近些年来，国有企业上市实际上属于这一种方式。二是既有产权结构的重新调整，即国有资本与民间资本的产权交易。

2. 上市公司中的优势企业购并非上市企业

资金相对充裕是目前上市公司的一个明显优势，为其开展并购提供了资金实力。如果上市公司同时具有生产经营上的优势，比如在技术开发、质量保障、市场营销、内部管理和品牌等方面具有优势，再加上资金优势，通过选择具有要素互补性的目标企业，购并的成功率将大大提高。在今后一个时期内，名牌产品、优势企业、上市公司三位一体应当成为企业重组中的主导力量，这种方式应当成为重组中的主流方式。

上市公司的收购可以采取不同方式进行，从我国目前来看，主要有以下几种可行的方式：

(1) 换股收购

换股收购是国外上市公司进行购并时经常采用的方式。一般而言，换股收购是一种实现收购双方双赢的典范模式：对收购方而言，换股方式可以突破现金支付能力的约束，利用本公司较高的股价，低成本地实现兼并的目的，同时可以扩大其股本规模和股东基础；对于被收购方而言，可以实现“借壳上市”的目的，利用资本市场来实现社会资源的整合（即产生所谓的“协同效应”）。1998 年 10 月，清华同方通过吸收合并的方式实现对在山东产权交易所挂牌的鲁颖电子的收购就是一次国内较为成功的上市公司收购非上市公司的案例。

(2) 上市公司对非上市目标企业的托管

与购并不同，托管的特点是在目标企业的产权结构基本不动的条件下，优势企业获得对目标公司资源的实际控制权，其好处在于优势企业向目标公司输出的主要是经营管理、技术、营销渠道、品牌等“软件”，基本不需要资金投入，客观上降低了优势企业的扩张成本。

(3) 上市公司承担债务式兼并

这一方式一般无须支付现金，而以承担目标公司债务作为兼并的代价，实现对目标公司的控制。由于我国企业，尤其是国有企业债务负担沉重，这一方式就有了较大操作余地。

3. 非上市的优势企业购并上市公司

就是让目前尚未上市的优势企业，通过资产置换、市场收购等方式去购并业绩比较差的上市公司，即所谓的"借壳"或"买壳"上市，改变这些上市公司的资产质量，使其重新获得融资能力。考虑到我国目前上市指标仍然是"稀缺"资源和上市公司中业绩差的企业为数不少的现实，这一方式大有可为。

4. 上市公司之间的购并

这种方式是西方资本市场发达国家的一种常见资本运作方式，我国1993年曾轰动一时的"保安收购延中"事件就是一次上市公司之间的购并。随着我国上市公司的增加和证券市场的发展，上市公司之间的购并将会相应增多。这种方式可以解决由于行业同构而形成的过度竞争问题，合并那些缺乏发展后劲、技术含量低的公司，使得有限的"壳资源"能够被另外一些企业，尤其是给技术含量高、发展潜力大的高科技企业创造新的融资渠道，解决其发展中的融资问题。

5. 上市公司所属集团内的资产重组

1998年5月，龙头股份、上海三毛等5家公司在其进行的资产重组中大规模地进行资产置换，即置入良性资产的同时置出劣性资产。而且，与上市公司进行资产置换的均是其控股股东。这5家纺织业上市公司之所以在近几年经营业绩不佳，一个主要原因就是公司原有资产(主要是指生产设备和相关辅助设施)只能适用于传统、落后的化纤纺织品的生产经营，获利能力低。要想从根本上改变公司的经营窘境，就必须剔出其中的劣性资产而引入新的良性资产。在5家公司的资产置换置出的不良资产中，有存货、应收款、其他应收款等流动资产，也有长期投资和股东资产，有单项资产，也有整体资产；而置入的则均是来自母公司(控股股东)的良性资产。2000年，山西省上市公司"经纬纺机"实质上也进行了相同的资产重组行为。

由于优良资产的注入和新项目的投资，不仅经营业绩均将在近期内取得大幅度的增长，而且还为公司未来的持续、良性发展奠定了基础，提供了契机。上市公司增发新的社会公众股，这显然既不同于配股，又非初次发行新股，因而成为初次发行新股和配股以外的第三种公开发行方式，从而为上市公司开辟了一条从证券市场上增筹资金的新渠道。

（三）资产重组对经营和业绩的影响

企业开展资本运营，无疑是为了实现其某种战略发展目标。对于企业而言，其从事生产经营的目标是为了实现利润最大化，或从为公司创造价值(和使整个经济增值)的角度看，是为了实现净现值最大化。公司资本运作活动正是这种资产净现值最大化理念的具体展开。开展资本运作企业能够得到诸多利益，如兼并、收购活动的完成使得该企业能够获得管理协同效应、财务协同效应和经营协同效应(规模经济)等协同效应，使得公司的未来现金流得以较大的增长，而通过资本运作实现的经营业务多样化，则使得公司未来现金流的稳定性得到更好的保证，所以资本运作符合公司股东的根本利益。

但从我国已发生的上市公司资产重组的实际效应来看，许多上市公司资产重组的效应并不突出，在进行资产重组后，其经营业绩并没有得到持续、显著的改善。究其原因，最关键的是重组后的整合不成功。重组后的整合主要包括企业资产的整合、人力资源配置和企业文化的融合、企业组织的重构三个方面。如果资产重组后上市公司不能进行顺利的整合，资产重组就难以取得预期的效果，就是失败的。

在企业的快速扩张过程中，投资者必须密切关注企业的管理层是否妥善处理好企业的经营业务多样化与其主营业务发展之间的关系。在企业的扩张过程中，须时时注意其核心能力（包括管理能力、技术开发能力等）与经营规模的平衡关系，规模过小，会造成企业核心能力的浪费，反之则会出现失控。企业切不可偏离其主营业务，盲目进入不熟悉的领域，否则结果可能是夹在中间，既没有保持和发挥其原有的优势，在新领域又落入多元化陷阱；同时也不可盲目发展主营业务，造成扩张速度过快，规模过大，已有的核心能力和组织资本无法适应，使企业陷入困境。

不同类型的重组对公司业绩和经营的影响也是不一样的。对于扩张型资产重组而言，通过收购、兼并以及对外进行股权投资，公司可以拓展产品市场份额，或者进入其他经营领域。但这种重组方式的特点之一就是其效果受被收购兼并方生产及经营现状的影响较大，磨合期较长，因而见效可能较慢。有关统计数据表明，上市公司在实施收购兼并后，主营业务收入的增长幅度要小于净利润的增长幅度，每股收益和净资产收益率仍是负增长，这说明，重组后公司的规模扩大了，主营业务收入和净利润有一定程度的增长，但其盈利能力并没有同步提高。从长远看，这类重组往往能够使公司在行业利润率下降的情况下，通过扩大市场规模和生产规模，降低成本，巩固并增强其市场竞争力。

由于多方面的原因，我国证券市场存在着上市公司资产质量较差、股权结构和公司治理结构不合理等客观状况，因此着眼于改善上市公司经营业绩、调整股权结构和治理结构的调整型公司重组和控制权变更型重组，是我国证券市场最常见的资产重组类型。对于公司控制权变更型资产重组而言，由于控制权的变更并不代表公司的经营业务活动必然随之发生变化，因此，一般而言，控制权变更后必须进行相应的经营重组，这种方式才会对公司经营和业绩产生显著效果。

对于调整型资产重组而言，分析资产重组对公司业绩和经营的影响，首先须区分报表性重组和实质性重组。区分报表性重组和实质性重组的关键是看有没有进行大规模的资产置换或合并。实质性重组一般要将被并购企业 50％以上的资产与并购企业的资产进行置换，或双方资产合并；而报表性重组一般都不进行大规模的资产置换或合并。

据有关部门对 1998 年 95 家进行资产置换的上市公司进行分析发现，资产置换规模与上市公司的业绩有正向关系。资产置换规模小于 20％的，每股收益增加 0.06 元；60％以上的，每股收益增加 0.30 元。对 1997 年以前完成资产置换的公司统计发现，这些公司资产置换前每股收益大概在 0.14 元，置换当年是 0.24 元，置换后第一年是0.25 元，置换后第二年是 0.17 元（前提是没有增发和配股）。这是因为，进行大规模资产置换的上市公司，一般都伴随着控制权、管理层和主营范围根本性的变化，其经营和业绩的改善与提高往往能取得立竿见影的效果。

2000 年 6 月，中国证监会颁布了《关于规范上市公司重大购买或出售资产行为的通知》，规定上市公司购买或出售资产占上市公司总资产 70%以上的，完成资产重组一年后，可以申请增发新股或配股。这一政策为进行实质性重组的上市公司融资和发展创造了更好的环境，有利于其进一步增强主营业务和寻找新的利润增长点，其经营业绩可望得到进一步的提高。

由于报表性重组一般都不进行大规模的资产置换或合并，因此重组后，报表上的业绩指标可能确实提高了，但其偿债能力、资产管理能力、股本扩张能力、成长性和主营业务鲜明状况等各方面的综合实力并没有得到实质性的提高。但报表性重组短期内也能提高报表收益，其途径是：

1. 巧妙运用会计政策增加重组公司的报表收益。由于资产重组常常在母子公司之间进行，为提升上市公司业绩，母公司往往通过低估注入资产价值和高估剥离资产价值的方式向上市公司进行利润输送。有着关联交易背景的资产置换一般是向上市公司注入优质资产，换出劣质资产。优质资产的注入不仅增强了上市公司的获利能力，而且带来了相应会计期间的盈利，而劣质资产的剥离不仅带走了负担，而且带去了相应的亏损。这一重组方式已成为许多上市公司迅速扭亏增盈的一个常用手段。

2. 在企业的重组并购公告中，大多数都提到了并购后将享受国家和银行的优惠政策(免除银行贷款利息、挂账若干年以及减免所得税等)，这些重组优惠政策对于优势企业兼并处于困境中的企业具有相当的吸引力，有利于短期内提升上市公司的业绩。

因此，证券投资分析师在分析资产重组对公司业绩及经营的影响时，应该区分资产重组的不同类型，区分报表性资产重组和实质性资产重组，并密切关注重组后企业的整合情况。

三、关联交易

伴随着市场经济的发展，企业与企业之间的关系越来越紧密，从而企业在日常的业务往来过程中，必然涉及与诸如供应商、代理商等多方面的联系。一般而言，企业间发生交易时，往往会从各自的利益出发，不会轻易接受不利于自身利益的交易条款。这种交易各方不存在明显信息不对称、自由的、不受各方之间任何关系影响的交易，视为“公平交易”。而和公平交易相对的关联交易则不同——当交易双方存在所谓的关联方关系时，它们之间的交易就可能不是建立在公平交易的基础之上，在某些情况下，关联方之间通过虚假交易可以达到掩盖经营亏损，虚增经营利润，造成提高经营业绩的假象的目的。正因为关联交易提供了上市公司掩盖经营业绩的可能性，所以投资者在进行公司分析时必须高度重视上市公司对关联交易的信息披露，透过关联交易去发现公司真正的投资价值。当然，即使关联方之间的交易是在公平交易基础之上进行的，通过关注关联交易，也有助于把握公司的未来发展方向。

(一) 关联交易的方式

关联交易的发生，取决于交易双方之间是否存在关联方关系。《国际会计准则第 24 号——关联方披露》中将关联方定义为“在财务或经营决策中，如果一方有能力控制另一方或对另一方施加重大影响，则认为是关联方”。在我国会计实践中，则往往把关联方关系视为存在于控制与被控制、共同控制或被共同控制，或施加重大影响的交易各方，即建立控制、共同控制和施加重大影响是关联方关系存在的主要特征。但是，在具体运用关联方关系判断标准时，应当遵守实质重于形式的原则。

1. 关联方关系

在我国会计实践中，关联方关系主要存在于以下几种形式中：

(1) 直接或间接地控制其他企业或受其他企业控制，以及受同一企业控制的两个或多个企业。即母子公司之间、同一母公司下的各个子公司之间，以及不存在投资关系但存在控制与被控制关系的企业之间。

(2) 合营企业。合营企业是指按照合同规定经营活动由投资双方或若干方共同控制的企业。

(3) 联营企业。联营企业是指投资者对其有重大影响，但不是投资者的子公司或合营企业的企业。

(4) 主要投资者个人、关键管理人员或与其关系密切的家庭成员。主要投资者个人是指直接或间接地控制一个企业10%或以上表决权资本的个人投资者，包括自然人和法定代表人。关键管理人员是指有权力并负责进行计划、指挥和控制企业的人员，主要指董事、总经理、总会计师、财务总监等人员。关系密切的家庭成员是指在处理与企业的交易时有可能影响某人或受其影响的家庭成员，包括父母、配偶、兄弟、姐妹和子女。

(5) 受主要投资者个人、关键管理人员或与其关系密切的家庭成员直接控制的其他企业。

2. 关联方交易的确定

关联方交易是指在关联方之间转移资源或义务的事项，而不论是否收取价款。显然，关联交易的确定必须符合以下几个要求：

(1) 按照关联方定义，构成关联方关系的企业之间、企业与个人之间的交易，即通常是在关联方关系已经存在的情况下，关联方之间的交易。

(2) 资源或义务的转移是关联方交易的主要特征，通常情况下，在资源或义务转移的同时，风险与报酬也相应转移。

(3) 关联方之间资源或义务的转移价格是了解关联方交易的关键。关联方交易通常来说能在一般商业条款中使参与双方受益。一般商业条款是指那些不会比与非关联方交易可望合理受益更多或更少的商业交易条款。母公司与其子公司之间的交易在使用其他条款没有有利之处时，一般通过这种条款来开展交易。但在某些情况下，关联方交易的目的仅仅是牺牲一方利益使另一方受益，比如母公司为了提高子公司的业绩，通过不等价的资产交易向子公司转移利润。

会计上确定涉及资源与义务转移的关联方交易时，通常是以风险与报酬的转移作为基本依据，并以各方同意的价格作为计量标准。在判断是否属于关联方交易时，应该以交易是否发生为依据，而不以是否收取价款为依据。

3. 关联交易的主要方式

一般而言,关联交易的方式主要有以下几种类型:

(1) 购买或销售商品。购买或销售商品是关联方交易中最常见的交易事项,包括企业集团成员之间、母公司与子公司之间、联营企业之间互相购买或销售商品。

(2) 购买或销售除商品以外的其他资产。比如,母公司向子公司出售设备或建筑物等类似的资产交易。

(3) 提供或接受劳务。

(4) 代理。

(5) 租赁,包括经营租赁和融资租赁。

(6) 提供资金,包括以现金或实物形式提供的贷款或权益性资金。

(7) 担保或抵押。当存在关联方关系时,一方往往为另一方提供为取得贷款、买卖等经济活动中所需的担保或抵押。

(8) 管理方面的合同。

(9) 研究与开发项目的转移。

(10) 许可协议。当存在关联方关系时,关联方之间可能达成某项协议,比如允许一方使用另一方的商标、专利等,这类协议也是一种关联方交易。

(11) 关键管理人员报酬。企业支付给关键管理人员的报酬,也是一项主要的关联交易。

(二) 关联交易对公司业绩及经营的影响

关联交易的存在,对企业的经营业绩产生了较大的影响。正如我们在前面所提及的那样,关联交易一般不是基于所谓的公平交易基础之上的一种交易,其交易价格在很大程度上是由关联方主体自身协商确定的,并不是一种公平价格,存在较大的弹性。甚至在某些情况下,如果交易双方不是关联方,这种交易可能根本就不会发生。例如子公司销售给母公司的产品按照成本计价,通常是因为如果母公司不买这些产品,子公司的产品可能根本就没有买主。

关联交易的存在,为隶属于同一企业集团的各家企业之间通过"高买低卖,低买高卖"的交易方式进行了利润转移或亏损转移,甚至进行虚假交易,进而提高企业经营业绩,粉饰财务报表,同时客观上也成为规避(或逃避)国家税收的一条渠道。

因此,一般认为,一方面,关联交易的存在对企业的经营业绩以及经营产生的现实影响虽然很难作准确的数量估计,但是这一影响是客观存在的;而另一方面,伴随着企业之间经济联系的日趋紧密,又不可能从根本上杜绝关联交易。所以各国的会计准则对关联交易一般都作了强制性信息披露的要求,尽量减少关联交易所带来的副作用。

四、会计政策的变化及公司业绩的影响

(一) 会计政策及其变更

会计政策是指企业在会计核算时所遵循的具体原则以及企业所采纳的具体会计处理方法。在我国会计实践中,会计准则和会计制度属于行政法规,从而各种具体会计原

则和会计处理方法绝大多数都是由会计准则或会计制度规定的，企业基本上是在法规所允许的范围内选择适合本企业实际情况的会计政策。

我国《企业会计准则》规定，企业应当在其会计报表附注中披露其所采取的会计政策，包括：(1) 合并政策，即编制合并会计报表所采纳的原则，比如合并范围的确定原则等；(2) 外币折算，即所采用的外币折算办法以及汇兑损益的处理，比如是采用现行汇率法还是时态法等；(3) 收入确认，即收入确认的原则和办法，比如建造合同按照合同法确认还是按照完工百分比法确认等；(4) 所得税，比如企业所得税的会计处理方法是应付税款法还是纳税影响法；(5) 存货的计价，比如企业存货的计价方法是先进先出法、加权平均法还是其他所允许的办法；(6) 长期投资的核算，比如长期投资的核算方法是采用成本法还是权益法；(7) 坏账损失的核算，比如坏账损失的核算方法是采取直接转消法还是采用备抵法；(8) 借款费用的核算，比如借款费用的处理办法是予以资本化还是计入当期损益。

企业会计政策的不同，意味着对同一会计事项的财务处理，会计准则允许使用几种不同的规则和程序，而企业可以自行选择。显然，企业会计政策的选择，总是根据企业当时所处的特定经济环境以及某类业务的实际情况作出的，但是随着经济环境和客观情况的变化，当采用原来的会计政策不能保证会计信息的可靠性和相关性时，就需要改变会计政策。

会计政策的变化，一般称为“会计政策的变更”，是指企业对相同的交易或事项由原来采用的会计政策改变为另一会计政策的行为，也就是说，在不同的会计期间执行不同的会计政策。我国《企业会计准则》规定，企业应当按照会计准则和会计制度规定的原则和方法进行核算，各期采用的会计原则和方法应当保持一致，不得任意变更。若由于情况发生了变化，或者掌握了新的信息、积累了更多的经验，使得变更会计政策能够更好地反映企业的财务状况、经营成果和现金流量，从而确实需要变更会计政策，则应当将变更的情况、变更的原因及其对企业财务状况和经营成果的影响在财务报表中予以说明。

一般而言，企业在发生以下两种情况时，可能进行会计政策的变更：(1) 法律或会计准则等行政法规、规章要求变更，即制定了新的会计准则或会计制度，修改了原有的会计准则或会计制度。(2) 变更会计政策以后，能够使所提供的企业会计财务状况、经营成果和现金流量信息更为可靠，更为相关。

(二) 会计政策的变更对企业经营业绩的影响

毫无疑问，当企业的会计政策发生变更时，会对企业的财务状况的反映产生较大的影响。这种影响主要体现在两个方面：

1. 会计政策的变更，会对企业当前反映的财务状况产生影响

这种影响又根据会计政策变更的会计处理方法不同而有所差异。如果会计政策变更的会计处理方法是采用“追溯调整法”时，可能会对当前的企业经营业绩立即产生影响，当然这种影响由于企业情况的不同有好有坏。“追溯调整法”，是指对某项交易或事项变更会计政策时，如同该交易或事项初次发生时就采用新的会计政策，并依此对相关项目进行调整。由于会计政策变更前后在会计上的表现存在差异，从而存在一个所谓“累积影响数”，调整该累积影响数，会对当前的企业业绩表现产生直接的影响。

如果会计政策变更的会计处理方法是采用“未来适用法”，即对某项交易或事项变更会计政策时，新的会计政策适用于变更当期以及未来期间发生的交易或事项，也就是说不必计算、调整会计政策变更的累计影响数。显然采用“未来适用法”时，对当期企业的业绩不会产生影响。

由于会计处理方法的不同，会计政策的变更对当期企业经营业绩会产生不同的影响，这一点是投资者在阅读财务报表时必须予以高度注意的事项。

2. 会计政策的变更，对于企业的长远发展而言，可能更加有利，同时也有助于投资者更加准确地认识企业的财务状况

众所周知，会计作为一种企业经营业绩核算的手段，其目的不仅仅是提供企业的财务信息，更重要的是它是一种管理信息系统和管理手段。会计政策的变更，使得企业的会计处理更加合理，企业的财务报表能够更好地反映企业的财务状况、经营成果和现金流量，客观上有助于企业的管理层准确地把握企业的发展现状，从而制定更为合理的发展战略。另一方面，对于投资者而言，会计政策变更之后的财务报表有助于他们更加准确地认识企业的财务现状，为他们的投资提供准确的信息支持，有助于资源配置的优化。

但这里必须强调的是，虽然会计政策的变更一般而言是企业为更好地反映财务信息所做的努力，但也不能排除一些企业为了掩盖财务困境，有意识地变更有些会计政策来提供对其有利的信息，这一点是投资者在进行公司分析时必须高度关注的。

【本章案例讨论题】

【案例讨论 7-1】对某公司财务状况分析的讨论(表 7-1、表 7-2)

表 7-1　某公司资产负债表

(2013 年 12 月 31 日)　　单位：万元

资　产	2009 年	2008 年	负债与所有者权益	2009 年	2008 年
现金	50	55	应付账款	60	30
应收账款	350	315	短期借款	100	60
存货	300	215	一年内到期的长期负债	130	120
流动资产合计	700	585	流动负债合计	290	210
固定资产	1 800	1 470	长期借款	500	520
减：累计折旧	500	400	应付税款	330	65
固定资产净值	1 300	1 070	普通股股本	50	50
			资本公积	80	80
			保留盈余	750	730
			股东权益总和	880	860
资产总额	2 000	1 655	负债与所有者权益总额	2 000	1 655

表 7-2 某公司损益表

（2013 年 12 月） 单位：万元

	2009 年
销售收入	3 000
减：销售成本	2 544
销售毛利	356
减：经营费用	90
营业利润	266
减：利息费用	66
税前收益	200
减：税金	80
净利润	120
普通股股利	100

讨论：1. 计算各项财务比率，分析数据结果的意义。

2. 对比资产负债表和损益表，找出公司可能存在的隐患。

3. 为什么财务报表常常作假？

【案例讨论 7-2】有业界人士质疑：天香集团 2003 年半年报时曾有一笔 2 460.3 万元的贸易业收入，2003 年季报时增加至 5 333.6 万元，然而在公司 2003 年年报里贸易业收入却踪影全无，那么公司此前的贸易业收入哪里去了呢？

天香集团回复称：我司在 2003 年半年报和年报中，确有贸易业分类。在 2003 年年报中，因行业分类较为繁杂，为简洁明了，将贸易业和农作物按其商品特性统一归至“农作物”项下。其来源是子公司四川中农科技有限公司种子销售收入 2 019.35 万元，子公司厦门华商贸易香菇销售收入 4 668.52 万元，海南天香生物工程有限公司 555.80 万元，建瓯绿色食品工程有限公司 231.83 万元。

讨论：1. 在一个会计期间内变更行业分类，是否恰当？

2. 天香集团这样处理可能对股价带来哪些影响？

3. 怎样在阅读公司报告时发现类似的漏洞？

【本章专题研讨】

【专题研讨 7-1】财务分析如何定位？

1. 怎样识别财务分析的价值？

2. 财务分析的问题在哪里？

3. 为什么详细的财务分析并不能对投资决策产生正面影响？

4. 如何针对中国的资本市场进行有效的公司分析？

【专题研讨 7-2】上市公司和非上市公司的公司分析存在哪些差异？

1. 非上市公司为什么难分析？
2. 如何看待商业计划书中的信息？
3. 如何区别分析主板、创业板、“新三板”和其他产权交易中心的挂牌公司？

【本章能力训练】

一、单选题

1. 公司营业利润与销售收入的比率是(　　)。

A. 投资收益率　　B. 销售净利率　　C. 毛利率　　D. 营业收益率

2. 在公司行政管理的三个层次中，对公司的发展前途起决定性作用的是(　　)。

A. 管理层　　B. 决策层　　C. 操作层　　D. 以上都是

3. 普通股股东在对公司进行财务分析时，关心的是(　　)。

A. 公司的经营效率

B. 公司的偿债能力

C. 公司当前的盈利水平以及未来的发展潜力

D. 公司的融资的成本

4. 反映企业在某一特定时点财务状况的报表是(　　)。

A. 资产负债表　　B. 损益表　　C. 成本明细表　　D. 现金流量表

5. 反映一个企业在某一时期生产成果和经营业绩的报表是(　　)。

A. 资产负债表　　B. 损益表　　C. 现金流量表　　D. 成本明细表

6. 反映公司在一定会计期间内经营活动、投资活动和筹资活动产生的现金流入和现金流出情况的报表是(　　)。

A. 资产负债表　　B. 损益表

C. 现金流量表　　D. 成本明细表

7. 将税后净利润总数除以发行在外的普通股股数，这种分析方法属于(　　)。

A. 结构分析法　　B. 单位化法

C. 趋势分析法　　D. 标准比较法

8. 财务指标中的流动比率是指(　　)。

A. 全部流动资产与全部负债的比率

B. 全部资产与全部负债的比率

C. 全部流动资产与全部流动负债的比率

D. 全部资产与全部流动负债的比率

9. 某公司的财务报表显示，公司资产总额为 1 000 万元，负债总额为 600 万元，则该公司的股东权益比率是(　　)。

A. 60%　　B. 100%　　C. 40%　　D. 无法计算

10. 如果一个公司的存货周转率很高，那么该公司的（　　）。

A. 经营效率高　　B. 获利能力强　　C. 负债能力强　　D. 融资能力强

11. 某公司年度销售收入为1 000万元，销售成本为600万元，销售费用为200万元，则该公司的毛利率为（　　）。

A. 60%　　B. 40%　　C. 20%　　D. 100%

12. 计算公司普通股票每股净收益时，其中的净收益为（　　）。

A. 本年净利润减去普通股股息　　B. 本年净利润减去盈余公积

C. 本年净利润减去优先股股息　　D. 本年净利润减去未分配利润

二、多选题

1. 对公司的分析应该包括（　　）。

A. 该公司竞争地位的分析　　B. 该公司盈利能力的分析

C. 该公司经营能力的分析　　D. 该公司管理能力的分析

2. 投资者在分析公司的竞争实力时，应该考虑的原则是（　　）。

A. 该公司应该在其所在行业中占主导地位

B. 该公司应该可以获得较多的再融资机会

C. 该公司的销售额增长率应该高于行业平均增长率

D. 该公司的主营业务和其他产品都在各自所在行业中具有一定的竞争实力

3. 以下用于对公司经营管理能力分析的指标是（　　）。

A. 公司行政管理人员的素质和能力分析　　B. 经营效率分析

C. 多种主营和新产品开发能力分析　　D. 公司销售额的分析

4. 以下属于财务分析对象的是（　　）。

A. 资产负债表　　B. 损益表　　C. 现金流量表　　D. 成本明细表

5. 反映企业经营成果和财务状况的财务报表主要有（　　）。

A. 资产负债表　　B. 损益表　　C. 现金流量表　　D. 成本明细表

6. 损益表对于投资者的作用，以下正确的是（　　）。

A. 它是投资者分析投入企业的资本是否完整的依据

B. 它是投资者判断企业盈利能力大小的依据

C. 它是投资者判断企业经营能力大小的依据

D. 它是投资者判断企业经营效益好坏的依据

7. 现金流量表可以用来反映一个公司的（　　）。

A. 偿债能力　　B. 支付股利的能力

C. 产生未来现金流的能力　　D. 生产经营效率

8. 财务报表的分析方法有（　　）。

A. 单位化法　　B. 结构分析法　　C. 趋势分析法　　D. 横向比较法

9. 以下可用于分析公司偿债能力的指标有（　　）。

A. 流动比率　　B. 速动比率

C. 现金比率　　D. 长期负债比率

10. 用于对公司资本结构进行分析的指标有(　　)。

A. 资产负债比率　B. 股东权益比率　C. 长期负债比率　D. 应收账款周转率

11. 关于存货周转率的作用,下列说法正确的是(　　)。

A. 它是反映企业的存货由销售转为应收账款的速度的指标

B. 它是分析公司销售能力的强弱的重要指标

C. 它是分析存货是否过量的重要指标

D. 它是衡量企业产供销效率的重要参考依据

12. 对公司的毛利率产生影响的因素是(　　)。

A. 公司的主营业务收入　B. 公司的主营业务成本

C. 公司的投资收益　D. 公司的其他业务收入

13. 对每股净收益有影响的因素是(　　)。

A. 税后净收益　B. 优先股股息

C. 发行在外的普通股股票总股数　D. 往年累积的未分配利润

三、判断题

1. 主导性公司指的是那些产品销售额的增长率在市场同类产品中排在前列的公司。(　　)

2. 对公司的盈利水平有直接影响的是公司的销售收入、销售成本以及其支付给股东的股息数量。(　　)

3. 对于公司的经营管理能力分析就是对公司行政管理人员的素质和能力进行分析。(　　)

4. 尽管公司的经营者、债权人和公司股东进行财务分析的目的不同,但分析的侧重点却相同。(　　)

5. 资产负债表反映的是一个企业在某一时点上所持有的资产、所负的债务和资本的存量。(　　)

6. 损益表反映了企业在某一时期内的生产成果和经营业绩,反映的是流量变化。(　　)

7. 现金流量表中的现金流量净额等于该企业资产负债表中现金的年末数与年初数之间的差额。(　　)

8. 财务报表的结构分析法使在同一行业中规模不同企业的财务报表有了可比性,而单位化法则不具备这一特点。(　　)

9. 一个公司的流动比率越高,该公司用现金偿付债务的能力一定就越强。(　　)

10. 对于债权人而言,公司的股东权益比率高,意味着债权人的权益受到较好的保护。(　　)

11. 企业的库存原材料数量以及产成品、半成品库存数量对于企业的存货周转率都有影响。(　　)

12. 毛利率是考核公司经营状况和财务成果的重要指标,一般说毛利率指标越高越好。(　　)

13. 每股收益越高,意味着股东可以从公司分得的股利越高。(　　)

第八章 投资技术分析

【本章学习要点】在证券投资分析中，技术分析是三大类分析方法之一，很多业内人士认为基本分析是选股的技术，技术分析是择时的技术，风险分析则是组合投资的技术。在本章你将会发现，技术分析如同基本面分析等一样，都是一种概率分析，也是可以单独使用的技术。本章介绍了技术分析的三大前提假设，介绍了分时走势图和K线图的基本分析方法，介绍了移动平均线、KDJ指标、MACD指标等常用指标分析方法，掌握这些分析技术，并体会它们独特的用法是学习投资分析的一个关键。

【本章学习重点难点】本章的学习重点不是学习技术分析方法本身，而是加深对技术分析方法的理解，从而学会技术分析方法的正确运用。技术分析本身没有问题，错误的使用才是问题。而本章学习的最大难点就在于没有感性认识的学生要体会如何正确使用。

【本章基本概念】道氏理论　道·琼斯指数　技术分析前提假设　分时走势图　均价　换手　总量　现量　外盘　内盘　委比　量比　K线图　开盘价　收盘价　最高价　最低价　集合竞价　光头光脚　影线　十字星　锤头　吊颈　穿头破脚　平顶　平底　圆顶　圆底　头肩形　W底　M头　三角形　旗形　楔形　缺口　除权　趋势线　移动平均线　KDJ　MACD

第一节　概　　述

一、道氏理论及其技术分析起源

（一）道·琼斯指数的起源和发展

在第二章第一节我们提到股份公司和股票交易所的形成。1602年在荷兰成立的东印度公司这种股份公司的出现，很大程度上促进了资本主义的快速发展，1611年东印度公司的股东们在阿姆斯特丹股票交易所进行股票交易，形成的阿姆斯特丹股票交易所这个世界上第一个股票市场，更是带动了股份制度的流行。而开始的交易仅仅是个股的交易，没有对整个市场交易情况的反映，个股和市场都被操纵成为那个时代的常态，这种状况一直延续到19世纪后半叶。

1882年11月查尔斯·亨利·道(Charles Henry Dow)和爱德华·戴维斯·琼斯(Edward Davis Jones)加上稍后加入的查尔斯·密尔福特·伯格斯特里瑟(Charles Milfort Bergstrice)成立了道·琼斯公司，并出版了只有2页的《顾客晚报》。1884年7月

3 日首次在《顾客晚报》上刊登了表达市场总体状况的道·琼斯指数，开始的道·琼斯由 9 家铁路公司和 2 家汽轮公司股票的平均价格组成。1889 年 7 月 8 日《顾客晚报》改版为《华尔街日报》，1896 年 5 月 26 日又添加了反映工业股票状况的 12 种股票构成的道·琼斯工业指数，当它首次被公布时，指数是 40.94 点，依旧采用所有成分股的价格之和再除以股票数目的平均价格法。1897 年的运输指数样本股增加到了 20 种，1916 年，道·琼斯工业指数中的股票数目增加到 20 种，最后在 1928 年增加到 30 种。1929 年创立了由 15 种股票构成的道·琼斯公用事业类指数，这样这三类指数共同的 65 只样本股组成了道·琼斯综合指数，通常人们所说的道·琼斯指数有可能是指道·琼斯指数四组中的第一组道·琼斯工业平均指数(Dow Jones Industrial Average)。现在的道·琼斯股票价格平均指数是以 1928 年 10 月 1 日为基期，因为这一天收盘时的道·琼斯股票价格平均数恰好约为 100 美元，所以就将其定为基准日。

道·琼斯工业指数用了 76 年才达到 1 000 点(1972 年 11 月 14 日达到 1 003.16 点)，又用 14 年达到 2 000 点(1987 年 1 月 8 日，首次突破 2 000 点，收盘 2 002.25 点)，此后增长的速度不断加快。1991 年 4 月 7 日，首次收盘突破 3 000 点，收于 3 004.46 点；1995 年 2 月 23 日，首次收盘突破 4 000 点，收于 4 003.33 点；1995 年 11 月 21 日，首次收盘突破 5 000 点，收于 5 023.55 点；1996 年 10 月 14 日，首次收盘突破 6 000 点，收于 6 010.00点；1997 年 2 月 23 日，首次收盘突破 7 000 点，收于 7022.44 点；1997 年 7 月 16 日，首次收盘破 8 000 点，收于 8 038.89 点；1998 年 4 月 6 日，首次收盘突破 9 000 点大关，收于 9 033.23 点；1999 年 3 月 29 日，首次收盘突破 10 000 点，收于 10 006.78 点；1999 年 5 月 3 日，首次收盘突破 11 000 点，收于 11 014.70 点；在 2006 年 10 月 19 日，即美国股市历史上的黑色星期一之后 19 周年的日子，首次突破 12 000 点；2007 年 4 月 25 日，首次收盘首破 13 000 点，收于 13 089.89 点；2007 年 7 月 19 日，首次收盘突破 14 000 点，收于 14 000.41 点；2013 年 5 月 7 日，首次收盘突破 15 000 点，收于 15 056.20 点；2013 年 11 月 21 日，首次收盘突破 16 000 点，收于 16 009.99 点；2014 年 7 月 3 日，首次收盘突破 17 000 点，收于 17 068.26 点。道·琼斯工业指数成为美国股市“指示器”，美国经济的“晴雨表”。

专栏 8 - 1

关于指数的计算

从统计学的角度来看，大多数的股票指数在计算时采用的是拉氏基期加权总值指数方法(Laspeyres Weighted Aggregative Method)。这种计算方法比较简单。用公式来表示就是：

股票指数 = 现行成分股的总市值 / 基期成分股的总市值

这种计算实际上就是将现在的价格与一个确定的基期进行比较，以基期的价格作为参照物来表达现在的价格水平。

实际上，各成分股的资本额甚至成分股本身均会随时产生变化，因此，股票指数是通过一系列互为因果、互相关联的数字来计算的，必须不断对它进行调整才可以较为准确地反映出经济的变化与增长。

实际的计算是采用如下公式所表示的这种每日连锁计算方法来进行的：

当日收市指数 = 昨日收市指数 ×（当日收市总市值 / 昨日调整后总市值）

上式中的昨日调整后总市值是在资本额发生变化时，根据资本额的变化对前一日的总市值进行调整，以便于与今天的市值进行比较。

为了简单说明这种计算方法，我们通过虚构的简单实例来加以说明：

先选择三种股票作为最初的成分股，即股票甲、乙、丙，基期的收盘价格如表 8 - 1 所示：

表 8 - 1　收盘价一

股票	发行股数(万股)	收盘价(元)	市值(万元)
甲	10 000	10	100 000
乙	5 000	15	75 000
丙	8 000	20	160 000

则基期总市值为 335 000 万元。给定基期的指数为 100，接下来的某日如果股票的收盘价格发生了变化，如表 8 - 2 所示之数：

表 8 - 2　收盘价二

股票	发行股数(万股)	收盘价(元)	市值(万元)
甲	10 000	12	120 000
乙	5 000	16	80 000
丙	8 000	18	144 000

则总市值变为 344 000 万元，这样指数就变为：100 ×（344 000/335 000）= 102.686 6。

现假设甲公司股票每 10 股送 10 股，到了除权日，并且价格变化如表 8 - 3 所示，则除权日的总市值变为 367 000 万元，指数就变为（367 000/344 000）× 102.686 6 = 109.552 3。

表 8 - 3　收盘价三

股票	发行股数(万股)	收盘价(元)	市值(万元)
甲	20 000	7	140 000
乙	5 000	15	75 000
丙	8 000	19	152 000

假设接下来丁公司的股票也被列为成分股之一，则前一天的 367 000 万元的总市值就需要调整，假设前一天收盘时股票丁的价格为 11 元，股本为 10 000 万股。那么，前一天收盘时的成分股的总市值就应调整为 36 700＋11×10 000＝477 000 万元。后面的指数需要根据调整后的市值来计算。如果价格发生了如表 8－4 的变化，则总市值就是 473 000 万元。因而指数为(473 000/477 000)×109.552 3＝108.633 6。

表 8－4　收盘价四

股票	发行股数(万股)	收盘价(元)	市值(万元)
甲	20 000	6	120 000
乙	5 000	17	85 000
丙	8 000	21	168 000
丁	10 000	10	100 000

再假设乙公司增发，增发价格为 15 元，增发数量 1 000 万股，则除权后的指数计算需要首先调整前一天的市值，即应该包括乙股票增发股权在内的总市值，计算为 473 000＋15 000＝488 000 万元。如果接下来的价格变化如表 8－5，则总市值变为 530 000万元，指数计算为(530 000/488 000)×108.633 6＝117.983 2。

表 8－5　收盘价五

股票	发行股数(万股)	收盘价(元)	市值(万元)
甲	20 000	7	140 000
乙	6 000	16	96 000
丙	8 000	23	18 4000
丁	10 000	11	110 000

再次假设丙公司的股票被从成分股中排除出去，并从接下来的这天起开始生效。这样一来，又需对前一天的总市值进行调整，就是剔除丙的市值。那么，将丙公司股票排除之后的总市值就是 530 000－184 000＝346 000 万元。假如接下来的价格变化如表 8－6 所示，则总市值为 320 000 万元，指数计算为(320 000/346 000)×117.983 2＝109.117 4。

表 8－6　收盘价六

股票	发行股数(万股)	收盘价(元)	市值(万元)
甲	20 000	7	140 000
乙	6 000	15	90 000
丁	10 000	9	90 000

从上面的虚拟计算中我们可以看出，指数除了与价格相关外，还与成分股的组成以及发行股数(计算的权重)相关。

目前我国上海证券交易所和深圳证券交易所采用不同的指数作为领导两市的主导指数，被称为“领先指数”(上证领先指数在行情软件中使用F3键调出，或者“03＋回车”调出；深证领先指数使用F4键调出，或者“04＋回车”调出)。上证领先指数是采用综合指数，它是用全部上市股票(A股和B股)作为成分股，用上市公司的总股本作为计算权重，自1991年7月15日起正式发布，以1990年12月19日作为基期，基期指数为100；而深证领先指数是采用选定的40只股票作为成分股，用上市公司流通股本作为计算权重，自1995年1月23日起正式发布，以1994年7月20日作为基期，基期指数为1 000。这种指数的具体处理方法使得上海的领先指数中，白色线和黄色线的相对位置不同，表示了上涨股票总股本类型的不同；深圳的领先指数中，白色线和黄色线的相对位置不同，表示了上涨股票流通股本类型的不同。

(二) 道氏理论带来技术分析

由于有了反映整体市场状况的道·琼斯指数，后来就有了基于这个指数分析的道氏理论，基于指数分析的道氏理论，其形成经历了几十年。1902年，在查尔斯·道去世以后，威廉姆·皮特·汉密尔顿(William Peter Hamilton)和罗伯特·雷亚(Robert Rhea)继承了道氏理论，并在其后有关股市的评论写作过程中，加以组织与归纳而成为今天我们所见到的理论。他们所著的《股市晴雨表》《道氏理论》成为后人研究道氏理论的经典著作。

最初的道氏理论是基于“人为操作”、“市场指数会反映每一条信息”、“道氏理论是客观化的分析理论”这三个前提假设推出的，其核心思想是提出了道氏的三种走势：基本趋势、次级趋势和短期变动，其中最主要的是基本趋势，即股价广泛和全面上升或者下降的变动情形。这种变动持续的时间通常为一年或者一年以上，股价上升或者下降的幅度超过了20%，对投资者来说，基本趋势持续上升就形成了多头市场，持续下降就形成了空头市场。股价运动的第二种趋势是次级趋势，因为次级趋势经常与基本趋势的运动方向相反，并对其产生一定的牵制作用，因而也称为股价的修正趋势，这种趋势的持续时间从3周到数月不等，其股价上升或下降的幅度一般为基本趋势的三分之一或者三分之二。股价运动的第三种趋势是短期变动，它反映了股价在几天内的变动情况，修正趋势通常由3个或3个以上的短期变动构成。

正是基于道·琼斯指数的市场整体分析理论，才有了后来技术分析的分析系统，所以我们通常将道氏理论称为技术分析的鼻祖。继道氏理论之后，又出现了波浪理论、江恩理论等技术分析的基本理论，并在此基础上形成了包括图形分析、指标分析等在内的技术分析体系，成为证券投资分析的核心分析方法之一。

值得一提的是，这一理论的创始者——查理斯·道，声称其理论并不是用来预测股市，甚至不是用来指导投资者的，而是一种反映市场总体趋势的“晴雨表”。大多数人将道氏理论当作一种技术分析手段应用应该不是正确的分析思路，其实包括道氏理论、波浪理论等在内的大多数技术分析理论，其精髓的东西如同中国古代道家文化所蕴含的哲学思想：物极必反。道家谓阴阳互动，欲触极则而反，由此循环相生，不熄不灭在其固有法则之中。若遇极而反者，则出；若出者，必须创造出更大的反极才能入。此时，或许空间已有不同。

二、技术分析的三大基本前提假设

要想正确使用技术分析，必须首先明了技术分析的三大基本前提假设：市场价格行为包容消化一切，市场价格运行以趋势方式演变，以及历史会重演。

（一）市场价格行为包容消化一切

影响证券交易价格的因素有很多，投资分析中要想把握住这些因素，并且进一步根据这些因素影响证券价格变动的程度来进行投资决策，几乎是不可能实现的事情，而技术分析认为，所有能够影响某种证券交易价格的因素，不管它是基础的、政治的、心理的或任何其他方面的，都会反映在其价格之中，这就是"市场价格行为包容消化一切"。

这个基本前提假设其实是说，一切影响证券价格的新的信息，都会引起对当前价格下证券供求关系的变化：如果需求大于供给，价格必然上涨；如果供给大于需求，价格必然下跌。在基本面分析时，我们正是通过这种信息的变化去探讨带来的供求关系的可能变化，因而供求规律是在分析信息时所有经济预测方法的出发点。技术分析则把这种逻辑关系倒过来看：只要是证券价格上涨，一定是各种利于证券价格上涨的信息导致了当前价格下的证券供不应求，因而我们只要关心价格上涨本身，而不管是什么具体的信息导致了上涨；如果是证券价格下跌，则一定是各种信息带来了当前价格下的证券供大于求，我们可以只观察价格下跌本身，而无需考察基本面上哪些信息导致投资者看淡后市。

归根结底，这个"市场价格行为包容消化一切"的前提假设，是技术分析人士通过证券价格的变化，间接地研究了基本面。这个道理也同时提醒技术分析人士，正是某种证券的供求关系影响因素（即基本面），决定了该证券的涨跌，技术分析所依赖的图表和指标本身并不会导致市场的涨跌，他们只是通过表象简明地显示了市场上投资者对各种信息的或者乐观或者悲观的心态而已。

但正是基于这条前提假设，使得技术分析完全可能脱离基本面的信息，仅仅根据市场上证券的价格、成交量，及其在不同时点上的表现规律来分析预测价格走势。无论是技术分析的图表派，还是指标派，都通常不会理会价格涨落的原因，而只关注价格变动本身。现实中，在普遍存在的信息不对称的证券市场下，在价格趋势形成的早期或者市场正处在关键转折点的时候，往往没有人能够知道都出现或者即将出现什么影响价格的信息，以及影响的程度，投资者可能难以理解市场证券价格为什么会有如此这般古怪的变化。这个时候，根据技术分析得到的结果，往往却是有效的，特别是那些深刻理解技术分析原理、正确使用技术分析技术的拥有丰富市场经验的技术分析人士，其根据技术分析作出的决策有效程度会很高，此时，"市场价格行为包容消化一切"这个前提就越发显出不可抗拒的魅力。

显然，技术分析只关注证券交易价格、交易成交量(实际也包括未成交的委托量)，以及在时间坐标上的表现，看起来是一个简单的分析，但那些影响价格变动的信息是复杂的，我们不能因为简化了分析的对象，就错误地将技术分析作为万能的分析工具。实际上，图表分析师和指标分析师，都只不过是通过研究价格图表及大量的辅助技术指标，让市场自己揭示它最可能的走势，而并不是分析师凭他的精明“征服”了市场。

（二）市场价格运行以趋势方式演变

技术分析最核心的分析技术是趋势分析，技术分析人士认为，市场价格运行会是趋势性的。技术分析的精华是要在趋势转变的早期，及时准确地将它揭示出来，从而改变原先的趋势操作策略。

无论是图表分析，还是指标分析，其全部意义都在于寻求这个趋势变化的拐点，或者指出正处于拐点形成后的初期。当这个拐点没有出现时，技术分析的操作策略基本是维持现状：持股的继续持股，不卖出；持币的继续持币，不买入。事实上，技术分析在本质上就是顺应趋势，即以判定和追随既成趋势为目的。

从“市场价格运行以趋势方式演变”可以自然而然地推断，对于一个既成的趋势来说，下一步常常是沿着现存趋势方向继续演变，而掉头反向的可能性要小得多，所以图形分析时，趋势线就变得非常地重要。我们常常在上涨趋势时，画出上升支撑线，只要证券价格不低于这个趋势线，我们就持股等待，不轻易卖出股票；在下降趋势时，画出下降压力线，只要证券价格不高于这个趋势线，我们就持币观望，不急于买入。换句话说，跌破了上升支撑线，有可能是上涨趋势的结束，拐头向下的第一时间就是卖出证券的时间点；突破了下降压力线，有可能是下跌趋势的结束，拐头向上的第一时间就是买入证券的时间点。

“市场价格运行以趋势方式演变”告诉我们，当趋势发生转变的时候，我们的操作思维应该发生变化，如果我们不改变原有的惯性思维，那么就会发生我们在前面牛市中获得的收益，在后面接下来的熊市中丧失殆尽；或者我们在前面熊市的损失，不能在接下来的牛市挽回损失。这也正提醒了我们在研究分析价格变化的时候，不能以主观上的多(空)去预推后市的多(空)，否则，分析将失去客观，从而陷入唯心主义了。

（三）历史会重演

技术分析基于的第三个前提假设是历史会重演。简单地说，过去发生的图形和在指标上的表现，会在后面的图形中和指标上再次表现出来。这种历史会重演的原理根本上在于导致图形生成和指标表现的是背后的证券交易操作者的操作。譬如历史上的通过一些特定的价格图表形状表现出来的证券的价格，其实是背后人们对其市场看好或看淡的心理作用在具体的买入或卖出的操作决策中的结果。

但是，“历史会重演”带来的可能还会是进一步的反应。过去这些常见的图形在几百年里早已广为人知，并被分门别类了，作为技术分析常识深入人心。人们也会认为，既然它们在过去很管用，那么现在也会同样管用。这是群体性心理的表现，人类心理从来就是江山易改本性难移，这些都加重了“历史会重演”的效果。

当然也正是上述心理作用的结果，“历史会重演”一定不是简单地重现。就如同现实中没有完全相同的两片树叶一样，投资者经常在相似的历史变化中寻求投资“真理”的时候，往往会根据能够预测到的结果作出提前的反应，结果历史重演出现大量的变形，这也正是技术分析困难之处。

与基本面分析一样，正确有效的分析必须建立在正确理解的基础上，好的投资决策需要正确的分析方法。因此，我们进行技术分析时，需要正确理解技术分析的三大前提假设。

三、技术分析是一种概率分析

（一）技术分析的简单性决定了分析的概率性

为什么许多学习了技术分析的投资者，在使用技术分析进行投资的时候，往往还是出现判断的错误，造成损失呢？这是没有真正理解技术分析内涵的缘故。

投资的技术分析到底是怎样的一种分析呢？

在证券市场上，我们能够（并且也只能够）直接获得不同时间的证券价格、成交量的数据，因此，仅仅从市场进行未来股票走势的分析，就只能依据过去的价格、成交量和发生的时间来判断，这就是技术分析。也就是说，仅仅依赖于市场的价格、成交量和时间三个要素的历史数据所进行的市场未来走势的一切分析方法，就是我们所说的投资的技术分析方法。这种分析方法的原理在于，所有影响证券市场价格变动的各种因素都最终是要反映在价格变动上的，我们就可以通过这种在各种因素影响下的价格变动轨迹，寻找变动的规律，从而预测未来的走势。这其实是将复杂的影响价格变动的分析过程省略，只看其结果的一种分析方法。相对于复杂的基本分析，技术分析由于其有限的要素，使得投资者（特别是非专业的投资者）有可能迅速掌握并且在实战中有效运用。

但是我们必须知道，技术分析所依据的是过去的数据，历史即使重复也不会是简单地重复，所以，应该首先明确的一点是：投资股票是概率事件。

（二）技术分析结果与现实不符合非常正常

根据概率进行的一种投资分析，希望寻求的是较大点的概率而已。如果因为一次或者几次的错误判断就认为技术分析是完全没有价值的分析，那你也肯定是错了。

正因为这样的理念，在我们从技术分析上看到的是一个证券的价格上涨的空间只有10％，而下跌的空间却有50％的时候；或者继续上涨的概率只有10％，而下跌的概率却有50％的时候，那我们一定是要进行卖出证券的操作了。但后来的走势如果还是上涨，你不要以为技术分析的判断是错误的，因为它只是这次的错误，是中了10％概率而已！按照这样的理念坚决做，你的盈利可能不能达到最大，但你的亏损风险将降到最小，这就是技术分析能够做到的。

当然，有些人就喜欢小概率事件，因为这时候概率虽小，赢利的量却可能是大的，所以需要根据各人的风险承受能力去具体操作。但我们可以做这样的区分：利用小概率事件获利，那是赌博；利用基本确定的事件赢利，那是投资的最佳境界；但大多数情况下，投资证券却是一种追求大概率事件的行为，这就是技术分析的道理所在。

四、技术分析可以独立使用

（一）技术分析、基本分析、风险分析的各自意义

很多人（包括一些证券市场专业的投资人士）在对投资分析方法进行分类后认为，投资者应该结合基本分析、技术分析进行综合分析后，再进行投资的选择和决策。从道理上说，这种做法没有什么可以挑剔的地方，我们可以根据基本分析选择准备投资的股票，根据技术分析选择投资的时机，根据风险分析选择投资的组合。这样看来，好像技术分析就是一种投资时机的选择方法似的，其实不然。不同的投资者在具体进行投资分析时是不能采用同样的思路和方法的。

（二）分析方法取决于投资者的风险偏好

决定选择什么样的投资分析方法，既是投资决胜的关键，也是投资者本人的投资风格决定的，若不论什么样的投资风格，都选择同样的分析方法或分析路径，那投资决策通常是要出现失误的。选择什么样的投资分析方法，应该首先确定自己属于什么投资风格。

应该说，现在市场上相当一部分的投资者，对自己的投资风格并没有清醒的认识，进入证券市场只是因为看到周围人的市场赚钱效应，这对于投资获利是十分有害的。

因此，在选择技术分析作为主要的分析方法进行投资决策的分析工具前，先自我认识一下自己的投资风格是非常必要的。一个人的投资风格来源于其对投资风险的不同认识。

风险源于事物的不确定性，是一种损失或获益的机会性问题。现实生活中“风险”一词的概念是多样化的。风险是指可预测的不确定性；风险是指出现损失的可能性；风险是指对发生某一经济损失的不确定性；风险是指对特定情况下未来结果的客观疑虑；风险是一种无法预测的、实际后果可能与预测后果存在差异的倾向；风险是指损失出现的机会或概率；等等。

如果我们不将简单问题复杂化，我们大致可以将风险仅仅确定为是投资出现与预想结果不一样的可能性。据此，我们可以将投资者的投资风格区分为三种类型：

1. 风险厌恶型投资者。这类投资者在出现不确定的投资机会时，认为往坏的方向变化的可能性总是大于往好的方向变化的可能性，因而在投资时，总是偏向于风险较小的投资品种，而一旦投资的风险损失超出了其预计的损失，其心理的负担就会加大，投资的失误就会增加。所以，风险厌恶型投资者总是喜欢选择风险相对较小的投资品种，譬如储蓄、债券投资、投资基金等，如果进行股票投资的话，则在选择具体股票时喜欢选择所谓蓝筹股，这类投资者喜欢分析公司的基本面情况，因此选择基本分析方法应该是他们的主要手段。此时，技术分析只具有辅助的作用，他们一旦抛弃基本分析方法，带来的必然是股市投资的失败。特别要说明的是，因为基本分析的专业知识和专业背景要求更高，这往往超出了一般风险厌恶型投资者的能力范围，所以投资者自己进行详细的基本分析一般是不可行的，选择一个专业并且合法的咨询机构为其股市投资进行服务是很有必要的。

2. 风险喜好型投资者。这类投资者总是乐观地看待风险，对于没有发生的、带有不确定因素的事情，总是预计其可能往好的方向发展，因而在投资时喜欢风险较大的投资品种(譬如期货、外汇等)，一旦实际的结果风险没有出现，那给投资者带来的收益也会较大。当风险过大，超出了其预计发生损失时，这类投资者遇到的损失也较大，但他们有较强的心理承受能力，不会因为一次的投资失败而影响整体的投资行为。这类投资者在股票投资个股的选择方面，喜欢考虑市场要素变化较大的股票，尤其喜欢价格波动较大的品种。这类投资者可以以技术分析作为主要的分析工具，而将基本分析作为辅助的分析工具。一般而言，投资者能够在不长的时间里学会技术分析的基本方法，对基本分析的方法要求的深度也不大，所以理论上能够成为一个有效的股市投资者。但选择技术分析作为主要分析手段能否实现投资赢利的关键是对技术分析的正确理解和灵活运用，任何僵化、自以为是的技术分析都可能给投资者带来投资的灾难性损失。

3. 风险中性型投资者。这类投资者的投资风格介于风险厌恶型和风险喜好型之间，投资时往往在风险回避和风险承受之间寻求平衡，在风险和机会之间寻找自己的投资品种和机会。其实，作为风险中性的投资者，风险分析方法应该是其主要分析方法之一，但由于我国目前还没有风险分析的实践基础，避险的工具还比较匮乏，所以实际投资活动中，这类投资者只能在偏向风险厌恶型或偏向风险喜好型两者间进行抉择。

显然，投资者的不同投资风格决定了其投资的品种和分析方法，因此，笼统地说基本面分析决定投资品种，技术分析决定投资时机，风险分析决定投资组合是不准确的。

专栏 8－2

投资者风险偏好测试

1. 你的家庭负担：(　　)

A. 家庭负担较重，例如家中有病人等。

B. 子女尚小，父母需要赡养，家庭负担较重。

C. 简单的三口之家，父母刚退休不久，有固定的收入。

D. 单身或者结婚不久，没有子女，父母还年轻，无需赡养。

2. 你的投资收益预期是什么？(　　)

A. 获得相当于银行定期存款利率的回报。

B. 保障资本增值及抵御通货膨胀。

C. 获取每年 5%～10%的回报率。

D. 获取每年 10%的回报率。

3. 在海滨，你是否经常不小心游出安全区？(　　)

A. 绝对不会。　　B. 很少这样，太危险。

C. 这样也没有什么大不了的。　　D. 经常这样，无视安全线的存在。

4. 你是不是经常喜欢自己做决定？（　　）

A. 不喜欢，最好有朋友帮忙。

B. 有人给我意见会使我的信心大幅度增加。

C. 我习惯于自己做决定，但是别人的意见我会参考。

D. 自己做决定是我一贯的作风，从来不需要别人的参与。

5. 假设有一项电视智力竞赛节目，并且你已经胜出，主持人让你在以下获奖方式作出选择，你会选择：（　　）

A. 立刻拿到 10 000 元现金。

B. 有 50%的机会赢取 50 000 元现金的抽奖。

C. 有 25%的机会赢取 100 000 元现金的抽奖。

D. 有 5%的机会赢取 1 000 000 元现金的抽奖。

6. 独自到国外旅游，遇到三岔路口，你会：（　　）

A. 仔细研究地图和路标，确认无误再做出选择。

B. 向别人问路，问清楚之后选择。

C. 大致判断一下方向，然后毅然决然地走下去。

D. 用抛硬币的方式来做决定。

7. 例如你预计有一项投资可能会有较大的收益，可是手中却没有足够的资金，你是否会对外融资？（　　）

A. 肯定不会。　　B. 可能不会。　　C. 可能会。　　D. 肯定会。

8. 假设下面 4 种投资可能，这只是假设不代表任何市场上的投资产品，你认为你可能选择的投资组合是：（　　）

A. 方案 7.02%，最大收益 16.30%，最大损失−5.60%。

B. 方案 9.00%，最大收益 25.00%，最大损失−12.10%。

C. 方案 10.40%，最大收益 33.60%，最大损失−18.20%。

D. 方案 11.70%，最大收益 42.80%，最大损失−24.00%。

9. 你计划中的投资时间是多久？（　　）

A. 两年之内(短期)　　B. 2～5 年(中期)

C. 6 年以上(中长期或长期)　　D. 10 年以上。

10. 如果需要把大量现金放在口袋里一整天，你是否感到不安？（　　）

A. 非常不安。　　B. 会有点不安。

C. 不会。　　D. 绝对不会不安，心安理得。

11. 你是否花很多时间思考你走过的生活道路以及目前的选择？（　　）

A. 经常这样，思考过去是减少未来风险的有效手段。

B. 有时候会，我觉得这样也许会对我有帮助。

C. 偶尔会，但是那对我来说并不重要。

D. 不会的，我会很快地忘掉过去。

12. 站在潮水涌动的股票大厅，你的心中是否热血沸腾？（　　）

A. 不会的，我讨厌这些。

B. 也许会，这要看其他条件。

C. 很可能会，但是我还是能控制自己的情绪。

D. 会的，我肯定会思考我的投资计划，是不是多投些股票。

13. 如果你是一位有过沉痛的股市投资失败教训的投资者，现在大盘重新看好，你发现了一次赢利的机会。你是否会再次投资股市？（　　）

A. 肯定不会。　　B. 可能不会。　　C. 可能会。　　D. 肯定会。

14. 下列哪件事情会让你最开心？（　　）

A. 在公开赛中赢了 100 000 元。

B. 从一个富有的亲戚那里继承了 100 000 元。

C. 冒着风险，投资的 50 000 元基金带来了 100 000 元的收益。

D. 无论通过上述任何渠道取得 100 000 元收益。

15. 你的老邻居是一位经验丰富的石油地质学家，他正组织包括他自己在内的一群投资者，为开发一个油井而集资。如果油井成功，那么将带来 50～100 倍的投资收益；如果失败，所有的投资就一文不值了。你的邻居估计成功概率有 20%，你会投资：（　　）

A. 0。　　B. 1 个月的薪水。　C. 6 个月的薪水。　D. 1 年的薪水。

16. 假设通货膨胀率目前很高，硬通资产如稀有金属、收藏品和房地产预计会随通货膨胀率同步上涨，你目前的所有投资是长期债券。你会：（　　）

A. 继续持有债券。

B. 卖掉债券，把一半的钱投资基金，另一半投资硬通资产。

C. 卖掉债券，把所有的钱投资硬通资产。

D. 卖掉债券，把所有的钱投资硬通资产，再借钱来买更多的硬通资产。

选 A 得 1 分，选 B 得 2 分，选 C 得 3 分，选 D 得 4 分。

得分 27～36 分。

你属于稳健型投资者。

你对投资的风险和回报都有深刻的了解，你更愿意用最小的风险来获得确定的投资收益。你是一个比较平稳的投资者。风险偏好偏低，稳健是你一贯的风格。

得分 37～50 分。

你属于平衡型投资者。

你的风险偏好偏高，但还没有达到热爱风险的地步，你对投资的期望是用适度的风险换取合理的回报。如果你能坚持自己的判断并进行合理的理财规划，你会取得良好的投资回报。

得分 51～64 分。

你属于进取型投资者。

你明白高风险高回报、低风险低回报的定律。你可能还年轻，对未来的收入充分乐观。在对待风险的问题上，你属于风险偏好型。

五、僵化地运用技术图形分析会带来严重的投资后果

图形分析是技术分析的一个基础，由于图形的直观和清晰，许多投资者初学技术分析时就是从图形的直观分析中获得收益的，但是初学者(甚至一些技术分析的老手)常常犯一些机械运用图形分析的错误，使得他们的投资行为不因技术分析而获益，反过来就对技术分析抱有怀疑的态度。

其实，图形分析也好，其他技术分析也好，没有一种分析是能够百分之百地准确预测后期走势的，如果我们不了解这一点，一味地迷信技术分析的图形，就会上图形虚假信息的当。

就拿图形分析中最常见的图形——M头来说吧。

一般技术分析时，M头是见顶的一个重要信号。其形态的最一般的特点是：一只股票上升到某一个价格水平面时，出现较大的成交量，股价随之下跌，成交量也随之减少，接着股价再次上涨，至前一高点附近时，成交量又随之增加，却不能突破前一个高点，因而再次下跌，图形上形成了一个“M”的形状，这就是技术分析中的“M头”。M头的价值是在股价向下跌破所谓“颈线位”时的测量意义：从颈线算起，至少还要跌一个头部到颈线位的直线距离，从而要求我们在颈线位卖出股票，避免损失。如图8-1所示。

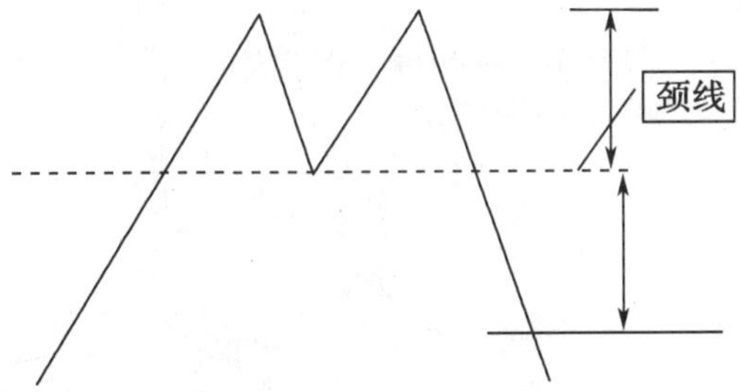

图8-1　M头的一般形态

但什么是真正的M头？什么时候M头有测量的价值？实战中要正确回答这些问题，可能不是一个简单的问题，需要作具体的分析，才能决策，如果盲目地认同图形形态，就可能出现投资决策的错误，带来巨大的损失。

图8-2是南京医药(股票代码600713)股票2006年9月14日到2007年1月5日的K线图(关于K线，请见本章第三节)。从图中可以看出，到1月5日为止，南京医药已经形成了M头的雏形，并且股价已经下破颈线位，按照M头的图形理论，从颈线位(约6.50元)算起，该股应该至少下跌1.80元(头部高点大约8.30元减去6.50元)，即下跌到4.70元，而该股最低下跌到6元就开始再次上涨，并突破了所谓M头的顶(见图8-3)。显然，该图形没有完成M头的走势，是一个虚假的M头。

为什么出现这样的情况呢？其实在图形的技术分析中，有一个非常重要的普遍规律，就是：凡是对一些关键的点位形成突破时，一般要求有成交量的配合(成交量放大)，不过一般下跌时出现成交量放大的情况并不多见，若是向上突破则出现成交量放大的现象就比较常见了。该股在向下时没有成交量的配合，但在反弹时却有成交量的放大，并

且回到颈线位上面时的几根K线出现明显的成交放大，这已经说明M头的失效。若出现这种情况时，一般应该立即买回，以避免卖出的损失。

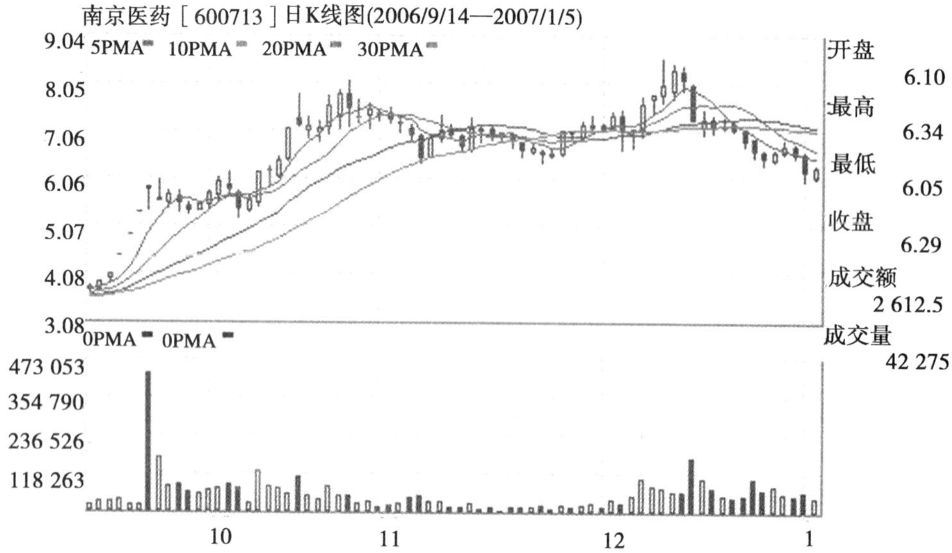

图8-2　南京医药的M头分析1

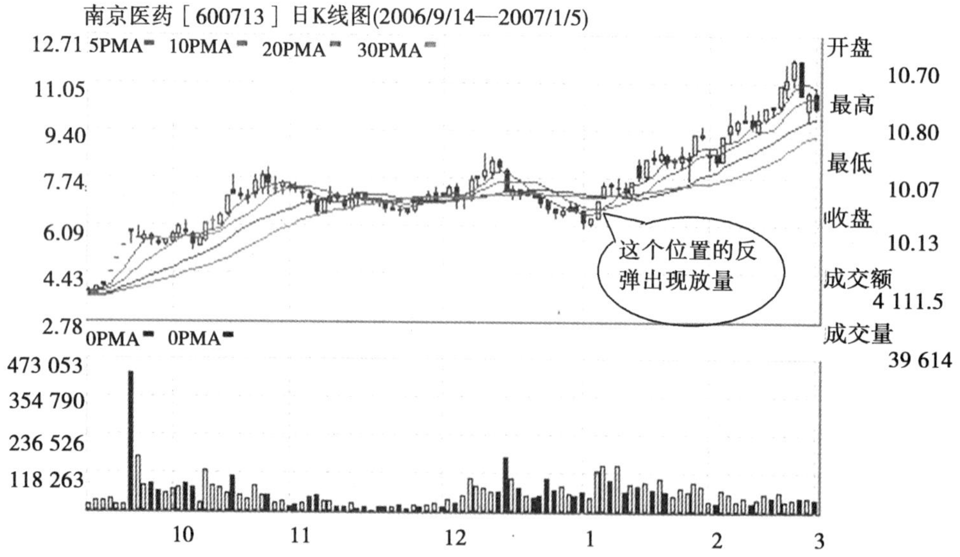

图8-3　南京医药的M头分析2

另一个M头的例子是金晶科技(600586)(图8-4)。该股在2004年1月5日由9.38元开始出现放量快速上涨，2月17日收盘在13.69元，而后出现回调，调整到11.98元后再次上涨，4月6日达到13.88元后回调，形成了M头的雏形，在颈线位(12元附近)时出现连续两根中阴线形成破位的态势，我们特别注意到在向下破位之前的一天，该股的换手率(成交量)还出现了4.82%的相对放量，而下跌时只有1%左右的换手率，没有成交量，这是不是也是一次失效的M头形态呢？显然后面的走势说明，该股的M头是成立的(见图 8－5)。那这又是什么原因呢？与前面南京医药的图形比较,你可以发现：金晶科技在下跌后的反弹没有成交量的支持,因而反弹是无力的,反过来就说明下跌是确实的。

可见,同样没有成交量放大支持的 M 头下跌,下破颈线位时的情况是千差万别的,如果机械地理解 M 头图形,据此投资带来的后果将会是很严重的。

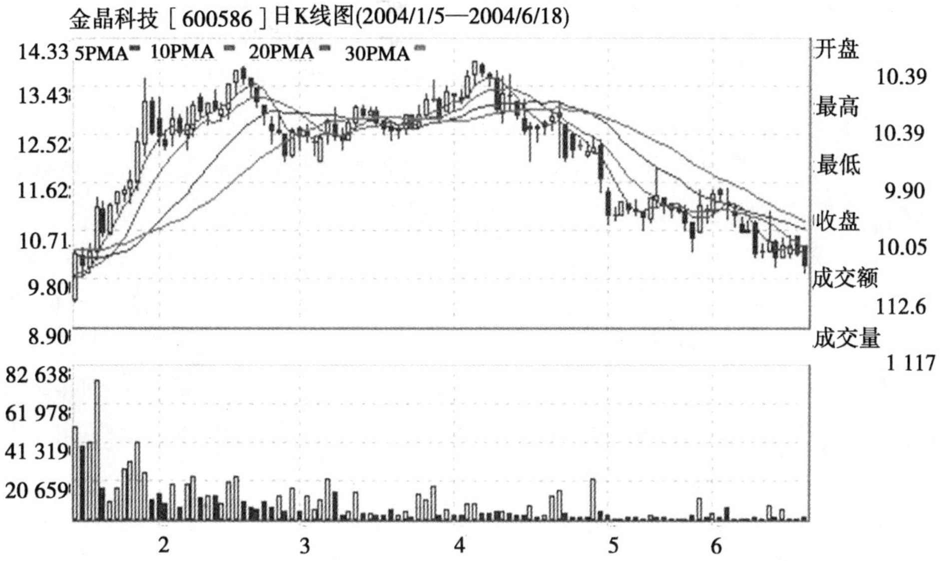

图 8－4　金晶科技的 M 头分析 1

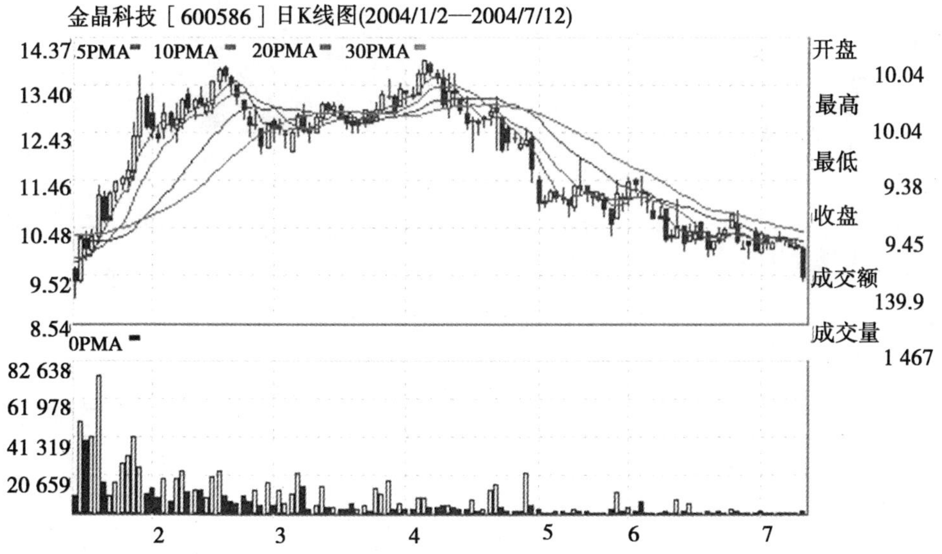

图 8－5　金晶科技的 M 头分析 2

可见,在技术分析时,不刻板地将技术分析的一些一般性分析原则视作神灵,注意分析的一些细节,是学习和应用技术分析者必须特别注意的。

专栏 8－3

MACD 指标的错误运用

MACD 是根据移动平均线较易掌握趋势变动的方向这个优点进一步发展出来的指标。它是利用两条不同速度(一条变动的速率快——短期的移动平均线,另一条较慢——长期的移动平均线)的指数平滑移动平均线来计算二者之间的差离状况(DIF)作为研判行情的基础,然后再求取其 DIF 之 9 日平滑移动平均线,即 MACD 线。在 MACD 指标的一般卖出信号中有一条准确率较高的技术信号:出现股价与 MACD 的顶背离。就是当股价出现新高,而 MACD 指标没有跟着出现新高。

图 8－6 是伊力特 2006 年 12 月 13 日至 2007 年 3 月 29 日期间的 K 线走势和 MACD 指标。许多人认为,2007 年 3 月 26 日股价收盘 9.26 元,出现了比前面 2007 年 1 月 21 日 8.31 元更高的点(即出现新高),但相应的 MACD 指标在 3 月 26 日是:DIF0.36、MACD0.30,比 1 月 21 日的 DIF0.69 和 MACD0.52 均低,满足 MACD 指标的顶背离,因此指标不支持股价的上涨需要下跌调整,后面也确实出现了三天的调整。

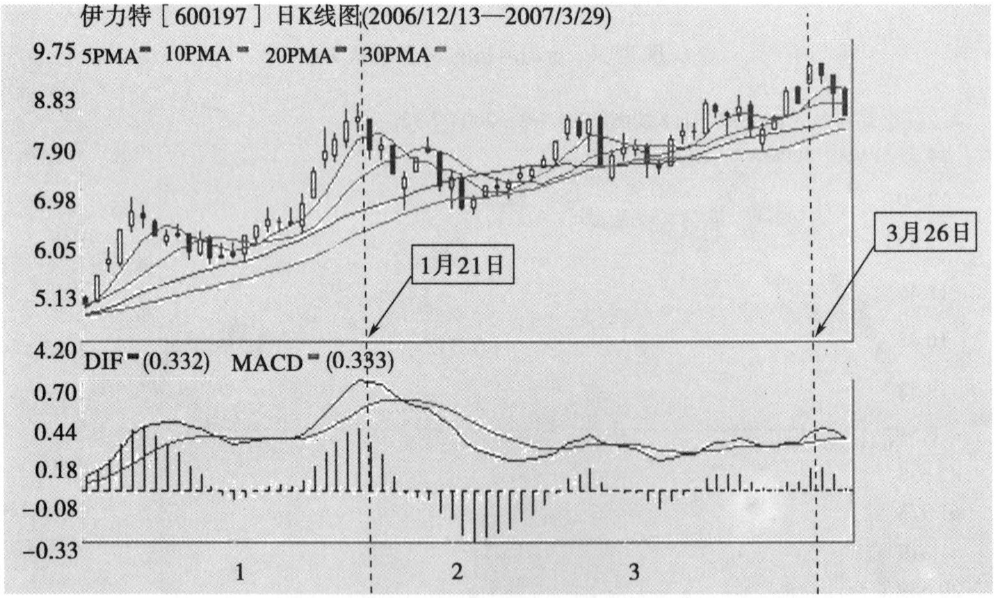

图 8－6 伊力特 MACD 分析 1

但是该股仅仅调整了三天,就再次上涨,并且再次创出新高(见图 8－7)。要知道 MACD 指标并不是指示三天调整的短线指标,而是中线分析指标,我们不能因为出现了三天的调整就说指标的顶背离是正确的。

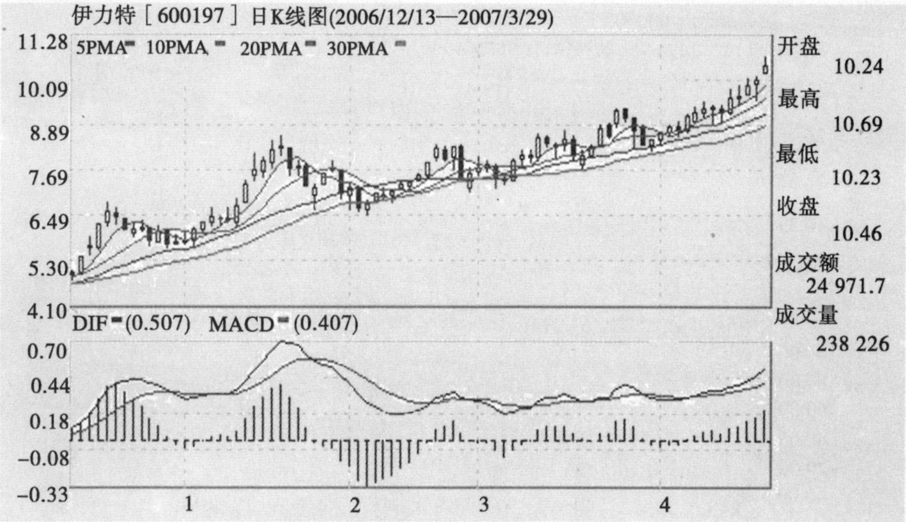

图 8－7　伊力特 MACD 分析 2

其实，该指标在 3 月 26 日似乎是出现了顶背离，但这是和前面的 1 月 21 日相比较，若和 9 个交易日前的 3 月 12 日比较，则是股价出现了新高，同时 MACD 指标也出现了新高，这就不是顶背离了。因此，根据个股的特点，注意观察细节，是正确认识指标的非常关键的一项内容，否则就可能出现在虚假 MACD 卖出信号下卖出股票、减少了应得收益的可能性。

专栏 8－4

KDJ 认识的误区

KDJ 是最重要的短线分析指标之一，许多短线技术分析的高手都将 KDJ 指标作为首选的分析指标之一。在 KDJ 分析时常用超买和超卖的区域判断，一般认为 K 值在 80 以上、D 值在 70 以上时就是超买，应该卖出股票。

图 8－8 是航天晨光 2007 年 1 月 30 日到 4 月 30 日的 K 线和 KD 指标图，从图中可以看出，3 月 27 日该股票的 KD 值均在安全的范围内（K 值 54.86，D 值 45.46），但股价却在随后的三天出现连续的下跌，以后又一直徘徊在 3 月 27 日收盘价以下。

其实，该股由于前面的上涨，在 3 月 5 日创出新高，KD 指标已经出现背离（3 月 5 日股价 22.90 元，K 值 73.09，D 值 67.61，而 2 月 26 日股价 21.16 元，K 值 83.15，D 值 84.10），从而 3 月 6 日开始一直在下跌，3 月 27 日出现的上涨，是下跌趋势中的一个短暂现象，所以 KD 指标并没有调整到位，继续下跌也在情理之中。若我们过分相信指标的位置而盲目买进，那么就可能是买套。

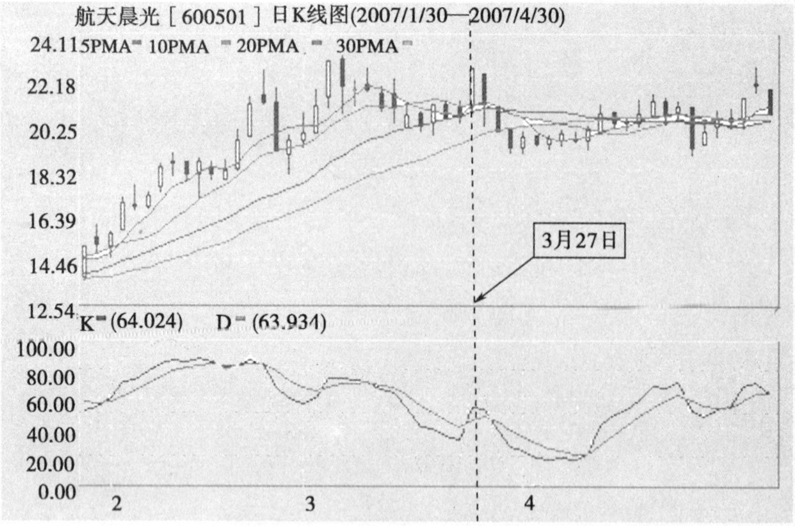

图 8－8　航天晨光 KDJ 指标图

第二节　分时走势图及其基本分析

投资技术分析中，首先遇到的就是观察分时走势图(图 8－9)。观察分时走势图中的各种信息，就是看盘，看盘是技术分析中最重要的手法之一。娴熟的看盘技巧需要长期的实战磨炼才能形成，看盘需要炼就一副火眼金睛，才能看清楚盘口的信息，但一个投资者掌握分时走势图的基本观察方法则是介入股市之初就需要的(以下以股票市场为例，其他投资市场的图形分析类似)。

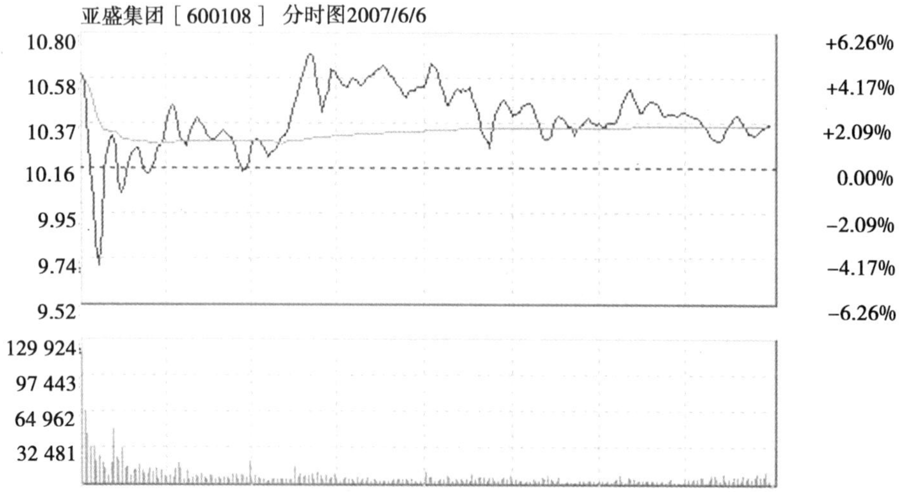

图 8－9　股票价格分时走势图

一、分时走势图的形式和组成

分时走势图是指大盘和个股的每日动态实时的每分钟为一个单位价格的走势坐标图。主要有两种类型的分时走势图形：一种是大盘指数的分时走势图；一种是个股的分时走势图。

（一）大盘指数的分时走势图

大盘指数的分时走势图（在一般的分析软件产品中，均使用快捷键“F3”或“F4”分别进入沪、深市场大盘的领先指数画面，亦可使用热键“03＋ENTER”或“04＋ENTER”进入，是等效的），其主图由白、黄两种颜色的曲线和红绿两种颜色的柱状线组成，横坐标是以一分钟为单位的每日4小时的时间坐标，纵坐标是精确到小数点后两位的指数数值坐标；主图之下是由黄色的柱状线组成的副图，其横坐标也是以一分钟为单位的每日4小时的时间坐标，纵坐标是成交手数的坐标（图8-10）。

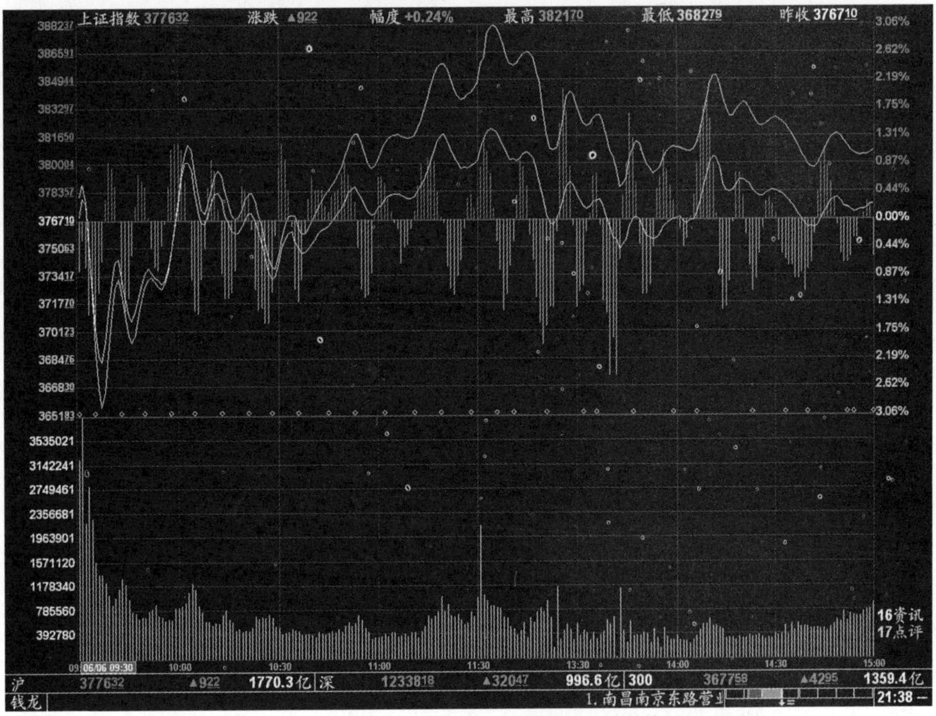

图8-10 上海大盘领先指数分时走势示意图

主图的白色的曲线所表示的是实际大盘（加权）指数，即证交所每日公布的真实的股票价格指数的走势；而黄色曲线则是为了区别不同类型的股票涨跌情况，表示的大盘不加权的指标，即不考虑股票权数（盘子的大小），而将所有股票对指数影响看作相同而计算出来的大盘（算术）指数；红绿柱状线是反映大盘即时的所有股票的买盘与卖盘在数量上的比率关系，红柱线的增长缩短表示上涨的买盘力量的增减，绿柱线的增长缩短表示下跌卖盘力度的强弱。

副图是对应指数的每分钟成交手数（每手等于100股）的数据情况。

在多数指数分时走势图的主副图的右边，还会用一系列数据说明即时和今日总体的数据信息(见图 8-11)，其中“总成交量”是用手数为单位表示的情况，由于不同个股成交手数并没有对比的意义，所以对大盘成交量有意义的实际上是“总成交额”，单位是万元。此外，“委买卖差”是即时所有股票买入委托下五档和卖出上五档手数相减之差，要说明的是，委托手数不是成交的手数，它恰恰是现时尚未成交的投资者已经委托的手数。表达其相对比例的指标就是“委比”：是委买委卖手数之差与之和的比值。

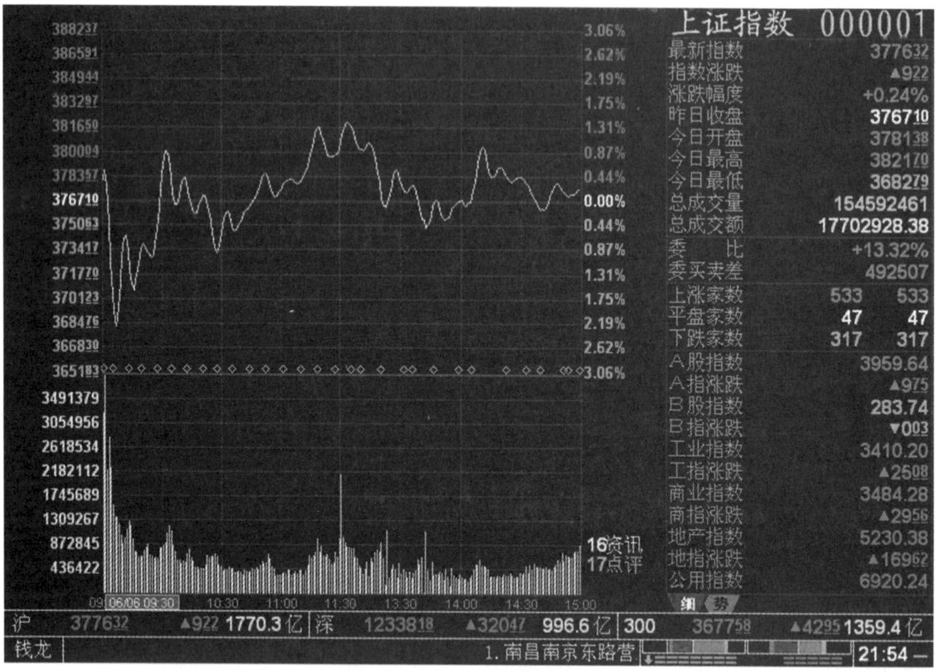

图 8-11　上证指数示意图

(二) 个股的分时走势图

个股的分时走势图，其主图也由白、黄两种颜色的曲线组成，横坐标是以一分钟为单位的每日 4 小时的时间坐标，纵坐标是精确到“分”的价格数值坐标；主图之下也是由黄色的柱状线组成的副图，其横坐标也是以一分钟为单位的每日 4 小时的时间坐标，纵坐标也是成交手数的坐标(图 8-12)。

主图的白色曲线表示该种股票即时实时成交的价格，黄色曲线表示该种股票即时成交的平均价格，即当天成交总金额除以成交总股数。

$$平均价格 = \sum(当日每分钟末成交价格 \times 当日每分钟成交股数) \div 当日总成交股数$$

副图的黄色柱线用来表示每一分钟的成交手数。

在主副图右边的指标涵义是：

“卖一到卖五”，分别表示五个最低价位的已经委托尚未成交的委托价格和相应的委托手数；

“买一到买五”，分别表示五个最高价位的已经委托尚未成交的委托价格和相应的委托手数；

“换手”指该股已经成交的手数与总流通手数的百分比比值；

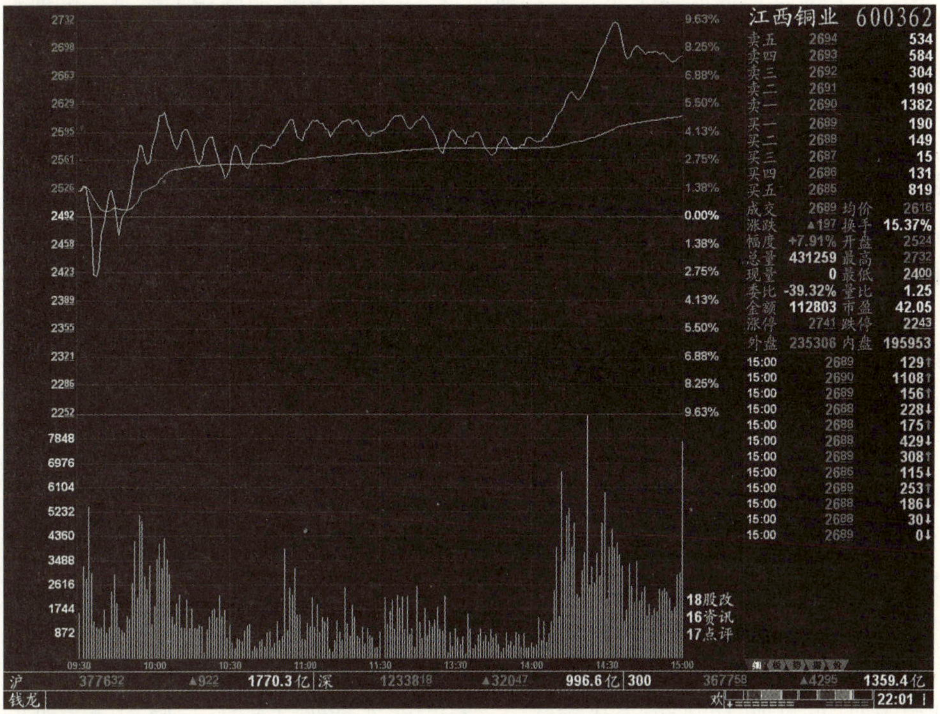

图 8-12　江西铜业分时走势图

“总量”指该股今日已经成交的总手数；

“现量”指该股刚刚成交的手数；

“外盘”又称主动性买盘，即成交价在卖出挂单价的累积成交量；

“内盘”又称主动性卖盘，即成交价在买入挂单价的累积成交量；

“委比”是五个委托买价格下的委托手数之和与五个委托卖价格下的委托手数之和的差，除以这十个委托量的和的商，有些软件还使用委差（即五个委托买价格下的委托手数之和与五个委托卖价格下的委托手数之和的差）表达类似信息。

“量比”是指当天每分钟平均成交手数与近期（一般是指包括今日在内的 5 日）平均成交手数的比值，具体公式为：现在总手/[（5 日平均总手/240）×今日已开盘的分钟数]。量比数值的大小表示近期此时成交量的增减，大于 1 表示此时刻成交总手数已经放大，小于 1 表示此时刻成交总手数萎缩。

在右下角所直接显示的一般是最近的几笔成交明细，即动态显示的每笔成交的价格和相应的成交手数，按“＋”号键则可以变换所显示的图形。

二、分时走势图的基本技术分析

（一）大盘分时走势图的技术分析

参考主图中白、黄两条曲线的相对位置，可以判断今日上涨和下跌的股票的流通盘大小。当大盘指数上涨时，黄线在白线之上，表示流通盘较小的股票涨幅较大；反之，黄线在白线之下，说明盘小的股票涨幅落后大盘股。当大盘指数下跌时，黄线在白线之上，表示流通盘较小的股票跌幅小于盘大的股票；反之，盘小的股票跌幅大于盘大的股票。

大盘分时走势图的技术分析主要有下面几点：

1. 领跌股票的类型不同，大盘下跌的涵义就不同。在目前不同股票（沪市是由于总股本的不同，深市是由于流通股本的不同）对指数影响不同的背景下，分析大盘的分时走势图时需要细心观察。一般地说，如果大盘下跌，特别是跌破一些重要的支撑位时，是由大盘股下跌所为（表现为黄线在白线之上），那么很可能是市场主力的一种诱空行为，你不能坚定信心，就可能被主力的打压而吓得赶紧卖股票。

2. 领涨股票的类型不同，大盘上涨的涵义也不同。与下跌相反，如果上涨中领涨的股票类型是大盘股票（黄线在白线之下），那么要注意会不会是主力的诱多行为。这时盲目地买股票也可能会上当受骗。

3. 注意成交量的变化。分时走势图的成交量变化对我们据以判断大盘的后期走势很有帮助。一般来说，在上涨过程中，上涨一波对应的成交会增大，调整一波对应的成交量会减少；下跌过程中，下跌一波的成交量与反弹一波的成交量变化不大。如果成交量的特征与一般的上涨或下跌过程中成交量特征不符，那就应该小心。

（二）个股分时走势图的技术分析

1. 参考主图中白黄两条曲线的相对位置，可以判断现时股价的走势强弱。当白线在黄线之上时，反映现时的股价走势较强；反之，白线在黄线之下时，反映现时的股价走势较弱。技术分析中一般认为：白色的实际股价偏离（无论是上偏，还是下偏）黄色的均价越远，那股价向均价回归的可能性就越大。但我们在长期的实际盘口观察中发现，股价偏离均价是经常性的事件，大多数情况下并不回归均价，相反，由于偏离，均价会向现价移动。

2. 根据委比判断股票价格上涨的动力。当委比数值为正值大的时候，表示买方力量较强，股票价格上涨的几率大；当委比数值为负值的时候，表示卖方的力量较强，股票价格下跌的几率大。

3. 注意外盘和内盘的信息。外盘反映买方的意愿，因为尽管卖出的报价单先提交，但这个单子并没有成交，而只是显示在卖委托处，如果现在有新的买单委托，并且和已经有的卖委托单的价格一致，那么就会成交了，成交后首先消失的应该是卖委托单的价格（原委托二的价格变成了委托一），因此随着成交，价格会逐步走高；相反，内盘则反映了卖方的意愿，委托价格会逐步走低。

4. 量比数值的大小是定量表达成交量的一种方式。量比表示今日成交量的增减情况。若量比大于1，则表示此时刻成交总手数已经放大，而小于1，则表示表示此时刻成交总手数萎缩。价格的分析一定要结合成交量，没有成交量单纯地分析价格，常常是无意义的。

（三）分时走势图技术分析需要注意的一些细节问题

在观察分时走势图时要注意成交显示在图上的一些特殊处理所带来的可能的虚假

信息：

1. 分时走势图反映的是每分钟成交情况的汇总数据，而每分钟的成交价格和对应的成交量可能有多种，因此，反映在图上的信息可能出现失真。譬如：某股票在某分钟里共成交了四笔，其相应的价格和其对应的成交量按照时间先后的顺序为：9.95 元成交 100 手；9.97 元成交 200 手；10.00 元成交 50 手；10.05 元成交 1 手。显然，按照成交量，该分钟的成交价格主要集中在 9.95 元至 10 元之间，但显示在分时走势图上的信息却是该分钟成交价格 10.05 元，成交 351 手。

2. 为了避免这种数据失真的误导，在分时走势图画面的右下角就有了即时的成交明细显示，但这个明细数据也可能会失真。这是因为，即时数据虽然要显示即时的成交信息，但由于通讯速度的问题，并不能对每一笔成交都即时反馈在即时信息上，若几笔成交集中反映，则可能出现上条类似的问题。譬如：假设系统只能每 15 秒钟反馈一次成交信息，而在这 15 秒钟内实际成交的数据按照时间先后的顺序为：9.95 元成交 400 手；9.96 元成交 100 手；9.97 元成交 50 手；9.98 元成交 1 手。显然在这 15 秒钟内成交的主要价格是 9.95 元，但反馈在分时走势图右下角的即时信息却是 9.98 元成交 551 手。

3. 外盘内盘的问题。外盘、内盘都是成交量，但因为上面说过的显示成交的价格和对应的成交量的失真现象，使得外盘和内盘的数据也可能失真。

4. 委比的虚假。因为委比是五个委托买和卖的比值关系，因此如果委托量都在委托四、委托五的位置上，则委比数据将变化，但却不影响这些委托不成交，因为委托者可以在原来这些委托价格变成委托三、委托二的位置时，就先行撤单，使得原来的委比关系发生显著变化。

大家不要小看了这些细节的差别，因为在投资者确定买卖的时候，这些细节的差别带来的错误信息，常常使我们错误判断后市而吃亏上当。

第三节　K 线图及其基本分析

K 线是古代日本人在米市中使用的一种计算工具，俗称阴阳烛，是一种世界上最古老的图表分析方法。现代人把它用于股票、期货等市场实战中效果极佳，K 线及其组合分析已经成为证券市场技术分析最重要的手段之一。K 线作为股价的描述手段形象地反映了供求关系的变化，因此，可以把 K 线理解为一种股价形态分析工具。

一、K 线的绘制

K 线的画法很简单，在以股价为纵轴、时间为横轴的平面直角坐标系中，首先定好股价和时间的适当单位，然后就可以开始画 K 线了。

K 线由开盘价、收盘价、最高价和最低价四种价格构成，它们都是一定交易时间内某种价格的表示（图 8－13）。

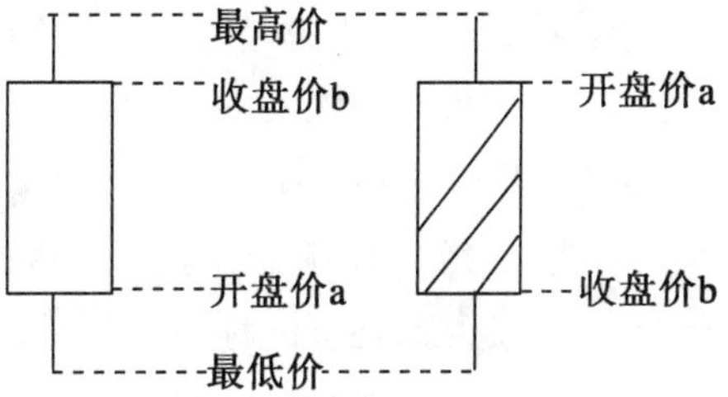

图 8－13　K 线形状

开盘价是指某一交易时间内最先出现的成交价格，目前上海证券交易所和深圳证券交易所均采用集合竞价方式形成每天交易的开盘价(集合竞价的步骤是：① 在每交易日上午 9:15～9:25 为集合竞价时间，投资人可以申报委托买入或委托卖出；② 在上午 9:15～9:20，既可以委托，也可以撤销委托；在上午 9:20～9:25，只能委托，不能撤销委托；③ 沪、深交易系统分别对两市所有买入有效委托按照委托限价由高到低的顺序排列，限价相同者按进入系统时间先后排列；所有卖出有效委托则按委托限价由低到高的顺序排列，限价相同者按进入系统的时间先后排列；④ 系统按最大成交量的原则，确定某一价格为开盘价，在此价格以上的买入价全按此价成交，在此价格以下的卖出价也按此价成交)。

收盘价则是某一交易时间内最后出现的成交价(目前，上海证券交易所采用最后一分钟成交量加权平均价格形成收盘价；深圳证券交易所交易的股票采用最后三分钟的集合竞价方式形成收盘价)。在某一交易时间内出现的最高成交价和最低成交价被分别称为最高价和最低价。举例来说，2007 年 6 月 6 日中国石化的开盘价是 14.50 元，开盘后不久上冲到全天的最高价格，形成最高价 14.56 元，然后迅速下跌到 13.80 元，形成当天的最低价格，后来股价横盘整理，最后收在 14.25 元，形成收盘价。

二、K 线图的基本形态

由于衡量开盘价、收盘价、最高价和最低价的交易时间周期不同，所以 K 线可以表示不同的含义，常见的 K 线表示周期有 5 分钟、15 分钟、30 分钟、60 分钟、日、周、月，分别称这些 K 线为 5 分钟线、15 分钟线、30 分钟线、60 分钟线、日线、周线、月线。

K 线的典型形态一共是 12 种(见图 8－14)

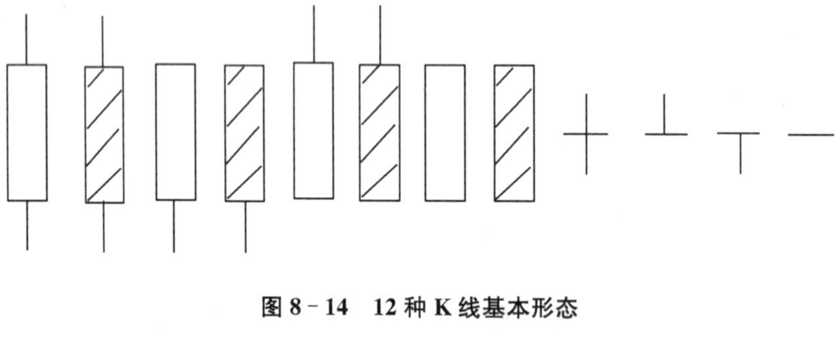

图 8－14　12 种 K 线基本形态

三、单体 K 线分析

单体 K 线分析是根据单个 K 线的形态进行的后市趋势分析。主要包括影线的分析、实体的分析和特殊 K 线的分析等几类分析。

(一) 影线的分析

影线，是指 K 线中在开盘或收盘价至上或至下，到最高价或最低价连成的一条线，在上的称为上影线，在下的称为下影线。

一般而言，影线是多空双方争夺的区域，上影线是空方最后占优的结局，下影线则是多方最后占优的结局。所以，当 K 线的上影线很长时，表示上档抛压较重，而 K 线的下影线很长时，表示下档支撑较强。如果上下影线均很长，则常常表示多空力量在此价位附近的斗争较激烈，暂时谁也不能战胜谁，股价可能会在此价位上下进行一段时间的盘整。

（二）实体的分析

实体是指开盘价和收盘价之间画出的长方形框，其长短可以说明不同的趋势。

一般地说，长阳实体说明市场正在形成一种上涨的情绪，有利于形成上升行情；长阴实体则正好相反，市场后期走势不容乐观。

（三）光头光脚的分析

光头光脚是指没有上下影线的K线，通常具有特别的意义。光头的阳线是以最高价收盘，预示后市的强势趋势，而光头的阴线，最高价即开盘价，说明市场不认可此开盘价，后市不容乐观；光脚的分析正好相反，光脚的阳线说明市场普遍认为开盘价较低，后市较乐观，光脚的阴线则以最低价收盘，后市有走弱的趋势；既光头又光脚则趋势特征更明显一些。

（四）十字星的分析

在12种K线中，后面的四种（图8-14）在K线图形中都显得比较小，所以被称为“星”，实战中，将实体较小的小阳线和小阴线也都归为星的范畴。

单个的十字星其实没有什么技术涵义，十字星只是说明多空力量暂时达到平衡状态，因此星的分析一般是放在组合分析中进行的。

特别说明的是，在单个K线分析中，有一种非常特殊的K线，就是“一”字形K线。“一”字形K线是在实行涨跌幅度限制的情况下所出现的一种特殊的K线。它一般说明该股有一种强烈的上涨或下跌的需要。

四、K线组合分析

（一）星的组合图形

前已述及，在K线图中，所谓星是指的小阳线、小阴线、十字等图形，单独这些图形形态并不称之为星，但如果与其他的K线图形进行组合，这些图形常常成为组合图形的细小部分，这些细小的图形习惯上称之为星。星是图形技术分析中非常重要的一种形态，因为它说明了多空双方力量处于一种均衡状态的事实，所以如果这种星出现在原来多强于空，或者空强于多的趋势下，那么就说明了一种多空力量对比发生变化的状况，是一种转折的信号，所以需要特别留意。

1. 早晨之星

早晨之星是一种下跌市势中的K线组合形态。早晨之星K线组合形态具有下列要点：

在持续下跌的市场趋势中又出现一根大阴线之后的第2日跳空下跌，但收市价与开市价差距不大，从而形成星的主体部分。构成星的主体部分的小K线，可以是阳线、阴线或十字星。一般此种组合图形之后接着出现的将是一根阳线，回升至第1根阴线范围之内（见图8-15，虚线K线部分表示预计的形态）。

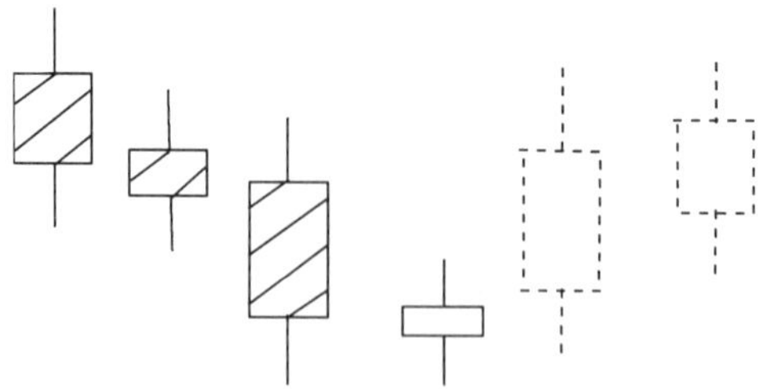

图 8－15　早晨之星

2. 黄昏之星

黄昏之星 K 线组合形态是一种下跌形态，预示行情已经见顶回落。黄昏之星形态具有下述要点：

市势继续上升，并且出现一根大阳线接着的第 2 日跳空上升，但波幅明显缩小，构成星的主体。星的主体可以是小阳线、小阴线或者十字星。接下来会出现阴线，并下跌至第 1 根阳线之内。黄昏之星表明市况由强转弱，很可能是跌势的开始，应密切加以注意（见图 8－16，虚线 K 线部分表示预计的形态）。

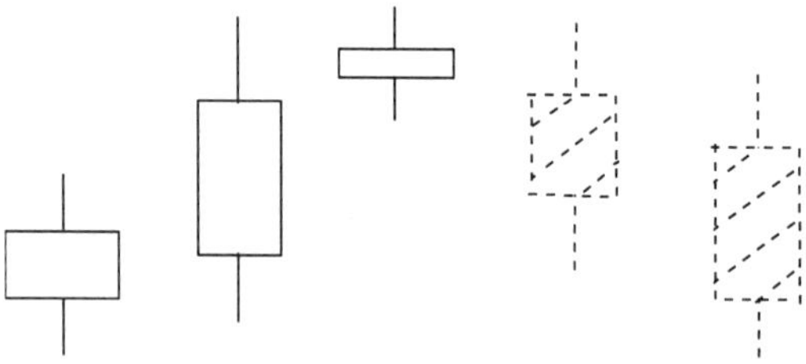

图 8－16　黄昏之星

3. 射击之星

射击之星实际上是黄昏之星的一种。习惯上，将长上影阳线或长上影阴线的黄昏之星称为射击之星，一般也出现在上升势中的峰顶上。组合形态的射击之星则具有下述特点：

射击之星的实体部分细小，但上影线较长，一般为实体部分的二倍半以上；射击之星一般出现在持续上升的市场趋势中。一般在射击之星出现的第 2 日会出现阴线，使下跌形态得以确认（见图 8－17，虚线 K 线部分表示预计的形态）。

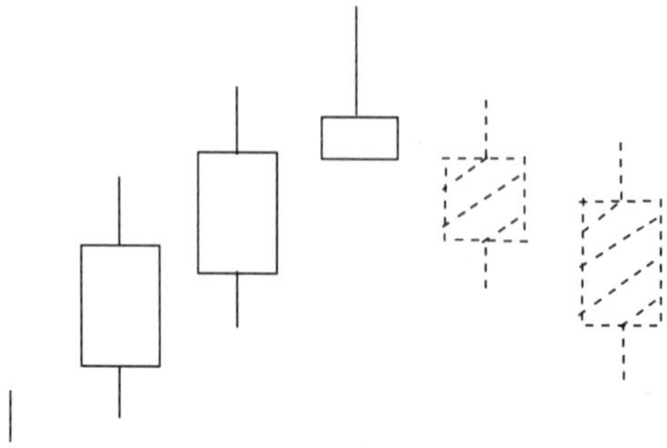

图 8－17　射击之星

（二）锤头与吊颈

锤头与吊颈如用K线表示，是完全一样的形态，即长下影阳线或长下影阴线形态。但两者所处的位置不同，锤头一般出现在下跌的市势中，是一种见底回升的图形。而吊颈则出现在上升市势中，是一种见顶回落的图形。此外还有一种倒转锤头，也是见底回升形态。

1. 锤头

锤头出现在持续下跌的市场趋势中，其要点为：

(1) 市况持续下跌，某日出现长下影K线图形，构成锤头部分，其下影线所达低位一般为近期的新低点。

(2) 下影线较长，至少为实体的两倍以上。

(3) 实体部分可阴可阳，但上影线必须短小或没有上影线，若无上影线，则图形更正统（图8-18，虚线K线部分表示预计的形态）。

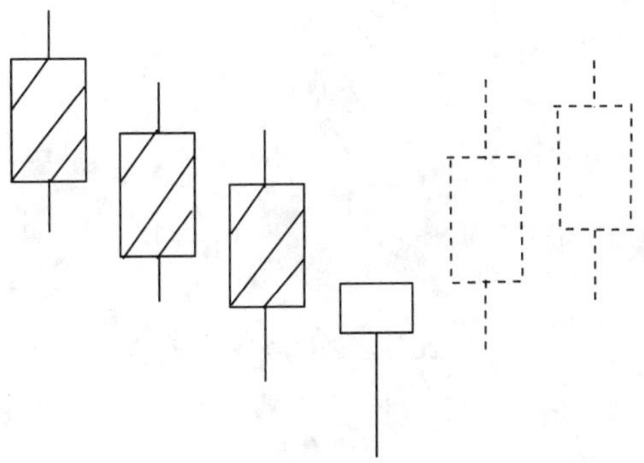

图8-18 锤头K线组合

2. 吊颈

吊颈出现在上升市场趋势中，是一种较典型的下跌形态，表明升势即将结束，其特点为：

(1) 市势持续上升，某日高开后出现吊颈形态（长下影阳线或阴线）。

(2) 下影线较长，至少为实体部分的2倍以上。

(3) 吊颈形态出现之后，第2日跳低开盘，两根K线之间留下缺口，致使上一日买入的投资者全部被套牢（图8-19）。

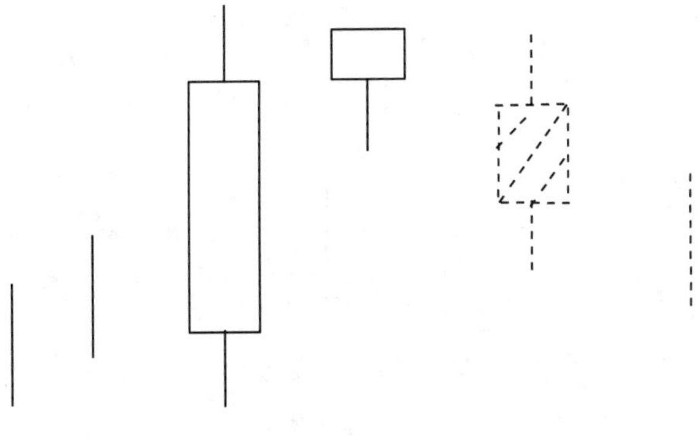

图8-19 吊颈K线组合

3. 倒转锤头

倒转锤头是一种常见的K线形态，由于单独的倒转锤头其实就是长上影阳线或长上影阴线，表明上档压力沉重，因而不容易引起投资者重视。我们这里所说的倒转锤头是一种特别K线组合中出现的带长上影线的阳线或阴线，即倒转锤头出现在持续下跌的市场趋势中的情况，这是一种较明显的见底回升形态。倒转锤头要点为：出现在持续下跌的市场趋势中，一般实体部分较小，实体可以是阳线也可以是阴线，但上影线较长，倒转锤头出现在下跌市场趋势的底部，倒转锤头出现的第2日以阳线收盘(图8－20，虚线K线部分表示预计的形态)。

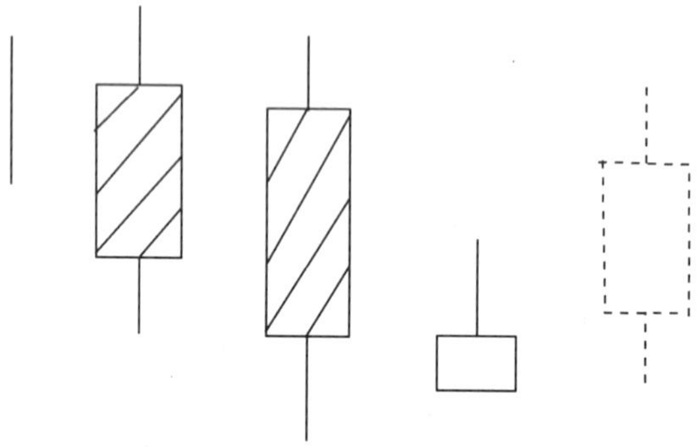

图8－20 倒转锤头K线组合

(三) 曙光初现与乌云盖顶

1. 曙光初现

曙光初现是一种常见K线图形，一般出现在下跌市场趋势中。曙光初现如果出现在市场趋势的底部，是一种可能见底回升的K线形态，曙光初现形态的要点主要为：

在下跌市场趋势中出现一根较长的阴线。接下来的第2日跳低开盘但以阳线收盘，形成一个实体较长的阳线，该阳线伸入到第1日阴线的1/2或以上，第2日的阳线愈长，表明市况转强的力度越明显(图8－21，虚线K线部分表示预计的形态)。

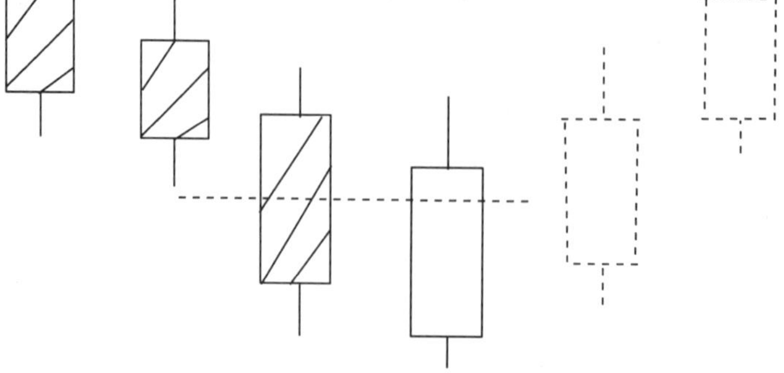

图8－21 曙光初现

2. 乌云盖顶

与曙光初现相反，乌云盖顶是一种常见的下跌形态，一般出现在上升市场趋势中，当乌云盖顶出现在上升市场趋势的峰顶，则见顶回落的可信度较高。

乌云盖顶的要点如下：在持续上升途中，出现了较长的阳线，接下来的第2日跳高开盘，但却收成阴线，形成一阴实体较大的阴线，第2日的阴线深入前一日阳线实体的一半以上。第2日的阴线愈长，深入第1日的阳线身体内愈深，则见顶回落的趋势愈明显(图8-22，虚线K线部分表示预计的形态)。

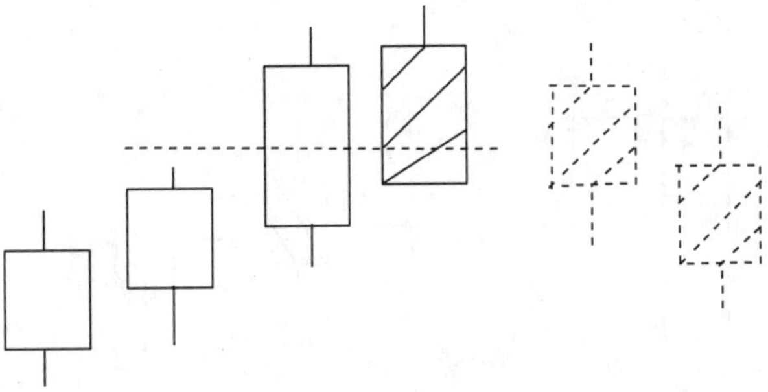

图 8-22　乌云盖顶

(四) 穿头破脚

穿头破脚是一种较强的转向形态，在升市与跌市中均可能出现，从而形成顶部穿头破脚和底部穿头破脚两种形态。其共同标志都是出现一根最高和最低价均高于前一日或前几日K线的组合形态。

1. 顶部穿头破脚(图8-23左)

构成顶部穿头破脚形态的要点如下：

出现在明显的升势当中，出现了一根很长的K线，此K线常为阴线，K线长度必须足以将前一日的K线实体全部包含，构成所谓阴包阳转向形态。顶部穿头破脚形态表明大市将向下转向，是出货的最佳时机。

2. 底部穿头破脚(图8-23右)

构成底部穿头破脚的要点如下：

一般是出现在明显的下跌市中，以出现一根很长的K线为特征，此K线常为阳线，K线的长度必须足以将前一日的K线实体完全包含，构成所谓阳包阴转向形态。底部穿头破脚形态表明大市即将由弱转强，是进货的最佳时机。

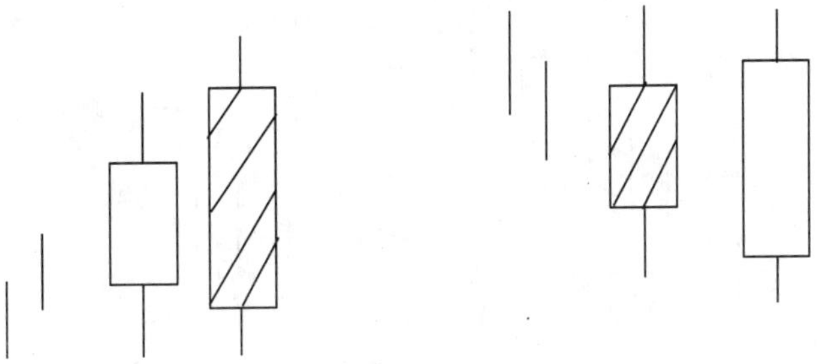

图 8-23　穿头破脚

（五）平顶和平底

平顶和平底是市场中常见的K线图形。所谓平顶是指连续出现或间断出现的最高价一致的现象，图形上表现为上影线同样高的K线组合形态。平底则正好相反，是指连续出现或间断出现的最低价一致的现象，表现在K线组合上有同样水平的下影线。平顶意味着价格向上碰到了极强的阻力，有可能遇阻回落，而平底则显见底部有较强劲的支撑，有可能转跌回升。平顶和平底若出现在牛皮盘整的市况中，转向讯号并不明显。但若平顶出现在上升市场趋势中或平底出现在下跌市场趋势中，则转向讯号，或滞升、止跌信号就较明显（图8-24）。

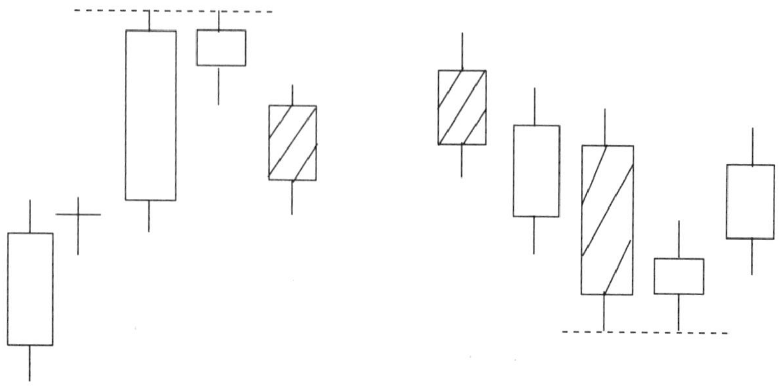

图8-24　平顶与平底形态

（六）圆顶与圆底

圆顶与圆底是由一连串K线组成的复合图形。单独考察圆顶或圆底形态中的阳线或阴线并无明显的市场意义。因此，圆顶或圆底K线形态有时为市场分析人士所忽略，但标准的圆顶或圆底形态却是讯号相当明确的下跌或者上升的转向形态。

1. 圆顶

圆顶K线组合形态的特征如下：

若干K线由缓慢的上涨逐渐转变为缓慢的下跌，在圆顶顶部附近升势渐缓，在高位构成阳线与小阴线交错K线形态，组合中的小阳线与小阴线逐渐构成圆顶形态。圆顶形态构成之后，某日可能出现向下的跳空缺口（图8-25）。

圆顶形态是一种向下转向形态。

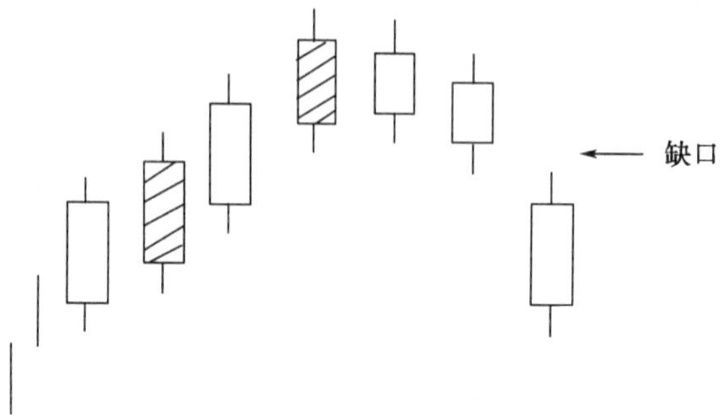

图8-25　K线的圆顶组合

2. 圆底

圆底K线组合形态的特征如下：

若干K线由缓慢下跌逐渐转变为缓慢上升，在圆底的底部附近跌势逐渐减缓。组合中由数根小阳线和小阴线构成圆底形态。圆底形态形成之后，某日可能出现向上跳空的缺口(图8-26)。

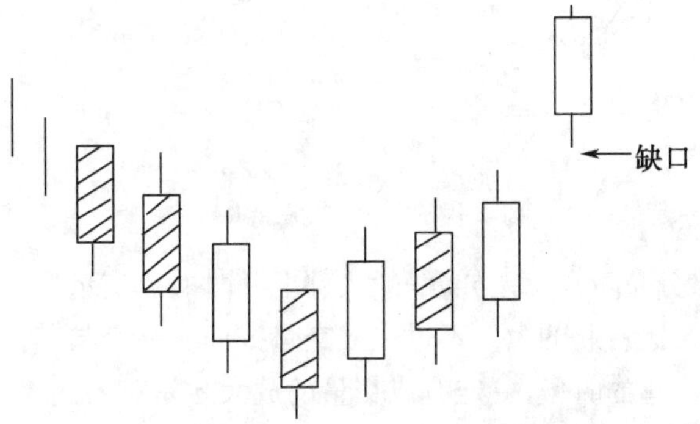

图8-26　K线的圆底组合

五、K线组合的基本技术形态

常见的K线组合技术形态及其基本分析如下。

(一) 头肩型

多数情况下，头肩型是一种行情反转的形态，所以得到分析师的重视。

基本的头肩型有头肩顶和头肩底两种形态。头肩顶的形态如图8-27所示。

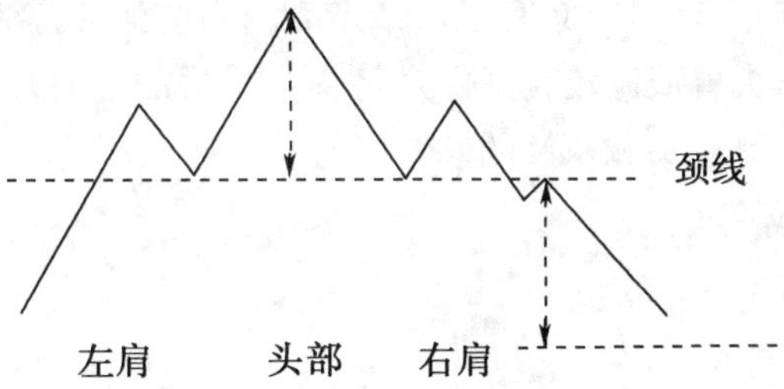

图8-27　头肩顶

头肩顶的形态特征是：持续的上涨之后，出现回调，形成左肩；之后再次强劲上涨，创出新高，然后再次回调，形成头部；在头部回调到前期左肩回调的低点附近时获得支撑，再次上升到左肩高点附近时回落，形成右肩。我们将左、右肩与头部形成的低点连成一条接近水平的直线，称该直线为“颈线”。在头和肩的上升一边，成交量总是多于回调的一边，但头肩顶的成交量一般会出现左肩成交量大于头部，头部成交量大于右肩的特点。

当右肩形成之后，就可能形成向下的突破，突破的确认是：跌破颈线位，跌破的幅度在3%以上。有时候，跌破颈线后会有一个反抽，而此时颈线常常反过来成为阻力位。

一旦头肩顶形态成立，出现跌破颈线位的形状，那么向下的跌幅常可以测量，这个最小的距离是头部到颈线的垂直距离，就是从颈线向下的最小跌幅。

头肩底的形态与头肩顶的形态基本上正好相反，如图 8－28 所示。

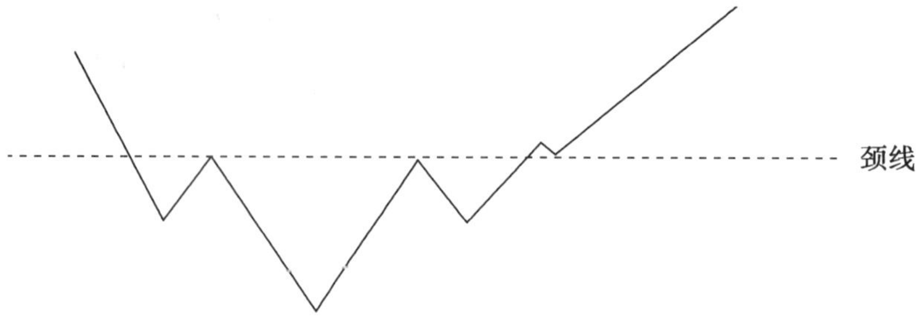

图 8－28　头肩底

不同的是成交量分布特点有差异，一般头部上升时的成交量要比左肩上升时的成交量大，左肩的成交量又比右肩的大。不过在成交量方面有一个与其他上涨时一样的必要条件，就是突破颈线位置的时候，一定有成交量的放大才是有效的突破，这与头肩顶向下突破颈线位时不谈成交量是不同的。

其他方面，头肩底与头肩顶都是类似的，譬如也有突破后的测量意义，突破颈线位后，上涨的幅度一般至少是头部低点到颈线的垂直距离。

除了上面两种标准的头肩型外，实际的组合形态中，还会出现复合头肩型的形态，复合头肩型可以是一头双肩(多肩)形态、多头多肩形态等复杂的头肩型。不过，复合头肩型的转折强度常常小于普通头肩型。

（二）双头双底型

双头和双底的形态是实战中最常见的形态，这种图形既可以是反转形态，也可以是整理形态。当它是反转形态时，就具有了后市走势的测量意义。

双头又称 M 头，与头肩顶比较就好像是将头去掉后的形态；双底又称为 W 底，如同双头的倒转。图 8－29 是双头和双底的基本形态。

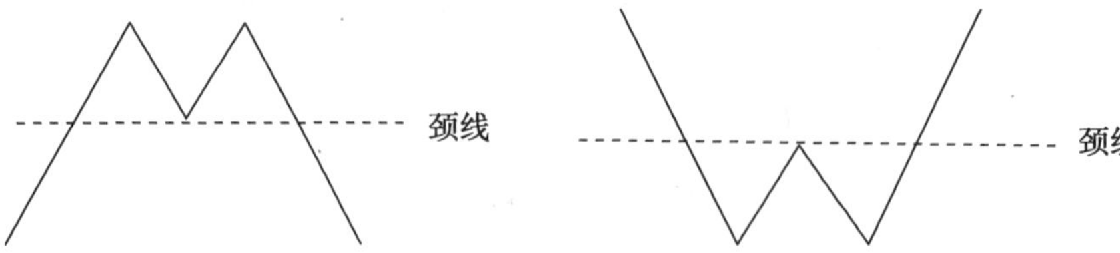

a　双头　　**b　双底**

图 8－29　双头和双底的基本形态

除了形态上的直观性外，双头的成交量分布特点是左头的成交量往往大于右头的成交量；双底的成交量特点是左底的成交量往往小于右底的成交量。不过这种成交量的分布需要根据当时所处的具体环境和位置才能确定，唯有特别的是双底是反转形态时，向上突破颈线位置的时候一定需要成交量的放大才是有效的突破。

图 8－30 是冠福家用 K 线形成的双头形态。特别注意到在该股的右头下跌时，成交

量出现了放大。一般而言，当下跌突破关键位置时(如本例的颈线位)，并不需要有成交量的放大，但若此时成交量出现放大，就可能造成比较快速的下跌。

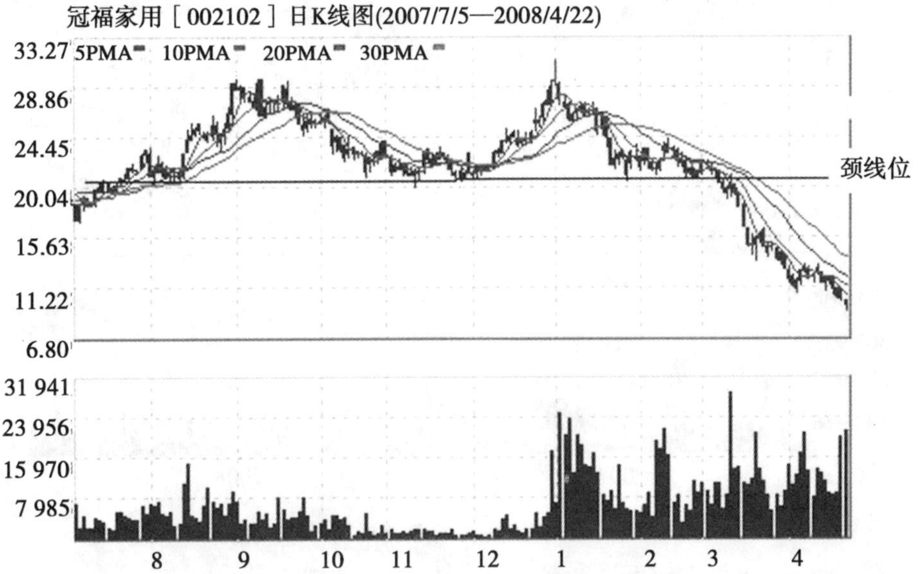

图 8-30　冠福家用 K 线形成的双头形态

(三) 三角形形态

三角形也是 K 线形态最常见的一种。三角形多出现在盘整过程中，经过盘整选择突破的方向。最常见的三角形有对称三角形、上升三角形和下降三角形等。

对称三角形是由一系列的价格变动所组成，其变动的幅度逐渐缩小，若将变动的高点和低点分别连成直线，形态上就构成一个夹角水平的对称三角形(如图 8-31 所示)。股价在对称三角形中进行整理一段时间后，会寻求向上或者向下跳出三角形，从而结束整理的形态。

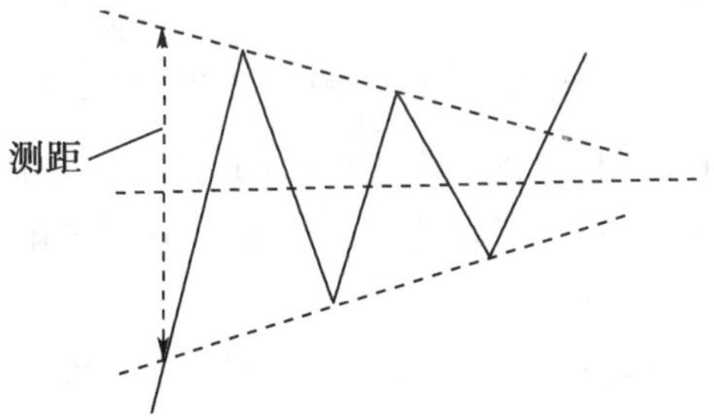

图 8-31　对称三角形

图 8-32 是上海梅林 2006 年 8 月至 2008 年 8 月两年时间股价变动所形成的对称三角形形态，之后向下突破，跳出了三角形的整理区间。

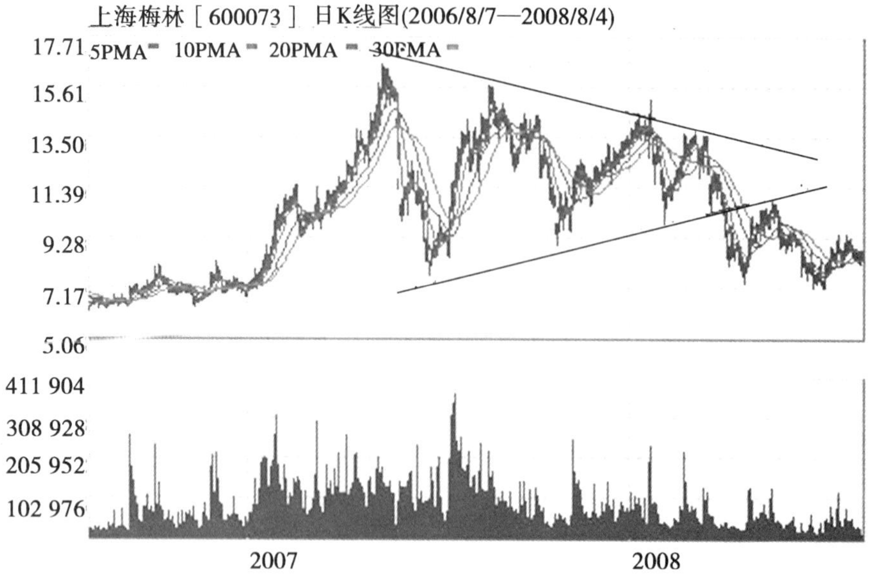

图 8－32　上海梅林股价变动形成的对称三角形

上升三角形形态的基本特点是三角形整理的高点基本一致,但低点逐步抬高;下降三角形的基本特点是三角形整理的低点基本一致,但高点逐步降低。如图 8－33 所示。

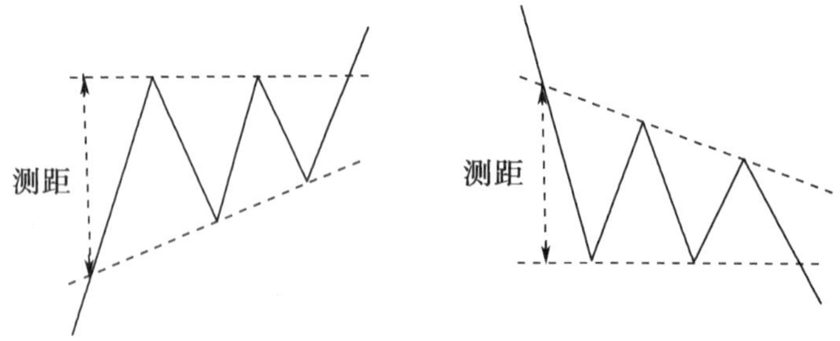

a 上升三角形　　　b 下降三角形

图 8－33　上升三角形和下降三角形

与对称三角形不同的是,上升和下降三角形的形态,一般是在上升和下降的过程中出现的整理形态,之后继续上升和下降的可能性要大于下降和上升,不过这只是概率大点而已,其形态本身还是整理形态,在整理结束向上或向下突破得到确认前的买入和卖出都是非常危险的决策,就是说,上升三角形整理结束后并不一定就上涨;下降三角形整理结束后也不一定就是下跌。而三角形整理结束,跳出三角形整理的区域后,沿着突破方向的变动常常是持续性的,持续的幅度也是可以测量的(图 8－31 和 8－33 中的测距所示),不过对称三角形测距的有效性一般都小于上升和下降三角形的有效性。

(四) 旗形与楔形整理

旗形走势的形态就像一面挂在旗杆顶上的旗帜,包括上升旗形和下降旗形(图 8－34)。

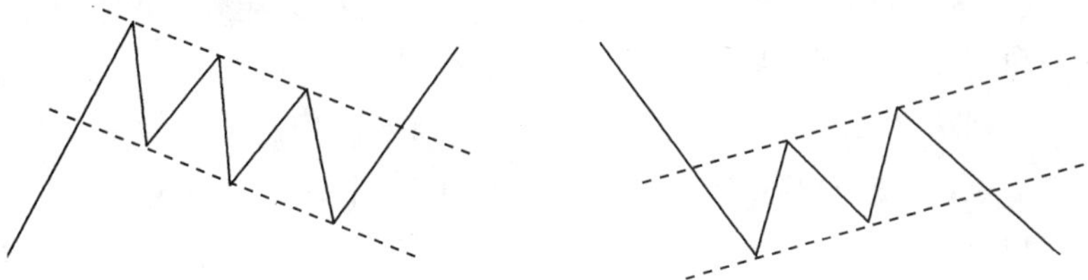

a 上升旗形　　　　b 下降旗形

图 8－34　上升旗形与下降旗形

楔形走势与旗形类似，区别在于约束整理区间的两条边不是平行的，而是同向收敛的（“同向”也是与三角形的区别），楔形也有上升楔形和下降楔形两种，但命名方式上与旗形正好相反（图 8－35）。

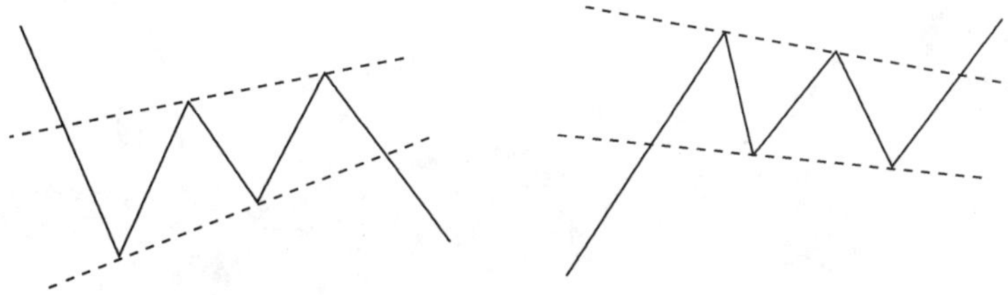

a 上升楔形　　　　b 下降楔形

图 8－35　上升楔形与下降楔形

技术形态上可以区别为旗形和楔形，但实战中两类形态的区别是没有什么意义的，它们都是整理过程中常见的形态，都是与主要趋势相反的整理，整理之后的走势也没有什么明显的区别。

六、缺口及其分析

（一）缺口及其类型

所谓缺口，是指在股价（或者指数）快速变动过程中，留下的一个没有成交交易的区域，在形态上形成不连续的 K 线形态（图 8－36）。形成缺口的过程，我们称之为“跳空”，若缺口区域之后有了成交的交易，则这种过程称为“补缺口”。

在技术分析上，缺口是否回补是非常重要的信息，根据缺口回补与否和缺口出现的位置不同，将缺口区分为四类：普通缺口、突破缺口、持续缺口、竭尽缺口。请注意这四类缺口本身形态上没有任何的不同，只是后面的走势决定了对缺口的不同认识，从而有了不同的技术分析的意义。

所谓普通缺口就在于其缺口的存在没有多大的技术价值，可能是因为其所处的是上涨或者下跌的中途（不是反转），或者本身是在盘整过程中出现。

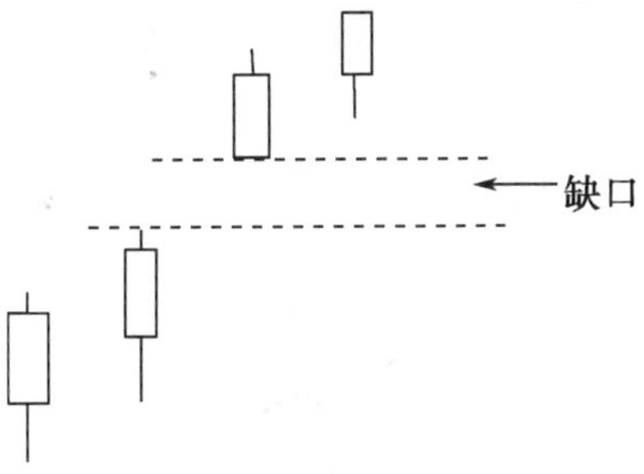

图 8－36　缺口示意图

一般普通缺口会很快回补，很多技术派人士认为普通缺口会在未来的三天，或者三周内回补。但三天和三周的时间差别很大，投资者怎么判断？

普通缺口的判断其实很重要，也很简单！当缺口所出现的位置不是一个比较高或者比较低的相对位置，当缺口出现在盘整的过程中时，这个缺口是普通缺口的可能性就很大。最重要的判断标志是缺口形成之后，价格的交易是否迅速远离缺口上沿附近。若一直在缺口的上沿附近进行交易，则不管是三天还是三周，或者更长的时间，该缺口是普通缺口的可能性都是非常大的，而且一直是存在的。图 8－37 显示的是上证指数在 2008 年 4 月 24 日向上跳空形成了一个缺口（图中缺口 1），但之后的指数一直在缺口的上沿附近徘徊，最后在 6 月 10 日，通过向下的跳空（图中缺口 2），形成缺口的回补。

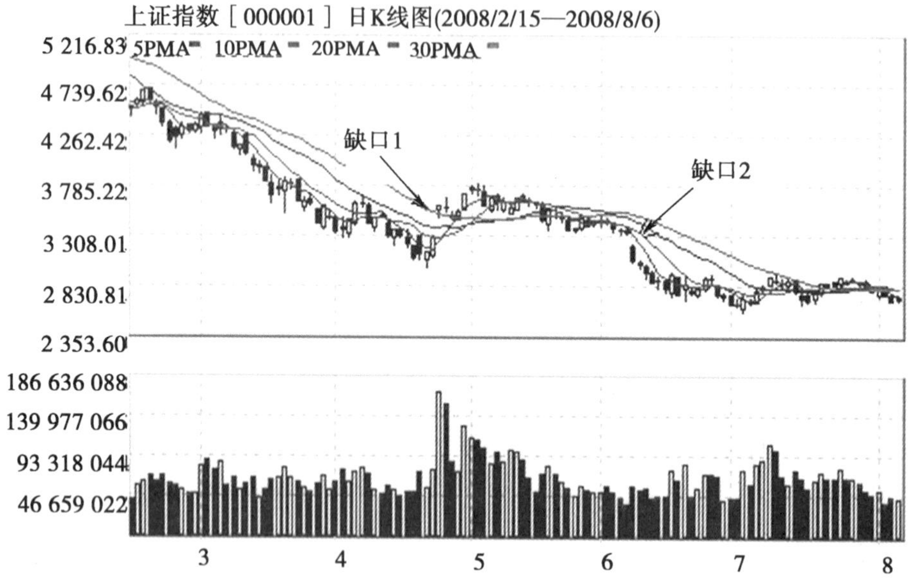

图 8－37　上证指数 2008 年 4 月到 6 月形成的缺口

具有较强技术分析意义的缺口是后面三类缺口：突破缺口、持续缺口和竭尽缺口。所谓突破缺口是指在价格形成反转之初所形成的缺口，该缺口的存在说明了一种强烈的反转意愿，缺口形成之后的交易常常远离缺口，短时间内也就没有回补缺口之忧；所谓持续缺口是在上涨或下跌的途中出现，该类缺口说明的是上涨和下跌行情继续的能力，持续缺口可以出现多次，部分持续缺口也会被回补，但不影响缺口的价值；竭尽缺口与持续缺口一样，也出现在持续的上涨或下跌过程中，但竭尽缺口是上涨或下跌的末端，是最后的一跳所形成的缺口。

突破缺口是反转的强烈信号，竭尽缺口是趋势结束的强烈信号，都需要给予较多的关注，问题的关键是如何判断缺口的类型？除了前面的位置判断、后期走势的位置判断外，对缺口附近形成的成交量的判断也是非常重要的。

一般而言，当突破缺口形成时，成交量都会出现较大的增加。成交量在缺口前后分布的基本特征是：缺口形成之前成交量没有明显变化，基本处于缩量过程中，缺口出现和缺口形成之后，成交量会出现持续的放量。所以当缺口出现之前有较大的成交量，缺口形成之后反而没有成交量的增加，则该缺口的回补可能性非常大。

竭尽缺口是在趋势的末端出现，所以在成交量的分布上表现为与趋势过程的成交量的不连续变化。在上涨行情下，成交量常常是持续增加的，但竭尽缺口出现时的成交量，不随着缺口的出现而增量，而是缩量；在下跌行情下，成交量常常是持续萎缩的，但竭尽缺口出现时的成交量，一般是增加。竭尽缺口一般不会是在反转突破后的大幅度变动过程中的第一个缺口，一般竭尽缺口出现前，至少已经出现过一个持续缺口，换句话说，如果已经出现过一个持续缺口后，随后出现的每一个缺口都可能是竭尽缺口。越是趋势延续时间长的状况下，是竭尽缺口的可能性就越大。

缺口的出现，除了其本身的强烈信号外，还有一个测量的价值：当趋势反转之后，在突破缺口与第一个持续缺口之间的垂直距离是从第一个持续缺口算起的最小的上涨或下跌幅度（图 8-38）。但在具体计算时存在不同的认识，主要的差别在于计算缺口位置的方法。一种计算缺口位置的方法是将缺口的下沿作为缺口位置的标准；另一种是将缺口上沿作为缺口位置的标准；第三种是将缺口中位数作为缺口的位置。显然使用三种不同方法计算时，对测量的距离就会存在差别。我们认为无论哪种方法，都不能成为我们精确计算的依据，技术分析的精华是概率，不是精确确定，如果你采用精确确定的方式进行投资决策，就犯了本本主义的错误。

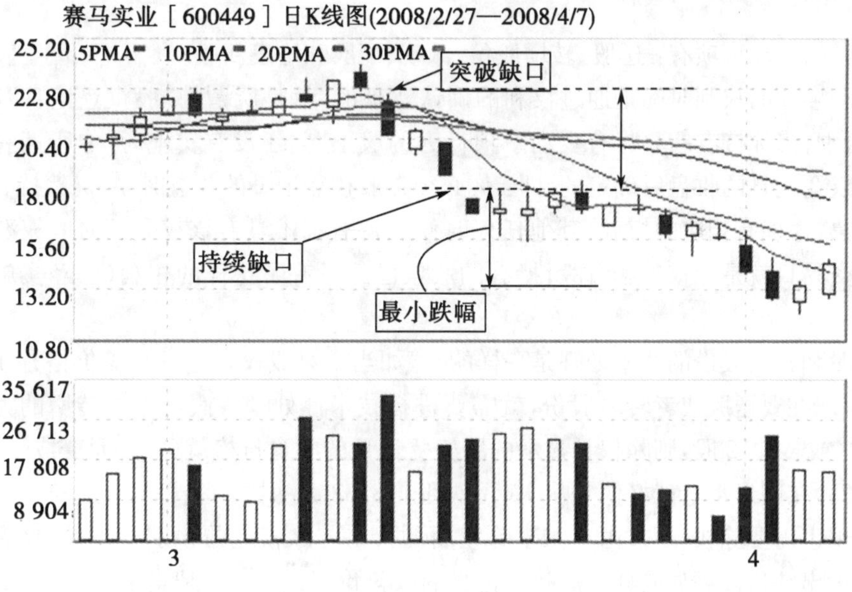

图 8-38　赛马实业的缺口分析

（二）除权形成的技术性处理的“缺口”

在 K 线形态中，除了前面所介绍的缺口外，还会出现形态上类似缺口，但是是由除权所形成的技术性处理的“缺口”（图 8-39）。此缺口并非真正的缺口，其技术意义也不同于前述缺口，但在投机市场中，出现这种除权缺口也是投资者必须给予关注的重要事项。

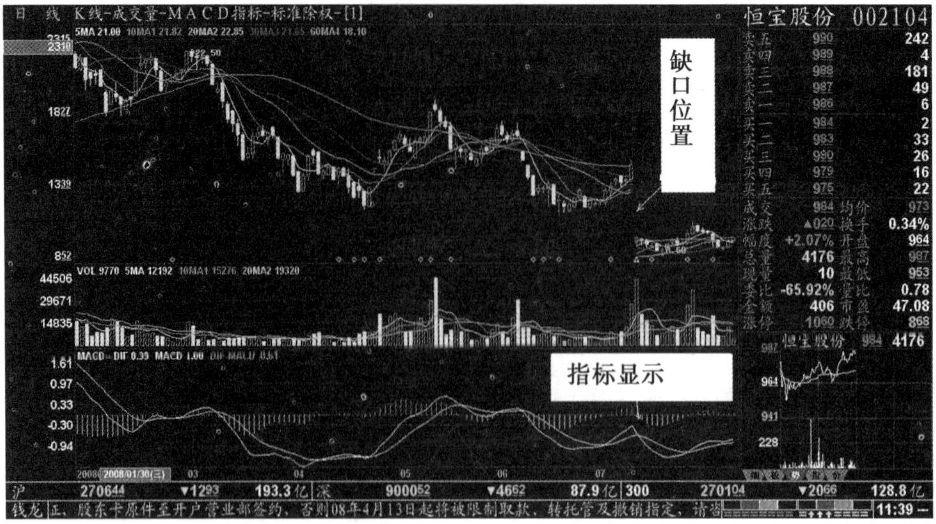

图 8-39　恒宝股份除权形成的缺口

形成除权的事项主要是股本变动或者收益变动导致的市场价格的变动，为了保持交易的连续性，在发生这些变动事项时，就采取技术性处理的措施，使得 K 线图形出现除权缺口。

常见的变动事项有：送股、转增股份、派现、配股和增发新股。

变动事项的权利时间是通过权利的确认实现的，就是所谓的“股权登记日”和“除权日”的区别，当你持有一只将有变动事项行为的股票，但还没有实施时，你所拥有的权利是在股权登记日的收盘后确定的，即：你必须在股权登记日的收盘时候，仍然持有这只含权的股票，才拥有相应的权利，其他任何时候的持有都不具有该权利。而股权登记日的下一个交易日就是除权日了，你所持有的股票已经没有了这样的权利(已经实施了相应的变动)。

送股和转增股份的技术处理是一样的，譬如当一只股权登记日收盘价格是 10 元/股的股票，现在要送股或者转增股份，就需要进行技术性处理。假设送或转增的方案是每 10 股送(或转增)2 股，则除权日显示的股权登记日的收盘价格就由 10 元变成了 8.33 元(10/1.2)，在图形上看就好像是从 10 元跌到了 8.33 元一样。

派现也需要除权，不过由于派现除权后的价格与除权之前差别不大，交易后常常不能够显示出缺口。譬如同样是股权登记日的收盘价格是 10 元/股的股票，分配的方案是每 10 股派 2 元现金股利，那么除权日所显示的股权登记日的价格就变成了 9.8 元(10－0.2)。

配股和增发新股的技术处理是一样的，譬如一只在股权登记日收盘价格是 10 元/股的股票，现在要配股或者增发新股，假设方案是每 10 股配(或者增发)3 股，配股价格(或增发价格)是 6 元/股，那么除权日所显示的股权登记日的收盘价格就变成了 9.08 元[(10＋1.8)/1.3]。

技术性除权处理对市场技术分析的影响主要体现在下面两个方面：

首先是除权后的价格走势，会受到除权的影响而发生变化。尽管除权前后所持有的股票价值并不因为除权而改变，但除权在价格上的变动，还是会影响投资者的投资行为。一般而言，这种影响在牛市和熊市是不一样的。在牛市，送股、增发等股本扩张的行为被认为是公司的利好，因而在走势上，除权后价格常常会出现上涨，形态上犹如回补缺口，我们把这种行情称为“填权”行情；而在熊市时，送股等股本扩张的行为被认为是公司一毛不拔，是利空，因而在走势上，除权后的价格常常出现下跌，形态上犹如远离了缺口，我们把这种行情称为“贴权”行情。因为填权行情，股票除权前就可能出现抢权的上涨行情；相反，由于贴权行情，股票除权前就可能出现抛售导致的下跌行情。这是投资者需要关注除权的重要原因之一。

其次，现在股市行情分析系统中的指标计算等基本上是计算机的自动计算，但除权的价格变动，计算机不会自动识别，所以在指标上会出现失真。譬如图 8－39 中下面显示的 MACD 指标，如果没有这种除权的话，MACD 指标应该是图 8－40 所示的结果（复权后的结果）。所以在技术分析时，如果遇到除权形成的缺口，在分析移动平均线、MACD、KDJ 等技术分析指标时，就要给予特别的注意，别上了指标虚假数据的当。

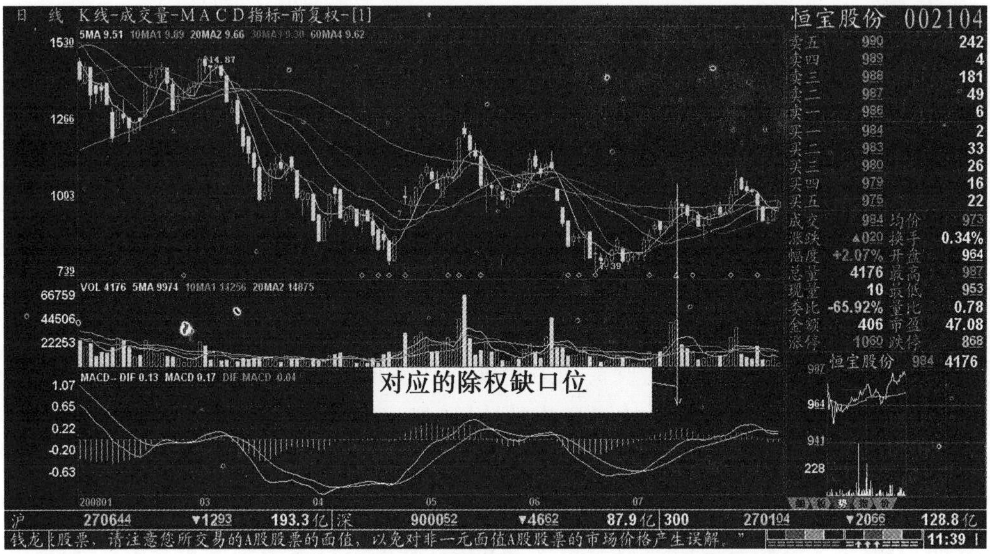

图 8－40　恒宝股份复权后 MACD 的真实数据

第四节　趋　势　线

有一种投资的分析技术是上涨时不判断股价到底能够上涨到何时为止，而只判断何时不再上涨了；下跌时不判断会跌到何时为止，而是判断何时不再下跌了。这样，在上涨时投资者就可以一路持有股票而不卖，直到确定不再上涨再卖出；下跌时就一路持币观望，直到不再下跌时再考虑买入。这种分析技术的一项重要内容就是趋势线分析技术。

根据趋势线条的组成数量，趋势线分析技术包括两大类：趋势线分析和通道分析。

一、趋势线分析

当股价不断上涨，形成总体上涨的趋势时，我们可以通过连接股价波动的低点所形成的直线进行趋势分析，这条向右上方倾斜的直线就被称为上升趋势线(如图8-41所示)；但股价不断下跌，形成总体下跌的趋势时，我们可以通过连接股价波动的高点所形成的直线进行趋势分析，这条向右下方倾斜的直线就被称为下降趋势线(如图8-42所示)。

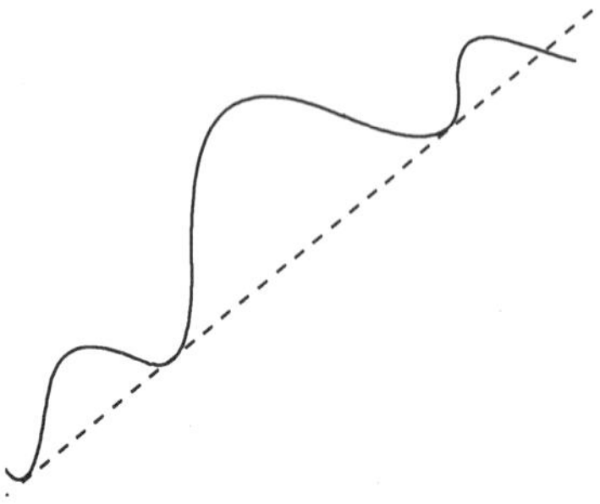

图8-41　上升趋势线

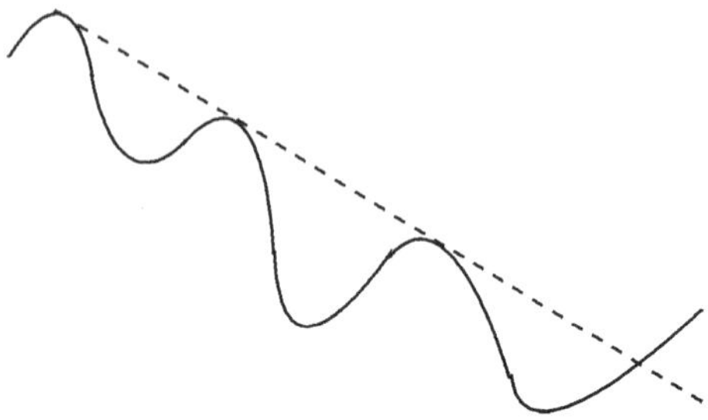

图8-42　下降趋势线

在一种价格运动的趋势改变之前，股价会沿着其固定的方向移动，直到这种趋势改变后再以另外的一种趋势移动，这就是趋势线分析的原理。因此，当上涨的趋势线被跌破时，就是一个卖出的信号，相反，当下跌的趋势线被突破时，就是一个买入的信号了。实战中，趋势分析判断需要注意两个问题：

一是趋势有长时间段的，也有相对比较短时间段的，所以我们常常说趋势线有长期趋势线和中期趋势线两类，在构成买入或者卖出决策时，首先需要判断趋势线是长期性质还是中期性质，从而决定买入或者卖出的持续时间。

二是趋势线的突破需要关注是否有效，有效的依据主要是看成交量的变化。一般而言，向上突破下降趋势线，一定需要成交量的显著增加，没有成交量的突破常常是虚假的突破；向下跌破上涨趋势线时可以有成交量的增加，也可以没有显著的变化。但成交量增加的下跌，往往下跌的速度会比较快，时间会短一些；而没有成交量明显变化的跌破，下跌的时间会长一些，速度会慢一些。

图8-43是白云山上涨过程中形成的上涨趋势线。请注意，在股价向下跌破趋势线之后，该股出现了一个反弹，但反弹受阻于趋势线。这种情况很常见，一条原来构成支撑的趋势线在跌破之后，反过来就成为阻力。因此我们常常将上涨趋势线称为上涨支撑线，而将下跌趋势线称为下降阻力线。

图 8-43　白云山的上涨趋势线

二、通道分析

在很多情况下，上涨的股价不仅仅会受到上涨趋势线的支撑，还会受到一条与上涨趋势线基本平行的以股价高点所连直线的压制，我们将这样两条线约束的运动轨迹称为上升通道；同样，股价不断下跌时，除了受到下降趋势线的压制外，也会有一条与下降趋势线基本平行的低点连线的支撑，股价也会在这样的两条线的约束下运动，我们将这样两条线所构成的运动区域称为下降通道。

图 8-44 是岳阳兴长在 2007 年形成的上升通道。

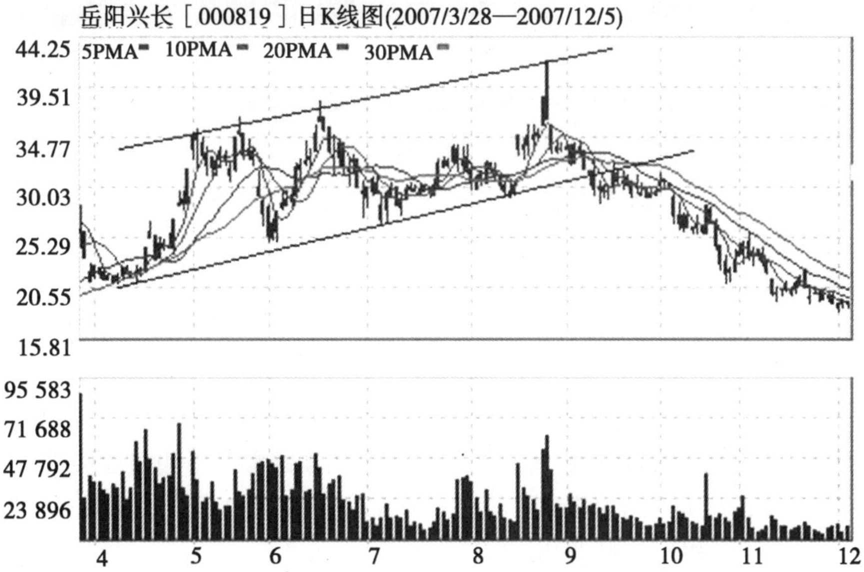

图 8-44　岳阳兴长的上升通道

三、趋势分析中趋势线的变更

在趋势分析中非常重要的一点是对趋势的变更，越是长期趋势线，越需要注意趋势线的变更。所以趋势线的变更，是指由于几个运动趋势的变化，原来的趋势分析线已经不能说明现在股价变动的趋势，这时需要对原来的趋势线进行修正，采用新的趋势线进行分析。

图 8－45 是嘉宝集团在 2006 年 12 月至 2007 年 10 月上涨趋势线分析的变更情况。该股 2007 年年初的上涨是沿着一条较陡的趋势线移动的，5 月底该股出现了调整，反弹后一度受制于原来的上涨趋势线，但同时形成了新的上涨趋势线，直到 10 月初跌破这条趋势线。应该注意在跌破这条趋势线的同时，该股也跌破了横盘的水平支撑线，所以形成了后来持续半年以上的下跌行情。

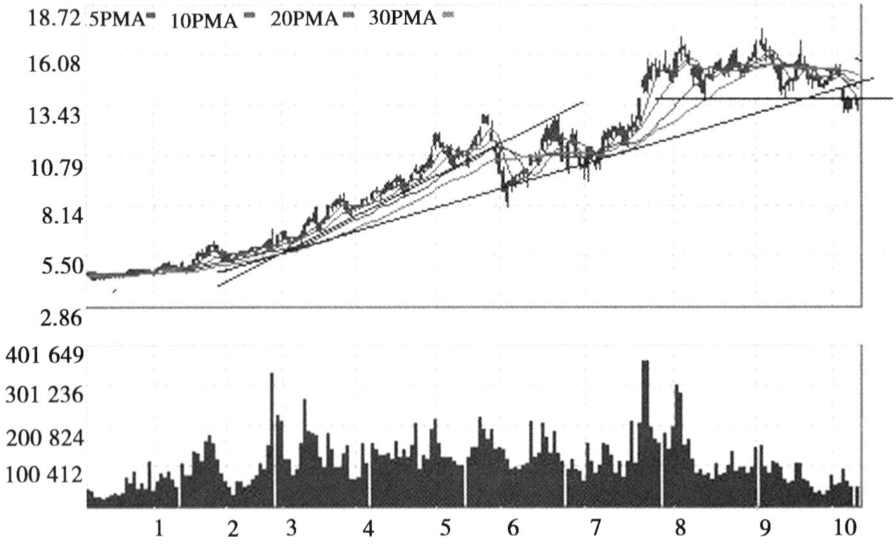

图 8－45　嘉宝集团的上涨趋势线分析

第五节　移动平均线的涵义

有一些人认为最复杂的肯定是最好的，但是实践证明这往往是事倍功半的。在技术分析中，一些较为简单的指标往往具有较高的分析价值，移动平均线是其中最重要的一种。

移动平均线(MA)是技术分析指标，它是根据统计原理，采用一定周期的股票价格的算术平均值作为分析对象，然后将每日计算的同一周期的移动平均值连接成一条线，从而观察股价运动的趋势。因为移动平均线常常标示在 K 线中，所以，很多人忽略了其指标的地位，而将其作为图形分析的重要内容(图 8－46)。

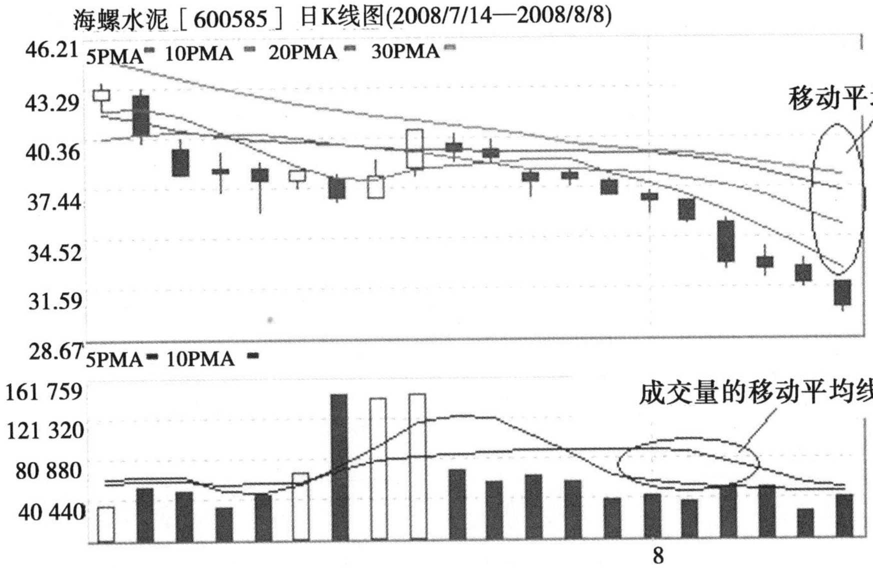

图 8-46　移动平均线

由于一段时间的平均收盘价格，实际上是将这段时间内的价格异常波动消除了，所以移动平均实际上是一种平滑处理的过程，而以此平滑处理后的平均价格（市场成本）的移动曲线，配合每日收盘价的线路变化，就可以分析某一时间段内多空的优劣形势，研判股价的可能变化趋势。一般来说，现行价格在平均价之上，意味着市场现在的买方愿意出比过去时间段内更高的价格购买股票，反映市场需求的增加，行情看好；反之，现在的价格在平均价之下，则意味着卖方愿意出更低的价格卖出股票，反映市场该价位的股票供大于求，行情看淡。

计算移动平均值的周期不同，就可以得到了不同的移动平均线。而不同周期的移动平均值实际上是对股价平滑处理的程度不同，越长周期的移动平均值，对股价平滑处理的程度越大，对股价异常价格的消除程度越大，因而反映了不同周期的价格变动的趋势。一般来说，短周期的移动平均值大于相对长周期的移动平均值，意味着短期内的买方愿意出价要高于过去相对长周期衡量的买方所出价格，市场股价的变动趋势是上涨的；反之，短周期的移动平均值小于相对长周期的移动平均值，意味着短期内的卖方愿意出比过去相对长周期衡量的卖方愿意出的价格更低，市场股价的变动趋势是下跌的。

在实际的运用中，计算移动平均值的依据是收盘价，周期则通常使用 5 日、10 日、20 日、30 日、60 日、120 日、250 日等时间周期，以与交易的自然时间周期相一致。5 日为一周价格走势的平均，10 日为两周价格走势的平均，20 日相当于一个月的平均价格，60 日相当于三个月内的价格走势，120 日相当于半年价格的平均值，250 日是一年的交易时间形成的价格平均值。因此，我们一般将 5 日、10 日移动平均线，作为观察短期走势的依据；将 10 日、20 日移动平均线，作为观察中短期走势的依据；将 30 日、60 日移动平均线，作为观察中期走势的依据；将 120 日、250 日移动平均线，作为分析长期趋势的依据。特别地，我们将 120 日移动平均线称为半年线，将 250 日移动平均线称为年线，由于道·琼斯理论认为一种基本趋势的持续时间需要一年以上，因此我们就用K线与250日年线的相对位置，作为区别多头的牛市和空头的熊市的标志。

移动平均值的计算方法很简单：

$$n \text{日移动平均值(MA)} = (P_1 + \cdots + P_n) \div n$$

式中 P 为每天收盘价格，n 为天数。

以5日移动平均值为例(表8-7)。

表8-7　移动平均线计算示意

时间(日)	1	2	3	4	5	6	7	8	9	10
收盘价(元)	5.10	5.16	5.23	5.26	5.20	5.15	5.26	5.33	5.31	5.25
5日移动平均值	—	—	—	—	5.19	5.20	5.22	5.24	5.25	5.26

将第1日至第5日的5个收盘价累加起来后的总和除以5，就得到第一个5日股价平均值(5.19)，以后开始移动平均，即增加第6日的收盘价(5.15)的同时，减去第1日的收盘价(5.10)，并将其差值(0.05)除以5以后并入前面的移动平均值(5.19)得到下一个移动平均值(5.20)，如此类推，就计算出每个交易日的5日移动平均值，将它们连在一起，就得到一条5日移动平均线。

实际上除了股价的移动平均线以外，成交量也可以计算“移动平均值”，不过实战中，观察成交量的变化常常使用量比、换手率等指标，所以成交量的移动平均线不常被注意。

移动平均线是目前股票市场上实用性强，反应灵敏，但却也容易被大众忽视的技术指标。由于移动平均线不易被人操作，无法造假，是相对客观的技术指标。

第六节　常见指标的技术分析

一、KDJ指标分析

KDJ指标，就是随机指标，由乔治·莱恩(George Lane)所创，它最早是运用在期货市场分析上，现在已经成为股市短线最重要的指标之一，这个指标的设计结合了动量观念，吸收了强弱指标及移动平均线的一些优点，在计算过程中主要研究高低价格与收盘价格的关系，即通过计算当日的或最近数日的最高价、最低价及收盘价等价格波动的真实波幅，反映价格走势的强弱势和超买超卖现象。其原理是在上升趋势未结束转向之前，每日的收盘多会偏于高价位；而下跌趋势未结束转向前就会偏于低价位。

KDJ指标实际是由三个具体指标构成，就是K值、D值和J值，将每日的KDJ值分别连成线，就是我们常见的K值线、D值线和J值线。

(一) KDJ的计算公式

1. 计算所谓的未成熟随机值RSV。其计算公式为：

$$n \text{日RSV} = [(C - L_n)/(H_n - L_n)] \times 100$$

式中，C 为今日收盘价，L_n 为 n 日内最低价，H_n 为 n 日内最高价，目前一般 n 选择 9 日。

2. 对 RSV 进行指数平滑，就得到 K 值：

$$今日\ K\ 值 = 2/3 \times 昨日\ K\ 值 + 1/3 \times 今日\ RSV$$

式中，1/3 是平滑因子，是可以人为选择的，目前一般选定为 1/3。

3. 对 K 值进行指数平滑，就得到 D 值：

$$今日\ D\ 值 = 2/3 \times 昨日\ D\ 值 + 1/3 \times 今日\ K\ 值$$

4. 对 D(或 K)加上一个修正值，就得到 J 值：

$$J = 3D - 2K = D + 2(D - K)$$

或者

$$J = 3K - 2D = K + 2(K - D)$$

（二）KDJ 指标的一般分析

1. 超买超卖区域的分析

一般来说，可以根据 KD 值的绝对数据作为确定超买超卖区域的标准。通常 K 值在 80 以上、D 值在 70 以上为超买区域；K 值在 20 以下、D 值在 30 以下为超卖区域。超买是卖出的信号，超卖是买入的信号。J 值为参考的方向敏感线，当 J 值大于 100，特别是连续数天以上，股价可能形成短期头部；而 J 值小于 0 时，特别是连续数天以上，股价可能是短期底部。

2. 交叉的分析

由于 K 值变动比 D 值快，所以当 K 值线由下向上突破 D 值线后，就形成 K 值线与 D 值线的交叉，此为金叉；当 K 值线由上向下突破 D 值线时，也形成交叉，此为死叉。金叉是买进的信号，死叉为卖出的信号。交叉出现的位置决定了买卖信号的准确性，一般金叉出现的位置越低，信号价值越大，死叉出现的位置越高，信号的价值越大（图 8-47）。

3. 背离现象的分析

股价的走势和 KDJ 指标的走势出现不一致的时候，我们称为背离现象。背离现象有两种情况。第一种情况是：股价创出新高，而 KD 值没有创新高，此为顶背离；股价创出新低，而 KD 值没有创新低，此为底背离。第二种情况是：股价没有创新高，而 KD 值创新高，此为顶背离；股价没有创新低，而 KD 值创新低，此为底背离。我们通常所说的技术背离是指的第一种情形。顶背离时应该卖出，底背离时应该买入。（图 8-47）

需要注意的是判断顶、底背离时，只能和前一波的高低点进行比较，不能与之前很久的过去时间的数据相比较，否则技术价值就不高。

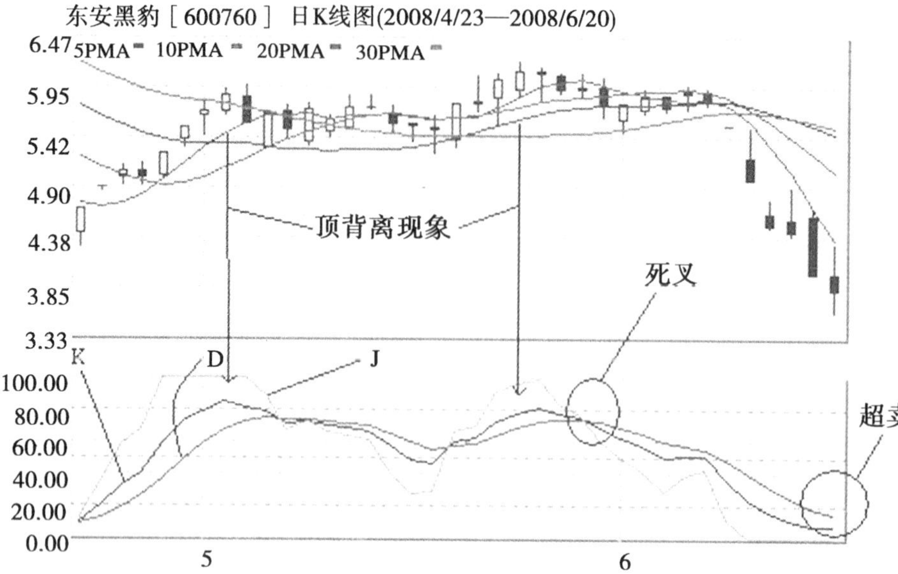

图 8－47 KDJ 的技术分析

（三）使用 KDJ 指标的心得体会

1. 指标适用的时间问题

现在一般都认为 KDJ 指标适用于短线分析，但这其实是有误区的，原来计算 KDJ 指标时采用的是 5 日作为周期的参数的，现在的软件已经普遍采用 9 日作为参数，所以如果你没有改变周期参数的话，你的指标显现的信号将肯定比 5 日移动平均线所显现的要慢，做短线就不一定是最佳。现在之所以选用 9 日作为 KDJ 指标的周期，就是因为 9 日的周期所显示的信号比较安全，但这恰恰不是短线的目标。

图 8－48 所显示的是目前采用的 9 日作为周期时的 KDJ 指标的交叉，显然依照交叉买入的话，应该是已经上涨了两天后的 8 月 21 日，但 8 月 21 日该股是高开低走，对买入者的心理冲击是较大的，所以，交叉显示的买入点并非最佳的买入点；图 8－49 所显示的是采用 3 日作为周期计算的 KDJ 指标的交叉，显然依照此交叉应该在 8 月 20 日就要买入该股，对该股的操作显然更具有短线的价值。

要说明的是，采用小周期计算的 KD 值会比较大（图 8－49 显示 8 月 20 日的 K 值是 21.95），采用长周期计算的 KD 值会比较小（图 8－48 显示 8 月 20 日的 K 值是 8.62），因此如果更改 KDJ 指标的周期参数，那么超买超卖区域值的确定也需要跟着更改。

另外，KDJ 指标虽然常用在短线分析上，但如果使用的 K 线图不是日 K 线图，而是周 K 线图、月 K 线图，那么这种短线是数周、数月的“短线”概念，显然是中长线的概念，而不是短线了。

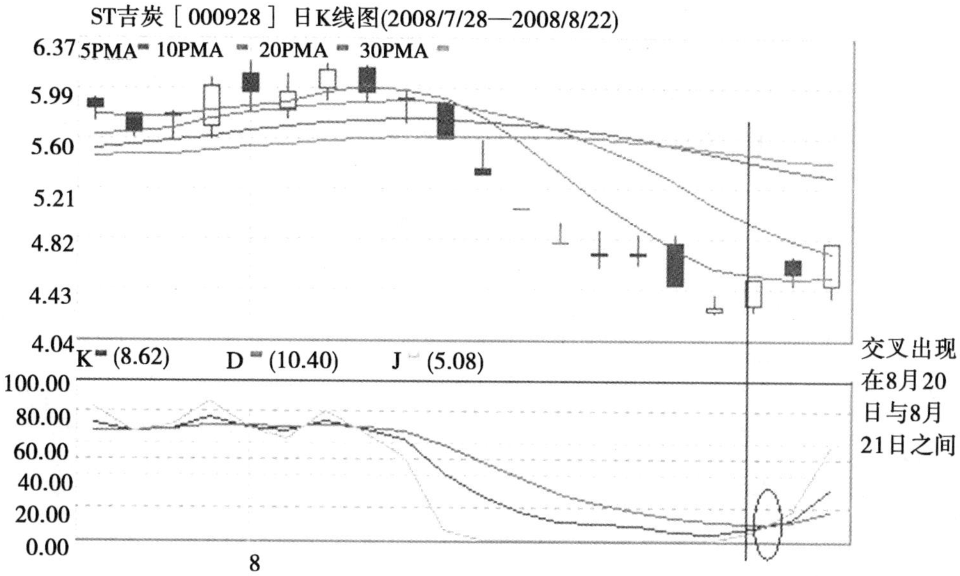

图 8－48 以 9 日作为周期的 KDJ 指标

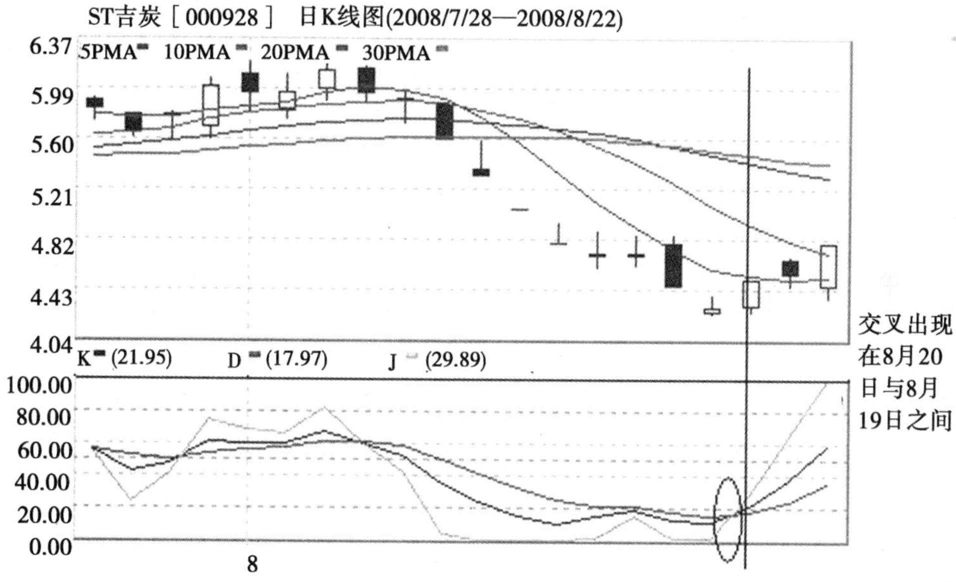

图 8－49 以 3 日作为周期的 KDJ 指标

2. 超买超卖与交叉的绝对位置的问题

前面说到一般 K 值在 80 以上、D 值在 70 以上是超买，K 值在 20 以下、D 值在 30 以下是超卖。但这些数据都是经验数据，许多股票的超买超卖区域可能在 K 值 90 以上与 K 值 10 以下，并且极强或者极弱的行情，K 值和 D 值会在超买或超卖区内上下徘徊，并非真正的超买超卖。交叉的情况也是类似。有时候 K 值在 30 以下的交叉就是买入的信号，而另一些时候却要到 K 值在 10 以下的交叉才是买入的信号。

因为上面的问题，许多投资者认为 KDJ 指标本身存在模糊性。其实，任何指标都不是准确地交待出买入或者卖出的时点，KDJ 指标也是这样，指标和其他技术分析一样提供的是一种对未来走势趋势的概率分析。

具体来说，解决 KDJ 以上问题的办法有两个方面：

一种办法是在运用 KDJ 指标时，同时运用其他的分析手段。譬如在使用 KDJ 指标进行短线分析时，同时参考成交量变异率（VR）、变化率（ROC）等指标，观察股价是否超出常态分布的范围，使各个分析结果的概率集中在同一方向，增加预测分析的准确性。

另一种也许是更重要的办法，是根据个股的历史数据来进行判断。既然 KDJ 指标值具有经验数据性质，那么我们就应该使用该个股的经验数据。

图 8－50 显示的是紫光股份在 2008 年 8 月 12 日后 K 值和 D 值均达到一般的经验数据 20 以下，并在 8 月 13 日形成交叉，但短线的股价仍然下跌了一个台阶。实际上我们只要看该图前面（历史）的 KD 数据就知道，最近的低点出现在 6 月中旬，指标值是较低的 15 或者 10 以下，交叉也出现在 15 附近，因此 8 月 12～13 日的 KD 值就不能算低值了，买入就必须谨慎。

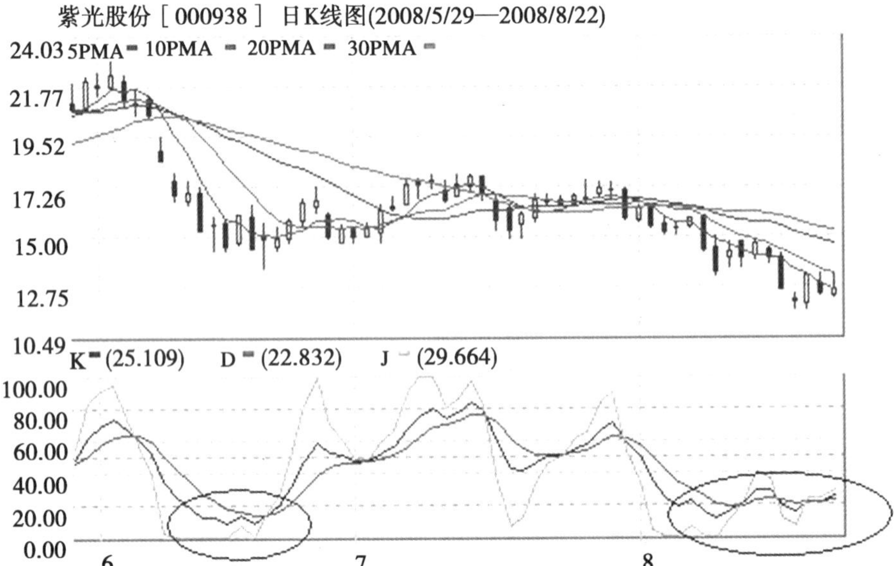

图 8－50 KDJ 指标历史经验数据的分析

3. 指标运用的矛盾性问题

所有的指标都仅仅是一个概率的问题，你千万不能迷信某一种指标，多种指标和其他分析手段的使用可以使你避免“上指标的当”，不过，当指标出现矛盾的时候，往往也是你难以决策的时候，而有的时候时间就是成功与否的关键。

面对矛盾需要多方面分析，KDJ 指标采用的是和相对强弱指标（RSI）、威廉指标（W%R）等指标类似的概念，方法上又和 MA 类似，所以当这些类似指标发出一致信号，而和其他的信号不同的时候，应该更关注那些不同的信号，千万不要简单地将信号进行代数相加。其实不同的指标所有效运用的领域是一定的。在股价短期波动剧烈或者瞬间行情幅度太大时，使用 KD 值交叉信号进行买卖的话，经常出现买在了高点或者卖在了低点的窘境，此时就需要放弃使用 KDJ 指标，因为它不适用于这种场合，而应该改用顺势指标(CCI)、ROC 等指标。

解决矛盾性第二个关注的是，矛盾总是出现在周期的不同上，前面关于周期的例子实际上已经说明，同一指标的不同周期数据，可能会得出不同的结论。而不同指标之间的这种差距是天生存在的，所以改变指标的参数有时候是非常必要的。在 KDJ 采用 9 日周期作为参数的时候，如果价格波动的幅度太大，依据指标的信号进行买卖就会出错，此时将日 K 线图画面转变成 5 分钟或 15 分钟画面，可以使得指标具有更加快捷的反应速度。

二、MACD 指标分析

MACD 指标由查拉尔·阿佩尔(Gerald Apple)设计，他是根据移动平均线较易掌握趋势变动的方向这一优点，对移动平均线的设计思路进一步发展所设计出来的一个中线分析指标。该指标利用两条不同速度(一条变动的速率快，即采用短期的移动平均线；另一条较慢，即采用长期的移动平均线)的指数平滑移动平均线来计算二者之间的差离状况(DIF)作为研判行情的基础，然后再求 DIF 的 9 日平滑移动平均线，即 MACD 线。MACD 实际就是运用快速与慢速移动平均线聚合与分离的征兆，来研判买进与卖出的时机和信号。

(一) MACD 的计算公式

1. 计算指数平滑移动平均值(EMA)

根据统计方法，计算指数平滑移动平均值是 MACD 指数计算的基础，一般首先计算 12 日(快速)和 26 日(慢速)两个周期的指数平滑移动平均值，具体计算公式如下：

$$\text{今日 EMA} = \text{平滑系数} \times (\text{今日收盘价} - \text{昨日 EMA}) + \text{昨日 EMA}$$

式中平滑系数是根据计算方法求得的一种近似计算平滑值系数，具体公式为：

$$\text{平滑系数} = 2/(\text{周期值} + 1)$$

例如：12 日指数平滑系数＝2/(12＋1)＝2/13

26 日指数平滑系数＝2/(26＋1)＝2/27

据此，12 日指数平滑移动平均值可通过下式计算

$$\text{12 日 EMA} = \frac{2}{13} \times (\text{今日收盘价} - \text{昨日 EMA}) + \text{昨日 EMA}$$

$$= \frac{2}{13} \times \text{今日收盘价} + \frac{11}{13} \times \text{昨日 EMA}$$

同理，26 日 $\text{EMA} = \frac{2}{27} \times \text{今日收盘价} + \frac{25}{27} \times \text{昨日 EMA}$

在实战中，上式中的今日收盘价也可用中间价(M)代替。不同条件下，中间价可有不同的计算方法，基本有四类：

$$M_1 = (2 \times C + H + L)/4$$

$$M_2 = (O + C + H + L)/4$$

$$M_3 = (C + H + L)/3$$

$$M_4 = (H + L)/2$$

式中，C 为收盘价，O 为开盘价，H 为最高价，L 为最低价。

2. 计算差离值(DIF)

差离值是快速和慢速指数平滑移动平均值(每日平均值连成线)的差离数值，计算公式如下：

$$\text{DIF} = 12\text{日 EMA} - 26\text{日 EMA}$$

3. 计算差离指数平滑移动平均值(DEA)

对 DIF 再计算 9 日的指数平滑移动平均值即得 DEA，一般称 DEA 值为 MACD。

$$\text{DEA(MACD)} = \frac{2}{10} \times \text{今日 DIF} + \frac{8}{10} \times \text{昨日 DEA}$$

4. 在图形分析中，除了 DIF 和 MACD 的两条线外，还经常用直线柱来判断反转点及走势强弱，直线柱值的计算公式为：

$$\text{MACD 直线柱} = \text{DIF} - \text{DEA}$$

当直线柱值为正值时，图形上表示为 0 轴上方向上的直线柱；当直线柱值为负值时，图形上表示为 0 轴下方向下的直线柱，柱的长短表示值的大小。

(二) MACD 指标的一般分析

MACD 通过股价的指数移动平均消除了股价因偶然因素引起的升高或降低，这些因素可能会影响中长期的走势分析，它还通过快慢速移动平均线的聚合与分离、相对位置及形态，指示股价变动的趋势及转折位置。

显然，由于经常采用 12 日、26 日周期运行指数移动平均线的对比，MACD 所反映的是一种中级趋势。一般来说，短期高手用此指标进行买卖的决策是要遭受损失的，但这个指标对较长期的趋势预测还是比较准的，所以在实战中常把此指标作为选股的重要技术指标。

1. 绝对数值区域的分析

MACD 指标的取值范围是无限的，因而不像 KDJ 指标有一个确定的经验数据作为超买超卖区域的指示标准，但 MACD 的绝对数值还是有意义的。一般来说，DIF 与 MACD(DEA)均为正值时，反映的是一种多头走势，正值数值越大，多头的持续时间越长；反之，当 DIF 和 MACD 均为负值时，所表示的则是一种空头走势，且负值数值越大，空头的持续时间越长。所以，当 MACD 正值很大时，需要防范多头转空头；当 MACD 负值很大时，需要防范空头转多头。

为了直观表达这种趋势，MACD 指标采用了红柱线和绿柱线的形式：红柱线(DIF－DEA 为正)反映了一种上升的势头，当红柱线由短变长时，表明涨势在继续且有扩大的趋势，当红柱线由长变短时，反映涨势在减弱；绿柱线（DIF－DEA 为负）反映了一种下跌的趋势，当绿柱线由短变长时，跌势有扩大的趋势，而跌势的趋缓必表现为绿柱线的由长变短。

2. 交叉的分析

MACD 的交叉是判断中线趋势的主要内容之一，当 DIF 由下向上穿过 MACD 时，形成黄金交叉，在 MACD 的黄金交叉出现时，绿柱线通常是在缩短，或者出现了红柱线，黄金交叉出现的位置越低，其技术价值越大；当 DIF 由上向下跌破 MACD 时，形成死亡交叉，在 MACD 的死亡交叉出现时，红柱线通常缩短，或者出现了绿柱线，死亡交叉出现的位置越高，其技术价值越大。

出现黄金交叉是中线买入的信号，出现死亡交叉是中线卖出的信号；低位出现二次黄金交叉时，是第二次买入的信号，高位出现二次死亡交叉时，是第二次卖出的信号（图 8－51）。

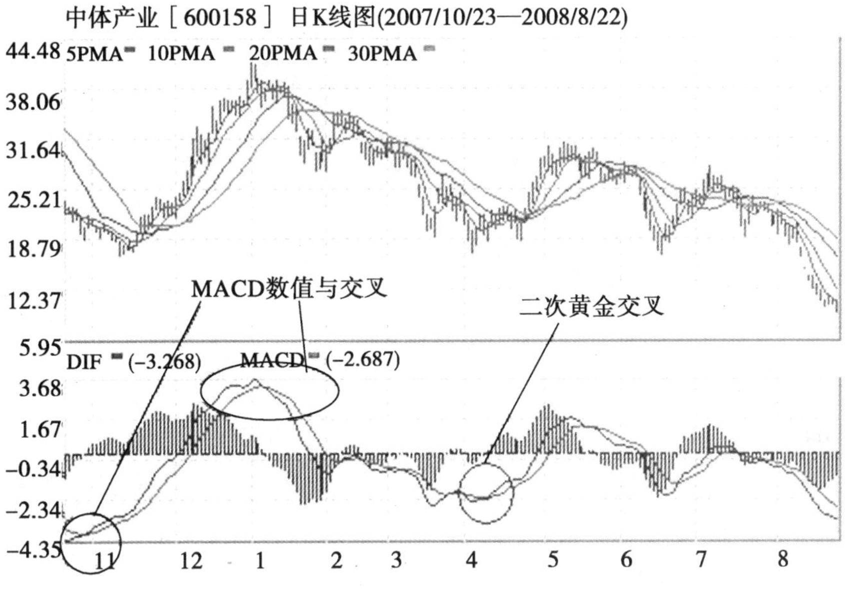

图 8－51　MACD 指标分析

3. 背离的分析

背离是 MACD 指标最有价值的信号之一。当股价上涨，而 DIF 和 MACD 却停止上升，形成股价新高，指标未出现新高的局面，此为顶背离；当股价下跌，而 DIF 和 MACD 却不再下跌，形成股价新低，指标未出现新低的局面，此为底背离（图 8－52）。

出现顶背离时，是中线卖出的信号，出现底背离时，是中线买入的信号。

4. 盘整时指标分析的失效

当股价在一个比较窄幅的区间进行盘整时，MACD 指标会出现反复交叉，此时这种交叉所表现出的技术意义就非常不明显了，所以，当股价盘整时，一般不能使用 MACD 指标作为投资决策的依据，要等股价走出盘整区域，再视 MACD 的指标信号进行决策。

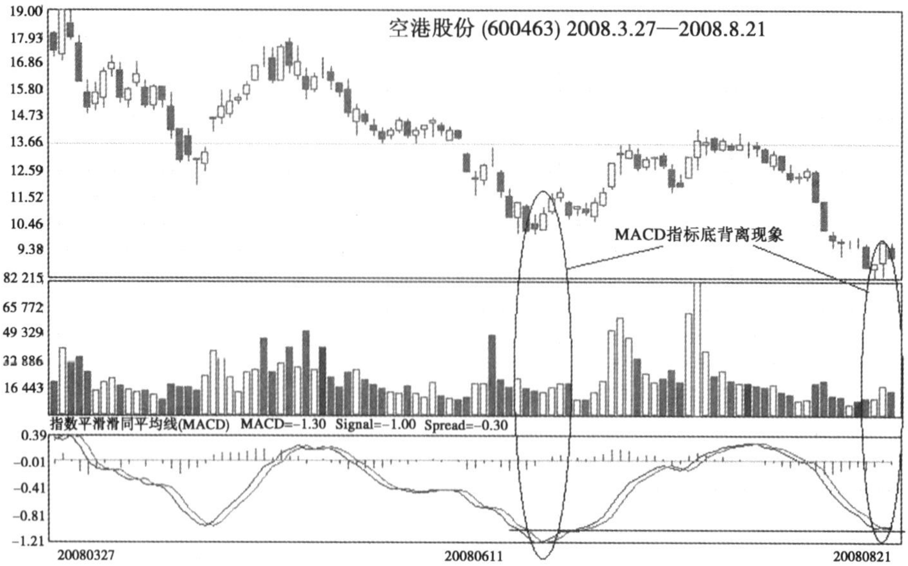

图 8－52　MACD 的底背离现象

专栏 8－5

指标的聚类分析研究

朱威 2006 年研究发现：

(1) 相对强弱指数是可以做出有效预测的。特别对于香港恒生指数，效果更为显著。但是我们在使用的时候需要寻找合适的参数。不同的股票市场会有不同的参数，这时候就需要优秀的技术分析师的工作了。而且根据统计结果看来，发出交易信号后，并不是股票价格第二日就立刻作出预期反应，可能需要持有一段时间，这里的持有期 K 也是需要寻找的参数。

(2) 不同的股票市场不仅有不同的参数，而且有效程度也不尽相同。对美国的标准普尔指数而言，RSI 所作的下跌预测并非有效。一般认为，美国的股票市场比香港的股票市场更为成熟，即更接近有效市场，游程检验结果也反映了这一点。技术指标的理论就是建立在市场并非有效的基础之上的，前面讲过，如果证券市场是理想化的有效市场，那么技术指标是不可能做出有效预测的。所以证券市场的有效性越强，那么技术指标的有效性相对较弱，这个规律在这里得到了验证。

(3) 一般的投资手册上 RSI 的上下界限都是对称的，我们的统计结果表明，这种参数的取法是没有根据的。其实从行为金融理论的观点看，投资者对股票上涨和下跌的反应是不一样的。人们对股票上涨的反应更加强烈，由此造成了参数的不对称性。

（以上摘自朱威《股票技术指标的统计分析》）

技术分析指标具有相似性，技术指标系统聚类结果如下：

第一类指标 PSY1，VR，BRAR，BIAS，PSY2，SAR，W%R

第二类指标 KDJ，CCI，OBV，TRIX

指标的有效性的研究结果如下：

对预测较为重要的指标依次为 BIAS、BRAR、TRIX、CCI、PSY1、PSY2、VR、W%R、KDJ、OBV、SAR。它们的重要性依次递减，使用时可以主要参考前几种指标。

（以上摘自方匡南、纪宏、路逊《股票技术指标相似性与有效性研究》）

【本章案例讨论题】

【案例讨论 8－1】图 8－53 是江西铜业的技术分析图形：

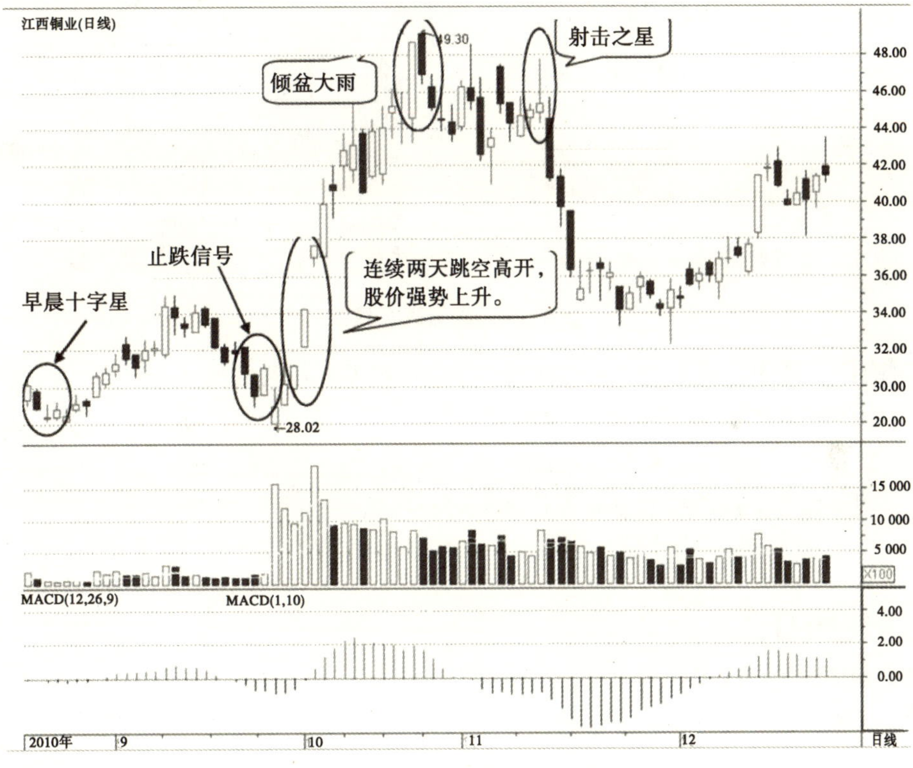

图 8－53　江西铜业 K 线图

讨论：1. 早晨之星反弹之后，为什么又回到反弹之初的价位？

2. 为什么图中所谓止跌信号出现后，股价大幅上涨？

3. 图中的射击之星之前也出现过一个类似的“射击之星”，为什么不在前一个位置就大幅下跌调整？

【案例讨论 8－2】图 8－54 是深国商复权后的 K 线图，请注意移动平均线与成交量的变化特征。

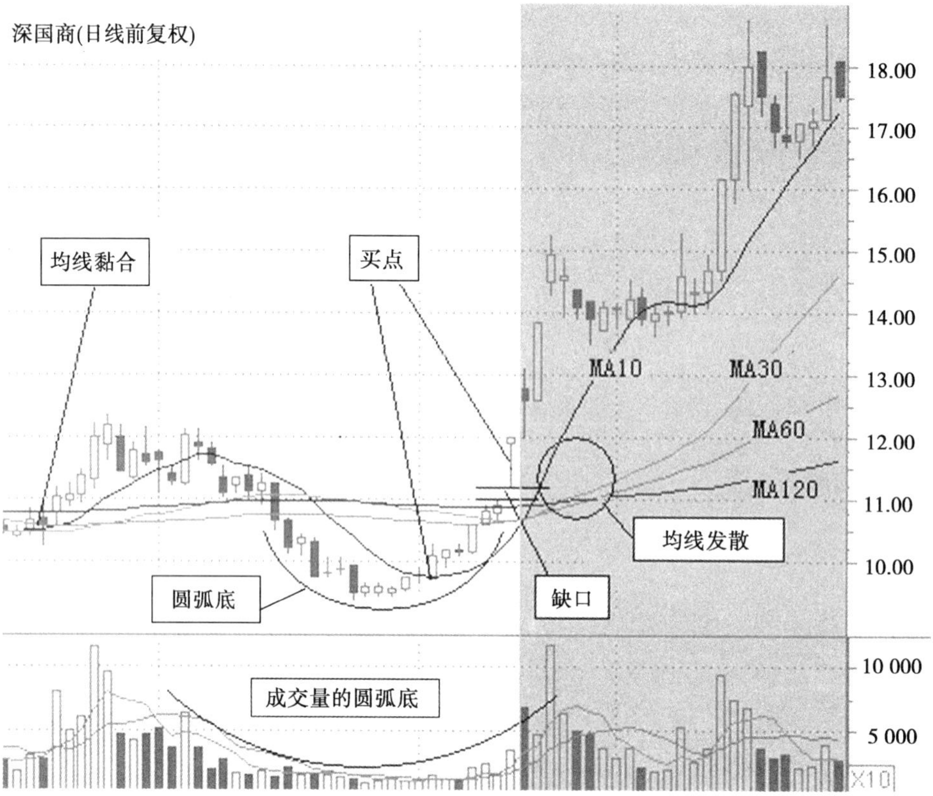

图 8－54　深国商 K 线图

讨论：1. 图中均线黏合之后的均线和图中均线发散位置的均线，从形态上有没有区别？为什么前者出现之后没有大幅度持续上涨，后者出现之后就出现了大幅度上涨？

2. 缺口的出现能够说明什么问题？

3. 图中两个买点的技术意义有什么不同？

【本章专题研讨】

【专题研讨 8－1】技术分析有没有效？

1. 怎样的技术分析才是有效的？

2. 怎样进行的技术分析才是有效的？

3. 技术分析运用的可能性多大？

4. 我国市场技术分析需要考虑什么问题？

【专题研讨 8－2】技术分析的心理价值是什么？

1. 技术分析中心理分析的方面有哪些？

2. 短线、中线、长线的技术心理特征有哪些？

3. 技术分析与股市贪婪和恐惧的关系如何？

4. 对散户的群体心理特征进行分析。

【本章能力训练】

一、单选题

1. 针对证券市场本身变化规律进行分析的方法通常被称为(　　)。

A. 技术分析　　B. 定量分析

C. 基本分析　　D. 宏观经济分析

2. 技术分析理论认为市场过去的行为(　　)。

A. 完全确定未来的走势　　B. 可以作为预测未来的参考

C. 对预测未来的走势无帮助　　D. 以上均不正确

3. 技术分析流派对股票价格波动原因的解释是(　　)。

A. 对价格与所反映信息内容偏离的调整

B. 对价格与价值偏离的调整

C. 对市场心理平衡状态偏离的调整

D. 对市场供求均衡状态偏离的调整

4. 学术分析流派对股票价格波动原因的解释是(　　)。

A. 对价格与所反映信息内容偏离的调整

B. 对价格与价值偏离的调整

C. 对市场心理平衡状态偏离的调整

D. 对市场供求均衡状态偏离的调整

5. 基本分析流派对股票价格波动原因的解释是(　　)。

A. 对价格与所反映信息内容偏离的调整

B. 对价格与价值偏离的调整

C. 对市场心理平衡状态偏离的调整

D. 对市场供求均衡状态偏离的调整

6. 心理分析流派对股票价格波动原因的解释是(　　)。

A. 对价格与所反映信息内容偏离的调整

B. 对价格与价值偏离的调整

C. 对市场心理平衡状态偏离的调整

D. 对市场供求均衡状态偏离的调整

7. 与基本分析相比,技术分析的优点是(　　)。

A. 能够比较全面地把握证券价格的基本走势

B. 同市场接近,考虑问题比较直观

C. 考虑问题的范围相对较窄

D. 进行证券买卖见效慢,获得利益的周期长

8. 技术分析流派对待市场的态度是(　　)。

A. 市场有时是对的,有时是错的　　B. 市场永远是对的

C. 市场永远是错的　　D. 不置可否

9. 基本分析流派对待市场的态度是(　　)。

A. 市场有时是对的,有时是错的　　B. 市场永远是对的

C. 市场永远是错的　　D. 不置可否

10. 基本分析主要适用于(　　)。

A. 周期相对比较长的证券价格预测,相对成熟的证券市场以及预测精确度要求不高的领域

B. 短期的行情预测

C. 预测精确度要求高的领域

D. 周期相对比较短的证券价格预测

11. 进行证券投资技术分析的假设中,哪一条是从人的心理因素方面考虑的(　　)。

A. 市场行为涵盖一切信息　　B. 价格沿趋势移动

C. 历史会重演　　D. 投资者都是理性的

12. 技术分析适用于(　　)。

A. 短期的行情预测　　B. 周期相对比较长的证券价格预测

C. 相对成熟的证券市场　　D. 适用于预测精确度要求不高的领域

二、多选题

1. 技术分析的理论基础是基于下列市场假设(　　)。

A. 价格沿趋势移动

B. 经济政策决定证券市场的未来变化趋势

C. 市场行动涵盖一切

D. 历史会重演

2. 市场行为最基本的表现是(　　)。

A. 成交价　　B. 资金量

C. 股指涨跌幅度　　D. 成交量

3. 技术分析就是利用过去和现在的成交量、成交价等资料,以(　　)等工具来分析.预测未来的市场走势。

A. 图形分析　　B. 财务分析　　C. 产品技术分析　　D. 指标分析

4. 一般说来,可以将技术分析方法分为如下五类(　　)。

A. 股指类　　B. 切线类　　C. 形态类　　D. K线类

E. 指标类　　F. 经济类　　G. 波浪类

5. 技术分析流派的主要理论假设是(　　)。

A. 市场行为包含一切信息　　B. 市场总是错误的

C. 价格沿趋势移动　　D. 历史会重演

E. 市场是弱式有效的

6. 基本分析主要适用于(　　)。

A. 周期相对比较长的证券价格预测　　B. 相对成熟的证券市场

C. 预测精确度要求不高的领域　　D. 短期行情的预测

7. 属于技术分析理论的有(　　)。

A. 随机漫步理论　　B. 切线理论

C. 相反理论　　D. 道·琼斯理论

8. 一般说来,技术分析认为买卖双方对价格的认同程度通过成交量的大小得到确认。具体表现是(　　)。

A. 认同程度小,成交量大　　B. 认同程度小,成交量小

C. 价升量增,价跌量减　　D. 价升量减,价跌量增

9. 基本分析流派的主要理论假设是(　　)。

A. 劳动创造价值　　B. 股票的价值决定价格

C. 股票的价格围绕价值波动　　D. 证券市场是强式有效市场

E. 证券市场遵循随机游走假说

10. 技术分析理论可以分为以下哪些类型(　　)。

A. 波浪理论　　B. K 线理论　　C. 随机漫步理论　　D. 形态理论

E. 切线理论

11. 技术分析的要素有(　　)。

A. 价　　B. 量　　C. 势　　D. 时

E. 空

三、判断题

1. 所谓技术分析,是指通过对上市公司生产技术质量的分析,预测该公司股票价格的未来变化趋势。(　　)

2. 技术分析理论所作的一个假设是:任何一个因素对证券市场的影响最终都必然体现在股票价格的变动上。(　　)

3. 技术分析理论认为股票价格时涨时落,没有什么可以用以预测未来走势的规律。(　　)

4. 技术分析理论认为历史会重演,因而市场过去的行为可以作为预测未来的参考。(　　)

5. 在价量历史资料基础下进行的统计、数学计算、绘制图表的方法是技术分析的主要手段。(　　)

6. 注意多种技术分析方法的综合研判,切忌片面地使用某一种技术分析结果。(　　)

7. 技术分析为证券定价的方法,主要是预测持有该证券的现金流,并将现金流贴现。(　　)

8. 价和量是市场行为最基本的表现。(　　)

9. 进行证券投资技术分析最根本、最核心的因素是价格沿趋势移动。(　　)

10. 技术分析必须与基本面的分析结合起来使用。(　　)

11. 技术分析法的优点是同市场接近,考虑问题比较直观。分析的结果更接近市场的局部现象。(　　)

12. 技术分析的理论基础是：市场永远是对的；价格沿趋势移动；历史会重复。（　　）

13. 学术分析流派的特点是不以“战胜市场”为投资目的，而只希望获取长期的平均收益率。（　　）

14. 技术分析的目的是预测证券价格涨跌的趋势，即解决“何时买卖证券”问题。（　　）

15. 技术分析的目的是预测证券价格涨跌的趋势，即解决“应该购买何种证券”的问题。（　　）

16. 基本分析通过对公司的经营管理状况、行业的动态及一般经济情况的分析，来研究证券的价值，即解决“何时买卖证券”问题。（　　）

17. 技术分析认为证券价格是由供需关系完全决定的。（　　）

18. 技术分析通过研究影响供需关系的各要素的具体情况来判断证券价格走势。（　　）

19. 技术分析的理论基础主要来自于经济学、财政金融学、财务管理学、投资学。（　　）

20. 技术分析法是目前西方投资实务界的主流派别。（　　）

21. 技术分析主要适用于周期相对比较长的证券价格预测、相对成熟的证券市场以及预测精确度要求不高的领域。（　　）

22. 技术分析所得到的结论仅仅具有一种建议的性质，并且是以概率的形式出现的。（　　）

第九章 证券投资策略与操作方法

【本章学习要点】本章主要介绍了证券投资的一般原则和理念，介绍了证券投资非常重要的策略方案的制订，分析了哈奇趋势投资计划法、等级定量投资计划法、逐期定额投资计划法、固定金额组合操作法、固定比率组合投资法、变动比例组合投资法、杠铃型计划投资法等证券投资的计划和渔翁撒网操作法、摊平操作法、博傻操作法、拨档操作法、顺势操作法、跟庄操作法等灵活操作方法，同时介绍相关证券投资术语。

【本章学习重点难点】掌握证券投资的灵活操作方法，证券投资的对象选择

【本章基本概念】证券投资理念　证券投资策略　证券投资计划　杠铃投资法　多头　空头　跳空　涨跌　停板　除权除息　填权　贴权

第一节　证券投资的一般原则和理念

一、证券投资的一般原则

证券投资的主要目的在于获取收益。但在获取收益的同时，不可避免地存在着一定程度的风险。不同投资者对证券投资的不同态度以及采取的不同对策，实际上就是人们对收益与风险大小的不同权衡。有些人倾向于高收益、高风险的投资，有些人却宁愿选择低风险、低收益的投资，还有些人则介于两者之间。但无论哪一种投资者，其共同点都是在预期收益一定的前提下，尽可能地利用各种方法和手段降低甚至避免投资风险；或者是在投资风险预期一定的前提下，尽可能提高投资收益率。为了达到上述目的，必须遵循以下几个原则。

（一）收益与风险最佳组合原则

在证券投资中，收益与风险形影相随，是一对相伴而生的矛盾。要想获得收益，就必须冒风险。解决这一矛盾的办法是：在已定的收益条件下，尽可能使风险减少到最低限度。这是投资者必须遵循的基本原则之一。

（二）分散投资的原则

西方有句谚语叫“不要把所有的鸡蛋都放在一个篮子里”，中国也有句谚语叫“不要吊死在一棵树上”，说的都是分散风险的问题。证券投资是风险投资，它可能给投资者带来很高的收益，也可能使投资者遭受巨大的损失。为了尽量减少风险，必须进行分散投资。

（三）理智投资原则

对证券投资有客观的认识，经过认真分析后再投资，不感情用事，不轻信传言，应保

持冷静和慎重。

（四）止亏策略原则

计算盈亏平衡点，出现亏损及时制止，将损失减少到最小。

（五）自由资金投资原则

理论上，投资的资金来源可以有两个部分：一是自有资金；二是借入资金。但投资的目的是增值，是不影响生活，所以采取借入资金做投资一般是不可取的。鼓励投资资金的“自由资金”原则，即所用投资资金是在较长时间闲置不用的剩余资金。

二、证券投资理念

（一）稳固基础理论

稳固基础理论认为每一种投资工具，均有它们某种叫做“内在价值”的稳固基础，其投资理论的核心在于通过研究寻找股价低于内在价值的上市公司进行中长期投资。稳固基础理论就是一种股票的“内在价值”等于其未来的全部股息的现在值（或称贴现值），用普通股票可以作出最好的说明，该理论强调指出某一种股票的价值取决于该公司未来能以股息形式发放的收益的总和，现在的股息及其递增率越大，该股票的价值就越大，收益增长率之间的差异就成为该股票估价的一个主要因素，“股票不仅是对将来，而且也是对将来的将来贴现”。稳固基础理论要求证券分析集中精力估计某种股票的“内在价值”，而影响这个“内在价值”的基本因素主要有：预期增长率、预期股息支付、风险程度和市场利率水平。

（二）价值发现型投资理念

它是一种风险相对分散的证券市场投资理念，前提是证券的价值是潜在的、客观的。该理念所依赖的工具不是大量的市场资金，而是市场分析和证券基本面的研究，其投资理念所确立的主要成本是研究费用。

（三）价值培养型投资理念

它是一种投资风险共担型的投资理念，其投资方式有两种：一种是投资者作为战略投资者，通过对证券母体注入战略投资的方式，培养证券的内在价值和市场价值；另一种是众多投资者参加证券母体的融资，培养证券的内在价值和市场价值。

（四）空中楼阁理论

空中楼阁理论是著名的经济学家和成功的投资家凯恩斯爵士于 1936 年所提出的，和稳固基础理论不同，空中楼阁理论比较注重投资者心理价值研究而不是计算股票的“内在价值”。它分析许多投资人在将来可能会如何行动以及在充满信心的时候他们会怎样把希望寄托在空中楼阁上，一个成功的投资人会估计到何种股票的投资形势在何时最受公众的追捧，最宜建造“空中楼阁”，然后抢先一步，在众人行动之前买入该股票。空中楼阁理论的第一条原则是认为每家公司的收益、股息及未来的收益等各方面信息都自动反映在这家股票过去的市场价格中。第二条原则是，股票价格将按一定的趋势方向波动，即一种价格上涨的股票会继续上涨，一种价格下跌的股票会继续下跌，而价格稳定的股票会继续保持稳定。空中楼阁理论在理想论坛、学术界和证券市场的广大投资人中都有许多拥护者,现代派的技术分析家则多数是对股票市场空中楼阁观点的拥护者,为了能够做到抢先一步买进股票,就研究出各种类型的技术分析工具,它涉及试图估量公众心理及其建造空中楼阁的倾向。稳固基础理论的拥护者,基本分析家与技术分析家则与空中楼阁理论相反,认为股市 90%符合基本分析,只有 10%是受心理因素的影响,他们极少注意过去的价格动向,只是通过预测股票的“内在价值”来决策买进或卖出。

第二节　证券投资策略

一、证券投资策略的要素

市场形势千变万化,外在现象纷繁复杂,但内在规律相对稳定和简单,依据规律制订操作计划能在一定程度上避免被变化万千的表面现象所迷惑和欺骗,从而达到防范风险的目的。策略是投资的核心。没有策略就等于盲人骑瞎马,其风险可想而知。

策略是连接知识和行动的桥梁,是行动的依据,是约束我们行为的纪律准则。

(一) 策略的组成内容

一般证券投资的策略组成要素有:应用本策略的投资目标,策略适用条件,策略所依据的理念及历史的验证有效程度,投资行动指导原则(资产组合原则、品种选择规则、介入规则、推出规则、休息规则等),计划方案(含风险控制计划、意外情况应变计划),策略缺陷及克服措施,策略的修改完善与废止程序,策略实施保障措施:纪律与方法。

(二) 策略的理念

理念是策略的根基。当然理念如果是经过实践和时间检验了的,人们就更倾向于信任它。为此,应尽可能地进行历史的检验。然后是即时实验,检验的时间越长,其有效性就越高。

(三) 策略有效性

从长期来看,根据此策略操作应有超出大盘的业绩,我们才能称其为有效。当然,有效与否视目标不同而不同。对一个能有和大盘一样业绩就很满足的投资者来说,选择指数基金就是很好的策略。

(四) 策略与市场适应性

不同的国度有不同的特点,不同的时期有不同的特点,与此相适应的策略才是好策略。当然,策略如果包含对不同情形的处理规则,能够适用于所有金融市场,则是不可多得的完美之作。

(五) 策略的可操作性

买卖决策完全根据此系统策略,完全不依赖主观判断。根据策略操作易于实现目标,策略要简单而明确。

(六) 策略的个人适用性

能够满足个人条件的制约:投资目标、耐心、情绪控制力、兴趣、刺激感、性格、精力、财力、能接受的风险水平。

（七）策略的调整完善

在策略的应用中可以调整完善，但不提倡随时调整，因为这样容易造成对策略的不虔诚和背叛，对严格执行纪律不利。应该在一个操作周期完成（如一段大行情结束和一个新年度开始等）后系统地检审策略的功过是非，是否需要调整完善，调整完善有几个方案，各会带来哪些影响（包括有利的方面和不利的方面）。当然在机构中掌握策略修订权的级别应较高，并应与其他机构相对独立。在机构中应该相对独立的机构有：策略制定修订者、执行者、监督者。

二、证券投资策略优劣的标准

（一）优良策略的特征

1. 切中市场的本质规律；

2. 切中人性的本质；

3. 能够在不同的市场、不同的时期长期有效（策略的稳定性与适应性、策略依据基础的不变性、策略应包含各种市势情形下的应对措施方法）；

4. 具有规避巨大风险的功能；

5. 尽可能简单，可操作性强（对个人的适用性）。

（二）不良策略的特征

1. 在长期内不能赢得大盘指数；

2. 只在局部市场、局部时间表现较好；

3. 策略的依据容易变化，不具备稳定性，容易失灵；

4. 不能规避巨大风险，复杂，可操作性差。

三、证券投资策略的类型

（一）根据投资者对风险收益偏好不同的分类

1. 保守稳健型

投资者风险承受能力最低，安全性是其最主要的考虑重点。一般投资于无风险、低收益或低风险、低收益的证券。

2. 稳健成长型

希望透过投资的机会来获利，并确保足够长的投资期间。

3. 积极成长型

可以承受投资价格的短期波动，愿意承担为了获得高报酬而随之而来的高风险。

（二）根据投资策略理念基础不同的分类

1. 消极型投资策略

消极型投资策略对股票投资来说也称非时机抉择型投资策略，其下又分为简单型长期持有策略和科学组合型长期持有策略两种。

（1）简单型长期持有策略。以买入并长期持有战略为主，一旦确定了投资组合，就不再发生积极的股票买入或卖出行为。

(2) 科学组合型长期持有策略。指通过构造复杂的股票投资组合来拟合基准指数的表现,并通过跟踪误差来衡量拟合程度。

2. 积极性投资策略

积极性投资策略也称时机抉择型投资策略,其下又分为概念判断型投资策略、价格判断型投资策略和心理判断型投资策略三种。

(1) 概念判断型投资策略。指以基本分析为基础的投资策略,分为价值投资策略与成长投资策略。

价值投资策略指投资价格低于其内在价值的企业,以追求较为固定的投资回报为目标。根据是否介入被投资企业的管理又分为消极价值投资和积极价值投资两类。消极价值投资不介入企业的管理;积极价值投资透过持有的股份影响企业的改造重组以提升企业价值。

成长投资策略以投资为成长股为主要对象,以获取企业成长时的股价增长为主要目标。

(2) 价格判断型投资策略。这是以技术分析为基础的投资策略,根据操作与趋势的关系分为顺势策略与反转策略两种。

(3) 心理判断型投资策略。是以投资者的悲观与乐观程度作为时机抉择的主要依据。

3. 混合型(博采型)投资策略

(1) 积极指数投资策略。指在盯住选定的股票指数的基础上做适当的主动调整,这种策略也称加强指数法。

(2) 心理判断与概念判断复合型投资策略。指以独立的投资概念为品种选择依据基础,以心理判断为进出时机抉择依据的投资策略。

(3) 心理判断与价格判断复合型投资策略。指将技术分析与心理分析相结合的时机抉择投资策略。

(4) 概念判断与价格判断复合型投资策略。是指以独立的投资概念为品种选择依据基础,以技术分析为进出时机抉择依据的投资策略。

四、证券投资的各种具体策略

(一) 低价圈操作策略

市场中的各类投资者都知道买股票要买入低价圈中的股票,它的风险最小,通常黑马又多在低价圈股票中诞生。如何寻找低价圈,可以从以下三个方面来综合判断:

1. 从K线图来分析,某股票经过连续下跌,通常在跌势的末期会出现连续几根阴线,甚至出现衰竭缺口,股价加速下跌,股价大幅下跌引发众多的杀跌盘涌出,多方完全放弃抵抗之后反而引来了新的投资者或新的庄家进入市场,之后很快出现反弹或在低位进行整理,此时即表示低价圈形成。

2. 从移动平均线系统来分析和确认,在一个中级的下跌行情中,股价基本上在30日平均线之下运行,而且受到5日平均线的压制,随着时间的推移,股价跌势趋缓,30日线缓慢由向下方运动变成横向运动，股价慢慢接近30日平均线，如若某一天股价上穿30日平均线并收盘在30日平均线之上，此时表明低价圈形成的可能性较大。

3. 从成交量的变化来分析和确认，通常来说，随着股价的下跌，成交量会逐渐萎缩，在成交量的柱状图上往日的电线杆不见了，而只是出现一颗小芝麻点，这些小芝麻点的成交量比起5日、10日、30日均量线来显得矮多了，即使股价再继续下跌，成交量拒绝创出新低，这就是底部量价背离现象，转机即将出现。

（二）中价圈操作策略

在一轮上升行情中，股价从底部向上突破上升了一段时间，用百分比来表示也就是上升了20%至50%，上升速度减缓，而后开始回档整理，有时候股价一连几根阴线，屡创新低。此时要注意区分到底是头部形成，还是庄家有意震仓，如若是头部形成庄家出货那应立即卖出，如若是庄家震仓则中长线投资者可以稳坐钓鱼台，短线投资者则逢高派发，逢低吸进，波段操作。

中价圈属于风险比较大而收益也大的区域，短线高手的操作策略可以眼明手快，来回做波段操作，中长期投资者一定要紧跟庄家的行动，逢高适当减仓，逢低适当加仓，在主升浪未产生之前牢牢握住持有股票，将差价利润最大化。

（三）高价圈操作策略

高价圈的操作策略总的来说，要远离尘嚣，因为高处不胜寒，高价圈内莫久留。股票的需求与股票价格成正比关系，股票经过一段时间上涨后，投资者买进的股票逐渐有了丰厚的利润，赚钱的示范效应促使更多的投资者蜂拥而来，成交量急剧放大，庄家趁机出货，牛市行情将在欢乐的气氛中结束，随着庄家的顺利派发，股价步步走低，大量的筹码被套牢在某一高位，这个高位套牢区域便是高位圈。

高价圈何时形成，亦可从以下三方面来进行综合判断：

1. 从股价上涨的幅度和时间来分析。股价在上涨的后期，通常会出现连续几根长阳线，甚至出现跳空上扬，进入最后的冲刺阶段，这个跳空缺口应该判断为衰竭性缺口，下跌随时都会出现，此时应谨慎对待，甚至卖出持有股票，若出现一根大阴线使股价跌去了百分之几时，更应斩仓出局。

2. 从移动平均线来判断。强势股一般在5日、10日均线上方运行，5日均线和10日均线之间有一定的距离，随着升势趋缓，两均线逐步靠近，甚至拐头向下，形成盖头形态，表明高价圈有可能形成。如5日均线下穿30日均线形成死亡交叉，则应尽快卖出股票，空仓出局。

3. 从成交量变化情况来判断，通常来说，天量附近必然有天价，在出现天量之后成交量无法再持续放大，则意味着高价圈形成，应立即卖出股票，否则将被套牢在高价圈中。

（四）牛市操作策略

牛市市场即为多头市场，主要特征表现为股指处在上升行情，市场的重心在买方，大盘指数不断创出新高，买方的力量在不断增加，股价不断出现新的高价，卖方阵营处于明显的劣势，虽然有时会出现下跌，但仅是上升趋势中的整理或回档，不影响上升的主要趋势。

牛市中的操作策略初步分析如下：

1. 不要频繁换股，追涨杀跌，尽量减少操作次数。一般投资者在牛市行情中最好减少操作，如果发现自己的股票不好应该依据市场热点或预测可能变成市场热点的某些板块在低价圈买入或在中价圈追进，切记不能去追那些已经热了很久，股价已上升了很多，甚至股价已翻了番的热点股票，否则将被套牢在高价圈内。

2. 紧跟市场热点，在众多强势股中选择龙头股或龙头板块股票。

3. 重点关注第一只进入涨停板的股票，这类个股即使没有中线价值也会有较佳的短线机会，在牛市行情中往往涨幅较其他股票大，可以耐心持股至有一定升幅后获利了结。

4. 对于连续涨停板的股票，通常情况下，某股票在第一个涨停板出现时应观察其状态，如若该股票在上午开盘后迅速被拉升进入涨停板，说明后市还有上升空间；还有些是封了涨停板又被打开，但迅速又被封死，仍然属于强势；反之涨停板打开后不能再封死，则应采取逢高出货的方法。

5. 不要在跌停板的当天买入跌停板股票，需要投资者具体研究其跌停的原因。

6. 整理已经很久的股票突然涨停板可在回调时积极介入买进。

7. 整理已久的股票突然跌停或大幅下跌可在反弹时坚决卖出。

8. 集中优势兵力打歼灭战，严格制订盈利计划和止损计划。

（五）熊市操作策略

熊市即所谓空头市场，是指大盘经过长期牛市之后进入到长期下跌趋势之中。

1. 熊市来临，投资者应该以持币为主。让资金处于安全又主动的地位是每个投资者必须追求的，只有如此才会使投资者处于灵活的操作境地，有效控制投资风险。

2. 杜绝违规操作。在牛市行情中，不少投资者为了尽快实现自己的致富理想，常向券商违规透支或借贷增加资金投入，但是在熊市行情中，应杜绝此种操作行为，因为借贷操作时的心态不稳，且极为浮躁，一旦操作失败，风险会相应地增加。

3. 坚持只做短线操作，坚决不做中长线打算。熊市行情中的反弹多为短暂的，下跌是主趋势，是不可改变的，所以一个成熟的投资者应放弃中长期的打算，坚持用少量的资金做短线，快进快出，适可而止。

4. 熊市行情中下跌幅度不大，坚决不做反弹操作。

5. 大暴跌中抢反弹。在熊市行情中，股价指数已经下跌了一段时间，接着下跌速度加快，甚至在某一天产生暴跌，就是一次抢反弹的好机会。

6. 抢反弹应坚持短线操作。

（六）选择个股的策略

在证券市场上，投资者判断大势并不是最终的目的，选择个股才是制胜的关键。通常情况下，个股选择应遵循以下几条原则。

1. 选择市场属性优异的股票。

2. 选择有潜力的低价股。

3. 选择强势产业股票，如：软件业、生物制药业、环保产业、网络产业等。

4. 选择有实质性资产重组的股票。

5. 新上市的股票应予特别注意。

（七）资金管理策略

投资者入市首要任务不是要赚多少钱，而是要管理好自己的资金，通常投资者应依据市场情况制定不同时期的资金管理策略。

1. 在市场处于牛市行情的初期，投资人可以用少量的资金进场逐步吸纳那些有潜力的个股，一旦形势比较明朗，则可加大筹码至自己资金的二分之一，如若选股正确，大势已确认反转向上，则应重仓买入所持股票等待上涨，这就是集中兵力打歼灭战的策略。

2. 在牛市行情进行途中，投资者仍然可以满仓操作，但要注意持仓对象，短期涨幅过大的股票不宜重仓持有，以适当规避投资风险。

3. 在牛市行情末期，空仓是上策，即使还有余波，也只能以短线少量快进快出为主。

4. 在熊市行情中，对于一般投资者来说，远离市场是最佳的策略；对于短线高手来说，可以进行一些博反弹性质的短线操作。

5. 在操作过程中，除了控制好仓位之外，还须制订年度盈利计划。年度盈利计划不能定得过高，要在分析市场和自己以往投资业绩的基础上确定一个合适的计划，这样投资者才有奋斗的目标，获得较好的投资回报。

第三节　证券投资的计划操作方法

一、哈奇趋势投资计划法

哈奇计划法，又称 10%转换法。它是以发明人哈奇的名字命名的股票投资方法。

哈奇计划法的具体操作是：投资者将购进的股票在每周末计算平均市值，并在月底再计算出月平均市值。若本月的平均数比最近一次的最高价下降了 10%，则股价有可能出现下跌趋势，投资者便卖出全部股票，而不再购进。等到他卖出股票的平均市值，由最低点回升了 10%，再行买进。这种方法，也就是当市场趋势发生了 10%的反向变动时，便改变投资计划。

哈奇实行这种方法不做卖空交易，在实行此种计划的 53 年中，先后改变了 44 次计划，所持股票的期限，最短的为 3 个月，最长约为 6 年。哈奇在 1882 年至 1936 年的 54 年中，利用这个计划，将其资产由 10 万美元提高到 1 440 万美元。这个计划，直到哈奇逝世后，才被伦敦金融新闻公布。

哈奇计划法的优点是判断简单，且注意了股价的长期运动趋势，可供投资者进行长线投资选用。在采用此种方法中，投资者还可根据股类的不同，改变转换幅度，使这种具有机械性的投资方法增加了灵活性。

二、等级定量投资计划法

公式投资计划是指投资人按照某种固定公式来进行股票和债券的组合投资，也就是根据市场股价行市来判断是否应该买卖股票。等级定量投资计划法是公式计划中最简单的一种。当投资人选择普通股为投资对象时，采取计划的第一步，就是要确定股价变动的等级或幅度，每次当股价下降一级时，便购进一个单位，当股价上升一级时出售一个单位数量。这样，投资人可以使它的平均购买价格低于平均售出价格。在执行等级投资计划过程中，投资人同时做停止损失委托，一旦市况下降到平均线以下，投资人就需取消他的投资计划，以免蒙受更大的损失。

三、逐期定额投资计划法

逐期定额投资计划法的具体做法是：内心确定股价变动的某一幅度为一个买卖单位，如认定股价上涨或下跌 5 元或者 19 元为一个等级，当股价升降达到一个等级时，就买进或者卖出一定数量的股票，这样可以达到平均买入价低于平均卖出价的目的。逐期定额投资计划法包括两个步骤：第一步，选择某种具有长期投资价值的股票，同时这种股票的价格最好是具有较大的波动性；第二步，投资人可以选择或长或短的投资时间，但在这个投资期间中必须以相同的资金定期地购买股票，不论股价是上涨还是下跌都必须持续地投资。这样下来可以使投资人的每股平均成本低于每股平均价格。

逐期定额投资计划法的最大优点是：投资人只定期投资而不必考虑投资时间的确定问题。它适于一些股票市场中的新手的股票买卖，其不足之处是：(1) 它很难使投资人获得巨额利润；(2) 不论投资人有无资金，都要求要定期地等量投入资金；(3) 如果股价持续下跌，那就必然发生亏损。

四、固定金额组合操作法

固定金额组合操作法其实施步骤是：(1) 投资人分别购买股票和债券；(2) 把投资于股票的资金确定在某一个固定的金额上，并不断地维持这个金额；(3) 在固定投资金额的基础上确定一个百分比，当股价上升使所购买的股票市价总额超过百分比时，就以出售股票的增值部分来购买债券；同时确定另一个百分比，当股价下降使股票市价总额低于这个百分比时，就以出售债券来购买股票，以弥补不足额部分。在固定金额操作法中，有三个需要投资人合理确定的环节：(1) 确定股票的恰当的固定金额；(2) 确定适当的购买时间表：其确定方法有两个，一种是依据股票市价变动超过一定比率的方法，另一种是利用股价指数变动超过一定比率的方法；(3) 确定适当的买卖时机：确定适当的买卖时机就在于避免当股价达到高峰时买进或股价跌到谷底时卖出。

固定金额操作法的优点是：(1) 方法简单。投资人只要依照预定的投资计划，当股价涨至某一水平时即卖出，当股价价格跌至某一水平时即买进，而不必对股价的短期趋势作研判；(2) 在正常情况下，股价的变动要比债券价格的变动大，而固定金额计划以股票价格为操作的目标，其制作过程遵循“逢低进，逢高出”的原则，即当股价高时卖出股票，股价低时买进股票，在这样不断地循环中，投资人是可以获利的，因为从长期的投资来看，随着经济周期性的变动，在繁荣阶段发行公司盈利增加，股价上升，但同时银行存款利率也会上升，从而债券价格就会下跌，因此卖出股票而买进债券可以获得价格差额；反之，在经济萧条时期股价下降，而债券价格上升，从而卖出债券买进股票也同样可以获得利益。

这种操作法的不足之处是：如果购买的股票其价格是持续上升的。当其上升到一定阶段，即达到预定的比率时投资人就出售股票来买债券，那就减少了股票投资金额在总投资额中的比例，从而降低了股价继续上升时投资人可以获得的利益；相反，如果股价持续下降，投资人要不断地出售债券来购买股票，那也会造成不良的后果。所以，固定金额投资不适用于股价持续上升或者持续下降的股票。

五、固定比率组合投资法

采用投资组合的手段，可以减少整体股票投资的风险，投资组合的构成可以简单地分为两部分：一是防御性构成部分，其主要由价格相对稳定的债券组成；二是进取性构成部分，主要是普通股。各部分在投资总额中应占多大的规模，最终决定于投资人的目标。如果其目标是期望资本增值，其投资组合中进取性构成部分的比例可能占了70%左右，反之，若投资人仅以维持而获取眼前收入为目的，这种比例则相反。由于上述比例是预先确定的，故称之为固定比率投资计划。它也是公式投资计划的一种。

固定比率计划与固定金额计划的差别在于：前一个是股票投资额在投资总额中所占的比率固定；后一个是股票投资金额固定，进行调整时不顾及调整后股票与债券投资额的比例分配问题。

由于固定比率投资法实质上是固定金额投资法的变形或派生物，所以前面固定金额优点及注意事项的论述同样适用于固定比率计划，且这种计划的难点在于确定一个适当的固定比率。应该指出的是，固定比率投资计划又称耶鲁投资计划，这是因为这个计划最早为美国耶鲁大学所使用(1938年)。当时的资金总额为8 500万美元，当时确定的比率是以70%的资金购买高级公司债券或一小部分优先股，余下的30%的资金用于购买普通股票。该计划规定，一旦股票价格上升，如股价与公司债价格总额的比率变为40∶60，便卖出股票，从而使股票与公司债的比率降为35∶65；一旦股价下跌，原有比率变为20∶80，便买入股票，使股票与公司债的比率变为25∶75，当股价上升到两者的比率为40∶60时，方才再次采取行动。

六、变动比例组合投资法

变动比例组合投资法又叫常值变化定式计划，它可分为以市值为基础的常值变化计划和以内值为基础的常值变化计划两种，无论是哪一种方法，其一般原则均是：将投资对象分成两组，一组是富有进取性、成长性而颇有风险的股票，另一组则是防守性、安全性的债券。这里所谓的“变化”是指两组之间的投资比率是变动的，根据整个市场行情的变化而变化。这种方法更加灵活多变且不易掌握，其难点在于如何确定与调整比率。一般是根据长时期的股价统计材料，计算其“中央价值”，以求得一个“正常价值”，作为调整比率的依据。

七、杠铃型计划投资法

杠铃投资法是因以图形表示的形状如两头大、中间小的杠铃而得名，亦称杠铃式到期期限法和杠铃投资战略。指投资者把资金集中投放于短期和长期证券上，而相应减少对中期证券投资的一种保持证券头寸的方法。

投资长期证券的优点是收益回报率高，利率变化小，价格起伏不大，证券增值和资本损失较小；缺点是投资缺乏流动性和灵活性，不能满足投资者临时变现的要求。

投资于短期证券的优点是具有高度的灵活性和流动性，便于投资者变现，但收益回报率一般较低。鉴于上述两个方面的投资特征，杠铃投资法集中资金把长、短期证券结合在一起，一定程度上克服了两者的缺点，发挥了各自的优点。在这种投资方法中，长、短期证券期限的划分，没有统一的标准，可由投资者依据自己的投资目的自行确定。如有的投资者将1年期以下证券划分为短期证券，有的将8年期以上的证券划分为长期证券。在长、短期上的分配比例也不是固定的，可以任意选择，可以是五五开、四六开或三七开等。此外，长、短期证券的投资也应依据市场利率和证券行情变化作经常性调整，当长期市场利率下降，长期证券价格看涨时，则应卖出部分短期证券，购入长期证券；当长期市场利率上升，长期证券价格看跌时，应卖出长期证券，购入短期证券。同样，当短期市场利率下降，短期证券看涨时，应出售长期证券，购入短期证券；当短期市场利率上升，短期证券价格看跌时，应购入长期证券，出售短期证券。一般来讲，如果投资者能准确地预测市场利率变化，杠铃法的优势不少。话说回来，长期市场利率的预测是很难掌握的，因为经济形势的变化是多方面因素造成的，难以预料。

第四节　证券投资的灵活操作方法

一、渔翁撒网操作法

这是一种短期投资的组合策略。当股市行情出现此起彼伏，各种股票轮涨轮跌时，投资人很难有把握总是购进上涨的股票，担心自己买进的股票上涨势头停顿和下跌，而没买进的股票却开始上涨，这时，对投资人，特别是中小投资人来说，稳重的办法是采用以静制动的做法，选择涨幅较小，或者尚未调整价格的股票买进持有。如果投资人觉得准确地选对股票很困难，怕不能买进有利的股票，可用“渔翁撒网”的方法，也就是买进在交易所挂牌且每天有交易的多数或所有股票，每种只买一个单位，如果资金力量不够，则可在每个行业选择一种股票，各种行业买进一个单位；如果资金力量允许，也可对每种股票各买进几个单位。撒网法的投资人，可以自己定个原则，把涨到一定程度的股票卖出，把跌到一定程度的股票买回来。这样，当出现“牛市”，即股价看涨的情况下，会形成各种股票轮流上涨的格局，此时投资人便可相继抛出手中的股票；即便出现“熊市”，即行情看跌时，由于投资人手中持有多样化的股票，其中多少也有价格上升的强势股，这样可使涨跌相抵而不至于亏损得太多，还有可能获利。

投资人采用“渔翁撒网法”时必须注意以下几点：

1. 虽然这种方法能通过分散投资来降低风险，但按“哪种股票价格上升便卖那种股票”的法则行事，也产生了一个问题，即轻易地把手中的强势股票在涨势低微时卖出，丧失了本来可能获取更高利润的机会。

2. 投资人采用此方法要有不赚不卖的决心，要排除外界消息的影响而耐心等待。

3. 不要买进过分冷门的劣质股票，因为这种股票既不好买进，也不好卖出，买进后就会长期握在手中而冻结部分资金，对“撒大网”的中小投资人来说，应避免这样做。

基于上述三点，就产生了“反渔夫撒网”法。这种方法是有选择地买进多种股票，随后哪种股票价格上升就多买一点，哪种股票价格不动或下跌时就卖掉它。这一操作的结果，可能会获得较多的强势股而保障了投资的获利能力。

二、摊平操作法

这一操作方式系采用“低进高出”，往下承接的操作，以正三角形方式往下买进筹码，以倒三角形方式出脱筹码。当你第一次买进股票筹码之后，如果行情下跌，则第二次再买进第一次倍数的筹码，以此类推，可一路往下进行第三次、第四次加倍买进，增加持股比率，降低总平均成本，当股价回升时则需逐渐减少买进的数量，此为正三角形往下承接。以两次加倍买进摊平为例，若投资人把资金作好安排，在第一次买进后，如遇股价下跌，则用第一次倍数的资金作第二次买进，即第一次买进 1/3，第二次买进 2/3。比如某投资人开始以每股 50 元的价格买进 100 股，现在股价跌落到每股 40 元，该投资人决定在此价位加倍买进 250 股，这时平均成本降为每股 43 元；等股价回升超过每股 43 元，即可获利(未包含佣金因素)。

下面我们再以三次加倍买进摊平为例，若投资人在第一次买进后，遇到股价下跌，第二次买进第一次倍数的股票，第三次买进第二次倍数的股票，即三次买入股票金额的分布是：第一次 1/7，第二次 2/7，第三次 4/7。采用三次加倍摊平法，如果在第二次买进时就回升，则只要从第二次买进的价格回升 1/3 即全部够本；如果行情到第三次买进后回升，则回升到第二次买进价格时即可保本。

三、博傻操作法

有的投资者把股票投资当成是“博傻游戏”，即投资者自扮傻瓜，在行情上涨之后继续买入，在行情下跌之后继续卖出，和追涨杀跌有相同之处。博傻理论有其合理的一面，博傻理论的理论基础是高价之上有高价，低价之下有低价，其游戏规则就像传接力棒，只要不是接的最后一棒，都有利可图。只有接到最后一棒者倒霉。

博傻理论的原理告诉我们，在同一市场条件下，价格的高与低是相对于此时以前的。高价之上可能有更高价，原来的高价过后看可能是低价；低价之下可能有更低的价格，原来的低价过后看可能成了高价。同一股票，在上升通道中 10 元可以买进，而在下降通道中，8 元却不可以买进，甚至应该卖出。初入股市的投资者往往对一些老手宁买高价，不买低价的操作手法不理解。老手却认为，低价买的要套牢，高价买的能盈利。这更使新股民们如坠云雾中，不知其中奥秘。其实老手说的正是“博傻游戏”实用性的重要一面。当价格冲破上档盘整区域的重要阻力位时很可能再上一个台阶，此时虽在相对高位买进，但买进即可赚钱。反之，如果价格跌破下档重要支撑位，很可能再下一个台阶，买入即可能入套;此时非但不能买进,相反,应迅速止损离场。当然“博傻游戏”需要相当的市场经验和操作技巧。否则很可能差之毫厘,谬之千里。

博傻理论符合技术分析中顺势而为的原则。技术分析理论强调,一旦价格有效突破重要关卡或重要趋势线,即可买入或卖出。只保留或持有追市头寸,决不可逆势而为。博傻游戏并非没有限度,即使游戏结束总有接最后一棒的人,说明“博傻”者始终要在游戏过程中掌握分寸,不能贪得无厌。这种分寸即是特定条件下价格高低的极限。当价格趋势朝某一方向运行了相当一段时间,多头或空头伤痕累累。市场一边倒的时候,小心物极必反,价格运动极有可能酝酿相反走势。追多和沽空需谨慎,因为在进行“博傻游戏”时要时刻注意自己有可能成为最后一位接力棒者,这时自己就真的成为傻瓜了。

四、拨档操作法

这是多头降低成本、保持实力的操作方式之一。所谓“拨档”又称“拨档子”,就是投资人卖出自己的持股,等价位下降以后,再补回来。投资人“拨档”并非对股市看坏,也不是真正有意获利了结,只是希望趁价位高时,来个“多翻空”,先行卖出,以便自己赚自己的一段差价,通常“拨档子”卖出与买回之间不会相隔太久,最短期的可能只一两天,最长也不过一两个月。

“拨档子”有两种操作方法:

1. 行情上涨一段后卖出,回降后补进的“挺升行进间拨档”,这是多头在推动行情上升时,见价位已上涨不少,或进行遇到沉重的阻力区,就自行卖出,多翻空,使股价略为回跌来化解上升阻力,以便于推动行情再度上升。

2. 行情下跌时,趁价位仍高时卖出,等跌低后再买回的“滑降行进间拨档”,这是套牢的多头或多头自知实力弱于空头时,在股价尚未跌至谷底之前先行卖出,多翻空,等股价跌落后再买回反攻空头。股票投资大户也常运用“拨档子”方式对股价的涨跌做技术性的调节。

五、顺势操作法

在一般情况下,许多股票的价格都呈现某种趋势性变动,上升趋势或下降趋势一旦出现,便可维持相当长的时间,投资者如果确认股票价格已形成某种趋势,就要继续保持自己的地位,直至出现某种迹象表明趋势已经改变时方可改变其地位。这里所说的趋势是指长期趋势,这种投资策略不允许投资者利用股票价格的短期波动来获利。例如,投资者可以给自己买进的股票确定一个最高价和最低价,然后按月计算这种股票的平均市场价格,如果本月平均价格低于最高价一定比例,就可以认为股价呈下降趋势,他便将股票全部卖出,等到他卖出的股票价格由最低价回升了一定比例后,就可认为股价呈上升趋势,再将股票买回来,由于股票价格呈趋势性变动,他可以从股票价格上涨中获得好处,同时又能避免股票价格过分下跌给他带来损失。采取这种投资法的关键要求有两条:一是股价涨跌的趋势必须明确,二是必须能够尽早看准趋势。其弱点是如果看不准趋势,就无法进行投资。再就是如果趋势是短期的,也不能采用。

六、跟庄操作法

“山不在高，有仙则名，水不在深，有龙则灵”。在股市上，叫做“股票不在好坏，有庄则行”。这句话也许不是真理，但至少说明庄家的重要性。那么谁是庄家呢？

所谓的庄家，是指资金庞大，信息灵通，与市场绝大多数人斗智斗勇，能制造行情，主宰大盘及各股涨跌，使市场或个股朝着有利于自己的方向运行的大机构或超级大户。庄家的类型主要有：(1) 有政府背景的庄家；(2) 大型基金公司；(3) 证券商；(4) 企业或上市公司；(5) 大户；(6) 有外资背景的机构；(7) 联合坐庄的庄家。

一般来说，主力的操盘过程可分成四大步骤：建仓、洗盘、拉抬、出货。

1. 建仓：是庄家在低价区暗中买进股票的行为。庄家的建仓过程实质上是筹码由分散到集中的过程。

2. 洗盘：为了抬高股票价格，在抬高过程中故意制造卖方压力，迫使在低价买进的投资人卖出股票，以减轻拉抬的压力。

3. 拉抬：是庄家为出货将股价拉高，吸引散户跟风，以便乘机派发的过程。

4. 出货：庄家在高位区不动声色地将股票兑现的过程。

我们知道庄家操盘的四大步骤，那么就可以跟庄操作，庄进我进，庄退我退，与庄共舞。

第五节　证券投资术语

一、抢帽子

投资者当天低价买进再高价卖出或高价卖出再低价买进相同种类、相同数量的股票，进而赚取价差的行为。抢帽子是投机的一种方式，从事该种投机活动对投资者素质要求较高。

目前我国沪、深两个证券交易所均规定：当日买进的股票须在第二天才能卖出，当日不能卖出；当日卖出股票，资金回来后，可以在当日买进股票。当然，如果投资者手中已持有以前买入的股票，可能在某一交易日当天低价买入同种股票，等价涨时，在当日卖出以前买入的该种股票；如果投资者手中已持有足够的资金，则可先卖出以前买入的股票，待价跌时，再用所持资金买入同种股票，而不管卖股票的资金是否回来。

二、多头与空头

多头，有两个涵义。一是我国证券市场上作多的投资者，其特征是手中已持有大量的证券，对后市看好，并努力使证券价格继续上涨或阻止证券价格持续下跌。多头又称多方。在期货市场、邮市和币市中作多的一方也称为多头或多方。二是境外证券市场和旧中国证券市场上的“买空”，即投资者对看涨的股票，支付一部分现金(称保证金)，余额由经纪人垫付，待日后股价上涨时便视机抛售从而获利。进行这种交易，经纪人要向投资者收取垫款利息，并且将其购入的股票作为借款的抵押。如果股票价格下跌，多头就要遭受损失。

空头也有两个涵义。一是我国证券市场上做空的投资者，又称空方，其特征是手中持有大量现金，没有股票或虽有股票，但持股目的不是为了待涨获利，而是作为抛售以打压股份指数或个股股价的“子弹”，对后市看跌，希望股价一跌再跌，然后视机买入。在期货市场、邮市和币市中做空的一方也称空方。另一个涵义是境外证券市场和旧中国证券市场上的“卖空”，即对看跌的股票由投资者缴纳一部分保证金，然后通过经纪人借入该种股票并同时卖出，等该种股票价格下跌时，投资者再以市场价格买入等量该种股票归还给经纪人，从中获取价差收益。如果股价不跌反涨，那么投资者将会遭受损失。买空与卖空都是投机行为。我国法律目前不允许买空卖空，但存在买空卖空（称“透支”）的违规现象。

三、轧多头、轧空头、踏空、套牢

我国股票市场中的轧多头，是指做空的一方实力很强，一路打压股价，使多头没有“逃命”的机会，只能“割肉” 出局或套牢。所谓割肉就是以低于买入价或成本价的价格卖出股票。轧空头正相反，是指由多头控制局面，股价一路上涨，使空方不能以较低价格补回股票，而只能高价购入股票。踏空是指空仓者已不能低价买入股票，眼见股价上扬自己却因无股票而错过盈利机会。套牢是指持股者因股价大跌而不得不继续持股等待上涨。与套牢有关的一个术语叫“解套”，是指股价升至成本价或成本价以上的价格，使被套者得以“逃命”，免遭损失。

四、利多、利空、翻多、翻空

利多又叫利好，是指多头有利，能刺激股价上涨的因素和消息。

利空是指对空头有利，能促使股价下跌的因素和消息。

需要指出的是，利多与利空都是就因素和消息本身的性质而言的，并不是说这些因素和消息马上就会使股价上涨或下跌，也不是永远促使股价上涨或下跌。有时“利空出尽是利好”，即利空消息明朗时反而股价上扬，消息蒙眬时才发挥利空的作用；“利好兑现是利空”，即利好传闻变成事实时，股价反而下跌，而有“蒙眬利好”时股价才上涨。另外，股市对利多或利空的消息的反应有时滞后，这时利多和利空被称为“长期利多”和“长期利空”。

翻多即空翻多，是指原看坏行情的空头改变看法，不但把放空的股票补回，而且还买进更多的股票。

翻空，又称多翻空，是指原看好行情的多头改变看法，抛售所持股票。

五、牛市、熊市与猴市

牛市，是指股票价格普遍呈现上涨趋势或多数股票的价格呈现上涨趋势的行情。

熊市，是指股票价格普遍呈现下跌趋势或多数股票的价格呈现下跌趋势的行情。

猴市，是指短期内买进卖出赚钱就走的投机者占多数并使股市处于稳定状态且无趋势的行情。

需要指出的是，股市没有永远的牛(熊、猴)市，而且牛市、熊市、猴市总是交替出现；牛市也不等于一直上涨，熊市也不意味着一直下跌，而是呈波浪形变化。

六、整理、盘整、反转、反弹、回调(回档)、跳空、补缺口、多杀多

整理：股价经过一段急速上涨或下跌，遇到阻力或支撑，因而开始小幅度上下变动。股价经过整理后，一般仍沿原趋势变动(上涨或下跌)。一般认为，整理幅度在15%左右。

盘整：又叫盘档，指的是当天的股价变动幅度很小，一般认为最高价与最低价之间的变动幅度不超过2%。盘整又分为高位盘整与低位盘整。在低位久盘必涨，在高位久盘之后可能会下跌。

反转：股价(或指数)经过长期下跌(或上涨)之后，反转方向，向上涨(或下跌)的趋势演变，称反转，又叫逆转。只有趋势改变才能叫反转，否则只能叫反弹或回调。

反弹：指在跌市中因股价下跌过速而回升的现象，有小幅反弹与大幅反弹之分。一般反弹到前一次下跌幅度的1/3处(由下向上数)即恢复下跌趋势。

回调：又称回档，是指上升趋势中因股价上涨过速而回跌的现象。回调幅度远叫上涨的距离小，通常回到前一次上涨幅度的1/3左右(从上向下数)即恢复上升趋势。

跳空：股市受到强烈利多或利空消息的刺激，开始大幅跳动。在上涨时，当天的开盘价或最低价高于前一天的收盘价两个及两个以上申报单位(目前我国沪深证券交易所以0.01元为1个申报单位)；下跌时，当天的开盘价或最高价低于前一天收盘价两个及两个以上申报单位。如果在一天的交易中遇到突发性利多或利空消息，也会出现跳空现象。但开盘跳空的比较常见。

补缺口：跳空后出现没有交易的空价位，称"缺口"。经过一段时间后，股价又回到跳空前的价位，将空价位补上，称为补缺口。

大盘走势中也会出现跳空与补缺口的现象，只是用指数表示而不是用价格表示。指数的单位是"点"，以0.01点为一个报价单位。

多杀多：多数人认为当天股价将上涨，于是纷纷买入股票，抢多头帽子，然而股价并没有大幅上涨，等到交易快结束时，便竞相将前持有的同种股票抛出，造成收盘价大幅下跌的情形。

七、平开、高开、低开、尾盘

平开：开盘价与前一交易日的收盘价相同。

高(低)开：开盘价高于(低于)前一交易日的收盘价。

尾盘：收盘时成交的股票价格。

八、震仓、洗盘、坐轿、抬轿、护盘、砸盘、平仓、补仓、空仓、满仓、半仓、浮筹、锁定筹码、吸筹

震仓：有实力的投资者制造空头气氛（又称制造空头陷阱），使不坚定的投资者抛出股票，震仓者乘机在低价位买进这些股票。

洗盘：为了抬高股票价格，在抬高过程中故意制造卖方压力，迫使在低价买进的坐轿客下轿（卖出股票），以减轻拉抬压力，洗盘者多为主力大户。

坐轿：先期买入股票后等待别人拉抬股价，然后再高价卖出获利；或先期卖出股票后等待别人打低股价后再买入股票。

抬轿：在股价上涨过程中追高抢买股票，推动股价上涨，或在股价下跌过程中抢卖股票，推动股价下跌。

护盘：在股价下跌时以一定价格大量买入股票，以遏制跌势。

砸盘：以低价大量抛售股票，使股价下跌。

平仓：先买后卖或先卖后买证券的行为。

补仓：在深沪股票市场中，所谓补仓是指所持股票的价格下跌，为了摊低成本，在低价位加码买进同种股票的行为。

空仓：投资者没有股票，只有资金。

满仓：投资者账户上的货币资金基本都转换成了证券。

半仓：投资者账户上的货币资金大约有一半已转换为证券。

浮筹：持有证券者心态不稳定，一有风吹草动就会心急抛出所持证券，这类投资者所持的证券就被称为浮筹。

锁定筹码：不管证券价格有何变动，持券人心态稳定，不卖出所持证券，这些证券属于被锁定筹码。

吸筹：买入证券的行为。一般是指主力大户长期逢低分次买入证券的行为。

九、打压、拉抬、吃货、出货、庄家、炒家、跟庄、短线客、长线投资、拨档、上档、下档、死多、长空、短空、涨跌停板

打压：在股票市场中，打压是指空方促使股价或股指下跌的行为。打压的方法就是低价抛售股票。股票是与多方争斗的“子弹”，子弹用完了，就是空方能量释放完了，如果想再打压，就需要补充能量。有时主力大户还采用打压大盘指数，炒高某只个股的方法，打压大盘是为了掩护个股的投机行为。

拉抬：与打压相反，是多方促使股价上涨的行为。拉抬的方法就是高价买入股票，货币资金是多方与空方的“子弹”，钱用完了，就是多方的能量消耗完了。有时主力大户会采用拉抬影响大盘指数的龙头股价以掩护某只个股出货的办法。

吃货：在低价暗中买进股票的行为。

出货：在高价不动声色地卖出股票的行为。

庄家：大笔买卖某只股票，并对该股票价格有一定影响力的投资者，实力强的叫强

庄，长期持有某只股票的叫长庄，有庄家的股票叫庄股。

炒家：又叫炒手、作手。一般指进行股票买卖赚取差价的投机者。他们常常利用各种影响股价涨落的因素将股价“炒”高或“炒”低，低买高卖，以谋取暴力。“炒家”有“大炒家”与“小炒家”之分。“大炒家”一般是指财力雄厚的资本集团，其做法通常有：利用某一上市公司的内部消息操纵该公司股票价格的涨落；利用公开的消息甚至制造谣言和传播谣言，以压低或抬高股价从中获利；逐步或集中购进某种股票然后将其价格推高，在高价中售出以获利，随后在低价中购进。“小炒家”是一家资金有限的股票投机商，往往跟在“大炒家”的后面起推波助澜的作用。

跟庄：即庄家买入股票就跟着买入，庄家卖出股票也跟着卖出，与庄家同方向操作。

短线客：经常买进卖出股票(通常是两三天，至多一周)从中赚取差价的人。

长线投资：亦称长期投资。买进股票后长期持有，不管近期股价涨跌变化如何，既不因股市剧涨而立即转售，也不因股市暂跌而急于脱手，而是候其发展以获厚利，长期投资的前提是对股票价格的上涨潜力充满信心。至于何谓“长期”，则无定论，一般认为持股超过半年为长期投资，半年以下，超过 1 周为中期，1 周以内为短期。

拨档：在行情下挫时，投资人并没有看坏后市，但他认为会跌一段后才会再涨回来，所以就先卖出股票，等跌到谷底再买回，这种先卖的行为就叫“拨档”。

上档：在当时股价之上的价位。

下档：在当时股价之下的价位。

死多：总是看好股市前景，买进股票，如果股价下跌，则宁愿放上几年，抱定一个原则——不赚钱坚决不卖。

长空：对股市前景看坏，借来股票卖出，等股价跌落一段相当长时期以后才买回。我国沪深股市目前不得借股票卖出，因此我国沪深股市的长空实际上就是卖出自己的股票后长期等待低价买回。

短空：深沪股市中的短空是指卖出自己的股票后短期内再买回。

涨跌停板：分为涨停板和跌停板。表示股票价格(或指数)上涨或下降到某一限度时停止交易。如俄罗斯联邦有一个证券市场委员会规定从 1998 年 1 月 29 日起，凡开盘价低于头天收盘价 10%以上(此前为 15%以上)，即停止交易；同时开盘价高于头天收盘价 14%以上，交易也应停止；在一天的交易过程中，牌价涨跌的最高幅度为 7%，这项规定同以前一样。再如美国纽约股票交易所 1998 年规定，一旦道·琼期指数比前日收盘价下跌 350 点，交易将暂停半小时，如果跌幅达 550 点交易将暂停一个小时。1998 年 2 月，美国各股票市场就“断路机制”达成新的协议，按此协议，如果道·琼斯 30 种工业股票平均价格指数在下午 1 点前下跌 10%，股市将关闭 1 小时，如果该指数在下午 1 点到 2 点半之间下跌同样百分比，则关闭半小时，如果该指数在下午 2 点半以后下跌 10%，则关闭当天的股票交易，如果道·琼斯指数在交易日的任何时候下跌 20%以上则关闭当日交易。

深沪股市从 1996 年 12 月 16 日起实行涨跌幅(与前一日收盘相比)不能超过 10%，超过 10%的价格申报无效。新股上市首日不受此限制。

十、黑马股、白马股、跳水、抢权

黑马股：就是股价在一定期间内疯涨一倍甚至数倍的股票，而该股票的利好消息尚处于蒙眬状态。

白马股：股价在一定期间内能涨一倍以上，而且其利好消息已经公开的股票。

跳水：股价（或股指）在当日变动过程中突然从一个正常的价位猛跌下来，而且伴随成交量的放大。跳水一般发生在盘尾。

抢权：这里说的"权"一般是指股票所含的送股、配股和资本公积金转增股本的权利。抢权就是投资者认为获取这些权利有丰厚的收益而赶在股权登记日之前抢购含权股票。

十一、除权、除息、填权和贴权

除权：除去证券所附的权利。在我国股票市场中，除权专指除去股票所附的获得红股、转增股和配股的权利。红股是股票发行公司用利润无偿送给投资者以增加投资者股本的股票，所以又称"送股"。红股按投资者所持附权股票的一定比例计送，如每 10 股送 2 股，如果投资者持有 1 000 股附权股票，则可获红股 200 股。转增股是股票发行公司用资本公积转为股本无偿追加给投资者的那部分股票，也按照持股数量分配。如每 10 股转增 5 股，如果，某投资者持有 1 000 股附权股票，就可无偿获得 500 股用资本公积金转增的股票。配股作为一个名词是指发行公司按照一定的价格向原股东发售的股票。如每 10 股配 3 股，配股价为每股 5 元，某投资者持有 1 000 股附权股票，则可获 300 股配股，同时要缴款 1 500 元。股票发行公司要公布股权登记日，在股权登记日收市时在册的公司股东，享有该公司股票所附的权利（即获得红股或转增股或配股的权利）。发行公司还要公布除权日，除权日一般为股权登记日的下一个交易日。自除权日开始，股票所附的权利被除去，在该日及以后买入该股票的投资者不享有本次分红或转增股的获取权利。

除息：除去股票所附的股息。发行公司要公布股权登记日和除息日。在除息日要计算除息价格，计算公式为：

$$除息价 = 除息日前一交易日收盘价 - 每股股息$$

填权：除权（含除息）后股票市场价格上涨，超出除权（息）价。如果市场价格涨到了除权前的价位（指除权日前一交易日的收盘价），就称为"填满权"。

贴权：除权（含除息）后股票市场价格跌破除权价。

【本章案例讨论题】

【案例讨论 9－1】某一投资者选择某公司的普通股作为投资对象，确定每一级为 3 元。第一次购买 100 股每股市价为 40 元；当市价下降到 37 元时，他又购进 100 股；当降到 34 元时再购进 100 股。这样，该投资者的平均购买价格为 37 元。如果此后一段时间股价开始反弹，当上升到 37 元时卖出 100 股，上升到 40 元再卖出 100 股，最后的 100 股待价格上升到 43 元时才卖出,这样平均出售的价格为 40 元。经过这个过程,投资者可以盈利 900 元[卖出额 12 000(3 700+4 000+4 300)－买入额 11 100(4 000+3 700+3 400)=900]。

在执行等级投资策略过程中,投资者要同时作停止损失委托,一旦市况下降到平均线以下,投资者就须取消他的计划,以免蒙受损失。如上例中,当股价下降到每股 34 元时,投资者购买最后 100 股,这时股价可能反弹,也可能继续下滑。如果股价继续下滑,投资者就要遭受损失,因此这时必须作停止损失的出售委托,以避免遭受更大的损失。

等级投资策略是根据事先确定的等级来买卖股票,投资者不必顾及投资时间的选择。但是,这种计划不适合持续上升或持续下降的股票,因为在持续上升的多头市场中,投资者由于分次出售而失去本来可以得到的更大利润;反之,在持续下跌的空头市场中,投资者要连续不断地、按照分级的标准来加码购买,他便可能失去出售的机会,不得不中止计划的执行。

讨论:1. 请问这种操作的前提条件是什么?

2. 分析这种操作的利弊。

【案例讨论 9-2】某投资者以 10 000 元资金分别投资于股票和债券各 5 000 元,并将股票的固定金额确定为 5 000 元,投资期限为 5 个月。该投资者决定当股价上涨,其市价总额超过固定金额的 20%时就出售股票,并把所得的资金用来购买债券;当股价下跌,其市价总额低于固定金额的 10%时出售债券来购买股票。其情况如表 9-1 所示。

表 9-1 固定金额投资计划操作表

月份	股价指数	股票金额(元)	调整操作	债券金额(元)	所购证券的价格总额(元)
1	100	5 000		5 000	10 000
2	125	6 250 5 000	1 250(卖出)	5 000 6 250	11 250 11 250
3	90	4 500 5 000	500(买进)	6 780 6 280	11 280 11 280
4	92.5	4 625		6 200	10 825
5	97.5	4 875		6 300	11 175

由上表可知,如果投资者于 1 月份购进 5 000 元股票后,到 2 月份股价上升到 6 250 元,超过金额到 20%,那就出售超过固定金额 5 000 元以上的 1 250 元股票,用所得的款项来购买债券;3 月份股价下降,市价总额为 4 500 元,下降幅度为固定金额 5 000 元的 10%,投资者就出售 500 元债券来购买股票,以保持市价总额为 5 000 元;后 4、5 月份股价上升或下跌都没有达到预定的比率,所以投资者不需进行调整。

由上述例子可知,在固定金额投资策略中,投资者需确定三个环节:(1) 确定股票的恰当的固定金额。(2) 确定适当的买进时间表,其确定的方法有两个,一是依据股票市价变动超过一定比率的方法,二是利用股价指数变动超过一定比率的方法。(3) 确定适当的买卖时机。确定适当的买卖时机就在于避免当股价达到高峰时买进或股价到谷底时卖出。

讨论：1. 分析此操作的前提条件。

2. 分析这种操作的利弊。

【案例讨论 9－3】 某一投资者以 4 000 元投资于股票和债券，并确定股价总额与债券价格总额为 50∶50 的固定比率。投资组合内的股价总额每上升 10%或下降 10%，就卖出股票来买债券，或者卖出债券来买进股票，使股票市价总额与债券价格总额一直维持在 50∶50 的比率上。其情况如表 9－2。

表 9－2　固定比率计划操作表

月份	股票总额(元)	操作调整	债券总额(元)	所购证券的价格总额(元)
1	2 000		2 000	4 000
2	2 600 2 250	350(卖出)	1 900 2 250	4 500 4 500
3	2 000 2 170	170(买进)	2 340 2 170	4 340 4 340
4	1 900 2 080	180(买进)	2 260 2 080	4 160 4 160
5	2 200		2 100	4 300

表中表明，该投资者于 1 月份把 4 000 元以 50∶50 的比率投资于股票与债券；2 月份股票从 2 000 元上升到 2 600 元，幅度超过 10%，为了维持原来的固定比率，必须卖出股票 350 元，再买进债券 350 元，经过调整后使股价总额和债券价格总额一样，均为 2 250 元；3 月份股价从 2 250 元下降到 2 000 元，下降幅度达到了 10%，必须卖出债券 170 元，把款项用来购买股票，使两者 50∶50 的固定比率得以维持；4 月份的调整同样根据上述的原则来进行。

讨论：1. 分析此操作的前提条件。

2. 分析这种操作的利弊。

【案例讨论 9－4】 在表 9－3 中，假定股价指数在 100 点及 250 点时，该投资组合维持最大及最小的股票比率，则非标准型投资策略与标准型策略有所不同。

表 9－3　可变比率投资计划操作表

行动点(股价指数)	股票与债券的比率		
	非标准型策略	标准型策略	
		股价上升	股价下跌
250	25∶75		25∶75
235	30∶70		30∶70
220	35∶65		35∶65

续表 9－3

行动点(股价指数)	股票与债券的比率		
	非标准型策略	标准型策略	
		股价上升	股价下跌
205	40∶60		40∶60
190	45∶55		45∶55
175	50∶50	50∶50	50∶50
160	55∶45	55∶45	
145	60∶40	60∶40	
130	65∶35	65∶35	
115	70∶30	70∶30	
100	75∶25	75∶25	

依据非标准型投资策略，当股价指数每上升 15 点就卖出股票，每下跌 15 点就买入股票。换言之，只要股价达到特定水平，就可随时调整股票与债券的比率。因此，无论股价朝向上涨、下跌之任何方向的变动，对买卖行动都不产生任何影响。

标准型投资策略，分为上涨股市的买卖程序与下跌股市的买卖程序两种。在上涨股市的场合，股价指数没有达到中央价值(175 点)或超过中央价值时，则不买入股票。反之，在股市下跌的场合，股价指数还未低于中央价值时，则不买入股票。换言之，股价的高低与变动方向是决定促使买卖行动的重要因素。在表 9－3 所示的例子中，非标准型策略的股票买卖的范围在股价指数 100 点至 250 点之间，而标准型策略的股票买入行为发生在 175 点至 250 点之间。

总之，变动比率投资策略也具有使投资者不必逐次决定投资的时机的好处。当然，做好这种投资的前提是恰当地计算出中央价值，并能够对股价的变动做出较准确的预测。

讨论：1. 分析此操作的前提条件。

2. 分析这种操作的利弊。

【本章专题研讨】

【专题研讨 9－1】为什么要制定证券投资策略？

1. 证券投资策略处于怎样的位置？

2. 证券投资策略的影响因素有哪些？

3. 什么样的投资者需要制定证券投资策略？

【专题研讨 9－2】应怎样制订个人证券投资的计划？

1. 个人证券投资计划的要点是什么？

2. 个人证券投资计划与机构投资计划的差别主要在哪里？

3. 100万的资金和1万的资金，个人投资者的投资计划有没有差别？

【专题研讨9-3】应该怎样制订客户的证券投资计划？

1. 客户的证券投资计划与自己个人的投资计划有什么不同？

2. 客户证券投资计划的要点是什么？

3. 在制订客户证券投资计划时，收益、风险、心态三个方面，应该怎样排序？为什么？

【本章能力训练】

一、单选题

1. 资产配置作为投资管理中的核心环节，其目标是（　　）。

A. 消除投资的风险　　B. 协调提高收益与降低风险之间的关系

C. 增强资金的流动性　　D. 吸引投资者

2. 投资政策将决定（　　），即如何将资金在投资对象之间进行分配。

A. 投资目标决策　　B. 投资绩效评估

C. 资产分配决策　　D. 单个证券的选择

3. 下列哪一种行为不属于积极的投资组合策略范畴（　　）。

A. 预测股票未来的收益　　B. 预测未来的利率

C. 按上证50指数权重购入50个样本股　　D. 预测未来的汇率

4. 动态资产配置策略的目标在于，在不提高系统性风险或投资组合波动性的前提下提高（　　）报酬。

A. 短期　　B. 中期

C. 长期　　D. 不确定

5. 如果风险资产市场价格持续下降，投资组合保险策略的表现可能（　　）买入并持有策略。

A. 优于　　B. 劣于　　C. 相当　　D. 不确定

6. 以下不属于资产配置需要考虑的因素是（　　）。

A. 投资期限

B. 税收考虑

C. 影响投资者风险承受能力和收益需求的各项因素

D. 影响各类资产的风险收益状况以及相关关系的宏观市场环境因素

7. 资产管理中最重要的一条规则就是在投资者的（　　）范围内运作。

A. 资金规模实力　　B. 风险承受能力

C. 预期收益水平　　D. 风险偏好程度

8. 以上海股票市场的股票为投资对象的证券投资基金的业绩评价基准是（　　）。

A. 上证综合指数　　B. 无风险利率

C. 深证成分指数　　D. 上证基金指数

9. 资产配置是指根据投资需求将投资基金在不同(　　)之间进行分配,通常是将资产在低风险、低收益证券与高风险、高收益证券之间进行分配。

A. 资产类别　　B. 财务风险
C. 投资风险　　D. 资产风险

10. 投资组合管理中的核心环节是(　　)。

A. 投资风险控制　　B. 投资组合风险预测
C. 资产配置　　D. 资产风险控制

11. 股票管理策略的选择主要取决于两个因素,其中一个是(　　)。

A. 投资者对股票市场有效性的看法　　B. 投资者对股票市场流动性的看法
C. 投资者对股票市场风险的看法　　D. 投资者对股票市场稳定性的看法

12. 最常见的股票投资风格分类方法是将股票分为(　　)和(　　)两类。

A. 增长型　价值型　　B. 大盘股　小盘股
C. 绩优股　绩差股　　D. 进攻型　防御型

13. 消极的股票投资管理策略认为(　　)。

A. 市场是无效的　　B. 市场可能无效也可能有效
C. 市场是有效的　　D. 市场有时无效有时有效

14. 对于个人投资者而言,(　　)是影响资产配置的最主要因素。

A. 资产负债状况　　B. 财务变动状况与趋势
C. 财富净值和风险偏好　　D. 个人的生命周期

15. 随着投资者年龄的日益增加,投资应该逐渐向(　　)倾斜。

A. 收益产品　　B. 期货产品　　C. 节税产品　　D. 社保产品

16. 在最初的工作累积期,考虑到流动性需求和为个人长远发展目标进行积累的需要,投资应偏向(　　)的产品。

A. 风险高、收益高　　B. 风险低、收益低
C. 风险低、收益高　　D. 风险高、收益低

17. 资产的流动性是指资产以(　　)售出的难易程度,体现投资资产时间尺度和价格尺度之间的关系。

A. 市场价格　　B. 公平价格
C. 重置价格　　D. 公允价值

18. 债券价格波动的基本特征是(　　)。

A. 债券的价格与它所要求的收益率呈反方向变动
B. 债券的价格与它所要求的收益率呈正方向变动
C. 利率上升,债券价格上涨
D. 利率下降,债券价格下跌

19. 积极的债券投资管理策略通常要考虑(　　)。

A. 市场利率水平的变化　　B. 收益率曲线形状的变化
C. 某一债券收益率的变化　　D. 以上皆是

20. 明确资本市场的期望值包括利用历史数据与经济分析来决定投资者所考虑资产在相关持有期间内的(　　),确定投资的指导性目标。

A. 实际收益率　　B. 平均收益率

C. 预期收益率　　D. 加权平均收益率

二、多选题

1. 关于资产配置说法正确的有(　　)。

A. 资产配置通常是将资产在低风险、低收益证券与高风险、高收益证券之间进行分配

B. 资产管理可以利用期货、期权等衍生金融产品来改善资产配置的效果

C. 资产配置以资产类别的历史表现与投资者的风险偏好为基础

D. 资产配置包括基金公司对基金投资方向和时机的选择

2. 资产配置管理的原因有(　　)。

A. 具有降低风险、提高收益的作用

B. 帮助基金公司消除投资风险

C. 降低单一资产的非系统性风险

D. 吸引更多的资金进入基金市场

3. 证券投资过程的五个步骤依次排列为确定投资目标、(　　)。

A. 选择投资组合策略　　B. 评估投资业绩

C. 制定投资政策　　D. 构建和修正投资组合

4. 来自个人投资者自身主体的投资限制因素有(　　)。

A. 收入水平　　B. 财务状况

C. 投资期限　　D. 所处的生命周期

5. 下列哪些属于积极的股票投资策略(　　)。

A. 预测股票未来的收益　　B. 预测股票未来的股利

C. 买入指数成分股组合并持有　　D. 分析技术指标

6. 资产配置需要考虑的因素包括(　　)。

A. 影响投资者风险承受能力和收益需求的各项因素

B. 影响各类资产的风险收益状况以及相关关系的资本市场环境因素

C. 资产的流动性特征与投资者的流动性要求相匹配的问题

D. 投资期限

7. 构建投资组合涉及(　　)。

A. 选择业绩基准　　B. 资产配置　　C. 具体资产的选择　D. 必要的修正

8. 积极的股票投资管理策略的顺序是(　　)。

A. 将资金按比例配置在股票、债券和现金之间

B. 评价宏观经济

C. 个股选择

D. 行业配置

9. 基于事件研究的投资策略主要有(　　)。

A. 低市盈率效应　　B. 小公司效应

C. 被忽略的公司效应　　D. 日历效应

10. 影响投资者风险承受能力和收益需求的各项因素有(　　)。

A. 投资者的年龄或投资周期　　B. 资产负债状况

C. 财务变动状况与趋势　　D. 财富净值和风险偏好等因素

11. 从实际的投资需求看,资产配置的目标在于以(　　)为基础,决定不同资产类别在投资组合中所占比重,从而降低风险,提高投资收益,消除投资人对收益所承担的不必要的额外风险。

A. 资产类别的历史表现　　B. 资产类别的表现

C. 投资人的风险偏好　　D. 投资人的风险规避

12. 下列关于购买并持有的策略的说法正确的是(　　)。

A. 购买并持有策略属于积极的投资策略范畴

B. 购买并持有策略要按照某些标准建立一个充分分散化的投资组合

C. 购买并持有策略的投资组合一旦确定,就不会频繁交易

D. 购买并持有策略比指数化策略的绩效要好

13. 采用单一债券选择策略时,当发现某一债券定价错误时,投资管理人会以一种(　　)相同但收益率略高或略低的债券来替换该债券。

A. 息票利率　　B. 期限

C. 持续期　　D. 信用等级

14. 采用消极的债券投资管理策略,其目的可能是(　　)。

A. 战胜某一业绩基准　　B. 实现某一基准指数的收益

C. 满足未来单一负债的现金需求　　D. 满足未来负债流中每一负债现金需求

15. 关于资产配置与个人生命周期的关系说法正确的有(　　)。

A. 在最初的工作积累期,考虑到流动性需求和为个人长远发展目标进行积累的需要,可适当选择风险适中的产品以降低长期投资的风险

B. 进入工作稳固期以后,收入相对而言高于需求,投资应偏向风险高、收益高的产品

C. 当进入退休期以后,支出高于收入,对长远资金来源的需求也开始降低,可选择风险较低但收益稳定的产品

D. 随着投资者年龄的日益增加,投资应该逐渐向节税产品倾斜

16. 采用历史数据分析方法,一般将投资者分为(　　)型。

A. 风险厌恶　　B. 风险中性

C. 风险偏好　　D. 流动性偏好

17. 对于准备以债券投资收益偿付未来到期债务的投资者来说,面临的风险有(　　)。

A. 投资期内市场利率上升　　B. 投资期内市场利率下降

C. 债券发行人违约　　D. 债券发行人提前赎回债券

18. 投资业绩评估的主要内容是(　　)。

A. 分析投资组合是否实现了超额收益

B. 评价业绩基准的可靠性

C. 分析组合收益的来源

D. 分析组合收益的实现原因

三、判断题

1. 一般情况下,对于个人投资者而言,资产负债状况是影响资产配置的最主要因素。(　　)

2. 投资政策将决定资产分配决策,即如何将投资资金在投资对象之间进行分配。(　　)

3. 资产配置是投资过程中最重要的环节之一,也是决定投资组合相对业绩的主要因素。(　　)

4. 资产配置是指证券组合中各种不同资产所占的比率。(　　)

5. 评估投资业绩的依据不能只看投资组合的收益,还要考虑其风险。(　　)

6. 采用积极的股票管理策略的投资者花大量精力构造投资组合,而奉行消极管理策略的投资者只是简单地模仿某一股价指数以构造投资组合。(　　)

7. 一般情况下,对个人投资者而言,个人的风险偏好是影响资产配置的最主要因素。(　　)

8. 在同一风险水平下能够令期望投资收益率最大化的资产组合,或者是在同一期望投资收益率下令风险最小的资产组合,形成了有效市场前沿线。(　　)

9. 一般来说,提供最好的、具有长期收益前景的投资项目和市场是有风险的,而具有最大安全程度的市场则只能提供相应的收益前景。(　　)

10. 在债券投资中使用杠杆的基本原则是借入资金的投资收益大于借入成本。(　　)

11. 分析投资组合是否实现了超额收益、组合收益的来源及实现原因是投资业绩评估的主要内容。(　　)

12. 如果资产管理人能准确地预测资产收益变化的趋势,并能够采取及时有效的行动,则使用动态资产配置策略会带来更高的收益。(　　)

13. 如果投资者认为市场是无效的,那么消极的股票管理策略可能是最优的策略。(　　)

14. 债券的一个基本特性是它的价格与它所要求的收益率呈反方向变动。(　　)

15. 债券价格的波动性与其持续期成正比。(　　)

16. 进入工作稳固期以后,投资应偏向风险高、收益高的产品。(　　)

17. 经济状况的改变将在很大程度上改变不同类型资产的绝对表现和相对表现。(　　)

18. 当投资组合价值因风险资产收益率的提高而上升时,风险资产的投资比例随之下降;反之则上升。(　　)

第十章　大数据与互联网时代的金融投资

【本章学习要点】大数据带来许多新的金融形式，本章主要是介绍一些主要的形式。大数据首先是和云计算等计算技术和网络技术相关，但本章的内容主要是从金融的角度看大数据。本章主要介绍大数据的本质和带来的形式的变化：量化投资的概念和大数据带来的新的变化；余额宝等各类“宝宝”们未来的前景；P2P金融平台及其对金融投资的影响；大数据可能带来的金融投资的新的变革……

【本章学习重点难点】本章的重点是了解大数据的本质，深刻认识对未来世界的可能的影响。难点是这些变化正在进行中，正在快速变动中，我们的学习不能停留在书本本身。

【本章基本概念】大数据　互联网金融　量化投资　余额宝　P2P

进入2010年代之后，有几个词汇变得炙手可热：“大数据”、“云计算”、“互联网金融”，这是否意味着一场深刻革命的到来？金融投资格局会因此发生怎样的变化？

最早提出“大数据”时代到来的是全球知名咨询公司麦肯锡。麦肯锡称：“数据，已经渗透到当今每一个行业和业务职能领域，成为重要的生产因素。人们对于海量数据的挖掘和运用，预示着新一波生产率增长和消费者盈余浪潮的到来。”英国牛津大学网络学院互联网治理与监管专业教授维克托·迈尔·舍恩伯格（Viktor Mayer-Schönberger）、肯尼思·库克耶所著《大数据时代》（Big Data：A Revolution that Will Transform How We Live，Work，and Think）更是推动了这一概念的广为传播。目前，“大数据”在金融领域的运用，因为近年来互联网和信息行业的发展而引起人们关注。

根据全球最权威IT智库Gartner的定义，大数据（Big Data）是需要新处理模式才能具有更强的决策力、洞察力和流程优化能力的海量、高增长率和多元化的信息资产。而这种处理大数据的新模式就是云计算（Cloud Computing）。

第一节　大数据时代数据的特征及带来的改变

一、大数据时代数据的特征

（一）数据量“大”

自从互联网技术成熟发达起来之后，世界的数据是呈几何级数增长的。目前互联网一天所产生的全部数据内容可以刻满1.68亿张DVD；一天所发出电子邮件相当于美国两年的纸质信件的数量，达到2 940亿封；在各种社交媒体发出的社交帖子可以达到200

万个，其文字量相当于《时代》杂志770年的文字量总和……

因为数据量的巨大，大数据时代的数据起始计量单位至少是P级（1 024 TB＝1 PB)，并且正在上升到E级（1 024 PB＝1 EB)，甚至Z级（1 024 EB＝1 ZB)。国际数据公司（IDC）的研究结果表明，2008年全球产生的数据量为0.49 ZB，2009年的数据量为0.8 ZB，2010年增长为1.2 ZB，2011年的数量更是高达1.82 ZB，相当于全球每人产生200 GB以上的数据。而到2012年为止，人类生产的所有印刷材料的数据量仅仅只有200 PB，全人类历史上说过的所有话的数据量大约是5 EB。IBM的研究称，整个人类文明所获得的全部数据中，有90％是过去两年内产生的。而到了2020年，全世界所产生的数据规模将达到今天的44倍。数据量的巨大，一方面需要的存储设备容量大幅度增大，存储1 PB数据将需要两万台配备50 GB硬盘的个人电脑；另一方面也说明大量数据的无用性。但无论怎样，人类已经进入了“大数据时代”则毋庸置疑。

（二）数据类型繁多

传统数据一般来源于用户通过个人电脑、移动终端、POS机等常规渠道生成的结构化数据。与传统的数据相比，大数据时代的数据类型繁多，半结构数据、非结构数据大量出现，包括网络日志，社交媒体的音频、视频，各类图片，互联网搜索信息，移动通信信息，地理位置信息等在内的数据类型，不仅仅表现为形式上的多样性和多结构化，同时还表现为存在位置的多样性。除了能够通过现有搜索引擎挖掘出来的数据外，还有很多数据存在于其他尚不能简单获得的空间中，譬如传感器网络数据，很多传感器是安装在火车、汽车和飞机上，每个传感器都增加了数据的多样性。这些不同类型的数据对数据的处理能力提出了更高要求。

（三）数据价值密度较低

随着物联网的广泛应用，信息感知无处不在，信息海量，但价值密度较低。价值密度的高低与数据总量的大小成反比，一段1小时的视频，在连续不间断的监控中，有用数据可能仅有一二秒。大数据具有多层结构，这意味着大数据会呈现出多变的形式和类型。相较传统的业务数据，大数据存在不规则和模糊不清的特性，造成很难甚至无法使用传统的应用软件进行分析。传统业务数据随时间演变已拥有标准的格式，能够被标准的商务智能软件识别。如何在海量的复杂数据中快速完成数据价值的“去噪”，如何通过强大的机器算法更迅速地完成数据的价值“提纯”，是大数据时代亟待解决的难题。

（四）数据速度快，时效性高

这是大数据区分于传统数据最显著的特征。传统数据更新周期基本为日、周、月，辅以少量的实时数据更新，在高速网络时代，通过基于实现软件性能优化的高速电脑处理器和服务器，创建实时数据流已成为流行趋势。这种数据生成快，时效也就更快，处理数据要求的速度也就加快。

即使比较先进的商务智能数据处理，也基本是以日、周、月、季度和年为时间维度的静态数据分析。大数据要求高速描述和反映数据被创建和移动的速度，并据此作出对应的应对措施，换句话说，对数据的处理速度和数据的时效性提出了更高要求。以电力电量平衡测算为例，需要实时采集电网数据、实时分析、实时计算，快速测算结果，并反馈至电力调度部门进行有序用电执行预案的实时决策，如果相关数据获取不及时则会大大影响调度部门对有序用电的分析和决策。

专栏 10－1

大数据的由来

2003 年，奥伦·埃齐奥尼(Oren Etzioni)准备乘坐从西雅图到洛杉矶的飞机去参加弟弟的婚礼。他知道飞机票越早预订越便宜，于是他在这个大喜日子来临之前的几个月，就在网上预订了一张去洛杉矶的机票。在飞机上，埃齐奥尼好奇地问邻座的乘客花了多少钱购买机票。当得知虽然那个人的机票比他买得更晚，但是票价却比他便宜得多时，他感到非常气愤。于是，他又询问了另外几个乘客，结果发现大家买的票居然都比他的便宜。对大多数人来说，这种被敲竹杠的感觉也许会随着他们走下飞机而消失。然而，埃齐奥尼是美国最有名的计算机专家之一，从他担任华盛顿大学人工智能项目的负责人开始，他创立了许多在今天看来非常典型的大数据公司，而那时候还没有人提出“大数据”这个概念。1994 年，埃齐奥尼帮助创建了最早的互联网搜索引擎 MetaCrawler，该引擎后来被 InfoSpace 公司收购。他联合创立了第一个大型比价网站 Netbot，后来把它卖给了 Excite 公司。他创立的从文本中挖掘信息的公司 ClearForest 则被路透社收购了。在他眼中，世界就是一系列的大数据问题，而且他认为他有能力解决这些问题。作为哈佛大学首届计算机科学专业的本科毕业生，自 1986 年毕业以来，他也一直致力于解决这些问题。飞机着陆之后，埃齐奥尼下定决心要帮助人们开发一个系统，用来推测当前网页上的机票价格是否合理。作为一种商品，同一架飞机上每个座位的价格本来不应该有差别。但实际上，价格却千差万别，其中缘由只有航空公司自己清楚。埃齐奥尼表示，他不需要去解开机票价格差异的奥秘，他要做的仅仅是预测当前的机票价格在未来一段时间内会上涨还是下降。这个想法是可行的，但操作起来并不是那么简单。这个系统需要分析所有特定航线机票的销售价格并确定票价与提前购买天数的关系。如果一张机票的平均价格呈下降趋势，系统就会帮助用户做出稍后再购票的明智选择。反过来，如果一张机票的平均价格呈上涨趋势，系统就会提醒用户立刻购买该机票。换言之，这是埃齐奥尼针对 9 000 米高空开发的一个加强版的信息预测系统。这确实是一个浩大的计算机科学项目。不过，这个项目是可行的。于是，埃齐奥尼开始着手启动这个项目。埃齐奥尼创立了一个预测系统，它帮助虚拟的乘客节省了很多钱。这个预测系统建立在 41 天内价格波动产生的 12 000 个价格样本基础之上，而这些信息都是从一个旅游网站上搜集来的。这个预测系统并不能说明原因，只能推测会发生什么。也就是说，它不知道是哪些因素导致了机票价格的波动。机票降价是因为很多没卖掉的座位、季节性原因，还是所谓的周六晚上不出门，它都不知道。这个系统只知道利用其他航班的数据来预测未来机票价格的走势。“买还是不买，这是一个问题。”埃齐奥尼沉思着。他给这个研究项目取了一个非常贴切的名字，叫“哈姆雷特”。这个小项目逐渐发展成为一家得到了风险投资基金支持的科技创业公司，名为 Farecast。通过预测机票价格的走势以及增降幅度，Farecast 票价预测工具能帮助消费者抓住最佳购买时机，而在此之前还没有其他网站能让消费者获得这些信息。

这个系统为了保障自身的透明度，会把对机票价格走势预测的可信度标示出来，供消费者参考。系统的运转需要海量数据的支持。为了提高预测的准确性，埃齐奥尼找到了一个行业机票预订数据库。有了这个数据库，系统进行预测时，预测的结果就可以基于美国商业航空产业中，每一条航线上每一架飞机内的每一个座位一年内的综合票价记录而得出。如今，Farecast 已经拥有惊人的约 2 000 亿条飞行数据记录。利用这种方法，Farecast 为消费者节省了一大笔钱。棕色的头发，露齿的笑容，无邪的面孔，这就是奥伦· 埃齐奥尼。他看上去完全不像一个会让航空业损失数百万潜在收入的人。但事实上，他的目光放得更长远。2008 年，埃齐奥尼计划将这项技术应用到其他领域，比如宾馆预订、二手车购买等。只要这些领域内的产品差异不大，同时存在大幅度的价格差和大量可运用的数据，就都可以应用这项技术。但是在他实现计划之前，微软公司找上了他并以 1.1 亿美元的价格收购了 Farecast 公司。而后，这个系统被并入必应搜索引擎。到 2012 年为止，Farecast 系统用了将近十万亿条价格记录来帮助预测美国国内航班的票价。大数据洞察 Farecast 票价预测的准确度已经高达 75%，使用 Farecast 票价预测工具购买机票的旅客，平均每张机票可节省 50 美元。Farecast 是大数据公司的一个缩影，也代表了当今世界发展的趋势。五年或者十年之前，奥伦· 埃齐奥尼是无法成立这样的公司的。他说：“这是不可能的。”那时候他所需要的计算机处理能力和存储能力太昂贵了！虽说技术上的突破是这一切得以发生的主要原因，但也有一些细微而重要的改变正在发生，特别是人们关于如何使用数据的理念。

（摘自维克托·迈尔·舍恩伯格、肯尼思·库克耶《大数据时代》，浙江人民出版社，2013 年）

二、大数据时代对数据分析的改变

（一）分析数据是全数据，而不是采样数据

在大数据时代，数据“大”不仅仅是数据来源量大，对数据处理对象的范围也要求“大”。过去，当我们面对大量数据的时候，我们基本采用统计采样的方式进行分析，但是采样分析是信息缺乏时代和信息流通受限制的模拟数据时代的产物，那时我们将这种方法看做是理所当然。进入大数据时代，因为数据价值密度较低，如果依旧采用传统的抽样采样方法，我们很可能挖掘不到有用的信息，也可能丢失非常关键的细节。

随着网络和计算技术的提高，我们现在可以借助云计算等大计算的工具，我们现在可以分析更多的数据，有时候甚至可以处理和某个特别现象相关的所有数据，而不再依赖于随机采样，此时反过来再看原来的抽样采样方法，那个“理所当然”就变得不可思议了。与过去局限在小数据范围的分析相比，现在使用全样本数据分析为我们带来了更高的精确性，也让我们看到了一些以前无法发现的细节！云计算提供了基础的架构平台，大数据借助它进行处理，目前公认的处理大数据的最有效的分布式处理，就是云计算思想的一种具体体现。通过数据处理，将数据中有用的东西提取出来，变成信息、变成智能、变成有价值的东西。

（二）精准的定位，而非精确的数据分析

与之前数据分析时追求精确度不同，大数据时代面对如此众多的数据，我们不再热衷于追求精确度，而是将目标锁定为精准的定位。过去对数据的分析我们需要精确的分析，譬如过去对大客户群体分类时，我们会关注持有资金500万的投资群体，因为如果我们不能得到他是500万还是50万的投资者，我们就没有办法获得我们的分析效果。这和我们过去测量分析手段的能力受限有关，我们必须有所选择，只关注其中最重要的对象，这就必须有一个精确的数据结果作为取舍的标准。长期以来建立在这样的逻辑思路上的分析技术，使得我们更加习惯于精准的分析，直到今天，我们的数字技术依然建立在精准的基础上。我们假设只要电子数据表格把数据排序，数据库引擎就可以找出和我们检索的内容完全一致的检索记录。如果此时数据库引擎带给我们的是大量但模糊的数据记录，我们反而会无所适从，这种建立在“小数据”背景下的思维方式，要求我们必须尽可能精准地量化我们的记录。

但是，这样的对比或许会说明大数据时代和小数据时代的不同：每个投资者都会对每一笔投资的佣金比例、印花税率比较关注，成为他们决策买卖的关键信息之一，因为这可能决定了他们在10元买入的股票，在10.05元卖出是否赚钱，而对于证券公司来说，他们核算自己的利润一定不会计算每笔买卖精确到“分”的收益大小。大数据时代对于客户群体的关注可以不再局限于资金量的大小，而是面对不同群体有精准定位的针对性对策，从而锁定一切可以锁定的客户，却并不增加锁定的成本。这说明随着数据规模和范围的扩大，对数据分析精确度的痴迷将减弱，转而追求有方向性的定位技术。达到精确需要有专业的数据库，达到精准定位需要大数据分析。

当然，任何时候针对小数据量和特定事情的精确性分析依然是必要的，比如投资者的账户上是否有足够的保证金进行证券投资，依旧是我们限制投资者行为的标准。现在我们只是不再沉迷于这种精确分析，我们需要适当忽略微观层面上的精确度，而让我们在宏观层面上对大数据分析后锁定更多的投资群体。

（三）忽视寻找因果关系，只关心相关关系

因果分析和相关性分析是近代数据分析的两个重要方面，过去我们面对这两类分析的时候，更多地强调因果分析的重要性。这似乎是显然的事情：一个学校的树木数量和学生人数之间可能存在相关关系，但并不存在因果关系，所以似乎分析学校树木量与学生人数之间的关系是没有必要的。寻找事物之间的因果关系是人类长久以来的习惯，是一种思维，大多数情况下也是正确的思维。

然而大数据时代，寻找事物间的因果关系变得非常困难，譬如，我们很难准确地从投资者的每一次或者做多、或者做空的投资行为中，判断出是何种因素导致了他的这种或者做多、或者做空的行为发生，甚至从某种意义上看，这种因果关系的分析成本和它带来的效果之间没有正相关的关系。在大数据时代，数据量的巨大和信息价值的低密度使得我们无须再紧盯事物之间的因果关系，而只要寻找事物之间的相关关系，这种相关关系的寻找比因果关系的寻找简单多了，但它却一样能够给我们提供非常新颖且有价值的决策分析结论。相关关系也许不能准确地告诉我们某件事情为何会发生，但是它会提醒我们这件事情正在发生，我们只要根据已经在发生的事情做出应有的决策便可。

三、大数据带来的金融革命

大数据带来了一系列的金融革命，这些革命正在发生，并且每天都在发展。我们已经看到的金融革命表现在以下的方面。

(一) 基金的投资决策依据发生着变化

过去基金的投资决策基本上或者依据宏观、中观、微观的基本面分析，或者依据市场技术面的分析，或者采用投资组合的方式避免风险，但是进入大数据时代，一些新颖的决策依据正在出现，并且取得了不错的效果。

1. 基金根据民众情绪买卖股票

华尔街“德温特资本市场”公司首席执行官保罗·霍廷每天的工作之一，就是利用电脑程序分析全球 3.4 亿微博账户的留言，进而判断民众情绪，再以“1”到“50”进行打分。根据打分结果，霍廷再决定如何处理手中数以百万美元计的股票。霍廷的判断原则很简单：如果所有人似乎都高兴，那就买入；如果大家的焦虑情绪上升，那就抛售。这一招收效显著：当年第一季度，霍廷的公司获得了 7%的收益率。

2. 社交网络的情绪和证券的价格具有相关关系

社交媒体监测平台 DataSift 监测了 Facebook(脸谱)首次公开募股当天推特(Twitter)上的情感倾向与 Facebook 股价波动的关联。在 Facebook 开盘前 Twitter 上的情感逐渐转向负面，25 分钟之后 Facebook 的股价便开始下跌。而当 Twitter 上的情感转向正面时，Facebook 股价在 8 分钟之后也开始了回弹。最终当股市接近收盘、Twitter 上的情感转向负面时，10 分钟后 Facebook 的股价又开始下跌。最终的结论是：Twitter 上每一次情感倾向的转向都会影响 Facebook 股价的波动。

3. 算法交易成为自动交易的依据

目前风靡华尔街的算法交易正是让大数据为其服务的最好案例。一些算法交易公司凭借的就是通过跟踪全球互联网上的头条新闻以及微博数据等捕捉政治、经济方面的变化对市场的影响，并将其作为股市投资的信号。一些提供专业服务的技术平台风起云涌。MarketPsych 公司和路透社合作提供了 119 个国家的 18 000 多个独立指数，如每分钟的心情状态——乐观、忧郁、快乐、恐惧和生气等，为金融机构的自动交易提供第三方服务。

(二) 银行不再仅仅是银行

1. 小微企业信贷难题正在被攻克

传统银行面对中小企业信贷时，都因为绞尽脑汁也无法甄别客户的信用，所以经常采取放弃的方式，使得中小企业信贷成为世界性难题。但电商企业凭借物流、资金流、信息流整合的平台战略，通过对包括注册信息、网上消费记录、不良记录、信用等级等客户数据分析，却能够准确判断客户资质，占领小微企业的巨大市场。这迫使银行放下“高傲”，抛弃以“业务为中心”的旧思路，转向以“客户为中心”的互联网时代的新思维。那些沉睡在数据中心的数据，无疑是帮助银行了解客户的金钥匙。银行不再是过去坐等顾客上门的银行，银行成为客户数据分析中心。

2. 信贷管理依据的信息不再是过去银行的征信体系

传统银行信贷管理的基础是征信体系，但征信体系数据单薄的天然缺陷一直是银行开展业务的一个瓶颈。大数据准确和有价值的信息为银行信贷审批与决策提供了一个新的视角和工具。包括微信、微博在内的社交网站以及搜索引擎、物联网和电子商务等平台将人们之间的人脉关系、情绪、兴趣爱好、购物习惯等生活模式以及经历一网打尽，并将其加入到巨大的个人信息库中。银行利用这些更加准确和丰富的数据在信用分析和客户评级方面做出正确判断和决策，让信贷决策不再仅仅凭借滞后的数据和束缚手脚的条条框框，而是从被动转变为主动，从信用分析发展到行为分析，为信贷审批带来全新的方式。银行成为个人信息的管理中心。

3. 非柜台业务成为银行业务的主体

余额宝等互联网金融的出现，对传统银行产生了前所未有的冲击。中国工商银行是全球最大的银行，到 2012 年 12 月底，他们 ATM 机的全年交易量就已经超过了银行网点交易量，ATM 机数量就已经达到约为 6.57 万台，日均交易 305 笔/台，银行网点日均业务量 1.797 亿笔，数字说明工商银行的业务已经在向离柜发展。而大数据下互联网金融的出现，进一步迫使他们在电话银行、手机银行和自助银行等电子银行的业务量已经约占全部业务量的 75%的背景下去思考：如何运用各种电子渠道积累的庞大数据，拓展非柜台的金融业务？

4. 客户响应成为银行的盈利源泉

DNB 银行是挪威最大的银行，拥有挪威一半人口的客户，但从 2007 年开始，DNB 银行的市场份额逐渐下降，互联网公司和新型交易公司涉足金融服务，传统信用卡公司推出移动支付解决方案，甚至连挪威最大的电信运营商 Telenor 也在巴基斯坦买下一家银行，冲击着金融业。为了应对这种挑战，DNB 银行大力拓展电子渠道方面的建设。DNB 银行从数据出发，基于电子渠道采集的海量数据，了解客户情况，整合旧有数据，引入诸如 Teradata 等在大数据分析领域颇有建树的合作伙伴。另外，DNB 成立团队，负责社交媒体的客户响应，在 Facebook 等网站上实现对客户 95%的响应度。通过用数据分析的工具，例如预测建模等，将能够在很大程度上减少客户的不满意，并实现对银行销售活动全天候的追踪。DNB 银行的 CRM 创造的收入使其所归属的市场营销部门转变为盈利中心。

5. 跨界经营成为银行发展的趋势

银行与商业的跨界联动也许是银行不再仅仅是银行的最好解析。我们都已经发现了银行信用卡在客户的商业零售消费中的折扣优惠，亚洲花旗有 25 位数据分析师，2012 年在新加坡设立了一个新的“创新实验室”，将数据分析师和大机构客户与孟加拉的大型分析中心联系在一起，如果客户签下服务，刷信用卡，系统可以查看任何一天客户购物和吃饭的地点，以及偏好，如果发现该客户喜欢意大利餐，快到午餐时，如客户所处的位置附近有一家著名的意大利餐馆，银行可以发送短信，提供那家餐馆的打折券，使得第二次交易出现。系统甚至有能力找出客户接受这项优惠的比例。

（三）量化投资不仅仅在二级市场

很多人以为量化投资就是二级市场的投资，其实量化投资不仅仅是在二级市场上实现投资的一种方法。

1. 任何有投资的地方，都可以进行量化投资

现在量化投资的发展早已经跳出了当初利用市场波动进行投资的阶段，量化投资就是将人们过去的一切经验和努力变成定量的数据，克服人的主观性弱点，使得投资的成功率大幅度提高的一种手段。因此，只要是投资决策的过程，都可以利用量化投资的技术。

2. 量化投资拓展投资的空间

在大数据时代，很多过去人们不能进行的投资活动，都可以借助量化投资的手段实现投资。譬如，在定性投资阶段，人们一定是要进行投资领域的选择的，风险型的投资者是不愿意投资无风险市场的，而风险厌恶型的投资者是不愿意投资风险较强的市场的。因此，稳妥的投资者会选择购买发行的国债，而不愿意到二级市场购买国债。但建立在大数据分析基础上的量化投资则不管市场是何性质，它都会根据数据在风险一收益之间进行平衡，也可以实现风险型投资者一级市场的套利购买行为。

第二节 新量化投资时代的到来

2013 年 8 月 16 日的“光大证券乌龙指事件”似乎一下子将原本很隐秘的量化投资暴露在了光天化日之下。其实量化投资早就存在于投资的二级市场，利用高频数据的微小波动，国外的投资模型早在二十世纪八九十年代就已经取得了效率高达 70%以上的良好效果。量化投资区别于定性投资的鲜明差别就是模型的使用，但大数据时代，在量化投资模型中，引入了投资数据与人的关系的分析，使得量化投资进入了新的时代。

专栏 10－2

光大证券乌龙事件

2013 年 8 月 16 日，这本来是再平凡不过的一天，但是因为光大证券的乌龙事件，这一天将在中国证券史上，留下浓墨重彩的一笔。

8 月 16 日上午 11 点过后，沪指突然直线拉升 100 点，涨逾 5%，2 分钟内成交额约 78 亿元。工商银行、中国银行、农业银行、招商银行、中国石油、中国石化等 72 只蓝筹股一度集体触及涨停。这一颠覆了以往常识的市场表现，让所有的市场参与者震惊。

很长时间之后，人们才意识到，由于这两分钟发生的事情，很多人的生活和职业生涯将进入另外一个轨道。但是在当时，人们能做的只是互相观望，试图确认自己看到的不是幻觉。与此同时，无数版本的传言和猜测爆发式地出现，每个人都尝试去解释究竟发生了什么，但是言中者寥寥。

混乱持续的时间并不长，很快上交所揭开谜底，临时停牌公告将所有人的目光聚集到了光大证券身上，惊天乌龙事件的主角浮上水面。14时许，上交所确认，光大证券策略投资部是导致这一切的“罪魁”。

遗憾的是，事件进程从此进入慢车道，证监会与上交所、上海证监局开始介入调查，但一直未有结果，直到8月16日深夜，光大证券的高层一直在上海总部大楼开会，未向公众披露详情。

胶着之中，中金所披露信息，与光大证券关联密切的光大期货，于8月16日持有股指期货空单7023手，成为市场上持空单过夜最多的机构，是8月16日下午指数回落过程中最大的受益者。一时间，光大自救、内幕交易、操纵市场的猜测不绝于耳。

2013年8月30日，证监会对光大证券进行了处罚：认定光大证券构成内幕交易等多项违法违规行为，没收光大证券“8·16事件”中违法所得87 214 278.08元，并处以5倍罚款。对徐浩明、杨赤忠、沈诗光、杨剑波分别给予警告、罚款60万元并采取终身的证券市场禁入措施。对梅键责令改正并处以罚款20万元，停止光大证券自营证券业务(固定收益除外)，暂停审批光大证券新业务，责令光大证券整改，不设整改期限，并要求将整改情况和处理结果上报证监会。证监会同时表示，事件导致投资者损失严重，投资者可以提起诉讼依法要求赔偿。

根据光大证券股份有限公司2013年8月19日发布的临2013—035公告，为保持市场稳定、保护投资者利益，公司将平稳处置因“8·16”事件而购入的股票(注：按购入成本计算共计53.75亿元)，公司承诺在制定并公告处置方案前，不会减持上述股票。

2013年11月16日光大证券公告，经慎重研究，公司已制定如下处置方案：(1) 年内采用大宗交易市场及竞价交易市场单向减持方式进行处置，金额不超过30亿元(按持仓成本计算)，剩余部分以后年度在不影响市场的情况下择机处置；(2) 为避免对市场造成冲击，通过竞价交易市场处置时，原则上每个交易日处置金额不超过3亿元，单只股票每个交易日处置数量(股数)不超过当日该只股票总交易量的20%；(3) 为利于市场稳定，结合公司信用业务发展需要，公司拟将部分股票用于融资融券和转融通业务。

2014年2月8日，光大证券乌龙指事件主要当事人、案发时任策略投资部总经理的杨剑波不服中国证监会判罚，向北京市第一中级人民法院提起诉讼。诉讼请求是，撤销证监会做出的《行政处罚决定书》和《市场禁入决定书》。4月3日，杨剑波状告证监会一案首次开庭审理。同年5月19日，“光大乌龙指”案主角杨剑波对网易财经透露，已在上周五接到北京市一中院的通知，因案情复杂，诉证监会一案经过申请并获高级人民法院批准，将最多延期三个月宣判。这也就意味着，该案最迟要在8月18日之前宣判。

图10-1列明了光大乌龙事件的当日时间节点的示意。

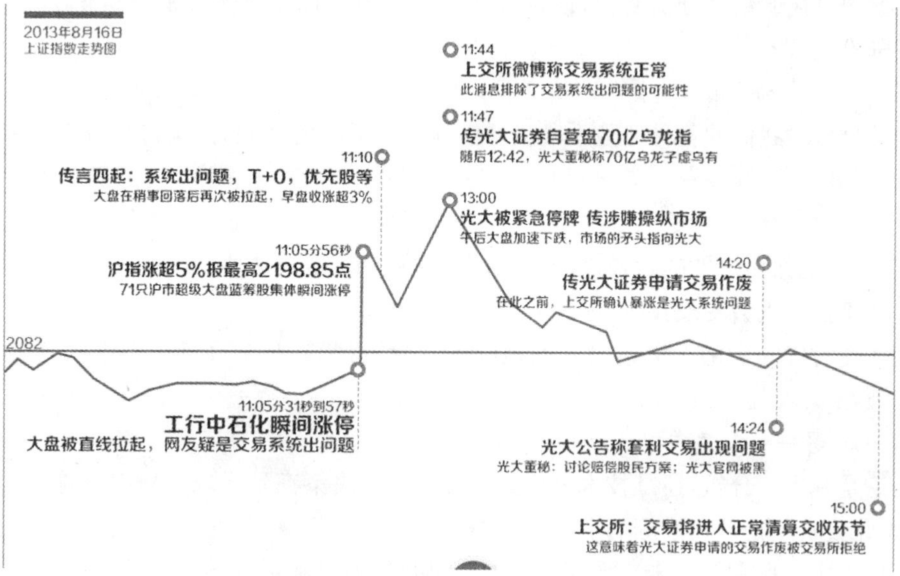

图 10－1　光大乌龙指事件的当日时间节点示意

一、量化投资的基本特点

量化投资与传统的定性投资管理主要依赖对上市公司的调研，以及基金经理个人的经验及主观的判断。不同的是，定量投资管理主要是将“定性思想量化应用”，换句话说，量化投资是更加强调了数据的作用，更加客观，但其基础依旧是定性的思想。

（一）决策执行的纪律性

分析、决策、执行，这是投资过程的三个环节，量化投资将这三个环节都实现了自动化，因而保证了决策和执行的纪律性。所有的决策都是依据数据分析模型做出的，这些模型千差万别、各式各样，但听从分析模型的结果进行决策和执行，是量化投资的一个特点。就如同医疗行业的诊断设备多种多样一样，尽管设备可能并不完善，但你要借助设备，就需要信任设备的检测结果。

量化投资的纪律性有很多好处，但最大的好处在于可以克服投资中人性的两大弱点：贪婪和恐惧。

（二）系统性分析和选择

在定性分析时，因为能力所致，我们的分析常常挂一漏万，在海量的信息中，习惯于寻找支持自己结论的信息，而忽视反对自己结论的信息，主观色彩很浓。在选择投资范围时，我们常常局限在自己熟悉的自选组合中，对不熟悉的品种不太敢贸然进行投资。而量化投资不仅仅可以在宏观周期、经济指标、市场结构、市场估值、成长性、盈利质量等方面进行分析，也可以分析市场的相关信息，甚至可以分析分析师的预测、市场投资者的情绪等多个方面的信息，具有明显的系统特点。而在投资范围的选择方面，量化投资可以依据大数据，在大类资产配置、行业选择、个股选择等方面进行自动识别，克服了经验主义的盲区。

大数据时代的数据分析能力，使得量化投资有可能捕捉到更多的投资机会，获得更大的投资收益。

（三）降低投资风险，使得收益有了更大的保证

定性分析时我们的各种避险手段主要依赖于投资者的经验，而定量投资可以在不同市场、不同时点、不同投资工具间寻找稳定的套利投资机会。就譬如寻找证券的估值洼地，定性分析时我们只能琢磨哪些公司可能被市场低估了，而量化投资则通过对公司某些时点下的、全面系统性的扫描，捕捉到市场错误定价、错误估值的瞬间，并决策和执行，从而快速将投资机会变成投资成果。

大数据时代的量化投资最大限度地降低了投资风险，促进了市场价格发现功能的实现。

（四）从另一个视角追求大概率事件

无论是基本面分析，还是技术分析，我们的分析、决策都是寻求大概率事件发生的可能性，量化投资则是从大数据的定量分析中，进一步实现这种大概率的追求：定量投资不断地从历史中挖掘有望在未来重复的历史规律并且加以利用；将组合投资建立在更加有效的数据分析基础上。

虽然投资分析和决策所追求的是大概率事件没有变，但量化投资是建立在大数据分析基础上的，这使得大概率变得更“大”。

二、量化交易系统

量化交易系统就是用计算机来代替人下单的一种交易系统，有全自动和半自动两种。一般来说，量化交易系统分为订单生成系统和订单执行系统两大部分。其中订单生成系统的任务是发出交易信号，即根据某个模型来判断是否进行买入或者卖出的操作；订单执行系统则将这些交易信号变成具体的交易指令，并发往交易所（如图 10 - 2）。

图 10 - 2　量化交易系统示意图

根据数学模型的理念和对计算机技术的利用方式，量化交易系统可以进一步细分为自动化交易系统、量化投资系统、程序化交易系统、算法交易系统以及高频交易系统等类型。

采用量化交易系统的好处：

(1) 速度快。海外的极速交易系统可以在微秒级下单，国内的顶尖交易系统也可以实现毫秒级的下单。据中信证券的高绍根博士介绍，他们最新上线的极速平台股票下单延迟小于 2 毫秒，在国内属于领先水平。

(2) 可以 24 小时监控市场。特别是最近商品期货的夜盘出现后，24 小时人工盯盘的方式已经不可能，利用计算机来交易，可以大大减轻人工交易员的工作量。

正是由于这样的优势，量化交易系统在海外已经得到了广泛的应用，美国 70%以上

的交易量都是由量化交易实现。

三、量化投资的策略

量化投资策略就是利用量化的方法，进行金融市场的分析、判断和交易的策略、算法的总称。

（一）趋势判断型量化投资策略

趋势判断型量化投资策略就是将各种趋势定性分析的方法，转化为对未来趋势的定量分析，并据此进行自动投资的一种策略。

1. 量化选股

量化选股就是利用数量化的方法选择股票及其组合，期望该股票组合能够获得超越基准收益率的投资行为。量化选股策略总的来说可以分为两类：第一类是基本面选股，第二类是市场行为选股。

基本面量化选股策略主要有多因子模型、风格轮动模型和行业轮动模型等。市场行为量化选股策略主要有资金流模型、动量反转模型、一致预期模型、趋势追踪模型和筹码选股模型等。

(1) 多因子模型是应用最广泛的一种选股模型，基本原理是采用一系列的因子作为选股标准，满足这些因子的股票则被买入，不满足的则被卖出。

(2) 风格轮动投资量化模型是通过最优动态特征因子的定位技术，很好地紧跟市场流行风格的变化，而自动选出最符合目前市场风格的最优投资组合。通过最优风格轮动投资量化模型选择的投资组合，无论在牛市、熊市，还是牛熊交替市，收益率均高于同期。

(3) 行业轮动模型是指在资产配置时，在不同的资产间进行调整的一种策略。在一个完整的经济周期中，有些是先行行业，有些是跟随行业。例如，对某个地方基础设施的投资，钢铁、水泥、机械属于先行行业，投资完后会带来房地产、消费、文化行业的发展，这就属于跟随行业。研究在一个经济周期中的行业轮动顺序，从而在轮动开始前进行资产配置，在轮动结束后进行配置调整，则可以获取超额收益。

(4) 资金流模型。资金流是一种反映股票供求关系的指标。资金流入是证券价格在约定的时间段中处于上升状态时产生的成交额，是推动指数上涨的力量。资金流出是证券价格在约定的时间段中下跌时产生的成交额，是推动指数下跌的力量。根据资金流特征分析得出市场对潜在信息反应过度，采用逆向选择理论，运用资金流指标建立选股模型，将能够有效地筛选优劣股票。

(5) 动量和反转模型。动量与反转效用是市场上经常出现的一种情况。动量效应是指在一定时期内，如果某股票或者某股票组合在前一段时期表现较好，那么，下一段时期该股票或者股票投资组合仍将有良好表现。而反转效应则是指在一定时期内表现较差的股票在接下来的一段时期内有回复均值的需要，所以表现会较好。

(6) 一致预期模型。从历史经验来看，市场热衷于追捧一致预期看好的股票，而摈弃预期不好的股票；同时，市场也会迎合那些未来有高成长预期的股票，并因此而提升个股或行业的估值水平。也就是说，市场预期本身很重要。一致预期选股策略采用分析师的评级数据来构建相应的组合，试图找出最适合的一致预期参数。

(7) 趋势追踪模型。趋势追踪的基本思想是追随大的走势，趋势追踪策略就是试图寻找这种大的趋势波段的到来，并且在突破的时候进行建仓或者平仓操作，以期获得大的波段收益。

(8) 筹码选股模型。筹码选股的基本思路是判断某个股票的筹码分布情况来判断股票未来的涨跌。根据主力持仓理论，如果主力资金开始收集筹码，则意味着在未来一段时间该股票出现上涨的概率比较大；如果主力资金开始派发筹码，则意味着在未来一段时间该股票出现下跌的概率比较大。

专栏 10－3

程序化交易主要策略

程序化交易系统是指设计人员将交易策略的逻辑与参数在电脑程序运算后，并将交易策略系统化。程序化交易中经常采用的主要策略如表 10－1 所示。

表 10－1　程序化交易主要策略

交易策略	主要依据和形式
指数套利策略(Index Arbitrage Strategies)	短期市场无效 无风险套利 纠正市场 流程
数量程序交易策略(Quantitative Program Trading Strategies)	不考虑基本面因素 纯粹统计关系
动态对冲策略(Dynamic Hedging Strategies)	衍生产品和相应标的对冲 指数期权 指数期货
配对交易策略(Paired Trading Strategies)	历史有稳定偏差的两只股票现在偏差变了
久期平均策略(Duration Average Strategies)	

2. 量化择时

量化择时就是利用数量化的方法，通过对各种宏观微观指标的量化分析，试图找到影响大盘走势的关键信息，并且对未来走势进行预测。主要包括趋势择时、市场情绪择时、有效资金模型、牛熊线择时、Hurst 指数择时、SVM 分类择时、SWARCH 模型及异常指标择时。

(1) 趋势择时

趋势择时的基本思想来自于技术分析，技术分析认为趋势存在延续性，因此只要找到趋势方向，跟随操作即可。趋势择时的主要指标有 MA、MACD、DMA 等。

(2) 市场情绪择时

市场情绪择时就是利用投资者的热情程度来判断大势方向，当投资者情绪热烈、积极入市时，大盘可能会继续涨；当投资者情绪低迷、不断撤出市场的时候，大盘可能继续下跌。

(3) 有效资金模型

有效资金模型和选股模型中的资金流模型类似，其是通过判断推动大盘上涨或者下跌的有效资金来判断走势，因为在顶部和底部时资金效果具有额外的推动力。

(4) 牛熊线择时

牛熊线择时的思想就是将大盘的走势划分为两根线，一根为牛线，一根为熊线。在牛熊线之间时大盘不具备方向性，如果突破牛线，则可以认为是一波大的上涨趋势的到来；如果突破熊线，则可以认为是一波大的下跌趋势的到来。

(5) Hurst 指数择时

Hurst 指数是分形理论在趋势判断中的应用，分形市场理论认为，资本市场是由大量具有不同投资期限的投资者组成的，且信息对不同投资者的交易周期有着不同的影响。利用 Hurst 指数可以将市场的转折点判断出来，从而实现择时。

(6) SVM 分类择时

SVM 是一种分类技术，具有效率高、推广性能好的优点，SVM 分类择时就是利用 SVM 技术进行大盘趋势的模式识别，将大盘区分为几个明显的模式，从而找出其中的特征，然后利用历史数据学习的模型来预测未来的趋势。

(7) SWARCH 模型

SWARCH 模型是海通证券开发的一种利用宏观经济指标来判断大盘的策略，该模型主要刻画了货币供应量 M2 和大盘走势之间的关系，揭示我国证券市场指数变化与货币供应量之间的相关关系。

(8) 异常指标择时

异常指标择时主要处理一些特殊情况下的择时，例如，在大盘出现顶点或者低点的时候，有些指标容易出现异常数据，主要有：市场噪声、行业集中度和兴登堡凶兆 3 个策略。

(二) 波动率判断型量化投资策略

判断波动率型投资方法，本质上是试图消除系统性风险，赚取稳健的收益。这种方法的主要投资方式是套利，即对一个或者 N 个品种进行买入，同时卖出另外一个或 N 个品种的操作，这也叫做对冲交易。这种方法无论大盘向哪个方向波动，向上也好，向下也好，都可以获得一个比较稳定的收益。在牛市中，这种方法收益率不会超越基准，但是在熊市中，它可以避免大的损失，还能有一些不错的收益。

1. 股指期货套利

股指期货套利是指利用股指期货市场存在的不合理价格，同时参与股指期货与股票现货市场交易，或者同时进行不同期限、不同(但相近)类别股票指数合约交易，以赚取差价的行为。股指期货套利分为期现套利、跨期套利、跨市套利和跨品种套利。

2. 商品期货套利

与股指期货套利类似，商品期货同样存在套利策略，在买入或卖出某种期货合约的同时，卖出或买入相关的另一种合约，并在某个时间同时将两种合约平仓。在交易形式上，它与套期保值有些相似，但套期保值是在现货市场买入（或卖出）实货、同时在期货市场上卖出（或买入）期货合约，而套利却只在期货市场上买卖合约，并不涉及现货交易。商品期货套利主要有期现套利、跨期套利、跨市场套利和跨品种套利 4 种。

3. 统计套利

有别于无风险套利，统计套利是利用证券价格的历史统计规律进行套利的，是一种风险套利，其风险在于这种历史统计规律在未来一段时间内是否继续存在。统计套利的主要思路是先找出相关性最好的若干对投资品种（股票或者期货等），再找出每一对投资品种的长期均衡关系（协整关系），当某一对品种的价差（协整方程的残差）偏离到一定程度时开始建仓——买进被相对低估的品种、卖空被相对高估的品种，等到价差回归均衡时获利了结即可。统计套利的主要内容包括股票配对交易、股指对冲、融券对冲和外汇对冲交易。

4. 期权套利

期权是在期货的基础上产生的一种衍生性金融工具。从其本质上讲，期权实质上是在金融领域将权利和义务分开进行定价，使得权利的受让人在规定时间内对于是否进行交易行使其权利，而义务方必须履行。在期权的交易时，购买期权的一方称为买方，而出售期权的一方则称为卖方；买方即权利的受让人，而卖方则是必须履行买方行使权利的义务人。期权的优点在于收益无限的同时风险损失有限，因此在很多时候，利用期权来取代期货进行做空、套利交易，会比单纯利用期货套利具有更小的风险和更高的收益率。

除了以上交易策略外，量化交易还有事件套利、ETF 套利、LOF 套利和高频交易等策略。

专栏 10－4

什么是阿尔法套利?

阿尔法套利是目前国际对冲基金最主流的交易模型，分为正向阿尔法和反向阿尔法两种：正向阿尔法就是买入股票组合同时做空股指期货；反向阿尔法就是融券做空股票组合同时买入股指期货。

做这个国际上最好的就是 Bridge Water 公司，也是目前最大的对冲基金，管理规模 1 400 亿美金，它的旗舰产品就叫做“Pure Alpha（绝对阿尔法）”。

阿尔法策略的核心就是利用量化选股模型，找到一批可以超越指数的股票，其中国际上最流行的叫做 BARA 多因子模型，它的发明者是国际顶尖基金：巴克莱。目前巴克莱量化管理的规模是 1.6 万亿美金，其中核心的技术就是这个 BARA 多因子模型。

多因子模型的基本原理就是：某个股票在未来一段时间的收益率和某些因子有关，比如，PE、PEG、换手率等，通过对这些因子的分析，就可以构建相应的股票组合，并且不断地轮换组合中的股票，从而达到超越市场的目的。这也是目前最主流的阿尔法套利的模型。

阿尔法套利策略的主流收益率在10%～25%这个区间，并且可以容纳千亿规模的资金，所以这是量化投资最大的主战场，也是航母级的量化策略。

（摘自丁鹏《深度解读光大乌龙指事件》）

第三节　余额宝能否带来新的金融投资形式

一、余额宝创造的神话

2013年6月13日，支付宝联手天弘基金推出一款名为“余额宝”的增值服务，通过“余额宝”，用户1元钱就能买货币基金，赚取远高于活期储蓄的收益，同时又能随时用于支付、消费等，因而它一推出便引起疯狂追捧，短短数日用户数就突破250万。2013年11月14日15时，短短五个月的时间，天弘增利宝（即余额宝）的规模突破了1 000亿元，用户数近3 000万户，天弘增利宝成为国内基金史上首只规模突破千亿关口的基金。仅仅是将传统基金直销系统内嵌到支付宝，在购买和赎回上提供更高的便利性和流动性，余额宝就成功“革”了传统基金销售的“命”，创造了第一个互联网金融“神话”。

二、余额宝是否带来了金融革命

原本按照监管规定，支付宝账户中沉淀资金产生利息的至少90%，可由第三方支付机构获得，但支付宝却用余额宝“革”了自己账户的“命”。这是为什么呢？支付宝金融事业部总监祖国明表示：“我们就想能否做一个增值服务产品，第一可满足‘屌丝’理财需求，第二是为用户带来收益，第三借此增加用户黏性，第四就是强化大数据的利用。”

那么余额宝本身是否是金融革命？我们认为，答案是否定的。

（一）余额宝的高收益得益于现行金融运作的缺陷

余额宝等互联网“宝宝”产品诞生的2013年中期，恰逢市场面临“钱荒”，货币市场利率高企，为其获取较高收益创造了条件。但市场的“钱荒”本身是金融运作缺陷造成的，并非真正意义上的钱荒。事实上，自2007年以来，市场的流动性是不断增强的，市场不缺钱。

伴随着弥补缺陷带来的市场流动性相对宽松，货币市场利率下行，“宝宝”们的收益率也将逐渐下降，互联网“宝宝”产品收益率集体“破五”、“破四”只是时间问题。

（二）1元投资起点能否成为创新

余额宝推出时，非常抓眼球的是“投资起点为1元钱”，这么低的起点令网友将其戏称为“屌丝理财神器”。但实际上，按余额宝目前的收益率来算，投100元一年也才得4元钱，1元钱可能永远也得不到收益，所以，如果真的投入1元钱到余额宝中，就一定并非投资了！因此，将投资起点设定为1元，并非是投资，也就谈不上是金融投资的创新了，最多它就是代表了余额宝的“一种态度”。

（三）金融连接互联网是否创新

互联网金融确实是金融的一种方式上的创新，但余额宝本身并非这种创新。尽管余额宝在推出的数日内就迅速积聚人气，并将天弘基金从一家名不见经传的小公司推上了货币基金老大的位置。但这是由支付宝本身的性质决定的，作为第三方支付手段，支付宝的资金是死资金，所以一个依旧拥有支付宝功能，又能一定程度上提高收益的余额宝就能够上位了。不过，互联网金融创新的核心应该是大数据的应用。把数据分析、预测做到位，这种金融投资工具才是真正意义上的金融创新，余额宝并非这样的工具。

（四）余额宝推动了利率市场化改革

利率市场化是世界金融的市场化基础，我国多年来一直朝着这个方向努力。余额宝虽然是收益率的随行就市，但这是理财产品所共有的必然特点，没有随行就市的收益率就不是理财投资产品了，所以收益率的波动本身与利率市场化无关。由于余额宝资金的去向是货币资金，那么它是否会影响货币市场利率呢？确实我们看到余额宝集小资金为大资金，在与货币市场的需求者进行讨价还价的时候占据了优势地位，但这和利率市场化也无关，毕竟在巨量的货币市场中，余额宝的资金量还不能掀起波澜。

三、余额宝的东家正在努力进行着金融创新

虽然余额宝本身不是金融革命，但余额宝的东家却正在推动着金融革命的进程。作为互联网金融的先行者，阿里巴巴集团称得上是一个标杆。从最早只为解决诚信问题而诞生的支付宝，到近年来的阿里小微贷款、淘宝理财、线上基金、保险、银行、手机支付宝钱包……直到筹备成立中的阿里小微金融服务集团，马云看似“无意”、实则精心打造的金融帝国正在迅速崛起，并给传统金融领域带来巨大冲击。在他的带动下，各路互联网金融群雄并起，各出奇招，传统金融机构则严阵以待，努力求新，谁都不愿坐以待毙。一时间，互联网和金融这两大领域风云际会，带来一场划时代的创新变革。

2012年是互联网金融兴起的一年，阿里巴巴等传统电商开始涉足互联网金融。资料显示截至2012年底，这家2010年成立的小贷公司，已为23.3万阿里网商平台（阿里巴巴、淘宝、天猫）的卖家提供了订单和纯信用贷款，累计放贷额达到766.4亿元，平均贷款规模每笔6万～7万元，不良率1.03%，申请者获贷比例高达74.8%。

四、余额宝带给我们的启示

余额宝虽然不是金融投资的创新，但它确实在推动金融创新上起到了促进作用，余额宝带给我们诸多的启示。

（一）余额宝为什么能够火起来

很多人以为是余额宝的高收益使得它火了起来，其实不然。余额宝火起来是因为我们过去金融和投资领域的改革向前推进得太慢的结果。

1. 国内银行金融的垄断地位导致金融改革滞后于经济改革

国内商业银行一直处于养尊处优的地位，上市银行每年披露的年报所显示的年平均工资收入超过20万元，一直被大家抨击。这几年我国商业银行虽然也有所改革，但和国外银行相比，其服务意识和服务质量都处于较低水平。国外银行发展迅速，信用卡成为支付的主要形式，所以电子商务的发展就很快。但国内很多地方连信用卡都还不能使用，如果你仅仅带着卡而没有带现金，那么你就可能为此付出极高的交易成本。因此，当余额宝出现的时候，一下就带火了本来还存有投资疑虑的货币市场。

可见，加快银行的改革步伐，取消银行的垄断地位，才是避免金融发展陷入泥潭的首选目标。

2. 国内缺乏多层次资本市场

改革开放30多年，特别是近20多年资本市场的发展，取得了很多成绩，但是金融市场始终是一个没有区分度的市场：既没有投资工具的区分度，也没有投资者的区分度，这必然带来巨大的发展障碍。

在形式上，现在我们已经拥有了包括主板、中小板、创业板、新三板等不同层次的市场，但实际上，这些不同的市场都存在同样的风险，都存在同样的没有区分的投资者群体。结果，市场发生同样的风险，投资者面临同样的投资困境，给投资大众的一个直观的感觉就是：国内金融投资无渠道。因而，当余额宝这种看起来无风险，还相对高收益的产品出现，一下子就火了起来，这就如同十年前大家都去投资房地产一样。需求方和投资方都没有区分度的市场就不是多层次的金融市场。

可见，我们不仅仅是要在形式上建立多层次的资本市场，更要将多层次落到实处。要将不同的投资者引入不同的投资市场，这就需要按照投资需求设计和建设不同的市场，一切市场的设计和制度安排，都从投资者角度出发，而不是现在的从融资者角度出发。

3. 中国缺乏成熟的投资者

尽管有了20多年的投资洗礼，但中国并未培养出成熟的投资者群体，投资者对自己没有正确的认识，没有合理的定位，投资被称为“炒”，所以当余额宝这种产品出现的时候，大伙儿一窝蜂地涌入，并未关注这种产品是否适合自己。一个不成熟投资者群体所带来的火爆是不能够持续发展的，这在房地产的买涨不买跌中已经充分体现过。

可见，培育投资者是市场建设的基础。但投资者的培育不能靠说教，需要顶层设计的高瞻远瞩，然后，在风险一收益的实践中培育，这需要落实顶层设计的战术手段。一切为投资者着想，才有可能出现促进资金合理流动的金融市场，也才可能促进成熟投资者的形成。

（二）互联网金融投资发展的条件

1. 有着多种接口的平台作为金融投资平台

余额宝的出现要求我们思考，传统金融机构怎样发展才是跟上时代需求的发展？现在各家银行和证券公司都有网上银行或者网上证券的形式，商业银行还有很多网络接口，譬如手机银行、手机APP等，但如果这些网上业务就是将原来的柜台交易业务搬到了互联网上，绝不是利用互联网做金融的最好方式，我们需要结合互联网的特点推出新的金融投资平台系统。

在互联网金融形式中，还有一种与传统银行没有关系的纯粹的网络银行，没有任何网点，没有存折，给客户一个账号，只要把钱存到里面，需要花钱时就用网络账户支付。这种模式目前国内还没有，而在美国做得很成功。类似这样的创新，今后会大量出现，基本上，多接口的互联网金融投资平台是未来的互联网金融投资生存的条件之一。

2. 有对大数据的分析使用

互联网进入大数据时代的一个标志是“大数据”的出现。余额宝本身是建立在支付宝这个平台基础上的，余额宝要进一步发展，对支付宝中，甚至余额宝中隐藏着的大数据的分析，才是方向。只有充分利用好大数据的金融投资形式，才是真正意义上的互联网金融投资的创新。根据投资者的不同投资风格和投资需求，对投资者提供精准服务是大数据运用的一个重要方面。

3. 要体现完全意义上的金融本质的设计

金融的本质是什么？就是最大限度地实现社会资金资源的合理利用。如果任何一种金融创新没有带来这个东西，就不能称为真正意义上的金融创新，因为它最终一定会被市场所淘汰。

之所以不看好现在余额宝的发展前景，就是因为余额宝本身并未体现金融的本质，不过因为提高了资金使用者的使用成本，一定程度上会遏制资金使用者的浪费，从这个角度，余额宝是一个进步。

4. 能够充分体现现代金融投资的特点

现代金融的特点强调的是收益—风险—流动性的三位一体。任何互联网金融投资的形式都必须是这三个因素的强化。

余额宝正是在收益—风险—流动性三个方面出现了短时间的最佳状态，才有了快速的增长。但未来或许也正是它在收益上依据的货币市场收益率的不稳定性，在风险上不仅仅是对互联网安全的担忧，也还有对监管的担忧，都对其进一步发展形成障碍。

5. 建立其必要的信用体系

没有信用就没有金融。过去三十多年金融发展最大的退步是信用体系越来越弱，而互联网又是在这样的信用缺失下诞生，因此，只有重构金融信用体系的互联网金融才有发展的空间。

余额宝因为支付宝的信用存在，才有其发展的基础，其他各类互联网的金融投资也必须要通过互联网支付建立起新的信用体系。在加强监管的同时，通过信用数据建立起安全支付，才能实现信用，才有互联网金融投资的发展。

在互联网技术上还存在缺陷时，互联网金融投资的建设者们，必须自己先承担起这个风险的损失，才会有互联网金融的发展。可以想见这样的结果：凡是愿意承担因为互联网技术缺陷带给投资者损失的互联网金融投资工具，就一定具有巨大的生命力。

第四节　P2P的投融资模式分析

P2P贷款(Peer-to-Peer lending),也称为点对点信贷,或称为个人对个人的信贷模式。它的运作是通过网络平台实现的,因此P2P就是P2P平台,这个平台一般是由从事点对点信贷中介服务的网络投融资平台公司建立的。通过P2P网络投融资平台,借款人直接发布借款信息,出借人了解对方的身份信息、信用信息后,可以直接与借款人签署借贷合同,提供小额贷款,并能及时获知借款人的还款进度,获得投资回报;所以,它是互联网金融时代的新型金融投融资渠道和方式。目前P2P投融资平台已经有六七年的发展历史,传统的老牌平台拍拍贷、人人贷都已经成为圈内所熟知的网贷平台。

与P2P类似的是P2B,后者是引导个人向小企业提供贷款的平台,它也不做资金的集中,只做一个中介平台,在这个平台也会出现专业团队对这些融资的小微企业进行评级,评级直接对应它在平台上的借款利率,评级低的借款利率就高,评级好的利率就低一些。

一、P2P投融资平台的本质

P2P投融资平台的本质是建立投融资者接触的机会,是除了银行中介和民间个人直接贷款之外的一种新型投融资形式。

社会发展最初的借贷方式是在需要资金的借款人和有闲置资金的出借人之间所发生的偶然事件。银行的出现大大地提高了偶然出现的社会投融资的运作效率。此时,需要资金的借款人不再需要费力地去寻找有闲钱的出借者,只要向银行借款即可;而有闲钱的出借者也不再需要费力地去寻找需要资金的借款人,只要将钱存入银行即可。银行这个金融中介的出现,统治了世界数百年。P2P投融资平台在性质上类似于银行的作用,借款人和出借人都可以很轻松地知道对方的存在,不需要费力地去寻找对方,而平台本身也像银行一样收取中介费用(银行是收取存贷利差)。

那么,既然有了银行的存在,为什么还会有P2P平台的存在呢?

P2P之所以有生命力,完全是因为银行发展过程中绕不过去的风险。作为金融中介,银行的最大问题不是收益率高和低的问题,也不是流动性大小的问题,而是没有了信用出现挤兑的兑付风险问题。所以,银行对每一笔业务都会谨慎地审视,一般不会将贷款发放给那些自身存在风险的初创期企业,P2P恰恰弥补了银行业务的这个空白之处。小微贷款这个因为运作成本过高而让银行敬而远之的贷款类别,因为大数据和互联网时代带来的技术革命,使得贷款正在发生着根本性的改变。对大数据有效的数据分析,利用恰当的技术手段和创新的服务方式为高效满足庞大普通个体的金融需求提供了可能。对于从事这类金融业务的平台和出借资金者,可能因为这些普通小微企业的发展而带来更大的贡献、更高的收益率。

传统信贷业务只能凭借企业的财务信息,依靠企业资产抵押或担保措施来保证贷款本金及利息的安全性。把银行活生生办成了典当!

然而,要焕发互联网投融资平台的生命力,实现互联网平台通过网络一端对接有小额借款需求的人，另一端对接有理财需求的人，就要有一些实现的现实条件。不具备这些条件，P2P 平台就不是投资者的投资平台，各种产品也就不是投资工具。

二、P2P 投融资实现的条件

1. 有效的监管

P2P 是一个交易平台，但作为平台，对参与交易的双方没有一个有效的资格认证，那么就不能保证交易的安全。虽然国外典型的 P2P，像美国的 Prosper 和 Lending Club P2P 公司，都不具有担保功能，是纯粹的平台，它们不介入交易中，出借方和借入方直接交易，但这是基于国外已经存在的完备的个人信用体系，所以看上去投融资平台没有相应的信用支撑，但整个社会的个人信用基础对这种投融资平台的投融资行为形成了实质的信用支撑。

反观国内的 P2P，是在没有社会个人信用基础的背景下建立的，此时如果没有有效的监管体系，就很难快速发展。事实上，目前的 P2P 还处于无准入门槛、无行业标准、无主管机构的“三无”状态，此时的 P2P 就处于高风险敞口状态，发展就冒着巨大的风险。

2. 完善的投融资服务体系

P2P 投融资平台建立的基本前提是，需要借贷的人群可以通过网站平台寻找到有出借能力并且愿意基于一定条件出借的人群。事实上，这样的两种群体是大量存在的，能不能进入到平台上进行投融资交易活动，完全依赖于 P2P 平台的投融资服务体系是否建立。

P2P 投融资平台必须帮助确定借贷的条款，并准备好必需的法律文本。更重要的是，P2P 平台通过帮助贷款人，和其他贷款人一起分担一笔借款额度的方式来分散风险，也帮助借款人在充分比较的信息中选择有吸引力的利率条件，才是中国式 P2P 平台发展之路。与此同时，收取一定的服务费才能够实现，也才有 P2P 平台自身的可持续发展。

3. 实现集合投资和集群积聚的效应

目前 P2P 公司没有比较可靠的个人信用信息，就不得利用集合投资和集群积聚来消除风险。P2P 投融资平台不仅要费尽力气地去提供像国外的 P2P 公司般的服务，还要通过线上、线下等手段去获得客户的信用评级，这实际上做了产业链上多个环节的事情，成本自然是比较高的。此时，要改变这种被动的局面，唯有通过集合投资的方式，和集群积聚的效应来应对。利用集合投资分散风险，同时积累了信用大数据；利用集群积聚效应，降低信用成本，同时积累了信用大数据。所以，对金融机构来说天然存在的集群效应，就是 P2P 投融资平台要努力积攒的宝藏，未来互联网平台积累下的大数据就是 P2P 投融资平台关键的“寻宝图”。

4. 科学的操作流程

P2P 投融资平台一方面满足了借款需求的用户，一方面也满足了投资人高额的利息回报的需求，但 P2P 生存和发展的基础还是科学的操作流程。目前网贷平台的平均年利率超过 16%，这是大部分投资者涌入 P2P 投融资平台的重要原因，但这么高的融资成本实际上也隐含着较大的风险，需要在程序上保证科学有效。

P2P 投融资平台的基本操作流程如图 10-3 所示：

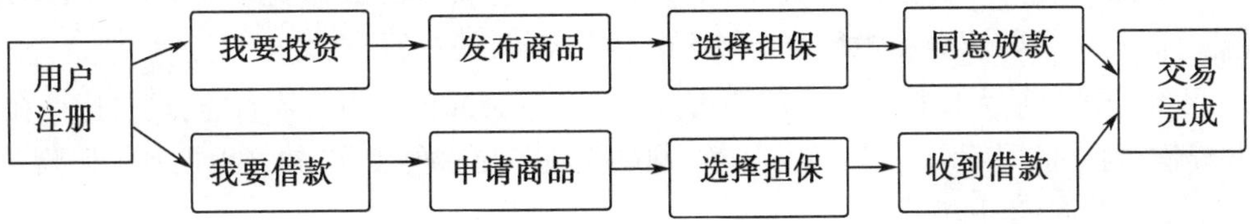

图 10-3　P2P 投融资平台流程示意

三、国外 P2P 运营模式

目前在世界各地，诸如美国、加拿大、英国、日本、意大利等都出现了一些运营模式略有不同的 P2P 网络信贷平台。各国的主要运营模式如下：

1. Prosper 模式

2006 年在美国成立并运营的 prosper. com 网站平台，它主要是要帮助人们更方便地相互借贷。在该网站，借款人要说明自己借钱的理由和还钱的时间，出借人是根据借款人的个人经历、朋友评价和社会机构的从属关系来判断是否出借。借款人设定一个愿意支付给出借人的最高利息率。像拍卖一样，出借人开始通过降低利息率进行竞拍，拍卖结束后，Prosper 将最低利率的出借人组合成一个简单的贷款交给借款人。借款的最低额度可以低到 50 美元，最高可以创建 2. 5 万美元的借款条目。Prosper 负责交易过程中的所有环节，包括贷款支付和收集符合借贷双方要求的借款人和出借人，为此 Prosper 从借款人处提取每笔借款的 1%～3%费用，从出借人处按年总出借款的 1%收取服务费。

从 2006 年 1 月发布至 2008 年 1 月，Prosper 已促成了 1. 17 亿美元的贷款交易，2007 年贷款额比 2006 年增加了 8 100 万美元，增长速度达到了 115%；美国国内的总注册会员已达到 58 万人，2007 年增加用户 40. 5 万人，达到了 230%的增长速度。这个网站最终引起了美国证监会的注意，他们认为网站实际是在卖投资、卖金融产品，这种 P2P(个人对个人)的借贷模式不合法。2008 年初，美国证监会勒令网站关闭。不过 2009 年加州允许该公司重新开业并重新从事 P2P 信贷业务。这说明 P2P 信贷模式在美国也是处于动荡的探索期。Prosper 模式是比较单纯的信贷中介模式，出售平台服务并收取服务费。

2. Zopa 模式

Zopa 起源于英国，并在美国、日本和意大利推广，它提供的是 P2P 社区贷款服务。Zopa 提供的是比较小的贷款，在 1 000 美元和 25 000 美元之间，他们运用信用评分的方式来选择他们的借款人。首先将借款人按信用等级分为 A+、A、B 和 C 四个等级，然后出借人可以根据借款人的信用等级、借款金额和借款时限提供贷款，当然，借款人也可以相应地选择能够接受的贷款利率。Zopa 在整个交易中代替银行成为了中间人，责任包括借贷双方交易中有关借款的所有事务、完成法律文件、执行借款人的信用认证、雇佣代理机构为出借人追讨欠账等。Zopa 希望能用各种保护措施降低出借人的风险，比如强制要求借款人按月分期偿还贷款、借款人必须签署法律合同、允许出借人将一笔钱贷给几位个人借款人。Zopa 的收入来源于收取借款人每笔 0. 5%以及出借人年借款额0. 5%的服务费。

Zopa 的模式获得了业界的认可，在 2007 年分别获得了威比奖(Webby Award)的"最佳金融/支付网站"奖和银行家奖(Banker Award)的"最佳在线项目"奖。成立至今，Zopa 已经获得包括天使投资在内的四轮共 3 390 万美元的投资。Zopa 模式的特点在于分散贷款、划分信用等级、强制按月还款，网站担负了更多的工作，较好地控制了风险。

3. Lending Club 模式

2007 年 5 月上线的加州的森尼维尔市贷款的俱乐部 Lending Club，看中的却是网民联络平台的高传播特性及朋友之间的互相信任，使用 Facebook 应用平台和其他社区网络及在线社区将出借人和借款人聚合。Facebook 是一个类似于 MSN 的全球网民联络平台，拥有千万用户。Lending Club 具有固定的贷款利率及平均三年的贷款年限。借款人在进行贷款交易前必须要经过严格的信用认证和 A—G 分级。出借人可以浏览借款人的资料，并根据自己能够承受的风险等级或是否是自己的朋友来进行借款交易。Lending Club 不采取竞标方式，而是根据不同的借款人的信用等级有不同的固定利率。借款人可以在 Lending Club 的 Facebook 应用中发出借款请求，因为 Facebook 中多为认识多时的朋友或同学，所以大多数借款人都觉得将借款请求在此公布会增加成功的可能性，同时也不必将自己的信用历史公布，增强了私密性。Lending Club 的平均贷款额为 5 500美元。最低1 000美元，最高 2.5 万美元。

目前 Lending Club 已经获得了来自迦南风投(Canaan Venture Partners)和西北投资(Norwest Venture Partners) 1 230 万美元的投资。Lending Club 模式除了划分信用等级外，网站还规定固定利率，并且利用网民交际平台为自己服务，这一点不得不说是一个创举。

4. Kiva 模式

2005 年成立的 Kiva 是一个非营利的 P2P 贷款网站，主要面对的借款人是发展中国家收入非常低的企业。出借人根据地域、商业类型、风险水平等选择企业或企业家。每一个贴出的贷款请求会详细提供各企业家的简历、贷款理由和用途、从其他出借人处借贷的总金额、贷款时限(一般为 6～12 个月)，以及贷款的潜在风险。Kiva 采取的是"批量出借人＋小额借贷"模式，一般每位出借人只要支付 25 美元。一旦一笔贷款的总金额募集完成，Kiva 使用贝宝(PayPal)将贷款转账给 Kiva 的当地合伙人。当地合伙人一般是发展中国家当地的小额金融服务机构(MFI)，他们负责找寻、跟踪和管理企业，同时负责支付和收集小额贷款，最后将到期的贷款收集齐后返还给 Kiva，Kiva 再通过 PayPal 返还给出借人。

据此可以把国外的 P2P 投融资平台归纳为：非营利公益型(Kiva)、单纯中介型(Prosper)，和除了是平台中介外，还是担保人、联合追款人、利率制定人的复合中介型(Zopa、Lending Club)三类。

四、中国的 P2P 运营模式

P2P 在线贷款模式在国外发展迅速，正是因为符合了外国人特有的消费习惯。英美等国民众长期以来形成了依赖信用卡进行超前消费的习惯，所以当一种比向银行借款更灵活、更可行的形式出现时，他们接受起来就更加容易，同时，由于国外信用消费的历史长，具有完善的信用评级制度，每个人的信用程度都可以有据可查。那么，在没有完善信用制度的我国，能否复制这种 P2P 网络贷款模式呢？

根据调查，中国注册登记为担保、金融咨询等公司从事民间借贷中介业务的有上万家，但是其中可以比较规范和成功从事 P2P 业务的，却仍是凤毛麟角。

1. 拍拍贷模式：无抵押无担保模式

拍拍贷成立于 2007 年的上海，是国内较为典型的 P2P 在线信贷平台，可以作为国内一些 P2P 网站的典型样本。拍拍贷借鉴的主要是 Prosper 的模式，采用竞标方式来实现在线借贷过程。利率由借款人和竞标人的供需市场决定。企业利润来自服务费。其操作流程是，借款人发布借款信息，把自己的借款原因、借款金额、预期年利率、借款期限一一列出并给出最高利率，出借人参与竞标，利率低者中标。一般多个出借人出借很少的资金给一个借款人，以分散风险。网页上会有该借款人借款进度以及完成投标笔数的显示。如果资金筹措期内，投标资金总额达到借款人的需求，则他此次的借款宣告成功，网站会自动生成电子借条，借款人必须按月向放款人还本付息。若未能在规定期限内筹到所需资金，该项借款计划则流标。

其风险控制的两个特点是：(1) 规定借款人按月还本付息。这样每月要还的数额是很小的，还款压力也小。而出借人可以按月收到还款，风险也小。(2) 信用审核引入社会化因素。即借款人的身份证、户口本、结婚证、学历证明等都可以增加个人信用分，但这些资料并不需要提供原件，其真实性难以得到有效保证。所以，拍拍贷认为网络社区、用户网上的朋友圈也是其信用等级系统的重要部分之一，网站内圈中好友、会员好友越多，个人借入贷出次数越高，信用等级也越高。这样，网路活跃度也和用户个人身份、财务能力、银行信用度等一起构成了一整套的评价系统。

拍拍贷发展迅速，在近一年半的时间内，在全国积累了逾 8 万名注册用户，单 2009 年 3 月的放贷金额就接近累计总额的五分之一。虽然拍拍贷有黑名单公开曝光，但并不赔偿出借人的经济损失，对于逾期不还的情况，拍拍贷只退还出借人手续费，所以资金回收的潜在风险只能由出借人自行承担。拍拍贷对借款人只有信用要求而无抵押，对出借人也不承担担保责任。出借人和借款人完全是自行交易，拍拍贷只是作为一个见证人和交易平台存在。所以，事实上这种形式对出借人来说风险是比较大的。但是拍拍贷的中标利率往往在 15%以上，对于出借人来说还是有很大的诱惑力的。

2. 宜信模式：无抵押有担保模式

宜信 P2P 公司成立于 2006 年的北京。不同于拍拍贷，宜信采取的不是竞标方式。而是宜信全程掌控。当出借人决定借款，宜信就为他在借款申请人中挑选借款人，借款人的利率由宜信根据其信用审核决定。企业利润来自服务费。操作流程是，宜信将出借人的款项打散，做一份多人借款的合同给出借人，等到款项到第三方账户，合同正式生效。宜信虽然没有出借人和借款人双方共立的合同，但是宜信第三方账户人，担任了出借和借款的债务转移人，即首先第三方账户户主成为宜信的出借人，等到宜信挑选好借款人后，第三方账户户主就把债权转到真正的出借人手中。对于 P2P 信贷服务平台推荐的每个借款人，出借人有权利决定是否借给宜信组合的借款人；借款人每月还款，出借人每月可以动态地了解每一笔债权的偿还、收益等信息，出借人可以在第二个月得到所还本金和利息。当然出借人也可以选择不收款而继续放在宜信找下一个借款人。

近年来，宜信快速崛起，目前已经在北京以及15个城市设立了网点，吸纳了几千名投资人的上亿资金，成为全国性P2P借贷连锁中介机构。宜信模式主要有两个特点：(1) 宜信的保障金制度。从宜信的运作模式看，宜信对借款人的掌控力度更强，出借人一般不参与审核，并且与借款人没有合同，而只有与宜信第三方的债权转让合同。这样，出借人就会有极大的风险。所以，为保护出借人的借款安全，宜信在与出借人的合同中承诺，一旦出现借款不还的情况，宜信从公司提取的保险金里出钱，包赔出借人全部本金和利息。这是对出借人的最大化担保。(2) 风险控制的两个绝招。作为还款的有力保障，宜信采取的分散贷款和每月还款制度，比较大限度地保障了有效还款。除此之外，值得一提的是，宜信对借款人审核时都要求面见。所以，宜信在15个城市设点，其目的之一就是方便面见。面见由借款人本人亲自出示各种证件原件并当面询问使用用途等情况，较好地保证了借款人的真实性。据称宜信的坏账一直控制在2%以下。

3. 青岛模式：有抵押有担保模式

青岛是民间借贷比较发达的地区。据业内粗略统计，自2003年青岛第一家民间借贷中介机构成立以来，2006年本市此类机构发展至40多家，随后以每年50%左右的幅度增长，目前已达100家左右。而这些民间借贷中介基本都是作为个人对个人的出借和借款平台存在，所以也基本都可以说是属于P2P投融资企业。青岛模式由于摸索时间较长而相对成熟。青岛模式一个最大的特点是，风险小，不良贷款率低。青岛P2P公司不良贷款率普遍较低，一个重要原因是基本上都以房产为抵押，汽车、股票、合同等一律不得作为抵押物，以控制风险。调查几家较大的P2P网站时发现，其要求的抵押物一律是房产证，而且要求必须是可以看到并准确估价的青岛市区的房产。所以，青岛的P2P企业是基本不做外地人的生意的。严格的抵押制度的背后是出借人的低风险保障。因为有可信的抵押物，P2P企业完全可以为出借人做担保。青岛P2P借贷利率一般由P2P公司根据借款人情况决定，平均在12%左右。青岛P2P模式是风险最低的，P2P企业也是担负最大责任的。所以青岛P2P企业是典型的"复合中介型"。但是由于其企业都是民间借贷中介转型而来，所以并不重视网络的作用，其网站页面多半没有个人借款信息或者是出借信息，而是公司的自我宣传，旨在让借款人或者是出借人到其公司面见洽谈，而且青岛P2P企业只做本地人生意。由于P2P企业的主要特点是以网络为载体展开运营的，所以青岛模式在一定意义还不是典型的P2P企业。

4. 齐放模式：助学平台模式

齐放P2P有更多的公益色彩，但也有可观的利润。齐放网面对经济分层现象严重的大学生，将自己的目标群体锁定在能交学费但需要参加大学之外教育培训和投资的学生。他们或许在国家和社会的帮助下已经能够迈进大学的门槛，但却没有钱购买电脑、参加更多的教育培训等，而齐放网提供这种可协商利息的贷款方式，为贷款拓宽了渠道。齐放的风险控制有以下三个特点：(1) 分散贷款。这与其他P2P企业是相同的。(2) 严格审核。齐放有最严格的借款人的身份认证。即学生在发布求助信息前，需要通过五项相关的认证：网站的身份证认证、移动电话认证、银行账号认证和电子邮件认证、学生证认证。通过五次认证之后，学生身份才可以确定。(3) 风险共担。齐放借款对象主要来自于齐放合作的高校，如四川大学锦城学院、宁夏师范学院等，学校与齐放共同承担风险。这样既可以更好地找到合适的受贷对象，提供受贷学生的真实有效评估，又容易让学生通过齐放找到贷款，还能规避出借人的风险。当借款成立后，钱也不会直接划到学生的银行账户，而是先转到学生所在学校的账户，再由学校将这笔钱发给借款学生，保证了借贷的真实使用。齐放的利润有三个来源：(1) 服务费，大约 2%；(2) 网络广告收入；(3) 培训学费收入提成，这是比较有特色的一点，齐放通过与培训机构或企业合作，在为无力承担培训费用或企业培训的大学生提供助学的同时，也从培训机构的学费收入中分成。

齐放 2007 年年底启动，6 个月就已经处理了 2 500 项借款，平均每笔借款数目是 400 美元，还款期限 1 到 2 年，齐放提供给贷款人的年利率为 5%～15%，根据借款人公认的信用指数进行变动。距公司创始人陈国权称迄今为止还没有拖欠记录。齐放的运营模式属于复合中介型，而其盈利模式也是复合的，其利润来源并不是靠单一收取服务费，这在 P2P 企业中是比较特别的一点，也是值得其他 P2P 企业借鉴的一点。而又因为其借款人的单一学生身份使齐放具备公益性质，这点又与 Kiva 有相似之处。

从我国的 P2P 典型企业的运营模式和运营现状来看，中国借鉴外国模式是比较成功的。拍拍贷是单纯中介型，类似 Prosper；宜信和青岛属于复合中介型，类似 Zopa；而齐放则兼具 Zopa 和 Kiva 的双重特征，既是复合中介型 P2P 企业，又有公益性质。目前中国缺少像 Lending Club 这样利用现成的交际平台的 P2P 企业，但是青岛模式和齐放模式则更有中国特色，而且中国 P2P 企业的风险控制比较成功，整个行业也正在迅速兴起和壮大中。

专栏 10－5

国内 P2P 平台列举

阿里巴巴金融(总部：杭州市。网址：http://www.aliloan.com)，由阿里巴巴创建的 P2P 小额贷款模式，以阿里巴巴线下的贷款公司为主导，提供 50 万以下贷款。阿里巴巴金融与我们常说的 P2P 线上模式有所区别。

拍拍贷(总部：上海市。网址：http://www.ppdai.com)，国内第一家 P2P 网络借贷平台，10 万注册资本起家。对投资者实行有条件赔付，投资者需要承担一定风险，但拍拍贷审核和催收机制较好，管理费用也较低。拍拍贷一直在理念创新，最明显的例子是要取消审核：抛开交易的任何一个环节，使拍拍贷蜕变成一个孤零零的平台，借出者与借入者自行完全交易。而拍拍贷只是作为第三方“见证”具有法律效力的借款关系。这个大胆的创新理念表明拍拍贷正尝试在模式上作出突破。

人人贷(总部：北京市。网址：http://www.renrendai.com)，其特色在于专注于风险控制，审核程序较为复杂，信用额度十分低，感觉只适合特别小额的借款。不得不说，“人人贷”这个名称，因为衔接了 P2P(个人对个人)的主题，因此具备一定的网络推广优势。因为没有垫付，借出者需要承担一定风险，不过人人贷对借款者有着严格的审核，以及成熟的催收机制。特别要提的是，人人贷利率普遍偏低。

红岭创投(总部：深圳市。网址：http://www.my089.com)，从口碑来看，似乎已经找到了行业领头羊的感觉，满标速度超一流。红岭走的是一条实而不华的道路，网站实力雄厚，页面虽并不精致，但规则非常人性化，“VIP 会员包赔”、“代垫本金”机制非常给力。红岭满标快，但手续费也较高。综合一下看，觉得红岭的最大优势在于对借出者的保护。

畅贷网(总部：上海市。网址：http://www.51qian.com)，页面比较新颖、完善，但还处于测试期，人气有限。

点点贷(总部：长沙市。网址：http://www.dddai.cn)，借款的审核程序较严，所有借款者都必须强制加入一项叫做“投资者保障”的服务，借款须冻结保证金，不过有本金垫付机制，对投资者有诱惑力。此外，点点贷有一个第三方账户管理平台，叫做点付宝，网站社区比较活跃。

鼎力投资(总部：北京市。网址：http://www.dldai.com)，页面较为新颖，由“学生借贷网”的团队创建，对钻石 VIP 和皇冠 VIP 会员保证所有本息，不过网站人气显得不足，更新速度慢，社区未开放，建议谨慎投资。

e 速贷(总部：惠州市。网址：http://www.esudai.com)，有一定的用户群。在 e 速贷规则中，借入者超过 5 万的用户必须进行全面现场认证，无认证的用户借款暂不能超过 5 万。这是 e 速贷风险控制的一项举措，通过 e 速贷现场认证后，放款额度会比较大。

蚂蚁网(总部：重庆市。网址：http：//www.mayi179.com)，新上线的网站，网站 BBS 社区未开通，用户帮助也不完善。

诺诺镑客(总部：上海市。网址：http://www.nonobank.com)，在上海地区具有一定的人气，新手引导包括页面设计很新颖，但缺乏用户交流的 BBS 社区。

你我贷(总部：上海市。网址：http://www.niwodai.com)，新上线的网站，仿红岭的页面和模式，暂未发现明显特色。

齐放网(总部：北京市。网址：http://www.qifang.cn)，是一家公益性质的 P2P 借贷网站，专门为贫困地区的学生提供助学借贷，学生申请借钱后，助学人投资放款，然后学生在之后 6 个月中连本带息还款。齐放网目前已关闭。

瑞银创投(总部：泰兴市。网址：http://www.ry289.com)，新上线的网站，只针对本地借款人开放借款，对全国开放投资。

盛融在线(总部：广州市。网址：http://www.s-rong.cn)，资金实力较为雄厚，网站运营非常规范。页面设计上有自己独特的风格路线。为了保障资金安全，盛融主推担保标，且支持友情标，针对逾期也有垫付，是一家十分有潜力的借贷网站。

搜搜贷(总部：东莞市。网址：http：//www.sosodai.com)，目前网站活跃度有限，有一定数量的大额投资者，主推担保标，除此外暂未发现特别明显的特色。

搜好贷(总部：厦门市。网址：http://www.sohodai.cn)，页面高仿拍拍贷，主要针对厦门市用户。

微贷网(总部：杭州市。网址：http://www.wd5.com.cn)，只针对江浙地区的用户放款，模仿红岭模式，地域性较强。

信互贷(总部：杭州市。网址：http://www.aaapeer.com)，公司为富泰金融集团成员，比较有实力，据说由于有比较多签约的投资个人，对于评级到C级别的借款人(办公室白领员工)可以保证3天内借到款。

808信贷(总部：淮安市。网址：http://www.js808.cn)，人气有限，与大部分江浙地区信贷网站一样，借款利率普遍较高。

信而富(总部：上海市。网址：http://www.crfcard.com)，线下P2P借贷平台，但是设点城市较少，尚不及宜信。值得一提的是，信而富宣传有外资背景(未证实)，由四家公司(管理、营销、逾期服务、账务服务)组成，有一套风险预防机制。

365易贷(总部：南京市。网址：http://www.365edai.cn)，须现场复核的才会全额垫付，网上复核的50%垫付，相比而言，365易贷更照顾等级高的用户，没有达到一定的等级，手续费也会相对高点。如果有良好信誉，在365易贷提高额度也比较容易。另外，365易贷拥有一定的用户人气。

亿峰借贷(总部：台州市。网址：http://www.yf066.com)，除颜色风格不同外，网站几乎是红岭创投的翻版，不过规则设置上略有不同，分为“推荐标/担保标”和“体验标/风险标”，网站人气明显不足。

第五节　大数据和互联网时代的未来金融投资展望

一、基于大数据的金融服务平台模式的发展和延伸

未来金融投资更加依赖于这种基于大数据分析的金融服务平台。这种金融服务平台，一方面通过打造类似“哪儿有投资”这样的金融产品垂直搜索引擎的方式，把有借款需求的个人和有放款需要的中小银行和小贷机构在一个平台上进行对接；另一方面金融服务平台的对象更多建立在对大数据分析的基础上，有区别、有选择、有针对性地提供金融投资中介服务。金融服务平台的收入来源除了收取来自投融资双方的佣金外，更多的是通过广告费的方式获得收入，降低投融资双方的交易成本。

这种金融服务平台起到的是类似银行这样的金融中介的作用，但本身并非金融中介，因而没有太多的政策风险；而投融资双方的风险也并未增加，相反却有较大程度的降低，尤其是平台的核心是提供金融服务，平台的工作人员为投融资双方提供更加专业的金融服务。

此类金融服务平台模式也可以拓展到其他多种投资领域，譬如证券投资领域、外汇

投资领域。

二、依托支付、云计算，以及搜索引擎等互联网工具的发展

过去十多年金融领域的巨大变革，科技的运用非常明显：计算机局域网在金融领域的大规模使用，满足了人们快速、准确地处理金融业务以及传递交易信息的需要；互联网在金融业务中得到大规模应用，银行借此开发了网络业务，金融交易商凭其开展了网上交易，金融服务的边界从一个私有域扩展到无限的因特网空间。

然而，信息技术在金融领域推动的前两次变革，本质上都只是效率的改进，计算机和网络的使用对于金融逃不出算盘和电话的范畴，丢了由大数据、云计算、前瞻信息“三位一体”的灵魂。未来金融投资的发展一定会更加依赖于科技的进步，支付、云计算这些技术的进一步发展都会成为金融革命的支撑，而且速度会越来越快。

譬如，金融机构最为关注的是风险管理，而大数据在管理交易、信贷风险和合规方面大显神通。许多金融机构早已采用大数据防治欺诈，保持交易方面的合规，如在庞大的数据库中核对黑名单中的名字，区别同名同姓。信用卡公司用大数据分析客户大规模的交易规律，大大降低了风险。

虽然大数据时代为金融业带来的潜力和新商机还有待人们捕捉，但毋庸置疑的是，大数据分析技术正在成为金融业运作的最有价值、最强大的决策辅助工具。

三、金融投资的形式将发生深刻变化

过去的金融投资更多依赖投资人和投资分析师个人的经历、经验，主观色彩很浓，但未来投资人将面对的是海量的投资信息、海量的分析数据，继续依赖经验完胜几无可能，更别说那些仅仅靠消息、靠运气的非专业投资者了。

而金融投资又是社会普遍需要的，所以，未来的投资一定会在投资的形式上发生变化，除了传统的交易所投资、场外投资外，那些原来不会成为普通投资者关注的风险投资等投资形式都会出现在普通金融投资者的投资菜单中。互联网金融投资将打破传统与现代的投资领域的界限，出现互联网的股票投资（服务）、互联网天使投资（服务）、互联网风险投资（服务）等多种形式。

当然，金融投资形式的变化，并不改变对投资本质的认识：金融投资需要建立多种不同“收益—风险—流动性”相匹配的金融投资工具，也需要有因人而异的投资者和投资工具的选择。

四、大数据时代投资的社交网络平台化的发展

未来的金融投资，不应该是信息不对称的投资，但信息不对称是客观存在的，问题是怎样才能消除这种信息不对称对投资者产生的负面影响。

金融投资社交网络平台将会大发展！譬如传统银行在解决客户的即时问题时，过去基本上是采用线下的面对面咨询，不但效率低下，也在很大程度上影响到投资客户的心情。在社交网络平台上，银行和投资者的交流完全可以解决这些问题。不仅如此，所有

传统银行业务都可以在社交网络平台上实现。挪威 DNB 银行 CRM 战略和创新负责人鲁内(Rune)说:“在 DNB,95%与客户之间的互动都是通过移动、互联网、电子邮件等电子渠道完成。”可见离柜交易是大比例的活动,但怎样才能解决离柜交易中各种可能出现的问题,社交化金融投资平台可以解决这个问题。

五、大数据时代信用评价来源需要重新认识

整个社会前行的推动力就来源于大量的小微企业的创新活动,而小微企业创新成功的商业模式,也一样需要资金的支持才能够发展成为对社会的真实贡献。但过去急需要资金支持的小微企业却因为信用问题得不到资金支持。

那么,小微企业是否没有信用? 答案当然是否定的。浙江省工商局提供的初创期民营企业数据统计分析表明:成立 1～2 年的小微企业 58.83%的外部融资来源于商业信用。台湾地区中小企业资金来源的相关数据,应付和预收款融资也达到所有资金来源的 24.65%。这些都说明信用一直是小微企业成长的支撑力量。但在传统的商业环境中,金融机构却得不到这些交易数据,它只存在于频繁商业联系的上下游交易者之间,并形成商业信用累积的大数据。

在阿里巴巴数据平台的 3.5 亿笔信用记录中,绝大部分是交易信用记录。交易数据从商业信用转化为金融信用,得益于互联网环境下的大数据和云计算技术,当然也需要“阿里金融”们“吃螃蟹”的勇气。可见,过去支撑小微企业初期发展的商业信用,将会在未来成为金融投资的新的信用标准。

六、大数据时代,信用标准将发生变化

过去的信用是基于信用的表现,在没有建立起信用体系的时候,这种依靠信用表现的信用评价标准就难以有效实现。随着互联网和电子商务渗透到人类商业、社交和生活的几乎所有领域,交易的数据足迹被保留、归纳、挖掘和分析,成为金融业可利用的信用资产。但更加重要的评价标准是:人的信用。

通过对人的心理数据、行为数据等真正前瞻性大数据信息分析和预测,我们可以只依赖于人的个体信用建立金融投资的新的信用标准。如华尔街的 DCM 公司和印第安纳大学已经开始运用推特留言信息和谷歌心情分析工具,指导股市投资决策并取得惊人的成果。

更有甚者,根据“物以类聚,人以群分”的原理,有公司研究个人贷款偿还可能性和其朋友偿还债务可能性间呈现正相关,所以借款人朋友的还款信用也会成为借款人信用评价标准的组成部分。

七、金融的竞争将建立在新的品牌效应上

金融机构和金融工具的品牌将不再是过去的资产规模,而是服务质量和投资效果。这需要两个方面的努力:绝对业绩的提高和感性业绩的提高。前者是投资的实际业绩,后者是投资者的满意度。

要实现这两个方面，要运用大数据分析才有可能。投资业绩的提升需要大数据对投资工具和投资时机选择的支持，这点毋庸置疑；而大数据通过对人们在思想、情绪和通信方面的数据化情感分析，获取并汇总顾客的反馈意见并对营销活动效果做出准确判断，除了在精准选择投资者方面有所贡献外，也在一定程度上满足投资人的投资满意度。

金融投资品牌更多表现在个性化、定制化、管家式服务的质量方面。

八、专业的大数据投资分析机构将大量出现

传统金融机构和金融投资者在投资分析领域的成就，将会因为其不掌握云计算等分析技术而不得不依赖外界的大数据分析，大数据分析作为跨界机构，在未来的金融投资领域将发挥越来越大的作用，其出现和发展就是自然的事情。

九、新型独立金融投资机构将会出现

在现有的银行、证券、保险、信托等金融机构组织之外，未来将出现基于大数据的新型独立金融投资机构，譬如互联网银行、互联网保险公司、互联网金融门户等。

互联网银行是指借助现代数字通信、互联网、移动通信及物联网技术，通过云计算、大数据等方式在线实现为客户提供存款、贷款、支付、结算、汇转、电子票证、电子信用、账户管理、货币互换、P2P金融、投资理财、金融信息等全方位无缝、快捷、安全和高效的互联网金融服务机构。互联网保险主要指对网络虚拟财产进行投保，没有线下渠道，是服务互联网及相关产业的保险服务平台，比如众安在线只销售运费险以及未来设计的虚拟物品投保等。互联网金融门户是指在互联网平台上销售各类金融产品的网络公司。

这些新型独立的互联网金融机构的便利性、高效性将给传统金融机构带来较大的挑战。

专栏 10－6

中航信托与宜信公司的合作模式

由中航信托设立的中航信托·天宜1号宜信小额贷款(信贷12月期)结构化集合资金信托计划于2013年4月28日正式成立。该信托计划期限为12个月，实际募集资金5 280万元人民币，其中优先级4 800万元人民币，劣后级480万元人民币，共签订信托合同45份。今年6月中旬，中航信托在其网站中披露了中航信托·天宜系列宜信小额贷款(宜人贷12月期)结构化集合信托计划月度退出报告。宜信相关负责人告诉记者，月度退出报告是相应的信托份额到期兑付时给投资人的公告，目前项目仍在正常进行中。据其介绍，双方2010年年末开始探索合作，2011年年初中航正式发行第一只此类信托计划，这几年一直紧密合作。在此次合作中，中航信托从合格投资人处募

集资金成立信托计划，通过向小微人群发放小微贷款来盈利，中航信托委托宜信做此类信托计划的信用管理顾问。据了解，宜信目前贷款投向有城市信贷、学生贷款、抵押车贷，助农贷款和小微企业主贷款很快也会加入。

对于与信托公司的合作，宜信公司负责人唐宁在公开场合称，伴随着业务发展，平台上借贷资金的来源不仅限于个人，也可以对接信托、银行等机构，P2P平台把与以信托公司为代表的金融机构的合作称为"T2P"模式，是P2P模式的创新延伸和升级。

（摘自《金融时报》2014年6月30日胡萍《信托与P2P联姻可行否?》）

【本章案例讨论题】

【案例讨论10-1】詹姆斯·西蒙斯，是量化投资的传奇人物。在进入华尔街之前，西蒙斯是个优秀的数学家，24岁就出任哈佛大学数学系教授。他创办的基金，从1989到2006年的平均年收益率高达38.5%，净回报率超过股神巴菲特（他连续32年保持战胜市场的纪录，过去20年平均年回报达到20%），即使在2007年次贷危机爆发当年，该基金回报都高达85%，西蒙斯也因此被誉为"最赚钱基金经理"，"最聪明亿万富翁"。与巴菲特的"价值投资"不同，西蒙斯依靠数学模型和计算机管理着自己旗下的巨额基金，他称自己为"模型先生"。西蒙斯几乎从不雇用华尔街的分析师，他的文艺复兴科技公司里坐满了数学和自然科学的博士。用数学模型捕捉市场机会，由计算机作出交易决策，是这位超级投资者成功的秘诀。

讨论：1. 从此案例我们能否得出传统定性投资方式已经过时的结论？为什么？

2. 有人因此得出数学对金融的重要性。这样的逻辑是否成立？

3. 怎样理解"西蒙斯几乎从不雇用华尔街的分析师"，还取得了超越巴菲特的业绩？

【案例讨论10-2】表10-2是研究者总结出的行为金融指导下的投资策略：

表10-2　行为金融指导下的投资策略

反向投资策略	原因：心理的锚定和过度自信，对近期信息的过度反应 策略：买入过去表现差的股票，卖出过去表现好的股票
动量交易策略	原因：短期反应不足 策略：买入过去表现好的股票，卖出过去表现差的股票
捕捉并集中投资策略	原因：与众不同 策略：超前的市场信息，更加有效的模型，利用其他投资的心理
小盘股策略	
成本平均策略	分批买入同一股票，高价时少买，低价时多买
时间分散化策略	年轻时多投股票，随着年龄的增长不断降低股票比例
设立止损点的交易策略	

讨论：1. 行为金融理论下的这些投资策略与传统数理金融理论下投资策略的不同表现主要在哪些方面？

2. 结合量化投资的这些策略在实施时，其有效性是否可以理解为撇开了人的行为本身？为什么？

3. 请比较上述七类投资策略的不同。

【案例讨论 10－3】近一段时间来 P2P“跑路”事件似乎有愈演愈烈之势。2014 年 6 月 27 日，注册于浙江台州的一家 P2P 平台恒金贷，上午开业上线，下午便出现负责人失联、网站关闭的情况，刷新了 P2P 网贷失联速度最快纪录。后经证实，该平台的公开资料均系伪造。此前，第三方监督平台网上交易保障中心官网发布深圳 P2P 平台科讯网疑似“跑路”的通报，北京网金宝和融信宝两家 P2P 平台上演“人间蒸发”。据不完全统计，2014 年上半年已有 55 家平台出现问题，涉及金额超过 6 亿元。

讨论：1. P2P“跑路”事件说明了什么？

2. “跑路”P2P 中，很多都有担保机构的背书，这个被认为是网络投资筑上防火墙的担保为什么没能阻止“跑路”事件的发生？

3. 你认为怎样才能使得 P2P 健康发展？

【本章专题研讨】

【专题研讨 10－1】量化投资是否带来了金融投资革命？

1. 量化投资大发展的基本面原因是什么？

2. 简述量化投资自身的变化过程。

3. 中国量化投资为什么发展得没有西方发达市场好？

4. 中国量化投资的前景如何？

【专题研讨 10－2】讨论互联网金融现象和本质。

1. 互联网金融崛起就是因为互联网技术的进步吗？

2. 互联网金融生命力的本质源泉在哪里？

3. 余额宝的互联网金融的特征和非特征有哪些？

4. 中国互联网金融前景展望。

【专题研讨 10－3】对 P2P 发展潜力进行分析。

1. 近几年 P2P 为什么大量出现？

2. P2P 为什么有它的市场生存空间？

3. 中国 P2P 平台发展要解决哪些关键问题？

【本章能力训练】

一、单选题

1. 狭义的网络金融不包括(　　)。

A. 网上银行　　B. 网上证券

C. 网上支付　　D. 金融信息服务业

2. 关于网络银行的优势，下列说法中不正确的是(　　)。

A. 能有效控制经营成本　　B. 拥有更广泛的客户群体

C. 观念更新的金融竞争策略　　D. 拥有更安全的支付手段

3. P2P 即(　　)的缩写。

A. 是伙伴对伙伴、对等、点到点的意思　　B. 消费者对消费者的贷款

C. 融资者对投资者的交易　　D. 企业对个人的交易平台

4. 大数据时代就是因为(　　)。

A. 数据个体样本巨大　　B. 数据量多

C. 数据处理难度大　　D. 都不是

5. 数据价值密度低是指(　　)。

A. 信息的数量分布密度较低　　B. 信息价值分布较分散

C. 有价值信息和信息量比较较低　　D. 信息价值较低

6. 大数据分析要求(　　)。

A. 精确计算　　B. 精准定位

C. 趋势分析　　D. 概率分析

7. 大数据分析要寻找的是(　　)关系。

A. 对应　　B. 前后　　C. 因果　　D. 相关

8. 余额宝实现盈利的渠道来源主要是(　　)市场。

A. 商品市场　　B. 股票市场

C. 期货市场　　D. 货币市场

9. P2P 投融资平台主要是实现(　　)。

A. 投资者和融资者的直接接触　　B. 投融资的银行中介

C. 大资金和大资金的有效对接　　D. 信用交易

10. 大数据时代的信用可能包括(　　)。

A. 银行信用标准　　B. 信用行为结果

C. 金融信用资产　　D. 人的信用

二、多选题

1. 网络时代金融服务的特点可以简单概括为(　　)。

A. 任何时间　　B. 任何地点　　C. 任何方式　　D. 任何人

2. 大数据的数据信息包括(　　)。

A. 图片　　B. 视频　　C. 文字　　D. 地理位置

3. 未来金融投资的一些重要方面包括(　　)。

A. 对投资者情绪的把握　　B. 社交平台的分析

C. 精确定量预测　　D. 算法交易

4. 量化投资是追求(　　)。

A. 数量精准分析　　B. 自动交易系统

C. 降低投资风险　　D. 大概率事件

5. 量化交易系统的好处是(　　)。

A. 速度快　　B. 全天候监控　　C. 自动交易　　D. 高收益

6. 常见的量化投资策略包括(　　)。

A. 长期持股　　B. 趋势判断

C. 波动率判断　　D. 投资性买入

7. 量化择时主要包括(　　)等。

A. 趋势量化择时　　B. 市场情绪量化择时

C. 有效资金量化择时　　D. 牛熊线量化择时

8. 常见量化套利包括(　　)。

A. 股指期货套利　　B. 商品期货套利

C. 统计套利　　D. 期权套利

9. 余额宝的主要生命力在于(　　)。

A. 资金的积小成大　　B. 高投资收益率

C. 高流动性　　D. 高风险

10. 目前 P2P 还处于(　　)的阶段。

A. 无准入门槛　　B. 无行业标准

C. 无主管机构　　D. 无投资群体

三、判断题

1. 数据的抽样统计分析是大数据分析的核心。(　　)

2. 大数据就是云计算。(　　)

3. 银行不再仅仅是银行,是指银行将变成客户需求中心。(　　)

4. 量化投资就是高频投资。(　　)

5. 互联网金融就是互联网十金融。(　　)

6. 余额宝收益率不固定,所以它就是利率市场化。(　　)

7. P2P 没有比较可靠的个人信用信息。(　　)

8. 拍拍贷类似 Prosper 模式。(　　)

9. 未来的金融机构都是过去的各种金融机构的变形。(　　)

10. 未来金融投资品牌更多表现为个性化、定制化、管家式服务的质量方面。(　　)

第十一章 证券市场监管

【本章学习要点】证券市场监管是一个实务性和操作性很强的课题,社会历史在政治、经济、文化等方面的演进决定了证券市场监管体制的变化。近30多年来,证券市场监管制度的变迁尤其引人注目。在管制环境变化、信息技术进步、金融创新以及经济金融的一体化和全球化趋势的影响下,世界证券市场在市场结构、市场组织形式、交易机制、交易品种、投资者结构等方面都发生了巨大的变化,促进了证券市场的飞速发展,同时也对证券市场监管提出了新的挑战。本章主要研究证券市场监管的基本知识及如何处理其金融创新关系的内容。

【本章学习重点难点】金融创新与证券市场监管相适应又相矛盾的关系,对现有的证券市场监管体制提出挑战,因此如何处理二者的关系,建立完善的证券市场监管体制和促进证券市场健康良性发展成为各个国家在发展证券市场时必须解决的难题。

【本章基本概念】证券市场监管　监管体制　金融创新

第一节 证券市场监管的意义、原则和目标

有证券市场就必然有证券市场监管。吴晓求在新版的《证券投资学》(第四版)中对证券市场监管给出了这样的定义:“证券市场监管是指证券管理机关运用法律的、经济的以及必要的行政手段,对证券的募集、发行、交易等行为以及证券投资中介机构的行为进行监督与管理。”这个定义和2001年他的同名教材中的定义有了较大的缩减:“证券监管是指证券监管部门为了消除因市场机制失灵而带来的证券产品和证券服务价格扭曲以及由此引起的资本配置效率下降,确保证券市场的高效、平稳、有序运行,通过法律、行政和经济手段,而对证券市场运行的各个环节和各个方面所进行的组织、规划、协调、监督和控制的活动和过程。”缩减的东西实际上就是回避了证券市场监管的原因和目标,但我国的证券监管恰恰是在这个方面一直整理清晰,从而形成了我国事实上的“政策市”。因此,讨论清楚监管的意义和目标等,是还监管应有面目的重要环节。

一、证券市场监管的意义

(一) 证券市场监管的意义存在共识

在经济发展过程中,市场主导管理和计划主导管理无论在理论界还是实践中,都一直是存在争议的,最后市场主导的观点占据了上风,现在世界绝大多数国家都实行的是市场经济。但众所周知,市场经济中“市场失灵”是不可避免的。在市场经济中,由于垄

断、外部性、公共产品的存在、信息不对称、市场的不完全性等因素的影响，完全依靠市场机制不能使得资源配置达到最优状态，从而不能使经济自动实现帕累托最优均衡。所以，在各国市场经济实践中，为了减少这种“市场失灵”的负面影响，都或多或少地进行政府的干预(注意：这个地方是说政府的干预，换句话说就是政府的行政干预！与法律的、经济的等其他手段是不同的)，政府此时是作为监管者来弥补市场失灵的。但是另一个众所周知的事项是——“政府失灵”。所以，“市场失灵”和“政府失灵”，哪个对经济发展的负面影响更大，一直是在寻找市场和政府进行主导的平衡点时的重要标准。无论如何认识，政府证券市场监管有着存在的意义，这点是有共识的。

(二) 证券市场监管存在合理性

根据相关学者的研究发现，一般性的法律和私人合同并不能够避免证券发起人欺骗投资者，由于存在破坏行为的激励使得证券发起人不会获得由诚实带来的长期利益，同时私人诉讼可能太过于昂贵而无法发挥作用。为了减少执法的成本和机会主义行为，引入证券市场监管是必要的。一些学者通过经验证据同样证明了证券市场监管是有益的，因为通过强制性披露可以保护投资者，并且通过提供更多的真实信息有利于促进市场的发展。

证券市场监管的意义就在于：弥补“市场失灵”，减少执法的成本和机会主义行为，减小由于证券工具特殊性而导致的市场的波动性和投机性，从而降低证券市场被操纵的可能性，使得市场机制作用得到完整发挥，提高证券市场资本配置效率，促进证券市场功能的正常发挥并保护市场参与主体的正当权益。

(三) 证券市场监管的意义由证券市场投资工具特殊性决定

证券市场监管的意义是由证券市场上的交易工具的特点决定的。不同于一般市场上交易的商品，证券投资工具有着自身的特殊性，主要表现在：

1. 价值决定的特殊性。证券工具的价值主要来自于其所具有的交换价值，具体体现在它对现实资本的占有权以及这种占有权所带来的收益上。也就是说，证券工具的价值更多地表现在其投资价值(也称“真实价值”或“内在价值”)的高低上，而决定证券工具投资价值的两个方面——预期现金流量和折现率都是不确定的，从而不可避免地会引起证券工具价值的不确定性。证券工具价值上的这种不确定性，直接引起证券工具回报率的不确定性，这是造成证券工具风险的根源。

2. 证券工具的虚拟性。证券工具本身没有价值，它不能在生产或流通过程中直接发挥作用，而是独立于在生产、流通过程中发挥职能的实际资本之外的一种资本存在形式，它不是真正的资本，而是“资本的纸制复本”。它本身并没有价值，但具有交换价值(或投资价值)，可以用来买卖、交易。证券工具买卖、交易的价格变化，一方面体现了证券工具所代表的实际资本运动状态的正常变动所带来的投资价值波动，另一方面也反映了与实际资本运动无关的非正常变动，这种证券工具价格变动与实际资本运动状态的不一致，以及由此导致的证券价格与上市公司业绩之间的巨大背离，使得投资收益带有极大的不确定性和不等值性。

3. 信息不对称性。证券投资者对证券价值的判断主要根据该证券工具的各种有关信息，作为证券发行人的上市公司是一个主要信息源。由于上市公司和投资者地位的不对等，二者之间存在严重的信息不对称，证券发行人往往掌握着大量投资者不知晓的有关上市公司的信息，而对大多数投资者而言，他们所掌握的与某证券工具有关的上市公司的信息往往是不完备的，有时甚至是被误导的或错误的。此时，证券工具就不能完全反映所有各种信息，轻则造成产品价格扭曲，市场公平有效性受到严重损坏，市场机制失灵，重则可能导致市场不复存在。

4. 需求和供给的特殊性。不同于对普通商品有限度的需求，由于证券工具特殊的效用特性——投资取得价值增值，使得它在满足投资者效用方面不存在任何的生理或物理限制，所以，从理论上讲，如果不考虑其他因素，那么只要资金供应许可，其需求的区间可以从零到无穷大，需求弹性非常大。但是证券工具的供给则受发行者资金需求、发行条件等方面因素的约束，具有刚性。证券工具需求的弹性和供给的刚性，加上证券工具本身的虚拟性，使得证券工具市场价格与其投资价值之间的超常背离成为可能。

二、证券市场监管的原则

（一）公平、公正、公开原则

1. 公平原则。这个原则要求证券市场的每一个参与者都应当受到同等对待，享有平等的权利，市场的参与者必须拥有平等的机会参与市场，同时享有同等的知情权、参与权。为保障投资者的合法权益，证券监管机关应当对证券市场的参与主体的相关行为进行监督和管理。为市场主体提供公平参与的机会，进而保证证券交易公正性，保护投资者的利益，促进证券市场朝着健康有序的方向发展。

但是，公平的实现是很难的。譬如作为股份有限公司的普通股东，如果从大股东的角度，所有股份都享有平等的权利（一股一票制）就是公平，然而这直接导致中小股东决策权的缺失，特别是在事关中小股东自身利益的决策权的缺失，因此，对于中小股东来说，这种看似公平的一股一票制，实际是不公平的。

2. 公正原则。这个原则要求证券市场法律的制定部门、证券市场法律的执行部门和证券市场的管理部门都应当正确行使职权，既在法律授权范围内行使职权，又在法定程序内履行职权，从而维护证券市场的投资者利益和保障公平正义的实现。公正原则为公开、公平原则提供保障，其具体内容包括：

（1）应当保证证券监管者行为的正当性，证券监管者所行使的权利应当在法律的授权范围内，同时要求行使职权要遵循法定程序；

（2）证券市场的所有被监管者必须得到平等和公正的对待，针对其不适当和违法的行为均应当得到相同的处罚；

（3）应当约束证券市场监管者的权力，众所周知，权力的无限放大势必会降低证券监管的有效性并且容易产生腐败，只有对监管者的权力进行规制，才能更有利于公正原则的贯彻和实施。

公正是非常重要的，但是在实际运作中，由于拥有不同话语权的各方利益不同，很难做到绝对的公正，因此，证券市场监管的系统平衡和根据不同的形势进行调整，是一个动态的发展过程。

3. 公开原则。这个原则要求有关证券发行和交易等各类敏感信息资料，都要由相关的责任人及时公开披露，这有利于投资者在获取相关投资信息后，作出自己的决策。公开原则可以在以下两个方面发挥作用：

（1）为投资者提供相关的投资信息，从而作出合理的决策。投资者只有获得了所有与投资有关的信息，才可能对投资进行科学的判断，最大限度地获取投资利润。

（2）能够有效地监督证券的发行行为。公开原则意味着针对证券投资相关的真实情况应该由证券发行人如实公开，若出现证券发行人将证券发行的信息隐瞒或者存在造假等现象，证券发行人将对此承担法律责任。

公开信息是监管的重要基点，但公开并不能保证公平和公正，尤其是当市场的投资者不成熟的时候，公开的信息是无助于公平和公正的。因此，“三公”自身的协调和齐头并进，也是证券市场监管需要协调的一个重要因素。

（二）保护投资者利益原则

保护投资者利益是各国证券法的立法目的之一。日本证券交易法第一条规定：本办法乃以促进国民经济的正常运营及保护投资者，使有价证券的发行和买卖以及其他的交易公正进行，并使有价证券顺利流通为目的。

投资者是证券市场活动的主体，投资者只有对证券市场充满信心，证券市场的资金来源才能充足，证券市场才能健康有序地发展。由于普通投资者无论在信息和资金方面都处于弱势，为了维护证券市场的公平性，就必须保护投资者的利益。

（三）优化监管原则

优化监管是指要依照法律的规定对证券监管机构的职权进行授予，证券监管机构应该在法定职权范围内行使职权。证券监管机构通过其监管能够有效地协调各种利益主体的矛盾，从而促进证券市场高效、有序地发展。依法监管、适度监管和高效监管是优化监管原则的三大内容。

1. 依法监管。是指证券监管的行为应该在法律所规定的框架内进行，作为监管者其行为不能超越法律的授权范围，同时证券监管主体所行使权利的程序也必须合乎法律规定。应当加强法律对证券监管主体的约束和规制，防止证券监管主体权力过于膨胀，进而保证证券监管高效、有序的运行。

2. 适度监管。是指证券监管不能影响证券市场的正常运行，应当使证券市场发展遵循自身的运行规律。适度原则要求充分发挥证券市场本身的自我调节功能，只有在证券市场自身调节不力的方面才由证券监管部门进行监管。若一味强调证券监管部门的监管，势必扰乱正常的市场运行秩序，不利于证券市场长远的发展。适度原则要求作为证券的监管者不能直接管理证券机构，这样会破坏证券机构正常的运行，应当由证券机构本身对其进行直接管理，只有这样才能充分发挥证券机构的自主经营权。还有一点应该注意的是，证券业的自律组织在证券监管中所起到的作用。证券业的自律组织由于直接接触被监管者，在证券监管过程中可以发挥其成本低、效率高的优势。因此，适度监管要求整合各个监管主体在监管方面所发挥的职能，多措并举地促进证券市场的发展。

3. 高效监管。以实现价值最大化为目标是高效监管的主要特点，因此围绕实现价值最大化可采取以下两种方法：一是降低监管成本；二是在着力降低证券监管成本的同时，建立合适的法律和制度。加速社会资金的流动速度，提高证券市场的运行效率，是证券监管所起到的主要作用之一，证券监管应该始终处于证券市场发展的全过程。

三、证券市场监管的目标

(一) 证券市场监管的根本目标

证券市场监管是要达到一些特定的目的的，这些目的决定了监管采用的具体方式和手段的不同，但各国证券市场监管的目标似乎存在着差异，也导致监管的差异。不过从理论上讲，证券市场监管的根本目标是没有差异的。

前面已经述及，由于市场失灵才需要监管，证券市场监管看起来就是要弥补和矫正市场失灵带来的负面影响，诸如由于信息不对称、垄断、外部性等带来的对经济发展的负面影响。换句话说，证券市场监管的长远目标就是解决市场失灵，促进证券市场机制的正常运行，发挥市场的功能。但其实这依旧不是证券市场监管的根本目标，一切为了解决市场失灵的监管，其本源的目标都是资源的合理配置，脱离了这个目标的监管，无论形式和手段上多么光鲜，都是偏离了监管根本目标的，因此，我们不能因为那些具体的监管目标(譬如实现市场的价格发现功能、实现市场的融资功能等)而迷失掉监管的本源目标。

资源的合理配置是理论的表达方式，如果将这个表达方式转化为现实的语言，证券市场监管的根本目标，就变成了经济的持续发展。国际监管部门组织(IOSCO)的公开网页里明确指出：证券监管应当促进资本形成和经济增长。我国《证券法》指出："为了规范证券发行和交易行为，保护投资者的合法权益，维护社会经济秩序和社会公共利益，促进社会主义市场经济的发展，制定本法。"

综上所述，我们可以归纳证券市场监管的根本目标为：通过克服市场失灵，促进证券市场机制的正常运行，发挥证券市场应有的功能，建立一个有利于证券市场持续、稳定、协调、高效发展的环境，以促进整个国民经济的稳定和发展、社会资源的合理配置。

(二) 证券市场监管的具体目标

在对证券市场监管的具体目标上，各国的表述是不尽相同的。

国际证监会组织在《证券监管的目标和原则》中提出证券监管的三个目标：保护投资者，确保市场的公平、高效、透明，降低系统风险。保护投资者是核心和精髓，后两个目标也是保护投资者的间接手段。

《美国1933年证券法》确立的两个基本目标是：向投资者提供有关证券公开发行的实质性信息；禁止证券售卖过程中的误导、虚假和其他欺诈行为。显然，投资者的利益保护是美国证券立法的宗旨。

《美国1986年政府证券法》更加明确和突出了投资者利益保护这个目标："国会决定

政府证券交易受公众利益的影响，为此必须：第一，为这种交易和相关的事宜和活动提供统一性、稳定性和效率。第二，对证券中间商和证券交易商普遍实行适当的管理。第三，规定相应的金融责任、账务记录、报告及有关的管理办法；从而保护投资者并保证这些证券的公平、正当和流动性的市场。”

日本1948年的《证券交易法》规定：“为使有价证券的发行、买卖及其他交易能够公正进行，并使有价证券顺利流通，以保证国民经济的正常运行及保护投资者利益，特制定本法律。”

韩国1962年的《证券和交易法》规定：“本法旨在通过维护证券广泛的和有条不紊的流通，通过保护投资者进行公平的保险、购买、销售或其他证券交易，促进国民经济的发展。”

中国香港1989年颁布的《证券及期货事务监察委员会条例》第四条指出：“证券市场监管的目标是：使证券市场有足够的流通量，并公平、有秩序和有效率地运作；控制和减低交易系统风险，避免市场失灵和适当的管理风险，以确保一个市场的危机不致影响其他的金融范畴；保护投资者；促进一个有利于投资和经济增长的经济环境的设立。”

对比以上各国的证券监管具体目标，对证券市场监管的具体目标无非集中在如下几个方面：

1. 保护市场参与者（特别是投资者，尤其是中小投资者）的合法权益

保护市场参与者的合法权益是形式上最受各国响应的一个具体目标。因为这是实现证券市场本原功能的前提，如果没有市场参与者，资源配置无从谈起。因为市场失灵会影响所有参与者的合法权益，矫正市场失灵，也就是要保证市场参与者的合法权益。保护市场参与者的合法权益，主要是强调保护投资者，尤其是中小投资者。

需要强调的是，市场参与者合法权益的保护，是要让现有的市场投资者和潜在的市场投资者的各种利益都得到保证，而不仅仅是静态地重视现有投资者利益的保护，譬如不仅仅是保护现有投资者账面不亏损，还要保护潜在投资者获得信息、明了价格等各项权利。换句话说，证券市场的市场参与者权益保护是动态的保护，是市场投资环境的保护。证券市场监管既要考虑现在投资者的利益，也要重视未来投资者的利益；既要重视现有投资者的声音，也要对现有投资者的质疑和指责给出合理的解释，但也不能仅以现有投资者的这些质疑和指责为监管决策的依据，而是从长远的角度，保护所有市场参与者的利益。

2. 保证证券市场的“公开、公平、公正”

前面已经说到证券市场监管的原则是“三公”原则，这也是证券市场监管的目标。保证证券市场的“公开、公平、公正”，既是目标，又是原则，也是手段。确保市场的“三公”、透明与高效及其做法，同时也能保护投资者降低市场风险。

3. 保证证券市场的效率

证券市场监管的效率性目标，不是指证券监管本身的效率，而是指通过证券市场监管，实现证券市场效率。根据证券市场的特点，证券市场效率分为资源配置效率、运行效

率和信息效率。

(1) 资源配置效率，是指能否保证把有效的资源配置到资源效率最高、优秀的企业和企业家那里。

(2) 运行效率。所谓证券市场运行效率，按照通常的理解，是指生产信息的效率和交易效率，后者包括一级市场证券发行和二级市场证券交易。

(3) 信息效率，是指证券市场的资金分配效率，即市场上的股票价格能否根据有关信息作出及时的反应。

4. 保持证券市场的稳定性

稳定性是保证投资者和潜在投资者了解市场和市场决策的基础。虽然证券市场监管就是要不断根据变化的形势调整监管的方式方法，保证市场的"三公"实现，但稳定性是实现监管根本目标和保护投资者的基点。随时变化的监管政策，最终必然带来"政策市"的结果。因此，证券市场监管不能头脑发热，一会儿一个办法，而是要根据证券市场监管的根本目标，进行顶层设计，然后不断修正具体方式，纠正偏离顶层设计的市场监管，最终实现各种具体监管目标。

5. 降低市场交易的系统风险

鉴于市场系统风险的失控和爆发，不仅会对证券市场整体运行产生影响和冲击，而且会与其他市场风险发生共振，从而引发破坏性更大的危机，因而证券市场监管必须对市场系统风险给予高度重视。

做好证券市场系统风险防范的前提是要了解系统风险的来源。证券市场系统风险的来源主要有：(1) 证券市场本身的高风险特点。因为证券产品的虚拟性、市场的脆弱性、信息不对称等，证券市场具有很高的风险，具有内在不稳定性，极易产生动荡。(2) 外部的诱发因素。这些外部因素有政策因素、经济因素、政治因素、国际游资和对冲基金的冲击、突发事件等。(3) 市场参与者的操作风险。一般市场参与者的操作问题通常属于非系统风险，不大可能危及整个证券市场的运行和安全，但是如果市场机制不健全，证券市场不成熟，在交易制度方面的建设严重滞后，监管失当，这类风险极有可能爆发并成为引起系统风险的重要诱因，从而对整个市场造成破坏性影响。在中国证券市场上，就曾经出现过不少次市场参与者的严重违规交易事件。譬如国外 1995 年的"327"国债期货事件、国外"巴林事件"等都是对市场参与者操作风险监管不力的结果。

专栏 11－1

"327"国债期货事件

我国国债期货交易于 1992 年 12 月 28 日，首先出现于上海证券交易所。1993 年 10 月 25 日，上证所国债期货交易向社会公众开放，北京商品交易所在期货交易所中率先推出国债期货交易。1994 年 10 月以后，中国人民银行提高 3 年期以上储蓄存款利率和恢复存款保值贴补，国库券利率也同样保值贴补，保值贴补率的不确定性为炒作国债期货提供了空间，大量机构投资者由股市转入债市，国债期货市场行情火爆。1994 年全国国债期货市场总成交量达 2.8 万亿元，占上海证券市场全部证券成交额的74.6%。1994 年至 1995 年春节前，全国开设国债期货的交易场所陡然增到 14 家。与 1995 年的全国股票市场的低迷形成鲜明对照，国债期货市场形势似乎一片大好。但就在此时“327”国债期货的危机爆发了。“327”是国债期货合约的代号，对应 1992 年发行 1995 年 6 月到期兑付的 3 年期国库券，该券发行总量是 240 亿元人民币。当时它的 9.5%的票面利息加保值补贴率，每百元债券到期应兑付 132 元。与当时的银行存款利息和通货膨胀率相比，“327”的回报太低了。于是有市场传闻，财政部可能要提高“327”国债的利率，到时会以 148 元的面值兑付。但上海三大证券公司之一万国证券的总裁管金生不这样看，他认为高层正狠抓宏观调控，财政部不会再从国库里割肉往外掏出 16 亿元来补贴“327”国债。于是管率领万国证券做空。1995 年 2 月，“327”合约的价格一直在 147.80～148.30 元徘徊。2 月 23 日，提高“327”国债利率的传言得到证实，百元面值的“327”国债将按 148.50 元兑付。一直在“327”品种上与万国证券联手做空的辽国发突然倒戈，改做多头。“327”国债在 1 分钟内竟上涨了 2 元，10 分钟后共涨了 3.77 元。因为做空，“327”国债每上涨 1 元，万国证券就要赔进十几个亿。按照它的持仓量和现行价位，一旦到期交割，它将要拿出 60 亿元资金。毫无疑问，万国没有这个能力。管金生铤而走险，16 时 22 分 13 秒突然发难，砸出 1 056 万口卖单，把价位从 151.30 打到 147.50 元，使当日开仓的多头全线爆仓。这个行动令整个市场都目瞪口呆，若以收盘时的价格来计算，这一天做多的机构，包括像辽国发这样空翻多的机构都将血本无归，而万国不仅能够摆脱掉危机，并且还可以赚到 42 亿元。当天下午，上交所总经理尉文渊突然发现市场上气氛不对劲，各地国债市场都是向上的突破性行情，“327”价格大幅下跌，交易量突然放大了许多。出事了！当天夜里 11 点，尉文渊正式下令宣布 23 日 16 时 22 分 13 秒之后到收盘 8 分钟的所有 327 品种的交易异常，是无效的，该部分不计入当日结算价、成交量和持仓量的范围，经过此调整当日国债成交额为 5 400 亿元，当日“327”品种的收盘价为违规前最后签订的一笔交易价格 151.30 元。上交所没有公布管和万国的名字，但是万国在劫难逃，如果按照上交所定的收盘价到期交割，万国赔 60 亿元人民币；如果按管自己弄出的局面算，万国赚 42 亿元。5 月 17 日，中国证监会鉴于中国当时不具备开展国债期货交易的基本条件，发出《关于暂停全国范围内国债期货交易试点的紧急通知》，开市仅两年零六个月的国债期货无奈地画上了句号。中国第一个金融期货品种宣告夭折。

专栏 11－2

巴林银行倒闭事件

1763年,弗朗西斯·巴林爵士在伦敦创建了巴林银行,巴林银行既为客户提供资金和有关建议,自己也从事各种金融交易。由于经营灵活变通、富于创新、业务范围广泛、获得英国皇室的支持,巴林银行很快成为国际金融领域的佼佼者。

里森于1989年7月10日正式到巴林银行工作。由于他工作表现出色,颇受总部的赏识,总部决定派他到新加坡分行成立的期货与期权交易部门,出任交易部经理并兼任清算部经理。

在期货交易中,一些人为的错误是不可避免的,一旦操作失误,将会给银行造成损失。如果发生这种情况,银行会及时采取补救措施。银行一般会事先设置一个错误账户,如果错误无法挽回,就将该项错误转入该账户中,然后向总部汇报。

里森于1992年在新加坡任期货交易员时,利用银行的管理漏洞,设置了一个私人的错误账户,并在手下操作失误时利用该账户为其掩盖给银行带来的损失。为了赚回足够的钱来补偿之前错误账户带来的所有损失,里森不惜挑战更大的风险,从事大量跨式头寸交易。到1993年7月,他的错误账户亏损的600万英镑转为略有盈余,但里森并没有就此罢手。

在1993年下旬,接连几天,每天市场价格破纪录地飞涨1 000多点,用于清算记录的电脑屏幕故障频繁,交易入账工作都积压起来,不得不靠人工记录交易。等到发现各种错误时,里森在一天之内的损失便已高达将近170万美元。里森决定继续隐藏这些失误。到1994年,错误账户给巴林银行带来的损失由2 000万、3 000万英镑,达到5 000万英镑。

巴林银行总部的审计部门曾派人调查里森的账目。为了掩盖亏损,里森做了假账,如果仔细检查,就会发现账面上都有明显的造假痕迹,很多漏洞都不难被发现,但此事却没有引起总部足够的重视,也没有人警惕到其内部控管的松散及疏忽。

1995年1月16日,日本关西大地震,股市暴跌,里森所持多头头寸遭受重创,损失高达2.1亿英镑。这些损失也都进入错误账户。为了反败为胜,里森再次大量补仓日经225期货合约和利率期货合约,头寸总量已达十多万手。当日经225指数跌至18 500点以下时,每跌一点,里森先生的头寸就要损失两百多万美元。

1995年2月23日,日经股价收盘降到17 885点,英国巴林银行因遭受巨额损失,无力继续经营而于1995年2月26日宣布破产。从此,这个有着233年经营史和良好业绩的老牌商业银行在伦敦城乃至全球金融界消失。

第二节 证券市场监管要素、类型及特点

一、证券市场监管要素

（一）监管主体

监管主体通常分为两类：政府部门和非官方的民间机构。在市场经济条件下，政府部门是对证券市场监管主体的"公共机构"，即"金融（证券）监管当局"，如美国的证券交易委员会、日本的金融监督局。它们的权力是国家授予，通过制定证券监管的各种规章制度以及督促这些规章制度的实施来监管证券市场的运行。非官方的民间机构主要包括证券行业自律组织和证券交易所，它们的权力不是来自政府，而是来自于其成员单位对机构决策的普遍认可。成熟市场国家在以往的证券监管中，有的偏重于"金融（证券）监管当局"集中统一监管的作用（如美国），有的则注重发挥非官方的民间机构的自我监管作用（如英国），由此也形成了不同的证券监管模式。

因为证券行业的复杂性，监管主体过于单一容易造成监管成本高、监管效率低，单一地依靠政府监管存在一定的缺陷。同时，置身于市场中的政府也是不完全的，有时政府的不完全更甚于市场的不完全，也会存在"政府失效"的情况。美国著名经济学家萨缪尔森就曾指出："尽管政府在矫正经济失调中起作用，可是我们也必须警惕着'政府失效'——政府矫正市场失灵的企图可能使之更坏或引起其他问题出现。"

因此，在发挥政府部门的监管作用的同时，必须重视各种非官方的民间机构的监管作用。从各国证券监管的发展趋势来看，将"公共机构"监管和非官方的民间机构监管二者的长处融合起来，同时发挥多个监管主体的作用，从而使证券监管更加完善、更富效率，已成为一种潮流，更为可取。

专栏 11－3

中国证券监督管理委员会的基本职能和主要职责

1. 基本职能

（1）建立统一的证券期货监管体系，按规定对证券期货监管机构实行垂直管理。

（2）加强对证券期货业的监管，强化对证券期货交易所、上市公司、证券期货经营机构、证券投资基金管理公司、证券期货投资咨询机构和从事证券期货中介业务的其他机构的监管，提高信息披露质量。

（3）加强对证券期货市场金融风险的防范和化解工作。

（4）负责组织拟订有关证券市场的法律、法规草案，研究制定有关证券市场的方针、政策和规章；制订证券市场发展规划和年度计划；指导、协调、监督和检查各地区、各有关部门与证券市场有关的事项；对期货市场试点工作进行指导、规划和协调。

(5) 统一监管证券业。

2. 主要职责

(1) 研究和拟定证券期货市场的方针政策、发展规划;起草证券期货市场的有关法律、法规;制定证券期货市场的有关规章。

(2) 统一管理证券期货市场,按规定对证券期货监督机构实行垂直领导。

(3) 监督股票、可转换债券、证券投资基金的发行、交易、托管和清算;批准企业债券的上市;监管上市国债和企业债券的交易活动。

(4) 监管境内期货合约上市、交易和清算;按规定监督境内机构从事境外期货业务。

(5) 监管上市公司及其有信息披露义务股东的证券市场行为。

(6) 管理证券期货交易所;按规定管理证券期货交易所的高级管理人员;归口管理证券业协会。

(7) 监管证券期货经营机构、证券投资基金管理公司、证券登记清算公司、期货清算机构、证券期货投资咨询机构;与中国人民银行共同审批基金托管机构的资格并监管其基金托管业务;制定上述机构高级管理人员任职资格的管理办法并组织实施;负责证券期货从业人员的资格管理。

(8) 监管境内企业直接或间接到境外发行股票、上市;监管境内机构到境外设立证券机构;监督境外机构到境内设立证券机构、从事证券业务。

(9) 监管证券期货信息传播活动,负责证券期货市场的统计与信息资源管理。

(10) 会同有关部门审批律师事务所、会计师事务所、资产评估机构及其成员从事证券期货中介业务的资格并监管其相关的业务活动。

(11) 依法对证券期货违法行为进行调查、处罚。

(12) 归口管理证券期货行业的对外交往和国际合作事务。

(13) 国务院交办的其他事项。

(二) 监管对象

证券监管对象顾名思义就是被监管者。根据不同的标准具有不同划分:

1. 从参与证券经济活动的具体主体的性质来区分,证券监管对象可分为参与证券市场活动的法人和自然人。一般包括:

(1) 工商企业。这里通常指进入证券市场筹集资金的资本需求者,也包括在证券交易市场参与交易的企业法人。

(2) 基金。既包括被作为交易对象的上市基金,也包括作为重要市场力量的投资基金。

(3) 个人。大致包含两类:一类指证券市场上的投资者即资金供给者;另一类指各种证券从业人员。

(4) 证券金融中介机构。主要指涉及证券发行与交易等各类证券业务的金融机构。它既可以是专业的证券经纪商、承销商、自营商,也可以是银证合一体制下的商业银行和其他金融机构。

(5) 证券交易所或其他集中交易场所。证券交易所是提供证券集中交易的场所，并承担自律管理职能的特殊主体。它既包括传统的有形市场，也包括以电子交易系统为运作方式的无形市场。

(6) 证券市场的其他中介机构包括证券登记、托管、清算机构以及证券咨询机构、会计师事务所、律师事务所、资产评估机构等。

2. 从各类主体在证券市场活动中所处的地位和所扮演的角色的不同，证券监管对象可以分为四类：

(1) 筹资者，包括以股票、债券、基金等证券形式挂牌上市的各类市场主体。

(2) 投资者，包括所有参与证券买卖的市场主体。

(3) 中介机构，包括在证券发行与交易等各类活动中提供各类中介服务的上述金融机构、咨询机构、市场服务机构等。

(4) 证券集中交易场所。

3. 从各类证券监管的法律、法规、制度等的框架和具体内容来划分，证券监管对象可以包括：

(1) 证券发行市场；

(2) 证券交易市场；

(3) 证券商；

(4) 自我管理机构；

(5) 投资公司或投资基金；

(6) 证券市场从业人员。

(三) 监管手段

根据监管手段的性质，可以将其分为经济手段、法律手段、行政手段和自我管理。

1. 经济手段。指政府以管理和调控证券市场为主要目的，采用间接调控方式影响证券市场运行和参与主体的行为。在证券监管实践中常见的有金融信贷手段和税收政策两种经济调控手段。

(1) 金融信贷手段。运用金融货币政策对证券市场的影响颇为显著。在股市低迷之际放松银根、降低贴现率和存款准备金率，可增加市场货币供应量，从而刺激股市回升；反之则可抑制股市暴涨。

(2) 税收政策。由于以证券所得税和证券交易税(即印花税)为主的证券市场税收直接计入交易成本，税率和税收结构的调整直接造成交易成本的增减，从而可产生抑制或刺激市场的效应并为监管者所利用。

2. 法律手段。指国家通过立法和执法，以法律规范的形式将证券市场运行中的各种行为纳入法制轨道，证券发行与交易过程中的各参与主体按法律要求规范其行为。运用法律手段管理证券市场，主要是通过立法和执法，从而抑制和消除欺诈、垄断、操纵、内幕交易和恶性投机等现象，维护证券市场的良好运行秩序。

涉及证券市场管理的法律法规范围很广，大致可分两类：一类是证券监管的直接法规，除证券管理法、证券交易法等基本法律外，还包括各国在上市审查、会计准则、证券投资信托、证券清算与交割、证券交易所管理、证券管理机构、证券自律组织等方面的专门法规，几乎遍及证券市场的所有领域；另一类是涉及证券管理与证券市场密切相关的其他法律，如公司法、破产法等。

3. 行政手段。指政府监管部门采用计划、政策、制度、办法等对证券市场进行直接的行政干预和管理。与经济手段相比，运用行政手段对证券市场的监管具有强制性和直接性的特点。例如，在证券发行方面采取上市审批制度，行政控制上市种类和市场规模；对证券交易所、证券经营机构、证券咨询机构、证券清算和存管机构等实行严格的市场准入和许可制度等。一般而言，在市场发育早期使用行政方式管理多些，至成熟阶段则用得少些。

4. 自我管理。一般证券市场监管均采取政府管理与自我管理相结合的形式。在市场出现到政府全面介入前的历史演变中，自我管理成为市场管理的主要形式。应该看到，政府监管与自律管理之间存在主从关系，自律管理是政府监管的有效补充，自律管理机构本身也是政府监管框架中的一个监管对象。近年来，集中化证券监管和强化政府监管地位正成为各国尤其西方证券市场管理的发展趋势。

二、证券市场监管模式

由于政治体制、经济体制、市场发育程度和历史传统习惯等方面的差异，各国在证券市场监管上存在着比较明显的差异。例如，有的国家或地区依靠政府来管理证券市场，有的则主要依靠证券行业自律来维护市场秩序。又如，有的国家和地区将有关证券发行交易、证券经营机构的管理，以及相应的民事、刑事责任等内容汇聚在证券法和证券交易法之中，有的国家和地区仅在公司法中给予规定或分类制定多个法律。有的国家或地区强调公开原则，有的则注重实质性审查原则。根据这些差别可以将各国证券监管模式大致分为三类：

(一) 集中立法型监管模式

该模式是指由政府通过制定和实施专门的证券市场管理法规，并设立专门的全国性证券监管机构来实现对全国证券市场的集中统一管理。该管理体制主要由美国、日本、韩国所采用，其中美国最为典型。

1. 集中立法型监管模式的特点

(1) 强调立法管理，具有专门的、完整的、全国性的证券市场管理法规。如美国以《1933年证券法》《1934年证券交易法》《1933年银行法》为核心，日本以《1948年证券交易法》为核心，构建了一系列证券专项立法并形成完整的法规体系。

(2) 设立统一的、全国性的证券管理机构来承担证券监管职责。

2. 集中立法型监管模式细分

按证券监管主体设置上的差异，又可分为：

(1) 以中央银行为监管主体的附属型模式，代表国家是巴西、泰国。

(2) 以财政部为监管主体或由财政部直接建立监管机构的附属型模式，代表国家是日本、法国。

(3) 独立性模式,即由独立于其他国家机关的专职机构作为监管主体,以美国为典型代表。

3. 集中立法型监管模式的优点

(1) 其法规、机构均超脱于证券市场的当事者之外,能更严格、公平、有效地发挥其监管作用。

(2) 重视立法管理,使其管理手段更具严肃性和公平性。

(3) 全国性管理机构可以协调全国的各证券市场,防止出现由于群龙无首、过度竞争而引起的混乱现象。

(4) 管理者的相对超脱地位,使其较注重保护投资者利益。

4. 集中型立法型监管模式的缺点

(1) 容易产生对证券市场过多的行政干预。

(2) 在监管证券市场过程中,有时较难完全实现自律组织与政府主管机构的协调配合。

(3) 当市场行为发生变化时,政府不能迅速在第一时间作出反应,并及时采取有效措施。

(二) 自律型监管模式

该模式是指政府对证券市场的监管主要依靠证券交易所及证券业协会等组织实施自律管理,而较少对证券市场进行集中统一的干预。英国、新加坡、马来西亚等国均采用该管理体制,其中最为典型的是英国。

1. 自律型监管模式的特点

(1) 通常以自律机构的规章制度和一些间接法规为主对证券活动进行监管,而不制定统一的证券市场管理法规。如英国在 1986 年以前没有关于证券管理的专门立法,主要由交易所的自我管理规定和《公司法》《反欺诈法》《公平交易法》等法规中有关规定构成完整的证券法制管理体系。

(2) 通常不设立全国性的统一证券管理机构,而主要依赖自律组织及市场参与者的自我管理。如英国证券市场主要是通过英国证券业理事会和证券交易所协会为核心的非政府机构进行自行管理。

2. 自律型监管模式的优点

(1) 为保护投资与竞争、促进市场的创新,提供了最大的可能性。

(2) 证券交易商参与制定和执行证券市场管理条例并自觉遵守,使市场的管理更有效。

(3) 证券交易商自己制定和执行管理条例,在经营上具有更大的灵活性。

(4) 证券交易商对现场发生的违法行为有充分准备,并能迅速而有效地作出反应。

3. 自律型监管模式的缺陷

(1) 该模式把重点放在保证市场的有效运行和保护证券交易所会员的经济利益上,而对投资者往往没有提供充分的保障。

(2) 管理者的非超脱性难以保证管理的公正。

(3) 由于没有立法作后盾,使其管理手段软弱。

(4) 没有专门的管理机构，使全国证券市场的协调发展难以实现，容易造成混乱。因此，一些实行自律型模式的国家开始向政府管制与市场自律相结合的方向发展。如英国在1986年通过《金融服务法》，第一次以国家立法形式对证券业进行直接管理，同时成立了执行上述法规的专门机构“证券和投资委员会”，掌管所有的证券投资业务。

(三) 中间型监管模式

该模式是介于集中立法型和自律型之间的一种监管模式，它既强调集中统一的立法管理，又注重自律约束。德国、意大利、泰国等国都属此类，其中属德国最为典型。

根据自己国家的国情，这些国家在实行该模式时侧重点有所不同，有的侧重于立法管理，有的侧重于自律管理。

在机构设置方面，德国没有建立专门机构对证券市场开展广泛而全面的管理，也没有成立一个法律实体来规定市场监管体制、解释市场运行规则。其主要特点是《银行业务法》赋予被称为“全能银行”的德国商业银行同公众进行证券业务的独占权力，使德国证券业与银行业出现混业经营、混业管理的局面。这样，德国证券业便通过中央银行来管理参与证券业务的银行，实行特许证管理，并通过银行监督局实施监督。由于银行业在证券界处于支配地位，德国的证券交易所在证券监管方面为投资者所提供的保护常常被认为与其发展程度不相匹配，德国银行以其规模力量和道德标准提供了它们自己的一个保护。德国的证券交易所以1968年颁布的《证券交易所法》为基础，但其组织、管理和监督则一般在州一级水平上进行，即使由政府制定的管制规定也由各州执行，但联邦政府有权在交易所内派驻监督官。德国以法兰克福交易所为首的八家证券交易所都根据1975年证券交易法案受到各自不同的当地政府的控制。1994年，德国颁布了新的《证券交易法》(The Securities Trading Act)，设立了证券交易管理局(Federal Securities Trading Authority)作为公司证券法规实施的统一的证券市场监管机关。

表11-1列出了世界各国的证券监管模式。

表11-1 各国证券监管模式一览表

国家	对证券的监管模式	国家	对证券的监管模式
比利时	银行和证券监管机构	荷兰	证券监管机构
丹麦	独立统一的监管机构	奥地利	政府部门
德国	证券监管机构	葡萄牙	证券监管机构
西班牙	证券监管机构	法国	银行和证券监管机构
希腊	证券监管机构	挪威	独立统一的监管机构
芬兰	证券监管机构	瑞典	独立统一的监管机构
意大利	证券监管机构	英国	独立统一的监管机构
爱尔兰	中央银行	美国	证券监管机构
卢森堡	银行和证券监管机构	日本	独立统一的监管机构

资料来源：Center for European Policy Studies. *Challenges to the structure of financial supervision in the EU*. July 2000.

目前，世界上大多数实行集中型或自律型模式的国家已开始逐渐地向中间型过渡，使集中型和自律型监管模式取长补短，发挥各自的优势。

专栏 11－4

静态博弈模型在证券市场监管中的应用

静态博弈模型有着基本的假设条件，这主要为了分析更加简单方便，是将证券市场上只存在证券投资者和证券管理机构来作为博弈的假设条件，假定只有以上两者进行博弈。作为证券市场的监管机构，其行为大致只有两种，即严格监管和不严格监管。同样的，作为证券市场的投资者，其投资行为也分为违法违规投资和不违法违规投资两种。

将证券监管机构的不严格监管行为以及证券投资者的不违法违规投资作为设定值，他们可以各自收获的收益分别为 A，B。当证券市场上证券监管机构没有严格执行监管行为，并且相关投资者违规投资时，相关监管机构会因为证券市场正常秩序受到破坏，而造成监管机构声誉受损，为 D，此时监管机构的收益就变为了 A－D；若假设证券投资者在违法违规行为时能获取违规收益 H，则此时，证券市场上的证券投资者就可以收获 B＋H 的收益。

当证券监管机构能够严格实行证券监管，但是投资者没有按照规定投资时，证券监管机构的收益就会变为 A－C＋kH。在这里，C 是指证券监管机构严格监管时所发生的成本，k 是指投资者在违规投资而监管机构严格监管时的罚款的系数，总的投资者收益为 B－kH。

与此相对应，监管机构严格监管，证券投资者合法合规投资，则监管机构收益为 A－C，证券投资者收益为 B。为方便计算和观察，准确把握两者博弈的策略和两者的收益情况，本专栏制成博弈策略和收益表，如表 11－2、表 11－3 所示。

表 11－2　博弈策略与收益原表

		证券监管机构	
		不严格监管	严格监管
证券市场投资者	不违规投资	B，A	B，A－C
	违规投资	B＋H，A－D	B＋kH，A－C

表 11－3　博弈策略和收益简表

		证券监管机构	
		不严格监管(1－y)	严格监管(y)
证券市场投资者	不违规投资(1－x)	0，0	0，－C
	违规投资(x)	H，－D	－kH，－C

通过表 11－3 可以发现，如果证券投资者在证券投资时候选择不违规的合法投资策略，则证券市场的监管机构的最优化选择是不执行严格监管。在证券投资者选择违法违规操作的时候，证券监管机构相应的最优化选择应当取决于 D 与 C 之间的大小关系，如果 D 大于 C，则证券监管机构应当将严格监管作为其最优化的选择；如果 D 小于 C，则证券监管机构应当将不严格执行监管作为其最优化的选择。

另外，也可以发现，在证券监管机构不严格执行证券监管的时候，作为证券市场上的证券投资者会显而易见地将违法违规操作投资作为其最优化选择；而相反地，如果证券监管机构能够严格执法，对证券市场实行严格监管措施，则证券市场上的证券投资者应当将合法合规证券投资作为其最优化的选择。

在求解之前，事先假设证券市场上投资者违法违规投资概率为 x，相应地不违规概率则为 $1-x$，证券监管机构严格监管概率为 y，那么其不严格监管概率则为 $1-y$。则有：投资者市场投资预期值为 $E=x[H(1-y)+y(-kH)]$，以此得出证券市场上的投资者最优化的违规投资概率为 $x=C/D$。

（摘自张敏《证券市场监管的博弈模型构建》，《商业时代》2014 年第 10 期）

三、中国证券监管体制的发展阶段

我国目前的证券监管体制是集中型监管体制。它的演进是伴随中国证券市场的产生和发展而建立起来并随之不断变化的动态过程，其体制变迁及其特征与中国证券市场发展的不同阶段与格局相适应，并与市场发展的客观需要和内在的政府监管目标相吻合。我国政府对监管体制的选择和调整决定于中国特殊的经济、政治、文化、市场化进程等国情条件下的政府目标格局。改革开放以来，我国证券监管体制经历了以下四个发展阶段。

（一）1981 至 1985 年：无实体监管部门阶段

这一时期我国证券市场正处于发展的萌芽期。除国债发行外，基本上不存在股票市场和企业债券市场。依据《中华人民共和国国库券条例》，由财政部管理为弥补财政赤字而以行政摊派形式发行的国库券，且不存在国债二级市场。虽于 1984 年公开发行首只股票（飞乐音响），但股份制试点与股票交易仅限于很小范围和零星状态。该阶段并不存在真正的监管体制和明确的监管主体。

（二）1986 至 1992 年 10 月：监管体系雏形阶段

总体上，80 年代中后期，我国证券市场仍处于规模极小的“婴儿期”。至 1991 年年底，我国仅有 54 家上市公司，总股本仅 6 亿元，市价总值仅 110 亿元，全年成交累计仅 43 亿元。

在这一时期，我国出现了与银行、地方政府等部门为主的监管实体，但未形成统一、有序、顺畅的集中管理体系。其特征是：

1. 中国人民银行被正式法规确立为证券市场主管机关。但其监管职责并未明确，监管权威未得申张，实践中的管制权力缺乏集中型模式所要求的权威性和管制力度。

2. 地方政府，尤其沪、深两地政府扮演了重要的监管角色，体现出监管框架中的分权性和非集中性。

3. 证券交易所的自律管理在一定程度上取代了政府管制并带有浓郁的官方色彩，交易所具有相当的实际管制权力。

4. 以中央银行为主要管制部门，按证券品种划分部门分工的监管格局初步形成。

5. 多部门介入的管理格局略见雏形。1988 年以后，国家计委逐步介入证券市场的计划管理，会同中国人民银行制订国内证券发行计划，共同实施对企业债券发行的额度审批管理。1990 年以后，国家体改委等部门逐步介入股份制试点企业的报批管理，并颁布若干股份制改革的规则与方法。1991 年由中国人民银行牵头设立由国家计委、国家体改委、财政部、国资局、国税局、经贸部、国家工商局、国家外管局等 8 个部门组成股票市场办公会议，并于 1992 年演变为国务院证券管理办公会议制度，担当证券市场的日常监管权。这成为日后多头监管体系的前奏。

6. 行业自律管理组织——中国证券业协会和中国国债协会于 1991 年成立，但尚未担负实质性自律职能。监管体制框架中的政府部门和自律组织的若干要素均已出现，但监管体系处于未成形的幼年阶段，表现出明显的初创特征和摸索性质。

（三）1992 年 10 月至 1998 年 10 月：初级集中型监管体制阶段

到了 90 年代，我国证券市场步入了稳步发展时期，市场规模不断扩大，相关法规也陆续出台，截至 1997 年年底，沪深两个市场上市证券品种各有 467 个和 429 个，上市股票数各有 422 个和 399 个，会员单位各有 467 家和 373 家，上市股价总值分别达到 9 218 亿元和 8 311 亿元，投资者开户数分别为 1 712 万户和 1 620 万户。

随着市场的不断发展，我国成立了证监委和证监会，使我国的证券市场监管进入了集中型监管体制阶段。1992 年 12 月颁布的《国务院关于进一步加强证券市场宏观管理的通知》和 1993 年 4 月颁布的《股票发行与交易管理暂行条例》确立了以证监委为主管机构，证监会为执行机构，国务院各部门和地方政府共同参与的多元管理体制。其体制架构是：

1. 国务院证券委员会。它是国家对全国证券市场进行统一宏观管理的主管机构，由 14 个部委的领导组成，是采用会员制和例会办公形式的决策机构。

2. 中国证券监督管理委员会。它是证监委的监督管理执行机构，依照法律、法规对证券发行和交易的具体活动进行管理和监督，并接受证券委的领导。

在确立中央监管机构的同时，相当一部分权力根据证券活动性质和归口的不同而被划分给国务院各部委。主要包括：中国人民银行、国家计委、国家体改委、财政部、国资局、国家外管局、外贸部、国家经贸委、各企业主管部委。

同时，地方政府相当深地介入了证券市场管理，形成了中央与地方相结合的市场管理体系。它们负责选拔公开发行股票的企业，会同企业主管部门审批地方企业的股份制试点，管理当地证券市场。

这一时期的监管体制比 80 年代有所进步。因为它出现了独立于其他部门的、专职的证券监管部门，提高了监管的效率。而各部委联合协调的决策机制和国务院各部门对证券管理的不同程度的参与，至少在一定水平上兼顾了我国证券市场发展与规范进程中所牵涉的错综复杂且交错互联的诸方面难题。地方政府和证券交易所具有的较多权力在市场发展初期有助于及时解决市场矛盾，更快推进股份制改造和证券市场发展。然而，上述体制的进步依然局限于其作为集中型监管模式初级形态的本质，在形式上完全构建的监管体制尚未能在内容上实现集中统一所蕴含的监管高效率和低成本。表现在：权力的分散性、较差的权威性和独立性、地方性等。

（四）1998年10月开始至今：集中型监管体制定型阶段

鉴于90年代初期所存在的不足，1998年10月国务院撤销证券委，明确中国证券监督管理委员会为国务院直属机构，是全国证券期货市场的主管部门，同时批准了证监会职能、内设机构和人员编制"三定"方案，标志着我国集中型监管体制的形成。

作为中国证券市场唯一的最高管理部门，证监会内设13个职能部门，其主要职责包括：研究和拟定证券期货市场的方针政策、发展规划；起草证券期货市场的有关法律、法规等；制定证券期货市场的有关规章；统一管理证券期货市场，按规定对证券期货监管机构实行垂直领导；监管股票、可转换债券、证券投资基金的发行、交易、托管和清算；批准企业债券的上市；监管上市国债和企业债券的交易活动；监管境内期货合约的上市、交易和清算；按规定监督境内机构从事境外期货业务；监管上市公司及其有信息披露义务股东的证券市场行为；管理证券期货交易所；按规定管理证券期货交易所的高级管理人员；归口管理证券业协会；监管证券期货经营机构、证券投资基金管理公司、证券登记清算公司、期货清算机构、证券期货投资咨询机构；与中国人民银行共同审批基金托管机构的资格并监督基金托管业务；制定上述机构高级管理人员任职资格的管理办法并组织实施；负责证券期货从业人员的资格管理；监管境内企业直接或间接到境外发行股票、上市；监管境内机构到境外设立证券机构，从事证券业务；监管证券期货信息传播活动，负责证券期货市场的统计与信息资源管理；会同有关部门审批律师事务所、会计师事务所、资产评估机构及其成员从事证券期货中介业务的资格并监管其相关的业务活动；依法对证券期货违法违规行为进行调查、处罚；归口管理证券期货行业的对外交往和国际合作事务等。

新监管体制虽尚未完全构建完毕，但已凸显出若干显著特征：

1. 集权性和一元化。《证券法》进一步明确我国实行集中统一的监管模式，证监会突破以往的自身性质与角色束缚，成为唯一而独立的最高监管机构。

2. 高权威性和高独立性。证监会改变事业单位性质，而成为国务院直属的行政管理机构。证券委的宏观管理职能和中国人民银行监管证券经营机构的职权被并入和移交证监会，证监会具有了大一统式的广泛的管制权力。

3. 弱自律性，即自律管理的作用依然未得到强调。现行体制中证券交易所和证券业协会只起辅助政府监管的作用，且完全受制于证监会的集中管理。中国现行证券监管体制框架如图11－1所示。

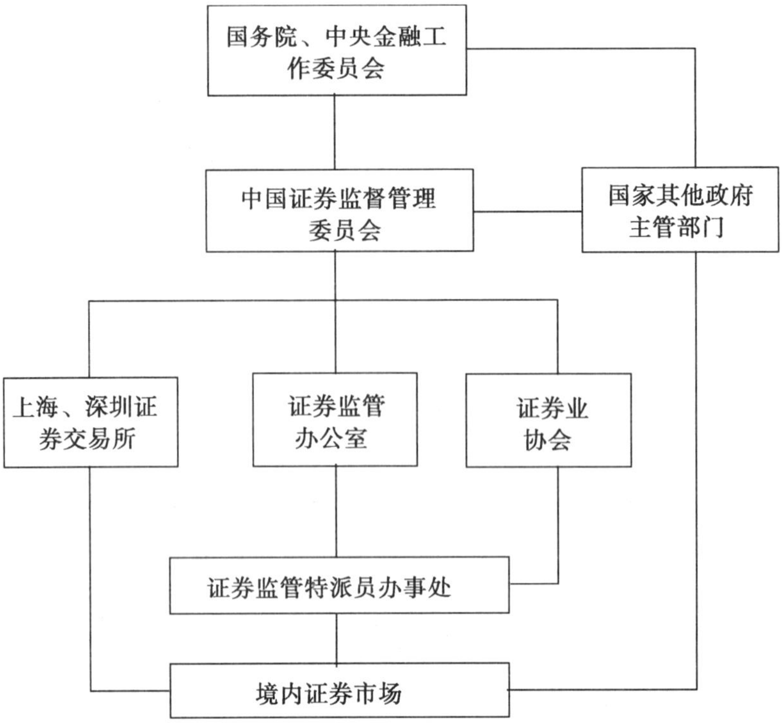

图 11－1　中国现行证券监管体制框架

第三节　金融创新与证券市场监管

金融创新是人类智慧在金融发展中的体现，也是金融进步的动力之源。但任何事情都有两面性，金融创新也是如此。不论是金融工具、金融市场，还是金融制度层面上进行的金融创新都有正反两方面的效应。例如，金融工具的创新促进了金融工具的多元化，满足了客户的多样化需求，提高了金融机构的盈利能力和规避风险的能力，提高了金融市场的有效性，但金融创新产品的高虚拟性和高杠杆性也加剧了金融市场的波动，削弱了货币政策作用的发挥。金融市场创新促进了金融市场的一体化，扩大了金融企业的发展空间，但金融市场创新带来的金融市场一体化也模糊了金融市场的界限，增加了风险的扩散范围，降低了金融体系的稳定性，增加了金融监管的难度。

一、金融创新与证券市场监管的关系

金融监管和金融创新的关系充满了辩证色彩。一方面，金融监管是引发金融创新的重要因素，许多金融创新的最初动机就是为了规避管制，并且创新的机构也从逃避管制中得到利益；另一方面，金融创新又反过来推动金融监管的放松，促使金融当局取消那些因创新已经名存实亡的管制，从而鼓励和促进了创新，并用新的管制来适应创新带来的新的形势。管制—创新—再管制—再创新，周而复始，循环不息。

(一) 金融监管对金融创新的影响

很明显,金融监管对金融创新的影响是双重的。在某些情况下,金融监管会促进金融创新;而在另外一些情况下,金融监管会阻碍金融创新。

1. 管制措施通常就是为了限制企业或个人的某些行为。如利率的上限、固定证券交易佣金比率等。企业或个人会通过规避管制的创新以达到利润最大化的目的。这些创新是否会增加社会福利?是否仅仅是规避管制的反社会行为(anti-Social)?这些问题的答案需要根据具体的管制措施和具体的创新行为而定。如果创新没有增加社会福利,那么我们就要反思监管措施的合理性。例如,美国的《Q条例》本可以作为金融机构获得廉价资金和丰厚利润的保护伞,但绕过管制的欧洲货币市场的形成和发展,本国货币市场互助基金的出现和增多,非金融机构凭借金融创新而进行的入侵,又使金融机构发现《Q条例》成了它们按市场条件竞争的绊脚石,所以金融机构也开始积极活动,谋求废除《Q条例》。固定佣金制度的取消是另一个很好的例证。

2. 金融监管的分业模式对金融创新也有正反两方面的影响。在金融分业经营模式下(特别是银行、证券、保险的分业经营),许多金融机构通过金融创新而进入相关业务领域,出现了许多所谓金融业边缘业务的创新。这类创新是金融机构规避分业监管的产物。但这是以牺牲在混业经营下金融机构利用"金融超市"这类金融创新为代价的。严格的分业管制正在面临挑战。

专栏 11-5

监管套利

现代金融监管体系的缺陷被认为是引发本次全球金融危机的重要成因,而监管套利被视为这场危机的根源之一。监管套利的前提是市场存在价格不均衡情况,手段是利用监管规则之间或规则内部的不一致或者冲突,选择监管环境最宽松的市场进行经营活动,或者选择性遵守对自己有利的监管规则,目的是规避监管或者降低被监管成本。具体到证券业,本文认为证券监管套利是在证券市场中,被监管者利用监管规则之间(既包括不同监管主体制定的规则,也包括同一监管主体制定的规则),或者同一规则内部的不一致和冲突,主动选择监管环境最宽松的市场进行经营活动,或者选择性遵守对自己有利的监管规则,从而达到规避监管,获取超额收益的目的。

证券监管套利的形式如下:

(一) 转换监管主体

不同的监管主体具有不同的监管制度。监管套利者通过将业务由一个监管主体的监管转移到另一个监管主体的监管之下,即实现了从一种监管制度向另一种监管制度的转化。在企业信用类债券发行市场,可以发行中期票据的企业中,很多企业也可以满足发改委监管的企业债券或者证监会监管的公司债券的发行条件,但银行间市场交易商协会管理的中期票据发行速度快、流程短，因此选择了中期票据发行。通过选择监管主体，这些企业降低了发行时的等待成本。在特殊时期，有的企业甚至可以从无法发行债券变为可以发行债券，如 2011 年 7 月后，由于担心信用违约，城投债发行几乎陷入停滞，很多地方投融资平台转而申请发行城投类中期票据，实现了证券监管套利。

（二）转换市场主体身份

出于某种目的，监管者对不同市场主体往往不是一视同仁，而是采取差别化的监管制度。从而导致不同身份的市场主体，即使从事完全相同的经济活动，监管成本也存在差异。被监管者可以通过转化身份，从一种监管制度转变到另一种监管制度，实现自己的目的。例如地方政府债券发行，我国预算法规定，除法律和国务院另有规定外，地方政府不得发行地方政府债券。为了绕开法律的限制，部分地方政府通过搭建各种融资平台公司，通过转变发债主体实现曲线举债，用于基础设施、公益和其他项目建设，完成了监管套利。

（三）转换业务形式

监管的重要目的之一是对于不同的业务活动采取不同的监管政策。通过差异化的监管政策，监管者可以实现鼓励具有正外部效应的业务，限制具有负外部效应的业务的目的。然而，由于契约的不完全性，监管主体并不能按照业务实质精确划分出不同的业务形式，这就给市场主体留出了套利的空间，市场主体可以在不改变业务实质的情况下，改变业务的形式，从一种监管制度转变为另一种监管制度。例如，债券发行有公募和私募两种方式，为更好地保护投资者利益，公募发行往往要求较高，发行后的持续监管也更为严格；而私募发行则假定投资者有能力保护自己，因此发行条件较低，后续监管也较为宽松。事实上，采取私募发行的公司中，很多公司也可以达到公募要求，但出于监管考虑（例如信息披露要求较低），这些公司选择了私募发行，降低了监管成本。

（四）转换业务时间

即使监管主体和市场主体身份相同，业务形式也相同，在不同的监管时间窗口，被监管者的监管成本也可能不一样。监管成本的差异主要源于以下两个方面：一是监管制度变化。任何监管制度都是根据市场状况设计的，市场环境发生变化时，监管制度也需要做出相应调整，如提供更多的业务形式（如提供私募发行选择）、改变市场主体的准入限制等。这时，被监管者可以通过选择对自己有利的业务时间实现监管套利。二是市场变化。某些情况下，监管制度虽然未变化，市场环境变化也会导致监管套利空间的出现。市场环境对被监管者的影响途径较多，可以影响其经营业绩，也可以影响其对业务形式的选择。如在债券发行过程中，如企业判断近期业绩会有大幅提高，则可能选择业绩披露后申报材料。三是转换会计确认时间。《企业会计准则》是会计处理的重要依据，但由于经济情况千变万化，在具体适用时，会计准则可能对部分企业的经营业务并不合适，企业则存在利用会计准则缺陷进行监管套利的可能。同时，会计准则中如果提供了多种会计政策选择，也会给企业留下监管套利空间。当然，通过转换会计确认时间套利往往需要其他制度配合，例如债券上市规则规定，债券上市前，发行人最近三个会计年度实现的年均可分配利润不少于债券一年利息的1.5倍。如果发行人近三个会计年度实现的年均可分配利润与此相差不远，则很容易利用会计准则的缺陷或者会计政策选择进行监管套利。四是利用监管规则的歧义套利。由于立法时考虑不周或者其他原因，监管规则中有时会出现引起歧义的条款，一旦出现这样的条款，被监管者则可能要求对相关规则采取对自己有利的解释，以便监管套利。

（摘自赵英杰《证券监管、监管套利与资本市场发展》，《南方金融》2014年第3期）

（二）金融创新对金融监管的影响

1. 金融创新使金融市场突破了原有的地区或国别的地理范围限制，从而迫使金融监管的体制由分散走向集中。金融创新导致的金融市场一体化和全球化更需要全球金融监管的合作，建立全球化的金融监管体系。全球金融监管的一体化（如统一的会计制度标准、统一的报告格式），一方面可以降低跨国交易的成本，消除保护主义，提高金融资本在世界范围内的配置效率；另一方面，由于各国金融市场发展水平以及市场结构的差异，国际金融监管的协作将面临许多困难。

2. 金融监管通常针对的是特定类型的金融机构，但金融创新消除了各类金融机构之间的区别，也模糊了金融机构业务与资本市场工具的界限，这样就使金融监管无放矢之的，监管实施更加困难。

3. 许多金融创新工具会产生新的风险，这些风险是很难鉴别和度量的。比起旧的金融工具来说，不论是创新工具的创立者、使用者，还是金融监管部门，对这些风险都知之甚少，这也是对监管工作的一大挑战。

4. 20世纪80年代以前，许多国家的金融业实行严格的分业管制。然而，金融创新已使许多实行分业经营的国家的分业经营体系名存实亡，混业经营成为国际发展趋势。1986年英国的金融大爆炸率先放松了金融管制，1996年日本的金融大爆炸废除了分业经营的体制。1999年，美国《格拉斯-斯蒂格尔法》的废止，标志着金融业综合经营成为国际发展趋势。

5. 20世纪90年代以来，中国金融业却从综合经营银行体制发展成目前严格的分业制度。1993年以前，中国实行的是典型的综合经营银行体制，银行、证券、信托和实业投资均在一个法人银行体制之内，由于内控不严，违规经营现象严重，另外，外部金融监管体系基本没有建立，中央银行当时也没有实质性金融监管措施。金融法制的不完善，必然造成了很大风险，产生了金融混乱。1995年颁布实施的《中华人民共和国商业银行法》和1997年实施的《证券法》奠定了我国金融业实行严格的分业经营和分业管理的体系。虽然我国暂时还不可能实行混业经营制度，但作为一种适应经济环境变化的产物，其趋势毋庸置疑。我国目前银行、证券公司和保险公司之间在边缘业务上的创新，已经在一定程度上反映了这种要求。

6. 金融创新是一个贯穿金融历史发展的动态过程，与以往相比，现代金融创新的面貌有了很大的改变。信息技术在金融领域的应用、全球经济一体化和金融自由化的推动下使得金融创新正以前所未有的速度向前发展，金融监管的任务将更加复杂。

专栏 11－6

互联网金融产品的监管

目前互联网金融产品越来越多，和传统金融产品的最大区别是强调通过互联网渠道构建金融产品的销售。最为典型的是余额宝等各类“宝”，互联网公司和基金公司进行合作，基金公司有金融牌照，而互联网公司没有牌照(但向证监会申请了支付销售的许可)，利用其充分的渠道，低成本高效率地销售互联网金融产品。同时，各类“宝”不仅仅是简单的基金销售通道，其本身已经有很多创新，用户体验也大不相同。

从金融产品的监管角度来说，互联网金融产品的创新必须把握几点原则：一是虽然没有金融机构牌照，但是应该得到金融监管部门的相关认可和批准；二是销售金融产品的平台应该有合法机制，应视其为类金融机构，在准入门槛、日常经营风险管控等方面加强监管；三是应清醒地认识到当前互联网金融创新产品和传统金融衍生品最大的区别是直接强调了金融脱媒。

金融脱媒可分为两大类，一类是作为直接金融的证券交易所的脱媒，比如众筹；另一类是间接金融机构脱媒，包括 P2P、余额宝等。那么，如何对交易所金融脱媒的众筹模式进行监管？上交所、深交所的主板、创业板以及 2013 年正式被国务院认可的“新三板”，都已经纳入证监会的监管体系当中，其他的区域性股权交易中心、股权交易所、金融资产交易所，尤其是股权众筹等网络交易平台，不可能都纳入证监会监管体系中，但可以考虑通过证券法的修改，纳入到证券的管制范围之内，即扩大证券的范围，导入金融投资商品、集合投资计划等抽象概括性的概念，或者导入类似美国法律中的投资合同的概念。也就是说，正规监管的交易所之外的其他各类交易所，如金融资产交易所、艺术品证券化交易所、股权众筹交易所等，可以由证券的概念来加强监管，即以信息披露为核心采用行为监管和功能监管。

互联网金融产品创新往往与传统金融创新相融合。当前，我们可以看到，互联网金融产品创新正在与金融组织业态创新、交易所平台创新相融合，使得场内、场外的产品交易概念区别越来越模糊，其监管的复杂性需要密切关注。

(摘自杨东《互联网金融监管体制探析》，《中国金融》2014 年第 8 期)

二、我国的证券创新与证券市场监管

改革开放以来，我国证券市场获得了较大发展，证券品种、交易制度、市场准入制度等方面的创新层出不穷，特别是近年来市场创新活动十分活跃：创业板市场发展飞速，融

资融券和股指期货适时推出，新股发行制度进一步改革。虽然我国的证券创新在不断发展，但是我国证券市场的创立时间短，机制不健全，使得证券创新与监管之间在实际运作中表现出既相适应又相矛盾的特点。

（一）相适应的方面

1. 互动性。体现在二者相互支持、相互配套。我国目前的证券创新基本在现有的监管体系下进行，能够随着经济和生产力的发展而发展，并适应现有的监管体系。而监管则基本上能满足目前证券创新的需要，并随着创新的发展而不断改进。如证券市场发展初期，为了搞活市场，我国老的投资基金既可投资于实业，也可投资于证券市场，而如今为了回避风险和规范运作，我国推出新的证券投资基金，规定该基金只能投资于证券市场，不准投资于实业等。为适应这一需要，监管机构相应制定了新的基金的操作规则，如投资于国债的比例不得低于20%，每年收益至少90%用于分红等。可以说，证券创新与监管二者之间基本上做到了互相配合、相辅相成。

2. 磨合性。证券创新要求打破原有格局，同时也要求打破原有监管体系。而监管则具有相对稳定性，要加强对原有一切证券市场行为的管理，包括对证券创新行为的监督。目前我国这二者在实践中大体能够相互适应，相互磨合，共同发展。如20世纪90年代初，我国对股票、债券等实行了“T＋0”的交收制度；随着对风险的认识逐步深入，监管也逐渐严格，我国也随之采取“T＋1”交收制度。再如我国保险资金获准入市是随着我国监管体系的不断完善而逐渐实现的。当然，如今保险资金只能投资于证券投资基金，随着监管的进一步发展的规范，保险公司必然会允许直接进入二级市场。此外，还有涨跌停板制度的设立以及在对创业板市场加强监管时为其建立转板和退出机制。

3. 引导性。监管的领域与模式会引导证券创新的发展。同时监管又具有前瞻性，使证券创新在国家法规允许的范围内进行，引导证券创新的方向、领域和手段，最终使证券创新得到很好的监管并为市场经济服务。如我国网上证券交易，在这一业务开始萌芽时，国家监管部门马上规定了交易规则，如证券公司可以开办这一业务，其他如投资公司、银行等不得开办此项业务，证券公司开办此项业务必须经过一系列的批准等。这些法规的出台使得我国网上证券交易业务有章可循；同时，也正确引导证券公司向此方向创新。

专栏 11－7

复合型结构性产品对监管的挑战

复合型结构性产品大量出现给分业经营、分业监管体制带来的挑战体现在以下两个方面。

1. 产品与行业定性困难，监管管辖难以确定

建立在分业经营、分业监管基础上的传统监管体制滞后，无法应对结构复杂产品所带来的挑战。传统的分业经营、分业监管以及金融控股混业经营下的功能监管都是建立在产品以及业务分类基础上的，而复合型的结构性产品早已跨越了分业经营、

分业监管体制下的行业界限，按照传统行业和产品划分方法对其加以准确定性异常困难。这就容易导致监管宽严幅度难以准确把握，同时，监管上的不协调也容易产生监管缝隙和漏洞，及时有效的监管措施才能控制事态的发展。以香港迷你债券为例，迷你债券可赎回的信贷挂钩票据，既具备“票据”的特点，又包含衍生工具的特点，发行人以“迷你债券”的名称按照香港现行《公司条例》规定的债权证（即债券）进行发行申报，香港监管机构也按债权证予以注册。但因其包含复杂的衍生工具，从产品性质与风险特点来说，它与《公司条例》规定的传统金融工具“债权证”有着本质区别。社会公众对迷你债券究竟属于“债券”、“票据”还是“衍生工具”，争议很大。香港《公司条例》对“债权证”（即债券）只有笼统的定义，没有明确把结构性产品排出去，而香港又没有其他有关结构性产品的专门规定，形成监管上的盲区。当问题暴露时，也不能采取专门立法，所以，香港监管当局也只能按照《公司条例》规定的债券监管手段和方法对其发行销售进行监管。定性不准确带来的问题就是：迷你债券的复杂衍生结构所蕴含的高风险被发行人和销售者有意无意地遮掩和淡化，很容易对投资者产生误导。

(1) 产品以债券为名和进行宣传实际上是名实不符，对公众具有很大的误导性。

(2) 迷你债券在银行普通存款柜台销售，银行职员向定期存款到期客户推介，促成顾客认购的。其中不乏存在不恰当误导或暗示，导致许多投资者误把其当作普通的存款产品。

2. 分业监管体制导致各监管机构之间监管上不协调，监管效率大打折扣

事实上，目前在投资理财服务上，各行业金融机构之间在产品分销、资产管理上已经完全融为一体，传统分业监管体制已经严重滞后。从香港雷曼迷你债券事件来看，雷曼迷你债券分销主要是通过证券经纪公司和商业银行零售柜台合作进行的。对于商业银行从事证券业务，香港2003年通过《证券及期货条例》对负责银行业监管的金融管理局（简称金管局）和证券业监管的证监会之间职责分工如下：金管局负责银行证券业务的日常监管，证监会则负责证券业务经营许可发放、制定准则、调查和监管执法。为协调双方之间监管，金管局与证监会签订了《谅解备忘录》，明确了各自的职责与分工以及在监管中的协调与合作。《谅解备忘录》明确了双方之间在以下事项上进行协调与合作：

(1) 在经营许可与从业人员资质认证和许可上进行协调与合作。证监会在银行有关从业人员资质审查与注册上，金管局就是否准许注册向证监会提供意见。

(2) 规则制定上的协调。金管局在制定有关证券业务指导性规则上与证监会进行协商，证监会制定涉及银行证券业务规则时与金管局协商。

(3) 监管职责分工与协调。金管局负责银行证券业务日常活动的审慎监管，证监会根据《证券及期货条例》对银行采取任何监管执法时，先与金管局协商。证监会接到任何有关银行及人员违反银行审慎监管的违法违规投诉移送给金管局查处，金管局接到任何违反《证券及期货条例》的违法与违规行为的投诉通报给证监会处理。

(4) 监管执法上协调与合作。证监会要对银行采取任何监管执法，应将调查结果通报给金管局分享调查结果，对银行及有关人员采取任何制裁措施前先与金管局协商；而监管局采取任何涉及银行证券业务的调查和处罚，也必须将调查报告提供给证监会分享，在处罚前先与证监会协商。但从雷曼迷你债券事件处理来看，香港这种分业监管体制增加了监管执法的复杂性，同时，这种复杂安排让投资者投诉感到混淆和困惑，监管机构之间相互的大量投诉移送严重影响了处理的效率，不能及时有效解决和舒缓群体性纠纷，最终导致矛盾进一步激化，影响到了香港的社会稳定。

（摘自贺绍奇《金融创新对金融分业市场及监管体制的挑战与政策建议》，《中国市场》2014 年第 15 期）

（二）相矛盾的方面

1. 创新动力不足，监管机制相对滞后。我国经济发展水平不高，证券市场又因为一系列的历史遗留问题而困难重重。如现有国有股权比重太大；股市筹资作用强调过多，并不强调股市的资源配置功能；虽然股权分置改革使得部分国有股权实现流通，但问题要得到真正解决需要时间检验；等等。这一系列的问题如今已经成为证券业务发展的瓶颈，使得证券创新动力不足。同时我国股票市场发展得较晚，创新手段、创新工具均较原始，急待发展。我国的证券市场不同于发达国家的证券市场，由于缺少经验和手段，致使证券市场上出现问题都是在积累成堆后才开始解决的，因此形成监管相对滞后的局面。如我国《证券法》是在证券市场已形成 10 年后才出台的；其他有关法规也很不健全，监管的机构、手段等也不能适应市场发展尤其是证券创新的需要。

2. 创新盲目超前，监管手段相对简单僵化。随着经济的发展与竞争的加剧，为了获取更多的利润，各种创新工具层出不穷；但与此同时，很多不适应我国发展现状的创新工具也相继出现。它们有的超前于目前的经济，有的则不适应时代发展的潮流。如我国证券市场发展初期的内部职工股明显不符合未来发展趋势，再如国债期货、股指期货等也明显不符合我国发展现状。这些金融创新工具只是某一段时间证券市场的产物，带着明显的超前性和盲目性。同时，由计划经济脱胎而来的监管也带有明显的计划经济的特点。如我国 1996 年为抑制股市过热，管理层提出不允许国企入市的规定；但当 1999 年股市低迷时，为刺激股市，管理层又推出国企可以有步骤、有条件入市的措施。虽然国企入市是未来发展方向，但管理层出台政策的时机和政策内容都说明监管手段的简单。尤其是频繁调整印花税的行为，反映出该问题的严重性。

3. 监管的行政化、地区化与创新的市场化、国际化不相适应。我国的证券市场是市场经济的重要组成部分，应体现着市场自身的规律。作为证券创新也必然要适应这一市场化的特点。随着我国证券市场的迅速发展，与国际市场接轨已经日益提上日程。首先应该是证券创新与国际市场的接轨，如网上路演、发行采取核准制等。我国由计划经济向市场经济过渡时期，证券监管必然要带有一定的行政色彩；而且由于我国的证券市场相对封闭，直接与国际证券市场的联系不多，属于地区性相对封闭的市场。我国股票市场到目前为止仍然没有建立起完善的退出机制。这都说明我国股票市场监管还不够成熟，没有与国际惯例接轨。另外，我国证券市场人为地被分割成A股及B股市场，还有STAQ、NET市场等。这种地区化的监管方式在某种程度上也阻碍了我国证券业的创新发展。

专栏 11-8

从证券市场信息有效性的检验看我国证券市场监管的效率

证券市场信息有效性是指证券价格已经充分吸收和反映了所有可获取的信息，从而没有人能持续地获得超额利润，因而要获取超额利润就必须承担更大的风险。只有股票价格能充分反映与定价有关的所有信息，并且引导投资者对相关信息进行合理预期的基础上，股票价格才会动态地趋近于内在价值。在股票价格准确反映其内有价值的条件下，公司对资本的高效利用必然对应着股市上的超额收益，管理层将根据市场信号增大公司的资本投资，而市场会将此投资视为一个新的信息加以吸收并增加购买，这种投资者和上市公司的互动将促使公司达到最优投资水平；另一方面，这时经济主体可根据他们的需要和偏好，在各种不同状态下方便地改变消费的时间模式，从而使得社会资源得到有效配置。这正是证券市场监管的现实目标。在我国，股票市场基本上可以作为整个证券市场的反映，因此，可通过检验中国股票市场的信息有效性从微观上说明中国证券市场的监管效率。

赫斯特指数法是英国水文学家赫斯特(Hurst)在大量实证研究的基础上提出，并以他的名字命名的一种稳健的非参数方法，也称作重标极差法或R /S分析。赫斯特指数不依赖于任何分布，并能够区分随机和非随机、发现趋势的持续和周期循环等特点，可以满足检验的要求。如果能证明中国证券市场股价波动是完全随机的、没有持续趋势和周期循环的时间序列，就可以认为中国证券市场是弱式有效的。

(一) 数据的选择和处理

由于我国目前对上海和深圳两个证券交易所的各类监管法律法规、政策措施具有一致性，使得这两个市场的股票指数的波动也具有趋同性，因此只选取上证综合指数作为研究的对象。

考虑交易制度变更的关系，选取1996年12月16日至2007年12月28日的上证交易指数进行分析，以 P_t 表示在 t 日的股票收盘价格指数，那么 t 日的股票收盘价格指数对数收益 R_t 就可以代表 t 日股票收盘价格指数的日收益率，即

$$R_t = \ln P_t - \ln P_{t-1}$$

(二) 上证综合指数波动的正态性检验

在已有关于证券市场弱式有效性检验文献中，常设随机游走模型中误差项 ε_t 满足如下假定：

(i) $\varepsilon_t \sim N(0,\sigma^2)$；(ii) ε_t 满足 $E(\varepsilon_t) = 0, E(\varepsilon_t\varepsilon_s) = \sigma^2$，即 ε_t 是 $i.i.d$。

从已发表的有影响的文献来看，人们较为普遍地忽略了随机误差项 ε_t 的假定前提，一般直接采用单位根检验或者误差项序列相关检验股价波动是否服从随机游走，这些方法均受到股价变动服从独立同正态分布这一前提条件的限制。当股价实际变动不满足这一假定时，检验便可能得出错误的结果。因此，有必要对假设前提进行检验。进行正态性检验的方法较多，本文选用有较好检验效果的 Jarque-Bera(JB)检验法和 K-S 正态性检验法。

1. Jarque-Bera(JB)检验法

利用 eviews 5.0 对上述数据进行计算，其结果偏度的值是－0.358 372，说明从整体看日收益率小于日收益率均值的交易日数较多。Jarque-Bera(JB)的值是3 483.731，P 值为 0.000 0，检验非常显著地拒绝了收益率的条件正态分布假设，这表示上证综合指数对数收益率不服从正态分布。

2. K-S 正态性检验法

利用 SPSS 15.0 对上述数据进行计算，K-S 正态性检验的 Z 统计量的值是 3.757，是不显著的，拒绝了收益率的正态分布假设，因此上证综合指数对数收益率不服从正态分布。

如前所述，我国上证综合指数对数收益率不服从正态分布，用于检验随机游走模型并依赖于正态分布的单位根检验，随机误差项序列相关等方法均不能运用于检验证券市场的信息有效性。而 Hurst 指数法是一个稳健的非参数统计方法，不依赖于任何分布，正好可以满足检验的要求，其优点是个别特异值并不会显著地改变它的性质，而且它注重于度量序列是否存在长期趋势，具有 K-S 正态性检验大样本的渐近性质。如果能够证明中国证券市场股价波动是完全随机的、没有持续趋势和周期循环的时间序列，就可以认为中国证券市场是信息有效的。

（三）Hurst 指数简介

Hurst 指数是用以区分时间序列是否随机游走的统计量，是分形运动中偏移程度的度量。Hurst 用观测值的标准差除极差，并予以平均，得到下列等式

$$\frac{1}{b}\sum_{u=1}^{b}(R_u/S_u)=(aN)^H$$

其中 H 即 Hurst 指数，R_u 是观测值的极差，S_u 是观测值的标准差。

序列分形维 D 是时间轨迹的分形维，度量时间序列的参差不齐性，即时间序列波动的剧烈程度。它与 Hurst 指数的关系为

$$D=2-H$$

为了度量现在对未来的影响，Mandelbrot 于 1968 年引入一个相关性度量指标 C

$$C=2^{(2H-1)}-1$$

结合 Hurst 指数、分形维 D 和相关性度量 C，简单讨论如下：

(1) H=0.5，D=1.5，C=0，是布朗运动的 Hurst 指数和维数。变量之间是相互独立的，相应的相关系数是零，现在不会影响未来，因此时间序列是随机的。若该时间序列是股价指数或者股票价格时，这表明市场是有效的。

(2) 0<H<0.5，D>1.5，−0.5<C<0，说明变量之间是负相关，称之为反持续性的、遍历性的或均值回复的时间序列。如果某一时刻，序列向上（下），那么，下一时刻，它很可能反转向下（上）。由于频繁地出现逆转，因此反持续性的时间序列具有比随机噪声更剧烈的波动性。若该时间序列是股价指数或者股票价格时，这表明市场不是有效的。

(3) 0.5<H<1，D<1.5，0<C≤1 是持续性或分形时间序列，波动比较平缓，其变量之间不是相互独立，而是正相关。时间序列具有持久性或趋势增强的特性，如果某一时刻，序列向上（下），那么，下一时刻，它很可能继续向上（下）。H 越接近 1，这种持续性越强。理论上今天发生的事情永远影响未来。正是这种正相关性，即长期记忆结构，使得时间序列在时间方面显示自相似性，即在不同的时间尺度上有类似的统计特性。若该时间序列是股价指数或者股票价格时，这也表明市场不是有效的。

(四) 检验结果及分析

Hurst 指数的计算没有固定的统计软件能完成，这里通过编程计算 Hurst 指数。用 matlab 77.0 进行编程算出 log(N)和 log(R/S)，用 eviews 5.0 进行回归。

1. 上证指数对数收益率序列的 Hurst 值

表 11-4　回归模型(原始数据)

Variable	Coefficient	t-Statistic	ProB.
log(n)	0.605	251.588	0.000
C	−0.311	−27.988	0.000

由表 11-4 可以看出，H=0.605，由 H 推出 D=1.395，D<1.5，故该 H 值符合上述讨论的第三种情况，所以我国证券市场尚未达到弱式有效。

2. 随机打乱顺序后的 Hurst 值

表 11-5　回归模型(随机顺序数据)

Variable	Coefficient	t-Statistic	ProB.
log(n)	0.600	272.970	0.000
C	−0.281	−26.814	0.000

由表 11-5 可知，H = 0.600。该 H 值与原序列的 H 值大小相当，表明 H 值的估计比较有效。

综上所述，上证综合指数的 Hurst 估计值是 H=0.605，属于 0.5< H≤1 的类型，表明我国股票市场是非信息有效的。这表明从微观层面上看，没有很好地实现证券市场监管的现实目标，从而说明证券市场监管的微观效率是较低的。

（摘自邹辉文、黄明星《中国证券市场监管效率的实证分析》，《福州大学学报（哲学社会科学版）》2010 年第 2 期）

（三）未来发展的解决办法

证券市场发展的动力来自于证券创新，只有持续不断地证券创新才能有利于提高证券市场的效率。而证券市场监管的基本原则是维护市场的公平、公正和公开，其最终目的也是提高证券市场效率。从某种意义上讲，证券创新与加强监管是“貌”离“神”合，殊途同归。因此在证券创新的形势下如何加强证券市场监管，需要做到以下几点：

1. 树立加强监管以引导、服务于证券创新的观念

证券市场如要发展，创新是原动力。创新发展首先要求从思想上予以重视，从认识上加以提高。只有当创新的理念深入人心，证券市场的发展才会以源源不断的创新工具作为载体迅速向国际市场靠拢。自我国的证券市场产生以后，人们的思想认识已经出现了极大的变化。从一开始认为证券、股票为资本主义特有的东西，不能沾；到“证券、股市，这些东西究竟好不好，有没有危险，是不是资本主义独有的东西，社会主义能不能用，允许看，但要坚决地试”（邓小平）；再到“实行社会主义市场经济，必然会有证券市场”（江泽民）。理论引导是一方面，实践证明证券创新也会在市场经济的巨大成就中不断地增加它的张力，让人们逐渐意识到它的自身地位及其重要性。当然，通过法律的界定、政府的扶持以及必要的舆论宣传可以加速证券创新观念的普及和发展。而加强监管则是创新的保证，缺少必要科学的监管，证券创新就搞不好，甚至会失败。这也应成为人们普遍接受的新理念。古人云：“不止不行，不塞不流。”这种观念也符合证券创新与监管二者间的辩证统一关系。

2. 建立有效、科学监管下的证券创新体制

监管不能太严了，太严就束缚创新发展；但监管也不能太松了，太松就等于形同虚设，放任自流必然会造成各种风险，使证券市场趋于崩溃，要在两者之间寻找一个平衡点，有效地调节创新与监管的力度。还应该建立以立法为先导，执法为重点，自律管理为基础，相互衔接配套，各有侧重的综合监督管理手段体系。要监管，就要有依据，因此立法必须先行。这里立法先行并非是指所有证券法规都要在市场运行以前全部制定出来，而是指超前性法规必须先行。这种超前性法规是指对市场创新总体具有指导性意义的法规，如证券法规中应增加对创新的监管，证管部门和证券交易所应规定具体的创新品种、方式等的监管。没有这些法律规则会导致证券市场创新的无序运行。严密的法规体系需要有力的监管机构加以执行，才能使法规产生应有的作用。因此，正确执法是现阶段创新监管的重点。执法主要是通过对创新中违法、违规行为的处罚来实现的，既不可放任自流也不可动辄违规，无所适从。自律管理是证券市场中最基本的自我监督，是整

个市场创新监管的基础。要加强证券业自律管理，最重要的是要把证券业协会的作用发挥出来。这样，立法、执法、自律管理三管齐下，衔接配套，必然会大大加强对证券创新的监管力度，有利于证券市场健康有序快速地发展。

证券市场的监管和管理机构，应针对证券市场出现的创新品种，及时制定相应的监管制度、交易规则，以及利用现代计算机、通信技术手段进行实时监管，并针对证券交易的全球化趋势采取跨国监管方式，最终为中国证券市场创造一个良好的创新环境和国际化环境，促使市场的持续、健康发展。

3. 进一步完善证券创新主体结构

投资银行是证券市场创新的重要主体。投资银行在美国叫投资银行，在我国叫证券公司，有人认为它们只是叫法不同而已，其内涵并无实质差别。但实际上，在创新这个层面上，两者是有本质区别的。投资银行内涵有金融创新，是一个证券创新组织，而证券公司则是证券的简单销售和代理，是一个证券销售机构。目前我国证券公司与美国主要投资银行的差异实际上完全印证了这种区分的合理性。西方投资银行的发展历史充分表明，创新是投资银行的灵魂，投资银行的基本内涵可以归结为金融创新。其一，投资银行的服务对象存在差异化，客户的不同需求推动着投资银行本能地不断创新。世界上由于不存在完全相同的企业或客户，所以，投资银行的融资专家要为不同的企业设计不同的融资方案；理财专家要根据不同客户的需求设计不同的理财方案；重组并购需要根据不同企业制定不同的收购或反收购计划等。其二，投资银行的主要利润来源于资产管理、兼并收购、资金营运和企业融资等创新性业务。没有创新，这些业务很难获得发展，投资银行就难以生存，一批又一批投资银行的淘汰充分说明了创新就是投资银行的生命之本。其三，从金融工具的成交量分布情况看，衍生金融工具的成交量远大于传统金融工具，衍生金融工具早已成了投资银行的主要利润来源，它们是投资银行赖以生存的基础。其四，投资银行与世界证券市场上的许多重大创新活动息息相关。投资银行是证券市场最活跃的主体，无论是期货、期权的推广应用还是其他金融创新活动，都不能离开投资银行的积极参与。

我国的证券公司尤其是综合类券商必然要走向投资银行化，而各级监管机构也必然要尽量采用市场化管理模式，淡化其行政性管理方式。随着证券市场的发展，综合类证券公司的经纪业务的比重会越来越小，而投资银行业务比重会越来越大。不久的将来，我国有一批大的证券公司可能走美国高盛、美林等证券公司的路，也就是券商投资银行化。纵观国外投资业务发展，其业务在向多样化、交叉化方向发展的同时，也各有所长地向着专业化方向发展。如美国摩根士丹利公司擅长于包销大公司证券；美林证券公司善于组织项目融资、产权交易；第一波士顿公司擅长于组织辛迪加包销公司，安排私募债券和策划公司合并等。从政策与法律上放开对大券商在证券创新方面的限制，并提出严格的法律约束，才能使我国券商在投资业务方面发挥长处与潜能，更好地为资产重组、企业兼并及市场经济服务。

4. 提高证券从业人员及监管人员素质

任何一个行业的发展都离不开人员素质的提高。证券业这一新兴行业的发展，人员素质尤为重要。经过20多年的发展,在我国证券行业会聚了大量的高级人才,但我们许多高级人才创新能力不够,绝大部分所从事的工作属于“简单劳动”,而非创新性工作,高级智力浪费现象非常严重。如何将这些高级人才转向创新性人才,如何更好地利用人力资本创新业务是目前每家证券公司以及基金管理公司迫切需要考虑的问题。从当前世界金融创新的发展趋势来看,金融创新已趋数学化,而我国证券行业的高级人才大多有比较好的金融学背景,但运用数学工具去创新的能力相对较差,这是我国证券公司在人才引进方面需要重视的一个问题。另外,我国证券公司的高级人才对许多先进金融工具知之甚少,只能简单模仿,无法灵活应用,更谈不上自主开发。

人员素质的提高可以通过考核、考试制度,也可以通过培训、学习,当然也可以通过优胜劣汰的竞争淘汰制度等来实现。对证券从业人员进行资格考试以及对证券高级管理人员进行资格认证无疑是促进人员素质提高的有力举措。除此以外,还要对上市公司的高中级管理人员、证券管理机构的工作人员等进行严格培训及考试考核,提高他们的证券理论素质及创新能力、管理才干。另外,要有目的地将一些人才送到国外去学习和培训。各级证券业协会和深沪证券交易所应发挥其自律组织作用,在提高我国证券业相关人员素质方面作出应有的贡献。

【本章案例讨论题】

【案例讨论11-1】2010年5月26日,国信证券内部通报,原投行四部总经理李绍武在执业过程中违反法律法规、中国证监会相关监管规定及公司规章制度,严重违反了公司劳动纪律,对其予以开除处理,并解除劳动合同。据《经济观察报》的相关调查,李绍武2001年便与其妻注册了深圳市昕利科技发展有限公司,李绍武通过该公司和其妻直接持股的方式参股已上市公司莱宝高科(002106)6万股、轴研科技(002046)65万股,以及已过会正等待发行批文的准上市公司河南四方达超硬材料股份有限公司100万股,值得注意的是,此三项总投入不足143万元,目前其总市值已达3 200万元,回报率超过20倍,其中莱宝高科是由国信证券保荐上市,其余公司虽非国信证券保荐,但都是李绍武跟踪过的项目。《证券发行上市保荐业务管理办法》明确规定:保荐代表人及其配偶不得以任何名义或者方式持有发行人的股份。这样规定的目的在于使保荐代表人“恪守独立履行职责的原则”。保荐代表人持股的危害显而易见,如果保荐代表人持有发行人的股票,可能造成保荐代表人为了自身利益而对发行人存在的问题熟视无睹,导致包装上市、高价发行、严重超募等问题相继出现,继而将严重损害资本市场上广大投资者的利益。

讨论:1. 怎样避免证券投资领域的内幕交易?

2. 对李绍武案件,你的监管对策是什么?

3. 李绍武案件频发的根源是什么?

【案例讨论11-2】2011年6月9日,美国证券交易委员会(SEC,简称美国证交委)首次对投资通过反向收购(RTO)上市的公司发出风险警示。在一则“投资者公告”中,美国证交委警告投资者谨慎投资反向收购(RTO)的公司股票。6月13日,美国证交委宣布，将启动针对中国智能照明(NYSE Amex：CIL)、中国世纪龙传媒(NYSE Amex：CDM)的诉讼程序。6月15日，上海双金生物科技有限公司(Nasdaq：CHBT)被纳斯达克停牌，原因是未能递交审计年报，以及独立会计事务所BDO Limited在审计过程中发现了“一些严重的问题”。6月3日，浑水公司(Muddy Water Research)发布报告，指责在加拿大多伦多上市的嘉汉林业(Sino-Forest，TSX：TRE. TO)财务造假。

大范围出现的中国在美上市公司财务造假，与中美两国跨境监管的制度瓶颈有关。面对愈演愈烈的中国公司欺诈事件，美国监管者会采取何种应对措施？

美国证交委规定，美国证交委和美国公众公司会计监督委员会(Public Company Accounting Oversight Board，PCAOB)对在其名下注册的会计事务所的上市公司审计业务拥有管辖和监督权，PCAOB可对违规事务所予以行政处罚，包括吊销该事务所的注册资格、撤销审计师的营业执照。然而实际情况是，PCAOB作为在美上市公司审计师的主要监管者，由于中国政府在管辖权方面的“主权”立场，无法监管和调查在PCAOB注册的、位于中国的会计事务所。从PCAOB的网站上公布的名单来看，位于中国境内、从事在美上市公司审计业务的会计事务所共有55家，其中包括“四大”在中国的注册机构。

2011年4月6日，PCAOB主席多提(James R. Doty)在出席国会听证会时指出：“在美国上市的中国公司的审计存在严重隐患。”他表示，PCAOB无法监督位于中国的会计公司，这是“保护投资者的缺口”。作为一个解决办法，PCAOB收紧了注册权。中磊(香港)于2010年11月递交了申请。2011年3月29日，PCAOB初步决定不予批准中磊的注册申请，理由是：中磊公司注册地虽在香港，但其主要业务在中国内地，而PCAOB无法监督业务位于中国内地的上市公司的审计工作。

讨论：1. 中国在美上市的公司财务造假的根源是什么？

2. 对中国在美的上市公司，美国监管的现有做法利弊进行分析。

3. 解决这种跨国监管，你有什么高招？

【案例讨论11－3】2010年A股市值跃居全球第二位，2010年和2011年连续两年IPO(首次公开募股)融资规模居世界第一位。但内幕交易是对证券市场健康发展危害最大的问题之一。

内幕交易案发率高，但侦破率低，内幕交易监管面临侦破难、破案率低的难题。这主要有以下几方面原因：第一，内幕交易常常以他人账户进行，或者以提供资金支持、约定所得分成等团伙形式进行，手段隐蔽。第二，内幕交易具有智能型、专业性特征，行为人往往具有较高的文化程度和智商，大都经过精心策划。第三，上市公司并购重组涉及的审批链条长，内幕信息的泄露渠道由过去的股东会、董事会向市长办公会、处长办公会延伸，一些官员涉及内幕交易大大增加了内幕交易的侦破难度。第四，面对复杂的内幕交易问题，司法实践中传统的“辩方举证”、“谁主张，谁举证”的原则遇到困难。

讨论：1. 你认为内幕交易案发率高的原因是什么？

2. 如何破解内幕交易侦破率低的现象？

3.“谁主张，谁举证”的司法原则为什么在内幕交易上遇到了问题？怎样破解？

【本章专题研讨】

【专题研讨 11－1】在我国，由证监会主导的证券市场监管能不能做好监管工作？为什么？

1. 市场监管与行政监管有没有冲突？
2. 行政监管与法律监管有没有冲突？
3. 为什么看上去证监会经常不作为？
4. 你认为证监会应该怎样作为？

【专题研讨 11－2】各种监管之间怎样实现协调一致？

1. 证券市场监管目标很多，具体应该怎样协调？
2. 证券市场监管与其他金融监管如何协调？
3. 金融监管与宏观经济管理怎样协调？

【专题研讨 11－3】我国证券市场监管应该怎样进行顶层设计？

1. 目前监管的最大问题在哪里？
2. 证监会人数很多，做不好监管，难道他们人浮于事？
3. 你认为有哪些办法可以解决证券市场监管问题？

【专题研讨 11－4】对比不同监管模式的优劣势。

1. 分析三种监管模式存在的客观原因。
2. 为什么我国的集中立法模式和美国的集中立法模式存在效果的不同？
3. 三种模式优劣势的比较能否说明哪种模式更好？

【专题研讨 11－5】其他各类组织在证券市场监管中能够有怎样的监管作为？

1. 证券业协会能否在我国证券监管中发挥较大的作用？怎样发挥作用？
2. 会计师协会和律师协会能否在证券监管中发挥作用？怎样发挥作用？
3. 证券交易所在证券监管中的作用如何发挥？
4. 证券投资基金等市场参与者能否参与到证券市场监管中来？

【本章能力训练】

一、单选题

1. 以下不属于证券监管主要手段的是(　　)。

A. 法律手段　　B. 经济手段
C. 行政手段　　D. 他律手段

2. 以下国家中对证券市场采取法定机构监管模式代表的是(　　)。

A. 美国　　B. 日本　　C. 英国　　D. 荷兰

3. 我国发展证券市场的八字方针中(　　)是核心。

A. 法制　　B. 监管　　C. 自律　　D. 规范

4. 我国对证券经营机构的管理实行(　　)。

A. 特许制　　B. 注册制　　C. 登记制　　D. 审批制

5. 以下关于自律组织的表述不正确的是(　　)。

A. 一般实行会员制　　B. 对会员公司每年进行一次例行检查

C. 对会员的日常业务活动进行监管　　D. 一般实行注册制

6. 下列不属于操纵市场行为的是(　　)。

A. 单独或者通过合谋,集中资金优势、持股优势或者利用信息优势联合或者连续买卖,操纵证券交易价格或数量

B. 与他人串通,以事先约定的时间、价格和方式相互进行证券交易,影响证券交易价格或者证券交易量

C. 在自己实际控制的账户之间进行证券交易,影响证券交易价格或者证券交易量

D. 内幕人员向他人泄露内幕消息,使他人利用该信息进行内幕交易

7. 取得证券从业资格的人员,如果属于(　　)的情况,可以通过证券经营机构申请统一的执业证书。

A. 未被机构聘用

B. 存在我国《证券法》第132条规定的情形

C. 被中国证监会认定证券市场禁入者

D. 5年前曾受过轻微的刑事处罚

二、多选题

1. 证券市场监管的目标在于(　　)。

A. 保护投资者利益　　B. 保障合法的证券交易活动

C. 监督证券中介机构依法经营　　D. 维持证券市场的正常秩序

2. 各国的证券市场发育程度不同,故监管模式也不尽相同,大致可分为(　　)。

A. 法定机构监管模式　　B. 政府监管模式

C. 自律模式　　D. 行业协会监管模式

3. 我国证券市场的发展必须坚持(　　)。

A. 法制　　B. 监管　　C. 自律　　D. 规范

4. 对证券经营机构的设立监管主要有(　　)。

A. 特许制　　B. 注册制　　C. 登记制　　D. 承认制

5. 证券交易所对证券市场的监管包括(　　)。

A. 对证券交易活动的监管

B. 对会员的监管

C. 对上市公司的监管

D. 对在交易所内进行交易的投资者的监管

6. 中国证券业协会的自律管理职能包括(　　)。

A. 对会员之间、会员与客户之间发生的证券业务纠纷进行调解

B. 对会员单位的自律管理

C. 对从业人员的自律管理

D. 组织会员就证券业的发展、运作及其有关内容进行研究

7. 证券投资者保护基金的来源是(　　)。

A. 国内外机构、组织及个人的捐赠

B. 所有在中国境内注册的证券公司,按其营业收入的0.5%～5%缴纳基金

C. 发行股票、可转债等证券时,申购冻结资金的利息收入

D. 依法向有关责任方追偿所得和从证券公司破产清算中的受偿收入

8. 证券投资者保护基金的资金可以运用在(　　)。

A. 银行存款　　B. 购买国债

C. 中央银行债券　　D. 中央级金融机构发行的金融债券

9. 证券监管机构根据(　　)可以调整注册资金最低限额。

A. 自然经营原则　　B. 各项业务的风险程度

C. 混业经营原则　　D. 审慎监管原则

10. 证券市场监管的意义是(　　)。

A. 保障广大投资者权益的需要

B. 维护市场良好秩序的需要

C. 发展和完善证券市场体系的需要

D. 防止证券市场过度放任进而诱发经济危机的需要

11. 证券市场监管机构包括(　　)。

A. 国务院证券监督管理机构　　B. 国务院证券监督管理机构的派出机构

C. 证券登记结算公司　　D. 行业协会

三、判断题

1. 保护投资者的利益,关键是要建立公平合理的市场环境,为投资者提供平等的交易机会,使投资者能在理性的基础上,自主地决定交易行为。

2. 中国证券业协会采取会员制的组织形式,证券公司无须加入中国证券业协会。

3. 对证券市场实行集中统一监管与自我管理相结合,是建立证券市场监管体系的基本指导思想和总体原则。

4. 单位犯欺诈发行股票、债券罪,只能对其直接负责的主管人员和其他直接责任人员处以刑罚。

5. 我国证券市场实行以政府监管为主,自律为补充的监管体系。

6. 对证券经营机构的设立监管主要有特许制和注册制,我国实行审批制。

7. 证券业协会是证券行业的自律组织,一般为社会法人团体。

8. 证券市场正常运行的基础是证券从业者的自我管理。

9. 违反法律、行政法规或者中国证监会有关规定,情节严重的,可以对有关责任人员采取3～5年的证券市场禁入措施。

10. 违反法律、行政法规或者中国证券委有关规定,情节严重的,可以对有关责任人员采取3～5年的证券市场禁入措施。

11. 信息披露的主体不仅仅包括证券发行人、证券交易者,还包括证券监管者。

参考文献

[1] 全国人大.中华人民共和国证券法.北京：法律出版社,2013

[2] 国务院法制办公室.中华人民共和国公司法.北京：中国法制出版社,2014

[3] 吴晓求.证券投资学.第四版.北京：中国人民大学出版社,2014

[4] 吴晓求.证券投资学.第三版.北京：中国人民大学出版社,2009

[5] 曹雨,戴武堂.证券投资实务.成都：西南交通大学出版社,2013

[6] 丁鹏.量化投资：策略与技术.北京：电子工业出版社,2012

[7] 赵锡军,魏建华.证券投资分析.第五版.北京：中国人民大学出版社,2011

[8] 毛二万.证券投资分析原理与实务.北京：中国人民大学出版社,2008

[9] 葛红玲.证券投资学.北京：机械工业出版社,2007

[10] 杨朝军.证券投资分析.上海：上海人民出版社,2007

[11] 赵庆国.证券投资学.南京：东南大学出版社,2005

[12] 谢百三.证券投资学.北京：清华大学出版社,2005

[13] 曹凤岐.证券投资学.北京：北京大学出版社,2005

[14] 霍文文.证券投资学.第二版.北京：高等教育出版社,2004

[15] 梁峰.证券投资学.大连：东北财经大学出版社,2004

[16] 何孝星.证券投资理论与实务.北京：清华大学出版社,2004

[17] 邢天才,王玉霞.证券投资学.大连：东北财经大学出版社,2003

[18] 徐强,谢春讯.股票投资技术分析.兰州：兰州大学出版社,2001

[19] 生柳荣.当代金融创新.北京：中国发展出版社,1998

[20] 马红霞,严红波,陈革.美国的金融创新与金融监管.武汉：武汉大学出版社,1998

[21] 梁立群.美国证券市场结构的演进与发展.吉林：吉林大学,2013

[22] 姚丹丹.证券监管体制研究.吉林：吉林大学,2011

[23] 贺绍奇.金融创新对金融分业市场及监管体制的挑战与政策建议.中国市场,2014(15)

[24] 杨东.互联网金融监管体制探析.中国金融,2014(08)

[25] 赵英杰.证券监管、监管套利与资本市场发展.南方金融,2014(03)

[26] 张敏.证券市场监管的博弈模型构建.商业时代,2014(10)

[27] 郝旭光.论证券市场监管的目标.商业时代,2011(01)

[28] 邹辉文,黄明星.中国证券市场监管效率的实证分析.福州大学学报(哲学社会科学版),2010(02)

[29] 周鹏.金融业边缘业务的创新与监管.金融研究,2001(09)